高校经典教材同步辅导丛书

经济应用数学基础 微积分
（第五版）
同步辅导及习题全解

主　编　李德才　苏志平

中国水利水电出版社
www.waterpub.com.cn
·北京·

内 容 提 要

本书是与中国人民大学出版社、赵树嫄主编的《经济应用数学基础 微积分》（第五版）一书配套的同步辅导及习题全解。

本书共有九章，分别介绍函数、极限与连续、导数与微分、中值定理与导数的应用、不定积分、定积分、无穷级数、多元函数、微分方程与差分方程简介。本书按教材内容安排全书结构，各章均包括知识结构、学习指南、知识点归纳、典型例题解析、考研真题精解、课后习题全解六部分内容。全书按教材内容，针对各章习题给出详细解答，思路清晰，逻辑性强，循序渐进地帮助读者分析并解决问题，内容详尽，简明易懂。

本书可作为高等院校学生学习“微积分”课程的辅导教材，也可作为考研人员复习备考的辅导教材，同时可供教师作为备课命题的参考资料。

图书在版编目（CIP）数据

经济应用数学基础. 微积分（第五版）同步辅导及习题全解 / 李德才，苏志平主编. -- 北京 : 中国水利水电出版社，2022.6

（高校经典教材同步辅导丛书）

ISBN 978-7-5226-0654-5

Ⅰ. ①经… Ⅱ. ①李… ②苏… Ⅲ. ①经济数学－高等学校－教学参考资料②微积分－高等学校－教学参考资料 Ⅳ. ①F224.0②O172

中国版本图书馆CIP数据核字（2022）第070714号

责任编辑：邓建梅　　加工编辑：黄卓群　　封面设计：李　佳

书　名	高校经典教材同步辅导丛书 经济应用数学基础 微积分（第五版）同步辅导及习题全解 JINGJI YINGYONG SHUXUE JICHU WEIJIFEN（DI-WU BAN）TONGBU FUDAO JI XITI QUANJIE
作　者	主　编　李德才　苏志平
出版发行	中国水利水电出版社 （北京市海淀区玉渊潭南路 1 号 D 座　100038） 网址：www.waterpub.com.cn E-mail：mchannel@263.net（万水） sales@mwr.gov.cn 电话：（010）68545888（营销中心）、82562819（万水）
经　售	北京科水图书销售有限公司 电话：（010）68545874、63202643 全国各地新华书店和相关出版物销售网点
排　版	北京万水电子信息有限公司
印　刷	三河市祥宏印务有限公司
规　格	170mm×227mm　16 开本　20.5 印张　538 千字
版　次	2022 年 6 月第 1 版　2022 年 6 月第 1 次印刷
定　价	60.80 元

前　言

POSTSCRIPT

赵树嫄主编的《经济应用数学基础 微积分》(第五版)以体系完整、结构严谨、层次清晰、深入浅出的特点而成为经典教材,被全国许多院校采用。为了帮助读者更好地学习这门课程,掌握更多的知识,我们根据多年的教学经验编写了与此教材配套的《经济应用数学基础 微积分(第五版)同步辅导及习题全解》。本书旨在使广大读者理解基本概念,掌握基本知识,学会基本解题方法与解题技巧,进而提高应试能力。

本书作为一本辅助性的教材,具有较强的针对性、启发性、指导性和补充性。考虑到“微积分”这门课程的特点,我们在内容上作了以下安排:

1. 知识结构。以图的形式概括各章知识点及其之间的联系,使读者对全章内容有一个清晰的脉络。

2. 学习指南。简单扼要地说明本章的学习目标,明确学习任务。

3. 知识点归纳。对每章知识点做了简练概括,梳理了各知识点之间的脉络联系,突出各章节主要定理及重要公式,使读者在各章节学习过程中目标明确,有的放矢。

4. 典型例题解析。该部分选取了一些具有启发性或综合性较强的经典例题,对所给例题先进行分析,再给出详细解答,意在抛砖引玉。

5. 考研真题精解。精选历年研究生入学考试中具有代表性的试题进行了详细的解答,以开拓广大同学的解题思路,使其能更好地掌握该课程的基本内容和解题方法。

6. 课后习题全解。教材中课后习题丰富、层次多样,对许多基础性问题从多个角度帮助学生理解基本概念和基本理论,促其掌握基本解题方法。我们对教材的课后习题给出了详细的解答。

由于时间较仓促,编者水平有限,难免书中有疏漏之处,敬请各位同行和读者给予批评、指正(微信:JZCS15652485156,QQ:788094836)。

编者

2022 年 4 月

目 录

第一章　函数

知识结构

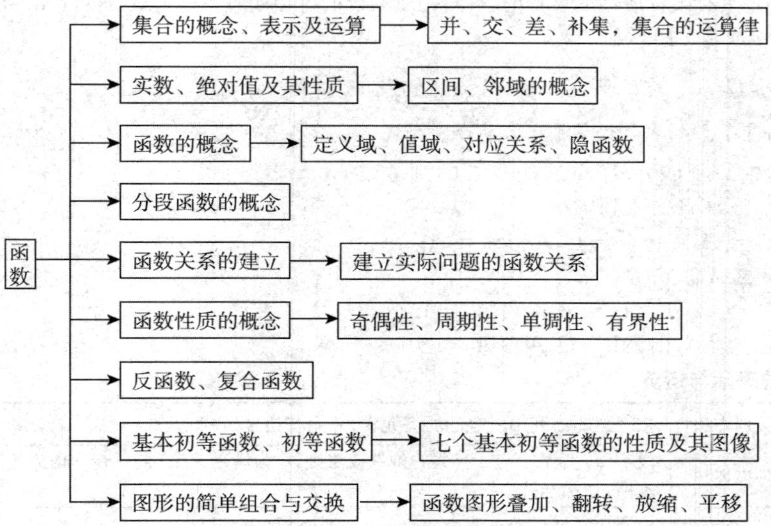

学习指南

1. 理解实数绝对值的概念，掌握求解简单绝对值的方法.

2. 理解函数的定义，会求函数的定义域与值域.

3. 掌握函数的基本性质，包括单调性、奇偶性、周期性、有界性等.

4. 深刻理解复合函数和反函数的概念，会求解复合函数的定义域，熟练掌握求解复合函数和求解反函数的基本方法.

5. 掌握基本初等函数的定义、定义域、基本性质和图像特征，理解初等函数的概念，会判别非初等函数.

6. 会建立应用问题的函数关系式，掌握经济学中常用的成本函数、收益函数、利润函数等.

第一节 集合

知识点归纳

1. 集合的概念

(1) 集合是具有某种属性的事物的全体,构成集合的事物或对象称为集合的元素.元素与集合的关系为:$a \in A$ 或者 $a \notin A$.

特别提醒 ① 有限集合由有限个元素构成,无限集合由无限多个元素构成. ② 集合具有确定性的特征,即某个元素是否属于某个集合是确定的.

(2)①$A \subset A$;$\varnothing \subset A$;若 $A \subset B$,$B \subset C$,则 $A \subset C$;

②$A \subset A \cup B$,$B \subset A \cup B$;

③$A \cup \varnothing = A$,$A \cup U = U$,$A \cup A = A$;

④$A \cap B \subset A$,$A \cap B \subset B$;

⑤$A \cap \varnothing = \varnothing$,$A \cap U = A$,$A \cap A = A$.

(3) 补集的性质:$A \cup \overline{A} = U$,$A \cap \overline{A} = \varnothing$.

2. 集合的表示与运算

表示法	列举法	按任意顺序列出集合的所有元素,并用花括号{}括起来
	描述法	设 $P(a)$ 为某个与 a 有关的条件或法则,A 为满足 $P(a)$ 的一切 a 构成的集合,则记为 $A = \{a \mid P(a)\}$
全集、空集与子集	全集	由所研究的一切事物构成的集合称为全集,记为 U
	空集	不包含任何元素的集合称为空集,记为 $\varnothing$
	子集	如果集合 A 的每一个元素都是集合 B 的元素,即"如果 $a \in A$,则 $a \in B$",则称 A 为 B 的子集,记为 $A \subset B$ 或 $B \supset A$,读作 A 包含于 B 或 B 包含 A
运算	并集	$A \cup B = \{x \mid x \in A$ 或 $x \in B\}$
	交集	$A \cap B = \{x \mid x \in A$ 且 $x \in B\}$
	差集	$A - B = \{x \mid x \in A$ 且 $x \notin B\}$
	补集	$\overline{A} = \{x \mid x \in U$ 且 $x \notin A\}$
	笛卡儿乘积	设有集合 A 和 B. $x \in A$,$y \in B$,所有二元有序数组 (x,y) 构成的集合,称为集合 A 与 B 的笛卡儿乘积,记为 $A \times B$,即 $A \times B = \{(x,y) \mid x \in A, y \in B\}$

3. 集合的运算律

交换律	$A \cup B = B \cup A$;$A \cap B = B \cap A$
结合律	$(A \cup B) \cup C = A \cup (B \cup C)$;$(A \cap B) \cap C = A \cap (B \cap C)$
分配律	$(A \cup B) \cap C = (A \cap C) \cup (B \cap C)$;$(A \cap B) \cup C = (A \cup C) \cap (B \cup C)$
摩根律	$\overline{(A \cup B)} = \overline{A} \cap \overline{B}$;$\overline{(A \cap B)} = \overline{A} \cup \overline{B}$

典型例题解析

题型 1：考察集合的表示

例 用描述法表示下列集合：

(1) 由方程 $x^2+5x-6=0$ 的根所组成的集合.(2) 由非负数全体组成的集合.

解 (1)$A=\{x \mid x^2+5x-6=0\}$.(2)$B=\{x \mid x\geqslant 0\}$.

特别提醒 用描述法表示集合是指把集合中元素所具有的某个共同属性描述出来，用$\{x \mid x$具有的共同属性$\}$表示.

题型 2：考察集合的运算

例

(1) 设 $A=\{1,3,5,7\}$，$B=\{2,5\}$，求 $A\times B$，$B\times B$.

(2) 设 $A=\{x \mid -1\leqslant x\leqslant 1\}$，$B=\{y \mid 0\leqslant y\leqslant 1\}$，求$A\times B$.

解

(1)$A\times B=\{(1,2),(1,5),(3,2),(3,5),(5,2),(5,5),(7,2),(7,5)\}$.

$B\times B=\{2,5\}\times\{2,5\}=\{(2,2),(2,5),(5,2),(5,5)\}$.

(2)$A\times B=\{(x,y) \mid -1\leqslant x\leqslant 1,0\leqslant y\leqslant 1\}$，它表示平面直角坐标系中如图 1-1 所示的矩形区域.

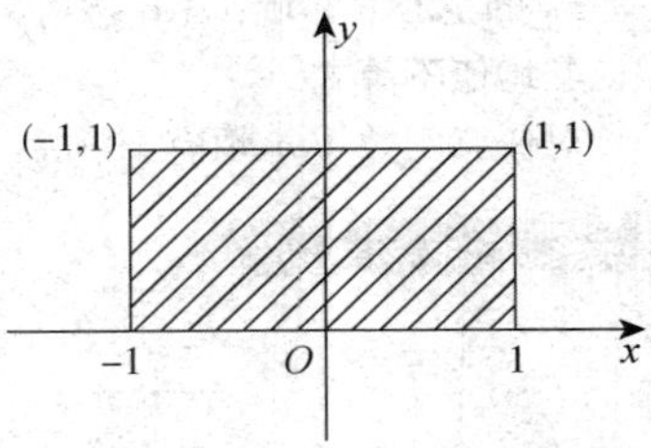

图 1-1

特别提醒 一般的，$A\times B$ 与 $B\times A$ 是两个不相同的集合，要注意集合笛卡儿乘积中集合的先后次序.

第二节 实数集

知识点归纳

1. 绝对值

一个实数 x 的绝对值，记为 $|x|$，定义为 $|x|=\begin{cases}x, x\geqslant 0\\ -x, x<0\end{cases}$.

绝对值及其运算的性质：

(1) $|x|\geqslant 0$；$|-x|=|x|=\sqrt{x^2}$；$-|x|\leqslant x\leqslant |x|$.

(2) $|xy|=|x|\cdot|y|$；$\left|\dfrac{x}{y}\right|=\left|\dfrac{x}{y}\right|(y\neq 0)$.

(3) $|x|\leqslant y \Leftrightarrow -y\leqslant x\leqslant y(y\geqslant 0)$；$|x|\geqslant y \Leftrightarrow x\geqslant y$ 或 $x\leqslant -y(y\geqslant 0)$.

(4) $|x|-|y| \leqslant |x+y| \leqslant |x|+|y|$.

(5) $|x|-|y| \leqslant |x-y| \leqslant |x|+|y|$.

(6) $|x-y| \geqslant ||x|-|y||$.

2. 区间

(1) 开区间:$(a,b)=\{x \mid a<x<b\}$.

(2) 闭区间:$[a,b]=\{x \mid a \leqslant x \leqslant b\}$.

(3) 半开区间:$(a,b]=\{x \mid a<x \leqslant b\}$,$[a,b)=\{x \mid a \leqslant x<b\}$.

(4) 无限区间:$(a,+\infty)=\{x \mid x>a\}$,$[a,+\infty)=\{x \mid x \geqslant a\}$,$(-\infty,b)=\{x \mid x<b\}$,$(-\infty,b]=\{x \mid x \leqslant b\}$,$(-\infty,+\infty)=\{x \mid -\infty<x<+\infty\}$.

特别提醒 开区间、闭区间、半开区间为有限区间,区间的长度为 $b-a$.

3. 邻域

x_0 的 δ 邻域:$U(x_0,\delta)=\{x \mid |x-x_0|<\delta\}$.

x_0 的空心 δ 邻域:$\mathring{U}(x_0,\delta)=\{x \mid 0<|x-x_0|<\delta\}$.

4. 均值不等式

对任意实数 a,b,恒有 $a^2+b^2 \geqslant 2ab$,当且仅当 $a=b$ 时等号成立.

典型例题解析

题型 1:求解含绝对值的不等式

例 解不等式 $|2x-1|-|x-2|<0$.

解 原不等式等价于不等式组

$$\begin{cases} x \geqslant 2 \\ 2x-1-(x-2)<0 \end{cases} \quad ①$$

或

$$\begin{cases} \dfrac{1}{2}<x<2 \\ 2x-1+x-2<0 \end{cases} \quad ②$$

或

$$\begin{cases} x \leqslant \dfrac{1}{2} \\ -(2x-1)+x-2<0 \end{cases} \quad ③$$

不等式组 ① 无解,不等式组 ② 的解集为 $\frac{1}{2}<x<1$,不等式组 ③ 的解集为 $-1<x \leqslant \frac{1}{2}$.

综上,$-1<x<1$,原不等式的解集为 $\{x \mid -1<x<1\}$.

题型 2:求解含绝对值的不等式中的参数值

例 若对任意 $x>0$,$\dfrac{x}{x^2+3x+1} \leqslant a$ 恒成立,求 a 的取值范围.

解 对任意 $x>0$,$\dfrac{x}{x^2+3x+1} \leqslant a$,即对任意 $x>0$,恒有 $\dfrac{1}{x+\dfrac{1}{x}+3} \leqslant a$.

又由均值不等式$\frac{1}{x+\frac{1}{x}+3} \leqslant \frac{1}{2\sqrt{x \cdot \frac{1}{x}}+3}=\frac{1}{5}$，所以 a 的取值范围为$\frac{1}{5} \leqslant a<+\infty$.

第三节　函数

知识点归纳

1. 函数的定义

名称	定义
函数	若 D 是一个非空实数集合，设有一个对应规则 f，使每一个 $x \in D$，都有一确定的实数 y 与之对应，则称这个对应规则 f 为定义在 D 上的一个函数关系，或称变量 y 是变量 x 的函数，记作 $y=f(x)$，$x \in D$. 其中 x 称为自变量，y 称为因变量，D 称为定义域，记作 D_f，即 $D_f=D$，全体函数值的集合 $\{y \mid y=f(x), x \in D_f\}$ 称为函数 $y=f(x)$ 的值域，记作 Z 或 Z_f.

特别提醒　(1) f 表示自变量 x 和因变量 y 之间的对应法则，而 $f(x)$ 表示与自变量 x 对应的函数值.

(2) 表示函数的记号可以任意选取.

(3) 构成函数的要素是定义域 D_f 及对应法则 f.

(4) 当且仅当两个函数的定义域及对应法则都相同时，两个函数相等.

2. 显函数和隐函数

如果函数的对应规则是因变量用自变量的一个数学表达式表示出来的，这样的函数称为显函数；如果函数的对应规则是用一个方程 $F(x, y)=0$ 来表示的，这样的函数称为隐函数.

特别提醒　(1) 显然，对于函数来说，最重要的是函数的定义域和对应法则，当它们一经确定，值域也就确定，习惯上我们把定义域、对应法则、值域称为函数的三要素.

(2) 求定义域的原则：如果已经用解析式表示，定义域就是使函数有意义的、实数范围内的点的集合，我们称之为自然定义域，其自变量 x 必须满足能够运算的条件，如分式的分母不能为零，对数的真数要大于零，平方根下非负等；如果是实际问题，定义域就是使变量有实际意义的点的集合.

典型例题解析

题型 1：判断两个函数是否相同

例　下列各对函数中，相同的一对函数是(　　).

(A) $y=\frac{x^2}{x}$ 与 $y=x^2$　　(B) $y=\ln x^2$ 与 $y=2\ln x$

(C) $y=\sqrt{x^2}$ 与 $y=x$　　(D) $y=x^2$ 与 $u=v^2$

解　$\because$ 选项(A) 中两个函数的定义域 $D_1=(-\infty, 0) \cup (0,+\infty)$，$D_2=(-\infty,+\infty)$ 不相同；

选项(B)中的 $D_1=(-\infty,0)\cup(0,+\infty)\neq D_2=(0,+\infty)$;而选项(C)中的两个函数定义域虽相同,但对应法则不相同,其中函数 $y=x$,当 $x>0$ 时,$y>0$;当 $x<0$ 时,$y<0$. 而函数 $y=\sqrt{x^2}$,当 $x>0$ 时 $y>0$;当 $x<0$ 时 $y>0$.

对于选项(D)中的两个函数,只是变量的表示字母不同,但定义域和对应法则完全相同.

∴ 仅选项(D)是正确的.

特别提醒 区分两个函数是否相同,关键是研究确定函数关系的两个要素,即定义域和对应法则,而与变量用什么字母表示无关.

题型 2:求函数定义域

例 求函数 $y=\tan(\sqrt{x}-2)$ 的定义域.

解 定义域应满足 $\sqrt{x}-2\neq k\pi+\frac{\pi}{2}$($k$ 为整数),即定义域为

$$D=\left\{x \mid x\neq\left(k\pi+\frac{\pi}{2}+2\right)^2 \text{ 且 } x\geqslant 0, k \text{ 为整数}\right\}.$$

特别提醒 求初等函数的定义域有下列原则:① 分母不能为零. ② 偶次根式的被开方数大于等于零. ③ 对数的真数大于零. ④$\arcsin x$ 或 $\arccos x$ 的定义域为 $|x|\leqslant 1$. ⑤$\tan x$ 的定义域为 $x\neq k\pi+\frac{\pi}{2}, k\in\mathbf{Z}$. ⑥$\cot x$ 的定义域为 $x\neq k\pi, k\in\mathbf{Z}$.

题型 3:综合题

例 记函数 $f(x)=\sqrt{2-\frac{x+3}{x+1}}$ 的定义域为 A,函数 $g(x)=\lg[(x-a-1)(2a-x)](a<1)$ 的定义域为 B.

(1) 求 A;(2) 若 $B\subset A$,求实数 a 的取值范围.

解 (1) 要使函数 $f(x)$ 有定义,需满足 $2-\frac{x+3}{x+1}\geqslant 0$,即 $\frac{x-1}{x+1}\geqslant 0$,也即 $x<-1$ 或 $x\geqslant 1$,故 $A=(-\infty,-1)\cup[1,+\infty)$.

(2) 要使函数 $g(x)$ 有定义,需满足 $(x-a-1)(2a-x)>0$,因 $a<1$,故 $a+1>2a$,所以上面不等式的解集为 $2a<x<a+1$,故 $B=(2a,a+1)$.

因 $B\subset A$,故 $2a\geqslant 1$ 或 $a+1\leqslant -1$,即 $a\geqslant\frac{1}{2}$ 或 $a\leqslant -2$. 又因为 $a<1$,所以 $\frac{1}{2}\leqslant a<1$ 或 $a\leqslant -2$.

第四节 分段函数

知识点归纳

1. 概念

有些函数,对于定义域内自变量不同的值,其对应规则要用两个或者两个以上的式子表示,这类

函数称为分段函数.

2. 几个常用的分段函数

(1) 绝对值函数：$y=|x|=\begin{cases}x, & x\geqslant 0\\ -x, & x<0\end{cases}$.

(2) 符号函数：$y=\operatorname{sgn}x=\begin{cases}-1, & x<0\\ 0, & x=0\\ 1, & x>0\end{cases}$.

(3) 取整函数：$y=[x]$.

(4) 狄利克莱函数：$y=\begin{cases}1, x\in \mathbf{Q}\\ 0, x\in \overline{\mathbf{Q}}\end{cases}$,其中 $\mathbf{Q}$、$\overline{\mathbf{Q}}$ 分别表示有理数和无理数.

典型例题解析

题型 1:求分段函数的定义域

例 求函数 $y=\dfrac{1}{\ln|x|}$ 的定义域.

解 绝对值函数可以化为分段函数 $y=\dfrac{1}{\ln|x|}=\begin{cases}\dfrac{1}{\ln x}, & x>0 \text{ 且 } x\neq 1\\ \dfrac{1}{\ln(-x)}, & x<0 \text{ 且 } x\neq -1\end{cases}$

其中第一段的定义域为 $(0,1)\cup(1,+\infty)$,第二段的定义域为 $(-\infty,-1)\cup(-1,0)$,再取各段定义域的并集 $(-\infty,-1)\cup(-1,0)\cup(0,1)\cup(1,+\infty)$,即定义域为 $\{x\,|-\infty<x<+\infty \text{ 且 } x\neq 0, x\neq\pm 1\}$.

特别提醒 分段函数的定义域就是求出各段上的定义域并将每段表达式的定义域并在一起.

题型 2:对分段函数的求值

例 设 $f(x)=\begin{cases}2^x, & -1<x<0\\ 2, & 0\leqslant x<1\\ x+1, & 1\leqslant x\leqslant 3\end{cases}$,求 $f(3)$,$f(2)$,$f(0)$,$f\left(\dfrac{1}{2}\right)$,$f\left(-\dfrac{1}{2}\right)$ 及 $f(x+1)$.

解 $f(3)=(x+1)|_{x=3}=4$,$f(2)=(x+1)|_{x=2}=3$,$f(0)=2|_{x=0}=2$,

$f\left(\dfrac{1}{2}\right)=2|_{x=\frac{1}{2}}=2$,$f\left(-\dfrac{1}{2}\right)=2^x|_{x=-\frac{1}{2}}=2^{-\frac{1}{2}}=\dfrac{\sqrt{2}}{2}$,

$f(x+1)=\begin{cases}2^{x+1}, & -1<x+1<0\\ 2, & 0\leqslant x+1<1\\ x+1+1, & 1\leqslant x+1\leqslant 3\end{cases}$,即 $f(x+1)=\begin{cases}2^{x+1}, & -2<x<-1\\ 2, & -1\leqslant x<0\\ x+2, & 0\leqslant x\leqslant 2\end{cases}$.

特别提醒 由于分段函数在各段上的对应法则是不同的,所以求分段函数在某点的函数值时,要先找到该点所在区间的对应函数表达式,再代入求值.

题型3:分段函数表达式

例 定义在$\mathbf{R}$上的函数$f(x)$满足$f(x)=\begin{cases}\log_2(1-x), x\leqslant 0\\ f(x-1)-f(x-2), x>0\end{cases}$,求$f(2009)$.

解 由已知得$f(-1)=\log_2 2=1, f(0)=0, f(1)=f(0)-f(-1)=-1$,
$f(2)=f(1)-f(0)=-1, f(3)=f(2)-f(1)=0$,
$f(4)=f(3)-f(2)=1, f(5)=f(4)-f(3)=1, f(6)=f(5)-f(4)=0$,
所以函数$f(x)$是以6为周期的函数.所以$f(2009)=f(5)=1$.

第五节 函数关系

知识点归纳

建立函数关系的基本步骤

步骤	① 明确问题中的因变量与自变量,并以适当记号表示
	② 寻找等量关系,建立函数关系
	③ 确定函数的定义域

典型例题解析

题型:根据实际应用问题建立函数关系

例 将一个底半径为2cm,高为10cm的圆锥形杯做成量杯,要在上面刻上表示容积的刻度,求出溶液高度与其对应容积之间的函数关系.

解 设溶液高度为h,其对应的容积为V,r是平行于底面的截面的半径,如图1-2所示,则$V=\frac{1}{3}\pi r^2 h$.

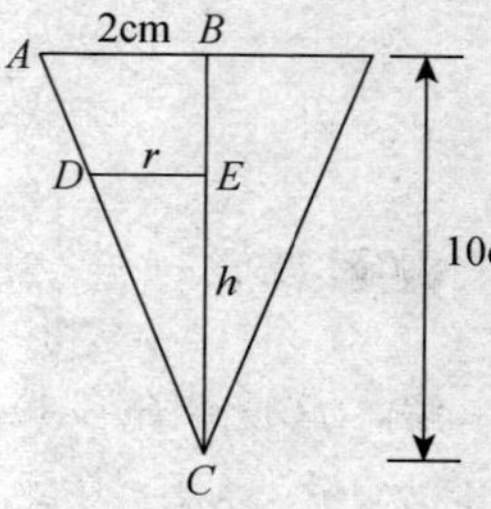

图 1-2

因为r也是变量,而需要找的是V与h之间的函数关系,所以应设法消去r,注意到$\triangle ABC \backsim \triangle DEC$,有$\frac{CE}{CB}=\frac{DE}{AB}$.

即$\frac{h}{10}=\frac{r}{2}$,$r=\frac{1}{5}h$,代入上式可得

$V=\frac{1}{3}\pi\left(\frac{1}{5}h\right)^2 h=\frac{1}{75}\pi h^3 \ (0\leqslant h\leqslant 10)$.

第六节　函数的几种简单性质

知识点归纳

奇偶函数

<table>
<tr><th>性质</th><th colspan="2">定义</th><th>图例说明和注意</th></tr>
<tr><td rowspan="3">单调性</td><td>单调上升
(单调递增)</td><td>函数 $f(x)$ 在区间 I 上有定义，对 $\forall x_1,x_2 \in I$，由 $x_1 < x_2 \Rightarrow f(x_1) \leqslant f(x_2)$</td><td>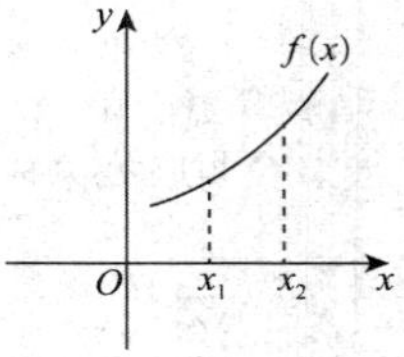</td></tr>
<tr><td>单调下降
(单调递减)</td><td>函数 $f(x)$ 在区间 I 上有定义，对 $\forall x_1,x_2 \in I$，由 $x_1 < x_2 \Rightarrow f(x_1) \geqslant f(x_2)$</td><td>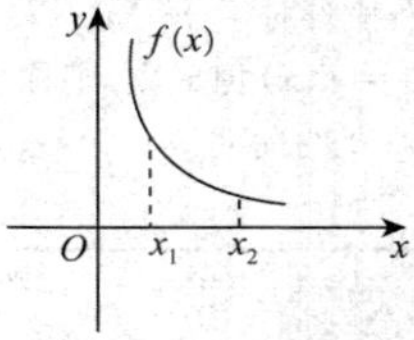</td></tr>
<tr><td colspan="3">若严格不等号成立，则称严格单调上升(下降)</td></tr>
<tr><td>有界性</td><td colspan="2">函数 $f(x)$ 在区间 I 上有定义，若 $\exists M>0$，$\forall x \in I$，有 $|f(x)| \leqslant M$(或 $\exists m,M$，使得 $m \leqslant f(x) \leqslant M$ 成立)，则称函数 $f(x)$ 在 I 上是有界函数</td><td>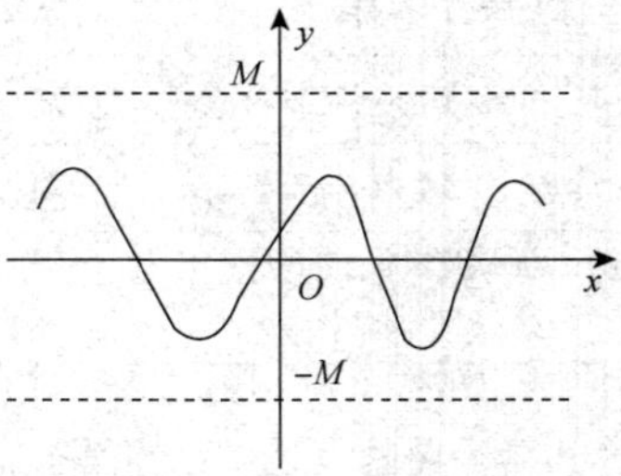即函数的图形位于 $y=M$ 与 $y=-M$ 之间</td></tr>
<tr><td>无界性</td><td colspan="2">函数 $f(x)$ 在 I 上有定义，若 $\forall M>0$，$\exists x' \in I$，使得 $|f(x')|>M$，则称 $f(x)$ 在 I 上无界</td><td>例：$f(x)=\dfrac{1}{x}$ 在 $(0,+\infty)$ 上无界，因为 $\forall M>0$，取 $x'=\dfrac{1}{3M}$，则 $f(x')=3M>M$</td></tr>
</table>

续表

<table>
<tr><th>性质</th><th colspan="2">定义</th><th colspan="2">图例说明和注意</th></tr>
<tr><td rowspan="2">奇偶性</td><td>偶函数</td><td>设函数 $f(x)$ 的定义域 D 关于原点对称. 如果对于任一 $x \in D$, $f(-x) = f(x)$ 恒成立,则称 $f(x)$ 为偶函数</td><td>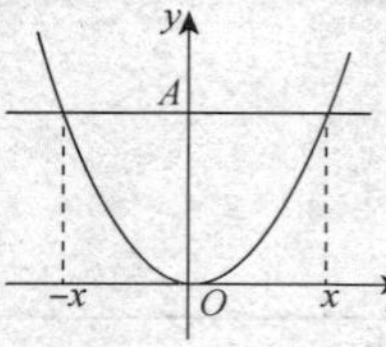</td><td rowspan="2">函数的奇偶性是相对于区间而言的,若定义域关于原点不对称,则该函数就不可能是奇函数或偶函数</td></tr>
<tr><td>奇函数</td><td>设函数 $f(x)$ 的定义域 D 关于原点对称. 如果对于任一 $x \in D$, $f(-x) = -f(x)$ 恒成立,则称 $f(x)$ 为奇函数</td><td>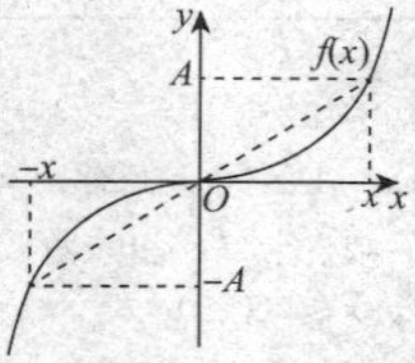</td></tr>
<tr><td>周期性</td><td colspan="2">设函数 $f(x)$ 的定义域为 D,如果存在一个不为零的数 l,使得对于任一 $x \in D$ 有 $(x \pm l) \in D$,且 $f(x+l) = f(x)$ 恒成立,则称 $f(x)$ 为周期函数, l 称为 $f(x)$ 的周期</td><td>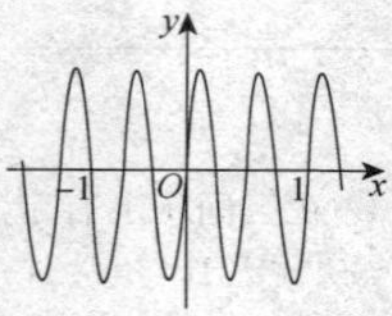</td><td>一般将 $f(x)$ 的最小正周期简称为 $f(x)$ 的周期,但周期函数不一定存在最小正周期,如常数函数. 定义中,并不要求函数的定义域必须有界</td></tr>
</table>

特别提醒

(1)

运算条件	运算规律
设 $f(x)$、$g(x)$ 均为偶函数	则 $f(x) \pm g(x)$ 必为偶函数, $f(x) \cdot g(x)$ 必为偶函数
设 $f(x)$、$g(x)$ 均为奇函数	则 $f(x) \pm g(x)$ 必为奇函数, $f(x) \cdot g(x)$ 必为偶函数
设 $f(x)$ 为偶函数, $g(x)$ 为奇函数	则当 $f(x) \neq 0$ 时, $f(x) \cdot g(x)$ 必为奇函数,但 $f(x) \pm g(x)$ 未必是奇(偶)函数
设 $\varphi(x)$ 为任意函数	则 $f(x) = \varphi(x) + \varphi(-x)$ 必为偶函数, $g(x) = \varphi(x) - \varphi(-x)$ 必为奇函数,且 $\varphi(x) = \dfrac{f(x)}{2} + \dfrac{g(x)}{2}$

(2) 在讨论奇偶性时一定要注意定义域是否关于原点对称.

典型例题解析

题型 1:函数的单调性问题

例 设 $f(x)$, $g(x)$, $h(x)$ 在它们的公共定义域 D 上都是单增函数,且 $f(x) \leqslant g(x) \leqslant h(x)$,若 $f(f(x))$, $g(g(x))$, $h(h(x))$ 都有意义,试证 $f(f(x)) \leqslant g(g(x)) \leqslant h(h(x))$.

证明　任取 D 上一点 x_1，由题设知 $f(x_1)\leqslant g(x_1)\leqslant h(x_1)$，
因此 $f(f(x_1))\leqslant f(g(x_1))\leqslant f(h(x_1))$，
又 $f(g(x_1))\leqslant g(g(x_1))$，$g(g(x_1))\leqslant g(h(x_1))\leqslant h(h(x_1))$，
故 $f(f(x_1))\leqslant g(g(x_1))\leqslant h(h(x_1))$.

特别提醒　单调性是函数的一个重要性质，充分利用单调性的定义，结合不等式的放缩技巧可以得出许多有用的结论.

题型 2：函数的有界性问题

例　证明函数 $f(x)=\dfrac{x^2+1}{x^4+1}$ 在定义域$(-\infty,+\infty)$内有界.

证明　$|f(x)|=\left|\dfrac{x^2+1}{x^4+1}\right|\leqslant\dfrac{(x^2+1)^2}{x^4+1}=\dfrac{x^4+1+2x^2}{x^4+1}=1+\dfrac{2x^2}{x^4+1}\leqslant 1+1=2$，
所以 $f(x)$ 在$(-\infty,+\infty)$内有界.

特别提醒　证明函数有界的常用方法：
(1) 利用函数有界性的定义，对函数取绝对值，然后对不等式进行放缩处理.
(2) 采用导数求最值的方法.
(3) 根据连续函数的性质.((2)(3) 见后续相应章节)

题型 3：函数的奇偶性问题

例　设 $f(x)$ 满足方程 $2f(x)+f\left(\dfrac{1}{x}\right)=\dfrac{1}{x}$，试证明 $f(-x)+f(x)=0$.

证明　先求出 $f(x)$. 令 $x=\dfrac{1}{t}$ 代入方程，得 $2f\left(\dfrac{1}{t}\right)+f(t)=t$，

即 $f(x)+2f\left(\dfrac{1}{x}\right)=x$. 联立此方程与原已知方程得 $f(x)=\dfrac{2-x^2}{3x}$，

又 $f(-x)=\dfrac{2-(-x)^2}{3(-x)}=-\dfrac{2-x^2}{3x}=-f(x)$，故 $f(-x)+f(x)=0$.

特别提醒　判断函数奇偶性通常采用的方法有：
(1) 从定义出发或者利用运算性质(奇函数的代数和是奇函数等).
(2) 证明 $f(-x)+f(x)=0$ 或 $f(-x)-f(x)=0$.

题型 4：函数的周期性问题

例　设 $a<b$，函数 $f(x)$ 对任意 $x\in(-\infty,+\infty)$，有 $f(a-x)=f(a+x)$，$f(b-x)=f(b+x)$. 证明：$f(x)$ 为周期函数.

证明　对 $\forall x\in(-\infty,+\infty)$，
$\because f(x+2b-2a)=f(b+x+b-2a)=f(b+(x+b-2a))$
$\qquad=f(a+a-x)=f(a-(a-x))=f(x)$.

$\therefore f(x)$ 是周期函数，$2b-2a$ 是它的一个周期.

特别提醒 解决此类问题的关键是首先猜想到一个周期 T，这就要求具备较强的恒等变形力与观察能力. 判定函数为周期函数的主要方法：① 从定义出发，找到 $T\neq 0$，使 $f(x+T)=f(x)$. ② 利用周期函数的运算性质证明.

第七节 反函数与复合函数

知识点归纳

名称	定义
反函数	设 $y=f(x)$ 是定义域 D_f 上的一个函数，值域为 Z_f. 如果对每一个 $y\in Z_f$ 有一个确定的且满足 $y=f(x)$ 的 $x\in D_f$ 与之对应，其对应规则记作 f^{-1}，这个定义在 Z_f 上的函数 $x=f^{-1}(y)$ 称为 $y=f(x)$ 的反函数，或称它们互为反函数
复合函数	设函数 $y=f(u)$ 的定义域为 D_f，函数 $u=g(x)$ 在 D 上有定义且其值域 $Z_g\subset D_f$，则由下式确定的函数 $y=f[g(x)]$，$x\in D$ 称为由函数 $u=g(x)$ 和函数 $y=f(u)$ 构成的复合函数，它的定义域为 D，变量 u 称为中间变量

特别提醒 ①g 与 f 能构成复合函数 $f\circ g$ 的条件是：函数 g 在 D 上的值域 Z_g 必须含在 $f(x)$ 的定义域 D_f 中，即 $Z_g\subset D_f$ 或 $Z_g\cap D_f$ 非空；② 结合律成立，$(f\circ g)\circ h=f\circ(g\circ h)$，但没有交换律，即 $f\circ g\neq g\circ f$；③ 一个函数如果有反函数，它必定是一一对应的函数关系；④ 习惯上，常用 x 表示自变量，y 表示因变量，因此反函数常写作 $y=f^{-1}(x)$，即 $y=f^{-1}(x)$ 是 $y=f(x)$ 的反函数. 而 $y=f(x)$ 与 $y=f^{-1}(x)$ 的关系是 x 与 y 互换，所以它们的图像关于直线 $y=x$ 对称.

典型例题解析

题型 1:求函数表达式及其定义域

例 设 $f(x)=e^{x^2}$，$f[\varphi(x)]=1-x$，且 $\varphi(x)\geqslant 0$，求 $\varphi(x)$ 及其定义域.

解 由 $f(x)=e^{x^2}$ 及 $f[\varphi(x)]=1-x$ 得：$e^{\varphi^2(x)}=1-x$，$\varphi^2(x)=\ln(1-x)$.

又 $\varphi(x)\geqslant 0$，得 $\varphi(x)=\sqrt{\ln(1-x)}$，

令 $\ln(1-x)\geqslant 0$，得 $1-x\geqslant 1$，即 $x\leqslant 0$，

故 $\varphi(x)$ 的定义域为 $\{x\mid x\leqslant 0\}$.

特别提醒 复合函数的求解方法主要有两种：

(1) 代入法：将一个函数中的自变量用另一个函数的表达式来代替，适用于初等函数的复合.

(2) 分析法：抓住最外层函数定义域的各区间段，结合中间变量的表达式及中间变量的定义域进行分析，适用于初等函数与分段函数的复合或两分段函数的复合.

题型 2:求反函数

例 求 $y=f(x)=\begin{cases}1+x^2,x>0\\0,x=0\\-1-x^2,x<0\end{cases}$ 的反函数.

解 由 $y=f(x)$ 出发解出 x 的表达式,然后交换 x 与 y 的位置. 即可求得反函数 $y=f^{-1}(x)$.

当 $x>0$ 时,由 $y=1+x^2$ 解出 $x=\pm\sqrt{y-1}$,又因为 $x>0$,所以 $x=\sqrt{y-1}$,$y>1$;当 $x=0$ 时,$y=0$;当 $x<0$ 时,由 $y=-1-x^2$ 解出 $x=\pm\sqrt{-1-y}$,又因为 $x<0$,所以 $x=-\sqrt{-1-y}$,因此 $-1-y>0$,即 $y<-1$.

$$x=f^{-1}(y)=\begin{cases}\sqrt{y-1},y>1\\0,y=0\\-\sqrt{-1-y},y<-1\end{cases}$$

即所求反函数

$$y=f^{-1}(x)=\begin{cases}\sqrt{x-1},x>1\\0,x=0\\-\sqrt{-1-x},x<-1\end{cases}$$

特别提醒　反函数求解方法比较固定,具有很强的规律性,关键是把握好定义域和符号的变化,特别是要牢记分段函数所求函数表达式的区间.

题型 3:函数的复合构成复合函数

例 已知 $y=2^u$,$u=3\tan v$,$v=1+\lg x$,求 y 关于 x 的函数.

解 $y=2^{3\tan(1+\lg x)}$,定义域为 $x>0$ 且 $x\neq 10^{k\pi+\frac{\pi}{2}-1}$.

特别提醒　特别注意,在函数复合过程中,内层函数的值域与外层函数的定义域的交集应该非空,应注明复合函数的定义域.

第八节　初等函数

知识点归纳

1. 基本初等函数

常数、幂函数、指数函数、对数函数、三角函数、反三角函数统称为基本初等函数.

2. 初等函数

由基本初等函数经过有限次四则运算和复合运算,可以用一个式子表示的函数称为初等函数.

3. 经济上几个常用的函数

① 需求函数;② 供给函数;③ 总成本函数;④ 销售收入函数(总收益函数);⑤ 总利润函数.

典型例题解析

题型 1:基本初等函数的复合

例 函数 $y=\log_a(x+3)-1(a>0,a\neq 1)$ 的图像恒过定点 A,若点 A 在直线 $mx+ny+1=0$ 上,其中 $mn>0$,求 $\frac{1}{m}+\frac{2}{n}$ 的最小值.

解 由函数 $y=\log_a(x+3)-1(a>0,a\neq 1)$ 的图像恒过定点 $(-2,-1)$,代入直线方程 $mx+ny+1=0$,得 m,n 满足 $-2m-n+1=0$,且 $mn>0$,即 $2m+n=1$.

所以,$\frac{1}{m}+\frac{2}{n}=\frac{2m+n}{mn}=\frac{1}{mn}$.

另一方面,$\frac{1}{m}+\frac{2}{n}\geqslant 2\sqrt{\frac{2}{mn}}$,即 $\frac{1}{mn}\geqslant 2\sqrt{\frac{2}{mn}}$,解得 $mn\leqslant\frac{1}{8}$,即 $\frac{1}{m}+\frac{2}{n}=\frac{1}{mn}\geqslant 8$. 故 $\frac{1}{m}+\frac{2}{n}$ 的最小值为 8.

特别提醒 根据基本初等函数的性质可确定定点 A,进而代入直线方程,可得到 m,n 满足的条件.

题型 2:复合函数的分解

例 把下列函数分解为基本初等函数:(1) $y=e^{\cos^2 x}$;(2) $y=(\arctan x^2)^3$.

解 (1) 由内层函数向外层函数分解,就是按由 x 确定 y 的运算顺序进行. 即对给定的 x,先计算 $\cos x$,令 $v=\cos x$;再由 v 计算幂函数 v^2,令 $u=v^2$;最后,由 u 计算指数函数 e^u,得 $y=e^n$. 于是,函数 $y=e^{\cos^2 x}$ 是由基本初等函数 $y=e^u,u=v^2,v=\cos x$ 复合而成的.

(2) 由外层函数向内层函数分解,直到自变量 x 的基本初等函数为止. 即

令 $y=u^3$,则 $u=\arctan x^2$;令 $u=\arctan v$,则 $v=x^2$.

$\because v=x^2$ 已是自变量 x 的基本初等函数,$\therefore$ 函数 $y=(\arctan x^2)^3$ 是由基本初等函数 $y=u^3$,$u=\arctan v,v=x^2$ 复合而成的.

特别提醒 牢记基本初等函数的表达式是解决此类问题的基础,而由里到外,或由外向内逐级分解是解决问题的关键. 做题时既不能跨越,也不能漏掉某个基本初等函数,要分清复合函数的成分.

题型 3:判断函数的种类

例 (1) 下列函数为基本初等函数的是(　　).

(A) $y=2x+\tan x$　　(B) $y=\sqrt[3]{x^2}$

(C) $y=1+|x|$　　(D) $y=\ln(1+x^2)$

(2) 函数 $y=2\pi+\arctan x$ 在 $(-\infty,+\infty)$ 内是(　　).

(A) 有界函数　　(B) 无界函数

(C) 偶函数　　(D) 周期函数

(3) 函数 $f(x)=\begin{cases}2x, & |x|\leqslant 1\\ 1+x, & 1<|x|\leqslant 2\end{cases}$ 为(　　).

(A) 基本初等函数　　(B) 初等函数

(C) 分段函数　　(D) 复合函数

解　(1) 由排除法易知,(A)(C)(D) 均不正确,因 $y=\sqrt[3]{x^2}=x^{\frac{2}{3}}$ 为幂函数,即基本初等函数,故应选(B).

(2) 由反正切函数的定义及性质知,(A) 正确.

(3) 由基本初等函数、初等函数及复合函数的定义知,(A)(B)(D) 不正确,故应选(C).

特别提醒　解答选择题常用排除法.

第九节　函数图形的简单组合与变换

知识点归纳

函数图形的几种常用组合与变换

名称	步骤内容	图例说明
叠加	已知 $y=f(x)$ 和 $y=g(x)$ 的图形,作 $y=f(x)+g(x)$ 的图形,只要在同一横坐标处将两图形的纵坐标叠加起来即可	已知 $y=x$ 及 $y=\frac{1}{x}$ 的图形,作 $y=x+\frac{1}{x}$ 的图形 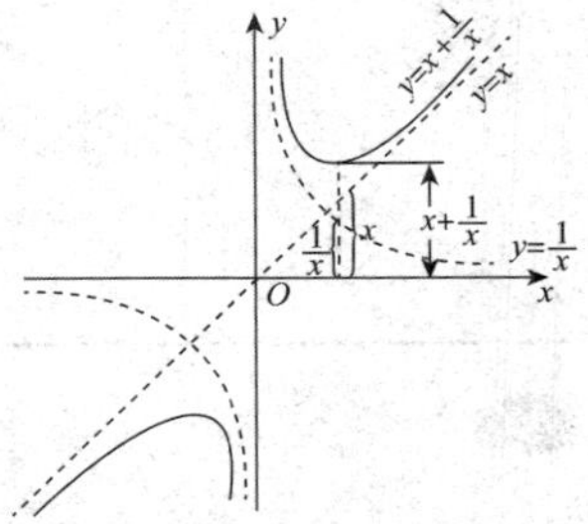
翻转	已知 $y=f(x)$ 的图形,作 $y=-f(x)$ 的图形,可在同一横坐标处将 $f(x)$ 图形的纵坐标改变正负号,若图形在 x 轴上方则翻转到下方,若图形在 x 轴下方则翻转到上方,即作关于 x 轴与 $f(x)$ 图形的对称图形	已知 $y=x^2-1$ 的图形,作 $y=-(x^2-1)$ 的图形 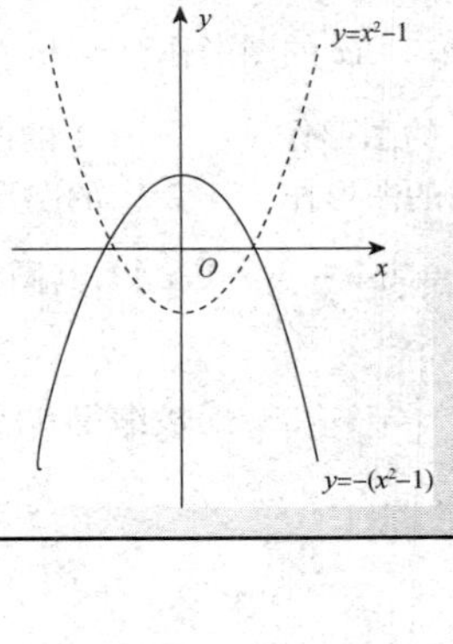

<table>
<tr><th>名称</th><th>步骤内容</th><th>图例说明</th></tr>
<tr><td>放缩</td><td>已知 $y=f(x)$ 的图形，作 $y=kf(x)$ 的图形（k 为不等于0的常数），当 $k>1$ 时，在同一横坐标处将 $f(x)$ 图形的纵坐标放大 k 倍；当 $0<k<1$ 时，将 $f(x)$ 图形的纵坐标缩小 $\frac{1}{k}$；当 $k<0$ 时，既放缩又翻转</td><td>已知 $y=x^2$ 的图形，作 $y=2x^2$，$y=\frac{1}{4}x^2$，$y=-\frac{1}{2}x^2$ 的图形
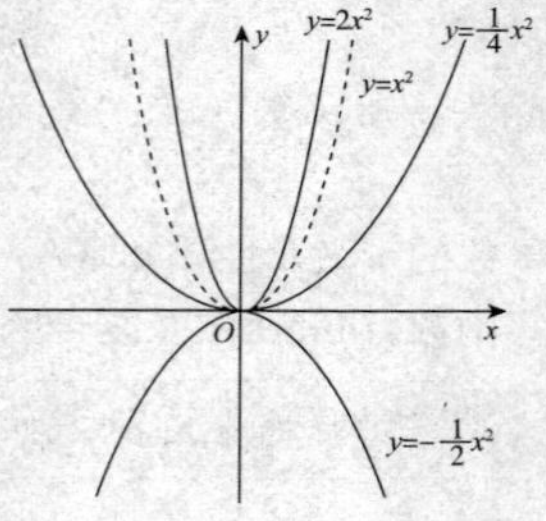
</td></tr>
<tr><td>平移</td><td>已知 $y=f(x)$ 的图形，作 $y=f(x)+c$ 的图形（c 为常数）. 当 $c>0$ 时，将 $f(x)$ 的图形向上平行移动距离 c；当 $c<0$ 时，将 $f(x)$ 的图形向下平行移动距离 $|c|$</td><td>已知 $y=x^3$ 的图形，作 $y=x^3+1$ 和 $y=x^3-2$ 的图形
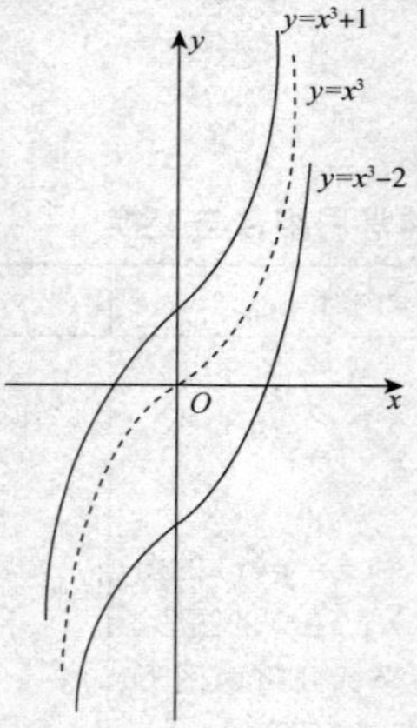
</td></tr>
</table>

典型例题解析

题型：由已知函数求有关函数图形

例 (1) 由 $y=\ln x$ 的图形作 $y=\ln\frac{1}{x}$ 的图形.

(2) 由 $y=x^2$ 的图形作 $y=x^2+1$ 的图形.

(3) 由 $y=3^x$ 的图形作 $y=3^{x+1}$ 的图形.

解 (1) 由 $y=\ln\frac{1}{x}=-\ln x$ 知，其图形见图 1-3.

(2) 见图 1-4.

(3) 由 $y=3^{x+1}=3\cdot 3^x$ 知，放缩得其图形见图 1-5.

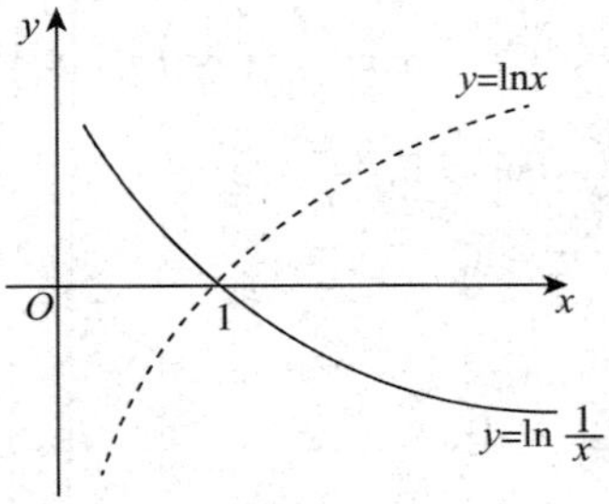

图 1-3

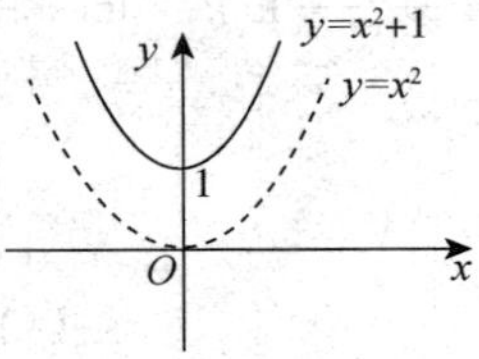

图 1-4

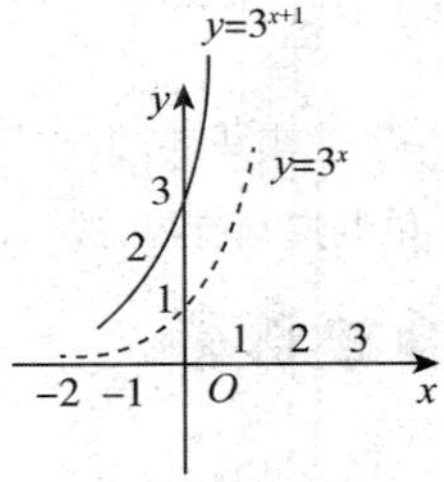

图 1-5

特别提醒　描绘函数图形关键在于注意观察或计算函数在某些特殊点处的值.

考研真题精解

1. 曲线 $y=\dfrac{x^2+x}{x^2-1}$ 渐近线的条数为(　　).

(A)0　　(B)1　　(C)2　　(D)3

【答案】 (C)

【解答】 $\lim\limits_{x\to 1}\dfrac{x^2+x}{x^2-1}=\infty$,所以 $x=1$ 为垂直渐近线,

$\lim\limits_{x\to\infty}\dfrac{x^2+x}{x^2-1}=1$,所以 $y=1$ 为水平渐近线,没有斜渐近线,故有两条渐近线选(C).

2. (1) 证明:对任意的正整数 n,都有 $\dfrac{1}{n+1}<\ln\left(1+\dfrac{1}{n}\right)<\dfrac{1}{n}$ 成立.

(2) 设 $a_n=1+\dfrac{1}{2}+\cdots+\dfrac{1}{n}-\ln n(n=1,2,\cdots)$,证明数列 $\{a_n\}$ 收敛.

证明　(1) $f(x)=\ln(1+x)$ 在 $\left[0,\dfrac{1}{n}\right]$ 应用中值定理 $f(b)-f(a)=f'(\xi)(b-a),\xi\in[a,b]$.

$\ln\left(1+\dfrac{1}{n}\right)=\ln\left(1+\dfrac{1}{n}\right)-\ln 1=\dfrac{1}{1+\xi}\cdot\dfrac{1}{n}$,

$0<\xi<\dfrac{1}{n},\dfrac{1}{1+\dfrac{1}{n}}<\dfrac{1}{1+\xi}<1$,

即 $\dfrac{1}{1+\dfrac{1}{n}}\cdot\dfrac{1}{n}<\ln\left(1+\dfrac{1}{n}\right)<1\cdot\dfrac{1}{n},\dfrac{1}{1+n}<\ln\left(1+\dfrac{1}{n}\right)<\dfrac{1}{n}$.

(2) $a_{n+1}=1+\dfrac{1}{2}+\cdots+\dfrac{1}{n}+\dfrac{1}{n+1}-\ln(n+1)$,

$a_{n-1}-a_n=\dfrac{1}{n+1}-\ln(n+1)+\ln n=\dfrac{1}{n+1}-\dfrac{1}{\xi},(n<\xi<n+1)$,

其中 $\ln(n+1)-\ln n=\dfrac{1}{\xi}(n+1-n),(n<\xi<n+1)$,

$a_{n+1}-a_n<0$ 即 $a_{n+1}<a_n$,即 $\{a_n\}$ 为单调递减数列,

$$a_n = 1+\frac{1}{2}+\cdots+\frac{1}{n}-\ln n > \ln\left(1+\frac{1}{n}\right)+\ln\left(1+\frac{1}{2}\right)+\cdots+\ln\left(1+\frac{1}{n}\right)-\ln n$$

$$=\ln\frac{2}{1}+\ln\frac{3}{2}+\cdots+\ln\frac{n+1}{n}-\ln n=\ln(n+1)-\ln n=\ln\frac{n+1}{n}>0$$

$\{a_n\}$ 单调递减有界,故$\{a_n\}$ 收敛.

课后习题全解

(A)

1. **解** (1)$A=\{x \mid x^2-6x+9=0\}$;(2)$B=\{x \mid x=2007n, n$ 为整数$\}$;

(3)$C=\{x \mid x^2+2=0, x$ 为实数$\}$;(4)$D_1=\{1,2,3,4\}$,$D_2=\{1,3\}$,$D_2\subset D_1$.

2. **解** (1)$A=\{x \mid x>5, x\in\mathbf{R}\}$;

(2)$\{x \mid x^2-7x+12=0\}$;

(3)$B=\{(x,y) \mid x^2+y^2<25, x\in\mathbf{R}, y\in\mathbf{R}\}$;

(4)$C=\{(x,y) \mid y=x^2$ 且 $x-y=0, x,y\in\mathbf{R}\}$.

3. **解** (1)$A=\{3,4\}$;(2)$B=\{(0,0),(1,1)\}$;

(3)$C=\{-4,-3,-2,-1,0,1,2,3,4,5,6\}$;

小结 用列举法表示集合,必须不重不漏地列出集合中的所有元素.

4. **解** $\{0\},\{0,1\},\{0,2\},\{1,2\},\{1\},\{2\},\{0,1,2\},\varnothing$ 为$\{0,1,2\}$ 的子集.

5. **解** (1)$A\cup B=\{1,2,3,5\}$;(2)$A\cap B=\{1,3\}$;(3)$A\cup B\cup C=\{1,2,3,4,5,6\}$;

(4)$A\cap B\cap C=\{1,3\}\cap\{2,4,6\}=\varnothing$;(5)$A-B=\{1,2,3\}-\{1,3,5\}=\{2\}$.

6. **解** 采用实数的区间法表示 $A=(3,5)$,$B=(4,+\infty)$,利用数轴表示法(图 1-6),则

(1)$A\cup B=(3,+\infty)=\{x \mid x>3\}$;

(2)$A\cap B=(4,5)=\{x \mid 4<x<5\}$;

(3)$A-B=(3,4]=\{x \mid 3<x\leqslant 4\}$.

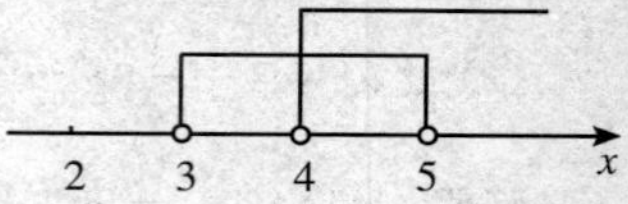

图 1-6

7. **解** $A\cap B=\{(x,y) \mid x+y-1=0$ 且 $x-y+1=0\}$,

解方程组$\begin{cases}x+y-1=0\\x-y+1=0\end{cases}$,得$\begin{cases}x=0\\y=1\end{cases}$.

于是有 $A\cap B=\{(x,y) \mid x+y-1=0$ 且 $x-y+1=0\}=\{(0,1)\}$.

8. **分析** 弄清集合A、B和C各表示的几何含义.集合A表示直线 $x-y+2=0$ 的右下方区域,集合B表示直线 $2x+3y-6=0$ 的右上方区域,集合C表示直线 $x=4$ 的左半部分区域.

解 如图 1-7 所示阴影部分.

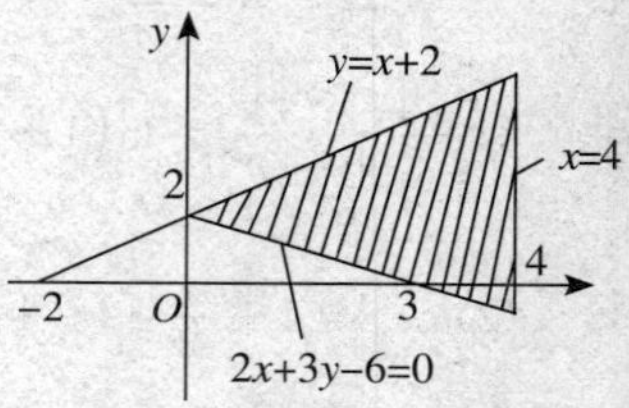

图 1-7

9. **解** (1)$\overline{A}=\{4,5,6\}$;(2)$\overline{B}=\{1,3,5\}$;

(3)$\overline{A}\cup\overline{B}=\{1,3,4,5,6\}$;(4)$\overline{A}\cap\overline{B}=\{5\}$.

10. **解** $A\cap B=\{a,3,b\}=\{1,2,3\}$,说明$A$和$B$中必包括 1,2,3 三个元素.故 $a=1$,$b=2$.

小结 利用集合中元素的互异性解题.

11. **解**　$X \cup (\overline{X \cap Y}) \cup Y = X \cup (\overline{X} \cup \overline{Y}) \cup Y$

$$= [(X \cup \overline{X}) \cup \overline{Y}] \cup Y = [U \cup \overline{Y}] \cup Y$$
$$= U \cup Y = U.$$

12. **解**　$A \times B = \{(a,a),(b,a),(c,a),(d,a),(a,b),(b,b),(c,b),(d,b),(a,c),(b,c),(c,c),(d,c)\}$.

13. **解**　$X \times Y = \{(3,3),(0,3),(2,3),(3,0),(0,0),(2,0),(3,2),(0,2),(2,2)\}$.

14. **解**　$A \times B$＝{(北京,南京),(北京,广州),(北京,深圳),(上海,南京),(上海,广州),(上海,深圳)};

$B \times A$＝{(南京,北京),(南京,上海),(广州,北京),(广州,上海),(深圳,北京),(深圳,上海)}.

15. **解**　$X \times Y \times Z = \{(x_1,y_1,z_1),(x_2,y_1,z_1),(x_3,y_1,z_1),(x_1,y_2,z_1),(x_2,y_2,z_1),(x_3,y_2,z_1),(x_1,y_2,z_2),(x_2,y_2,z_2),(x_3,y_2,z_2),(x_1,y_1,z_2),(x_2,y_1,z_2),(x_3,y_1,z_2)\}$.

小结　习题 12～15 均只需利用集合的笛卡儿乘积的定义解题即可.

16. **解**　(1)$x^2 < 9$,即 $|x| < 3$, $-3 < x < 3$.

(2) $|x-4| < 7$,即 $-7 < x-4 < 7$, $-3 < x < 11$.

(3) $0 < (x-2)^2 < 4$,即 $x \neq 2$ 且 $-2 < x-2 < 2$, $0 < x < 4$ 且 $x \neq 2$.

(4) $|ax - x_0| < \delta$,即 $-\delta < ax - x_0 < \delta$, $-\delta + x_0 < ax < x_0 + \delta$,

故　$\dfrac{x_0 - \delta}{a} < x < \dfrac{x_0 + \delta}{a}$.

17. **解**　(1) $[-3,3]$.

(2) $-1 \leqslant x-2 \leqslant 1$,即 $1 \leqslant x \leqslant 3$,亦即 $[1,3]$.

(3) $-\varepsilon < x-a < \varepsilon$,即 $a-\varepsilon < x < a+\varepsilon$,亦即 $(a-\varepsilon, a+\varepsilon)$.

(4) $x \leqslant -5$ 或 $x \geqslant 5$,即 $(-\infty,-5] \cup [5,+\infty)$.

(5) $x+1 < -2$ 或 $x+1 > 2$,即 $(-\infty,-3) \cup (1,+\infty)$.

18. **解**　(1) $|x+3| < 2$,即 $-2 < x+3 < 2$,得 $-5 < x < -1$,即 $I_1 = (-5,-1)$.

数轴表示如图 1-8 所示.

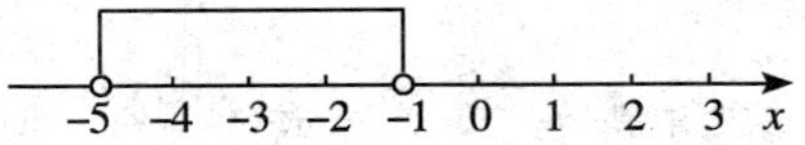

图 1-8

(2) $\begin{cases} 1 < |x-2| \\ 3 > |x-2| \end{cases}$ 即 $\begin{cases} x < 1 \text{ 或 } x > 3 \\ -1 < x < 5 \end{cases}$,亦即 $\begin{cases} x < 1 \\ -1 < x < 5 \end{cases}$ 或 $\begin{cases} x > 3 \\ -1 < x < 5 \end{cases}$.

故 $-1 < x < 1$ 或 $3 < x < 5$,即 $I_2 = (-1,1) \cup (3,5)$.

数轴表示如图 1-9 所示.

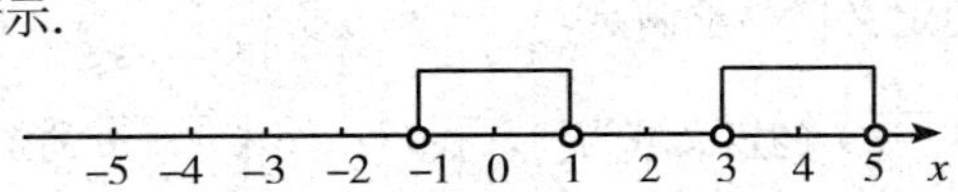

图 1-9

(3) 由 $|x-2| < |x+3|$ 可得 $\begin{cases} x+3 > |x-2| & ① \\ x+3 < -|x-2| & ② \end{cases}$.

由 ① 有$\begin{cases}x-2<x+3\\x-2>-x-3\end{cases}$,可得 $x>-\dfrac{1}{2}$;

由 ② 有 $|x-2|<-x-3$,即$\begin{cases}x-2<-3-x\\x-2>x+3\end{cases}$无解.

故 $|x-2|<|x+3|$ 的解集为 $x\in(-\dfrac{1}{2},+\infty)$,于是可得 $I_3=(-\dfrac{1}{2},+\infty)$.

19. **解** (1) $-x\geqslant 0$,即 $x\leqslant 0$,所以 $y=\sqrt{-x}$ 是定义域为 $(-\infty,0]$ 上的函数关系.

(2) 对数的真数要求大于零,但 $-x^2\leqslant 0$,所以 $y=\lg(-x^2)$ 不是函数关系.

(3) 偶次根号下要求大于等于零,但 $-x^2-1=-(x^2+1)<0$,所以 $y=\sqrt{-x^2-1}$ 不是函数关系.

(4) $-x^2+1\geqslant 0$,$x^2\leqslant 1$,$|x|\leqslant 1$,$-1\leqslant x\leqslant 1$,所以 $y=\sqrt{-x^2+1}$ 是定义域为 $[-1,1]$ 上的函数关系.

(5) 反正弦函数要求 $|x^2+2|\leqslant 1$,但 $|x^2+2|>1$,所以 $y=\arcsin(x^2+2)$ 不是函数关系.

(6) $y=\pm\sqrt{x+1}$,$x+1\geqslant 0$,$x\geqslant -1$. 对于 $x\in[-1,+\infty)$ 中的每一个 x 值,变量 y 有两个值与之对应,所以 $y^2=x+1$ 不是(单值) 函数关系.

20. **解** (1) $y=\dfrac{x^2-1}{x-1}$ 的定义域要求 $x\neq 1$,即定义域为 $(-\infty,1)\cup(1,+\infty)$,$y=x+1$ 的定义域为 $(-\infty,+\infty)$,故二者不是相同的函数.

(2) $y=\lg x^2$ 的定义域为 $(-\infty,0)\cup(0,+\infty)$,$y=2\lg x$ 的定义域为 $(0,+\infty)$,故二者不是相同的函数.

(3) $y=\sqrt{x^2(1-x)}$ 的定义域为 $(-\infty,1]$,$y=x\sqrt{1-x}$ 的定义域为 $(-\infty,1]$,二者的定义域虽然相同,但其对应规则不同,$y=\sqrt{x^2(1-x)}$ 的值域为 $[0,+\infty)$,而 $y=x\sqrt{1-x}$ 的值域为 $(-\infty,\dfrac{2\sqrt{3}}{9})$,故二者不是相同的函数.

(4) $y=\sqrt[3]{x^3(1-x)}$ 与 $y=x\sqrt[3]{1-x}$ 的定义域皆为 $(-\infty,+\infty)$,且其对应规则也相同,故二者是相同的函数.

(5) $y=\sqrt{x(x-1)}$ 的定义域要求满足$\begin{cases}x\geqslant 0\\x-1\geqslant 0\end{cases}$或$\begin{cases}x\leqslant 0\\x-1\leqslant 0\end{cases}$,即$\begin{cases}x\geqslant 0\\x\geqslant 1\end{cases}$或$\begin{cases}x\leqslant 0\\x\leqslant 1\end{cases}$,亦即 $x\geqslant 1$ 或 $x\leqslant 0$. 因此 $y=\sqrt{x(x-1)}$ 的定义域为 $(-\infty,0]\cup[1,+\infty)$;而 $y=\sqrt{x}\sqrt{x-1}$ 的定义域要求满足$\begin{cases}x\geqslant 0\\x-1\geqslant 0\end{cases}$,即 $x\geqslant 1$,因此,$y=\sqrt{x}\sqrt{x-1}$ 的定义域为 $[1,+\infty)$,所以二者不是相同的函数.

(6) $y=\sqrt{x(1-x)}$ 的定义域要求满足$\begin{cases}x\geqslant 0\\1-x\geqslant 0\end{cases}$或$\begin{cases}x\leqslant 0\\1-x\leqslant 0\end{cases}$,即$\begin{cases}x\geqslant 0\\x\leqslant 1\end{cases}$或$\begin{cases}x\leqslant 0\\x\geqslant 1\end{cases}$,亦即 $0\leqslant x\leqslant 1$. 因此,$y=\sqrt{x(1-x)}$ 的定义域为 $[0,1]$,$y=\sqrt{x}\sqrt{1-x}$ 的定义域为 $[0,1]$,二者对应规则亦相同,故二者是相同的函数.

21. **解** $f(0)=2$,$f(1)=0$,$f(2)=0$,$f(-x)=x^2+3x+2$,

$f\left(\dfrac{1}{x}\right)=\dfrac{1}{x^2}-\dfrac{3}{x}+2\ (x\neq 0)$,

$f(x+1)=(x+1)^2-3(x+1)+2=x^2-x.$

22. **分析** 求复合函数的表达式有三种方法,此处用代入法即可.

解 $f[f(x)]=\dfrac{f(x)}{1-f(x)}=\dfrac{\dfrac{x}{1-x}}{1-\dfrac{x}{1-x}}=\dfrac{x}{1-2x}(x\neq 1,x\neq \dfrac{1}{2})$

$f\{f[f(x)]\}=f\left(\dfrac{x}{1-2x}\right)=\dfrac{\dfrac{x}{1-2x}}{1-\dfrac{x}{1-2x}}=\dfrac{x}{1-3x}(x\neq 1,x\neq \dfrac{1}{2},x\neq \dfrac{1}{3})$

23. **解** $f(-x)=\dfrac{e^x-1}{e^x+1}=\dfrac{(e^x-1)e^{-x}}{(e^x+1)e^{-x}}=\dfrac{1-e^{-x}}{1+e^{-x}}=-f(x)$

24. **解** $f(-x)=\dfrac{1-(-x)^2}{\cos(-x)}=\dfrac{1-x^2}{\cos x}=f(x)$

小结 习题23和习题24只需直接运用函数的奇偶性定义,将 $f(x)$ 的表达式代入验证即可.

25. **解** $f(x)\cdot f(y)=f(x+y),\dfrac{f(x)}{f(y)}=f(x-y)$

$f(x)\cdot f(y)=a^x\cdot a^y=a^{x+y}=f(x+y)$

$\dfrac{f(x)}{f(y)}=\dfrac{a^x}{a^y}=a^{x-y}=f(x-y)$

26. **解** $f(x)+f(y)=f(xy),f(x)-f(y)=f\left(\dfrac{x}{y}\right),$

$f(x)+f(y)=\log_a x+\log_a y=\log_a xy=f(xy),$

$f(x)-f(y)=\log_a x-\log_a y=\log_a \dfrac{x}{y}=f\left(\dfrac{x}{y}\right).$

27. **解** (1) 因 $9-x^2\geqslant 0$. 故 $-3\leqslant x\leqslant 3$,从而函数定义域为$[-3,3]$.

(2) 因$\begin{cases}1-x^2\neq 0\\ x+2\geqslant 0\end{cases}$,故$\begin{cases}x\neq \pm 1\\ x\geqslant -2\end{cases}$,从而函数定义域为$[-2,-1)\cup(-1,1)\cup(1,+\infty)$.

(3) 因 $x^2+4\neq 0$,故 $x\in \mathbf{R}$,从而函数定义域为$(-\infty,+\infty)$.

(4) 因$-1\leqslant \dfrac{x-1}{2}\leqslant 1$,故$-1\leqslant x\leqslant 3$,从而函数定义域为$[-1,3]$.

(5) $x\in \mathbf{R}$,从而函数定义域为$(-\infty,+\infty)$.

(6) 因$\begin{cases}3-x>0\\ |x|-1>0\end{cases}$,故$\begin{cases}x<3\\ |x|>1\end{cases}$,

所以 $1<x<3$ 或 $x<-1$,从而函数定义域为$(-\infty,-1)\cup(1,3)$.

(7) 因$\begin{cases}\lg \dfrac{5x-x^2}{4}\geqslant 0\\ \dfrac{5x-x^2}{4}>0\end{cases}$,即$\begin{cases}\dfrac{5x-x^2}{4}\geqslant 1\\ x(5-x)>0\end{cases}$,故$\begin{cases}x^2-5x+4\leqslant 0\\ 0<x<5\end{cases}$,得 $1\leqslant x\leqslant 4$,

所以定义域为$[1,4]$.

(8) 因$\begin{cases}-1\leqslant\dfrac{2x-1}{7}\leqslant 1\\ x^2-x-6>0\end{cases}$,即$\begin{cases}-3\leqslant x\leqslant 4\\ x<-2\text{ 或 }x>3\end{cases}$,

得$-3\leqslant x<-2$ 或 $3<x\leqslant 4$. 所以定义域为$[-3,-2)\cup(3,4]$.

(9)$\begin{cases}x>0\\ \lg x>0\\ \lg(\lg x)>0\end{cases}$,即$\begin{cases}x>0\\ x>1\\ \lg x>1\end{cases}$,亦即$\begin{cases}x>0\\ x>1\\ x>10\end{cases}$,所以函数定义域为$(10,+\infty)$.

28. **解** 因 $f(x)$ 的定义域为$(-1,0)$,那么 $f(x^2-1)$ 的定义域要求满足 $-1<x^2-1<0$,即 $0<x^2<1$,因此有 $|x|<1$ 且 $x\neq 0$,故 $f(x^2-1)$ 的定义域为$(-1,0)\cup(0,1)$.

29. **解** (1)(2) 的函数图形分别如图 1-10 和图 1-11 所示. 分段函数的定义域是各段定义域的并集. 因此(1) 的定义域是$(-\infty,+\infty)$,(2) 的定义域是$(-2,2)$.

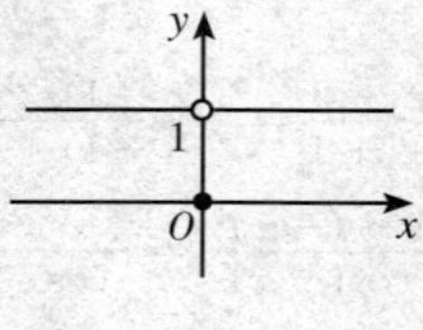

图 1-10

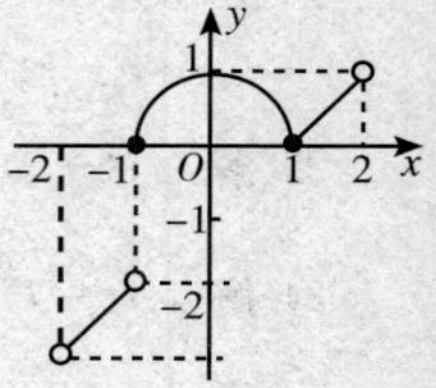

图 1-11

30. **解** $f(0)=-1, f(2)=5$

$$f(x-1)=\begin{cases}(x-1)+3, & x-1\geqslant 1\\ (x-1)^2-1, & x-1<1\end{cases}=\begin{cases}x+2, & x\geqslant 2\\ x^2-2x, & x<2\end{cases}$$

31. **解** $f(x+1)=\begin{cases}1, & x+1<0\\ 0, & x+1=0\\ 1, & x+1>0\end{cases}=\begin{cases}1, & x<-1\\ 0, & x=-1\\ 1, & x>-1\end{cases}$

$$f(x^2-1)=\begin{cases}1, & x^2-1<0\\ 0, & x^2-1=0\\ 1, & x^2-1>0\end{cases}=\begin{cases}1, & |x|<1\\ 0, & |x|=1\\ 1, & |x|>1\end{cases}$$

32. **解** $\varphi(x+1)=\begin{cases}(x+1-1)^2, & 1\leqslant x+1\leqslant 2\\ 2(x+1-1), & 2<x+1\leqslant 3\end{cases}$

故 $\varphi(x)=\begin{cases}(x-1)^2, & 1\leqslant x\leqslant 2\\ 2(x-1), & 2<x\leqslant 3\end{cases}$

33. **解** $y=\begin{cases}5-(2x-1), & 2x-1\geqslant 0\\ 5-(1-2x), & 2x-1<0\end{cases}=\begin{cases}6-2x, & x\geqslant\dfrac{1}{2}\\ 4+2x, & x<\dfrac{1}{2}\end{cases}$

函数图形如图 1-12 所示.

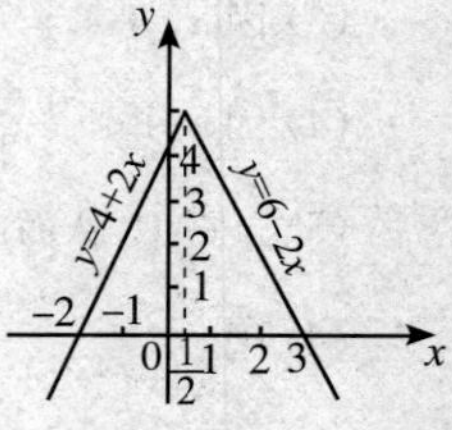

图 1-12

34. **解** 函数图形如图 1-13 所示,$y_1=3+\sqrt{1-x^2}$ 及 $y_2=3-\sqrt{1-x^2}$ 为所求函数.

35. **解** $S=2x+\dfrac{2A}{x}$,定义域为$(0,+\infty)$.

36. **解** 如图 1-14 所示,设 V 为圆柱体积,h 为圆柱的高,r 为球半径,r' 为圆柱底面半径,则

$$V=\pi(r')^2h=\pi h\left(r^2-\frac{h^2}{4}\right)$$

$r^2-\frac{1}{4}h^2>0$,即 $0<h<2r$,V 的定义域为$(0,2r)$.

37. **解**　设全面积为 S,底面半径为 r,高为 h,则

$$h=\frac{V}{\pi r^2},S=2\pi rh+2\pi r^2=2\left(\frac{V}{r}+\pi r^2\right)$$

$r>0$,S 的定义域为$(0,+\infty)$.

38. **解**　如图 1-15 所示,设总造价为 T,底边长为 x,高 h,容积 V,面积 S,水池四周单位面积造价 b,则 $T=x^2\cdot 2b+4xh\cdot b=\left(2x^2+\frac{4V}{x}\right)b$,定义域为$(0,+\infty)$.

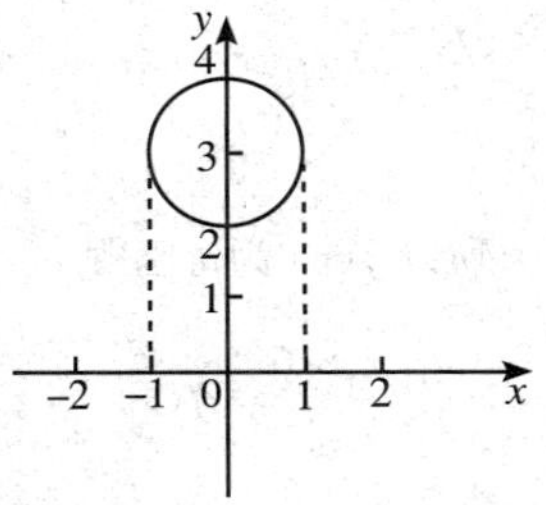

图 1-13

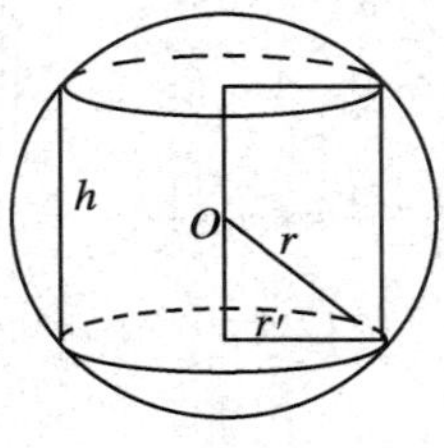

图 1-14

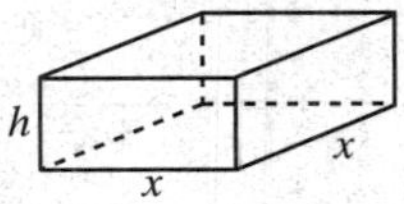

图 1-15

39. **解**　R 是 x 的二次函数,所以设 $R=ax^2+bx+c$,

由$\begin{cases}0=a\times 0+b\times 0+c\\6=a\times 2^2+b\times 2+c\\8=a\times 4^2+b\times 4+c\end{cases}$　解得$\begin{cases}a=-\frac{1}{2}\\b=4\\c=0\end{cases}$,从而 $R=-\frac{1}{2}x^2+4x$.

40. **解**　$Q=a+bc^P$

由$\begin{cases}30=a+bc^2\\50=a+bc^3\\90=a+bc^4\end{cases}$　解得$\begin{cases}a=10\\b=5\\c=2\end{cases}$ 则 $Q=10+5\times 2^P$.

41. **解**　设销售总收益为 R,总销售量为 x,则

$$R=\begin{cases}130x, & 0\leqslant x\leqslant 700\\130\times[700+0.9(x-700)]=117x+9100, & 700<x\leqslant 1000\end{cases}.$$

42. **解**　由题意得

$$R=\begin{cases}Px, & 0\leqslant x\leqslant 5\\5P+0.7P(x-5)=0.7Px+1.5P, & x>5\end{cases}$$

43. **解**　设 $f(x)$ 为一年中该车每公里的总支出,x 为行驶公里.则

$$f(x)=\frac{90000}{x}+0.52(x\geqslant 0)$$

44. **解**　(1)$f(-x)=\frac{|-x|}{-x}=-\frac{|x|}{x}=-f(x)$,所以 $f(x)$ 为奇函数.

(2) $f(-x)=(-x)a^{(-x)^2}=-xa^{x^2}=-f(x)$,所以 $f(x)$ 为奇函数.

(3) $f(-x)=2^{-x}$, $f(-x)\neq f(x)$, $f(-x)\neq -f(x)$,所以 $f(x)$ 为非奇非偶函数.

(4) $f(-x)=\dfrac{a^{-x}+a^{-(-x)}}{2}=\dfrac{a^{x}+a^{-x}}{2}=f(x)$,所以 $f(x)$ 为偶函数.

(5) $f(-x)=\dfrac{a^{-x}-1}{a^{-x}+1}=\dfrac{1-a^{x}}{1+a^{x}}=-\dfrac{a^{x}-1}{a^{x}+1}=-f(x)$,所以 $f(x)$ 为奇函数.

(6) $f(-x)=(-x)^2\cos(-x)=x^2\cos x=f(x)$,所以 $f(x)$ 为偶函数.

(7) $f(-x)=(-x)+\sin(-x)=-x-\sin x-f(x)=-(x+\sin x)=-x-\sin x$,所以 $f(x)$ 为奇函数.

(8) $f(-x)=\lg[\sqrt{(-x)^2+1}-(-x)]=\lg(\sqrt{x^2+1}+x)$

$$=\lg\frac{1}{\sqrt{x^2+1}-x}=-\lg(\sqrt{x^2+1}-x)=-f(x),$$

所以 $f(x)$ 为奇函数.

(9) $f(-x)=\lg\dfrac{1-(-x)}{1+(-x)}=\lg\dfrac{1+x}{1-x}=-\lg\dfrac{1-x}{1+x}=-f(x)$,所以 $f(x)$ 为奇函数.

(10) $f(-x)=\begin{cases}1+x, & -x\leqslant 0\\ 1-x, & -x>0\end{cases}=\begin{cases}1+x, & x\geqslant 0\\ 1-x, & x<0\end{cases}=\begin{cases}1+x, & x>0\\ 1-x, & x\leqslant 0\end{cases}=f(x)$

所以 $f(x)$ 为偶函数.

(11) 因为 $f(0)\neq -f(0)$ 且 $f(1)\neq f(-1)$,所以 $f(x)$ 为非奇非偶函数.

(12) $f(-x)=\begin{cases}-(-x)^2+(-x), & -x>0\\ (-x)^2+(-x), & -x<0\end{cases}=\begin{cases}-(x^2+x), & x<0\\ -(-x^2+x), & x>0\end{cases}=-f(x)$

所以 $f(x)$ 为奇函数.

45. **解** (1) $f(x^2)$,(5) $f(|x|)$,(7) $f(x)+f(-x)$ 必为偶函数;

(2) $xf(x^2)$,(8) $f(x)-f(-x)$ 必为奇函数;

(3) $x^2f(x)$,(4) $f^2(x)$,(6) $|f(x)|$ 不一定.

46. **解** 已知 $f(-x)=-f(x)$,则

$$F(-x)=f(-x)\left(\frac{1}{2^{-x}+1}-\frac{1}{2}\right)=-f(x)\left(\frac{2^x}{1+2^x}-\frac{1}{2}\right)=f(x)\left(\frac{1}{1+2^x}-\frac{1}{2}\right)=F(x)$$

所以 $F(x)$ 为偶函数.

47. **解** (1) 任取 x_1,x_2,不妨设 $x_1<x_2$. 设 $y=2x+1=f(x)$,则

$$f(x_2)-f(x_1)=(2x_2+1)-(2x_1+1)=2(x_2-x_1)>0$$

即 $f(x_2)>f(x_1)$,故 $y=2x+1$ 在 $(-\infty,+\infty)$ 上为单调增函数.

(2) 设 $y=\left(\dfrac{1}{2}\right)^x=f(x)$,则

$$f(x_2)-f(x_1)=\left(\frac{1}{2}\right)^{x_2}-\left(\frac{1}{2}\right)^{x_1}=\frac{2^{x_1}-2^{x_2}}{2^{(x_1+x_2)}}<0$$

即 $f(x_2)<f(x_1)$,故 $y=\left(\dfrac{1}{2}\right)^x$ 在 $(-\infty,+\infty)$ 上为单调减函数.

(3) 设 $y=\log_a x=f(x)$,则 $f(x_2)-f(x_1)=\log_a x_2-\log_a x_1=\log_a \frac{x_2}{x_1}$.

① 当 $a>1$ 时,由 $\frac{x_2}{x_1}>1,\log_a \frac{x_2}{x_1}>0$.

即 $f(x_2)>f(x_1)$,$y=\log_a x$ 在$(0,+\infty)$内当 $a>1$ 时为单调增函数.

② 当 $0<a<1$ 时,$\frac{x_2}{x_1}>1,\log_a \frac{x_2}{x_1}<0$.

即 $f(x_2)<f(x_1)$,$y=\log_a x$ 在$(0,+\infty)$内当 $0<a<1$ 时为单调减函数.

(4) 设 $y=1-3x^2=f(x)$,

① 当 $x_1<x_2<0$ 时,

$$f(x_2)-f(x_1)=(1-3x_2^2)-(1-3x_1^2)=3(x_1+x_2)(x_1-x_2)>0$$

即 $f(x_2)-f(x_1)$,$y=1-3x^2$ 在$(-\infty,0)$上为单调增函数.

② 当 $0<x_1<x_2$ 时,$f(x_2)-f(x_1)=3(x_1+x_2)(x_1-x_2)<0$

即 $f(x_2)<f(x_1)$,$y=1-3x^2$ 在$(0,+\infty)$上为单调减函数.

(5) 设 $y=x+\lg x=f(x)$,当 $0<x_1<x_2$ 时,

$$f(x_2)-f(x_1)=(x_2+\lg x_2)-(x_1+\lg x_1)=(x_2-x_1)+\lg\frac{x_2}{x_1}>0$$

即 $f(x_2)>f(x_1)$,$y=x+\lg x$ 在$(0,+\infty)$上为单调增函数.

48. **解** 设 $f(x)$ 的周期为 T.

(1) $f^2(x+T)=f(x+T)\cdot f(x+T)=f(x)\cdot f(x)=f^2(x)$,所以 $f^2(x)$ 是以 T 为周期的周期函数.

(2) $f\left[2\left(x+\frac{T}{2}\right)\right]=f(2x+T)=f(2x)$,所以 $f(2x)$ 是以 $\frac{T}{2}$ 为周期的周期函数.

(3) $f[(x+T)+2]=f[(x+2)+T]=f(x+2)$,所以 $f(x+2)$ 是以 T 为周期的周期函数.

(4) $f(x+T)+2=f(x)+2$,所以 $f(x)+2$ 是以 T 为周期的周期函数.

49. **解** $y=\cos^4 x-\sin^4 x=(\cos^2 x+\sin^2 x)(\cos^2 x-\sin^2 x)=\cos^2 x-\sin^2 x=\cos 2x$.

因为 $\cos 2x$ 的周期为 $\frac{2\pi}{2}=\pi$,因此 $y=\cos^4 x-\sin^4 x$ 的周期为 π.

50. **解** (1) $y=\frac{x^2}{1+x^2}$ 的定义域为$(-\infty,+\infty)$,

$|y|=\left|\frac{x^2}{1+x^2}\right|=\frac{1+x^2-1}{1+x^2}=1-\frac{1}{1+x^2}<1$,

所以 $y=\frac{x^2}{1+x^2}$ 为有界函数.

(2) $y=\frac{x}{1+x^2}$ 的定义域为$(-\infty,+\infty)$,

因为 $1+x^2\geqslant 2|x|$,$|y|=\frac{|x|}{1+x^2}=\frac{1}{2}\cdot\frac{2|x|}{1+x^2}\leqslant\frac{1}{2}$,

所以 $y=\frac{x}{1+x^2}$ 是有界函数.

51. **解** 奇偶性：$f(x)$ 的定义域为 $(-\infty,+\infty)$.

$f(-x)=\mathrm{e}^{-(-x)^2}=\mathrm{e}^{-x^2}=f(x)$，所以 $f(x)$ 是偶函数.

有界性：因为 $-\infty<-x^2\leqslant 0$，所以 $0<|\mathrm{e}^{-x^2}|\leqslant 1$，所以 $f(x)$ 为有界函数.

单调性：对于任意的 $x_1<x_2<0$，有 $x_1^2>x_2^2$，那么 $\mathrm{e}^{-x_2^2}>\mathrm{e}^{-x_1^2}$，即 $f(x_2)>f(x_1)$，所以 $f(x)=\mathrm{e}^{-x^2}$ 在 $(-\infty,0)$ 内单调增加.

对于任意的 $0<x_1<x_2$，有 $x_1^2<x_2^2$，$\mathrm{e}^{-x_2^2}<\mathrm{e}^{-x_1^2}$，即 $f(x_2)<f(x_1)$，所以 $f(x)=\mathrm{e}^{-x^2}$，在 $(0,+\infty)$ 内单调减少. 因此，$f(x)=\mathrm{e}^{-x^2}$ 在 $(-\infty,+\infty)$ 内非单调函数.

周期性：$f(x)=\mathrm{e}^{-x^2}$ 显然不是周期函数.

52. **分析** 将函数关系 $y=y(x)$ 看作一个方程，从而解出 x，便得到所要的反函数 $x=g(y)$，按照习惯记成 $y=g(x)$.

解 (1) 由 $y=2x+1$ 解得 $x=\dfrac{1}{2}(y-1)$，故所求反函数为 $y=\dfrac{1}{2}(x-1)$.

(2) 由 $y(x-2)=x+2$ 解得 $x=\dfrac{2(1+y)}{y-1}$，故所求反函数为 $y=\dfrac{2(1+x)}{(x-1)}\quad(x\neq 1)$.

(3) 由 $x^3=y-2$ 解得 $x=\sqrt[3]{y-2}$，故所求反函数为 $y=\sqrt[3]{x-2}$.

(4) 由 $\lg(x+2)=y-1$ 解得 $x+2=10^{y-1}$，故所求反函数为 $y=10^{x-1}-2$.

(5) 由 $y=1+2\sin\dfrac{x-1}{x+1}$，得 $\dfrac{y-1}{2}=\sin\dfrac{x-1}{x+1}$，故 $\dfrac{x-1}{x+1}=\arcsin\dfrac{y-1}{2}$，

$x-1=x\arcsin\dfrac{y-1}{2}+\arcsin\dfrac{y-1}{2}$，于是 $x=\dfrac{1+\arcsin\dfrac{y-1}{2}}{1-\arcsin\dfrac{y-1}{2}}$.

所以 $y=1+2\sin\dfrac{x-1}{x+1}$ 的反函数为 $y=\dfrac{1+\arcsin\dfrac{x-1}{2}}{1-\arcsin\dfrac{x-1}{2}}$.

小结 求反函数的通常作法是，先由函数关系式 $y=f(x)$ 解出 $x=f^{-1}(y)$，再互换 x 和 y 即可. 注意自变量的取值范围已经发生变化，务必要注明.

53. **解** 函数 $y=f^{-1}(x)$ 的定义域即函数 $y=f(x)$ 的值域，考察函数 $y=f(x)$ 的值域.

当 $-3\leqslant x<0$ 时，由 $y=-4x^2$ 解得 $x=-\dfrac{\sqrt{-y}}{2}$，代入得 $-36\leqslant y<0$；

$0<x\leqslant 4$ 时，由 $y=x$ 解得 $x=y$，代入得 $0<y\leqslant 4$；

$x>4$ 时，由 $y=\dfrac{x^2}{4}$ 解得 $x=2\sqrt{y}$，代入得 $y>4$.

故所求的反函数及其定义域为

$$y=f(x)=\begin{cases}-\dfrac{\sqrt{-x}}{2}, & -36\leqslant x<0\\ x, & 0<x\leqslant 4\\ 2\sqrt{x}, & x>4\end{cases}$$

54. **解**　$y=(\log_a x)^2=\log_a^2 x$

55. **解**　$y=\sqrt{2+v^2}=\sqrt{2+\cos^2 x}$

56. **解**　$f[\varphi(t)]=3\varphi(t)^3+2\varphi(t)=3\lg^3(1+t)+2\lg(1+t)$

57. **解**　(1) $y=\sqrt{u}, u=3x-1$；　(2) $y=au, u=\sqrt[3]{v}, v=1+x$；

(3) $y=u^5, u=1+v, v=\lg x$；　(4) $y=e^u, u=e^v, v=-x^2$；

(5) $y=\sqrt{u}, u=\lg v, v=\sqrt{x}$；　(6) $y=u^2, u=\lg v, v=\arccos w, w=x^3$.

58. **解**　函数 $y=\lg(a-\sin x)$ 要求 $a-\sin x>0$.

当 $a=2$ 时，所有实数 x 都满足这一要求，故可构成复合函数，定义域是$(-\infty,+\infty)$；

当 $a=-2$ 时，所有实数 x 都不满足这一要求，故不构成复合函数；

当 $a=\frac{1}{2}$ 时，$\frac{1}{2}-\sin x>0$ 所对应的 x 范围为 $-\frac{7}{6}\pi+2k\pi<x<\frac{\pi}{6}+2k\pi, k=0,\pm1,\cdots$

在这集合上，复合函数有定义.

小结　求复合函数的定义域要综合考察内外层函数的定义域，联立多个条件求解，针对含参数的情况要分情形讨论.

*59. **解**　如图 1-16 所示.

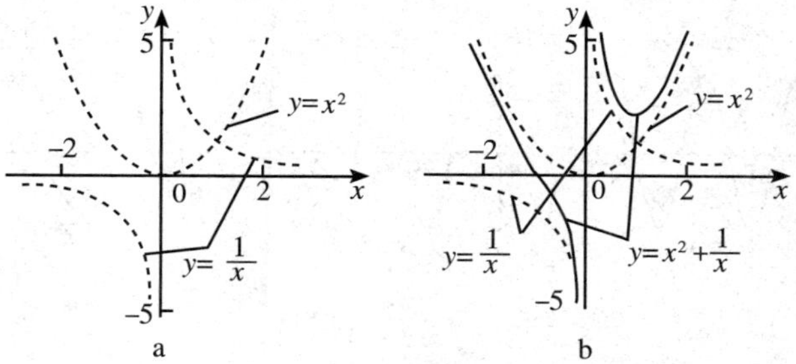

图 1-16

*60. **解**　(1) 如图 1-17a 所示；(2) 如图 1-17b 所示；(3) 如图 1-17c 所示；(4) 如图 1-17d 所示.

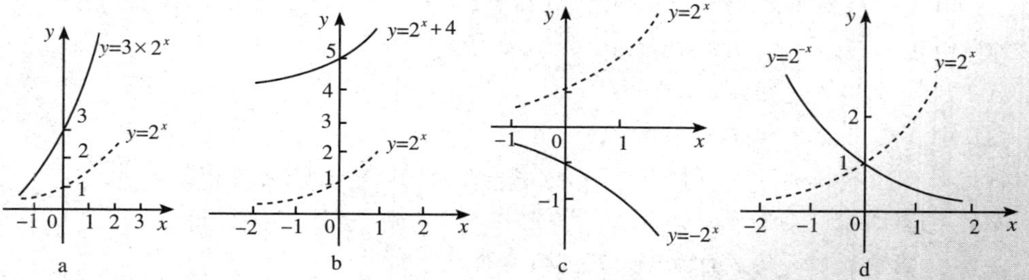

图 1-17

*61. **解** (1) 如图 1 - 18a 所示;(2) 如图 1 - 18b 所示;(3) 如图 1 - 18c 所示;(4) 如图 1 - 18d 所示.

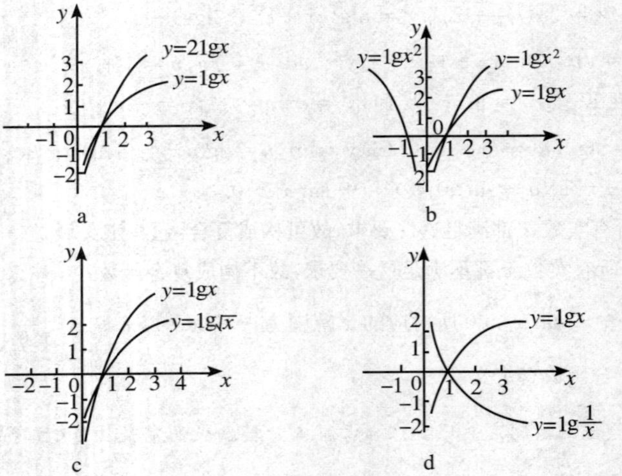

图 1 - 18

*62. **解** (1) 如图 1 - 19a 所示;(2) 如图 1 - 19b 所示;(3) 如图 1 - 19c 所示.

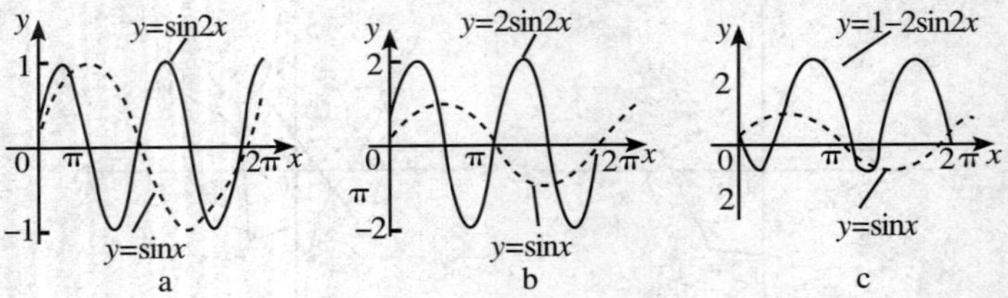

图 1 - 19

(B)

1. **解** (A) 中 $A=\{1,2,3,5\}$, $B=\{2,4,1,5\}$. $A\cup B=\{1,2,3,4,5\}$ 与已知条件不符.

(B) 中 $A=\{1,2,5,6\}$, $B=\{2,4,3,5\}$. $A\cap B=\{2,5\}$ 与已知条件不符.

(C) 中 $A=\{1,2,4,5\}$, $B=\{2,4,3,6\}$.

$A-B=\{1,5\}$ 与已知条件不符.

(D) 中 $A=\{1,2,3,4\}$, $B=\{2,4,5,6\}$.

$A\cup B=\{1,2,3,4,5,6\}$, $A\cap B=\{2,4\}$, $A-B=\{1,3\}$ 与已知条件相符.

故答案选(D).

2. **解** 由题意知,不等式的解集须满足以下条件

$$\begin{cases}|x-1|-1>0\\|x-3|\neq 0\end{cases}\quad 解得\quad\begin{cases}x>2 或 x<0\\x\neq 3\end{cases}$$

于是可得$\frac{|x-1|-1}{|x-3|}>0$的解集为$(-\infty,0)\cup(2,3)\cup(3,+\infty)$.

故答案选(D).

3. **解**　欲使两函数相同，则其定义域和对应规则相同.

(A) 中 $y=\lg[x(x-1)]$ 的定义域要求$\begin{cases}x>0\\x-1>0\end{cases}$或$\begin{cases}x<0\\x-1<0\end{cases}$,

解得 $x>1$ 或 $x<0$,

所以　$y=\lg[x(x-1)]$ 的定义域为$(-\infty,0)\cup(1,+\infty)$.

$y=\lg x+\lg(x-1)$ 的定义域要求$\begin{cases}x>0\\x-1>0\end{cases}$,

所以 $y=\lg x+\lg(x-1)$ 的定义域为$(1,+\infty)$. 因其函数定义域不同，故不是相同的函数.

(B) 中用与(A) 中同样的方法，可以求出 $y=\lg[x(x+1)]$ 的定义域为$(-\infty,-1)\cup(0,+\infty)$，而 $y=\lg x+\lg(x+1)$ 的定义域为$(0,+\infty)$，两函数定义域不同，故不是相同的函数.

(C) 中用同样的方法可以求出 $y=\lg\frac{1-x}{x}$ 与 $y=\lg(1-x)-\lg x$ 的定义域均为$(0,1)$，且其对应法则亦相同，故 $y=\lg\frac{1-x}{x}$ 与 $y=\lg(1-x)-\lg x$ 是相同的函数.

同理(D) 中两函数也不是相同的函数.

故答案选(C).

4. **解**　(A) 中 $y=2\sin x$ 的定义域为$(-\infty,+\infty)$，$y=\frac{\sin 2x}{\cos x}$ 的定义域要求 $x\neq(2k+1)\cdot\frac{\pi}{2}(k=0,\pm1,\cdots)$. 两函数定义域不同，故 $y=\frac{\sin 2x}{\cos x}$ 与 $y=2\sin x$ 不是相同的函数.

(B) 中 $y=\tan x$ 与 $y=\frac{\sin x}{\cos x}$ 的定义域相同，均为 $x\neq(2k+1)\cdot\frac{\pi}{2}(k=0,\pm1,\cdots)$，且其对应规则亦相同，所以 $y=\tan x$ 与 $y=\frac{\sin x}{\cos x}$ 是相同的函数. 故答案选(B).

(C) 中 $y=\sqrt{\frac{x-3}{x-2}}$ 的定义域要求满足$\begin{cases}x-3\geqslant0\\x-2>0\end{cases}$或$\begin{cases}x-3\leqslant0\\x-2<0\end{cases}$，即$\begin{cases}x\geqslant3\\x>2\end{cases}$或$\begin{cases}x\leqslant3\\x<2\end{cases}$，亦即 $x\geqslant3$ 或 $x<2$. 因此，$y=\sqrt{\frac{x-3}{x-2}}$ 的定义域为$(-\infty,2)\cup[3,+\infty)$.

$y=\frac{\sqrt{x-3}}{\sqrt{x-2}}$ 的定义域要求满足$\begin{cases}x-3\geqslant0\\x-2>0\end{cases}$，即$\begin{cases}x\geqslant3\\x>2\end{cases}$，亦即 $x\geqslant3$. 因此，$y=\frac{\sqrt{x-3}}{\sqrt{x-2}}$ 的定义域为$[3,+\infty)$.

两函数定义域不同，所以 $y=\sqrt{\frac{x-3}{x-2}}$ 与 $y=\frac{\sqrt{x-3}}{\sqrt{x-2}}$ 不是相同的函数.

(D) 中 $y=\sqrt{(x-2)^2}$ 的值域为$[0,+\infty)$，而 $y=x-2$ 的值域为$(-\infty,+\infty)$，故 $y=$

$\sqrt{(x-2)^2}$ 与$y=x-2$不是相同的函数.

故答案选(B).

5. **解** 令 $x-1=t$,则 $x=t+1$,那么有 $f(t)=(t+1)^2t$,即 $f(x)=x(x+1)^2$.

故答案选(A).

6. **解** $f(x)$ 的定义域需满足以下条件

$$\begin{cases}x\neq 5\\x-5\neq 1\\x-5\neq -1\end{cases} \text{即} \begin{cases}x\neq 5\\x\neq 6\\x\neq 4\end{cases}$$

因此,$f(x)$ 的定义域是$(-\infty,4)\cup(4,5)\cup(5,6)\cup(6,+\infty)$.

故答案选(D).

7. **解** $f(x)$ 的定义域为$[1,2]$,故 $f(x^2)$ 的定义域应满足 $1\leqslant x^2\leqslant 2$,即 $1\leqslant|x|\leqslant\sqrt{2}$,也就是 $\begin{cases}|x|\leqslant\sqrt{2}\\|x|\geqslant 1\end{cases}$,即$\begin{cases}-\sqrt{2}\leqslant x\leqslant\sqrt{2}\\x\leqslant -1\text{ 或 }x\geqslant 1\end{cases}$,所以 $f(x^2)$ 的定义域为$[-\sqrt{2},-1]\cup[1,\sqrt{2}]$.

$f(x)+f(x^2)$ 的定义域为 $f(x)$ 的定义域与 $f(x^2)$ 的定义域的交集,其交集为$[1,\sqrt{2}]$.

故答案选(B).

8. **解** $f(x)$ 的定义域是$[0,1]$,那么 $g(x)$ 的定义域应满足$\begin{cases}0\leqslant x+\dfrac{1}{4}\leqslant 1\\0\leqslant x-\dfrac{1}{4}\leqslant 1\end{cases}$,

即$\begin{cases}-\dfrac{1}{4}\leqslant x\leqslant\dfrac{3}{4}\\\dfrac{1}{4}\leqslant x\leqslant\dfrac{5}{4}\end{cases}$,所以 $g(x)$ 的定义域为$\left[-\dfrac{1}{4},\dfrac{3}{4}\right]\cap\left[\dfrac{1}{4},\dfrac{5}{4}\right]=\left[\dfrac{1}{4},\dfrac{3}{4}\right]$.

故答案选(C).

9. **解** $f(x)$ 的定义域应满足$\begin{cases}3-x>0\\x-2>0\end{cases}$,即 $2<x<3$,即 $f(x)$ 的定义域为$(2,3)$,则 $f(x+a)+f(x-a)$ 的定义域应满足$\begin{cases}2<x+a<3\\2<x-a<3\end{cases}$,即$\begin{cases}2-a<x<3-a\\2+a<x<3+a\end{cases}$,解得$2+a<x<3-a$,所以 $f(x+a)+f(x-a)$ 的定义域为$(2+a,3-a)\left(0<a<\dfrac{1}{2}\right)$.

故答案选(C).

10. **解** (A)$f(-x)=\begin{cases}1, & -x>0\\0, & -x=0\\-1, & -x<0\end{cases}=\begin{cases}1, & x<0\\0, & x=0\\-1, & x>0\end{cases}=-f(x)$,

所以 $f(x)$ 是奇函数.

$$(B)\ f(-x)=\begin{cases}-x-1, & -x>0\\ 0, & -x=0\\ -x+1, & -x<0\end{cases}=\begin{cases}-(x+1), & x<0\\ 0, & x=0\\ -(x-1), & x>0\end{cases}=-f(x)$$

所以 $f(x)$ 是奇函数.

$$(C)\ f(-x)=\begin{cases}1+x, & -x\leqslant 0\\ 1-x, & -x>0\end{cases}=\begin{cases}1+x, & x\geqslant 0\\ 1-x, & x<0\end{cases}$$

$$=\begin{cases}1+x, & x>0\\ 1-x, & x\leqslant 0\end{cases}=f(x)$$

所以 $f(x)$ 是偶函数.

$$(D)\ f(-x)=\begin{cases}2(-x)^2, & -x\leqslant 0\\ -2(-x)^2, & -x>0\end{cases}=\begin{cases}2x^2, & x\geqslant 0\\ -2x^2, & x<0\end{cases}$$

$$=\begin{cases}2x^2, & x>0\\ -2x^2, & x\leqslant 0\end{cases}=-f(x)$$

所以 $f(x)$ 是奇函数.

故答案选(C).

11. **解**　函数 y 的定义域为 $\mathbf{R}$,又 $y=\lg(\sqrt{x^2+1}+x)+\lg(\sqrt{x^2+1}-x)=\lg(x^2+1-x^2)=\lg 1=0$,所以 $y=\lg(\sqrt{x^2+1}+x)+\lg(\sqrt{x^2+1}-x)$ 既是奇函数,又是偶函数.

故答案选(D).

12. **解**　当 $x\in(0,+\infty)$ 时,$-x\in(-\infty,0)$,那么 $f(-x)=-x+2$.

由于 $f(x)$ 是偶函数,因此当 $x\in(0,+\infty)$ 时,有 $f(x)=f(-x)=-x+2$

故答案选(B).

13. **解**　$f(x)$ 的周期是 T,$f(2x)$ 的周期是 $\frac{T}{2}$,$f(3x)$ 的周期是 $\frac{T}{3}$,$f(4x)$ 的周期是 $\frac{T}{4}$,取 $T,\frac{T}{2},\frac{T}{3},\frac{T}{4}$ 的最小公倍数,故 $f(x)+f(2x)+f(3x)+f(4x)$ 的周期是 T.

故答案选(A).

14. **解**　$\sin 2x$ 的周期是 π,$\tan\frac{x}{2}$ 的周期是 2π,π 与 2π 的最小公倍数为 2π,所以 $f(x)$ 的周期是 2π. 故答案选(C).

15. **解**　在 $(0,\frac{\pi}{2})$ 内,$\cos x$ 是减函数,所以 $2^{\cos x}$ 是减函数;$\sin x$ 是增函数,$(\frac{1}{2})^{\sin x}$ 是减函数,所以 $(\frac{1}{2})^{\sin x}$ 是减函数. 故答案选(D).

16. **解**　$f(x)=|x^2-1|$ 的图形如图 1-20 所示,可以看出,$f(x)$ 在 $[-1,1]$ 上有界但非单调,在 $(1,+\infty)$ 内单调递增但无界,在 $[-2,0]$ 上有界但非单调,而在 $[-2,-1]$ 上单调递减且有界. 故答案选(C).

17. **解** (A) $f(-x)=\mathrm{e}^{\cos(-x)}=\mathrm{e}^{\cos x}=f(x)$，所以 $f(x)$ 为偶函数.

(C) 由于 $|\cos x|\leqslant 1$，因此 $\mathrm{e}^{-1}\leqslant \mathrm{e}^{\cos x}\leqslant \mathrm{e}$，所以 $f(x)$ 有界.

(D) $f(x+2\pi)=\mathrm{e}^{\cos(x+2\pi)}=\mathrm{e}^{\cos x}=f(x)$，所以 $f(x)$ 是以 2π 为周期的周期函数.

(A)(C)(D) 均成立.

$f(x)$ 为偶函数，又是周期函数，就不可能是严格单调函数，所以(B) 不成立. 故答案选(B).

18. **解** 设 $y=f(x)=-\sqrt{1-x^2}$，如图 1-21 所示，因给定函数 $f(x)$ 的定义域为 $0\leqslant x\leqslant 1$，即 x 为区间$[0,1]$内的正数，因此 $x=\sqrt{1-y^2}$，所以可得 $y=f^{-1}(x)=\sqrt{1-x^2}$.

又因给定函数的值域为 $-1\leqslant y\leqslant 0$，即反函数的定义域为$[-1,0]$，因此，所求反函数为 $y=\sqrt{1-x^2}\ (-1\leqslant x\leqslant 0)$. 故答案选(C).

19. **解** 由于 $f(-x)=\dfrac{\mathrm{e}^{-x}-\mathrm{e}^{x}}{2}=-\dfrac{\mathrm{e}^{x}-\mathrm{e}^{-x}}{2}=-f(x)$. 所以 $f(x)$ 为奇函数，$f(x)$ 与 $f^{-1}(x)$ 关于 $y=x$ 对称，因此 $f^{-1}(x)$ 也必是奇函数. 故答案选(A).

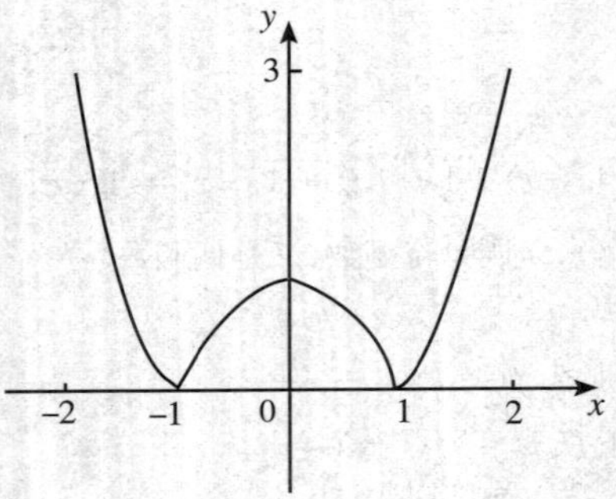

图 1-20

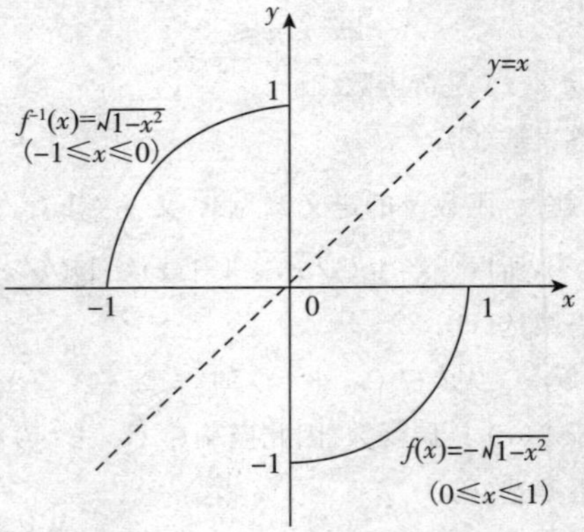

图 1-21

20. **解** 由函数 $y=f(x)$ 与 $y=\sqrt{x-1}$ 的图形关于直线 $y=x$ 对称可知 $y=f(x)$ 与 $y=\sqrt{x-1}$ 互为反函数. 由 $y=\sqrt{x-1}$ 可得 $y^2=x-1$，即 $x=y^2+1$，因此有 $y=x^2+1$. 因 $y=\sqrt{x-1}$ 的值域为$[0,+\infty)$，从而 $y=f(x)=x^2+1$ 的定义域为$[0,+\infty)$，即 $x\geqslant 0$，如图 1-22 所示. 故答案选(D).

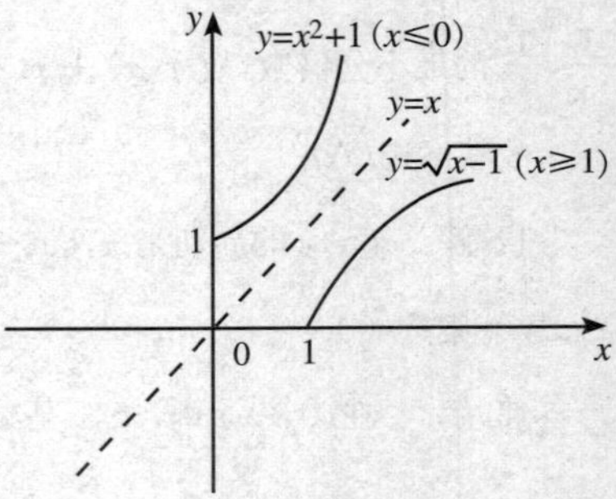

图 1-22

21. **解** (A) $y=f(u)=\dfrac{1}{\sqrt{u-1}}$，$D(f)=(1,+\infty)$，$u=\varphi(x)=-x^2+1$，$Z(\varphi)=(-\infty,1]$，

$D(f)\cap Z(\varphi)=\varnothing$，所以 $y=\dfrac{1}{\sqrt{u-1}}$，$u=-x^2+1$ 不能构成复合函数.

(B) $y=f(u)=\lg(1-u), D(f)=(-\infty,1)$,

$u=\varphi(x)=x^2+1, Z(\varphi)=[1,+\infty)$,

$D(f)\cap Z(\varphi)=\varnothing$,

所以 $y=\lg(1-u), u=x^2+1$ 不能构成复合函数.

(C) $y=f(u)=\arcsin u, D(f)=[-1,1], u=\varphi(x)=x^2+2, Z(\varphi)=[2,+\infty)$

$D(f)\cap Z(\varphi)=\varnothing$,所以 $y=\arcsin u, u=x^2+2$ 不能构成复合函数.

(D) $y=f(u)=\arccos u, D(f)=[-1,1], u=\varphi(x)=-x^2+2, Z(\varphi)=(-\infty,2]$,

$D(f)\cap Z(\varphi)\neq\varnothing$,所以 $y=\arccos u, u=-x^2+2$ 可以构成复合函数 $y=\arccos(-x^2+2)$. 其定义域满足 $|-x^2+2|\leqslant 1$,即 $\begin{cases}|x|\leqslant\sqrt{3}\\|x|\geqslant 1\end{cases}$,所以 $y=\arccos(-x^2+2)$ 为定义在 $[-\sqrt{3},-1)\cup[1,\sqrt{3}]$ 上的复合函数. 故答案选(D).

22. **解**　要使 $y=\sqrt{1-\lg^2 x}$ 是复合函数,须满足以下条件:

$\begin{cases}1-\lg^2 x\geqslant 0\\x>0\end{cases}$,即 $\begin{cases}\lg^2 x\leqslant 1\\x>0\end{cases}$,亦即 $\begin{cases}|\lg x|\leqslant 1\\x>0\end{cases}$,解得 $\frac{1}{10}\leqslant x\leqslant 10$,

所以当 $x\in[\frac{1}{10},10]$ 时,$y=\sqrt{1-\lg^2 x}$ 是复合函数. 故答案选(B).

23. **解**　(A) $y=x+\sin x$ 是基本初等函数 x 与 $\sin x$ 之和,非复合函数.

(B) $y=2x^2e^x$ 是基本初等函数 2、x^2 及 e^x 之积,非复合函数.

(C) $y=\sqrt{\sin x-2}$,因 $\sin x<2$,偶次方根号下为负数,无意义,不能构成函数关系.

(D) $y=\cos\sqrt{x}$ 是由 $y=\cos u, u=\sqrt{x}$ 复合而成的复合函数,定义域为 $[0,+\infty)$.

故答案选(D).

24. **解**　(A) 中 $y=x^x=e^{x\ln x}$ 是初等函数.

(B) 中 $y=|x|=\sqrt{x^2}$ 是初等函数.

(C) 中 $y=\operatorname{sgn}x=\begin{cases}1, & x>0\\0, & x=0\\-1, & x<0\end{cases}$ 不是初等函数.

(D) 中 $e^x+xy-1=0, y=\frac{1-e^x}{x}$ 是初等函数.

故答案选(C).

注　如果隐函数不能表示成显函数形式,则它不是初等函数.

25. **解**　在 $(0,a)$ 内,$f(x)<0$,所以 $\frac{1}{2}[|f(x)|+f(x)]=0$;在 $[a,+\infty)$ 内,$f(x)\geqslant 0$,所以

$$\frac{1}{2}[|f(x)|+f(x)]=\frac{1}{2}\times 2f(x)=f(x).$$

故答案选(D).

第二章　极限与连续

知识结构

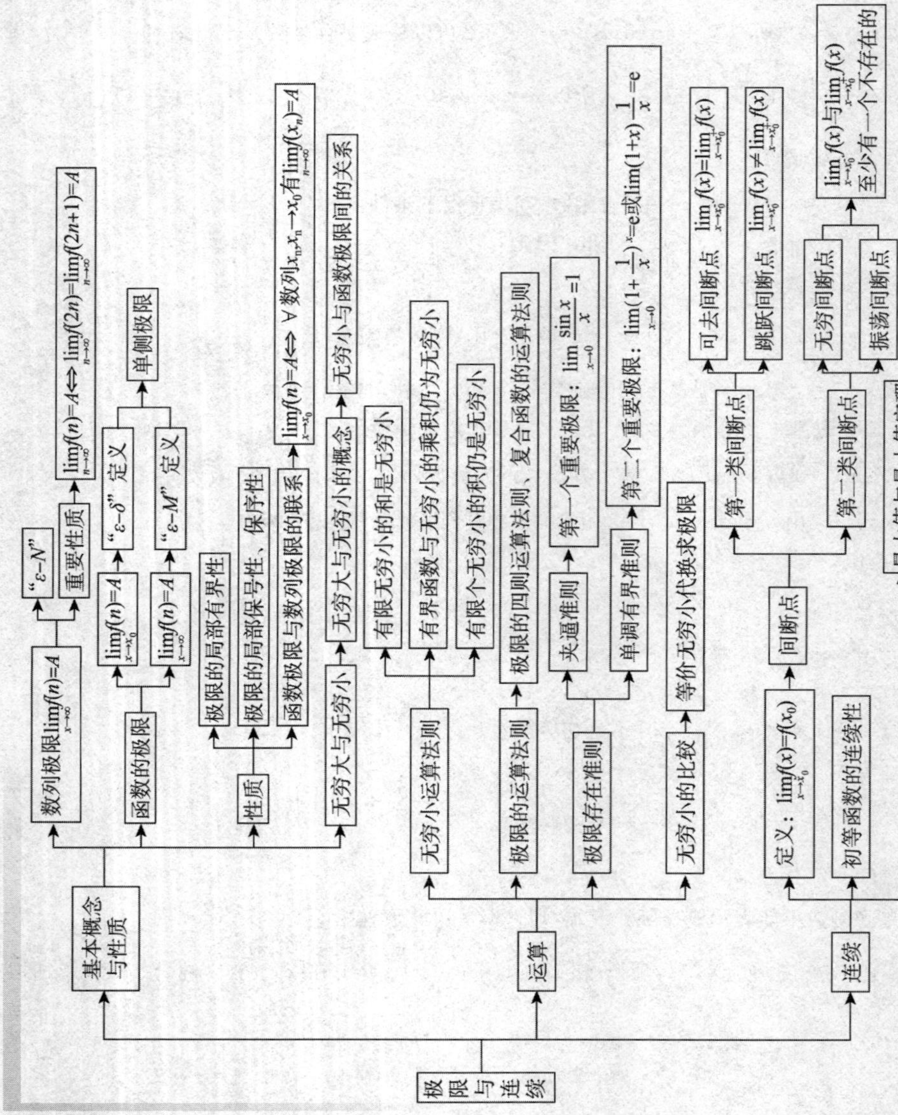

学习指南

1. 理解数列与函数的极限的概念，了解左、右极限的概念及其与极限的关系.

2. 熟练掌握计算极限的基本方法，了解求极限的各种方法的应用，了解两个极限存在准则.

3. 了解无穷大量、无穷小量的概念、性质及二者之间的关系，熟练掌握两个重要极限以及利用函数的连续性求函数极限的方法.

4. 理解函数连续的概念，会判断函数在某点的连续性，理解函数间断点的含义，并能熟练进行间断点的分类.

5. 掌握闭区间上连续函数的性质，了解其应用.

第一节　数列的极限

知识点归纳

1. 数列极限的“ε－N”定义

$\forall \varepsilon > 0$，$\exists$ 正整数 N，当 $n > N$ 时，恒有 $|y_n - A| < \varepsilon$，则称数列 y_n 以 A 为极限，或者称数列 y_n 收敛于 A，记作 $\lim\limits_{n\to\infty} y_n = A$ 或 $y_n \to A(n\to\infty)$，否则就称它是发散的.

特别提醒　不能根据极限的定义求出数列的极限，只能根据定义验证某常数是否是某数列的极限.

2. 数列极限的几何解释

若数列 y_n 收敛于 A，则对任意给定的开区间 $(A-\varepsilon, A+\varepsilon)$，$\exists N > 0$，从 $N+1$ 项开始往后的所有项 y_n，都落在区间 $(A-\varepsilon, A+\varepsilon)$ 内.

3. 数列的子列

已知数列 $\{y_n\}$，从中任意选取无限多项并保持这些项在原来数列 $\{y_n\}$ 中的先后次序，这样得到的数列

$$y_{n1}, y_{n2}, \cdots, y_{nk}, \cdots$$

称为原数列的一个子列，记为 $\{y_{nk}\}$.

4. 数列与子列的关系

结论 1：数列 $\{y_n\}$ 收敛于 A 的充分必要条件为它的任一子列 $\{y_{nk}\}$ 均收敛于 A.

特别提醒　判断数列 $\{y_n\}$ 发散的方法：

(1) 找一个发散子列，则能证明数列 $\{y_n\}$ 发散.

(2) 找两个收敛子列 $\{q_n\}$，$\{p_m\}$，设 $\lim\limits_{n\to\infty} q_n = a$，$\lim\limits_{m\to\infty} p_m = b$，但 $a \neq b$，则说明数列 $\{y_n\}$ 发散.

特别提醒　通过奇、偶子列的敛散性判断原数列是否收敛的方法：

(1) 若 $\lim\limits_{k\to\infty} y_{2k-1}$，$\lim\limits_{k\to\infty} y_{2k}$ 存在，且相等都收敛于 A，则 $\lim\limits_{n\to\infty} y_n$ 存在，且 $\lim\limits_{n\to\infty} y_n = A$.

(2) 若 $\lim\limits_{k\to\infty} y_{2k-1}$，$\lim\limits_{k\to\infty} y_{2k}$ 至少有一个不存在，或者 $\lim\limits_{k\to\infty} y_{2k-1}$，$\lim\limits_{k\to\infty} y_{2k}$ 都存在，但 $\lim\limits_{k\to\infty} y_{2k-1} \neq \lim\limits_{k\to\infty} y_{2k}$，则 $\lim\limits_{n\to\infty} y_n$ 不存在.

典型例题解析

题型1:利用极限的定义证明数列的极限

例 求证$\lim\limits_{n\to\infty}\frac{n}{n^2+1}\cos(3n+2)=0$.

证明 对$\forall\varepsilon>0$,要找到$N>0$,使得当$n>N$时,$\left|\frac{n}{n^2+1}\cos(3n+2)\right|<\varepsilon$,

则只需$\left|\frac{n}{n^2+1}\cos(3n+2)\right|\leqslant\frac{n}{n^2+1}<\frac{1}{n}<\varepsilon$(放缩法),

即只需$n>\frac{1}{\varepsilon}$,故取$N=\left[\frac{1}{\varepsilon}\right]$,

故当$n>N$时,有$\left|\frac{n}{n^2+1}\cos(3n+2)\right|<\varepsilon$,

由数列极限的定义得$\lim\limits_{n\to\infty}\frac{n}{n^2+1}\cos(3n+2)=0$.

特别提醒 用定义证明数列极限存在的方法:

(1) $\forall\varepsilon>0$,要使$|x_n-a|<\varepsilon$,经一系列放大得$|x_n-a|<\cdots<f(n)<\varepsilon$.

(2) 解不等式$f(n)<\varepsilon$,得$n>g(\varepsilon)$.

(3) 取$N=[g(\varepsilon)]$,则当$n>N$时,总有$|x_n-a|<\varepsilon$成立.解题的关键是对不等式进行适当的放大.

题型2:加深对数列极限的概论的了解

例 设$|q|<1$,证明$\lim\limits_{n\to\infty}q^n=0$.($\lim\limits_{n\to\infty}q^n=0$是常用数列极限,即等比数列$\{q_n\}$)

证明 (1) 当$q=0$时,结论显然成立.

(2) 当$0<|q|<1$时,对任意$\varepsilon>0$(为了保证$\frac{\ln\varepsilon}{\ln|q|}>0$,不妨假设$\varepsilon<1$),因为$|y_n-0|=|q^n-0|=|q|^n$,要使$|y_n-0|<\varepsilon$,只要$|q|^n<\varepsilon$.取自然对数,得$n\ln|q|<\ln\varepsilon$.因$|q|<1,\ln|q|<0$,故$n>\frac{\ln\varepsilon}{\ln|q|}$.

取$N=\left[\frac{\ln\varepsilon}{\ln|q|}\right]$,($N$可取大于$\left[\frac{\ln\varepsilon}{\ln|q|}\right]$的任意正整数)

则当$n>N$时,$|q^n-0|<\varepsilon$恒成立,即$\lim\limits_{n\to\infty}q^n=0$.

【重点提示】利用数列极限的定义证明极限$\lim\limits_{n\to\infty}x_n=a$的步骤:

(1) 声明的任意性:取任意正数$\varepsilon>0$.

(2) 寻找n应具备的条件:常常先对$|x_n-a|$做适当的放大$|x_n-a|<\cdots<\varphi(n)$,要使$|x_n-a|<\varepsilon$,只要$\varphi(n)<\varepsilon$,通过其解的形式解出形如$n>h(\varepsilon)>0$(即只要$n>h(\varepsilon)$,就有$|x_n-a|<\varepsilon$成立).

(3) 证明正整数N的存在性:取$N=[h(\varepsilon)]$.

(4) 则当$n>N$时,有$|x_n-a|<\varepsilon$.

特别提醒　有时直接解不等式 $|x_n-a|<\varepsilon$ 找出 N 并不容易，常采用先放大不等式再来求出 N 的方法，这样确定的 N 可能不是最小的，这并不矛盾，在极限定义中仅要求满足不等式条件的 N 存在. 需要注意的是，放大不等式的手段多种多样，只要保证解出满足要求的 N 即可.

题型 3:数列的敛散性的判断

例　判断下列数列是否收敛，若收敛，观察 $\{y_n\}$ 的变化趋势，写出其极限：

(1) $y_n=\begin{cases}\dfrac{2^n}{3^n}, & n\text{ 为奇数}\\ \dfrac{1}{n}, & n\text{ 为偶数}\end{cases}$.　　(2) $y_n=\sin\dfrac{n\pi}{2}$.

解　(1) 当 $n=2k$ 为偶数时，$y_{2k}=\dfrac{1}{2k}$，有 $\lim\limits_{k\to\infty}y_{2k}=\lim\limits_{k\to\infty}\dfrac{1}{2k}=0$；当 $n=2k+1$ 为奇数时，$y_{2k+1}=\dfrac{2^{2k+1}}{3^{2k+1}}$，是一个等比数列，其公比 $q=\dfrac{4}{9}$，$|q|<1$，所以子列 $\{y_{2k+1}\}$ 收敛，有 $\lim\limits_{k\to\infty}y_{2k+1}=0$，由 $\lim\limits_{k\to\infty}y_{2k-1}=\lim\limits_{k\to\infty}y_{2k}=0$ 得 $\lim\limits_{n\to\infty}y_n=0$，即数列 y_n 收敛于 0，极限为 0.

(2) 对数列 $y_n=\sin\dfrac{n\pi}{2}$，取子列 $\{y_{2k}\}$，其中 $y_{2k}=\sin\dfrac{2k\pi}{2}=\sin k\pi=0$，可得 $\lim\limits_{k\to\infty}y_{2k}=0$，取子列 $\{y_{4k+1}\}$，其中 $y_{4k+1}=\sin\dfrac{(4k+1)}{2}\pi=\sin\left(2k\pi+\dfrac{\pi}{2}\right)=\sin\dfrac{\pi}{2}=1$. 即 $\lim\limits_{k\to\infty}y_{4k+1}=1$，因此 $\lim\limits_{k\to\infty}y_{2k}\neq\lim\limits_{k\to\infty}y_{4k+1}$，即数列 $y_n=\sin\dfrac{n\pi}{2}$ 发散.

第二节　函数的极限

知识点归纳

1. 函数 $f(x)$ 的极限定义

(1) $x\to\infty$.

$\forall\varepsilon>0$，$\exists$ 正数 $X>0$，当 $|x|>X$ 时，恒有 $|f(x)-A|<\varepsilon$，则称当 $x\to\infty$ 时，函数 $f(x)$ 以常数 A 为极限，记作 $\lim\limits_{x\to\infty}f(x)=A$ 或 $f(x)\to A(x\to\infty)$.

(2) $x\to x_0$.

$\forall\varepsilon>0$，$\exists$ 正数 $\delta>0$，当 $0<|x-x_0|<\delta$ 时，恒有 $|f(x)-A|<\varepsilon$，则称当 $x\to x_0$ 时函数 $f(x)$ 以常数 A 为极限，记作 $\lim\limits_{x\to x_0}f(x)=A$ 或 $f(x)\to A(x\to x_0)$.

(3) 左、右极限的概念（"$\varepsilon-\delta$" 定义）.

1) $\forall\varepsilon>0$，$\exists$ 正数 $\delta>0$，当 $0<x-x_0<\delta$ 时，恒有 $|f(x)-A|<\varepsilon$，则 $f(x)$ 当 $x\to x_0$ 时的右极限，记作 $\lim\limits_{x\to x_0^+}f(x)=A$ 或 $f(x_0+0)=A$.

2) $\forall\varepsilon>0$，$\exists$ 正数 $\delta>0$，当 $-\delta<x-x_0<0$ 时，恒有 $|f(x)-A|<\varepsilon$，则 $f(x)$ 当 $x\to x_0$ 时的左极限，记作 $\lim\limits_{x\to x_0^-}f(x)=A$ 或 $f(x_0-0)=A$.

2. 极限的性质

(1) $\lim\limits_{x \to x_0} f(x) = A \Leftrightarrow \lim\limits_{x \to x_0^+} f(x) = \lim\limits_{x \to x_0^-} f(x) = A$.

(2) 有序性.

设在 x_0 的某一空心邻域内有 $f(x) \leqslant g(x)$,且 $\lim\limits_{x \to x_0} f(x) = A$,$\lim\limits_{x \to x_0} g(x) = B$,则 $A \leqslant B$.

(3) 局部保号性.

如果 $\lim\limits_{x \to x_0} f(x) = A$,而且 $A > 0$(或 $A < 0$),则必存在 x_0 的某一空心邻域,使得 $f(x) > 0$(或 $f(x) < 0$).

特别提醒 自变量趋于正(或负)无穷大时的极限:

(1) $\forall \varepsilon > 0$,$\exists$ 正数 $X > 0$,当 $x > X$ 时,恒有 $|f(x) - A| < \varepsilon$,则称当 $x \to +\infty$ 时,$f(x)$ 的极限为 A,记作 $\lim\limits_{x \to +\infty} f(x) = A$ 或 $f(x) \to A(x \to +\infty)$.

(2) $\forall \varepsilon > 0$,$\exists$ 正数 $X > 0$,当 $x < -X$ 时,恒有 $|f(x) - A| < \varepsilon$,则称当 $x \to -\infty$ 时,$f(x)$ 的极限为 A,记作 $\lim\limits_{x \to -\infty} f(x) = A$ 或 $f(x) \to A(x \to -\infty)$.

(3) 这里 $\lim\limits_{x \to x_0} f(x)$ 存在与否与函数 $f(x)$ 在点 x_0 处是否有定义无关,与函数在该点的取值无关.

(4) $f(x) \to A$ 时,必须指明自变量 x 的趋势,否则将会出现错误.

(5) 利用极限的性质研究分段函数在分界点处的极限问题.

典型例题解析

题型 1:与函数极限定义有关的问题

例 用函数极限定义证明 $\lim\limits_{x \to 4} \dfrac{x^2 - 16}{x - 4} = 8$.

证明 因为 $\left| \dfrac{x^2 - 16}{x - 4} - 8 \right| = \left| \dfrac{(x-4)^2}{x - 4} \right|$,且 $x \to 4$ 的过程中 $x \neq 4$,

于是 $\left| \dfrac{x^2 - 16}{x - 4} - 8 \right| = |x - 4|$,

所以,要使 $\left| \dfrac{x^2 - 16}{x - 4} - 8 \right| < \varepsilon$,只要 $|x - 4| < \varepsilon$,可取 $\delta = \varepsilon$,

则 $\forall \varepsilon > 0$,$\exists \delta = \varepsilon$,当 $0 < |x - 4| < \delta$ 时,$\left| \dfrac{x^2 - 16}{x - 4} - 8 \right| < \varepsilon$ 成立,

即 $\lim\limits_{x \to 4} \dfrac{x^2 - 16}{x - 4} = 8$.

特别提醒 用定义证明函数极限存在的步骤:

(1) 对于任给的 $\varepsilon > 0$,由不等式 $|f(x) - A| < \varepsilon$,经一系列适当放大可得 $|f(x) - A| < \cdots < c|x - x_0| < \varepsilon$(或 $|f(x) - A| < \cdots < cM(x)$,其中 c 为常数).

(2) 解不等式 $c|x - x_0| < \varepsilon$(或 $cM(x) < \varepsilon$),得 $|x - x_0| < \dfrac{\varepsilon}{c}$(或 $|x| > N(x)$).

(3) 取 $\delta=\frac{\varepsilon}{c}$(或取正数 $X=N(x)$)，则当 $0<|x-x_0|<\delta$(或当 $|x|>X$) 时，总有 $|f(x)-A|<\varepsilon$，即 $\lim\limits_{x\to x_0}f(x)=A$(或 $\lim\limits_{x\to\infty}f(x)=A$).

解题的关键在于 $\forall\varepsilon>0$，找到 $\delta>0$，常用到不等式放大的方法.

题型 2:证明极限的存在性

例 设 $f(x)=\begin{cases}x, 当 |x|\leqslant 1\\ x-2, 当 |x|>1\end{cases}$，试讨论 $\lim\limits_{x\to 1}f(x)$ 及 $\lim\limits_{x\to -1}f(x)$.

解 由题设知 $f(x)=\begin{cases}x-2, 当 x<-1\\ x, \quad 当 -1\leqslant x\leqslant 1.\\ x-2, 当 x>1\end{cases}$

$\because \lim\limits_{x\to 1^+}f(x)=\lim\limits_{x\to 1^+}(x-2)=-1, \lim\limits_{x\to 1^-}f(x)=\lim\limits_{x\to 1^-}x=1, \lim\limits_{x\to 1^+}f(x)\neq\lim\limits_{x\to 1^-}f(x)$,

$\therefore \lim\limits_{x\to 1}f(x)$ 不存在.

又 $\because \lim\limits_{x\to -1^+}f(x)=\lim\limits_{x\to -1^+}x=-1, \lim\limits_{x\to -1^-}f(x)=\lim\limits_{x\to -1^-}(x-2)=-3, \lim\limits_{x\to -1^+}f(x)\neq\lim\limits_{x\to -1^-}f(x)$,

$\therefore \lim\limits_{x\to -1}f(x)$ 不存在.

特别提醒　本题中函数是分段表达的，因此在分界点 $x=1, x=-1$ 处，讨论当 $x\to 1$ 和 $x\to -1$ 时 $f(x)$ 的极限必须从左、右极限入手.

第三节　变量的极限

知识点归纳

1. 变量的极限定义

对 $\forall\varepsilon>0$，在变量 y 的变化过程中，总有那么一个时刻，在那个时刻以后，恒有 $|y-A|<\varepsilon$，则称变量 y 在此变化过程中以 A 为极限，记作 $\lim y=A$.

特别提醒　若 y 是 $y_n=f(n)$，"变化过程"是指"$n\to\infty$"，"总有那么一个时刻"指"$\exists N>0$"，"在那个时刻以后"指"$n>N$ 时"，记作应为 $\lim\limits_{n\to\infty}f(n)=A$.

若 y 是 $y=f(x)$，"变化过程"是指"$x\to\infty$"，"那一时刻"指"$\exists M>0$"，"那个时刻以后"指"$|x|>M$ 时"，记作应为 $\lim\limits_{x\to\infty}f(x)=A$.

若 y 是 $y=f(x)$，"变化过程"是指"$x\to x_0$"，"那一刻"指"$\exists\delta>0$"，"那个时刻以后"指"$0<|x-x_0|<\delta$ 时"，记作应为 $\lim\limits_{x\to x_0}f(x)=A$.

2. 变量极限的唯一性和有界性

性质	内容
唯一性	如果在某一变化过程中,变量 y 有极限,则变量 y 的极限值是唯一的
有界性	如果在某一变化过程中,变量 y 有极限,则变量 y 必是有界变量

特别提醒 数列 $\{x_n\}$ 若收敛,它的极限必唯一,而函数 $f(x)$ 的极限唯一是指在某一种确定的变化过程中极限唯一,不同变化过程中的变量的极限可能是不同的.

变量 y 在某一变化过程中有极限,则变量 y 在某时刻后有界. 例如,若 $\lim\limits_{x\to x_0} f(x)$ 存在,则函数在 x_0 的某一空心邻域内有界,另外注意,在某一时刻后有界的变量却未必有极限.

3. 收敛变量的有界性

定理 如果在某一变化过程中,变量 y 有极限,则变量 y 是有界变量.

推论 1 如果 $\lim\limits_{n\to\infty} y_n = A$,则存在常数 $M>0$,对任意的自然数 n,恒有 $|y_n|\leqslant M$.

推论 2 如果 $\lim\limits_{x\to\infty} f(x) = A$,则存在常数 $M>0$ 和 $x>0$,使得当 $|x|>X$ 时,恒有 $|f(x)|\leqslant M$.

推论 3 如果 $\lim\limits_{x\to x_0} f(x) = A$,则存在常数 $M>0$ 和 $\delta>0$,使得当 $0<|x-x_0|<\delta$ 时,恒有 $|f(x)|\leqslant M$.

特别提醒 ① 对数列来说,收敛数列 $\{y_n\}$ 的所有项 y_n 都有 $|y_n|\leqslant M$(M 为大于 0 的常数),但对函数来说,收敛变量的有界性是局部有界性,而不是函数在整个定义域内有界;② 此定理说明变量 y 在某一变化过程中有极限,则变量 y 在某时刻后有界,但变量在某时刻后有界不一定有极限.

典型例题解析

题型 1:有关变量的极限与有界性的问题

例 试证:若变量 y 有极限,则变量 y 必是有界变量. 反之是否成立?试举例说明你的结论.

证明 设 $\lim y = A$,则对 $\varepsilon = 1$,总有那么一个时刻,在那个时刻以后,恒有 $|y-A|<\varepsilon=1$.

因为 $|y|=|A+(y-A)|\leqslant|A|+|y-A|<|A|+1$,取 $M=|A|+1$,则在那个时刻之后是有界变量. 但反过来,结论未必成立. 即变量在某一时刻后有界不一定有极限.

例如 $f(x)=\sin x$,$|\sin x|<1$,但 $\lim\limits_{x\to\infty} f(x)$ 并无极限.

特别提醒 讨论变量极限存在时,变量的有界性需注意在哪个时刻之后才是有界变量.

第四节　无穷大量与无穷小量

知识点归纳

1. 无穷小量与无穷大量的概念与性质

	定义	性质
无穷小量	如果函数 $f(x)$ 当 $x \to x_0$(或 $x \to \infty$)时极限为 0，称 $f(x)$ 为 $x \to x_0$(或 $x \to \infty$)时的无穷小量，记为 $\lim\limits_{x \to x_0} f(x) = 0$(或 $\lim\limits_{x \to \infty} f(x) = 0$)	$\lim f(x) = A \Leftrightarrow f(x) = A + \alpha$(其中 $\lim \alpha = 0$)；有限个无穷小量的和、差、积仍是无穷小量；有界变量与无穷小量的乘积仍是无穷小量
无穷大量	如果当 $x \to x_0$(或 $x \to \infty$)时函数 $f(x)$ 的绝对值无限增大，称 $f(x)$ 为 $x \to x_0$(或 $x \to \infty$)时的无穷大量，记为 $\lim\limits_{x \to x_0} f(x) = \infty$(或 $\lim\limits_{x \to \infty} f(x) = \infty$)	若 $f(x)$ 为无穷大量，则 $\dfrac{1}{f(x)}$ 为无穷小量；若 $f(x)$ 为无穷小量，且 $f(x) \neq 0$，则 $\dfrac{1}{f(x)}$ 为无穷大量

特别提醒　(1) 无穷小量是一个变量，"0"是作为无穷小量的唯一定数.

(2) 无穷大量一定为无界量，反之则不一定正确.

(3) 无穷大量与绝对值很大的数的区别在于，前者是一个趋于无穷大的变量，要多大就可以有多大，而后者是一个常数，尽管它的绝对值可能很大.

(4) 变量 y 在某变化过程中是无穷大量，此时，按极限的定义，变量 y 的极限不存在，但为了体现变量的变化趋势，为了方便，仍记作 $\lim y = \infty$，说成是"变量 y 的极限是无穷大"，或说成"变量 y 趋于无穷大".

(5) 无穷大量一定是无界变量，但无界变量不一定是无穷大量.

2. 无穷小量的阶(即无穷小量的比较)

名称	定义	备注
α、β 是在自变量的某变化过程中的无穷小量，且 $\beta \neq 0$	α 是 β 的高阶无穷小量(记作 $\alpha = o\beta$)	$\lim \dfrac{\alpha}{\beta} = 0$
	α 是 β 的低阶无穷小量	$\lim \dfrac{\alpha}{\beta} = \infty$
	α 是与 β 同阶的无穷小量	$\lim \dfrac{\alpha}{\beta} = c(c \neq 0)$
	α 与 β 是等价的无穷小量(记作 $\alpha \sim \beta$)	$\lim \dfrac{\alpha}{\beta} = 1$
	α 是 β 的 k 阶无穷小量	$\lim \dfrac{\alpha}{\beta^k} = c(c \neq 0)$

特别提醒　无穷小量与绝对值很小的数的区别在于，前者是一个趋于0的变量，要多么小就可以多么小；而后者是一个常数，尽管它的绝对值可能很小. 只有唯一的一个数是无穷小量.

3. 无穷小量的性质

(1) $\lim y = A \Leftrightarrow y = A + \alpha$,其中 $\lim \alpha = 0$.

(2) 无穷小量乘以有界变量仍为无穷小量.

(3) 常量与无穷小量的乘积仍为无穷小量.

4. 无穷小量与无穷大量的关系

定理　在变量 y 的变化过程中:

(1) 如果 y 是无穷大量,则 $\frac{1}{y}$ 是无穷小量.

(2) 如果 $y(\neq 0)$ 是无穷小量,则 $\frac{1}{y}$ 是无穷大量.

典型例题解析

题型 1:判定无穷大量与无穷小量

例　设数列 x_n 与 y_n 满足 $\lim\limits_{n\to+\infty} x_n y_n = 0$,则下列说法中正确的是(　　).

(A) 若 x_n 发散,则 y_n 必发散　　(B) 若 x_n 无界,则 y_n 必有界

(C) 若 x_n 有界,则 y_n 必为无穷小量　　(D) 若 $\frac{1}{x_n}$ 为无穷小量,则 y_n 必为无穷小量

【重点提示】解选择题切忌一一进行求证,应综合运用排除法、特殊值法、反证法等.

解　用排除法易排除(A)(B),取 $x_n = (-1)^n$, $y_n = \frac{1}{n^2}$ 知(A)不正确;取 $x_n = n\sin\frac{n\pi}{2}$, $y_n = n\cos\frac{n\pi}{2}$(解选择题的常举反例方法)知(B)不正确;若(C)成立,即 x_n 有界而 y_n 为无穷小量时,则显然有 $\lim\limits_{n\to+\infty} x_n \cdot y_n = 0$,但反过来却未必成立. 例如取 $x_n = 0$,则只要取 $y_n = n\cos\frac{n\pi}{2}$,就有 $\lim\limits_{n\to+\infty} x_n y_n = 0$,显然,$y_n$ 却不是无穷小量. 故排除(C),综合以上知,选项(D)是正确的.

题型 2:利用无穷大量与无穷小量计算极限

例　求下列极限(1) $\lim\limits_{x\to\infty}\frac{2x+1}{x}$. (2) $\lim\limits_{x\to 0}\frac{1-x^2}{1-x}$.

解　(1) 因 $\frac{2x+1}{x} = 2 + \frac{1}{x}$,而当 $x\to\infty$ 时,$\frac{1}{x}$ 为无穷小量(无穷大量的倒数为无穷小量),即 $\frac{2x+1}{x}$ 可表示为常数 2 与无穷小量之和,故 $\lim\limits_{x\to\infty}\frac{2x+1}{x} = 2$.

(2) 因 $\frac{1-x^2}{1-x} = 1 + x$,而当 $x\to 0$ 时,x 为无穷小量,即 $\frac{1-x^2}{1-x}$ 可表示为常数 1 与无穷小量之和,故 $\lim\limits_{x\to 0}\frac{1-x^2}{1-x} = 1$.

特别提醒　利用无穷小量的性质可知:$\lim y = A \Leftrightarrow y = A + \alpha$,其中 $\lim \alpha = 0$.

第五节 极限的运算法则

知识点归纳

1. 极限的运算法则

(1) 如果 $\lim x = A, \lim y = B$,则 $\lim(x \pm y) = \lim x \pm \lim y = A \pm B$.

(2) 如果 $\lim x = A, \lim y = B$,则 $\lim(x \cdot y) = \lim x \cdot \lim y = A \cdot B$.

(3) 两个无穷小的乘积仍为无穷小.

(4) 如果 $\lim x = A$,c 为常数,则 $\lim(cx) = c\lim x = cA$.

(5) 如果 $\lim x = A$,n 为正整数,则 $\lim x^n = (\lim x)^n = A^n$.

(6) 如果 $\lim x = A, \lim y = B$,且 $B \neq 0$,则 $\lim \dfrac{x}{y} = \dfrac{\lim x}{\lim y} = \dfrac{A}{B}$.

(7) 四则运算:

以 $\lim f(x) = A$ 与 $\lim g(x) = B$ 的运算为例:

$\lim[f(x) \pm g(x)] = \lim f(x) \pm \lim g(x) = A \pm B$

$\lim[f(x) \cdot g(x)] = \lim f(x) \cdot \lim g(x) = A \cdot B$

$\lim \dfrac{f(x)}{g(x)} = \dfrac{\lim f(x)}{\lim g(x)} = \dfrac{A}{B}$($B \neq 0$ 时)

$\lim[kf(x)] = k\lim f(x)$

$\lim[f(x)]^n = [\lim f(x)]^n = A^n$

如果 $f(x) \geqslant g(x)$,那么 $A \geqslant B$.

(8) 数列极限的运算:

$\lim\limits_{n\to\infty} x_n = A, \lim\limits_{n\to\infty} y_n = B$

$\lim\limits_{n\to\infty}(x_n \pm y_n) = A \pm B$

$\lim\limits_{n\to\infty}(x_n \cdot y_n) = A \cdot B$

当 $y_n \neq 0 (n = 1,2\cdots)$ 且 $B \neq 0$ 时,$\lim \dfrac{x_n}{y_n} = \dfrac{A}{B}$.

(9) 设函数 $y = f[g(x)]$ 是由函数 $u = g(x)$ 与 $y = f(u)$ 复合而成,$y = f[g(x)]$ 在点 x_0 的某个去心邻域内有定义,若 $\lim\limits_{x\to x_0} g(x) = u_0$,$\lim\limits_{u\to u_0} f(u) = A$,且 $g(x) \neq u_0 (x \in \mathring{U}(x_0))$,则 $\lim\limits_{x\to x_0} f[g(x)] = \lim\limits_{u\to u_0} f(u) = A$.

特别提醒 (1) 在极限运算中可以作变量代换,即 $\lim\limits_{x\to x_0} f[g(x)] \xlongequal{令 u = g(x)} \lim\limits_{u\to u_0} f(u)$.

(2) 定理中变量变化过程可以相应变换,例如,把 $\lim\limits_{x\to x_0} g(x) = u_0$ 换成 $\lim\limits_{x\to x_0} g(x) = x$ 或 $\lim\limits_{x\to\infty} g(x) = \infty$,相应地 $\lim\limits_{u\to u_0} f(u) = A$ 就换成 $\lim\limits_{n\to\infty} f(u) = A$,可得类似结论.

2. 数列极限与函数极限的关系

海涅定理:$\lim\limits_{x\to x_0} f(x) = A$ 的充分必要条件为对任意数列 $\{x_n\}$,$\lim\limits_{n\to\infty} x_n = x_0$ 且 $x_n \neq x_0$,

有$\lim\limits_{n\to\infty}f(x_n)=A$.

特别提醒 (1) 当 $x\to\infty$ 时,该定理仍成立.

(2) 该定理为证明函数 $f(x)$ 的极限不存在提供了一个有力的工具,只要能找出两个均收敛于 x_0 的不同数列$\{x_n\}$,$\{x'_n\}$,且 $x_n\neq x_0$,$x'_n\neq x_0$,但$\{f(x_n)\}$,$\{f(x'_0)\}$却收敛于不同的极限,或者找出一个数列所对应的函数值数列发散即可.

(3) 在求数列极限时,可以将正整数 n 换为 x,求数列$\{x_n=f(n)\}$的极限就可以转化为求函数极限 $\lim\limits_{x\to+\infty}f(x)$.

3. 化为用四则运算求极限的形式

	类型	方法
$\lim\frac{f(x)}{g(x)}$	$\frac{0}{0}$ 型	通过因式分解、分子或分母有理化消去分母中极限为零的式子
	$\frac{\infty}{\infty}$ 型	$\lim\limits_{x\to\infty}\frac{a_0x^n+a_1x^{n-1}+\cdots+a_{n-1}x+a_n}{b_0x^m+b_1x^{m-1}+\cdots+b_{m-1}x+b_m}=\begin{cases}\frac{a_0}{b_0},n=m\\0,n<m\\\infty,n>m\end{cases}$
	$\infty-\infty$ 型	通分或有理化,化为$\frac{0}{0}$ 型或$\frac{\infty}{\infty}$ 型

典型例题解析

题型 1:极限的四则运算

例 对 x,总有 $\varphi(x)\leqslant f(x)\leqslant g(x)$ 且$\lim\limits_{x\to\infty}[g(x)-\varphi(x)]=0$,则$\lim\limits_{x\to\infty}f(x)$(　　).

(A) 存在且等于零　　(B) 存在但不一定为零

(C) 一定不存在　　(D) 不一定存在

解 本题选(D).

$\lim\limits_{x\to\infty}[g(x)-\varphi(x)]$存在并不能说明$\lim\limits_{x\to\infty}g(x)$,$\lim\limits_{x\to\infty}\varphi(x)$均存在,因而不能保证$\lim\limits_{x\to\infty}f(x)$存在,故应选(D). 例如,取 $\varphi(x)=x^2+\frac{1}{x^2}$,$f(x)=x^2+\frac{2}{x^2}$,$g(x)=x^2+\frac{3}{x^2}$,则 $\varphi(x)\leqslant f(x)\leqslant g(x)$,且 $\lim\limits_{x\to\infty}[g(x)-\varphi(x)]=\lim\limits_{x\to\infty}\frac{2}{x^2}=0$,但$\lim\limits_{x\to\infty}f(x)$不存在.

特别提醒 在运算过程中常因被忽略而产生错误. 注意极限四则运算成立的前提.

题型 2:用无穷小量求极限

例 问 μ 取何值时$\lim\limits_{x\to0}f(x)=x^\mu\cos^2+\frac{1}{x}$存在.

解 当 $\mu=0$ 时,$\lim\limits_{x\to0}f(x)=\lim\limits_{x\to0}\cos^2\frac{1}{x}$不存在.

当 $\mu<0$ 时,$\because\ \lim\limits_{x\to0}x^\mu=\infty$　$\therefore\ \lim\limits_{x\to0}x^\mu\cos^2\frac{1}{x}$不存在.

当 $\mu>0$ 时，$\because \lim\limits_{x\to 0}x^{\mu}=0$ 而 $\left|\cos^2\dfrac{1}{x}\right|<1$，$\therefore \lim\limits_{x\to 0}x^{\mu}\cos^2\dfrac{1}{x}=0$

【重点提示】 讨论 μ 的不同取值，利用有界变量与无穷小变量乘积仍为无穷小量，确定极限.

题型 3：化为四则运算求极限

例 求极限 $\lim\limits_{x\to 1}\left(\dfrac{1}{x-1}-\dfrac{3}{x^3-1}\right)$.

解 $\lim\limits_{x\to 1}\left(\dfrac{1}{x-1}-\dfrac{3}{x^3-1}\right)$（先通分，因式分解，分子、分母约去 $x-1$，再进行恒等变形）

$=\lim\limits_{x\to 1}\dfrac{x^2+x+1-3}{(x-1)(x^2+x+1)}=\lim\limits_{x\to 1}\dfrac{(x-1)(x+2)}{(x-1)(x^2+x+1)}$

$=\lim\limits_{x\to 1}\dfrac{x+2}{x^2+x+1}=1\left[\text{利用}\lim\limits_{x\to x_0}\dfrac{P(x)}{Q(x)}\overset{Q(x_0)\neq 0}{=\!=\!=}\dfrac{P(x_0)}{Q(x_0)}\right]$

特别提醒 因为 $\lim\limits_{x\to 1}(x-1)=0$，$\lim\limits_{x\to 1}(x^3-1)=0$，所以 $\lim\limits_{x\to 1}\dfrac{1}{x-1}=\infty$，$\lim\limits_{x\to 1}\dfrac{3}{x^3-1}=\infty$，不能直接利用极限四则运算法则，这种形式记为"$\infty-\infty$"型，需先进行恒等变形.

题型 4：利用变量代换法求极限

例 求 $\lim\limits_{x\to 0}\dfrac{\sqrt{1+x}-1}{\sqrt[3]{1+x}-1}$.

解 作变量代换，令 $y=\sqrt[6]{1+x}$，则当 $x\to 0$ 时，有 $y\to 1$，

因此 $\lim\limits_{x\to 0}\dfrac{\sqrt{1+x}-1}{\sqrt[3]{1+x}-1}=\lim\limits_{y\to 1}\dfrac{y^3-1}{y^2-1}$（因式分解进行恒等变形），

原式 $=\lim\limits_{y\to 1}\dfrac{(y-1)(y^2+y+1)}{(y-1)(y+1)}=\lim\limits_{y\to 1}\dfrac{y^2+y+1}{y+1}=\dfrac{3}{2}$.

题型 5：数列极限与函数极限有关的问题（利用海涅定理）

例 当 $x\to 0$ 时，变量 $\dfrac{1}{x^2}\sin\dfrac{1}{x}$ 是（　　）.

(A) 无穷小　　　　(B) 无穷大

(C) 有界的，但不是无穷小　　　　(D) 无界的，但不是无穷大

解 本题选(D).

令 $f(x)=\dfrac{1}{x^2}\sin\dfrac{1}{x}$. 取 $x_n^{(1)}=\dfrac{1}{n\pi}$，$x_n^{(2)}=\dfrac{1}{2n\pi+\dfrac{\pi}{2}}$，则 $\lim\limits_{n\to\infty}x_n^{(1)}=\lim\limits_{n\to\infty}x_n^{(2)}=0$.

由于 $\lim\limits_{n\to\infty}f(x_n^{(1)})=\lim\limits_{n\to\infty}\dfrac{1}{(x_n^{(1)})^2}\sin\dfrac{1}{x_n^{(1)}}=\lim\limits_{n\to\infty}\pi^2n^2\sin n\pi=0$，

$\lim\limits_{n\to\infty}f(x_n^{(2)})=\lim\limits_{n\to\infty}\dfrac{1}{(x_n^{(2)})^2}\sin\dfrac{1}{x_n^{(2)}}=\lim\limits_{n\to\infty}\left(2n\pi+\dfrac{\pi}{2}\right)^2\sin\left(2n\pi+\dfrac{\pi}{2}\right)=\lim\limits_{n\to\infty}\left(2n\pi+\dfrac{\pi}{2}\right)^2=\infty$，

二者不相等，所以 $\lim\limits_{x\to 0}\dfrac{1}{x^2}\sin\dfrac{1}{x}\neq\infty$，即当 $x\to 0$ 时，$\dfrac{1}{x^2}\sin\dfrac{1}{x}$ 不是无穷大.

由$\lim\limits_{n\to\infty}f(x_n^{(2)})=\infty$知,$\frac{1}{x^2}\sin\frac{1}{x}$是无界的,所以该题应选(D).

特别提醒 无穷小量乘以有界变量仍为无穷小量,但无穷大量乘以有界变量不一定是无穷大量.

第六节 两个重要极限

知识点归纳

1. 极限存在准则

名称		内容	备注
极限存在性	夹逼准则	若 $y\leqslant x\leqslant z$,且 $\lim y=\lim z=A$,则 $\lim x=A$	x,y,z 是某一个变化过程中的变量
	单调有界准则	单调有界数列必有极限	
	无穷小判别法	$f(x)$ 在 x_0 的某一空心邻域内有 $\lim\limits_{x\to x_0}f(x)=A\Leftrightarrow f(x)=A+\alpha$	A 为有限值,α 为无穷小量
	单侧极限判别法	$\lim\limits_{x\to x_0}f(x)=A\Leftrightarrow\lim\limits_{x\to x_0^-}f(x)=\lim\limits_{x\to x_0^+}f(x)=A$	

特别提醒 (1) 单调数列,设有数列 $y_n=f(n)$,如果对任意正整数 n 恒有 $f(n)<f(n+1)$,则 $f(n)$ 为单调增加数列;如果对任意正整数 n,恒有 $f(n)>f(n+1)$,则 $f(n)$ 为单调减少数列.单调增加和单调减少的数列统称为单调数列.

(2) 有界数列:如果存在两个常数 m 和 $M(m<M)$,使对任意正整数 n 恒有 $m\leqslant f(n)\leqslant M$,则 $f(n)$ 为有界数列.

(3) 该准则通常运用的形式为:单调增加且有上界(单调减少且有下界)的数列必有极限.

2. 两个重要极限

(1) $\lim\limits_{x\to0}\frac{\sin x}{x}=1$.

特别提醒 $\lim\limits_{x\to0}\frac{\sin x}{x}=1$ 的变型:$\lim\limits_{n\to\infty}n\sin\frac{1}{n}=1$,$\lim\limits_{x\to\infty}x\sin\frac{1}{x}=1$.一般形式:若 $\lim f(x)=0$,$f(x)\neq0$,则 $\lim\frac{\sin f(x)}{f(x)}=1$.

(2) $\lim\limits_{x\to\infty}\left(1+\frac{1}{x}\right)^x=\mathrm{e}$.

特别提醒 (1) $\lim\limits_{x\to\infty}\left(1+\frac{1}{x}\right)^x=\mathrm{e}$ 的变型:$\lim\limits_{n\to\infty}\left(1+\frac{1}{n}\right)^n=\mathrm{e}$.其一般形式:若 $\lim f(x)=0$,$f(x)\neq0$,则 $\lim[1+f(x)]^{\frac{1}{f(x)}}=\mathrm{e}$;

(2) 当 $\lim g(x)=1$,$\lim h(x)=\infty$ 时,极限 $\lim g(x)^{h(x)}$ 这种形式记为"1^∞"型,称为未定式,所以第二个重要极限 $\lim[1+f(x)]^{\frac{1}{f(x)}}$ 属于"1^∞"型.

(3) 分子和分母中 $f(x)$ 必须统一，包括系数和正负号.

(4) $g(x)$ 在形式上一定要统一，包括系数和正负号.

(5) 若 $\lim\limits_{x\to x_0}g(x)=0$，且 $\lim\limits_{x\to x_0}f(x)=\infty$，则 $\lim\limits_{x\to x_0}[1+g(x)]^{f(x)}=e^{\lim\limits_{x\to x_0}\ln[1+g(x)]}$.

典型例题解析

题型 1:利用夹逼准则求极限

【重点提示】 将复杂的变量 x 利用放缩法进行化简，找出有相同极限且易求极限的变量 y 和 z 即可.

例 求 $\lim\limits_{n\to\infty}\left(\dfrac{1}{n^2+1}+\dfrac{2}{n^2+2}+\cdots+\dfrac{n}{n^2+n}\right)$.

【重点提示】 对于无穷多项和的极限，常考虑利用夹逼准则求极限. 而利用夹逼准则求极限，关键在于放大和缩小所给的和式. 本题中将 $\dfrac{i}{n^2+i}$ 放大为 $\dfrac{i}{n^2+1}$，缩小为 $\dfrac{i}{n^2+n}$.

解　由于 $\dfrac{i}{n^2+n}\leqslant\dfrac{i}{n^2+i}\leqslant\dfrac{i}{n^2+1}$，$(i=1,2,\cdots,n)$，

所以 $\dfrac{\frac{1}{2}n(n+1)}{n^2+n}=\sum\limits_{i=1}^{n}\dfrac{i}{n^2+n}\leqslant\sum\limits_{i=1}^{n}\dfrac{i}{n^2+i}\leqslant\sum\limits_{i=1}^{n}\dfrac{i}{n^2+1}=\dfrac{\frac{1}{2}n(n+1)}{n^2+1}$，

又 $\lim\limits_{n\to\infty}\dfrac{\frac{1}{2}n(n+1)}{n^2+n}=\dfrac{1}{2}$，$\lim\limits_{n\to\infty}\dfrac{\frac{1}{2}n(n+1)}{n^2+1}=\dfrac{1}{2}$，

故 $\lim\limits_{n\to\infty}\left(\dfrac{1}{n^2+1}+\dfrac{2}{n^2+2}+\cdots+\dfrac{n}{n^2+n}\right)=\dfrac{1}{2}$.

特别提醒　(1) 尽管 $\lim\limits_{n\to\infty}\dfrac{i}{n^2+i}=0$，$(i=1,2,\cdots,n)$，但 $\lim\limits_{n\to\infty}\sum\limits_{i=1}^{n}\dfrac{i}{n^2+i}=\dfrac{1}{2}\neq0$，这说明无限个无穷小量的和未必再是无穷小量.

(2) 夹逼准则多适用于所考虑的函数比较容易适度放大和缩小，而且放大和缩小后的函数易求得相同极限的情形，基本思想是把要求解的极限转化为求放大和缩小后的函数或数列的极限. 需要注意的是，夹逼准则所要建立的不等式可以只在 n 无穷大以后或在 $x\to x_0$ 时点 x_0 的邻域内成立.

题型 2:利用单调有界准则证明

【重点提示】 通常利用单调有界准则证明一个数列有极限.

例 设 $a>0$，$x_1>\sqrt{a}$，$x_{n+1}=\dfrac{1}{2}\left(x_n+\dfrac{a}{x_n}\right)$. $(n=1,2,\cdots)$

(1) 求证：数列 $\{x_n\}$ 单调减少且有下界. (2) 求 $\lim\limits_{n\to\infty}x_n$.

证明 (1) 显然 $x_n \geqslant 0(n\geqslant 1)$,因为 $x_{n+1}=\frac{1}{2}\left(x_n+\frac{a}{x_n}\right)\geqslant\sqrt{x_n\cdot\frac{a}{x_n}}=\sqrt{a}(n\geqslant 2)$,故$\{x_n\}$有下界,又 $x_{n+1}-x_n=\frac{1}{2}\left(x_n+\frac{a}{x_n}\right)-x_n=\frac{a-x_n^2}{2x_n}\leqslant 0(n\geqslant 2)$,即 $x_{n+1}\leqslant x_n$,故数列$\{x_n\}$单调减少.

(2) 由(1) 知 $\lim\limits_{x\to\infty}x_n=A$ 存在.

对 $x_{n+1}=\frac{1}{2}\left(x_n+\frac{a}{x_n}\right)$两边取极限,得 $A=\frac{1}{2}\left(A+\frac{a}{A}\right)$(只有两边极限存在时才能同时取极限),解得 $A=\sqrt{a}$ 或 $A=-\sqrt{a}$(舍去).

特别提醒 利用单调准则证明极限存在,主要针对递推数列验证数列单调性和有界性.一般解题的难点在于判断单调性,数学归纳法是一种简洁且有效的方法或者通过减法或除法比较前后项.需要注意的是,单调有界准则所要验证的单调和有界性质只在 n 无穷大以后成立即可.

题型 3:利用第一个重要极限 $\frac{\sin x}{x}=1$

例 $\lim\limits_{x\to\infty}x\sin\frac{2x}{x^2+1}=$ ________.

【重点提示】 常利用其一般形式 $\lim\limits_{\varphi(x)\to 0}\frac{\sin\varphi(x)}{\varphi(x)}=1$.

解 因为 $\lim\limits_{x\to\infty}\frac{2x}{x^2+1}=\lim\limits_{x\to\infty}\frac{\frac{2}{x}}{1+\frac{1}{x^2}}=0$,

所以 $\lim\limits_{x\to\infty}x\sin\frac{2x}{x^2+1}=\lim\limits_{x\to\infty}\frac{\sin\frac{2x}{x^2+1}}{\frac{2x}{x^2+1}}\cdot\frac{2x}{x^2+1}\cdot x=\lim\limits_{x\to\infty}\frac{\sin\frac{2x}{x^2+1}}{\frac{2x}{x^2+1}}\cdot\lim\limits_{x\to\infty}\frac{2x^2}{x^2+1}=2$.

特别提醒 本题属基本题型,利用第一个重要极限的一般形式进行计算即可.

题型 4:利用第二个重要极限 $\lim\limits_{x\to\infty}\left(1+\frac{1}{x}\right)^x=\mathrm{e}$

【重点提示】 对于“1^∞”型的求极限问题,常常利用 $\lim f(x)=0,f(x)\neq 0$,那么 $\lim[1+f(x)]^{\frac{1}{f(x)}}=\mathrm{e}$.

例 求极限 $\lim\limits_{x\to\infty}\frac{(x+2)^{x+2}(x+3)^{x+3}}{(x+5)^{2x+5}}$.

解 因为 $\lim\limits_{x\to\infty}\frac{(x+2)^{x+2}(x+3)^{x+3}}{(x+5)^{2x+5}}=\lim\limits_{x\to\infty}\left[\left(\frac{x+2}{x+5}\right)^{x+2}\left(\frac{x+3}{x+5}\right)^{x+3}\right]$,

而 $\lim\limits_{x\to\infty}\left(\frac{x+2}{x+5}\right)^{x+2}=\lim\limits_{x\to\infty}\left(1+\frac{-3}{x+5}\right)^{x+2}=\lim\limits_{x\to\infty}\left(1+\frac{-3}{x+5}\right)^{\frac{x+5}{-3}\cdot(-3)-3}$ (利用极限的运算法则及第二个重要极限的一般形式)

$$=\lim_{x\to\infty}\left\{\left[\left(1+\frac{-3}{x+5}\right)^{\frac{x+5}{-3}}\right]^{-3}\left[1+\frac{-3}{x+5}\right]^{-3}\right\}=e^{-3}\cdot 1=e^{-3},$$

类似地，$\lim\limits_{x\to\infty}\left(\frac{x+3}{x+5}\right)^{x+3}=\lim\limits_{x\to\infty}\left(1+\frac{-2}{x+5}\right)^{x+3}=\lim\limits_{x\to\infty}\left(1+\frac{-2}{x+5}\right)^{\frac{x+5}{-2}\cdot(-2)-2}$

$$=\lim_{x\to\infty}\left\{\left[\left(1+\frac{-2}{x+5}\right)^{\frac{x+5}{-2}}\right]^{-2}\left[1+\frac{-2}{x+5}\right]^{-2}\right\}=e^{-2}\cdot 1=e^{-2},$$

所以$\lim\limits_{x\to\infty}\frac{(x+2)^{x+2}(x+3)^{x+3}}{(x+5)^{2x+5}}=\lim\limits_{x\to\infty}\left(\frac{x+2}{x+5}\right)^{x+2}\lim\limits_{x\to\infty}\left(\frac{x+3}{x+5}\right)^{x+3}=e^{-3}\cdot e^{-2}=e^{-5}$.

特别提醒 对于“1^∞”型这种未定式的求极限问题，不能草率地下结论它的极限是1或是e，必须按照第二个重要极限构造出形式并计算.

第七节 利用等价无穷小量代换求极限

知识点归纳

1. 等价无穷小量的重要性质

如果在同一变化过程中，$\alpha,\alpha_1,\beta,\beta_1$都是无穷小量，$\alpha\sim\alpha_1,\beta\sim\beta_1$，且$\lim\frac{\alpha_1}{\beta_1}$存在，那么有$\lim\alpha f(x)=\lim\alpha_1 f(x),\lim\frac{\alpha}{\beta}=\lim\frac{\alpha_1}{\beta_1}$.

特别提醒 (1) 此性质说明在求某些无穷小量乘除运算的极限时，使用等价无穷小量代换，可使求极限的步骤简化不影响极限值的结果.

(2) 如果$\lim\frac{\alpha_1}{\beta_1}$不存在，则这个性质不适用.

(3) 等价无穷小量代换，只应用于乘除运算，对加减项的无穷小量不能随意代换，否则将产生错误.

2. 常用的等价无穷小量

当$x\to 0$时，$\sin x\sim x,\tan x\sim x,\arcsin x\sim x,\arctan x\sim x,\ln(1+x)\sim x$，

$e^x-1\sim x,1-\cos x\sim\frac{x^2}{2},\sqrt[n]{1+x}-1\sim\frac{x}{n}$.

特别提醒 等价无穷小量常常用于求极限时进行代换.

典型例题解析

题型1:利用等价无穷小量代换求极限

例 求$\lim\limits_{x\to 0}\frac{3\sin x+x^2\cos\frac{1}{x}}{(1+\cos x)\ln(1+x)}$.

解 因为$\lim\limits_{x\to 0}\dfrac{3\sin x}{\ln(1+x)}=\lim\limits_{x\to 0}\dfrac{3x}{x}=3$,(因为 $x\to 0$ 时,$\sin x\sim x$,$\ln(1+x)\sim x$)

$$\lim_{x\to 0}\frac{x^2\cos\dfrac{1}{x}}{\ln(1+x)}=\lim_{x\to 0}x\cos\frac{1}{x}=0,$$

所以原式 $=\lim\limits_{x\to 0}\left\{\dfrac{1}{1+\cos x}\left[\dfrac{3\sin x}{\ln(1+x)}+\dfrac{x^2\cos\dfrac{1}{x}}{\ln(1+x)}\right]\right\}=\dfrac{1}{2}\times 3$(极限四则运算)$=\dfrac{3}{2}$.

题型 2:确定无穷小量的阶

例 确定下列无穷小量在极限过程下的阶:$\sqrt{1+\tan x}-\sqrt{1+\sin x}$,$x\to 0$.

解 当 $x\to 0$ 时,设 $\sqrt{1+\tan x}-\sqrt{1+\sin x}$ 是 x 的 λ 阶无穷小量,

因为$\lim\limits_{x\to 0}\dfrac{\sqrt{1+\tan x}-\sqrt{1+\sin x}}{x^\lambda}=\lim\limits_{x\to 0}\dfrac{\tan x-\sin x}{x^\lambda(\sqrt{1+\tan x}+\sqrt{1+\sin x})}$

$$=\lim_{x\to 0}\frac{\tan x(1-\cos x)}{(\sqrt{1+\tan x}+\sqrt{1+\sin x})}=\lim_{x\to 0}\frac{x\cdot\dfrac{1}{2}x^2}{x^\lambda(\sqrt{1+\tan x}+\sqrt{1+\sin x})}$$

$$=\lim_{x\to 0}\frac{x^{3-\lambda}}{2(\sqrt{1+\tan x}+\sqrt{1+\sin x})},$$

所以,当 $3-\lambda=0$,即 $\lambda=3$ 时,有

$$\lim_{x\to 0}\frac{\sqrt{1+\tan x}-\sqrt{1+\sin x}}{x^3}=\lim_{x\to 0}\frac{1}{2(\sqrt{1+\tan x}+\sqrt{1+\sin x})}=\frac{1}{4}.$$

因此,当 $x\to 0$ 时,$\sqrt{1+\tan x}-\sqrt{1+\sin x}$ 是 x 的 3 阶无穷小.

题型 3:无穷小量的比较

例 设当 $x\to 0$ 时,$(1-\cos x)\ln(1+x^2)$ 是比 $x\sin x^n$ 高阶的无穷小量,而 $x\sin x^n$ 是比$(e^{x^2}-1)$高阶的无穷小量,则正整数 n 等于(　　).

(A)1　　(B)2　　(C)3　　(D)4

解 本题选(B).

因为当 $x\to 0$ 时,$(1-\cos x)\ln(1+x^2)$ 是比 $x\sin x^n$ 高阶的无穷小量,所以由

$$\lim_{x\to 0}\frac{(1-\cos x)\ln(1+x^2)}{x\sin x^n}=\lim_{x\to 0}\frac{\dfrac{1}{2}x^2\cdot x^2}{x\cdot x^n}=\frac{1}{2}\lim_{x\to 0}x^{3-n}=0,$$

得 $3-n>0$,即 $n<3$.

又当 $x\to 0$ 时,$x\sin x^n$ 是比$(e^{x^2}-1)$高阶的无穷小量,所以由$\lim\limits_{x\to 0}\dfrac{x\sin x^n}{e^{x^2}-1}=\lim\limits_{x\to 0}\dfrac{x\cdot x^n}{x^2}=\lim\limits_{x\to 0}x^{n-1}=0$,得 $n-1>0$,即 $n>1$.

综上所述,正整数 n 满足 $1<n<3$,从而得 $n=2$,故此题应选(B).

特别提醒 利用等价无穷小量代换和无穷小量阶比较.

第八节 函数的连续性

知识点归纳

1. 连续

(1) 定义 1　设函数 $y=f(x)$ 在点 x_0 的某个邻域内有定义，如果

$$\lim_{\Delta x\to 0}\Delta y=\lim_{\Delta x\to 0}[f(x_0+\Delta x)-f(x_0)]=0$$

则称函数 $y=f(x)$ 在点 x_0 处连续.

(2) 定义 2　设函数 $y=f(x)$ 在点 x_0 的某个邻域内有定义，如果 $\lim\limits_{x\to x_0}f(x)=f(x_0)$，则称函数 $y=f(x)$ 在点 x_0 处连续.

特别提醒　(1) 定义 1 说明，函数在一点连续可理解为当自变量的增量趋于零时，对应函数的增量也趋于零，它体现了连续函数的自变量增量与函数增量间的关系.

(2) 定义 2 说明，函数在一点连续可理解为在该点的极限值等于函数值，这给出了求连续函数在某点处的极限的方法.

(3) 在 $\varepsilon-\delta$ 定义中没有 $|x-x_0|>0$ 这一条件，即 $f(x)$ 在 x_0 点连续，必须要求 $f(x)$ 在 x_0 点有定义，这一点是不同于极限定义的.

(3) 左、右连续.

1) 如果 $\lim\limits_{x\to x_0^+}f(x)=f(x_0)$，则称函数 $y=f(x)$ 在点 x_0 处右连续.

2) 如果 $\lim\limits_{x\to x_0^-}f(x)=f(x_0)$，则称函数 $y=f(x)$ 在点 x_0 处左连续.

(4) 函数 $y=f(x)$ 在点 x_0 处连续，则称 $f(x)$ 在点 x_0 处既右连续又左连续.

2. 函数的间断点

(1) 定义：如果函数 $f(x)$ 在点 x_0 处不连续，则称 $f(x)$ 在点 x_0 处间断，也称点 x_0 为 $f(x)$ 的间断点.

特别提醒　函数 $f(x)$ 在点 x_0 处间断有下列三种情形：

1) $f(x)$ 在点 x_0 处没有定义，即 $f(x_0)$ 不存在.

2) $\lim\limits_{x\to x_0}f(x)$ 不存在.

3) 虽然 $f(x_0)$ 有定义，有极限但不等于 $f(x_0)$.

(2) 间断点类型.

第一类间断点	可去间断点	① $f(x_0)$ 无定义，而 $\lim\limits_{x\to x_0^-}f(x)$ 与 $\lim\limits_{x\to x_0^+}f(x)$ 都存在且相等 ② $f(x_0)$ 有定义，而 $\lim\limits_{x\to x_0^-}f(x)$ 与 $\lim\limits_{x\to x_0^+}f(x)$ 都存在且相等，但不等于 $f(x_0)$
	跳跃间断点	$\lim\limits_{x\to x_0^-}f(x)$ 与 $\lim\limits_{x\to x_0^+}f(x)$ 都存在但不相等
第二类间断点	$\lim\limits_{x\to x_0^-}f(x)$ 与 $\lim\limits_{x\to x_0^+}f(x)$ 至少有一个不存在	

3. 各类型连续函数的运算

(1) 连续函数的四则运算:设函数 $f(x)$ 和函数 $g(x)$ 在点 x_0 处连续,则 $f(x)\pm g(x),f(x)g(x),\frac{f(x)}{g(x)}$(当 $g(x_0)\neq 0$ 时)都在点 x_0 处连续.

(2) 反函数的连续性:如果函数 $y=f(x)$ 在区间 I_x 上单调且连续,则它的反函数 $x=f^{-1}(y)$ 在对应的区间 $I_y=\{y\mid y=f(x),x\in I_x\}$ 上也是单调且连续的.

(3) 复合函数的连续性:如果函数 $y=f(u)$ 在点 u_0 处连续,$u=g(x)$ 在点 x_0 处连续且 $u_0=g(x_0)$,则复合函数 $y=f[g(x)]$ 在点 x_0 处也连续且

$$\lim_{x\to x_0}f[g(x)]=f[\lim_{x\to x_0}g(x)]=f[g(x_0)]$$

特别提醒 (1) 当 $f(x)$ 连续时,只要 $\lim\limits_{x\to x_0}g(x)$ 存在,"lim"与"f"可以交换次序.

(2) 如果 $\lim f(x)=A>0,\lim g(x)=B$,则 $\lim f(x)^{g(x)}=A^B$.

(4) 初等函数的连续性.

1) 基本初等函数在它们的定义域内连续.

2) 一切初等函数在其定义区间内都连续.

特别提醒 初等函数的间断点就是函数没有定义的点,这给出了求函数间断点的方法.

4. 闭区间上连续函数的性质

(1) 最大值与最小值定理:如果函数 $f(x)$ 在闭区间 $[a,b]$ 上连续,则它在这个区间上一定有最大值与最小值.

(2) 有界性定理:如果函数 $f(x)$ 在闭区间 $[a,b]$ 上连续,则函数 $f(x)$ 在这个区间上有界.

(3) 介值定理:如果函数 $f(x)$ 在闭区间 $[a,b]$ 上连续,m 和 M 分别为 $f(x)$ 在闭区间 $[a,b]$ 上的最大值和最小值,则对介于 m 与 M 之间的任一实数 c(即 $m<c<M$),至少有在一点 $\xi\in(a,b)$,使得 $f(\xi)=c$.

(4) 零点定理:如果函数 $f(x)$ 在闭区间 $[a,b]$ 上连续,且 $f(a)$ 与 $f(b)$ 异号(即 $f(a)\cdot f(b)<0$),则至少存在一点 $\xi\in(a,b)$,使得 $f(\xi)=0$.

特别提醒 ① 对以上四个定理,函数在闭区间上连续这个条件非常重要,如果函数 $f(x)$ 在开区间上连续,或者在闭区间上不连续,那么定理不一定成立. ② 零点定理中的 $f(a)$ 与 $f(b)$ 异号(即 $f(a)f(b)<0$),只是充分条件,若该条件不成立,则零点定理可能不成立. ③ 零点定理中,可把 $x=\xi$ 看作 $f(x)=0$ 的根.

典型例题解析

题型 1:函数的连续性的问题

例 设函数 $f(x)=\begin{cases}\dfrac{\ln\cos(x-1)}{1-\sin\frac{\pi}{2}}, & x\neq 1\\ 1, & x=1\end{cases}$,问函数 $f(x)$ 在 $x=1$ 处是否连续,若不连续,修改函数在 $x=1$ 处的定义,使之连续.

解 因为$\lim\limits_{x\to 1}f(x)=\lim\limits_{x\to 1}\dfrac{\ln\cos(x-1)}{1-\sin\dfrac{\pi}{2}x}\xlongequal{令 t=x-1}\lim\limits_{t\to 0}\dfrac{\ln\cos t}{1-\sin\left(\dfrac{\pi}{2}t+\dfrac{\pi}{2}\right)}$

$=\lim\limits_{t\to 0}\dfrac{\ln[1+(\cos t-1)]}{1-\cos\dfrac{\pi}{2}t}=\lim\limits_{t\to 0}\dfrac{\cos t-1}{\dfrac{1}{2}\left(\dfrac{\pi}{2}t\right)^2}\xlongequal{\cos x-1\sim x}\lim\limits_{t\to 0}\dfrac{-\dfrac{1}{2}t^2}{\dfrac{1}{8}\pi^2t^2}=-\dfrac{4}{\pi^2}$,

而 $f(1)=1$,$\lim\limits_{x\to 1}f(x)\neq f(1)$,所以函数在 $x=1$ 处不连续.

若修改定义令 $f(1)=-\dfrac{4}{\pi^2}$,则函数在 $x=1$ 处连续.

题型 2:求间断点并判断其类型

例 设 $f(x)=\dfrac{1-\cos x}{x^2+x^2}$.

(1) 指出 $f(x)$ 的间断点,并判断其类型. (2) 求 $f(x)$ 的连续区间.

解 (1) 由于 $f(x)=\dfrac{1-\cos x}{x^2(1+x)}$ 在 $x_1=0$,$x_2=-1$ 处无定义,

所以 $f(x)$ 的间断点为 $x_1=0$,$x_2=-1$.

又$\lim\limits_{x\to 0}f(x)=\lim\limits_{x\to 0}\dfrac{1-\cos x}{x^2(1+x)}=\lim\limits_{x\to 0}\dfrac{2\sin^2\dfrac{x}{2}}{x^2(1+x)}=\dfrac{1}{2}\lim\limits_{x\to 0}\left[\dfrac{\sin\dfrac{x}{2}}{\dfrac{x}{2}}\right]^2\cdot\dfrac{1}{1+x}=\dfrac{1}{2}$

所以 $x_1=0$ 是第一类的可去间断点.

而$\lim\limits_{x\to -1}f(x)=\lim\limits_{x\to -1}\dfrac{1-\cos x}{x^2(1+x)}=\infty$.

所以 $x_2=-1$ 是第二类(无穷) 间断点.

(2) $f(x)$ 的连续区间为$(-\infty,-1)\cup(-1,0)\cup(0,+\infty)$.

题型 3:利用函数连续性求函数极限

例 求极限$\lim\limits_{x\to 0}(1+3x)^{\frac{2}{\sin x}}$.

特别提醒 它属于"1^∞"型,利用第二个重要极限.

解 $\lim\limits_{x\to 0}(1+3x)^{\frac{2}{\sin x}}\xlongequal{搭配成第二个重要极限的标准形式}\lim\limits_{x\to 0}(1+3x)^{\frac{1}{3x}\cdot\frac{6x}{\sin x}}$

[若 $\lim f(x)=A>0$,$\lim g(x)=B$,则 $\lim f(x)^{g(x)}=A^B$]

原式 $=\lim\limits_{x\to 0}[(1+3x)^{\frac{1}{3x}}]^{\frac{6x}{\sin x}}=e^6$.

【重点提示】将"1^∞"型的极限搭配成第二个重要极限的标准形式:$\lim(1+f(x))^{\frac{1}{f(x)}}=e$. 其中 $\lim f(x)=0$,结合复合函数连续性的极限法则进行计算.

题型 4:用零点存在定理证明方程根的存在性

例 证明曲线 $y = x \cdot 3^x - 1$ 在 $(0,1)$ 上至少与 x 轴有一个交点.

【重点提示】 证明曲线 $y = x \cdot 3^x - 1$ 在 $x = 0$ 与 $x = 1$ 之间至少与 x 轴有一个交点,就是证明函数 $y = x \cdot 3^x - 1$ 在区间 $(0,1)$ 内至少有一个零点,也就是证明方程 $x \cdot 3^x - 1 = 0$ 至少有一个小于 1 的正实根. 运用零点定理需验证两点:一是函数在闭区间上连续;二是在闭区间两端点处的函数值异号.

证明 函数 $y = x \cdot 3^x - 1$ 在闭区间 $[0,1]$ 上显然连续(因为是初等函数),又 $y(0) = -1 < 0$, $y(1) = 2 > 0$,由零点定理知,在 $(0,1)$ 内至少存在一点 ξ,使得 $y(\xi) = 0$.

即曲线 $y = x \cdot 3^x - 1$ 在 $x = 0$ 与 $x = 1$ 之间至少与 x 轴有一个交点 ξ.

特别提醒 闭区间上连续函数的介值定理、零点定理以及最大最小值定理,常用于有关函数的一些证明题中,比如讨论方程的实根、函数的有界性等,都常用到这些结论.

题型 5:用零点定理证明有关等式

例 设 $f(x)$ 在闭区间 $[0,a]$ 上连续 $(a > 0)$,且 $f(0) = f(a)$.

证明在 $(0,a)$ 内至少存在一点 ξ,使 $f(\xi) = f\left(\xi + \frac{a}{2}\right)$.

证明 令 $g(x) = f(x) - f\left(x + \frac{a}{2}\right)$,显然 $g(x)$ 在 $\left[0, \frac{a}{2}\right]$ 上连续,

又 $g(0) = f(0) - f\left(\frac{a}{2}\right)$,

$g\left(\frac{a}{2}\right) = f\left(\frac{a}{2}\right) - f(a) = f\left(\frac{a}{2}\right) - f(0) = -\left(f(0) - f\left(\frac{a}{2}\right)\right)$,

所以 $g(0) \cdot g\left(\frac{a}{2}\right) \leqslant 0$,

若 $f(0) = f\left(\frac{a}{2}\right)$,则 $g(0) = g\left(\frac{a}{2}\right) = 0$,

即存在 $\xi = \frac{a}{2} \in (0,a)$,使 $g(\xi) = 0$,即 $f(\xi) = f\left(\xi + \frac{a}{2}\right)$.

若 $f(0) \neq f\left(\frac{a}{2}\right)$,则 $g(x) \cdot g\left(\frac{a}{2}\right) < 0$,由零点定理 $\exists \xi \in \left(0, \frac{a}{2}\right)$,

使得 $g(\xi) = 0$,即 $f(\xi) = f\left(\xi + \frac{a}{2}\right)$.

【重点提示】 先设出辅助函数并选择目标区间,再利用零点定理确定根的存在性,得到所证明的等式.

考研真题精解

1. 设函数 $f(x)=\begin{cases}x^{\alpha}\cos\dfrac{1}{x^{\beta}}, & x>0(\alpha>0,\beta>0)\\ 0, & x\leqslant 0\end{cases}$，若 $f(x)$ 在 $x=0$ 处连续，则(　　).

(A)$\alpha-\beta>1$　　　(B)$0<\alpha-\beta\leqslant 1$

(C)$\alpha-\beta>2$　　　(D)$0<\alpha-\beta\leqslant 2$

【答案】 (A)

【解答】 $f'(0)=\lim\limits_{x\to 0}\dfrac{f(x)-f(0)}{x}=\lim\limits_{x\to 0}x^{\alpha-1}\cos\dfrac{1}{x^{\beta}}$ 存在，

因此可知 $\alpha-1>0$，且 $f'(0)=0$，

$f'(x)=\alpha x^{\alpha-1}\cos\dfrac{1}{x^{\beta}}+\beta x^{\alpha-\beta-1}\sin\dfrac{1}{x^{\beta}}$，

由 $\lim\limits_{x\to 0}f'(x)=f'(0)=0$ 得 $\alpha-\beta-1>0$，$\alpha-\beta>1$.

2. 求极限 $\lim\limits_{x\to+\infty}\dfrac{\int_1^x\left[t^2(\mathrm{e}^{\frac{1}{t}}-1)-t\right]\mathrm{d}t}{x^2\ln\left(1+\dfrac{1}{x}\right)}$.

【解答】 $\lim\limits_{x\to\infty}\dfrac{\int_1^x[t^2(\mathrm{e}^{\frac{1}{t}}-1)-t]\mathrm{d}t}{x^2\ln(1+\dfrac{1}{x})}=\lim\limits_{x\to\infty}\dfrac{\int_1^x[t^2(\mathrm{e}^{\frac{1}{t}}-1)-t]\mathrm{d}t}{x}\xlongequal{\text{洛必达法则}}\lim\limits_{x\to\infty}[x^2(\mathrm{e}^{\frac{1}{x}}-1)-x]$

$$\xlongequal{t=\frac{1}{x}}\lim_{t\to 0^+}\left[\frac{1}{t^2}(\mathrm{e}^t-1)-\frac{1}{t}\right]=\lim_{t\to 0^+}\left[\frac{(\mathrm{e}^t-1)-t}{t^2}\right]=\lim_{t\to 0^+}\frac{t+\frac{t^2}{2}-t}{t^2}=\frac{1}{2}$$

3. 已知极限 $\lim\limits_{x\to 0}\dfrac{x-\arctan x}{x^k}=c$，其中 c,k 为常数，且 $c\neq 0$，则(　　).

(A)$k=2,c=-\dfrac{1}{2}$　(B)$k=2,c=\dfrac{1}{2}$　(C)$k=3,c=-\dfrac{1}{3}$　(D)$k=3,c=\dfrac{1}{3}$

【解答】 方法一：$\lim\limits_{x\to 0}\dfrac{x-\arctan x}{x^k}=\lim\limits_{x\to 0}\dfrac{x-\left(x-\dfrac{1}{3}x^3+o(x^3)\right)}{x^k}=\lim\limits_{x\to 0}\dfrac{\dfrac{1}{3}x^3}{x^k}=c$，$\therefore k=3,c=\dfrac{1}{3}$

方法二：用洛必达法则.

$$\lim_{x\to 0}\frac{x-\arctan x}{x^k}=\lim_{x\to 0}\frac{1-\dfrac{1}{1+x^2}}{kx^{k-1}}=\lim_{x\to 0}\frac{1+x^2-1}{kx^{k-1}(1+x^2)}=\frac{1}{k}\lim_{x\to 0}\frac{x^2}{x^{k-1}}=c,$$

$\therefore k=3,c=\dfrac{1}{3}$，选(D).

4. 设 $\cos x-1=x\sin\alpha(x)$，$|\alpha(x)|<\dfrac{\pi}{2}$，当 $x\to 0$ 时，$\alpha(x)=$(　　).

(A) 比 x 高阶的无穷小　　　(B) 比 x 低阶的无穷小

(C) 与 x 同阶但不等价无穷小　　　(D) 与 x 等价无穷小

【解答】 显然当 $x\to 0$ 时 $\cos x-1=x\sin\alpha(x)\sim -\frac{1}{2}x^2$，$\sin\alpha(x)\sim -\frac{1}{2}x\sim\alpha(x)$，故应选(C).

课后习题全解

(A)

1. **解** (1) $1-\frac{1}{2},1-\frac{1}{4},1-\frac{1}{8},1-\frac{1}{16},1-\frac{1}{32}$，即此数列前五项为 $\frac{1}{2},\frac{3}{4},\frac{7}{8},\frac{15}{16},\frac{31}{32}$.

(2) $2,\left(\frac{3}{2}\right)^2,\left(\frac{4}{3}\right)^3,\left(\frac{5}{4}\right)^4,\left(\frac{6}{5}\right)^5$，即此数列前五项为 $2,\frac{9}{4},\frac{64}{27},\frac{625}{256},\frac{7776}{3125}$.

(3) $\sin\pi,\frac{1}{2}\sin\frac{\pi}{2},\frac{1}{3}\sin\frac{\pi}{3},\frac{1}{4}\sin\frac{\pi}{4},\frac{1}{5}\sin\frac{\pi}{5}$，即此数列前五项为 $0,\frac{1}{2},\frac{\sqrt{3}}{6},\frac{\sqrt{2}}{8},0.1176$.

(4) 即此数列前五项为 $\frac{1}{2},\frac{10}{7},\frac{63}{34},2,\frac{275}{134}$.

(5) $m,\frac{m(m-1)}{2},\frac{m(m-1)(m-2)}{6},\frac{m(m-1)(m-2)(m-3)}{24},\frac{m(m-1)\cdots(m-4)}{120}$.

2. **解** (1) 任给 $\varepsilon>0$，所证不等式为 $|y_n-1|=\frac{1}{n+1}<\frac{1}{n}<\varepsilon$，在 $n>\frac{1}{\varepsilon}$ 时成立，故取 N 为比 $\frac{1}{\varepsilon}$ 大的自然数，则 $n>N$ 时，$|y_n-1|<\varepsilon$，故结论成立.

(2) 任给 $\varepsilon>0$，不等式 $|y_n-1|=\frac{1}{2^n}<\varepsilon$ 等价于 $2^n>\frac{1}{\varepsilon}$ 或 $n>\log_2\frac{1}{\varepsilon}$，故取 N 为比 $\log_2\frac{1}{\varepsilon}$ 大的自然数，则 $|y_n-1|<\varepsilon$ 在 $n>N$ 时成立，故结论成立.

(3) 任给 $\varepsilon>0$，所证不等式 $|y_n-0|=\frac{1}{\sqrt{n}}<\varepsilon$ 等价于 $n>\frac{1}{\varepsilon^2}$，故取 N 为大于 $\frac{1}{\varepsilon^2}$ 的自然数，则 $n>N$ 时，所证不等式成立，故所论极限关系式成立.

3. **解** (1) 数列的一般项为 $y_n=(-1)^n\frac{2n-1}{2n+1}$，当 $n\to\infty$ 时，$y_{2n-1}\to -1$，$y_{2n}\to 1$，所以该数列发散.

(2) 数列的奇数项为 $y_{2k-1}=\frac{1}{2k-1}(k=1,2,\cdots)$，偶数项为 $y_{2k}=\frac{2k+1}{2k}(k=1,2,\cdots)$，当 $k\to\infty$ 时，$y_{2k-1}\to 0$，$y_{2k}\to 1$，所以该数列发散.

(3) 数列的奇数项为 $y_{2k-1}=0(k=1,2,\cdots)$，偶数项为 $y_{2k}=\frac{1}{2k}(k=1,2,\cdots)$，该数列收敛于 0.

4. **分析** 依函数极限定义用 $\varepsilon-\delta$ 或 $\varepsilon-M$ 语言表述.

解 (1) 记 $f(x)=3x-1$. 对于任给正数 ε，要使

$|f(x)-8|=|3x-9|=3|x-3|<\varepsilon$，

只要取 $|x-3|<\varepsilon/3$ 便可，故令 $\delta=\varepsilon/3$，则

当 $0<|x-3|<\delta$ 时 $|f(x)-8|<\varepsilon$，即 $\lim\limits_{x\to 3}f(x)=8$.

(2) 记 $f(x)=\frac{2x+3}{x}=2+\frac{3}{x}$. 对于任给正数 ε，要使 $|f(x)-2|=\frac{3}{|x|}<\varepsilon$，

只要取 $|x|>\frac{3}{\varepsilon}$ 便可. 故令 $M=\frac{3}{\varepsilon}$,则当 $|x|>M$ 时,$|f(x)-2|<\varepsilon$,

即 $\lim\limits_{x\to\infty}f(x)=2$.

(3) 记 $f(x)=\frac{x^2-4}{x+2}=x-2$. 对于任给正数 ε,要使 $|f(x)-(-4)|=|x+2|<\varepsilon$,只要取 $|x+2|<\varepsilon$ 便可. 故令 $\delta=\varepsilon$,则当 $|x-(-2)|<\delta$ 时,$|f(x)-(-4)|<\varepsilon$,即 $\lim\limits_{x\to-2}f(x)=-4$.

(4) 记 $f(x)=2^x$. 对于任给正数 ε,要使 $|f(x)-0|=2^x<\varepsilon$,

只要取 $x<\log_2\varepsilon$ 即可. 故令 $M=|\log_2\varepsilon|$,则当 $x<-M$ 时,$|f(x)-0|<\varepsilon$,

即 $\lim\limits_{x\to-\infty}f(x)=0$.

5. **解**　$f(x)$ 的图形如图 2-1 所示.

$f(3-0)=\lim\limits_{x\to3^-}f(x)=\lim\limits_{x\to3^-}x=3$,

$f(3+0)=\lim\limits_{x\to3^+}f(x)=\lim\limits_{x\to3^+}(3x-1)=8$.

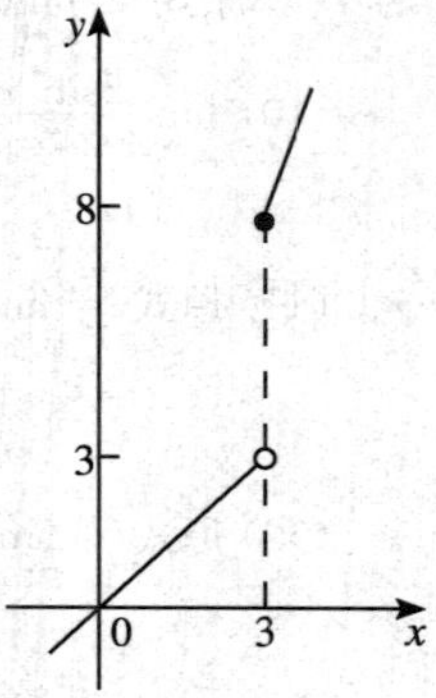

图 2-1

6. **分析**　从判断左、右极限是否相等来判断所求极限是否存在.

解　$\lim\limits_{x\to0^-}f(x)=\lim\limits_{x\to0^-}\frac{-x}{x}=-1$,$\lim\limits_{x\to0^+}f(x)=\lim\limits_{x\to0^+}\frac{x}{x}=1$,

$\lim\limits_{x\to0^-}f(x)\neq\lim\limits_{x\to0^+}f(x)$,故 $\lim\limits_{x\to0}\frac{|x|}{x}$ 不存在.

7. **分析**　影响函数 y 的变动的只能是分母的取值(非零无穷小的倒数为无穷大).

解　当 $x\to1$ 时,$y=\frac{1}{(x-1)^2}$ 为无穷大量;当 $x\to\infty$ 时,$y=\frac{1}{(x-1)^2}$ 为无穷小量.

8. **解**　三个数列在 $n\to\infty$ 时均为无穷小量.

(1) $|y_n|=\frac{1}{2^n}\to0(n\to\infty)$,故 $y_n\to0$.

(2) $|y_n|<\frac{2}{n}\to0(n\to\infty)$,故由夹逼准则知 $y_n\to0$.

(3) $y_n=\frac{1}{n^2}\to0(n\to\infty)$.

9. **解**　$100x^2,\sqrt[3]{x},\frac{x^2}{x},0,x^2+\frac{1}{2}x$ 是无穷小量;$\frac{2}{x},\frac{x}{x^2}$ 是无穷大量;$\sqrt{x+1},x^2+0.01,\frac{1}{x-1},\frac{x-1}{x+1}$ 既不是无穷小量,也不是无穷大量.(非零无穷小的倒数无穷大)

10. **解**　$\frac{2}{x},\frac{x}{x^2},0,\frac{1}{x-1}$ 是无穷小量.

$100x^2,\sqrt[3]{x},\sqrt{x+1},\frac{x^2}{x},x^2+0.01,x^2+\frac{1}{2}x$ 是无穷大量.

$\lim\limits_{x\to\infty}\frac{x-1}{x+1}=1$,所以 $\frac{x-1}{x+1}$ 既不是无穷小量,也不是无穷大量.

11. **解** (1) 原式 $=3\times4-5(-2)+2=24$ (2) 原式 $=1+\frac{2}{3}=\frac{5}{3}$

(3) 原式 $=\frac{3-3}{9+3+1}=0$ (4) $\lim\limits_{x\to2}\frac{x-2}{x^2-3}=0$,原式 $=\infty$

(5) 原式 $=\lim\limits_{x\to1}\frac{x+1}{2x+1}=\frac{2}{3}$ (6) 原式 $=\lim\limits_{x\to0}\frac{4x^2-2x+1}{3x+2}=\frac{1}{2}$

(7) 原式 $=\lim\limits_{x\to1}\frac{2-x}{1+x}=\frac{1}{2}$

(8) 原式 $=\lim\limits_{h\to0}\frac{h[(x+h)^2+x(x+h)+x^2]}{h}=3x^2$

(9) 原式 $=\lim\limits_{x\to1}(x^{n-1}+x^{n-2}+\cdots+x+1)=n$

(10) $\lim\limits_{x\to\frac{\pi}{6}}\frac{2\sin^2x+\sin x-1}{2\sin^2x-3\sin x+1}=\lim\limits_{x\to\frac{\pi}{6}}\frac{(2\sin x-1)(\sin x+1)}{(2\sin x-1)(\sin x-1)}=\lim\limits_{x\to\frac{\pi}{6}}\frac{\sin x+1}{\sin x-1}=-3$

(11) 原式 $=\lim\limits_{x\to\infty}\frac{2+\frac{3}{x}}{6-\frac{1}{x}}=\frac{1}{3}$

(12) 原式 $=\lim\limits_{x\to\infty}\frac{\frac{1000}{x}}{1+\frac{1}{x^2}}=0$(分子分母同除以 x^2,利用 $\lim\limits_{x\to\infty}\frac{1}{x}=0,\lim\limits_{x\to\infty}\frac{1}{x^2}=0$)

(13) 原式 $=\lim\limits_{n\to\infty}\frac{\left(1-\frac{1}{n}\right)^2}{\frac{1}{n^2}+\frac{1}{n}}=\infty$(分子分母同除以 n^2,无穷小的倒数是无穷大)

(14) 原式 $=\lim\limits_{u\to+\infty}\frac{\sqrt[4]{\frac{1}{u^4}+\frac{1}{u}}}{1+\frac{1}{u}}=0$ (15) $\lim\limits_{x\to\infty}\frac{2x+1}{\sqrt[5]{x^3+x^2-2}}=\infty$

(16) $\lim\limits_{x\to+\infty}\frac{(\sqrt{x^2+1}+2x)^2}{3x^2+1}=\lim\limits_{x\to+\infty}\frac{x^2+1+4x\sqrt{x^2+1}+4x^2}{3x^2+1}$

$=\lim\limits_{x\to+\infty}\frac{5x^2+4x\sqrt{x^2+1}+1}{3x^2+1}=\lim\limits_{x\to+\infty}\frac{5+4\sqrt{1+\frac{1}{x^2}}+\frac{1}{x^2}}{3+\frac{1}{x^2}}=\frac{9}{3}=3$

(17) 原式 $=\lim\limits_{x\to\infty}\frac{\left(2-\frac{1}{x}\right)^{30}\left(3-\frac{2}{x}\right)^{20}}{\left(2+\frac{1}{x}\right)^{50}}=\frac{2^{30}\times3^{20}}{2^{50}}=\left(\frac{3}{2}\right)^{20}$(分子分母同除以 x^{50})

(18) 原式 $=\lim\limits_{x\to0}\frac{x^2(1+\sqrt{1+x^2})}{-x^2}=-2$(分母有理化)

(19) $\lim\limits_{x\to0}\frac{\sqrt[n]{1+x}-1}{\frac{x}{n}}=\lim\limits_{x\to0}\frac{n(1+x-1)}{x[\sqrt[n]{(1+x)^{n-1}}+\sqrt[n]{(1+x)^{n-2}}+\cdots+\sqrt[n]{1+x}+1]}$

$$=\lim_{x\to0}\frac{n}{\sqrt[n]{(1+x)^{n-1}}+\sqrt[n]{(1+x)^{n-2}}+\cdots+\sqrt[n]{1+x}+1}$$

$=1$（分子有理化，利用公式 $a^n-1=(a-1)(a^{n-1}+a^{n-2}+\cdots+a+1)$）

(20) 原式 $=\lim\limits_{x\to-8}\dfrac{(1-x-9)(4-2\sqrt[3]{x}+\sqrt[3]{x^2})}{(8+x)(\sqrt{1-x}+3)}=\lim\limits_{x\to-8}-\dfrac{4-2\sqrt[3]{x}+\sqrt[3]{x^2}}{\sqrt{1-x}+3}=-2$

(21) 原式 $=\lim\limits_{x\to4}\dfrac{(2x+1-9)(\sqrt{x-2}+\sqrt{2})}{(x-2-2)(\sqrt{2x+1}+3)}=2\lim\limits_{x\to4}\dfrac{\sqrt{x-2}+\sqrt{2}}{\sqrt{2x+1}+3}=\dfrac{2\sqrt{2}}{3}$

(22) 原式 $=\lim\limits_{x\to1}\dfrac{3-(1+x+x^2)}{1-x^3}=\lim\limits_{x\to1}\dfrac{(x+2)(x-1)}{(x^2+x+1)(x-1)}=\lim\limits_{x\to1}\dfrac{x+2}{x^2+x+1}=1$

(23) 原式 $=\lim\limits_{x\to+\infty}\dfrac{2x}{\sqrt{x^2+x+1}+\sqrt{x^2-x+1}}=\lim\limits_{x\to+\infty}\dfrac{2}{\sqrt{1+\frac{1}{x}+\frac{1}{x^2}}+\sqrt{1-\frac{1}{x}+\frac{1}{x^2}}}$

$=1$（分子有理化）

(24) 原式 $=\lim\limits_{x\to+\infty}\dfrac{(x+p)(x+q)-x^2}{\sqrt{(x+p)(x+q)}+x}=\lim\limits_{x\to\infty}\dfrac{(p+q)+\frac{pq}{x}}{\sqrt{1+\frac{p+q}{x}+\frac{pq}{x^2}}+1}=\dfrac{p+q}{2}$（分子有理化）

(25) 原式 $=\lim\limits_{n\to\infty}\dfrac{1}{n^2}\cdot\dfrac{1}{2}n(n+1)=\dfrac{1}{2}$（利用等差数列前 n 项和公式）

(26) $\lim\limits_{n\to\infty}\dfrac{1+3+5+\cdots+(2n-1)}{2+4+6+\cdots+2n}=\lim\limits_{n\to\infty}\dfrac{\frac{n}{2}(1+2n-1)}{\frac{n}{2}(2+2n)}=\lim\limits_{n\to\infty}\dfrac{2n}{2+2n}=1$（分子分母利用等差数列前 n 项和公式）

(27) $\lim\limits_{n\to\infty}(\sqrt{2}\cdot\sqrt[4]{2}\cdot\sqrt[8]{2}\cdot\cdots\cdot\sqrt[2^n]{2})=\lim\limits_{n\to\infty}(2^{\frac{1}{2}}\cdot2^{\frac{1}{4}}\cdot2^{\frac{1}{8}}\cdot\cdots\cdot2^{\frac{1}{2^n}})=\lim\limits_{n\to\infty}2^{(\frac{1}{2}+\frac{1}{2^2}+\frac{1}{2^3}+\cdots+\frac{1}{2^n})}$

$=\lim\limits_{n\to\infty}2^{1-\frac{1}{2^n}}=2$

(28) 注意到 $\lim\limits_{x\to\infty}\dfrac{x^2+1}{x^3+x}=0$，$|3+\cos x|\leqslant4$，无穷小量与有界量之积仍是无穷小量，故原式 $=0$.

(29) $\lim\limits_{x\to-1}\left(\dfrac{1}{x+1}+\dfrac{1}{x^2-1}\right)=\lim\limits_{x\to-1}\dfrac{x-1+1}{x^2-1}=\lim\limits_{x\to-1}\dfrac{x}{x^2-1}=\infty$

(30) $\lim\limits_{x\to\infty}\dfrac{\sin x^2+x}{\cos^2x-x}=\lim\limits_{x\to\infty}\dfrac{\frac{1}{x}\sin x^2+1}{\frac{1}{x}\cos^2x-1}=\dfrac{0+1}{0-1}=-1$（分子分母同除以 x，利用 $\lim\limits_{x\to\infty}\dfrac{1}{x}=0$ 以及无穷小量有界量仍为无穷小运算法则）

12. **分析**　本题需代入 $f(x)$ 表达式，对所求极限的表达式分子有理化，整理变形并求极限.

解　原式 $=\lim\limits_{h\to0}\dfrac{\sqrt{x+h}-\sqrt{x}}{h}=\lim\limits_{h\to0}\dfrac{(\sqrt{x+h}-\sqrt{x})(\sqrt{x+h}+\sqrt{x})}{h(\sqrt{x+h}+\sqrt{x})}$（分子有理化）

$=\lim\limits_{h\to0}\dfrac{1}{\sqrt{x+h}+\sqrt{x}}=\dfrac{1}{2\sqrt{x}}$

13. **分析**　判别考查点的左、右极限是否相等.

解　$f(0-0)=\lim\limits_{x\to0^-}f(x)=\lim\limits_{x\to0^-}(3x+2)=2$

$f(0+0)=\lim\limits_{x\to0^+}f(x)=\lim\limits_{x\to0^+}(x^2+1)=1$

$f(1-0)=\lim\limits_{x\to1^-}f(x)=\lim\limits_{x\to1^-}(x^2+1)=2$

$f(1+0)=\lim\limits_{x\to1^+}f(x)=\lim\limits_{x\to1^+}\dfrac{2}{x}=2$

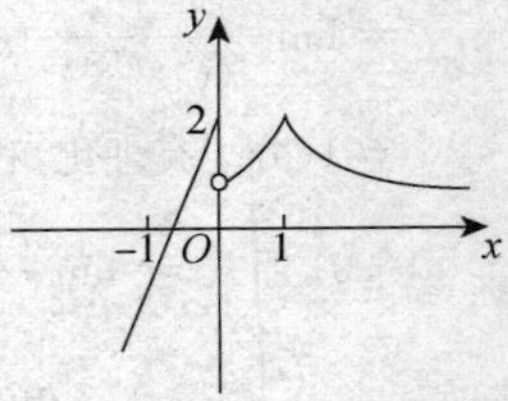

图 2-2

由此看出,$f(0-0)\neq f(0+0)$,$f(1-0)=f(1+0)$.故 $f(x)$ 在 $x\to0$ 时极限不存在,而在 $x\to1$ 时极限存在并等于 2.

$f(x)$ 的图形如图 2-2 所示.

14. **分析**　判别考查点 x 的左、右极限是否相等来判断 $f(x)$ 的极限.

解　先计算单侧极限,有

$f(0-0)=\lim\limits_{x\to0^-}\dfrac{1}{x^2}=\infty$,$f(0+0)=\lim\limits_{x\to0^+}(x^2-2x)=0$

$f(2-0)=\lim\limits_{x\to2^-}(x^2-2x)=0$,$f(2+0)=\lim\limits_{x\to2^+}(3x-6)=0$

在 $x=0$ 处左、右极限不同,说明 $f(x)$ 在 $x\to0$ 时极限不存在;在 $x=2$ 处左、右极限相同,说明 $f(x)$ 在 $x\to2$ 时极限存在并为 0.另处在 $x\in[0,2]$ 时 $f(x)=x^2-2x$ 为初等函数,故连续,即 $x\to1$ 时 $f(x)$ 极限存在为 -1.

$\lim\limits_{x\to-\infty}f(x)=\lim\limits_{x\to-\infty}\dfrac{1}{x^2}=0$

$\lim\limits_{x\to+\infty}f(x)=\lim\limits_{x\to+\infty}f(x)=\lim\limits_{x\to+\infty}(3x-6)=+\infty$

$f(x)$ 的图形如图 2-3 所示.

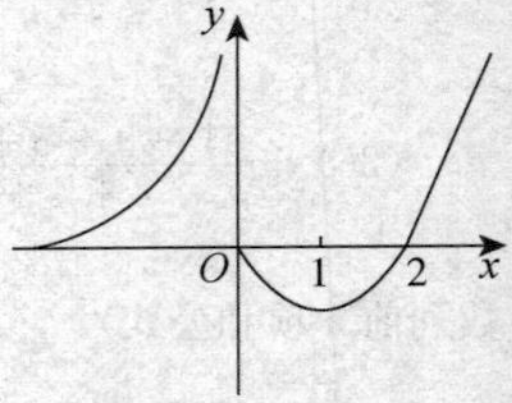

图 2-3

15. **分析**　直接应用极限的四则运算规则即可.

解　(1) 原式 $=\lim\limits_{x\to c}g(x)/\lim\limits_{x\to c}f(x)=\dfrac{1}{4}$

(2) 原式 $=\lim\limits_{x\to c}h(x)/[\lim\limits_{x\to c}f(x)-\lim\limits_{x\to c}g(x)]=0/(4-1)=0$

(3) 原式 $=\lim\limits_{x\to c}f(x)\cdot\lim\limits_{x\to c}g(x)=4$

(4) 原式 $=\lim\limits_{x\to c}f(x)\cdot\lim\limits_{x\to c}h(x)=4\times0=0$

(5) 因为分母 $h(x)\to0$,分子 $g(x)\to1$,故原式 $=\infty$(利用无穷小的倒数为无穷大)

16. **解**　因 $\lim\limits_{x\to3}\dfrac{x^2-2x+k}{x-3}=\lim\limits_{x\to3}\dfrac{x^2-9-2(x-3)+k+3}{x-3}=\lim\limits_{x\to3}\left[(x+3)-2+\dfrac{k+3}{x-3}\right]=4$.

故 $k=-3$.

17. **解**　因为 $\lim\limits_{x\to1}(1-x)=0$,所以 $\lim\limits_{x\to1}(x^2+ax+b)=1+a+b=0$.

又 $\lim\limits_{x\to1}\dfrac{x^2+ax+b}{1-x}=\lim\limits_{x\to1}\dfrac{x^2+ax-(a+1)}{1-x}=\lim\limits_{x\to1}\dfrac{(x-1)(x+a+1)}{1-x}=-(a+2)=5$.

所以 $a=-7$.又 $a+b+1=0$,从而 $b=6$.

18. **解**　$\lim\limits_{x\to\infty}\left(\dfrac{x^2+1}{x+1}-ax-b\right)=\lim\limits_{x\to\infty}\left[\dfrac{(1-a)x^2-(a+b)x+(1-b)}{x+1}\right]=0$,

从而 $1-a=0$,$a+b=0$,故 $a=1$,$b=-1$.

19. **解** 若$\lim\limits_{x\to\infty}f(x)=\lim\limits_{x\to\infty}\left(\dfrac{px^2-2}{x^2+1}+3qx+5\right)=p+5+\lim\limits_{x\to\infty}3qx=0$，

必须$q=0,p+5=0$. 故当$p=-5,q=0$时，$f(x)$为无穷小量.

若$\lim\limits_{x\to\infty}f(x)=\lim\limits_{x\to\infty}\left(\dfrac{px^2-2}{x^2+1}+3qx+5\right)=p+5+\lim\limits_{x\to\infty}3qx=\infty$，

必须$q\neq0$，p为任意常数，故当$q\neq0$，p为任意实数时，$f(x)$为无穷大量.

20. **解** 由题设理由，不能得出题中结论.

因为$\lim\limits_{x\to-\infty}\dfrac{1}{x}\sqrt{\dfrac{x^3}{x-1}}=\lim\limits_{x\to-\infty}\dfrac{-x}{x}\sqrt{\dfrac{x}{x-1}}=-1$，

$\lim\limits_{x\to+\infty}\dfrac{1}{x}\sqrt{\dfrac{x^3}{x-1}}=\lim\limits_{x\to+\infty}\dfrac{x}{x}\sqrt{\dfrac{x}{x-1}}=1$，

$\lim\limits_{x\to-\infty}\dfrac{1}{x}\sqrt{\dfrac{x^3}{x-1}}\neq\lim\limits_{x\to+\infty}\dfrac{1}{x}\sqrt{\dfrac{x^3}{x-1}}$，所以$\lim\limits_{x\to\infty}\dfrac{1}{x}\sqrt{\dfrac{x^3}{x-1}}$不存在.

只有$\lim\limits_{x\to-\infty}\dfrac{1}{x}\sqrt{\dfrac{x^3}{x-1}}$与$\lim\limits_{x\to+\infty}\dfrac{1}{x}\sqrt{\dfrac{x^3}{x-1}}$都存在且相等时，$\lim\limits_{x\to\infty}\dfrac{1}{x}\sqrt{\dfrac{x^3}{x-1}}$才存在.

21. **解** (1) $\lim\limits_{x\to0}\dfrac{x^3+1000x}{x}=\lim\limits_{x\to0}(x^2+1000)=1000$，

即当$x\to0$时，$x^3+1000x$与x是同阶非等价无穷小量.

(2) $\lim\limits_{x\to0}\dfrac{\sqrt{1+x}-\sqrt{1-x}}{x}$（分子有理化）$=\lim\limits_{x\to0}\dfrac{1+x-1+x}{x(\sqrt{1+x}+\sqrt{1-x})}=1$，

即当$x\to0$时，$\sqrt{1+x}-\sqrt{1-x}$与x是等价无穷小量.

22. **解** $\sum\limits_{i=1}^{n}\dfrac{i}{n^2+n+n}\leqslant\sum\limits_{i=1}^{n}\dfrac{i}{n^2+n+i}\leqslant\sum\limits_{i=1}^{n}\dfrac{i}{n^2+n+1}$

$\lim\limits_{n\to\infty}\sum\limits_{i=1}^{n}\dfrac{i}{n^2+n+n}=\lim\limits_{n\to\infty}\dfrac{1}{n^2+2n}\cdot\dfrac{n(n+1)}{2}=\dfrac{1}{2}$

$\lim\limits_{n\to\infty}\sum\limits_{i=1}^{n}\dfrac{i}{n^2+n+1}=\lim\limits_{n\to\infty}\dfrac{1}{n^2+n+1}\cdot\dfrac{n(n+1)}{2}=\dfrac{1}{2}$

所以$\lim\limits_{n\to\infty}\left(\dfrac{1}{n^2+n+1}+\dfrac{2}{n^2+n+2}+\cdots+\dfrac{n}{n^2+n+n}\right)=\dfrac{1}{2}$.

23. **解** (1)（用到第一个重要极限）原式$=\lim\limits_{x\to0}\dfrac{\sin x}{x}\left(\dfrac{1}{\cos x}-1\right)=0$

(2)（利用极限的乘法运算）原式$=\lim\limits_{x\to0}\dfrac{2x}{3x}=\dfrac{2}{3}$

(3)（分子分母用第一个重要极限）原式$=\lim\limits_{x\to0}\dfrac{1-\dfrac{\sin x}{x}}{1+\dfrac{\sin x}{x}}=\dfrac{1-1}{1+1}=0$

(4)（分母用第一个重要极限）原式$=\dfrac{2}{3}\lim\limits_{x\to0}\dfrac{\arcsin x}{x}\xlongequal{令x=\sin t}\dfrac{2}{3}\lim\limits_{t\to0}\dfrac{t}{\sin t}=\dfrac{2}{3}$

(5) 原式$=\lim\limits_{x\to0}\dfrac{\dfrac{1}{\cos x}-1}{\sin^2x}=\lim\limits_{x\to0}\dfrac{1}{\cos x}\cdot\dfrac{1-\cos x}{\sin^2x}$

$$=\lim_{x\to 0}\frac{2\sin^2\frac{x}{2}}{\sin^2 x}=\lim_{x\to 0}\frac{2\cdot\frac{\sin^2\frac{x}{2}}{\left(\frac{x}{2}\right)^2}\cdot\left(\frac{x}{2}\right)^2}{\frac{\sin^2 x}{x^2}\cdot x^2}=\frac{1}{2}$$

(6) $\lim\limits_{x\to a}\frac{\cos x-\cos a}{x-a}=\lim\limits_{x\to a}\frac{-2\sin\frac{x-a}{2}\sin\frac{x+a}{2}}{x-a}$(三角函数的差化积公式进行恒等变换)

$$=-\lim_{x\to a}\frac{\sin\frac{x-a}{2}}{\frac{x-a}{2}}\cdot\lim_{x\to a}\sin\frac{x+a}{2}\text{(第一个重要极限)}$$

$$=-1\cdot\sin a=-\sin a$$

(7) **分析** 本题利用重要极限 $\lim\limits_{x\to 0}\frac{\sin\varphi(x)}{\varphi(x)}=1$ 解题.

$$\lim_{x\to\infty}x\sin\frac{1}{x}=\lim_{\frac{1}{x}\to 0}\frac{\sin\frac{1}{x}}{\frac{1}{x}}=1.$$

特别提醒 利用恒等多变形,极限的四则运算.变量替换并结合第一个重要极限 $\lim\limits_{x\to 0}\frac{\sin x}{x}=1$ 求解.

24. **分析** 利用重要极限 $\lim\limits_{x\to\infty}\left(1+\frac{1}{x}\right)^x=\mathrm{e}$ 或 $\lim\limits_{x\to 0}(1+x)^{\frac{1}{x}}=\mathrm{e}$ 或 $\lim\limits_{x\to 0}\frac{\sin x}{x}=1$ 及变量代换法计算.

解 (1) 原式 $=\lim\limits_{x\to\infty}\left[\left(1+\frac{2}{x}\right)^{\frac{x}{2}}\right]^4=\mathrm{e}^4$

(2) 原式 $=\lim\limits_{x\to\infty}\frac{\left(1-\frac{2}{x}\right)^{\frac{x}{2}}}{1-\frac{2}{x}}=\lim\limits_{x\to\infty}\left[\left(1-\frac{2}{x}\right)^{-\frac{x}{2}}\right]^{(-1)}=\mathrm{e}^{-1}$

(3) 原式 $=\lim\limits_{x\to 0}\left(1-\frac{x}{2}\right)^{\frac{2}{x}}=\lim\limits_{x\to 0}\left[\left(1-\frac{x}{2}\right)^{-\frac{2}{x}}\right]^{(-1)}=\mathrm{e}^{-1}$

特别提醒 利用 $\lim\limits_{x\to\infty}\left(1+\frac{1}{x}\right)^x=\mathrm{e}$ 时,要注意推广形式为 $\lim\limits_{\varphi(x)\to\infty}\left[1+\frac{1}{\varphi(x)}\right]^{\varphi(x)}=\mathrm{e}$.一定要注意内外函数形式的一致性.

(4) 原式 $=\lim\limits_{x\to\infty}\frac{\left(1-\frac{1}{x}\right)^x}{\left(1+\frac{1}{x}\right)^x}=\frac{\mathrm{e}^{-1}}{\mathrm{e}}=\mathrm{e}^{-2}$

(5) 原式 $=\lim\limits_{x\to+\infty}\left[\left(1-\frac{1}{x}\right)^{-x}\right]^{\frac{\sqrt{x}}{-x}}=\mathrm{e}^0=1$(利用极限 $\lim f(x)^{g(x)}=a^b$,其中 $\lim f(x)=a>0$,$\lim g(x)=b$)

(6) 原式 $=\lim\limits_{n\to\infty}n\ln\frac{n+2}{n}=\lim\limits_{n\to\infty}\ln\left(1+\frac{2}{n}\right)^n=\lim\limits_{n\to\infty}\ln\left(1+\frac{2}{n}\right)^{\frac{n}{2}\cdot 2}=\ln\mathrm{e}^2=2$

(7) 原式 $=\lim\limits_{x\to0}\dfrac{\dfrac{\ln(1+2x)}{2x}\cdot 2x}{\dfrac{\sin 3x}{3x}\cdot 3x}=\dfrac{2}{3}$（利用两个重要极限及复合函数的极限运算法则）

25. **解**　(1) $\lim\limits_{x\to1}x^{\frac{1}{1-x}}=\lim\limits_{x\to1}[1+(x-1)]^{\frac{1}{1-x}}$

$=\lim\limits_{x\to1}\{[1+(x-1)]^{\frac{1}{x-1}}\}^{-1}$（利用 $\lim\limits_{\varphi(x)\to\infty}\left[1+\dfrac{1}{\varphi(x)}\right]^{\varphi(x)}=\mathrm{e}$）$=\mathrm{e}^{-1}$

(2) $\lim\limits_{x\to0}(1+\sin x)^{\frac{1}{x}}=\lim\limits_{x\to0}[(1+\sin x)^{\frac{1}{\sin x}}]^{\frac{\sin x}{x}}=\mathrm{e}^1=\mathrm{e}$（利用 $\lim\limits_{\varphi(x)\to\infty}[1+\varphi(x)]^{\frac{1}{\varphi(x)}}=\mathrm{e}$ 及第一个重要极限以及 $\lim f(x)^{g(x)}=a^b$，其中 $\lim\limits_{x\to m}f(x)=a>0,\lim\limits_{x\to m}g(x)=b$）

26. **解**　(1) $\lim\limits_{x\to\infty}\left(1+\dfrac{1}{x^3}\right)^x=\lim\limits_{x\to\infty}\left[\left(1+\dfrac{1}{x^3}\right)^{x^3}\right]^{\frac{1}{x^2}}=\mathrm{e}^0=1$

所以当 $x\to\infty$ 时，$\left(1+\dfrac{1}{x^3}\right)^x$ 既非无穷小量，也非无穷大量.

(2) $\lim\limits_{x\to\infty}\left(1-\dfrac{1}{x^3}\right)^x=\lim\limits_{x\to\infty}\left[\left(1-\dfrac{1}{x^3}\right)^{-x^3}\right]^{-\frac{1}{x^2}}=\mathrm{e}^0=1$

所以当 $x\to\infty$ 时，$\left(1-\dfrac{1}{x^3}\right)^x$ 既非无穷小量，也非无穷大量.

(3) $\lim\limits_{x\to\infty}\left(1+\dfrac{1}{x}\right)^{x^3}=\lim\limits_{x\to\infty}\left[\left(1+\dfrac{1}{x}\right)^x\right]^{x^2}=+\infty$

所以当 $x\to\infty$ 时，$\left(1+\dfrac{1}{x}\right)^{x^3}$ 是无穷大量.

(4) $\lim\limits_{x\to\infty}\left(1-\dfrac{1}{x}\right)^{x^3}=\lim\limits_{x\to\infty}\left[\left(1-\dfrac{1}{x}\right)^{-x}\right]^{-x^2}=0$（无穷大的倒数是无穷小）

所以当 $x\to\infty$ 时，$\left(1-\dfrac{1}{x}\right)^{x^3}$ 是无穷小量.

27. **分析**　依据无穷小量的阶的定义来验证.

解　(1) $\lim\limits_{x\to0}\dfrac{x+\sin x^2}{x}=\lim\limits_{x\to0}\left(1+\dfrac{\sin x^2}{x^2}\cdot x\right)=1$（利用 $\lim\limits_{\varphi(x)\to0}\dfrac{\sin\varphi(x)}{\varphi(x)}=1$）

即 $x+\sin x^2$ 与 x 是等价无穷小量，即 $x+\sin x^2\sim x$.

(2) $\lim\limits_{x\to0^+}\dfrac{\sqrt{x}+\sin x}{x}=\lim\limits_{x\to0^+}\left(\dfrac{1}{\sqrt{x}}+\dfrac{\sin x}{x}\right)=\infty$

即当 $x\to0^+$ 时，$\sqrt{x}+\sin x$ 是比 x 低阶的无穷小量.

(3) $\lim\limits_{x\to0}\dfrac{\dfrac{(x+1)x}{4+\sqrt[3]{x}}}{x}=\lim\limits_{x\to0}\dfrac{x+1}{4+\sqrt[3]{x}}=\dfrac{1}{4}$（利用极限四则运算）

即当 $x\to0$ 时，$\dfrac{(x+1)x}{4+\sqrt[3]{x}}$ 与 x 相比是同阶非等价的无穷小量.

(4) $\lim\limits_{x\to0}\dfrac{\ln(1+2x)}{x}=\lim\limits_{x\to0}\dfrac{2x}{x}=2$

即当 $x\to0$ 时，$\ln(1+2x)$ 与 x 是同阶非等价的无穷小量.

28. **解** (1) 因为 $\sin x \sim x(x \to 0)$, $1-\cos x \sim \dfrac{x^2}{2}(x \to 0)$,

所以 $\lim\limits_{x\to 0}\dfrac{1-\cos x}{x\sin x}=\lim\limits_{x\to 0}\dfrac{\frac{x^2}{2}}{x\cdot x}=\dfrac{1}{2}$.

(2) 因为 $\sqrt{1+x}-1 \sim \dfrac{x}{2}(x\to 0)$,故有 $\sqrt{1+2x}-1\sim\dfrac{2x}{2}(x\to 0)$.

因为 $\tan x \sim x(x\to 0)$,故有 $\tan x^2 \sim x^2(x\to 0)$, $\arcsin x \sim x(x\to 0)$,

所以 $\lim\limits_{x\to 0}\dfrac{(\sqrt{1+2x}-1)\arcsin x}{\tan x^2}=\lim\limits_{x\to 0}\dfrac{x\cdot x}{x^2}=1$.

(3) $\lim\limits_{x\to 0}\dfrac{\tan x-\sin x}{\sqrt{2+x^2}(\mathrm{e}^{x^3}-1)}=\lim\limits_{x\to 0}\dfrac{\sin x(1-\cos x)}{\cos x\cdot\sqrt{2+x^2}(\mathrm{e}^{x^3}-1)}$,

因为 $\mathrm{e}^x-1\sim x(x\to 0)$,故有 $\mathrm{e}^{x^3}-1\sim x^3(x\to 0)$,

所以 $\lim\limits_{x\to 0}\dfrac{\sin x(1-\cos x)}{\cos x\cdot\sqrt{2+x^2}(\mathrm{e}^{x^3}-1)}=\lim\limits_{x\to 0}\dfrac{x\cdot\frac{x^2}{2}}{\cos x\cdot\sqrt{2+x^2}\cdot x^3}=\lim\limits_{x\to 0}\dfrac{1}{2\sqrt{2+x^2}\cos x}=\dfrac{1}{2\sqrt{2}}$,

即 $\lim\limits_{x\to 0}\dfrac{\tan x-\sin x}{\sqrt{2+x^2}(\mathrm{e}^{x^3}-1)}=\dfrac{1}{2\sqrt{2}}$.

(4) $\lim\limits_{x\to a}\dfrac{\cos x-\cos a}{x-a}=\lim\limits_{x\to a}\dfrac{-2\sin\frac{x-a}{2}\sin\frac{x+a}{2}}{x-a}$(利用三角函数差化积公式)

因为当 $x\to a$ 时,$\dfrac{x-a}{2}\to 0$,所以有 $\sin\dfrac{x-a}{2}\sim\dfrac{x-a}{2}(x\to a)$,

因此 $\lim\limits_{x\to a}\dfrac{-2\sin\frac{x-a}{2}\sin\frac{x+a}{2}}{x-a}=\lim\limits_{x\to a}\dfrac{-2\cdot\frac{x-a}{2}\cdot\sin\frac{x+a}{2}}{x-a}=\lim\limits_{x\to a}\left(-\sin\dfrac{x+a}{2}\right)=-\sin a$.

(5) $\lim\limits_{x\to 0^+}\dfrac{1-\sqrt{\cos x}}{x(1-\cos\sqrt{x})}=\lim\limits_{x\to 0^+}\dfrac{1-\cos x}{x(1-\cos\sqrt{x})(1+\sqrt{\cos x})}$

因为 $1-\cos x\sim\dfrac{x^2}{2}(x\to 0)$,故有 $1-\cos\sqrt{x}\sim\dfrac{(\sqrt{x})^2}{2}(x\to 0^+)$,

所以 $\lim\limits_{x\to 0^+}\dfrac{1-\cos x}{x(1-\cos\sqrt{x})(1+\sqrt{\cos x})}=\lim\limits_{x\to 0^+}\dfrac{\frac{x^2}{2}}{x\cdot\frac{x}{2}(1+\sqrt{\cos x})}=\lim\limits_{x\to 0^+}\dfrac{1}{1+\sqrt{\cos x}}=\dfrac{1}{2}$,

即 $\lim\limits_{x\to 0^+}\dfrac{1-\sqrt{\cos x}}{x(1-\cos\sqrt{x})}=\dfrac{1}{2}$.

特别提醒 无穷小等价代换只能用在要代换的部分与函数其余部分乘积关系中,否则会出错.

29. **解** $0.12341234 1234\cdots\cdots=\lim\limits_{n\to\infty}0.1234+0.1234\times10^{-4}+0.1234\times10^{-8}+\cdots+0.1234\times10^{-4n}$

$$=\lim_{n\to\infty}\frac{0.1234[(1-10^{-4})^n]}{1-10^{-4}}=\frac{0.1234}{0.9999}=\frac{1234}{9999}$$

30. **解** (1) 在 $(-\infty,+\infty)$ 内任取一点 x_0,并假定自变量 x 在 x_0 处有增量 Δx,则函数的增量为

$\Delta y = y(x_0+\Delta x) - y(x_0) = 3(x_0+\Delta x)^2 + 1 - 3x_0^2 - 1 = 6x_0 \cdot \Delta x + 3(\Delta x)^2$

于是$\lim\limits_{\Delta x\to 0}\Delta y = \lim\limits_{\Delta x\to 0}[6x_0 \cdot \Delta x + 3(\Delta x)^2] = 0$,

故 $y = 3x^2+1$ 在 x_0 处是连续的. 又由 x_0 的任意性,函数 $y = 3x^2+1$ 在$(-\infty, +\infty)$ 内连续.

(2) 在$(-\infty, +\infty)$ 内任取一点 x_0,且自变量在 x_0 处有增量 Δx,则函数的增量为

$\Delta y = y(x_0+\Delta x) - y(x_0) = \cos(x_0+\Delta x) - \cos x_0 = -2\sin\left(x_0+\dfrac{\Delta x}{2}\right)\sin\dfrac{\Delta x}{2}$,

又$\lim\limits_{\Delta x\to 0}\sin\dfrac{\Delta x}{2} = 0$, $\left|-2\sin\left(x_0+\dfrac{\Delta x}{2}\right)\right| \leqslant 2$,

于是 $\lim\limits_{\Delta x\to 0}\Delta y = \lim\limits_{\Delta x\to 0}\left[-2\sin\left(x_0+\dfrac{\Delta x}{2}\right)\right]\sin\dfrac{\Delta x}{2} = 0$,

故 $y = \cos x$ 在点 x_0 处是连续的.

又由 x_0 的任意性,函数 $y = \cos x$ 在$(-\infty, +\infty)$ 内连续.

31. **分析** 找出没有定义或者极限不存在的点,或者极限存在但不等于该点的函数值的点.

解 (1) 因为 $y = \dfrac{1}{(x+2)^2}$ 在 $x=-2$ 处无定义,$\lim\limits_{x\to -2} y = +\infty$,所以 $x=-2$ 是函数的第二类间断点,且为无穷间断点.

(2) 因 $y = \dfrac{x^2-1}{(x-1)(x-2)}$,当 $x=1$,$x=2$ 时函数无定义.

$\lim\limits_{x\to 1} y = \lim\limits_{x\to 1}\dfrac{x^2-1}{(x-1)(x-2)} = \lim\limits_{x\to 1}\dfrac{x+1}{x-2} = -2$,所以 $x=1$ 是函数的第一类间断点,且为可去间断点.

$\lim\limits_{x\to 2} y = \lim\limits_{x\to 2}\dfrac{x^2-1}{(x-1)(x-2)} = \infty$,所以 $x=2$ 是函数的第二类间断点,且为无穷间断点.

(3) 因 $y = \dfrac{\sin x}{x}$ 在 $x=0$ 处无定义,$\lim\limits_{x\to 0} y = \lim\limits_{x\to 0}\dfrac{\sin x}{x} = 1$,所以 $x=0$ 是函数的第一类间断点,且为可去间断点.

(4) 因$\lim\limits_{x\to 1} y = \lim\limits_{x\to 1}\dfrac{1-x^2}{1-x} = \lim\limits_{x\to 1}(1+x) = 2 \neq 0 = y(1)$,

所以 $x=1$ 是函数的第一类间断点,且为可去间断点.

(5) 在 $x=1$ 处,因为 $\lim\limits_{x\to 1^-} y = \lim\limits_{x\to 1^-} 0 = 0$, $\lim\limits_{x\to 1^+} y = \lim\limits_{x\to 1^+}(2x+1) = 3$,

故 $x=1$ 是函数的第一类间断点,且为跳跃间断点.

$\lim\limits_{x\to 2^+} y = \lim\limits_{x\to 2^+}(1+x^2) = 5$, $y(2) = 1+4 = 5$,所以函数 y 在 $x=2$ 处连续.

综上所述,函数 y 的间断点为 $x=1$.

(6) 函数在$(-\infty, 0) \cup (0, +\infty)$ 内连续. 在 $x=0$ 处,因为

$$\lim_{x\to 0^-} y = \lim_{x\to 0^-}\frac{\sin x}{x} = 1, \lim_{x\to 0^+} y = \lim_{x\to 0^+} e^{-x} = 1$$

则 $y(0) = 0$,所以 $x=0$ 为函数的第一类间断点,且为可去间断点.

32. **解** 因为 $\lim\limits_{x\to 0^-} f(x) = \lim\limits_{x\to 0^-}(x-1) = -1$, $\lim\limits_{x\to 0^+} f(x) = \lim\limits_{x\to 0^+} x^2 = 0$,所以 $f(x)$ 在点 $x=0$ 处间断. $f(x)$ 的图形如图 2-4 所示.

33. **解** 函数 $f(x)$ 在 $(0,1)\cup(1,2)$ 连续.

在 $x=1$ 处, $\lim\limits_{x\to1^-}f(x)=\lim\limits_{x\to1^-}(2x)=2$, $\lim\limits_{x\to1^+}f(x)=\lim\limits_{x\to1^+}(3-x)=2$,

又 $f(1)=3-1=2$,所以 $f(x)$ 在 $x=1$ 处连续.

又 $\lim\limits_{x\to0^+}f(x)=f(x)=0$, $\lim\limits_{x\to2}f(x)=f(2)=1$,

故函数 $f(x)$ 在闭区间 $[0,2]$ 上连续. $f(x)$ 图形如图 2-5 所示.

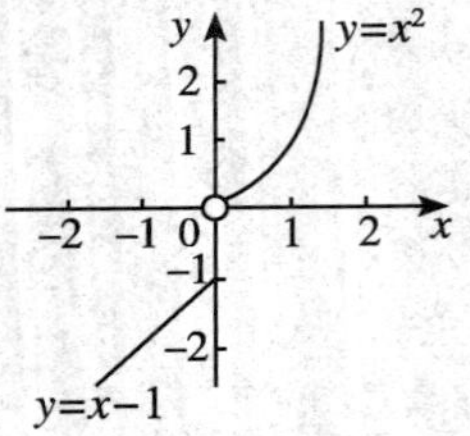

图 2-4

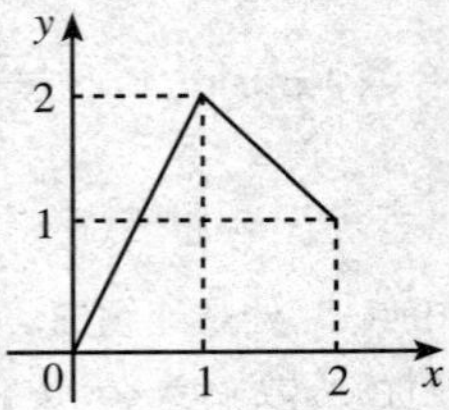

图 2-5

34. **解** $f(x)$ 在 $(-3,-1)\cup(-1,1)\cup(1,3)$ 上连续.

在 $x=-1$ 处, $\lim\limits_{x\to-1^-}f(x)=\lim\limits_{x\to-1^-}\dfrac{x}{|x|}=\lim\limits_{x\to-1^-}\dfrac{x}{-x}=-1$,

$\lim\limits_{x\to-1^+}f(x)=\lim\limits_{x\to-1^+}|x|=1$,故 $f(x)$ 在点 $x=-1$ 处间断.

在 $x=1$ 处, $\lim\limits_{x\to1^-}f(x)=\lim\limits_{x\to1^-}|x|=1$, $\lim\limits_{x\to1^+}f(x)=\lim\limits_{x\to1^+}\dfrac{x}{|x|}=\lim\limits_{x\to1^+}\dfrac{x}{x}=1$,

$f(1)=1$,即 $f(x)$ 在点 $x=1$ 处连续. 故 $f(x)$ 在定义域内不连续. $f(x)$ 的图形如图 2-6 所示.

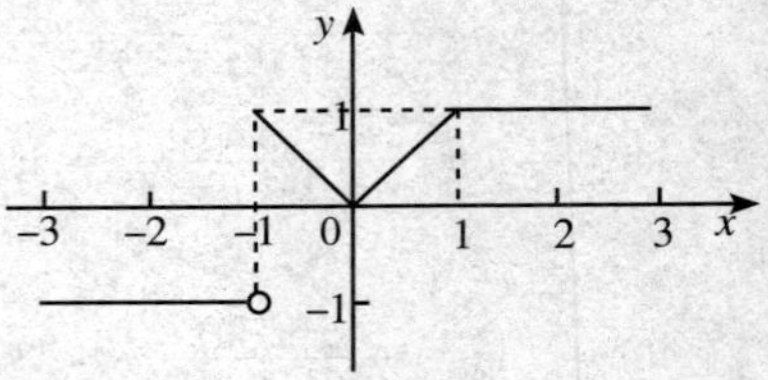

图 2-6

小结 习题 31 ~ 33,一般先画出分段函数的图形,再分析可能为间断点处的连续情况,从而判定函数在整个定义域上的连续性.

35. **分析** $f(x)$ 在点 $x=0$ 处连续,等价于 $f(0)=\lim\limits_{x\to0}f(x)$ 成立.

解 (1) $\lim\limits_{x\to0}f(x)=\lim\limits_{x\to0}\dfrac{\sqrt{1+x}-\sqrt{1-x}}{x}$(一般分子有理化)$=\lim\limits_{x\to0}\dfrac{1+x-1+x}{x(\sqrt{1+x}+\sqrt{1-x})}=1$

故若补充定义 $f(0)=1$,即

$$f(x)=\begin{cases}\dfrac{\sqrt{1+x}-\sqrt{1-x}}{x}, & x\neq0\\ 1, & x=0\end{cases}$$

则 $f(x)$ 在点 $x=0$ 处连续.

(2) $\lim\limits_{x\to0}f(x)=\lim\limits_{x\to0}\sin x\cos\dfrac{1}{x}=0$(无穷小乘以有界量仍为无穷小量)(注意到当 $x\to0$ 时 $\sin x$ 为无穷小, $\cos\dfrac{1}{x}$ 为有界函数)

若补充定义 $f(0)=0$,即

$$f(x)=\begin{cases}\sin x\cos\dfrac{1}{x}, & x\neq 0\\ 0, & x=0\end{cases}$$

则 $f(x)$ 在 $x=0$ 处连续.

(3) $\lim\limits_{x\to 0}f(x)=\lim\limits_{x\to 0}\ln(1+kx)^{\frac{m}{x}}=\lim\limits_{x\to 0}\ln(1+kx)^{\frac{1}{kx}\cdot km}=\ln e^{km}=km$,

故补充定义 $f(0)=km$,即

$$f(x)=\begin{cases}\ln(1+kx)^{\frac{m}{x}}, & x\neq 0\\ km, & x=0\end{cases}$$

则 $f(x)$ 在 $x=0$ 处连续.

36. **分析** 由于初等函数在定义域上连续,故问题等价于使函数在 $x=0$ 处连续.

解 函数 $f(x)$ 在 $(-\infty,0)\cup(0,+\infty)$ 内连续,在 $x=0$ 处,

$\lim\limits_{x\to 0^-}f(x)=\lim\limits_{x\to 0^-}\dfrac{1}{x}\sin x=1$, $\lim\limits_{x\to 0^+}f(x)=\lim\limits_{x\to 0^+}\left(x\sin\dfrac{1}{x}+1\right)=1$,

又因为 $f(0)=k$, $f(x)$ 在 $x=0$ 处连续,必须 $\lim\limits_{x\to 0^-}f(x)=\lim\limits_{x\to 0^+}f(x)=f(0)$,即 $k=1$.

即当 $k=1$ 时,函数 $f(x)$ 在定义域内连续.

37. **分析** 由于初等函数在其定义区间上连续,故问题等价于求 k,使函数在分段点 $x=0$ 处连续.

解 在 $(-\infty,0)$ 上, $f(x)=\dfrac{\sin 2x}{x}$ 为初等函数,且在该区间上有定义;在 $(0,+\infty)$ 上, $f(x)=3x^2-2x+k$ 亦为初等函数,且在该区间上有定义,因而函数 $f(x)$ 在 $(-\infty,0)\cup(0,+\infty)$ 内连续. 在 $x=0$ 处,(利用极限 $\lim\limits_{\varphi(x)\to 0}\dfrac{\sin\varphi(x)}{\varphi(x)}=1$)

$\lim\limits_{x\to 0^-}f(x)=\lim\limits_{x\to 0^-}\dfrac{\sin 2x}{x}=\lim\limits_{x\to 0^-}\dfrac{\sin 2x}{2x}\cdot 2=2$, $\lim\limits_{x\to 0^+}f(x)=\lim\limits_{x\to 0^+}(3x^2-2x+k)=k$,

$f(0)=k$,当 $k=2$ 时, $f(x)$ 在 $x=0$ 处连续,即当 $k=2$ 时,函数 $f(x)$ 在其定义域内连续.

小结 习题 34 ~ 36 都涉及求函数在某点的极限,再将此极限定义为函数在该点的值,以使函数在该点连续.

38. **分析** 先求 $f(0)$,再求极限 $\lim\limits_{x\to 0}f(x)$,若两者相等,则 $f(x)$ 在 $x=0$ 处连续,否则 $f(x)$ 在 $x=0$ 处不连续.

解 (1) 因 $x\to 0$ 时, x^2 为无穷小量, $\sin\dfrac{1}{x}$ 为有界量,故其积 $x^2\sin\dfrac{1}{x}$ 为无穷小量(无穷小乘以有界量仍为无穷小),从而 $\lim\limits_{x\to 0}f(x)=0=f(0)$. 故 $f(x)$ 在 $x=0$ 处连续.

(2) 因 $x\to 0$ 时, $\dfrac{1}{x^2}\to\infty$,从而 $e^{-1/x^2}=\dfrac{1}{e^{1/x^2}}\to 0=f(0)$(无穷大的倒数是无穷小),故 $f(x)$ 在 $x=0$ 连续.

(3) $f(x)$ 在 $x=0$ 的左、右极限不相等.

$\lim\limits_{x\to 0^-}f(x)=\lim\limits_{x\to 0^-}-\dfrac{\sin x}{x}=-1$, $\lim\limits_{x\to 0^+}f(x)=\lim\limits_{x\to 0^+}\dfrac{\sin x}{x}=1$,又 $f(0)=1$,故 $f(x)$ 在 $x=0$ 处不

连续.

(4) 由于 $\lim\limits_{x\to 0^-}f(x)=\lim\limits_{x\to 0^-}e^{-x}=1$. $\lim\limits_{x\to 0^+}f(x)=\lim\limits_{x\to 0^+}\dfrac{\sin x}{x}=1$，$\lim\limits_{x\to 0^-}f(x)=\lim\limits_{x\to 0^+}f(x)$，即 $\lim\limits_{x\to 0}f(x)=1$，又 $f(0)=e^0=1$，故 $f(x)$ 在 $x=0$ 连续.

39. **解** 令 $f(x)=x^5-3x-1$，显然 $f(x)$ 在 $[1,2]$ 上连续，$f(1)=-3<0$，$f(2)=25>0$. 由零点定理知至少存在一点 $\xi\in(1,2)$，使 $f(\xi)=0$，即方程 $x^5-3x=1$ 在 1 与 2 之间至少有一个实根.

40. **解** $y=x^4-3x^2+7x-10$ 在 $[1,2]$ 上连续，$y(1)=-5<0$，$y(2)=8>0$，由零点定理知至少存在一点 $\xi\in(1,2)$，使 $y(\xi)=0$，这说明曲线 $y=x^4-3x^2+7x-10$ 在 $x=1$ 与 $x=2$ 之间至少与 x 轴有一个交点.

41. **解** 令 $\varphi(x)=e^x-2-x$，显然 $\varphi(x)$ 在 $[0,2]$ 上连续，$\varphi(0)=-1<0$，$\varphi(2)=e^2-4>0$，由零点定理知至少存在一点 $x_0\in(0,2)$，使 $\varphi(x_0)=0$，即 $e^{x_0}-2=x_0$.

小结 习题 38 ～ 40 主要考查零点定理.

42. **分析** 若 $f(x)$ 是初等函数，则可利用其连续性表述 $\lim\limits_{x\to x_0}f(x)=f(x_0)$（$f(x)$ 在 $x=x_0$ 有定义）来计算极限.

解 (1) $\lim\limits_{x\to 0}\dfrac{\ln(1+x^2)}{\sin(1+x^2)}=\dfrac{\ln 1}{\sin 1}=0$.

(2) $\lim\limits_{x\to 0}\left[\dfrac{\lg(100+x)}{a^x+\arcsin x}\right]^{\frac{1}{2}}=\left[\dfrac{\lg 100}{1}\right]^{\frac{1}{2}}=\sqrt{2}$.

(B)

1. **解** 在(A)(B)(D) 选项中，数列 $f(n)$ 都是奇数项趋向于 1，偶数项趋向于 -1，故都是发散的，只有(C) 中数列 $f(n)$ 以 0 为极限. 故答案选(C).

2. **解** (A) 中 1,0,1,0… 发散；(B) 中 $\dfrac{1}{2},0,\dfrac{1}{4},0,\cdots$ 收敛于零；

(C) 中 $\dfrac{3}{2},\dfrac{2}{3},\dfrac{5}{4},\dfrac{4}{5},\cdots$ 收敛于 1；(D) $1,\dfrac{1}{3},\dfrac{1}{2},\dfrac{1}{5},\dfrac{1}{3},\dfrac{1}{7},\dfrac{1}{4},\dfrac{1}{9}\cdots$ 收敛于零.

故答案选(A).

3. **解** 因为 $y_n=0.\underbrace{11\cdots1}_{n个1}=\dfrac{1}{10}+\dfrac{1}{10^2}+\cdots+\dfrac{1}{10^n}=\dfrac{1}{9}\left(1-\dfrac{1}{10^n}\right)$（等比数列前 n 项和公式），

所以 $\lim\limits_{n\to\infty}y_n=\lim\limits_{n\to\infty}\dfrac{1}{9}\left(1-\dfrac{1}{10^n}\right)=\dfrac{1}{9}$. 故答案选(C).

4. **解** 由题意知数列 $x_1,y_1,x_2,y_2,x_3,y_3,\cdots$ 的奇数项趋向于 A，偶数项趋于 B，而 $A\neq B$，因此给定数列的极限不存在. 故答案选(D).

5. **解** 函数 $f(x)$ 在点 $x=x_0$ 处极限是否存在，与 $f(x)$ 在点 $x=x_0$ 处是否有定义无关. 故答案选(D).

6. **解** 由于 $\lim\limits_{x\to 2^-}\dfrac{|x-2|}{x-2}=\lim\limits_{x\to 2^-}\dfrac{2-x}{x-2}=-1$，$\lim\limits_{x\to 2^+}\dfrac{|x-2|}{x-2}=\lim\limits_{x\to 2^+}\dfrac{x-2}{x-2}=1$，

$\lim\limits_{x\to 2^-}\dfrac{|x-2|}{x-2}\neq\lim\limits_{x\to 2^+}\dfrac{|x-2|}{x-2}$.（利用 $\lim\limits_{x\to x_0}f(x)=A\Leftrightarrow\lim\limits_{x\to x_0^+}f(x)=\lim\limits_{x\to x_0^-}f(x)=A$）

所以$\lim\limits_{x\to 2}\dfrac{|x-2|}{x-2}$不存在. 故答案选(D).

7. **解**　由于$\lim\limits_{x\to\infty}\mathrm{e}^x=0\neq\lim\limits_{x\to+\infty}\mathrm{e}^x=+\infty$,所以$\lim\limits_{x\to\infty}\mathrm{e}^x$不存在. 故答案选(D).

8. **解**　因$\lim\limits_{x\to 1}\dfrac{x^2-1}{x-1}=2$, $\lim\limits_{x\to 1^+}\mathrm{e}^{\frac{1}{x-1}}=+\infty$, $\lim\limits_{x\to 1^-}\mathrm{e}^{\frac{1}{x-1}}=0$,

故$\lim\limits_{x\to 1^+}\dfrac{x^2-1}{x-1}\mathrm{e}^{\frac{1}{x-1}}=+\infty$, $\lim\limits_{x\to 1^-}\dfrac{x^2-1}{x-1}\mathrm{e}^{\frac{1}{x-1}}=0$,

所以$\lim\limits_{x\to 1}\dfrac{x^2-1}{x+1}\mathrm{e}^{\frac{1}{x-1}}$不存在. 故答案选(D).

注　(1)$x\to x_0$(包括$x\to x_0^-$与$x\to x_0^+$).

$\lim\limits_{x\to x_0^-}f(x)=\lim\limits_{x\to x_0^+}f(x)=A$(或$\infty$)时才有$\lim\limits_{x\to x_0}f(x)=A$(或$\infty$).

(2)$x\to\infty$是指x的绝对值无限增大(包括$x\to-\infty$与$x\to+\infty$).

$\lim\limits_{x\to-\infty}f(x)=\lim\limits_{x\to+\infty}f(x)=A$(或$\infty$)时才有$f(x)=A$(或$\infty$).

9. **解**　(A)中$\lim\limits_{x\to\infty}\dfrac{x(x+1)}{x^2}=1$,(B)中极限为$\infty$,(D)中极限为$+\infty$,(C)中左极限为零,右极限为$+\infty$,左右极限不相等,极限不存在. 故答案选(A).

10. **解**　由$\lim\limits_{x\to 2}\dfrac{x^2+ax+b}{x^2-x-2}=2$且$\lim\limits_{x\to 2}(x^2-x-2)=0$,必有$\lim\limits_{x\to 2}(x^2+ax+b)=4+2a+b=0$,于是有$b=-2a-4$,代入原式,有

$$\lim_{x\to 2}\frac{x^2+ax-2a-4}{x^2-x-2}=\lim_{x\to 2}\frac{(x-2)(x+2+a)}{(x-2)(x+1)}=\lim_{x\to 2}\frac{x+2+a}{x+1}=\frac{4+a}{3}=2,$$

由$\dfrac{4+a}{3}=2$,可得$a=2$,将$a=2$代入$b=-2a-4$,得$b=-8$. 故答案选(C).

11. **解**　$\lim\limits_{x\to\infty}\dfrac{x^2+2x-\sin x}{2x^2+\sin x}=\lim\limits_{x\to\infty}\dfrac{1+\dfrac{2}{x}-\dfrac{\sin x}{x^2}}{2+\dfrac{\sin x}{x^2}}=\dfrac{1}{2}$. 故答案选(A).

12. **解**　(A)中$\lim\limits_{x\to 0^-}\mathrm{e}^{-\frac{1}{x}}=+\infty$,(B)中$\lim\limits_{x\to+\infty}\dfrac{x}{\sqrt{x^3+1}}=\lim\limits_{x\to+\infty}\dfrac{1}{\sqrt{x+\dfrac{1}{x^2}}}=0$,(C)中$\lim\limits_{x\to 0^+}\lg x=-\infty$,(D)中$\lim\limits_{x\to+\infty}\lg x=+\infty$. 故答案选(B).

13. **解**　当n为奇数时,$\lim\limits_{x\to\infty}f(n)=\lim\limits_{x\to\infty}\dfrac{n^2+\sqrt{n}}{n}=+\infty$(利用$\lim\limits_{x\to\infty}f(x)=A\Leftrightarrow\lim\limits_{x\to\infty}f(2n)=\lim\limits_{x\to\infty}f(2n+1)=A$);当$n$为偶数时,$\lim\limits_{x\to\infty}f(n)=\lim\limits_{x\to\infty}\dfrac{1}{n}=0$,所以$f(n)$无界,但非无穷大量. 故答案选(D).

14. **解**　由于$\lim\limits_{x\to 0}\dfrac{1-\sqrt{1-2x^2}}{x^2}=\lim\limits_{x\to 0}\dfrac{1-(1-2x^2)}{x^2(1+\sqrt{1-2x^2})}$(分子有理化)$=\lim\limits_{x\to 0}\dfrac{2}{1+\sqrt{1-2x^2}}=1$,所以$\beta$与$\alpha$是等价无穷小量. 故答案选(A).

15. **解**　根据题设

$$\lim_{x\to\infty}\frac{\dfrac{1}{ax^2+bx+c}}{\dfrac{1}{x+1}}=\lim_{x\to\infty}\frac{x+1}{ax^2+bx+c}=0$$

欲使上式成立,则有 $a\neq 0$. 当 $a\neq 0$ 时,b,c 取任何常数对上面的极限没有影响. 故答案选(C).

16. **解** 根据题设

$$\lim_{x\to\infty}\frac{\frac{1}{ax^2+bx+c}}{\frac{1}{x+1}}=\lim_{x\to\infty}\frac{x+1}{ax^2+bx+c}=1$$

若 $a\neq 0$,则上式极限应为 0,所以只能 $a=0$;但若 $b\neq 1$,则上式极限为 $\frac{1}{b}$,故必须有 $b=1$;当 $a=0,b=1$ 时,c 为任何常数,对极限没有任何影响. 故答案选(B).

17. **解** (A) 中 $x\cdot f(x)$ 是无穷小量与无穷大量的乘积,不一定是无穷小量,例如,$f(x)=\frac{1}{x}$,当 $x\to 0$ 时是无穷大量,但 $x\cdot f(x)=x\cdot\frac{1}{x}=1$ 不是无穷小量;$f(x)=\frac{1}{\sqrt{x}}$,当 $x\to 0$ 时是无穷大量,但 $xf(x)=x\cdot\frac{1}{\sqrt{x}}=\sqrt{x}(x>0)$,当 $x\to 0$ 时是无穷小量,故 $x\cdot f(x)$ 有可能是无穷小量,但未必一定是无穷小量.

(B) 中 $x+f(x)$ 是无穷小量与无穷大量之和,是无界变量,不是无穷小量.

(C) 中 $\lim\limits_{x\to 0}\frac{x}{f(x)}=\lim\limits_{x\to 0}x\cdot\lim\limits_{x\to 0}\frac{1}{f(x)}=0$,所以当 $x\to 0$ 时,$\frac{x}{f(x)}$ 是无穷小量.

(D) 中 $f(x)-\frac{1}{x}$ 是无穷大量与无穷大量之差,不一定是无穷小量. 例如,$f(x)=\frac{2}{x}$ 是无穷大量,但 $f(x)-\frac{1}{x}=\frac{2}{x}-\frac{1}{x}=\frac{1}{x}$ 是无穷大量;但如果 $f(x)=\frac{1}{x}$,那么 $f(x)-\frac{1}{x}=0$ 是无穷小量,即 $f(x)-\frac{1}{x}$ 有可能是无穷小量,但不一定是无穷小量. 故答案选(C).

18. **解** (A) 中 $\lim\limits_{x\to 0}x\sin\frac{1}{x}=0$,(B) $\lim\limits_{x\to 0}\frac{1}{x}\sin x=1$(第一个重要极限),(C) $x\cos x$ 会周期性地等于零,因此不是无穷大量,(D) $\lim\limits_{x\to 0}\frac{1}{x}\cos x=\infty$. 故答案选(D).

19. **解** $\lim\limits_{x\to 0}\frac{3\sin mx}{2x}=\frac{3}{2}\lim\limits_{x\to 0}\frac{m\sin mx}{mx}=\frac{3}{2}m=\frac{2}{3}$(利用 $\lim\limits_{\varphi(x)\to 0}\frac{\sin\varphi(x)}{\varphi(x)}=1$),所以 $m=\frac{4}{9}$. 故答案选(C).

20. **解** $\lim\limits_{x\to 1}\frac{\sin(x^2-1)}{x-1}=\lim\limits_{x\to 1}\frac{(x+1)\sin(x^2-1)}{x^2-1}$(利用极限乘法运算法则及 $\lim\limits_{\varphi(x)\to 0}\frac{\sin\varphi(x)}{\varphi(x)}=1$) $=2$,故答案选(B).

21. **解** (A) 中 $\lim\limits_{x\to 0}\frac{\sin^2 x}{\sqrt{x}}=\lim\limits_{x\to 0}\frac{\sin^2 x}{x^2}\cdot x\cdot\sqrt{x}=0$,(B) 中 $\lim\limits_{x\to 0}\frac{\sin^2 x}{x}=\lim\limits_{x\to 0}\frac{\sin^2 x}{x^2}\cdot x=0$,(C) 中 $\lim\limits_{x\to 0}\frac{\sin^2 x}{x^2}=1$,(D) 中 $\lim\limits_{x\to 0}\frac{\sin^2 x}{x^3}=\lim\limits_{x\to 0}\frac{\sin^2 x}{x^2}\ \frac{1}{x}=\infty$.

故答案选(C).

22. **解** (A) 中 $\lim\limits_{x\to\infty}\frac{x\sin(1-x^2)}{1-x^2}=\lim\limits_{x\to\infty}\frac{x}{1-x^2}\sin\left(\frac{1-x^2}{x^2}\right)=0$,

(B) 中 $\lim\limits_{x\to\infty}(1-x^2)\sin\frac{x}{1-x^2}=\lim\limits_{x\to\infty}\frac{x\sin\frac{x}{1-x^2}}{\frac{x}{1-x^2}}=\infty$,

(C) 中$\lim\limits_{x\to\infty}\dfrac{(1-x^2)\sin\dfrac{1}{1-x^2}}{x}=\lim\limits_{x\to\infty}\dfrac{1}{x}\dfrac{\sin\dfrac{1}{1-x^2}}{\dfrac{1}{1-x^2}}=0$,

(D) 中$\lim\limits_{x\to\infty}\dfrac{1}{1-x^2}\sin\dfrac{1-x^2}{x}=\lim\limits_{x\to\infty}\dfrac{1}{x}\dfrac{\sin\dfrac{1-x^2}{x}}{\dfrac{1-x^2}{x}}=0$,

故答案选(B).

23. **解**　(A) 中$\lim\limits_{x\to\infty}\left(1-\dfrac{1}{x}\right)^x=\lim\limits_{x\to\infty}\left[\left(1-\dfrac{1}{x}\right)^{-x}\right]^{-1}=e^{-1}$,

(B) 中$\lim\limits_{x\to\infty}\left(1+\dfrac{1}{x}\right)^{-x}=\lim\limits_{x\to\infty}\left[\left(1+\dfrac{1}{x}\right)^x\right]^{-1}=e^{-1}$,

(C) 中$\lim\limits_{x\to\infty}\left(1-\dfrac{1}{x}\right)^{1-x}=\lim\limits_{x\to\infty}\left(1-\dfrac{1}{x}\right)^{-x}\left(1-\dfrac{1}{x}\right)=e$,

(D) 中$\lim\limits_{x\to\infty}\left(1+\dfrac{1}{x}\right)^{2x}=\lim\limits_{x\to\infty}\left[\left(1+\dfrac{1}{x}\right)^x\right]^2=e^2$,

故答案选(C).

24. **解**　(A) $\lim\limits_{x\to 0}\left(1+\dfrac{\sin x}{x}\right)^{\frac{x}{\sin x}}=2$(第一个重要极限及$\lim f(x)^{g(x)}=a^b$,其中$\lim f(x)=a>0$, $\lim g(x)=b$),(B) $\lim\limits_{x\to\infty}\left(1+\dfrac{\sin x}{x}\right)^{\frac{x}{\sin x}}=e$,(C) $\lim\limits_{x\to\infty}\left(1-\dfrac{\sin x}{x}\right)^{-\frac{\sin x}{x}}=1$,(D) $\lim\limits_{x\to 0}\left(1+\dfrac{\sin x}{x}\right)^{\frac{\sin x}{x}}=2$,

故答案选(B).

25. **解**　由于$\lim\limits_{x\to 1^-}f(x)=\lim\limits_{x\to 1^-}e^{-\frac{1}{x-1}}=+\infty$, $\lim\limits_{x\to 1^+}f(x)=\lim\limits_{x\to 1^+}e^{-\frac{1}{x-1}}=0=f(1)$, $\lim\limits_{x\to 1^-}f(x)\neq\lim\limits_{x\to 1^+}f(x)$,所以 $f(x)$ 在点 $x=1$ 处不连续,但有右连续. 故答案选(B).

26. **解**　因$\lim\limits_{x\to 0^-}f(x)=\lim\limits_{x\to 0^-}\dfrac{1}{x}\sin x=1$, $\lim\limits_{x\to 0^+}f(x)=\lim\limits_{x\to 0^+}\left(x\sin\dfrac{1}{x}+b\right)=b$(无穷小乘有界量仍为无穷小),将(A)(B)(C)(D) 中的条件逐个代入可发现(A)(B)(D) 均正确,只有(C) 不一定正确. 故答案选(C).

27. **解**　点 $x=0$, $x=\pm 1$ 为 $y=\dfrac{1}{\ln|x|}$ 的间断点. 故答案选(C).

28. **解**　(A) 中$\lim\limits_{x\to 0}\left(1+\dfrac{1}{x}\right)=\infty$, $\lim\limits_{x\to 0}f(x)$ 不存在,所以点 $x=0$ 是 $f(x)$ 的第二类间断点. (B) 中$\lim\limits_{x\to 0}\left(\dfrac{1}{x}\sin x\right)=1$. $\lim\limits_{x\to 0}f(x)$ 存在, $f(x)$ 在点 $x=0$ 处无定义,点 $x=0$ 是 $f(x)$ 的可去间断点. (C) 中 $\lim\limits_{x\to 0^-}e^{\frac{1}{x}}=0$, $\lim\limits_{x\to 0^+}e^{\frac{1}{x}}=+\infty$, $\lim\limits_{x\to 0}f(x)$ 不存在,所以点 $x=0$ 是 $f(x)$ 的第二类间断点. (D) 中 $\lim\limits_{x\to 0^-}e^{\frac{1}{x}}=0$, $\lim\limits_{x\to 0^+}e^x=1$, $\lim\limits_{x\to 0}f(x)$ 不存在,所以点 $x=0$ 是 $f(x)$ 的第一类间断点且为跳跃间断点.

故答案选(B).

29. **解**　$f(0)=\lim\limits_{x\to 0}f(x)=\lim\limits_{x\to 0}\dfrac{1-\sqrt{1-x}}{1-\sqrt[3]{1-x}}$(分子分母有理化)

$$=\lim_{x\to 0}\frac{[1-(1-x)][1+\sqrt[3]{1-x}+\sqrt[3]{(1-x)^2}]}{(1+\sqrt{1-x})[1-(1-x)]}=\lim_{x\to 0}\frac{1+\sqrt[3]{1-x}+\sqrt[3]{(1-x)^2}}{1+\sqrt{1-x}}=\frac{3}{2}$$

故答案选(A).

第三章　导数与微分

知识结构

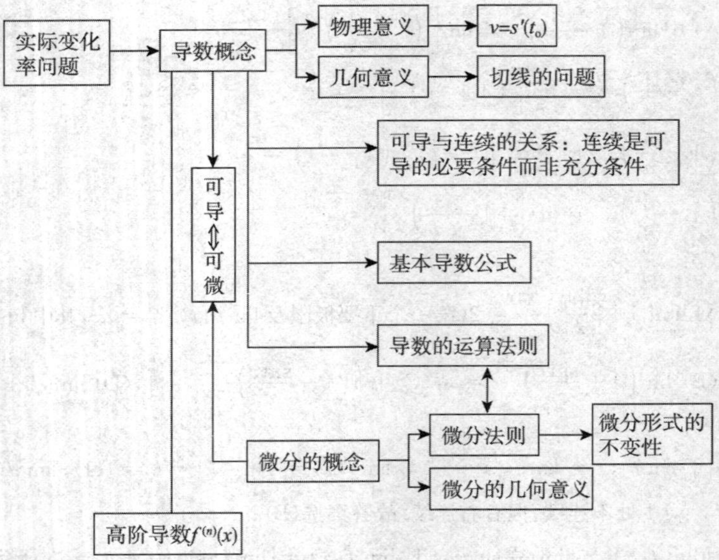

学习指南

1. 熟练掌握导数的概念，理解导数的几何意义，知道可导与连续的关系，会讨论分段函数在分段点处的可导性.

2. 熟练掌握导数的基本公式与运算法则.

3. 熟练掌握复合函数求导法则，掌握反函数和隐函数求导法.

4. 了解高阶导数的概念，掌握求二阶、三阶导数以及某些简单函数的 n 阶导数的方法.

5. 了解微分的概念，掌握微分公式及运算法则，知道微分形式不变性，掌握导数与微分的应用.

第一节　导数概念

知识点归纳

1. 导数的定义

$$f'(0)=\lim_{\Delta x\to 0}\frac{\Delta y}{\Delta x}=\lim_{\Delta x\to 0}\frac{f(x_0+\Delta x)-f(x_0)}{\Delta x}$$

也可记作 $y'|_{x=x_0}$，$\left.\dfrac{\mathrm{d}y}{\mathrm{d}x}\right|_{x=x_0}$，或$\left.\dfrac{\mathrm{d}f(x)}{\mathrm{d}x}\right|_{x=x_0}$.

特别提醒 导数 $f'(x_0)$ 是函数 $f(x)$ 在 x_0 处的平均变化率的极限.

2. 导数的几何意义

曲线 $y=f(x)$ 在点$(x,f(x))$处的切线斜率是导数 $f'(x)$，即$\dfrac{\mathrm{d}y}{\mathrm{d}x}=f'(x)=\tan\alpha$.

曲线 $y=f(x)$ 在点$(x_0,f(x_0))$处的切线方程

$$y-f(x_0)=f'(x_0)(x-x_0)$$

曲线 $y=f(x)$ 在点$(x_0,f(x_0))$处的法线方程

$$y-f(x_0)=-\frac{1}{f'(x_0)}(x-x_0)\text{，其中 } f'(x_0)\neq 0.$$

特别提醒 函数 $y=f(x)$ 在点 x_0 处可导表示曲线 $y=f(x)$ 在点$(x_0,f(x_0))$处具有不垂直于 x 轴的切线.(即切线的斜率存在)

3. 单侧导数

左导数：函数 $f(x)$ 在 x_0 处的左导数 $f'_-(x_0)=\lim\limits_{\Delta x\to 0^-}\dfrac{f(x_0+\Delta x)-f(x_0)}{\Delta x}$.

右导数：函数 $f(x)$ 在 x_0 处的右导数 $f'_+(x_0)=\lim\limits_{\Delta x\to 0^+}\dfrac{f(x_0+\Delta x)-f(x_0)}{\Delta x}$.

特别提醒 ① 单侧导数的本质是函数的单侧极限. ② $f'(x_0)$ 存在 $\Leftrightarrow f'_-(x_0)=f'_+(x_0)$.

4. 导数的应用

(1) 物理意义 直线运动物体的位移 $s=s(t)$ 是时间 t 的函数，则 $s'(t_0)$ 表示 t_0 时刻的瞬时速度 v，即 $v=s'(t_0)$.

(2) 可导与连续的关系 函数 $y=f(x)$ 在点 x_0 处可导，则在点 x_0 处 $y=f(x)$ 连续，反之不成立.

特别提醒 连续是可导的必要条件而非充分条件，函数 $y=f(x)$ 在点 x_0 处可导是强于 $y=f(x)$ 在该点处连续的条件.

典型例题解析

题型 1：利用定义求导数

例 设 $f(x)=x(x+1)(x+2)\cdots(x+n)$，求 $f'(-1)$.

解
$$\begin{aligned}f'(-1)&=\lim_{x\to -1}\frac{f(x)-f(-1)}{x-(-1)}=\lim_{x\to -1}\frac{x(x+1)(x+2)\cdots(x+n)}{x+1}\\&=\lim_{x\to -1}x(x+2)\cdots(x+n)=(-1)\cdot 1\cdot 2\cdots(n-1)\\&=-(n-1)!\end{aligned}$$

题型 2：求切线的问题

【思路点拨】由导数的几何意义知，函数 $y=f(x)$ 在点 x_0 处的导数 $f'(x)$ 在几何上表示曲线

$y=f(x)$ 在点 $M(x_0,f(x_0))$ 的切线斜率,即 $f'(x_0)=\tan\alpha$,故曲线 $y=f(x)$ 在点 $M(x_0,f(x_0))$ 的切线方程为

$$y-f(x_0)=f'(x_0)(x-x_0)$$

给定曲线的方程的基本形式有直角坐标方程、隐函数和参数方程,因此求曲线概率时涉及的导数计算包括了隐函数求导法和参数方程确定的函数的求导.

例 已知函数 $f(x)$ 连续且 $\lim\limits_{x\to0}\dfrac{f(x)}{x}=2$,则曲线 $y=f(x)$ 上对应 $x=0$ 处切线方程为________.

解 由 $\lim\limits_{x\to0}\dfrac{f(x)}{x}=2$ 且 $f(x)$ 连续,依据函数连续性以及无穷小的比较有 $\lim\limits_{x\to0}f(x)=0=f(x)$,$f'(0)=\lim\limits_{x\to0}\dfrac{f(x)-f(0)}{x}=2$,故切线方程为 $y=2x$.

> **特别提醒** 先求出导数 $f'(0)$,据定义 $f'(0)=\lim\limits_{x\to0}\dfrac{f(x)-f(0)}{x}$.

题型 3:利用导数定义求极限

例 设 $f(x)$ 是周期为 2 的函数,且 $f'(-1)=2$,求 $\lim\limits_{h\to0}\dfrac{f(5-h)-f(5)}{2h}$.

解 $\lim\limits_{h\to0}\dfrac{f(5-h)-f(5)}{2h}=\lim\limits_{h\to0}\dfrac{f(-1-h)-f(-1)}{h}\cdot\left(\dfrac{1}{2}\right)$

$=-\dfrac{1}{2}f'(-1)=-\dfrac{1}{2}\times2=-1.$

> **特别提醒** 这是典型的利用导数的定义求极限的问题.已知 x_0 点的导数存在相当于形式为 $\lim\limits_{\Delta x\to0}\dfrac{f(x_0+\Delta x)-f(x_0)}{\Delta x}$ 的极限,再将所求的极限利用函数的性质化为已知的极限形式即可.

题型 4:考察可导与连续的关系

例 设 $f(x)=\begin{cases}ax^2+1, x\geqslant1\\-x^2+bx, x<1\end{cases}$,试求常数 a,b,使 $f(x)$ 在 $x=1$ 处可导.

解 可导必连续,因此 $f(x)$ 在 $x=1$ 处必须连续.

$\because f(1-0)=\lim\limits_{x\to1^-}f(x)=\lim\limits_{x\to1^-}(-x^2+bx)=b-1$

$f(1+0)=\lim\limits_{x\to1^+}f(x)=\lim\limits_{x\to1^+}(ax^2+1)=a+1$

$f(1)=a+1$

由方程 1:$f(1-0)=f(1+0)=f(1)$ 得 $b-1=a+1$,即 $b=a+2$,

又 $f'_-(1)=\lim\limits_{x\to1^-}\dfrac{f(x)-f(1)}{x-1}=\lim\limits_{x\to1^-}\dfrac{-x^2+bx-(a+1)}{x-1}$

$=\lim\limits_{x\to1^-}\dfrac{-x^2+(a+2)x-(a+1)}{x-1}=\lim\limits_{x\to1^-}\dfrac{-(x-1)[x-(a+1)]}{x-1}=a$

$$f'_{+}(1)=\lim_{x\to 1^{+}}\frac{f(x)-f(1)}{x-1}=\lim_{x\to 1^{+}}\frac{ax^{2}+1-(a+1)}{x-1}=\lim_{x\to 1^{+}}\frac{a(x-1)(x+1)}{x-1}=2a$$

由方程 2：$f'_{+}(1)=f'_{-}(1)$ 得 $a=0$，从而 $b=2$.

特别提醒　要使 $f(x)$ 在 $x=1$ 处可导，则 $f(x)$ 必须在 $x=1$ 处连续得方程 1，再由 $x=1$ 处左、右导数存在并相等得方程 2，最后解得 a,b 值.

题型 5：导数的应用

例　已知抛物线 $y=x^{2}+4x+3$.

(1) 求过点 $(0,3)$ 的切线、法线方程.

(2) 试求常数 a,b，使得 $y=2x+a$，$y=2x+b$ 分别是抛物线的切线和法线方程.

解　(1) ∵ $y'=2x+4$. 又 $(0,3)$ 在曲线上，∴ $k_{切}=y'|_{x=0}=4$，$k_{法}=-\frac{1}{k_{切}}=-\frac{1}{4}$，

因此过点 $(0,3)$ 的切线方程为 $y-3=4(x-0)=4x$，即 $y=4x+3$.

∵ 法线方程 $y-y_0=-\frac{1}{y'(x_0)}(x-x_0)$ 过 $(0,3)$ 的法线方程为 $y-3=\frac{-1}{4}(x-0)=-\frac{x}{4}$，

∴ $y=-\frac{x}{4}+3$.

(2) 要使 $y=2x+a$ 为 $y=x^{2}+4x+3$ 的切线，则两条曲线有且仅有一个交点，即

$$\begin{cases}y=x^{2}+4x+3\\ y=2x+a\end{cases}$$

$x^{2}+2x+(3-a)=0$ 仅有单根，

故 $\Delta=4-4(3-a)=4(1-3+a)=4(a-2)=0$，即 $a=2$.

若 $y=2x+b$ 是抛物线的法线方程，则其对应的切线方程可设为 $y=-\frac{1}{2}x+c$，

同理，要求 $\begin{cases}y=x^{2}+4x+3\\ y=-\frac{1}{2}x+c\end{cases}$，

即 $2x^{2}+9x+6-2c=0$ 仅有单根，

因此 $\Delta=81-4\times 2(6-2c)=33+16c=0$，即 $c=-\frac{33}{16}$.

解得切点为 $x=-\frac{9}{4}$，$y=-\frac{15}{16}$，

法线方程为 $y+\frac{15}{16}=2\left(x+\frac{9}{4}\right)=2x+\frac{9}{2}$，

即 $y=2x+\frac{9}{2}-\frac{15}{16}=2x+\frac{57}{16}$，$b=\frac{57}{16}$.

特别提醒　由直线 $y=2x+a$ 是抛物线 $y=x^{2}+4x+3$ 的切线可知：① $y=2x+a$ 与抛物线 $y=x^{2}+4x+3$ 只有一个交点. ② $y=x^{2}+4x+3$ 在交点处的切线斜率等于 2.

第二节 导数的基本公式与运算法则

知识点归纳

1. 常用的基本求导公式

$(c)'=0$(c 为常数)	$(\arccos x)'=-\dfrac{1}{\sqrt{1-x^2}}$
$(x^{\alpha})'=\alpha x^{n-1}$	$(\arctan x)'=\dfrac{1}{1+x^2}$
$(\sin x)'=\cos x$	$(\text{arccot}x)'=-\dfrac{1}{1+x^2}$
$(\cos x)'=-\sin x$	$(e^x)'=e^x$
$(\tan x)=\dfrac{1}{\cos^2 x}=\sec^2 x$	$(a^x)'=a^x\ln a$,($a>0$ 且 $a\neq 1$)
$(\cot x)'=-\dfrac{1}{\sin^2 x}=-\csc^2 x$	$(\ln\mid x\mid)'=\dfrac{1}{x}$
$(\sec x)'=\sec x\tan x$	$(\log_a\mid x\mid)'=\dfrac{1}{x\ln a}$($a>0$ 且 $a\neq 1$)
$(\csc x)'=-\csc x\cot x$	
$(\arcsin x)'=\dfrac{1}{\sqrt{1-x^2}}$	

2. 和、差、积、商的求导法则

法则	公式或定理
和、差、积、商的求导法则	设函数 $f(x),g(x)$ 在 x 点可导,则 ①$[f(x)\pm g(x)]'=f'(x)\pm g'(x)$ ②$[f(x)\cdot g(x)]'=f'(x)\cdot g(x)+f(x)\cdot g'(x)$ ③$\left[\dfrac{f(x)}{g(x)}\right]'=\dfrac{f'(x)g(x)-f(x)g'(x)}{g^2(x)}$,$[g(x)\neq 0]$

3. 复合函数与反函数的求导法则

(1) 复合函数求导　设 $f'(u_0)$ 与 $g'(x_0)$ 存在,$u_0=g(x_0)$,则复合函数 $F(x)=f[g(x)]$ 在 x_0 点可导,且 $F'(x_0)=f'[g(x_0)]\cdot g'(x_0)$(要正确拆分函数的复合运算).

(2) 反函数求导　设函数 $x=\varphi(y)$ 在 (c,d) 上连续,严格单调,值域为 (a,b),且 $\varphi'(y_0)\neq 0$,则反函数 $y=f(x)$ 在 $x_0=\varphi(y_0)$ 处可导,且 $f'(x_0)=\dfrac{1}{\varphi'(y_0)}=\dfrac{1}{\varphi'[f(x_0)]}$.

(3) 隐函数求导　若函数 $y=f(x)$ 是方程 $F(x,y)=0$ 所确定的隐函数.求其导数 y' 时,只要将方程 $F(x,y)=0$ 两边对自变量 x 求导即可,再整理得 $y'=g(x,y)$ 的形式.

(4) 对数求导法　对某些函数(例如幂指函数或连积式)求导,不是以显函数形式直接求导时,可先将等式两边同时取对数,化成隐函数形式后再求导,最后解得 y',即对 $y=u^v$(u,v 均可导).可由 $y=e^{v\ln u}$ 得 $\dfrac{dy}{dx}(u^v)'_x=u^v\left[\dfrac{vu'}{u}+v'\ln u\right]$.

(5) 由参数方程所确定的函数.

如果参数方程 $\begin{cases}x=\varphi(t),\\ y=\psi(t)\end{cases}$ 中的函数 $\varphi(t),\psi(t)$ 都是可导的,且 $\varphi'(t)\neq 0$,则该参数方程把 y 确定

为 x 的可导函数 $y=\psi[\varphi^{-1}(x)]$，它的导数是

$$\frac{\mathrm{d}y}{\mathrm{d}x}=\frac{\frac{\mathrm{d}y}{\mathrm{d}t}}{\frac{\mathrm{d}x}{\mathrm{d}t}}=\frac{\psi'(t)}{\varphi'(t)}.$$

典型例题解析

题型 1:复合函数求导

例 求函数 $y=\ln(x+\sqrt{a^2+x^2})$ 的导数 $\frac{\mathrm{d}y}{\mathrm{d}x}$.

解 $y'=\frac{1}{x+\sqrt{a^2+x^2}}\cdot\left(1+\frac{2x}{2\sqrt{a^2+x^2}}\right)=\frac{1}{\sqrt{a^2+x^2}}$

特别提醒　综合应用复合函数导数的链式法则与导数的运算法则，函数 $y=\ln(x+\sqrt{a^2+x^2})$ 由 $y=\ln u, u=x+\sqrt{x^2+a^2}$ 复合而成.

题型 2:对数求导法与隐函数的求导

例 求函数 $y=\sqrt{x\sin x\sqrt{1-\mathrm{e}^x}}$ 的导数.

解 $\ln y=\frac{1}{2}\left[\ln x+\ln\sin x+\frac{1}{2}\ln(1-\mathrm{e}^x)\right]$，等式两端对 x 求导，得

$\frac{1}{y}\cdot y'=\frac{1}{2}\left[\frac{1}{x}+\frac{\cos x}{\sin x}+\frac{1}{2}\cdot\frac{-\mathrm{e}^x}{(1-\mathrm{e}^x)}\right]$，

$y'=\frac{1}{2}y\left[\frac{1}{x}+\cot x-\frac{\mathrm{e}^x}{2(1-\mathrm{e}^x)}\right]=\frac{1}{2}\sqrt{x\sin x\sqrt{1-\mathrm{e}^x}}\left[\frac{1}{x}+\cot x-\frac{\mathrm{e}^x}{2(1-\mathrm{e}^x)}\right]$.

特别提醒　对于幂指函数 $y=a^u$ 及多个因式积的函数考虑用对数求导法. 利用复合函数和隐函数的导数法则. 等式 $y=f(x)$ 两端取自然对数并在两端对交量 y 求导数.

题型 3:四则运算求导

例 设 $y=\arctan\mathrm{e}^x-\ln\sqrt{\frac{\mathrm{e}^{2x}}{\mathrm{e}^{2x}+1}}$，求 $\left.\frac{\mathrm{d}y}{\mathrm{d}x}\right|_{x=1}$.

解 $\because y=\arctan\mathrm{e}^x-\frac{1}{2}\ln\mathrm{e}^{2x}+\frac{1}{2}\ln(\mathrm{e}^{2x}+1)=\arctan\mathrm{e}^x-x+\frac{1}{2}\ln(\mathrm{e}^{2x}+1)$，

$\therefore \frac{\mathrm{d}y}{\mathrm{d}x}=\frac{\mathrm{e}^x}{1+\mathrm{e}^{2x}}-1+\frac{\mathrm{e}^{2x}}{\mathrm{e}^{2x}+1}=\frac{\mathrm{e}^x-1}{1+\mathrm{e}^{2x}}$，故 $\left.\frac{\mathrm{d}y}{\mathrm{d}x}\right|_{x=1}=\frac{\mathrm{e}-1}{\mathrm{e}^2+1}$.

特别提醒　对原函数进行简化求导.

题型 4:分段函数的求导

例 设 $f(x)=\begin{cases}0,x\leqslant 0\\x,x>0\end{cases}$,$g(x)=\begin{cases}0,x\leqslant 0\\-x^2,x>0\end{cases}$,求$\frac{\mathrm{d}}{\mathrm{d}x}g[f(x)]$.

解 $g[f(x)]=\begin{cases}0,f(x)\leqslant 0\\-f^2(x),f(x)>0\end{cases}=\begin{cases}0,x\leqslant 0\\-x^2,x>0\end{cases}$.

当 $x\neq 0$ 时,$\frac{\mathrm{d}}{\mathrm{d}x}g[f(x)]=\begin{cases}0,x<0\\-2x,x>0\end{cases}$.

当 $x=0$ 时,$\frac{\mathrm{d}}{\mathrm{d}x}g[f(x)]\Big|_{x=0}=\lim\limits_{x\to 0}\frac{g[f(x)]-g[f(0)]}{x-0}=\lim\limits_{x\to 0}\frac{g[f(x)]}{x}$.

$\because \lim\limits_{x\to 0^-}\frac{g[f(x)]}{x}=\lim\limits_{x\to 0}-\frac{0}{x}=0$,而$\lim\limits_{x\to 0^+}\frac{g[f(x)]}{x}=\lim\limits_{x\to 0^+}\frac{-x^2}{x}=0$,

$\therefore \lim\limits_{x\to 0}\frac{g[f(x)]}{x}=0$,即$\frac{\mathrm{d}}{\mathrm{d}x}g[f(x)]\Big|_{x=0}=0$,故$\frac{\mathrm{d}}{\mathrm{d}x}g[f(x)]=\begin{cases}0,x\leqslant 0\\-2x,x>0\end{cases}$.

特别提醒 对于分段函数的复合函数求导,首先要求复合函数的表示后再求导函数,特别注意在分段点处要分别利用左、右导数来求左右极限.

题型 5:抽象复合函数求导

例 已知 $f(u)$ 可导,求$[f(\ln x)]'$,$\{f[(x+a)^n]\}'$,$\{f[x+a]^n\}'$.

解 $[f(\ln x)]'=f'(\ln x)\cdot(\ln x)'=\frac{1}{x}f'(\ln x)$

$\{f[(x+a)^n]\}'=f'[(x+a)^n]\cdot[(x+a)^n]'=n(x+a)^{n-1}f'[(x+a)^n]$

$\{[f(x+a)]^n\}'=n[f(x+a)]^{n-1}\cdot f'(x+a)$

特别提醒 含有抽象的复合函数求导,一是要注意复合函数的结构,对于多层复合函数求导,要分清自变量、中间变量和因变量,求导时应由外往里按复合层次一层一层地计算,直到对自变量求导为止.二是导数符号"$'$"在不同位置表示对不同变量求导,如 $f'[g(x)]$ 表示 f 对中间变量 $g(x)$ 求导;而$\{f[g(x)]\}'$表示整个函数对自变量 x 求导,且有关系式:$\{f[g(x)]\}'=f'[g(x)]g'(x)$.

题型 6:隐函数求导

例 设 $f(x)$ 可导且满足 $af(x)+bf\left(\frac{1}{x}\right)=\frac{c}{x}$,其中 a,b,c 均为常数,且 $|a|\neq|b|$,求 $f'(x)$.

解 方程 $af(x)+bf\left(\frac{1}{x}\right)=\frac{c}{x}$ 两边对 x 求导,得

$$af'(x)+bf'\left(\frac{1}{x}\right)\left(-\frac{1}{x^2}\right)=-\frac{c}{x^2} \qquad ①$$

令 $t=\frac{1}{x}$,则原式变成 $af\left(\frac{1}{t}\right)+bf(t)=ct$,

即 $af\left(\frac{1}{x}\right)+bf(x)=cx$,再将此式两边对 x 求导,得

$$-\frac{a}{x^2}f'\left(\frac{1}{x}\right)+bf'(x)=c \qquad ②$$

即 ② × b − ① × a，得

$$(b^2-a^2)f'(x)=bc+\frac{ac}{x^2}=\frac{c(a+bx^2)}{x^2},$$

即 $f'(x)=\dfrac{c(a+bx^2)}{(b^2-a^2)x^2}$.

特别提醒　本例也可以先求出 $f(x)$，再对 $f(x)$ 的显函数求导. 也可以采用上述方法，把已知关系式看成是代数方程确定隐函数，两边求导，作代换再求导，化为关于 $f'(x)$，$f'\left(\frac{1}{x}\right)$ 的方程组，消去 $f'\left(\frac{1}{x}\right)$，求得 $f'(x)$.

第三节　高阶导数

知识点归纳

1. 定义

(1) 二阶导数.

如果函数 $y=f(x)$ 的导函数 $y'=f'(x)$ 在点 x_0 可导，则称 $y'=f'(x)$ 在点 x_0 的导数是函数 $y=f(x)$ 在点 x_0 的二阶导数，记为 $f''(x_0)$.

$y=f(x)$ 的二阶导数亦为 y'' 或 $\frac{\mathrm{d}^2y}{\mathrm{d}x^2}$，即 $y''=(y')'$ 或 $\frac{\mathrm{d}^2y}{\mathrm{d}x^2}=\frac{\mathrm{d}}{\mathrm{d}x}\left(\frac{\mathrm{d}y}{\mathrm{d}x}\right)$.

(2) n 阶导数.

$n-1$ 阶导数 $f^{(n-1)}(x)$ 的导数称为函数 $y=f(x)$ 的 n 阶导数，记为 $f^{(n)}(x)$ 或 $\frac{\mathrm{d}^ny}{\mathrm{d}x^n}$ 或 $y^{(n)}$.

特别提醒　$y=f(x)$ 的三阶导数记为 $f'''(x)$ 或 $\frac{\mathrm{d}^3y}{\mathrm{d}x^3}$；$y=f(x)$ 的 $n(n\geqslant 4)$ 阶导数记为 $f^{(n)}(x)$ 或 $\frac{\mathrm{d}^ny}{\mathrm{d}x^n}$.

2. 常用高阶导数基本公式

1. $(\mathrm{e}^x)^{(n)}=\mathrm{e}^x$

2. $(\sin x)^{(n)}=\sin\left(x+\frac{n\pi}{2}\right)$

3. $(\cos x)^{(n)}=\cos\left(x+\frac{n\pi}{2}\right)$

4. $[\ln(1+x)]^{(n)}=(-1)^{n-1}\cdot\frac{(n-1)!}{(1+x)^n}$

5. $(x^a)^{(n)}=a(a-1)\cdots(a-n+1)x^{a-n}$

题型 1:求简单函数的高阶导数

例 设 $y=\ln(x+\sqrt{x^2+1})$,求 y',$y''(\sqrt{3})$.

解 $y'=\dfrac{1}{x+\sqrt{x^2+1}}\left(1+\dfrac{2x}{2\sqrt{x^2+1}}\right)=\dfrac{1}{\sqrt{x^2+1}}=(x^2+1)^{-\frac{1}{2}}$

$y''=-\dfrac{1}{2}(x^2+1)^{-\frac{3}{2}}\cdot 2x=-x(x^2+1)^{-\frac{3}{2}}$

$y''(\sqrt{3})=-\dfrac{\sqrt{3}}{8}$

题型 2:求复合函数的高阶导数

例 设函数 $y=\dfrac{1}{2x+3}$,则 $y^{(n)}(0)=$ ________.

解 $y'=-\dfrac{2}{(2x+3)^2}$,$y''=\dfrac{2^2\cdot 2}{(2x+3)^3}$

$y'''=-2^3\cdot 2\cdot\dfrac{3}{(2x+3)^4}$,…,$y^{(n)}=\dfrac{(-1)^n\cdot 2^n\cdot n!}{(2x+3)^{n+1}}$

上式中令 $x=0$,得 $y^{(n)}(0)=\dfrac{(-1)^n 2^n n!}{3^{n+1}}$.

特别提醒 逐次求导,运用复合函数的导数法则,寻找规律以获取 n 阶导数的表达式. 熟练运用复合函数的导数法则,将 n 阶导数的结果写成与 n 相关的表达式.

第四节 微分

知识点归纳

1. 微分的定义

设函数 $y=f(x)$ 在点 x_0 及其近旁有定义,如果存在一个与自变量 x 的增量 Δx 无关的常数 A(它与 x_0 有关)使得

$$\Delta y=f(x_0+\Delta x)-f(x_0)=A\Delta x+o(\Delta x)$$

则称函数 $y=f(x)$ 在点 x_0 可微分,其中 $A\Delta x$ 称为函数 $y=f(x)$ 在点 x_0 的微分,记为 $\mathrm{d}y=\mathrm{d}f(x)\big|_{x=x_0}=A\Delta x=A\mathrm{d}x$.

2. 函数可导与可微的关系

(1) 函数 $y=f(x)$ 在点 x_0 可微分 $\Leftrightarrow$ 函数 $y=f(x)$ 在点 x_0 可导.

(2) 函数 $y=f(x)$ 在点 x_0 可导 $\Leftrightarrow$ 微分 $\mathrm{d}y=f'(x_0)\mathrm{d}x$.

3. 微分的几何意义

对于可微函数 $y=f(x)$,当 Δy 是曲线 $y=f(x)$ 上点的纵坐标的改变量时,$\mathrm{d}y$ 就是曲线 $y=f(x)$ 的切线上点的纵坐标的改变量.

4. 微分运算法则

$$d(u\pm v)=du\pm dv;d(Cu)=Cdu(C\text{为常数})$$

$$d(uv)=udv+vdu;d\left(\frac{u}{v}\right)=\frac{vdu-udv}{v^2}(v\neq 0)$$

5. 微分的应用

近似计算公式 $\Delta y\approx dy=f'(x)\Delta x$ 或 $f(x+\Delta x)\approx f(x)+f'(x)\Delta x$.

6. 一阶微分形式不变性

设函数 $y(x)=f[\varphi(x)]$ 是由 $y=f(u),u=\varphi(x)$ 复合而成，则 $dy=f'(u)du,du=\varphi'(x)dx$ 即无论 u 是中间变量还是自变量，函数微分形式是一致的.

特别提醒　微分 dy 是因变量 y 的增量 Δy 的线性主要部分：$\Delta y=dy=f'(x_0)\Delta x$. 以 dx 和 dy 为两直角边的直角三角形的斜边是弧微分 ds. 微分和导数具有类似的运算法则.

8. 微分基本公式

基本公式	1. $d(c)=0$	2. $d(x^n)=nx^{n-1}dx$
	3. $d(\ln\lvert x\rvert)=\frac{1}{x}dx$	4. $d(\log_a\lvert x\rvert)=\frac{1}{x\ln a}dx$
	5. $d(e^x)=e^xdx$	6. $d(a^x)=\ln a\cdot a^xdx$
	7. $d(\sin x)=\cos xdx$	8. $d(\cos x)=-\sin xdx$
	9. $d(\tan x)=\sec^2xdx$	10. $d(\cot x)=-\csc^2xdx$
	11. $d(\sec x)=\sec x\tan xdx$	12. $d(\csc x)=-\csc x\cot xdx$
	13. $d(\arcsin x)=\frac{1}{\sqrt{1-x^2}}dx$	14. $d(\arccos x)=\frac{-1}{\sqrt{1-x^2}}dx$
	15. $d(\arctan x)=\frac{1}{1+x^2}dx$	16. $d(\text{arccot} x)=\frac{-1}{1+x^2}dx$

题型 1:求简单函数的微分

例　设 $y=\ln a+\arctan\sqrt{x}$，其中 a 是正常数，求 dy.

解　$dy=d(\ln a+\arctan\sqrt{x})=\frac{1}{1+(\sqrt{x})^2}d\sqrt{x}=\frac{1}{1+x}\cdot\frac{1}{2\sqrt{x}}dx$,

利用一阶微分形式不变性，把$\sqrt{x}$ 看作中间变量 $=\frac{1}{2\sqrt{x}(1+x)}dx$.

特别提醒　函数 $y=f(x)$ 的微分 $dy=f'(x)dx$ 的求解，关键在于导数 $f'(x)$ 的计算，复合函数 $z=g(y)$，其中 $y=f(x)$，z 关于 y 的微分 $dz=g'(y)dy$，Z 关于 x 的微分 $dz=g'(y)dy=g'[f(x)]f'(x)dx=z'_xdx$，这叫作一阶微分的形式不变性. 在求解许多问题时是简单有效的方法.

题型 2:利用微分求近似值

例　利用微分求 $\tan46°$ 的近似值.

解　令 $f(x)=\tan x$，则 $f'(x)=(\tan x)'=\sec^2x$,

取　$x_0=\frac{\pi}{4}=45°,\Delta x=1°=\frac{\pi}{180}$,

故 $\tan(46°)=f\left(\frac{\pi}{4}+\frac{\pi}{180}\right)\approx f\left(\frac{\pi}{4}\right)+f'\left(\frac{\pi}{4}\right)\cdot\frac{\pi}{180}$,

又 $\because f\left(\frac{\pi}{4}\right)=1, f'\left(\frac{\pi}{4}\right)=\sec^2\frac{\pi}{4}=2$,

$\therefore \tan(46°)\approx 1+2\cdot\frac{\pi}{180}=1+0.0349=1.0349$.

特别提醒 利用公式 $f(x_0+\Delta x)\approx f(x_0)+f'(x_0)\Delta x$ 求解此类问题,关键在于选好 $y=f(x)$ 能利于求出 $f(x_0)$ 及 $f'(x_0)$,并注意使 Δx 充分小.

考研真题精解

1. 函数 $f(x)=x^2 2^x$ 在 $x=0$ 处的 n 阶导数 $f^{(n)}(0)=$ ________.

【答案】 $n(n-1)(\ln 2)^{n-2}$

【解答】 $f^{(n)}(x)=(2^x\cdot x^2)^{(n)}$

$\Rightarrow f^{(n)}(0)=C_n^2(x^2)''(2^x)^{(n-2)}\big|_{x=0}=\frac{n(n-1)}{2}\cdot 2\cdot 2^x\cdot(\ln 2)^{n-2}\big|_{x=0}=n(n-1)(\ln 2)^{n-2}$

2. 如果 $f(x,v)$ 在(0,0)处连续,那么下列命题正确的是(　　).

(A) 若极限 $\lim\limits_{\substack{x\to 0\\ y\to 0}}\frac{f(x,y)}{|x|+|y|}$ 存在,则 $f(x,y)$ 在(0,0)处可微

(B) 若极限 $\lim\limits_{\substack{x\to 0\\ y\to 0}}\frac{f(x,y)}{x^2+y^2}$ 存在,则 $f(x,y)$ 在(0,0)处可微

(C) 若 $f(x,y)$ 在(0,0)处可微,则极限 $\lim\limits_{\substack{x\to 0\\ y\to 0}}\frac{f(x,y)}{|x|+|y|}$ 存在

(D) 若 $f(x,y)$ 在(0,0)处可微,则极限 $\lim\limits_{\substack{x\to 0\\ y\to 0}}\frac{f(x,y)}{x^2+y^2}$ 存在

【解答】 由于 $f(x,y)$ 在(0,0)处连续,若 $\lim\limits_{\substack{x\to 0\\ y\to 0}}\frac{f(x,y)}{x^2+y^2}$ 存在,则有 $f(0,0)=\lim\limits_{\substack{x\to 0\\ y\to 0}}f(x,y)=0$,因此 $\lim\limits_{\substack{x\to 0\\ y\to 0}}\frac{f(x,y)}{x^2+y^2}$ 就可以写成 $\lim\limits_{\substack{\Delta x\to 0\\ \Delta y\to 0}}\frac{f(\Delta x,\Delta y)-f(0,0)}{\Delta x^2+\Delta y^2}$,也即极限 $\lim\limits_{\substack{\Delta x\to 0\\ \Delta y\to 0}}\frac{f(\Delta x,\Delta y)-f(0,0)}{\Delta x^2+\Delta y^2}$ 存在,可知 $\lim\limits_{\substack{\Delta x\to 0\\ \Delta y\to 0}}\frac{f(\Delta x,\Delta y)-f(0,0)}{\sqrt{\Delta x^2+\Delta y^2}}=0$,也即 $f(\Delta x,\Delta y)-f(0,0)=0\Delta x+0\Delta y+o(\sqrt{\Delta x^2+\Delta y^2})$,由可微的定义可知 $f(x,y)$ 在(0,0)处可微.

3. 设函数 $f(x)=(e^x-1)(e^{2x}-2)\cdots(e^{nx}-n)$,其中 n 为正整数,则 $f'(0)=$ ________.

【答案】 $(-1)^{n-1}(n-1)!$

【解答】 $f(x)=e^x(e^{2x}-2)\cdots(e^{nx}-n)+(e^x-1)2e^{2x}\cdots(e^{nx}-n)+\cdots(e^x-1)(e^{2x}-2)\cdots ne^{nx}$,所以 $f(0)=(-1)^{n-1}(n-1)!$.

课后习题全解

(A)

1. 解　$\Delta y=1-2(1+\Delta x)^2-(1-2\times 1^2)=-4\Delta x-2(\Delta x)^2$

$\frac{\Delta y}{\Delta x}=-4-2\Delta x, \lim\limits_{\Delta x\to 0}\frac{\Delta y}{\Delta x}=\lim\limits_{\Delta x\to 0}(-4-2\Delta x)=-4$

所以 $y'|_{x=1}=-4$.

2. **解**　(1)$\Delta y=y(x+\Delta x)-y(x)=1-2(x+\Delta x)^2-1+2x^2=-4x\cdot\Delta x-2(\Delta x)^2$

$\dfrac{\Delta y}{\Delta x}=-4x-2\Delta x$，于是 $y'=\lim\limits_{\Delta x\to 0}\dfrac{\Delta y}{\Delta x}=\lim\limits_{\Delta x\to 0}(-4x-2\Delta x)=-4x$.

(2)$\Delta y=y(x+\Delta x)-y(x)=\dfrac{1}{(x+\Delta x)^2}-\dfrac{1}{x^2}=-\dfrac{2x\cdot\Delta x+(\Delta x)^2}{x^2(x+\Delta x)^2}$

$\dfrac{\Delta y}{\Delta x}=-\dfrac{2x+\Delta x}{x^2(x+\Delta x)^2}$，于是 $y'=\lim\limits_{\Delta x\to 0}\dfrac{\Delta y}{\Delta x}=-\lim\limits_{\Delta x\to 0}\dfrac{2x+\Delta x}{x^2(x+\Delta x)^2}=-\dfrac{2x}{x^4}=-\dfrac{2}{x^3}$.

(3)$\Delta y=y(x+\Delta x)-y(x)=\sqrt[3]{x^2(x+\Delta x)^2}-\sqrt[3]{x^2}=\dfrac{(x+\Delta x)^2-x^2}{\sqrt[3]{(x+\Delta x)^4}+\sqrt[3]{x^2(x+\Delta x)^2}+\sqrt[3]{x^4}}$

$$=\frac{\Delta x(2x+\Delta x)}{\sqrt[3]{(x+\Delta x)^4}+\sqrt[3]{x^2(x+\Delta x)^2}+\sqrt[3]{x^4}}$$

$\left(\text{利用公式 } a-b=\dfrac{a^3-b^3}{a^2+ab+b^2}\text{，取 } a=\sqrt[3]{x^2(x+\Delta x)^2},b=\sqrt[3]{x^2}\right)$

$$y'=\lim_{\Delta x\to 0}\frac{\Delta y}{\Delta x}=\lim_{\Delta x\to 0}\frac{2x+\Delta x}{\sqrt[3]{(x+\Delta x)^4}+\sqrt{x^2(x+\Delta x)^2}+\sqrt[3]{x^4}}=\frac{2x}{3x^{\frac{4}{3}}}=\frac{2}{3}x^{-\frac{1}{3}}$$

3. **分析**　首先由导数的定义或直接求导得到任意点 x 的导数 $f'(x)$，然后代入 x 的具体数值即可得函数在该点的导数值.

解　$f'(x)=\lim\limits_{\Delta x\to 0}\dfrac{f(x+\Delta x)-f(x)}{\Delta x}=\lim\limits_{\Delta x\to 0}\dfrac{a(x+\Delta x)^2+b(x+\Delta x)+c-ax^2-bx-c}{\Delta x}$

$=\lim\limits_{\Delta x\to 0}\dfrac{2ax\Delta x+a(\Delta x)^2+b\Delta x}{\Delta x}=2ax+b$，

于是 $f'(0)=b,f'\left(\dfrac{1}{2}\right)=a+b,f'\left(-\dfrac{b}{2a}\right)=0$.

4. **解**　$v(3)=s'(3)=\lim\limits_{t\to 3}\dfrac{s(t)-s(3)}{t-3}=\lim\limits_{t\to 3}\dfrac{t^3-3^3}{t-3}=\lim\limits_{t\to 3}(t^2+3t+3^2)=27$

故所求瞬时速度为 $v(3)=27$.

5. **解**　$k=y'(3)=\lim\limits_{x\to 3}\dfrac{y(x)-y(3)}{x-3}=\lim\limits_{x\to 3}\dfrac{x^2-3^2}{x-3}=\lim\limits_{x\to 3}(x+3)=6$

故所求切线斜率 $k=6$，(导数的几何意义）切点为(3,9)，从而切线方程为

$y-9=6(x-3)$ 或 $6x-y-9=0$.

6. **解**　由第 2 题可知 $y=\sqrt[3]{x^2}$ 的导数为 $y'=\dfrac{2}{3}x^{-\frac{1}{3}}$，那么曲线 $y=\sqrt[3]{x^2}$ 上过点(1,1) 的切线斜率为$y'|_{x=1}=\dfrac{2}{3}$，法线斜率为 $-\dfrac{3}{2}$.

于是可得切线方程为 $y-1=\dfrac{2}{3}(x-1)$，即 $2x-3y+1=0$，

法线方程为 $y-1=-\dfrac{3}{2}(x-1)$，即 $3x+2y-5=0$.

7. **解**　设切点为 $M\left(x_0,\dfrac{1}{x_0^2}\right)$，则切线 l 在点 M 处的切线斜率为

$$\frac{\mathrm{d}y}{\mathrm{d}x}\Big|_{x=x_0}=-2\cdot\frac{1}{x^3}\Big|_{x=x_0}=\frac{-2}{x_0^3}$$

所以可知 l 的方程为

$$y-\frac{1}{x_0^2}=\frac{-2}{x_0^3}(x-x_0)$$

又因为 l 过点 $\left(\frac{3}{2},0\right)$ 代入上式得 $0-\frac{1}{x_0^2}=\frac{-2}{x_0^3}\left(\frac{3}{2}-x_0\right)$，则 $x_0=1$，故所求直线方程为

$$y-1=-2(x-1)$$

即 $y=-2x+3$.

8. **解** 令 $(x^2)'=(x^3)'$，即 $2x=3x^2$，解得 $x=0,x=\frac{2}{3}$ 即为所求.

9. **解** $y=\begin{cases}-x^2 & x\leqslant 0\\ x^2 & x>0\end{cases}$

$\lim\limits_{x\to0^-}y=\lim\limits_{x\to0^-}(-x^2)=0,\lim\limits_{x\to0^+}=\lim\limits_{x\to0^+}x^2=0$

$\lim\limits_{x\to0^-}y=\lim\limits_{x\to0^+}y$ 且 $y\mid_{x=0}=0$，即该函数在 $x=0$ 处连续.

$y'_-(0)=\lim\limits_{x\to0^-}\frac{x\mid x\mid-0}{x}=\lim\limits_{x\to0^-}\mid x\mid=0$

$y'_+(0)=\lim\limits_{x\to0^+}\frac{x\mid x\mid-0}{x}=\lim\limits_{x\to0^-}\mid x\mid=0$

原函数左右导数均存在且相等，由此可知 $y=x\mid x\mid$ 在 $x=0$ 处可导.

10. **分析** 分段点处的导数必须依据导数的定义来计算，当该点的左、右导数相等时方可说函数在该点可导.

解 $f'_+(1)=\lim\limits_{x\to1^+}\frac{f(x)-f(1)}{x-1}=\lim\limits_{x\to1^+}\frac{3x-1-2}{x-1}=3$

$f'_-(1)=\lim\limits_{x\to1^-}\frac{f(x)-f(1)}{x-1}=\lim\limits_{x\to1^-}\frac{x^2+1-2}{x-1}=2$

$f'_+(1)\neq f'_-(1)$，故 $f(x)$ 在 $x=1$ 不可导.

11. **解** $\lim\limits_{x\to0^-}f(x)=\lim\limits_{x\to0^+}f(x)=f(0)$，故 $f(x)$ 在 $x=0$ 处连续.

$f'_+(0)=\lim\limits_{x\to0^+}\frac{f(x)-f(0)}{x-0}=\lim\limits_{x\to0^+}\frac{\ln(1+x)}{x}=1$

$f'_-(0)=\lim\limits_{x\to0^-}\frac{f(x)-f(0)}{x-0}=\lim\limits_{x\to0^-}\frac{x}{x}=1$

故 $f'(0)=f'_+(0)=f'_-(0)=1$.

小结 习题 10～11 涉及分段函数在分段点处的可导性问题，利用分段点处的左、右导数是否相等可判断该点处的可导性.

12. **解** 因为 $f(0)=\ln(1+0)=0$. 又有

$$\lim_{x\to0^-}f(x)=\lim_{x\to0^-}\ln(1+x)=0$$

$$\lim_{x\to0^+}f(x)=\lim_{x\to0^+}(\sqrt{1+x}-\sqrt{1-x})=0$$

则 $\lim\limits_{x\to0}f(x)=\lim\limits_{x\to0^-}f(x)=\lim\limits_{x\to0^+}f(x)=0=f(0)$，所以 $f(x)$ 在 $x=0$ 处连续. 又

$$f'_-(0)=\lim_{x\to0^-}\frac{f(x)-f(0)}{x-0}=\lim_{x\to0^-}\frac{\ln(1+x)}{x}=1$$

$$f'_+(0)=\lim_{x\to0^+}\frac{f(x)-f(0)}{x-0}=\lim_{x\to0^+}\frac{\sqrt{1+x}-\sqrt{1-x}}{x}$$

（分子分母同乘变轭根式 $\sqrt{1+x}+\sqrt{1-x}$）

$$=\lim_{x\to0^+}\frac{2x}{x(\sqrt{1+x}+\sqrt{1-x})}=1$$

所以 $f(x)$ 在 $x=0$ 处可导，且 $f'_+(0)=f'_-(0)=1$，即 $f'(0)=1$. 则 $f(x)$ 在 $x=0$ 处连续且可导.

13. **解**　由于 $\lim\limits_{x\to0}f(x)=\lim\limits_{x\to0}x^2\sin\frac{1}{x}=0$，$f(0)=0$，$\lim\limits_{x\to0}f(x)=f(0)$，

故 $f(x)$ 在点 $x=0$ 处连续. 又有

$$\lim_{x\to0}\frac{f(x)-f(0)}{x-0}=\lim_{x\to0}\frac{x^2\sin\frac{1}{x}}{x}=0$$

$f(x)$ 在点 $x=0$ 处可导，且 $f'(0)=0$.

14. **解**　在 $x=0$ 处，$f(0)=1$，且 $\lim\limits_{x\to0^-}f(x)=\lim\limits_{x\to0^-}1=1$，

$$\lim_{x\to0^+}f(x)=\lim_{x\to0^+}(2x+1)=1$$

则 $\lim\limits_{x\to0}f(x)=\lim\limits_{x\to0^-}f(x)=\lim\limits_{x\to0^+}f(x)=1$，所以 $f(x)$ 在 $x=0$ 处连续. 又

$$f'_-(0)=\lim_{x\to0^-}\frac{f(x)-f(0)}{x-0}=\lim_{x\to0^-}\frac{1-1}{x}=0$$

$$f'_+(0)=\lim_{x\to0^+}\frac{f(x)-f(0)}{x-0}=\lim_{x\to0^+}\frac{2x+1-1}{x}=2$$

$f'_-(0)\neq f'_+(0)$，所以 $f(x)$ 在 $x=0$ 处不可导.

在 $x=1$ 处，$f(1)=3$，且 $\lim\limits_{x\to1^-}(2x+1)=3$，$\lim\limits_{x\to1^+}(x^2+2)=3$，则

$$\lim_{x\to1}f(x)=\lim_{x\to1^-}f(x)=\lim_{x\to1^+}f(x)$$

所以 $f(x)$ 在 $x=1$ 处连续. 又

$$f'_-(1)=\lim_{x\to1^-}\frac{f(x)-f(1)}{x-1}=\lim_{x\to1^-}\frac{2x+1-3}{x-1}=2$$

$$f'_+(1)\lim_{x\to1^+}\frac{f(x)-f(1)}{x-1}=\lim_{x\to1^+}\frac{x^2+2-3}{x-1}=\lim_{x\to1^+}(x+1)=2$$

则 $f'_-(1)=f'_+(1)$，所以 $f(x)$ 在 $x=1$ 处可导.

在 $x=2$ 处，$\lim\limits_{x\to2^+}x=2$，$\lim\limits_{x\to2^-}(x^2+2)=6$.

则 $f(2+0)\neq f(2-0)$，故 $f(x)$ 在 $x=2$ 处不连续，从而 $f(x)$ 在 $x=2$ 处亦不可导.

小结　习题 12 ～ 14 讨论了分段函数在分段点处的连续性和可导性. 判断函数在某点的连续性，要考查此点处的左、右极限是否相等并且都等于此点处的函数值. 判断函数在某点的可导性，只需判断该点处的左右导数是否相等即可. 注意连续不一定可导，但可导必连续.

15. **分析**　直接运用求导公式与求导规则计算.

解　(1) $y'=(3x^2)'-(x)'+(5)'=6x-1$

(2) $y'=(a+b)x^{a+b-1}$

$(3)y' = 2(x^{\frac{1}{2}})' - (x^{-1})' + (4\sqrt{3})' = x^{-\frac{1}{2}} + x^{-2}$

$(4)y' = \frac{1}{2}(x^2)' + 2(x^{-2})' = x - 4x^{-3}$

$(5)y' = (x^{-\frac{1}{2}} - x^{\frac{5}{2}})' = -\frac{1}{2}x^{-\frac{3}{2}} - \frac{5}{2}x^{\frac{3}{2}}$

$(6)y' = (2x^3 - x^2)' = 6x^2 - 2x$

$(7)y' = (\sqrt{x}+1)'\left(\frac{1}{\sqrt{x}} - 1\right) + (\sqrt{x}+1)\left(\frac{1}{\sqrt{x}} - 1\right)' = \frac{1}{2\sqrt{x}}\left(\frac{1}{\sqrt{x}} - 1\right) + (\sqrt{x}+1)\left(-\frac{1}{2x^{\frac{3}{2}}}\right)$

$= -\frac{1}{2\sqrt{x}}\left(1 + \frac{1}{x}\right)$

$(8)y' = \sqrt{2}(x^{\frac{3}{2}} + x^{\frac{1}{2}})' = \sqrt{2}\left(\frac{3}{2}x^{\frac{1}{2}} + \frac{1}{2}x^{-\frac{1}{2}}\right) = \frac{1}{\sqrt{2x}}(3x+1)$

$(9)y' = \frac{1}{a+b}(ax+b)' = \frac{a}{a+b}$

$(10)y' = (x-a)'(x-b) + (x-a)(x-b)' = x - b + x - a = 2x - a - b$

$(11)y' = (1+ax^b)'(1+bx^a) + (1+ax^b)(1+bx^a)' = abx^{b-1}(1+bx^a) + abx^{a-1}(1+ax^b)$

$= ab[x^{a-1} + x^{b-1} + (a+b)x^{a+b-1}]$

小结 在导数运算法则中，和的求导规则较简便，因此在遇到积、商时应尽可能化作和式后再行求导，如本题中(5)(8)的求解方法.

16. 解 $(1)y' = (x+2)(x+3) + (x+1)(x+3) + (x+1)(x+2) = 3x^2 + 12x + 11$

$(2)y' = \ln x + x \cdot \frac{1}{x} = \ln x + 1$

$(3)y' = nx^{n-1}\ln x + x^n \frac{1}{x} = x^{n-1}(n\ln x + 1)$

$(4)y' = \left(\frac{1}{2}\log_a x\right)' = \frac{1}{2x\ln a}$

$(5)y' = \frac{x-1-(x+1)}{(x-1)^2} = -\frac{2}{(x-1)^2}$

$(6)y' = \frac{5(1+x^2) - 5x \cdot 2x}{(1+x^2)^2} = \frac{5(1-x^2)}{(1+x^2)^2}$

$(7)y' = 3 - \frac{2(2-x)+2x}{(2-x)^2} = 3 - \frac{4}{(2-x)^2}$

$(8)y' = -\frac{acnx^{n-1}}{(b+cx^n)^2}$

$(9)y' = \frac{-\frac{1}{x}(1+\ln x) - \frac{1}{x}(1-\ln x)}{(1+\ln x)^2} = -\frac{2}{x(1+\ln x)^2}$

$(10)y' = \frac{(1-2x)(1-x+x^2) - (1+x-x^2)(2x-1)}{(1-x+x^2)^2} = \frac{2-4x}{(1-x+x^2)^2}$

17. 解 $(1)y' = \sin x + x\cos x - \sin x = x\cos x$

$(2)y' = \frac{1-\cos x - x\sin x}{(1-\cos x)^2}$

(3) $y' = \sec^2 x - \tan x - x\sec^2 x$

(4) $y' = \dfrac{5\cos x(1+\cos x)+5\sin^2 x}{(1+\cos x)^2} = \dfrac{5\cos x+5}{(1+\cos x)^2} = \dfrac{5}{1+\cos x}$

(5) $y' = \dfrac{x\cos x - \sin x}{x^2} + \dfrac{\sin x - x\cos x}{\sin^2 x}$

(6) $y' = \sin x \cdot \ln x + x\cos x \cdot \ln x + \sin x$

小结　习题16和习题17运用基本求导公式和求导法则解题.

18. **解**　切点为 $(\pi, \sin\pi)$，即 $(\pi, 0)$，切点处切线斜率 $k = y'(\pi) = \cos\pi = -1$，故切线方程为 $y - 0 = -1(x-\pi)$ 或 $y = -x + \pi$.

19. **解**　与 x 轴平行的切线斜率 $k=0$，由于 $y' = \dfrac{-2x}{(1+x^2)^2}$，从 $y'=0$ 中解出 $x=0$，故所求点为 $(0,1)$.

20. **分析**　求两个函数函数值及导数值都相等时所对应的 a 值即可.

解　令 $\begin{cases}(ax^2)' = (\ln x)' \\ ax^2 = \ln x\end{cases}$ 即 $\begin{cases}2ax = \dfrac{1}{x} \\ ax^2 = \ln x\end{cases}$

得 $x = \sqrt{e}$，故 $a = \dfrac{1}{2e}$ 即为所求.

小结　习题18～20涉及求曲线在某点的切线方程，$(x_0, f(x_0))$ 处的切线方程为 $y - f(x_0) = f'(x_0)(x - x_0)$.

21. **分析**　利用导数的四则运算法则和复合函数求导规则来计算导数.

解　(1) $y' = 5(1+x^2)^4(1+x^2)' = 10x(1+x^2)^4$

(2) $y' = (2x-1) + 2(x-1) = 4x - 3$

(3) $y' = 3(3x+5)^2 \cdot 3(5x+4)^5 + (3x+5)^3 \cdot 5(5x+4)^4 \cdot 5$

$= (3x+5)^2(5x+4)^4(120x+161)$

(4) $y' = 6x\sqrt{1+5x^2} + (2+3x^2)\dfrac{5x}{\sqrt{1+5x^2}} = \dfrac{45x^3+16x}{\sqrt{1+5x^2}}$

(5) $y' = \dfrac{1}{(x+3)^2}[(x+3)\cdot 2(x+4) - (x+4)^2] = \dfrac{(x+4)(x+2)}{(x+3)^2}$

(6) $y' = \dfrac{1}{2}(x^2-a^2)^{-\frac{1}{2}} \cdot 2x = \dfrac{x}{\sqrt{x^2-a^2}}$

(7) $y' = \dfrac{1}{1-x^2}\left(\sqrt{1-x^2} + \dfrac{x^2}{\sqrt{1-x^2}}\right) = \dfrac{1}{(1-x^2)^{3/2}}$

(8) $y' = \dfrac{2x}{1+x^2} \cdot \dfrac{1}{\ln a}$

(9) $y' = \dfrac{1}{a^2-x^2} \cdot (-2x) = \dfrac{2x}{x^2-a^2}$

(10) $y' = \dfrac{1}{2x} + \dfrac{1}{2} \cdot \dfrac{1}{x} / \sqrt{\ln x} = \dfrac{1}{2x}\left(1 + \dfrac{1}{\sqrt{\ln x}}\right)$

(11) $y' = [\ln(1+\sqrt{x}) - \ln(1-\sqrt{x})]' = \dfrac{1}{1+\sqrt{x}} \cdot \dfrac{1}{2\sqrt{x}} - \dfrac{1}{1-\sqrt{x}} \cdot \dfrac{-1}{2\sqrt{x}} = \dfrac{1}{\sqrt{x}(1-x)}$

(12) $y' = \cos nx \cdot (nx)' = n\cos nx$

(13) $y' = \cos x^n \cdot (x^n)' = nx^{n-1}\cos x^n$

(14) $y' = n\sin^{n-1}x \cdot (\sin x)' = n\sin^{n-1}x\cos x$

(15) $y' = (\sin^n x)'\cos nx + \sin^n x \cdot (\cos nx)' = n\sin^{n-1}x\cos x\cos nx - n\sin^n x\sin nx$

$= n\sin^{n-1}x \cdot \cos(n+1)x$

(16) $y' = 3\cos^2\dfrac{x}{2}\left(-\sin\dfrac{x}{2}\right) \cdot \dfrac{1}{2} = -\dfrac{3}{2}\cos^2\dfrac{x}{2}\sin\dfrac{x}{2}$

(17) $y' = \sec^2\dfrac{x}{2} \cdot \dfrac{1}{2} - \dfrac{1}{2} = \dfrac{1}{2}\left(\sec^2\dfrac{x}{2} - 1\right) = \dfrac{1}{2}\tan^2\dfrac{x}{2}$

(18) $y' = \dfrac{1}{\tan\dfrac{x}{2}} \cdot \sec^2\dfrac{x}{2} \cdot \dfrac{1}{2} = \dfrac{1}{2\sin\dfrac{x}{2}\cos\dfrac{x}{2}} = \dfrac{1}{\sin x}$

(19) $y' = 2x\sin\dfrac{1}{x} - x^2\cos\dfrac{1}{x} \cdot \dfrac{1}{x^2} = 2x\sin\dfrac{1}{x} - \cos\dfrac{1}{x}$

(20) $y' = \dfrac{1}{\ln x} \cdot \dfrac{1}{x} = \dfrac{1}{x\ln x}$

(21) $y' = \dfrac{1}{\ln 10} \cdot \dfrac{1}{x - \sqrt{x^2-a^2}}\left(1 - \dfrac{2x}{2\sqrt{x^2-a^2}}\right)$

$= \dfrac{1}{x-\sqrt{x^2-a^2}} \cdot \dfrac{\sqrt{x^2-a^2}-x}{\sqrt{x^2-a^2}}\lg e = \dfrac{-1}{\sqrt{x^2-a^2}}\lg e$

(22) $y' = -\dfrac{n\cos^{n-1}x(-\sin x)}{\cos^{2n}x} = \dfrac{n\sin x}{\cos^{n+1}x}$

(23) $y' = \dfrac{(\sin x - x\cos x)'(\cos x + x\sin x) - (\cos x + x\sin x)'(\sin x - x\cos x)}{(\cos x + x\sin x)^2} = \dfrac{x^2}{(\cos x + x\sin x)^2}$

(24) $y' = 2\sec\dfrac{x}{a} \cdot \sec\dfrac{x}{a}\tan\dfrac{x}{a} \cdot \dfrac{1}{a} + 2\csc\dfrac{x}{a}\left(-\csc\dfrac{x}{a}\right)\cot\dfrac{x}{a} \cdot \dfrac{1}{a}$

$= \dfrac{2}{a}\left(\sec^2\dfrac{x}{a}\tan\dfrac{x}{a} - \csc^2\dfrac{x}{a}\cot\dfrac{x}{a}\right)$

22. **解** $y' = \sqrt[3]{3-x} - \dfrac{1}{3}(x+1)(3-x)^{-\frac{2}{3}}$

切点斜率 $k_A = y'(-1) = \sqrt[3]{4}, k_B = y'(2) = 0, k_C = \infty$.

切线方程 $y - 0 = \sqrt[3]{4}(x+1)$，即 $y = \sqrt[3]{4}x + \sqrt[3]{4}$.

$y - 3 = 0(x-2)$，即 $y = 3$.

$k_C = \infty$ 说明切线垂直于 x 轴，故切线方程为 $x = 3$.

23. **解** (1) $y' = \dfrac{1}{\sqrt{1-\left(\dfrac{x}{2}\right)^2}} \cdot \dfrac{1}{2} = \dfrac{1}{\sqrt{4-x^2}}$

(2) $y' = \dfrac{-1}{1+\left(\dfrac{1}{x}\right)^2} \cdot \dfrac{-1}{x^2} = \dfrac{1}{1+x^2}$

(3) $y' = \dfrac{1}{1+\left(\dfrac{2x}{1-x^2}\right)^2} \cdot \dfrac{2(1-x^2)-2x(-2x)}{(1-x^2)^2} = \dfrac{2}{1+x^2}$

(4) $y' = \dfrac{1}{1-x^2}\left(\sqrt{1-x^2} \cdot \dfrac{-1}{\sqrt{1-x^2}} - \arccos x \cdot \dfrac{-x}{\sqrt{1-x^2}}\right) = \dfrac{1}{x^2-1} + \dfrac{x\arccos x}{(1-x^2)\sqrt{1-x^2}}$

(5) $y' = 2\left(\arcsin\dfrac{x}{2}\right)\dfrac{1}{\sqrt{1-\left(\dfrac{x}{2}\right)^2}} \cdot \dfrac{1}{2} = \dfrac{2\arcsin(x/2)}{\sqrt{4-x^2}}$

(6) $y' = \sqrt{1-x^2} - \dfrac{x^2}{\sqrt{1-x^2}} + \dfrac{1}{\sqrt{1-x^2}} = 2\sqrt{1-x^2}$

(7) $y' = \dfrac{1}{\sqrt{1-x^2}} - \dfrac{1}{\sqrt{1-x^2}} = 0$

特别提醒 运用反三角函数的导数公式和复合函数链式求导法则.

24. **分析** 此类题目应将方程两边同时对 x 求导,然后解出 y'.

解 (1) 求导 $2x + 2yy' - y - xy' = 0$ 得 $y' = (y-2x)/(2y-x)$.

(2) 求导 $2yy' - 2ay - 2axy' = 0$ 得 $y' = ay/(y-ax)$.

(3) 求导 $y' = 1 + y'/y$ 得 $y' = y/(y-1)$.

(4) 求导 $y' = e^y + xe^y y'$ 得 $y' = e^y/(1-xe^y)$.

(5) 求导 $\dfrac{1}{\sqrt{1-y^2}}y' = e^{x+y}(1+y')$ 得 $y' = \dfrac{\sqrt{1-y^2}\,e^{x+y}}{1-\sqrt{1-y^2}\,e^{x+y}}$.

25. **解** 点(1,1)在曲线上,即点(1,1)为切点,方程两边对 x 求导,有 $3y^2y' + 2yy' = 2$. 解得 $y' = \dfrac{2}{3y^2+2y}$,

所以点(1,1)处切线斜率为 $y'|_{\substack{x=1\\y=1}} = \dfrac{2}{5}$,

从而得切线方程为 $y-1 = \dfrac{2}{5}(x-1)$,即 $2x-5y+3=0$,其法线斜率为 $-\dfrac{5}{2}$,所以

法线方程为 $y-1 = -\dfrac{5}{2}(x-1)$,即 $5x+2y-7=0$.

26. **解** (1) $y = e^{4x} \times 4 = 4e^{4x}$(由 $y = e^u$ 和 $u = 4x$ 复合而成)

(2) $y' = [(ae)^x]' = (ae)^x\ln(ae) = a^x e^x(\ln a + 1)$

(3) $y' = e^{-x^2}(-2x) = -2xe^{-x^2}$

(4) $y' = e^{e^{-x}} \cdot e^{-x}(-1) = -e^{-x}e^{e^{-x}} = -e^{e^{-x}-x}$

(5) $y' = ax^{a-1} + a^x\ln a$

(6) $y' = e^{-\frac{1}{x}}\left(\dfrac{1}{x^2}\right) = \dfrac{1}{x^2}e^{-\frac{1}{x}}$

(7) $y' = -e^{-x}\cos 3x - e^{-x}3\sin 3x = -e^{-x}(\cos 3x + 3\sin 3x)$

(8) $y' = (\cos e^{x^2+x-2})e^{x^2+x-2}(2x+1)$(由 $y = \sin u, u = e^v, v = x^2+x-2$ 复合而成)

$= (2x+1)e^{x^2+x-2}\cos e^{x^2+x-2}$

(9) $y' = e^{\tan\frac{1}{x}} \cdot \sec^2 \frac{1}{x}\left(-\frac{1}{x^2}\right) = -\frac{1}{x^2}\sec^2 \frac{1}{x} e^{\tan\frac{1}{x}}$

(10) $y' = \frac{(e^x + e^{-x})^2 - (e^x - e^{-x})^2}{(e^x + e^{-x})^2} = \frac{4}{(e^x + e^{-x})^2}$

(11) $y' = e^{x\ln x}(\ln x + 1) = x^x(\ln x + 1)$

(12) $y' = 2xe^{-2x}\sin 3x - 2x^2 e^{-2x}\sin 3x + 3x^2 e^{-2x}\cos 3x$

$= xe^{-2x}(2\sin 3x - 2x\sin 3x + 3x\cos 3x)$

27. **分析**　运用对数求导法，等式两边同时求 x 的导数，再反解出 y 的表达式.

解　(1) $y' = y(\ln y)' = y\left\{\ln x + \frac{1}{2}[\ln(1-x) - \ln(1+x)]\right\}'$

$= y\left[\frac{1}{x} - \frac{1}{2(1-x)} - \frac{1}{2(1+x)}\right] = y\left(\frac{1}{x} - \frac{1}{1-x^2}\right)$

$= x\sqrt{\frac{1-x}{1+x}}\left(\frac{1}{x} - \frac{1}{1-x^2}\right)$

(2) $y' = y\left\{2\ln x - \ln(1-x) + \frac{1}{3}[\ln(3-x) - 2\ln(3+x)]\right\}'$ (复合函数的导数)

$= y\left[\frac{2}{x} + \frac{1}{1-x} + \frac{1}{3}\left(\frac{1}{x-3} - \frac{2}{x+3}\right)\right]$

$= \frac{x^2}{1-x} \cdot \sqrt[3]{\frac{3-x}{(3+x)^2}}\left[\frac{2}{x} + \frac{1}{1-x} + \frac{x-9}{3(9-x^2)}\right]$ (链式法则)

(3) $y' = y[n\ln(x + \sqrt{1+x^2})]' = ny\frac{1}{x + \sqrt{1+x^2}}\left(1 + \frac{x}{\sqrt{1+x^2}}\right)$

$= (x + \sqrt{1+x^2})^n \frac{n}{\sqrt{1+x^2}}$

(4) $y' = y[a_1\ln(x-a_1) + \cdots + a_n\ln(x-a_n)]' = y\left(\frac{a_1}{x-a_1} + \cdots + \frac{a_n}{x-a_n}\right)$

$= (x-a_1)^{a_1}(x-a_2)^{a_2}\cdots(x-a_n)^{a_n} \cdot \left(\frac{a_1}{x-a_1} + \frac{a_2}{x-a_2} + \cdots + \frac{a_n}{a-a_n}\right)$

(5) $y = (\sin x)^{\tan x}$ 方程两边取自然对数. $\ln y = \tan x \cdot \ln\sin x$.

两边对 x 求导 $\frac{1}{y}y' = \tan x\frac{1}{\sin x}\cos x + \sec^2 x \cdot \ln\sin x$,

因此得 $y' = (\sin x)^{\tan x}(1 + \sec^2 x \cdot \ln\sin x)$.

28. **解**　方程两边取自然对数，有 $\sin x \cdot \ln y = y\ln\sin x$，两边对 x 求导得

$$\cos x \cdot \ln y + \sin x \cdot \frac{1}{y}y' = y'\ln\sin x + y\frac{\cos x}{\sin x}$$

解得 $y' = \frac{y\cot x - \cos x \cdot \ln y}{\frac{\sin x}{y} - \ln\sin x}$，即 $y' = \frac{y(y\cot x - \cos x \cdot \ln y)}{\sin x - y\ln\sin x}$.

29. **解**　(1) $y' = -\sin\ln(1+2x) \cdot [\ln(1+2x)]' = -\frac{2}{1+2x} \cdot \sin\ln(1+2x)$

(2) 方程两边取对数得 $\ln y = x\ln\ln x$,

两边同时对 x 求导得

$$\frac{y'}{y}=\ln\ln x+x\cdot\frac{1}{\ln x}\cdot\frac{1}{x}=\ln\ln x+\frac{1}{\ln x}$$

$$y'=y\left(\ln\ln x+\frac{1}{\ln x}\right)=(\ln x)^x\left(\ln\ln x+\frac{1}{\ln x}\right)$$

(3) 由幂指函数 $y=u^v(u>0)$，u,v 均为 x 的函数，由对数求导公式 $y'=y(\ln y)'$ 得

$$y'=x^{x^2}(x^2\ln x)'+2xe^{x^2}+x^{e^x}(e^x\ln x)'+e^xe^{e^x}$$

$$=x^{x^2+1}(2\ln x+1)+2xe^{x^2}+e^x\cdot x^{e^x}(\ln x+\frac{1}{x})+e^{e^x+x}$$

(4) $y'=f'(e^x)e^xe^{f(x)}+f(e^x)f'(x)e^{f(x)}$

$=e^{f(x)}\cdot[f'(e^x)e^x+f'(x)\cdot f(e^x)]$

(5) $y'=f'\left(\arcsin\frac{1}{x}\right)\cdot\frac{1}{\sqrt{1-(1/x)^2}}\cdot\frac{-1}{x^2}=-\frac{1}{|x|\sqrt{x^2-1}}f'\left(\arcsin\frac{1}{x}\right)$

(6) $y'=f'(e^x+x^e)\cdot(e^x+ex^{e-1})$

(7) $y'=f'(\sin^2x)\cdot 2\sin x\cos x+f'(\cos^2x)\cdot(-2\cos x\sin x)$

$=[f'(\sin^2x)-f'(\cos^2x)]\sin 2x$

(8) 由 $f\left(\frac{1}{x}\right)=\frac{1}{1+1/x}$，得 $f(x)=\frac{1}{1+x}$，$f'(x)=\frac{-1}{(1+x)^2}$

30. **解**　(1) $\frac{dy}{dx}=\frac{\frac{dy}{dt}}{\frac{dx}{dt}}=\frac{(3t-t^3)_t'}{(2t-t^2)_t'}=\frac{3-3t^2}{2-2t}=\frac{3(1+t)}{2}$

(2) $\frac{dy}{dx}=\frac{\frac{dy}{d\theta}}{\frac{dx}{d\theta}}=\frac{(a\sin3\theta\sin\theta)_\theta'}{(a\sin3\theta\cos\theta)_\theta'}=\frac{3a\cos3\theta\sin\theta+a\sin3\theta\cos\theta}{3a\cos3\theta\cos\theta+a\sin3\theta(-\sin\theta)}$

$$=\frac{3\cos3\theta\sin\theta+\sin3\theta\cos\theta}{3\cos3\theta\cos\theta-\sin3\theta\sin\theta}$$

$$\frac{dy}{dx}\Big|_{\theta=\frac{\pi}{3}}=\frac{3\cos\pi\sin\frac{\pi}{3}+\sin\pi\cos\frac{\pi}{3}}{3\cos\pi\cos\frac{\pi}{3}-\sin\pi\sin\frac{\pi}{3}}=\frac{-3\times\frac{\sqrt{3}}{2}}{-3\times\frac{1}{2}}=\sqrt{3}$$

特别提醒　参数方程所确定的函数导数.

31. **解**　如图 3-1 所示，

$$f(x)=\begin{cases}x^2-1, & |x|\geqslant 1\\ 1-x^2, & |x|<1\end{cases}.$$

当 $-1<x_0<1$ 时，$f'(x_0)=-2x_0$.

当 $x_0<-1$ 或 $x_0>1$ 时，$f'(x_0)=2x_0$，

当 $x_0=1$ 时，

$$f'_-(1)=\lim_{x\to1^-}\frac{f(x)-f(1)}{x-1}=\lim_{x\to1^-}\frac{1-x^2}{x-1}$$

$$=-\lim_{x\to1^-}(1+x)=-2,$$

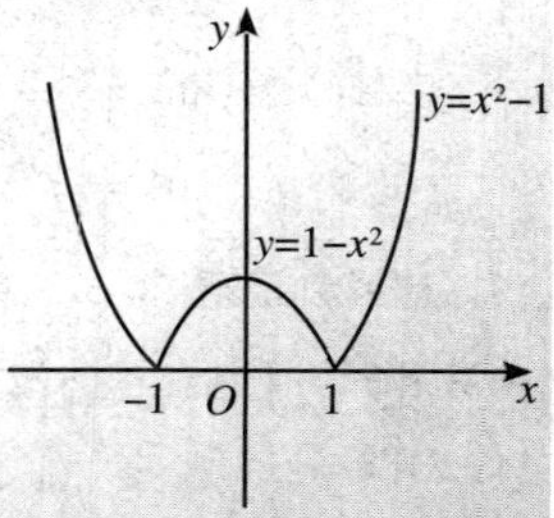

图 3-1

$f'_+(1)=\lim\limits_{x\to1^+}\dfrac{f(x)-f(1)}{x-1}=\lim\limits_{x\to1^+}\dfrac{x^2-1}{x-1}=\lim\limits_{x\to1^+}(x+1)=2,$

则 $f'_-(1)\neq f'_+(1)$,所以 $f'(1)$ 不存在.

同理可知 $f'(-1)$ 也不存在.

从而可得 $f'(x_0)=\begin{cases}2x_0, & |x_0|>1\\ -2x_0, & |x_0|<1\end{cases}$.

$x_0=\pm1$ 时,$f'(x_0)$ 不存在.(求分段函数在分界点处的可导性必须分别讨论函数在该点处的左、右极限)

特别提醒 分别在 $x_0\neq1$ 和 $x_0=1$ 的情形讨论 $f(x)$ 的可导性.

32. **解** $f(x)=\begin{cases}2^{x-a}, & x\geqslant a\\ 2^{a-x}, & x<a\end{cases}$.

当 $x<a$ 时,$f'(x)=2^{a-x}\ln2(a-x)'=-2^{a-x}\ln2$.

当 $x>a$ 时,$f'(x)=2^{x-a}\ln2(x-a)'=2^{x-a}\ln2$.

当 $x=a$ 时,$f'_-(a)=\lim\limits_{x\to a^-}\dfrac{f(x)-f(a)}{x-a}=\lim\limits_{x\to a^-}\dfrac{2^{a-x}-1}{x-a}$,$t=2^{a-x}-1$,

$$\lim_{t\to0^+}\frac{t}{-\log_2(1+t)}=-\lim_{t\to0^+}\frac{1}{\log_2(1+t)^{\frac{1}{t}}}=-\frac{1}{\log_2 e}=-\ln2.$$

同理可得 $f'_+(a)=\ln2$,

因为 $f'_-(a)\neq f'_+(a)$,所以 $f(x)$ 在点 $x=a$ 处不可导.

因此有 $f'(x)=\begin{cases}2^{x-a}\ln2, & x>a\\ -2^{a-x}\ln2, & x<a\end{cases}$. $x=a$ 时,$f'(x)$ 不存在.

33. **解** (1) $\lim\limits_{x\to0^+}f(x)=\lim\limits_{x\to0^+}(kxe^x+1)=1,\lim\limits_{x\to0^-}f(x)=\lim\limits_{x\to0^-}(x+1)=1$. 则

$$\lim_{x\to0^+}f(x)=\lim_{x\to0^-}f(x)=1$$

所以不论 k 为何值,$f(x)$ 在 $x=0$ 处都有极限.

(2) $f(x)$ 在 $x=0$ 处连续必须当 $\lim\limits_{x\to0}f(x)=f(0)$,即 $1=k^2$. 故当 $k=\pm1$ 时,$f(x)$ 在 $x=0$ 处连续.

(3) 若 $f(x)$ 在 $x=0$ 处可导,则 $f(x)$ 必须在 $x=0$ 处连续,即 $f(0)=k^2=1$. 又

$f'_-(0)=\lim\limits_{x\to0^-}\dfrac{f(x)-f(0)}{x}=\lim\limits_{x\to0^-}\dfrac{x+1-1}{x}=1$(单侧导数)

$f'_+(0)=\lim\limits_{x\to0^+}\dfrac{f(x)-f(0)}{x}=\lim\limits_{x\to0^+}\dfrac{kxe^x+1-1}{x}=\lim\limits_{x\to0^+}(ke^x)=k$(单侧导数)

所以当 $f'_-(0)=f'_+(0)$ 时,即 $k=1$ 时,$f(x)$ 在 $x=0$ 处可导.

特别提醒 在分界点 $x=0$ 处用左、右极限与左、右导数分别讨论连续性与可导性. 单侧导数实质上是单侧极限问题.

34. **解**

$$\lim_{x\to1^-}f(x)=\lim_{x\to1^-}(x^2-1)=0,$$

$$\lim_{x\to1^+}f(x)=\lim_{x\to1^+}(ax+b)=a+b,$$

题设 $f(x)$ 在点 $x=1$ 处可导,则必连续,故有 $a+b=0$,即 $b=-a$.(连续也可导的必要条件)

$$f'_-(1)=\lim_{x\to1^-}\frac{f(x)-f(1)}{x-1}=\lim_{x\to1^-}\frac{x^2-1-0}{x-1}=\lim_{x\to1^-}(x+1)$$

$=2$(利用 $x+1$ 在 $x=1$ 处的连续性)

$$f'_+(1)=\lim_{x\to1^+}\frac{f(x)-f(1)}{x-1}=\lim_{x\to1^+}\frac{ax+b-0}{x-1}=\lim_{x\to1^+}\frac{ax-a}{x-1}=a$$

因 $f(x)$ 在点 $x=0$ 处可导,故有 $f'_-(x)=f'_+(x)$,即 $a=2$,那么 $b=-2$.

所以当 $a=2,b=-2$ 时,$f(x)$ 在点 $x=1$ 处可导,且 $f'(1)=2$.

35. **证**　当 $x<0$ 时,有 $(\log_a|x|)'=[\log_a(-x)]'=\frac{1}{-x\ln a}(-x)'=\frac{1}{x\ln a}$.

当 $x>0$ 时,有 $(\log_a|x|)'=(\log_a x)'=\frac{1}{x\ln a}$.

所以 $(\log_a|x|)'=\frac{1}{x\ln a}$.

36. **证**　$\lim\limits_{x\to a}\frac{xf(a)-af(x)}{x-a}$

$=\lim\limits_{x\to a}\left[\frac{xf(a)-af(a)}{x-a}-\frac{af(x)-af(a)}{x-a}\right]$(代数恒等变形使表达式与 $f(a)$ 联系起来)

$=f(a)-a\lim\limits_{x\to a}\frac{f(x)-f(a)}{x-a}$(导数定义 $f'(a)=\lim\limits_{x\to a}\frac{f(x)-f(a)}{x-a}$)

$=f(a)-af'(a)$

37. **分析**　运用奇偶函数定义和求导公式解题.

证　(1) 若 $f(x)$ 为偶函数,即 $f(-x)=f(x)$(复合函数),则

$f'(-x)(-1)=f'(x)$,亦即 $f'(-x)=-f'(x)$,说明 $f'(x)$ 为奇函数.

(2) 若 $f(x)$ 为奇函数,即 $f(-x)=-f(x)$,则

$f'(-x)(-1)=-f'(x)$,亦即 $f'(-x)=f'(x)$,说明 $f'(x)$ 为偶函数.

(3) 设 $f(x)$ 是周期为 T 的可导函数.刚 $f(x)=f(x+T)$,对 x 求导得 $f'(x)=f'(x+T)(x+T)'=f'(x+T)$,所以 $f'(x)$ 是周期为 T 的周期函数.

38. **分析**　本题可用两种证法,方法一是运用求导法则对关系式 $f(-x)=f(x)$ 求导,$f'(x)=-f'(x)$,代入 $x=0$ 证明;方法二是运用导数定义利用关系式 $f(-x)=f(x)$ 凑出 $f'(0)=-f'(0)$ 从而证明.

证　**方法一**:由 $f(x)$ 是偶函数,有 $f(-x)=f(x)$,求导得 $f'(-x)=-f'(x)$,

令 $x=0$,$f'(0)=-f(0)$,从而 $2f'(0)=0$.即 $f'(0)=0$.

方法二:由 $f(x)$ 是偶函数有 $f(-x)=f(x)$,从而

$$f'(0)=\lim_{x\to0}\frac{f(x)-f(0)}{x-0}=\lim_{x\to0}\frac{f(-x)-f(0)}{-x-0}=-f'(0),$$

所以 $2f'(0)=0$,即 $f'(0)=0$.

39. **分析**　依据复合函数求导法则求出 $F'(x)$,再分别代入 1 和 -1 计算即可得证.

证　由题知 $F(x)=f(-x)=f(x^2-1)+f(1-x^2)$

即函数 $F(x)$ 为偶函数,根据题 37 结论,

$F'(x)$ 为奇函数,即 $F'(1)=-F'(-1)$

又因为 $F'(x)=2xf'(x^2-1)-2xf'(1-x^2)$

即 $F'(1)=2f'(0)-2f'(0)=0$.

所以 $F'(1)=F'(-1)=0$.

40. **解** 对$\frac{x^2}{a^2}+\frac{y^2}{b^2}=1$两端关于 x 求导,在 $M(x_1,y_1)$ 处的切线斜率为

$k=y'\Big|_M=-\frac{b^2}{a^2}\frac{x}{y}\Big|_M=-\frac{b^2}{a^2}\frac{x_1}{y_1}$,切线方程 $y-y_1=-\frac{b^2}{a^2}\frac{x_1}{y_1}(x-x_1)$,

即$\frac{x_1x}{a^2}+\frac{y_1y}{b^2}=1$.

41. **解** 点(1,1)在给定曲线上,故曲线过点(1,1)的切线斜率为 $y'\Big|_{\substack{x=1\\y=1}}$,方程两边取自然对数,$y\ln x=2\ln x+\ln y$ 两边对 x 求导(对数求导法),得

$$y'\ln x+\frac{y}{x}=\frac{2}{x}+\frac{1}{y}y'$$

解出 $y'=\frac{(2-y)y}{x(y\ln x-1)}$,$y'\big|_{\substack{x=1\\y=1}}=-1$.

从而切线方程为 $y-1=-(x-1)$,即 $x+y-2=0$.

法线方程为 $y-1=x-1$,即 $x-y=0$.

42. **解** $\sqrt{x}+\sqrt{y}=\sqrt{a}$,两边对 x 求导.得

$\frac{1}{2\sqrt{x}}+\frac{1}{2\sqrt{y}}y'=0$(隐函数求导法则),于是有 $y'=-\sqrt{\frac{y}{x}}$(x_0,y_0 指定 $\sqrt{x_0}+\sqrt{y_0}=\sqrt{a}$).

过曲线上任一点(x_0,y_0)的切线斜率为 $y'\Big|_{\substack{x=x_0\\y=y_0}}=-\sqrt{\frac{y_0}{x_0}}$.

从而切线方程为 $y-y_0=-\sqrt{\frac{y_0}{x_0}}(x-x_0)$,

令 $y=0$ 得切线在 x 轴的截距为 $x_0+\sqrt{x_0y_0}$,

令 $x=0$ 得切线在 y 轴的截距为 $y_0+\sqrt{x_0y_0}$,

两截距之和为 $x_0+y_0+2\sqrt{x_0y_0}=(\sqrt{x_0}+\sqrt{y_0})^2=(\sqrt{a})^2=a$,

故两截距之和为常数 a.

特别提醒 用隐函数求导法则求出曲线上任意一点(x_0,y_0)处的切线斜率.

43. **解** 设甲、乙两船 t 小时内的距离分别为 x 和 y,则 $x=30t$,$y=40t$,且两船间的距离为

$$l=\sqrt{x^2+y^2}$$

于是 $l'=\frac{xx'+yy'}{\sqrt{x^2+y^2}}=\frac{30\,t\times30+40\,t\times40}{\sqrt{(30t)^2+(40t)^2}}=50\ (\text{km/h})$,

即两船间的距离增加的速度为 50 km/h.

44. **解** 设甲、乙两船在 t 小时内行驶的距离分别为 x 和 y,则

$x'\big|_{t=1}=6$,$y'\big|_{t=1}=8$,两船间的距离为 $l=\sqrt{x^2+(16-y)^2}$(图 3-2).

于是 $l'=\frac{xx'-(16-y)y'}{\sqrt{x^2+(16-y)^2}}$,

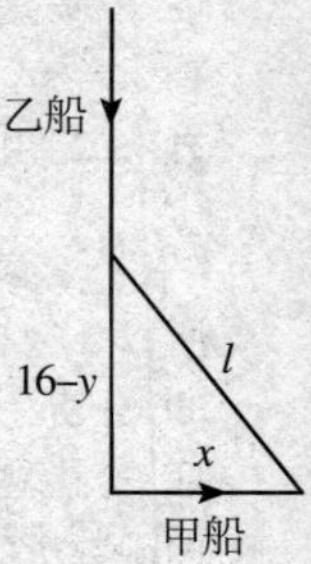

图 3-2

从而 $l'|_{t=1}=\dfrac{6\times6-8\times8}{\sqrt{6^2+8^2}}=-2.8\ (\mathrm{km/h})$，

即下午 1 点整两船距离减小的速度为 2.8 km/h.

45.**解**　设长方形面积为 S，对角线长为 L，则有

$S=xy, S_t'=xy_t'+yx_t', L=\sqrt{x^2+y^2}, L'_t=\dfrac{xx'_t+yy'_t}{\sqrt{x^2+y^2}}$，

由物理知识，变化速度是路程对时间的导数，即 $x_t=-0.01\ \mathrm{m/s}, y_t=0.02\ \mathrm{m/s}$，

得 $S_t'=20\times0.02+15\times(-0.01)=0.25\ (\mathrm{m^2/s})$，

$L_t'=\dfrac{20\times(-0.01)+15\times0.02}{\sqrt{20^2+15^2}}=0.004(\mathrm{m/s})$.

故所求长方形面积变化率为 $0.25\ \mathrm{m^2/s}$，对角线长度变化率为 $0.004\ \mathrm{m/s}$.

46.**分析**　通过计算一、二阶等导数来寻找 n 阶导数的规律.

解　(1)$y'=a^x\ln a, y''=a^x(\ln a)^2,\cdots$，故 $y^{(n)}=a^x(\ln a)^n$.

(2)$y'=(1+x)^{-1}, y''=-(1+x)^{-2}, y'''=2(1+x)^{-3}, y^{(4)}=-3!(1+x)^{-4},\cdots$，(逐次求导，寻找 n 阶导数表达式的规律).

故 $y^{(n)}=(-1)^{n-1}(n-1)!(1+x)^{-n}$.

(3)$y'=-\sin x$，由于 $(\sin x)^{(n)}=\sin\left(x+n\cdot\dfrac{\pi}{2}\right)$，故(诱导公式)

$$y^{(n)}=-1(\sin x)^{(n-1)}=-\sin\left[x+(n-1)\frac{\pi}{2}\right]=\sin\left[-x-(n-1)\frac{\pi}{2}\right]$$

$$=\cos\left[\frac{\pi}{2}+x+(n-1)\frac{\pi}{2}\right]=\cos\left(x+n\cdot\frac{\pi}{2}\right)$$

(4)$y'=m(1+x)^{m-1}, y''=m(m-1)(1+x)^{m-2},\cdots$，故

$$y^{(n)}=\begin{cases}\dfrac{m!}{n!}(1+x)^{m-n}, & m>n\\ m!, & m=n\\ 0, & m<n\end{cases}$$

(5) $y=xe^x$

$y'=e^x+xe^x=(1+x)e^x$

$y''=e^x+(1+x)e^x=(2+x)e^x$

$y'''=e^x+(2+x)e^x=(3+x)e^x$

$y^{(n)}=(n+x)e^x$

47.**解**　(1)$y'=\dfrac{2x}{1+x^2}, y''=\dfrac{2(1-x^2)}{(1+x^2)^2}$.

(2)$y'=\ln x+1, y''=\dfrac{1}{x}$.

(3)$y'=2x\arctan x+1, y''=2\arctan x+\dfrac{2x}{1+x^2}$.

(4)$y'=e^{x^2}+2x^2e^{x^2}=e^{x^2}(1+2x^2), y''=2x(1+2x^2)e^{x^2}+e^{x^2}\cdot4x$

$=2xe^{x^2}(3+2x^2)$.

48.**解**　速度为 $s'=-kae^{-kt}$，初始速度为 $s'(0)=-ka$，

加速度为 $s''=k^2ae^{-kt}$,初始加速度为 $s''(0)=k^2a$.

49. **证** $s'=\frac{1}{2}(e^t+e^{-t}),a=s''=\frac{1}{2}(e^t-e^{-t})=s$.

50. **解** 方程两边对 x 求导,得 $2x+2yy'=0$,从而有 $y'=-\frac{x}{y}$.

两边再对 x 求导,得

$y''=-\frac{y-xy'}{y^2}=-\frac{y-x\left(-\frac{x}{y}\right)}{y^2}=-\frac{y^2+x^2}{y^3}=-\frac{a^2}{y^3}$.($y'=y'(x)$ 也是 x 的函数)

51. **解** 方程两边对 x 求导,得

$$y'-e^y-xe^yy'=0 \quad ①$$

二次求导,得

$$y''-e^yy'-(e^yy'+xe^y(y')^2+xe^yy'')=0 \quad ②$$

将 $x=0$ 代入给定的原方程,可得 $y=1$. 再把 $x=0,y=1$ 代入式 ①,得

$$y'|_{x=0}-e=0,\text{即 } y'|_{x=0}=e,$$

把 $x=0,y=1,y'=e$ 代入 ②,得

$$y''|_{x=0}-e^2-e^2=0,\text{即}\quad y''|_{x=0}=2e^2.$$

52. **解** 方程两边对 x 求导,得 $y+xy'-\cos(\pi y^2)\cdot 2\pi yy'=0$,

解得 $y'=\frac{y}{2\pi y\cos(\pi y^2)-x}$,因为 $x=0,y=1$ 即有 $y'=-\frac{1}{2\pi}$.

二次求导得

$$2y'+xy''-2\pi\cos(\pi y^2)[(y')^2+yy'']+(2\pi yy')^2\sin(\pi y^2)=0$$

代入 $x=0,y=-1$,并注意到此时仍有 $y'=-\frac{1}{2\pi}$,从而

$$2\left(-\frac{1}{2\pi}\right)+2\pi\left(\frac{1}{4\pi^2}-y''\right)=0$$

故此时 $y''=-\frac{1}{4\pi^2}$.

53. **解** $y^{(n)}=[y^{(n-2)}]''=\left(\frac{x}{\ln x}\right)''=\left(\frac{\ln x-1}{\ln^2 x}\right)'=\frac{2-\ln x}{x\ln^3 x}$

54. **解** $y'=f'(x^2+b)\cdot 2x$

$y''=f''(x^2+b)\cdot 4x^2+2f'(x^2+b)=2[f'(x^2+b)+2x^2f''(x^2+b)]$

55. **证**:$y'=e^x\sin x+e^x\cos x$

$y''=e^x\sin x+e^x\cos x+e^x\cos x-e^x\sin x=2e^x\cos x$

所以 $y''-2y'+2y=2e^x\cos x-2(e^x\sin x+e^x\cos x)+2e^x\sin x=0$ 成立.

56. **解** (1) 当 $\Delta x=1$ 时,

$\Delta f(x)=2^2-6+5-1+3-5=0$,

$df(x)=f'(1)\cdot\Delta x=(-1)\times 1=-1$.

(2) 当 $\Delta x=0.1$ 时,

$\Delta f(x)=1.1^2-3\times 1.1+5-1+3-5=-0.09$,

$df(x)=f'(1)\cdot\Delta x=(-1)\times 0.1=-0.1$.

(3) 当 $\Delta x=0.01$ 时,

$\Delta f(x) = 1.01^2 - 3 \times 1.01 + 5 - 1 + 3 - 5 = -0.0099$,

$df(x) = f'(1) \cdot \Delta x = (-1) \times 0.01 = -0.01$,

显然当 $\Delta x = 1$ 时, $|\Delta f(x) - df(x)| = 1$;当 $\Delta x = 0.1$ 时, $|\Delta f(x) - df(x)| = 0.01$;当 $\Delta x = 0.01$ 时, $|\Delta f(x) - df(x)| = 0.0001$,可见当 Δx 越小时,$\Delta f(x)$ 与 $df(x)$ 越近似.

57. **分析** 由求导公式 $\frac{dy}{dx} = f'(x)$ 知 $dy = f'(x)dx$,故求微分运算与求导运算类似.

解 (1)$dy = (3x^2)'dy = 6xdx$

(2)$dy = (\sqrt{1-x^2})'dx = -\frac{x}{\sqrt{1-x^2}}dx$

(3)$dy = (\ln x^2)'dx = \frac{2}{x}dx$

(4)$dy = \frac{1-x^2+2x^2}{(1-x^2)^2}dx = \frac{1+x^2}{(1-x^2)^2}dx$

(5)$dy = -(e^{-x}\cos x + e^{-x}\sin x)dx = -e^{-x}(\cos x + \sin x)dx$

(6)$dy = \frac{1}{\sqrt{1-x}}d\sqrt{x} = \frac{1}{2\sqrt{x-x^2}}dx$

(7)$dy = -\frac{1}{2} \cdot \frac{3x^2}{1-x^3}dx$

(8)$dy = 2(e^x + e^{-x})(e^x - e^{-x})dx = 2(e^{2x} - e^{-2x})dx$

(9)$dy = \frac{1}{2}\sec^2 \frac{x}{2}dx$

58. **解** 对隐函数 $xy = e^{x+y}$ 两边同时求微分,有

$$ydx + xdy = e^{x+y}(dx + dy)(d(uv) = udv + vdu)$$

整理得 $dy = \frac{e^{x+y} - y}{x - e^{x+y}}dx$.(使用一阶微分形式不变性时要正确结合微分法则)

59. **解** $V = x^3$

$\Delta V = (10.1)^3 - 10^3 = 30.301(m^3)$

$dV = V'\Delta x = 3 \times 10^2 \times 0.1 = 30(m^3)$

60. **解** $\Delta S = (10.1)^2\pi - 10^2\pi = 2.01\pi(cm^2)$

$dS = 2\pi r \cdot \Delta r = 2\pi \times 10 \times 0.1 = 2\pi(cm^2)$

61. **分析** 由微分近似公式 $f(x_0 + \Delta x) \approx f(x_0) + f'(x_0)\Delta x$ 知,当 $x_0 = 0$,$\Delta x = x$ 时有 $f(x) \approx f(0) + f'(0)x$.

证 (1) 令 $f(x) = e^x$,则 $f'(x) = e^x$,$f(0) = 1$,$f'(0) = 1$,

从而
$$e^x \approx 1 + x$$

(2) 令 $f(x) = \sqrt[n]{1+x}$,则 $f'(x) = \frac{1}{n}(1+x)^{\frac{1}{n}-1}$,$f(0) = 1$,$f'(0) = \frac{1}{n}$,

从而
$$\sqrt[n]{1+x} \approx 1 + \frac{1}{n}x$$

(3) 令 $f(x) = \sin x$,则 $f'(x) = \cos x$,$f(0) = 0$,$f'(0) = 1$,

从而
$$\sin x \approx x$$

(4) 令 $f(x) = \ln(1+x)$,则 $f'(x) = \frac{1}{1+x}$,$f(0) = 0$,$f'(0) = 1$,

从而 $$\ln(1+x)\approx x$$

62. **解** (1) $\sqrt[5]{0.95}=\sqrt[5]{1-0.05}\approx 1-\frac{1}{5}\times 0.05=0.9900$

(2) $\sqrt[3]{8.02}=2\sqrt[3]{1+0.02/8}\approx 2\left(1+\frac{0.02}{3\times 8}\right)=2.0017$

(3) $\ln 1.01=\ln(1+0.01)\approx 0.01$

(4) $e^{0.05}\approx 1+0.05=1.05$

(5) $\cos 60°20'=\cos\left(\frac{\pi}{3}+\frac{\pi}{540}\right)\approx\cos\frac{\pi}{3}+\left(-\sin\frac{\pi}{3}\right)\cdot\frac{\pi}{540}=\frac{1}{2}-\frac{\sqrt{3}}{2}\cdot\frac{\pi}{540}=0.4950$

(6) 因为 $\arctan(1+\Delta x)\approx\frac{\pi}{4}+\frac{\Delta x}{2}$,故

$\arctan 1.02\approx\frac{\pi}{4}+\frac{1}{2}\times 0.02=0.7954.$

(B)

1. **解** (A) $\lim\limits_{\Delta x\to 0}\frac{f(x_0)-f(x_0+\Delta x)}{\Delta x}=-\lim\limits_{\Delta x\to 0}\frac{f(x_0+\Delta x)-f(x_0)}{\Delta x}$(整理为 $f'(x_0)$ 的定义形式)
$=-f'(x).$

(B) $\lim\limits_{\Delta x\to 0}\frac{f(x_0-\Delta x)-f(x_0)}{\Delta x}=-\lim\limits_{\Delta x\to 0}\frac{f(x_0-\Delta x)-f(x_0)}{-\Delta x}=-f'(x_0)$

(C) $\lim\limits_{\Delta x\to 0}\frac{f(x_0+2\Delta x)-f(x_0)}{\Delta x}=2\lim\limits_{\Delta x\to 0}\frac{f(x_0+2\Delta x)-f(x_0)}{2\Delta x}=2f'(x_0)$

(D) $\lim\limits_{\Delta x\to 0}\frac{f(x_0+2\Delta x)-f(x_0+\Delta x)}{\Delta x}=\lim\limits_{\Delta x\to 0}\frac{f(x_0+2\Delta x)-f(x_0)-f(x_0+\Delta x)+f(x_0)}{\Delta x}$

$=2\lim\limits_{\Delta x\to 0}\frac{f(x_0+2\Delta x)-f(x_0)}{2\Delta x}-\lim\limits_{\Delta x\to 0}\frac{f(x_0+\Delta x)-f(x_0)}{\Delta x}=2f'(x_0)-f'(x_0)=f'(x_0)$

故答案选(D).

2. **解** (A) 若 Δy 与 Δx 是等价无穷小量,则有 $\lim\limits_{\Delta x\to 0}\frac{\Delta y}{\Delta x}=1$,即 $f'(x_0)=1$,所以 $f(x)$ 在点 $x=x_0$ 处可导.

(B) 若 Δy 与 Δx 是同阶无穷小量,则有 $\lim\limits_{\Delta x\to 0}\frac{\Delta y}{\Delta x}=c(c\neq 0)$,即 $f'(x_0)=c$,所以 $f(x)$ 在点 $x=x_0$ 处可导.

(C) 若 Δy 是比 Δx 较高阶的无穷小量,则有 $\lim\limits_{x\to x_0}\frac{\Delta y}{\Delta x}=0$,即 $f'(x_0)=0$,所以 $f(x)$ 在点 $x=x_0$ 处可导.

(D) 若 Δy 是比 Δx 较低阶的无穷小量,则有 $\lim\limits_{x\to x_0}\frac{\Delta y}{\Delta x}=\infty$,$f'(x_0)$ 不存在,所以 $f(x)$ 在点 $x=x_0$ 处不可导.

故答案选(D).

3. **解** 函数在一点连续,函数在该点不一定可导,例如 $y=|x|$ 在 $x=0$ 点连续,但不可导.
函数在一点可导,则函数在该点必定连续.
函数在一点不可导,函数在该点可能连续也可能不连续,例如,$y=|x|$ 在点 $x=0$ 处不可导,但

$y=|x|$ 在该点连续；再例如 $y=\dfrac{1}{x}$ 在点 $x=0$ 处不可导，$y=\dfrac{1}{x}$ 在该点也不连续.

总之，连续是可导的必要条件但非充分条件；可导是连续的充分条件但非必要条件.

综上所述，答案选(A).

4. **解**　$\lim\limits_{x\to0^-}(x)=\lim\limits_{x\to0^+}f(x)=0=f(0)$，所以 $f(x)$ 在点 $x=0$ 处连续.

$f'_-(0)=\lim\limits_{x\to0^-}\dfrac{f(x)-f(0)}{x}=\lim\limits_{x\to0^-}\dfrac{x^2}{x}=\lim\limits_{x\to0^-}x=0$

$f'_+(0)=\lim\limits_{x\to0^+}\dfrac{f(x)-f(0)}{x}=\lim\limits_{x\to0^+}\dfrac{x^{\frac{1}{3}}}{x}=\lim\limits_{x\to0^+}x^{-\frac{2}{3}}$，不存在.

所以 $f(x)$ 在点 $x=0$ 处左导数存在，右导数不存在.

故答案选(B).

5. **解**　令 $y'=2x+2=6$，得 $x=2$，代入题设方程，得 $y=5$，即曲线上切线斜率为 6 的点为 $(2,5)$. 故答案选(C).

6. **解**　对 $y=x^2+ax+b$，有 $y'_1=2x+a$，

对 $y=x^3+x$，$y'_2=3x^2+1$.

由于两曲线在点$(1,2)$处相切，故有 $2x+a=3x^2+1$，代入 $x=1$，解得 $a=2$.

将 $a=2$，$x=1$，$y=2$ 代入 $y=x^2+ax+b$ 中，可得 $b=-1$.

故答案选(A).

7. **解**　显然 $f(x)$ 在点 $x=0$ 处不连续，从而也不可导，当 $x\neq0$ 时 $f'(x)=0$，当 $x=0$ 时 $f'(0)$ 不存在. 故答案选(D).

8. **解**　曲线 $y=\ln x$ 与直线 $x=\mathrm{e}$ 的交点为$(\mathrm{e},1)$，$y'=\left.\dfrac{1}{x}\right|_{x=\mathrm{e}}=\dfrac{1}{\mathrm{e}}$，故过点$(\mathrm{e},1)$斜率为$\dfrac{1}{\mathrm{e}}$的切线方程为 $y-1=\dfrac{1}{\mathrm{e}}(x-\mathrm{e})$，即 $x-\mathrm{e}y=0$. 故答案选(A).

9. **解**　$f'(x)=(x+1)(x+2)(x+3)+x[(x+1)(x+2)(x+3)]'$

$f'(0)=1\cdot2\cdot3+0=6$

故答案选(A).

10. **解**　$f(x)=\begin{cases}1-x & x<1\\ x-1 & x\geqslant1\end{cases}$.

$\lim\limits_{x\to1^-}f(x)=\lim\limits_{x\to1^-}(1-x)=0$，$\lim\limits_{x\to1^+}f(x)=\lim\limits_{x\to1^+}(x-1)=0$(单侧极限)，

$\lim\limits_{x\to1}f(x)=\lim\limits_{x\to1^-}f(x)=\lim\limits_{x\to1^+}f(x)=0=f(1)$，

所以 $f(x)$ 在点 $x=1$ 处连续，因此否定(B).

$f'_-(1)=\lim\limits_{x\to1^-}\dfrac{f(x)-f(1)}{x-1}=\lim\limits_{x\to1^-}\dfrac{1-x-0}{x-1}=-1$(单侧导数)，

$f'_+(1)=\lim\limits_{x\to1^+}\dfrac{f(x)-f(1)}{x-1}=\lim\limits_{x\to1^+}\dfrac{x-1-0}{x-1}=1$，

所以 $f(x)$ 在点 $x=1$ 处不可导，因此否定(A).

点 $x=0$ 在分段函数的分段区间 $x<1$ 内部，由于 $f(x)=1-x$ 为初等函数，显然连续可导，可以求出 $f'(x)=-1$，所以 $f(x)$ 在点 $x=0$ 处连续可导.

故答案选(C).($x=1$ 是给定函数的分界点，$x=0$ 不是分界点)

11. **解** 由于$\lim\limits_{x\to0}f(x)=\lim\limits_{x\to0}x\sin\dfrac{1}{x}=0=f(0)$,

$\lim\limits_{x\to0}g(x)=\lim\limits_{x\to0}x^2\sin\dfrac{1}{2}=0=g(0)$,

所以 $f(x)$ 与 $g(x)$ 在点 $x=0$ 处均连续.

$\lim\limits_{x\to0}\dfrac{f(x)-f(0)}{x}=\lim\limits_{x\to0}\dfrac{x\sin\frac{1}{x}}{x}=\lim\limits_{x\to0}\sin\dfrac{1}{x}\left(f'(0)=\lim\limits_{x\to0}\dfrac{f(x)-f(0)}{x}\right)$,

极限不存在,所以 $f(x)$ 在点 $x=0$ 处不可导.

$\lim\limits_{x\to0}\dfrac{g(x)-g(0)}{x}=\lim\limits_{x\to0}\dfrac{x^2\sin\frac{1}{x}}{x}=\lim\limits_{x\to0}x\sin\dfrac{1}{x}=0$,

所以 $g(x)$ 在点 $x=0$ 处可导,且 $g'(0)=0$. 故答案选(B).

12. **解** 在$\left[0,\dfrac{\pi}{4}\right]$上,$f(x)=\sin x\leqslant\dfrac{\sqrt{2}}{2}$,$g(x)=\cos x\geqslant\dfrac{\sqrt{2}}{2}$,所以 $f(x)\leqslant g(x)$,

$f'(x)=\cos x>0$,$g'(x)=-\sin x\leqslant0$,所以 $f'(x)>g'(x)$. 故答案选(C).

13. **解** $\lim\limits_{\Delta x\to0}\dfrac{f(a)-f(a-\Delta x)}{\Delta x}=\lim\limits_{\Delta x\to0}\dfrac{f(a-\Delta x)-f(a)}{-\Delta x}\left(f'(a)=\lim\limits_{h\to0}\dfrac{f(a+h)-f(a)}{h}\right.$,取 $\left.h=-\Delta x\right)=f'(a)$,

因为 $f(x)=\cos x$,$f'(x)=-\sin x$,

所以 $f'(a)=-\sin a$,即$\lim\limits_{\Delta x\to0}\dfrac{f(a)-f(a-\Delta x)}{\Delta x}=-\sin a$.

故答案选(B).

14. **解** $f(x)=\begin{cases}\sqrt{-x}\cos\dfrac{1}{x^2}, & x<0\\ 0, & x=0.\\ \sqrt{x}\cos\dfrac{1}{x^2}, & x>0\end{cases}$

$\lim\limits_{x\to0^-}f(x)=\lim\limits_{x\to0^-}\sqrt{-x}\cos\dfrac{1}{x^2}=0$($x\to0^-$ 时,$\cos\dfrac{1}{x^2}$ 是有界量,而$\sqrt{-x}$ 是无穷小量,故$\sqrt{-x}\cos\dfrac{1}{x^2}$ 仍为无穷小量,从而$\lim\limits_{x\to0^-}\sqrt{-x}\cos\dfrac{1}{x^2}=0$),$\lim\limits_{x\to0^+}f(x)=\lim\limits_{x\to0^+}\sqrt{x}\cos\dfrac{1}{x^2}=0$.

$\lim\limits_{x\to0}f(x)=\lim\limits_{x\to0^-}f(x)=\lim\limits_{x\to0^+}f(x)=0=f(0)$,所以 $f(x)$ 在点 $x=0$ 处连续.

$f'_-(0)=\lim\limits_{x\to0^-}\dfrac{f(x)-f(0)}{x}=\lim\limits_{x\to0^-}\dfrac{\sqrt{-x}\cos\frac{1}{x^2}}{x}=\lim\limits_{x\to0^-}-\dfrac{\cos\frac{1}{x^2}}{\sqrt{-x}}$($x\to0^-$ 时,$\sqrt{-x}$ 的极限是 0,而 $x\to0^-$ 时,$\cos\dfrac{1}{x^2}$ 无极限)

此极限不存在,即 $f(x)$ 在点 $x=0$ 处左导数不存在,所以 $f(x)$ 在点 $x=0$ 处不可导. 故答案选(C).

特别提醒 $\lim[f(x)\cdot g(x)]=\lim f(x)\cdot\lim g(x)$ 的前提是 $\lim f(x)$ 与 $\lim g(x)$ 都存在极限.

15. **解** $y'=f'(\ln x)\dfrac{1}{x}$,(复合函数的导数)

$y'' = f''(\ln x)\cdot\frac{1}{x^2} + f'(\ln x)\left(-\frac{1}{x^2}\right) = \frac{1}{x^2}[f''(\ln x) - f'(\ln x)]$,

故答案选(D).

16. **解**　$y' = \ln x + 1, y'' = \frac{1}{x}, y''' = -\frac{1}{x^2}, y^{(4)} = \frac{1\times 2}{x^3}, \cdots, y^{(n)} = \frac{(-1)^n(n-2)!}{x^{n-1}}(n>1)$,

$y^{(10)} = \frac{8!}{x^9}$. 故答案选(C).

17. **解**　$y' = 12x^3e^{10}, y'' = 36x^2e^{10}, y''' = 72xe^{10}$,

$y^{(4)} = 72e^{10}, y^{(5)} = y^{(6)} = \cdots = y^{(10)} = 0$. 故答案选(A).

18. **解**　$f'(x) = [f(x)]^2$

$f''(x) = 2f(x)f'(x) = 2[f(x)]^3$(利用上式 $f'(x) = [f(x)]^2$)

$f'''(x) = 1\cdot 2\cdot 3[f(x)]^2f'(x) = 3![f(x)]^4$

$f^{(n)} = n![f(x)]^{n+1}$

故答案选(B).

19. **解**　$\lim\limits_{x\to0^-}f(x) = \lim\limits_{x\to0}x = 0, \lim\limits_{x\to0^+}f(x) = \lim\limits_{x\to0^+}xe^x = 0, \lim\limits_{x\to0^-}f(x) = \lim\limits_{x\to0^+}f(x) = 0 = f(0)$,所以 $f(x)$ 在点$x=0$处连续.

$f'_-(0) = \lim\limits_{x\to0^-}\frac{f(x)-f(0)}{x} = \lim\limits_{x\to0^-}\frac{x-0}{x} = 1$(单侧导数 $x<0$ 的 $f(x)$ 表达式)

$f'_+(0) = \lim\limits_{x\to0^+}\frac{f(x)-f(0)}{x} = \lim\limits_{x\to0^+}\frac{xe^x-0}{x} = \lim\limits_{x\to0^+}e^x = 1$

$f'_-(0) = f'_+(0) = f'(0) = 1$

所以 $f(x)$ 在点 $x=0$ 处可导,因此也可微.

故答案选(C).

20. **解**　$dy = (\cos^2 2x)' = 2\cos 2x d\cos 2x$,故答案选(D).

21. **解**　$dy = [f(e^x)]'dx$ 或 $dy = f'(e^x)de^x$ 或 $dy = e^xf'(e^x)dx$.(一阶微分的形式不变性)故答案选(B).

22. **解**　根据 $y=f(x)$ 在点 x_0 处可微的定义,$f'(x_0) = \frac{dy}{dx}$,所以(A),(B)不一定成立,又因为 $\Delta y = f'(x_0)\Delta x + o(\Delta x) = dy + o(\Delta x)$,那么 $\Delta y - dy = o(\Delta x)$. 所以 $\Delta y - dy$ 是比 Δx 高阶的无穷小量. 故答案选(C).

23. **解**　$f(x)$ 在点 $x=x_0$ 处可微,则 $f(x)$ 在点 $x=x_0$ 处一定连续,反之不一定成立. 故答案选(C).

第四章　中值定理与导数的应用

知识结构

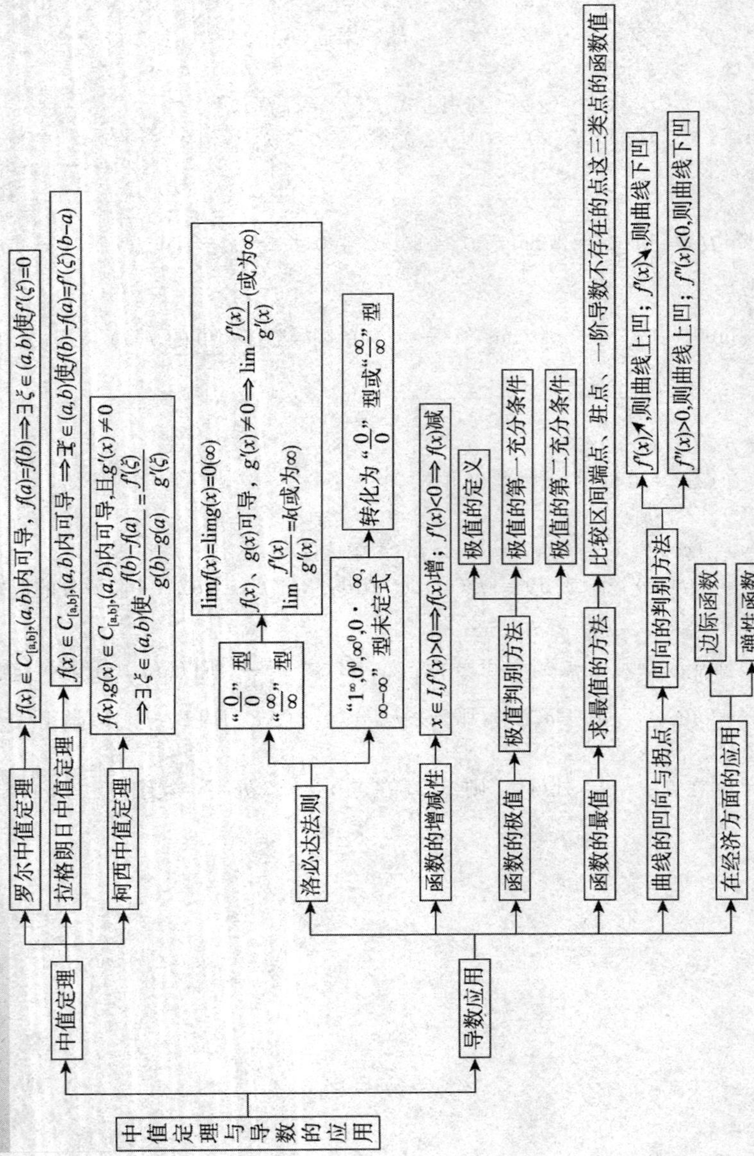

学习指南

1. 理解三个中值定理：罗尔中值定理、拉格朗日中值定理和柯西中值定理，知道定理成立的条件及定理之间的关系，并能够使用罗尔中值定理和拉格朗日中值定理证明一些简单的问题.

2. 熟练掌握洛必达法则和各种未定式的定值方法.

3. 熟练掌握利用导数判别函数单调性的方法.

4. 理解函数极值的定义，了解驻点、不可导点、极值点，了解函数极值与最值的关系与区别，熟练掌握求函数极值的两种方法.

5. 熟练掌握曲线的凹凸区间及拐点的判别法，掌握求曲线渐近线的方法.

6. 能利用函数的单调性、极值、曲线的凹凸性与拐点，结合函数定义域、对称性、渐近线等有关知识绘制函数图形.

7. 理解边际函数的概念及经济意义，了解弹性函数的概念及经济意义.

第一节　中值定理

知识点归纳

1. 中值定理

名称	定理	简图	几何意义
罗尔中值定理(Rolle)	若函数 $f(x)$ 满足 (1) 在闭区间 $[a,b]$ 上连续 (2) 在开区间 (a,b) 内可导 (3) $f(a)=f(b)$，则至少存在一点 $\xi\in(a,b)$，使得 $f'(\xi)=0$	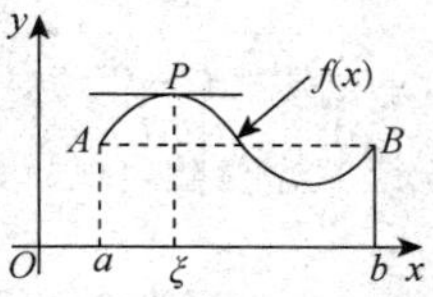	若连接曲线端点的弦是水平的，则曲线上必有一点，该点的切线是水平的
拉格朗日中值定理(Lagrange)	若函数 $f(x)$ 满足 (1) 在闭区间 $[a,b]$ 上连续 (2) 在开区间 (a,b) 内可导 则至少存在一点 $\xi\in(a,b)$ 使得 $f(b)-f(a)=f'(\xi)(b-a)$；或者 $f(a+h)-f(a)=f'(a+\theta h)\cdot h(0<\theta<1,h=b-a)$	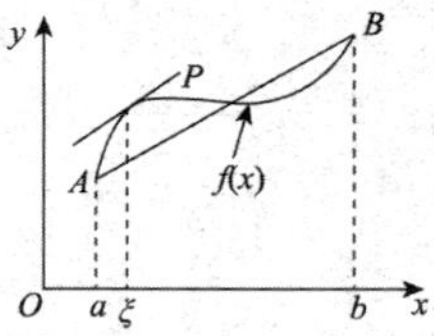	曲线上总存在一点，该点的切线与连接曲线端点的弦平行
推论 1	在定理条件下，若 $f'(x)$ 恒等于零，则 $f(x)=$ 常数		
推论 2	若 $f(x),g(x)$ 都满足定理条件，且 $f'(x)=g'(x)$，则 $f(x)=g(x)+C$（C 为常数）		
柯西中值定理(Cauchy)	若函数 $f(x),g(x)$ 满足 (1) 在闭区间 $[a,b]$ 上连续 (2) 在开区间 (a,b) 内可导 (3) $g'(x)\neq0,\forall x\in(a,b)$，则至少存在一点 $\xi\in(a,b)$ 使得 $\dfrac{f(b)-f(a)}{g(b)-g(a)}=\dfrac{f'(\xi)}{g'(\xi)}$		同上，只是曲线由参数方程 $\begin{cases}x=g(t)\\y=f(t)\end{cases}(a\leqslant t\leqslant b)$ 给出

特别提醒 ① 罗尔中值定理的三个条件有一个不满足,则定理的结论就可能不成立. ② 罗尔中值定理、拉格朗日中值定理、柯西中值定理的 ξ 均满足严格不等式 $a<\xi<b$.

典型例题解析

题型 1:利用罗尔中值定理证明零点的存在

例 设 $a_1,a_2,\cdots,a_n$ 是满足 $a_0+\frac{a_1}{2}+\frac{a_2}{3}+\cdots+\frac{a_n}{n+1}=0$ 的实数. 证明多项式 $f(x)=a_0+a_1x+a_2x+\cdots+a_nx^n$ 在(0,1) 内至少有一个零点.

【重点提示】 $f(x)=a_0+a_1x+\cdots+a_nx^n$ 在(0,1) 内至少有一个零点,就是 $F(x)=a_0x+\frac{a_1}{2}x^2+\cdots+\frac{a_n}{n+1}x^{n+1}$ 的导数 $F'(x)$ 在(0,1) 内至少有一个零点,因此只需检验 $F(x)$ 满足罗尔中值定理即可.

证明 令 $F(x)=a_0x+\frac{a_1}{2}x^2+\cdots+\frac{a_n}{n+1}x^{n+1}$,显然 $F(x)$ 在[0,1] 上连续,在(0,1) 内可导,且 $F(0)=0,F(1)=a_0+\frac{a_1}{2}+\cdots+\frac{a_n}{n+1}=0$,由罗尔中值定理得,在(0,1) 内至少存在一点 ξ,使 $F'(\xi)=0$,即 $a_0+a_1\xi+\cdots+a_n\xi^n=0$.

从而,$f(x)=a_0+a_1x+\cdots+a_nx^n$ 在(0,1) 内至少有一个零点.

特别提醒 罗尔中值定理讨论的是 $F'(x)=0$ 的根的存在性. 因此根据要证明的结论,设辅助函数 $F(x)$,使 $F(x)$ 满足罗尔中值定理的条件即可.

题型 2:利用中值定理证明等式

例 验证函数 $f(x)=\begin{cases}\frac{3-x^2}{2}, & x\leqslant 1\\ \frac{1}{x}, & x>1\end{cases}$ 在[0,2] 上满足拉格朗日中值定理.

解 显然 $\frac{3-x^2}{2},\frac{1}{x}$ 分别在[0,1) 和(1,2] 上连续,又

$$\lim_{x\to1^-}f(x)=\lim_{x\to1^-}\frac{3-x^2}{2}=1=f(1)$$

$$\lim_{x\to1^+}f(x)=\lim_{x\to1^+}\frac{1}{x}=1=f(1)$$

所以 $f(x)$ 在点 $x=1$ 处连续,因而在[0,2] 上连续.

当 $x<1$ 时,$f'(x)=\left(\frac{3-x^2}{2}\right)'=-x$,

当 $x>1$ 时,$f'(x)=\left(\frac{1}{x}\right)'=-\frac{1}{x^2}$,

又 $f'_-(1)=\lim\limits_{x\to1^-}\dfrac{f(x)-f(1)}{x-1}=\lim\limits_{x\to1^-}\dfrac{\frac{3-x^2}{2}-1}{x-1}=\lim\limits_{x\to1^-}\dfrac{-x-1}{2}=-1$,

$$f'_+(1)=\lim_{x\to1^+}\frac{f(x)-f(1)}{x-1}=\lim_{x\to1^+}\frac{\frac{1}{x}-1}{x-1}=\lim_{x\to1^+}\frac{-1}{x}=-1,$$

所以 $f'(1)=-1$,即 $f(x)$ 在点 $x=1$ 处可导,因而在$(0,2)$内可导.

且 $f'(x)=\begin{cases}-x, & 0<x\leqslant1\\ -\dfrac{1}{x^2}, & 1<x\leqslant2\end{cases}$,

从而 $f(x)$ 在$[0,2]$上满足拉格朗日定理的条件,因此,至少存在一点 $\xi\in(0,2)$,使

$$f'(\xi)=\frac{f(2)-f(0)}{2-0}=\frac{\frac{1}{2}-\frac{3-0^2}{2}}{2}=-\frac{1}{2}$$

当 $0<\xi\leqslant1$ 时,$f'(\xi)=-\xi=-\dfrac{1}{2}\Rightarrow\xi=\dfrac{1}{2}$.

当 $1<\xi<2$ 时,$f'(\xi)=-\dfrac{1}{\xi^2}=-\dfrac{1}{2}\Rightarrow\xi=\sqrt{2}$.

取 $\xi=\dfrac{1}{2}$ 或$\sqrt{2}$ 均满足定理要求.

题型 3:与区间端点的函数值有关的中值等式的证明

例 设 $f(x)$ 在$[a,b]$上连续,在(a,b)内可导,求证至少存在一点 $\xi\in(a,b)$,使 $f(b)-f(a)=\dfrac{b^2-a^2}{2}\dfrac{f'(\xi)}{\xi}$.

证明 令 $f(b)-f(a)=\dfrac{b^2-a^2}{2}k$,得关于 a,b 的对称式:$f(b)-kb^2/2=f(a)-ka^2/2$,令 $F(x)=f(x)-kx^2/2$,则有 $F(a)=F(b)$,又 $F(x)$ 满足罗尔中值定理的其他条件,故存在 $\xi\in(a,b)$,使 $F'(\xi)=0$,即 $F'(\xi)=f'(\xi)-k\xi=0$,$k=f'(\xi)/\xi$.

故 $f(b)-f(a)=\dfrac{b^2-a^2}{2}\dfrac{f'(\xi)}{\xi}$.

题型 4:利用拉格朗日中值定理不等式证明

例 证明:当 $x\geqslant1$,有 $\arctan x+\dfrac{1}{2}\arcsin\dfrac{2x}{1+x^2}=\dfrac{\pi}{2}$.

证明 令 $f(x)=\arctan x+\dfrac{1}{2}\arcsin\dfrac{2x}{1+x^2}$,

$$f'(x)=\frac{1}{1+x^2}+\frac{1}{2}\frac{1}{\sqrt{1-\left(\frac{2x}{1+x^2}\right)^2}}\cdot\frac{2(1+x^2)-2x\cdot2x}{(1+x^2)^2}=\frac{1}{1+x^2}+\frac{1}{\sqrt{(1-x^2)^2}}\frac{1-x^2}{1+x^2},$$

当 $x>1$ 时,$f'(x)=\dfrac{1}{1+x^2}-\dfrac{1}{1+x^2}=0$,所以当 $x>1$ 时,$f(x)=C$(常数),

由连续性 $C=\lim\limits_{x\to1^+}f(x)=f(1)=\arctan1+\dfrac{1}{2}\arcsin1=\dfrac{\pi}{2}$,

所以当 $x\geqslant1$ 时,$f(x)=\dfrac{\pi}{2}$,即 $\arctan x+\dfrac{1}{2}\arcsin\dfrac{2x}{1+x^2}=\dfrac{\pi}{2}$.

特别提醒 证明恒等式时,将恒等式化为 $f(x)=C$,然后证明 $f'(x)=0$,再任取一点 x_0,由推论可知 $f(x)=f(x_0)$.

题型5:利用微分中值定理证明不等式

【重点提示】 首先仔细分析待证的不等式,构造辅助函数 $f(x)$,再对辅助函数应用中值定理.

例 设 $a>b>0$,求证 $\dfrac{a-b}{a}<\ln\dfrac{a}{b}<\dfrac{a-b}{b}$.

证明 构造函数 $y=f(x)=\ln x$,将该函数在 $[b,a]$ 上用拉格朗日中值定理,$\exists\,\xi\in(a,b)$,使得 $\dfrac{f(a)-f(b)}{a-b}=f'(\xi)$,即 $\ln a-\ln b=\dfrac{1}{\xi}(a-b)$.

因为 $\dfrac{1}{a}<\dfrac{1}{\xi}<\dfrac{1}{b}$,所以 $\dfrac{1}{a}(a-b)<\ln a-\ln b<\dfrac{1}{b}(a-b)$,即 $\dfrac{a-b}{a}<\ln\dfrac{a}{b}<\dfrac{a-b}{b}$.

题型6:利用微分中值定理求极限

例 设 $y=f(x)$ 在 $(-1,1)$ 内具有二阶连续导数且 $f''(x)\neq0$,试证:
对于 $(-1,1)$ 内的任一 $x\neq0$,存在唯一的 $\theta(x)\in(0,1)$,使下式成立:
(1) $f(x)=f(0)+xf'[\theta(x)x]$.
(2) $\lim\limits_{x\to0}\theta(x)=\dfrac{1}{2}$.

证明 (1) 任何非零 $x\in(-1,1)$,由拉格朗日中值定理,存在 $\theta(x)\in(0,1)$,使

$$\frac{f(x)-f(0)}{x}=f'[\theta(x)x]$$

又因 $f''(x)$ 在 $(-1,1)$ 内连续且 $f''(x)\neq0$,故 $f''(x)$ 在 $(-1,1)$ 内不变号,不妨设 $f''(x)<0$,则 $f'(x)$ 在 $(-1,1)$ 内单调减少,故 $\theta(x)$ 唯一.

(2) 对于非零 $x\in(-1,1)$,由拉格朗日中值定理,得 $\dfrac{f(x)-f(0)}{x}=f'[\theta(x)x]$,

由于 $f(x)$ 二阶可导,由 $f''(0)$ 定义得

$$f''(0)=\lim_{x\to0}\frac{f'[\theta(x)x]-f'(0)}{\theta(x)x}=\lim_{x\to0}\frac{\dfrac{f(x)-f(0)}{x}-f'(0)}{\theta(x)x}=\frac{1}{\lim\limits_{x\to0}\theta(x)}\lim_{x\to0}\frac{f(x)-f(0)-xf'(0)}{x^2}$$

$$\xlongequal[\text{洛必达法则}]{\left(\frac{0}{0}\right)}\frac{1}{\lim\limits_{x\to0}\theta(x)}\lim_{x\to0}\frac{f'(x)-f'(0)}{2x}=\frac{1}{\lim\limits_{x\to0}\theta(x)}\frac{f''(0)}{2}$$

故 $\lim\limits_{x\to0}\theta(x)=\dfrac{1}{2}$.

第二节 洛必达法则

知识点归纳

1. 洛必达法则

(1)“$\frac{0}{0}$”型未定式.

设函数 $f(x)$ 和 $g(x)$ 满足:

1) $\lim\limits_{\substack{x\to a\\(x\to\infty)}} f(x)=\lim\limits_{\substack{x\to a\\(x\to\infty)}} g(x)=0$.

2) $f(x)$ 和 $g(x)$ 在点 a 的某个去心邻域内($|x|$ 充分大的范围内)可导,且 $g'(x)\neq 0$.

3) $\lim\limits_{\substack{x\to a\\(x\to\infty)}} \frac{f'(x)}{g'(x)}=A$(或 ∞).

则 $\lim\limits_{\substack{x\to a\\(x\to\infty)}} \frac{f(x)}{g(x)}=\lim\limits_{\substack{x\to a\\(x\to\infty)}} \frac{f'(x)}{g'(x)}=A$(或 ∞).

(2)“$\frac{\infty}{\infty}$”型未定式.

设函数 $f(x)$ 和 $g(x)$ 满足:

1) $\lim\limits_{\substack{x\to a\\(x\to\infty)}} f(x)=\lim\limits_{\substack{x\to a\\(x\to\infty)}} g(x)=\infty$.

2) $f(x)$ 和 $g(x)$ 在点 a 的某个去心邻域内($|x|$ 充分大的范围内)可导,且 $g'(x)\neq 0$.

3) $\lim\limits_{\substack{x\to a\\(x\to\infty)}} \frac{f'(x)}{g'(x)}=A$(或 ∞).

则 $\lim\limits_{\substack{x\to a\\(x\to\infty)}} \frac{f(x)}{g(x)}=\lim\limits_{\substack{x\to a\\(x\to\infty)}} \frac{f'(x)}{g'(x)}=A$(或 ∞).

2. 其他未定式转化为“$\frac{0}{0}$”或“$\frac{\infty}{\infty}$”型

(1)“$0\cdot\infty$”型:转化过程为 $0\cdot\infty=\frac{0}{\frac{1}{\infty}}=\frac{0}{0}$,或 $0\cdot\infty=\frac{\infty}{\frac{1}{0}}=\frac{\infty}{\infty}$.

(2)“$\infty_1-\infty_2$”型:转化过程为 $\infty_1-\infty_2=\frac{1}{\frac{1}{\infty_1}}-\frac{1}{\frac{1}{\infty_2}}=\frac{\frac{1}{\infty_2}-\frac{1}{\infty_1}}{\frac{1}{\infty_1\infty_2}}=\frac{0}{0}$.

(3)“1^∞”型:转化过程为 $1^\infty=e^{\infty\ln 1}=e^{\infty\cdot 0}$.

(4)“0^0”型:转化过程为 $0^0=e^{0\cdot\ln 0}=e^{0\cdot\infty}$.

(5)“∞^0”型:转化过程为 $\infty^0=e^{0\cdot\ln\infty}=e^{0\cdot\infty}$.

特别提醒 (1) 上述的洛必达法则中自变量 x 的变化过程替换为 $x\to a+0, x\to a-0, x\to+\infty, x\to-\infty$ 时,洛必达法则仍成立.

(2) 为确定未定式的极限,可连续使用洛必达法则若干次.

(3) 在着手求极限以前,首先要检查是否满足“$\frac{0}{0}$”或“$\frac{\infty}{\infty}$”,否则滥用洛必达法则一定会出错.

(4) 若 $\lim\limits_{\substack{x\to a\\(x\to\infty)}}\dfrac{f'(x)}{g'(x)}$ 极限不存在并且也不趋于 ∞ 或更难求得,洛必达法则失效,应寻找其他方法.

(5) 单独使用洛必达法则往往十分烦琐,通常与其他方法(等价无穷小量)结合使用.

典型例题解析

题型 1:求“$\dfrac{0}{0}$”或“$\dfrac{\infty}{\infty}$”型未定式的极限

【重点提示】 洛必达法则使用注意事项:① 该法则只对“$\dfrac{0}{0}$”型或“$\dfrac{\infty}{\infty}$”型未定式才适用;② 该法则对导数比的极限存在才适用;③ 多次应用该法则必须使问题简化才有效.

例 $f(x)=\dfrac{x-x^3}{\sin\pi x}$ 的可去间断点的个数为( ).

(A) 1　　(B) 2　　(C) 3　　(D) 无穷多个

特别提醒　先求函数的间断点,然后判断间断点的类型.

解　本题选(C).

由函数 $f(x)=\dfrac{x-x^3}{\sin\pi x}$ 的定义域知,当 x 取任何整数时,$f(x)$ 均无意义,故 $f(x)$ 的间断点有无穷多个,但可去间断点为极限存在的点,故应是 $x-x^3=0$ 的解 $x_{1,2,3}=0,\pm1$.

因为 $\lim\limits_{x\to0}\dfrac{x-x^3}{\sin\pi x}=\lim\limits_{x\to0}\dfrac{1-3x^2}{\pi\cos\pi x}=\dfrac{1}{\pi}$, $\lim\limits_{x\to1}\dfrac{x-x^3}{\sin\pi x}=\lim\limits_{x\to1}\dfrac{1-3x^2}{\pi\cos\pi x}=\dfrac{2}{\pi}$,

$\lim\limits_{x\to-1}\dfrac{x-x^3}{\sin\pi x}=\lim\limits_{x\to-1}\dfrac{1-3x^2}{\pi\cos\pi x}=\dfrac{2}{\pi}$,

故可去间断点为 3 个,即 $0,\pm1$,所以应选(C).

题型 2:求其他类型未定式的极限

【重点提示】 先将“$0\cdot\infty$”“$\infty-\infty$”“1^∞”“0^0”和“∞^0”型未定式转化为“$\dfrac{0}{0}$”或“$\dfrac{\infty}{\infty}$”型未定式,再用洛必达法则求其极限.

例 求极限 $\lim\limits_{x\to0}\dfrac{1}{x^2}\ln\dfrac{\sin x}{x}$.

解　因为 $\ln\left(\dfrac{\sin x}{x}\right)=\ln\left[1+\left(\dfrac{\sin x}{x}-1\right)\right]$,当 $x\to0$ 时,$\ln\left[1+\left(\dfrac{\sin x}{x}-1\right)\right]\sim\dfrac{\sin x}{x}$,则 $\lim\limits_{x\to0}\dfrac{1}{x^2}\ln\dfrac{\sin x}{x}=\lim\limits_{x\to0}\dfrac{1}{x^2}\ln\left[1+\left(\dfrac{\sin x}{x}-1\right)\right]$.

“$0\cdot\infty$”型未定式,借助于等价无穷小代换转化为“$\dfrac{0}{0}$”型.

原式 $=\lim\limits_{x\to0}\dfrac{1}{x^2}\cdot\left(\dfrac{\sin x}{x}-1\right)=\lim\limits_{x\to0}\dfrac{\sin x-x}{x^3}=\lim\limits_{x\to0}\dfrac{\cos x-1}{3x^2}=-\lim\limits_{x\to0}\dfrac{\sin x}{6x}=-\dfrac{1}{6}$.

题型3:洛必达法则在证明中的应用

例 设 $f''(x)$ 存在,求证:$\lim\limits_{h\to 0}\dfrac{f(x+2h)-2f(x+h)+f(x)}{h^2}=f''(x)$.

【重点提示】 把 f 视为 h 的函数,易见原式是 $\dfrac{0}{0}$ 型的,故考虑用洛必达法则.

解 $\lim\limits_{h\to 0}\dfrac{f(x+2h)-2f(x+h)+f(x)}{h^2}$

$=\lim\limits_{h\to 0}\dfrac{2f'(x+2h)-2f'(x+h)}{2h}$(用洛必达法则对 h 求导)

$=\lim\limits_{h\to 0}\left[\dfrac{f'(x+2h)-f'(x)}{2h}\cdot 2-\dfrac{f'(x+h)-f'(x)}{h}\right]$(由导数定义,但不能再用洛必达法则)

$=2f''(x)-f''(x)=f''(x)$

第三节 函数的增减性

知识点归纳

1. 函数单调性的判别法

定理(判别法)
设 $f(x)\in C[a,b]$,并在 (a,b) 上可导,则 (1) $f(x)$ 在 $[a,b]$ 上是单调递增的 $\Leftrightarrow f'(x)\geqslant 0,x\in(a,b)$ (2) $f(x)$ 在 $[a,b]$ 上是单调递减的 $\Leftrightarrow f'(x)\leqslant 0,x\in(a,b)$ 其中使 $f'(x)=0$ 成立的点仅有有限个.

特别提醒 函数 $y=f(x)$ 的增减区间的分界点是 $f'(x)=0$ 的点和 $f'(x)$ 不存在的点(如果有的话),注意不要漏点.

典型例题解析

题型1:证明函数单调性

【重点提示】 根据可导函数增减性的判别准则,讨论函数 $y=f(x)$ 的增减性的步骤:

第一步,求出函数的定义域和间断点;

第二步,求出 $f'(x)=0$ 的点和 $f'(x)$ 不存在的点(如果有的话);

第三步,上述点将定义域分成若干区间,列表指出各区间 $f'(x)$ 的正负号,标明各区间上函数的单调性,从而可得函数的增减性.

例 求函数 $f(x)=\dfrac{10}{4x^3-9x^2+6x}$ 的增减区间.

解 函数 $y=f(x)$ 的间断点为 $x=0$,其定义域为 $(-\infty,0)\cup(0,+\infty)$.

令 $g(x)=4x^3-9x^2+6x$,则 $g'(x)=12x^2-18x+6=6(2x-1)(x-1)$,令 $g'(x)=0$,得 $x=\frac{1}{2}$ 或 1.

列表

x	$(-\infty,0)$	$\left(0,\frac{1}{2}\right)$	$\left(\frac{1}{2},1\right)$	$(1,+\infty)$
$g'(x)$	+	+	−	+
$g(x)$	↗	↗	↘	↗
$f(x)$	↘	↘	↗	↘

故函数 $y=f(x)$ 的增区间为 $\left(\frac{1}{2},1\right)$,减区间为 $(-\infty,0)$ 或 $\left(0,\frac{1}{2}\right)$ 或 $(1,+\infty)$.

题型 2:利用函数的单调性证明不等式

【重点提示】 首先仔细分析待证的不等式,寻找条件与结论之间的衔接点. 构造辅助函数,再讨论辅助函数增减性,证得不等式.

例 求证 $\tan x>x+\frac{x^3}{3}, x\in\left(0,\frac{\pi}{2}\right)$.

证明 令 $f(x)=\tan x-x-\frac{x^3}{3}\left(0<x<\frac{\pi}{2}\right)$(构造辅助函数),则

$f'(x)=\sec^2 x-1-x^2=\tan^2 x-x^2=(\tan x+x)(\tan x-x)$,

因为当 $0<x<\frac{\pi}{2}$ 时,$\tan x>x$,$\tan x+x>0$,所以 $f'(x)>0$,因此 $f(x)$ 在 $\left(0,\frac{\pi}{2}\right)$ 上是单调增函数.

所以当 $0<x<\frac{\pi}{2}$ 时,有 $f(x)>f(0)=0$,即当 $0<x<\frac{\pi}{2}$ 时,$\tan x-x-\frac{x^3}{3}>0$,从而 $\tan x>x+\frac{x^3}{3}$.(增函数的定义)

第四节 函数的极值

知识点归纳

1. 极值的概念

设函数 $f(x)$ 在点 x_0 的一个 δ 邻域 $(x_0-\delta,x_0+\delta)$ 内有定义,对 $\forall x\in(x_0-\delta,x_0)\cup(x_0,x_0+\delta)$,总有 $f(x)<f(x_0)$(或 $f(x)>f(x_0)$),则称 $f(x_0)$ 是函数 $f(x)$ 的一个极大值(或极小值).

特别提醒 ① 极值的概念是局部概念,函数的极小值可能比极大值还大. ② 导数为零的点称为驻点(稳定点或临界点),可导函数的极值点要在驻点中寻找,而驻点不一定都是极值点.

2. 极值的必要条件

设 $f(x)$ 在点 x_0 处有极值 $f(x_0)$,且 $f'(x_0)$ 存在,则 $f'(x_0)=0$.

3. 极值的第一充分条件

设函数 $f(x)$ 在点 x_0 的某个空心邻域 $(x_0-\delta,x_0)\cup(x_0,x_0+\delta)$ 内连续并可导，且 $f'(x_0)=0$（或 $f'(x_0)$ 不存在）.

(1) 若 $x\in(x_0-\delta,x_0)$ 时 $f'(x)>0$，而 $x\in(x_0,x_0+\delta)$ 时 $f'(x)<0$，则 $f(x)$ 在点 x_0 取得极大值 $f(x_0)$.

(2) 若 $x\in(x_0-\delta,x_0)$ 时 $f'(x)<0$，而 $x\in(x_0,x_0+\delta)$ 时 $f'(x)>0$，则 $f(x)$ 在点 x_0 取得极小值 $f(x_0)$.

(3) 若 $x\in(x_0-\delta,x_0)\cup(x_0,x_0+\delta)$ 时，$f'(x)$ 的符号保持不变，则 $f(x)$ 在点 x_0 处无极值.

4. 极值的第二充分条件

设函数 $f(x)$ 在点 x_0 具有二阶导数，且 $f'(x_0)=0,f''(x_0)\neq 0$.

(1) 若 $f''(x_0)>0$，则 $f(x)$ 在点 x_0 取得极小值 $f(x_0)$.

(2) 若 $f''(x_0)<0$，则 $f(x)$ 在点 x_0 取得极大值 $f(x_0)$.

特别提醒 ① 使 $f'(x_0)=0$ 或 $f'(x_0)$ 不存在的点 x_0 称为可疑的极值点，极值的充分条件只能审查可疑极值点. ② 若 $f''(x_0)=0$，则 x_0 不一定是极值点，即此时第二充分条件失效，需改用其他方法判别. ③ 导数为零的点不一定是极值点，例如 $f(x)=x^3$，在 $x=0$ 处，$f'(0)=0$，但 $x=0$ 不是极值点.

典型例题解析

题型 1:求极值

例 设函数 $f(x),g(x)$ 具有二阶导数，且 $g''(x)<0$，若 $g(x_0)=a$ 是 $g(x)$ 的极值，则 $f[g(x)]$ 在 x_0 取极大值的一个充分条件是（　　）.

(A) $f'(a)<0$　　(B) $f'(a)>0$　　(C) $f''(a)<0$　　(D) $f''(a)>0$

解　应选(B).

令 $y=f[g(x)]$，因 $y'=f'[g(x)]g'(x)$，有 $y'(x_0)=f'[g(x_0)]g'(x_0)=0$，所以 $x=x_0$ 是函数 $y=f[g(x)]$ 的驻点.

又 $y''=f''[g(x)][g'(x)]^2+f'[g(x)]g''(x)$，

$y''(x_0)=f''[g(x_0)][g'(x_0)]^2+f'[g(x_0)]g''(x_0)=f'(a)g''(x_0)$，因 $y=f[g(x)]$ 在 x_0 取极大值，由已知条件知 $g''(x_0)<0$，根据极值的第二充分条件可得 $f'(a)>0$.

题型 2:利用极值证明有关问题

例 当 a 取下列哪个值时，函数 $f(x)=2x^3-9x^2+12x-a$ 恰好有两个不同的零点（　　）.

(A)2　　(B)4　　(C)6　　(D)8

解　应选(B).

令 $f'(x)=6x^2-18x+12=6(x-1)(x-2)=0$，得 $x=1,x=2$，列表

x	$(-\infty,1)$	1	$(1,2)$	2	$(2,+\infty)$
$f'(x)$	+	0	−	0	x
$f(x)$	↗	极大值 $5-a$	↘	极小值 $4-a$	↗

由此可知 $f_{极大}(1)=5-a$，$f_{极小}(2)=4-a$.

可利用单调性与极值画出函数对应简单图形进行分析，易知当 $a=4$ 时，函数 $f(x)$ 恰好有两个零点，故应选(B).

特别提醒 对于三次多项式函数 $f(x)=ax^3+bx^2+cx+d$，当两个极值同号时，函数 $f(x)$ 只有一个零点；当两个极值异号时，函数 $f(x)$ 有三个零点，当两个极值有一个为零时，函数 $f(x)$ 有两个零点.

第五节 最大值与最小值、极值的应用问题

知识点归纳

1. 求连续函数 $f(x)$ 在闭区间 $[a,b]$ 上的最大(小)值的步骤

第一步，求导数 $f'(x)=0$ 的点 $x_1,x_2,\cdots,x_m$；

第二步，求导数 $f'(x)$ 不存在的点 $z_1,z_2,\cdots,z_n$；

第三步，计算 $f(a),f(b),f(x_1),\cdots,f(x_m),f(z_1),\cdots,f(z_n)$；

第四步，比较第三步的结果，最大的为最大值，最小的为最小值.

特别提醒 ① 最值点是函数 $f(x)$ 在整个闭区域 $[a,b]$ 上取得的最大(小)值的点，它可能是极值点，也可能是区间端点；而极值点不一定是整个区间 $[a,b]$ 上的最值点. ② 最大值与最小值是 $f(x)$ 在 $[a,b]$ 上的整体性质，而极大值与极小值是 $f(x)$ 在某点邻域内的局部性质.

2. 求函数最值的常用情况

(1) 单峰函数：若 $f(x)$ 在连续的开区间 (a,b) 内仅有一个极值点 x_0，且 $f(x_0)$ 是极大(小)值时，则 $f(x_0)$ 必是函数在闭区间 $[a,b]$ 上的最大(小)值，求解极值应用问题时，大多属于此种情形.

(2) 单调函数：若 $f(x)$ 在连续的增长区间 $[a,b]$ 上是单调增加(减少)的，则最值必在区间端点取得.

典型例题解析

题型 1：求函数在区间上的最值

【重点提示】 ① 求连续函数 $f(x)$ 在 $[a,b]$ 上的最值，按以上四步进行即可；② 若讨论区间不是闭区间或第四步较麻烦时，通常利用函数的单调性、极值来求.

例 函数 $y=x^{2x}$ 在区间 $(0,1)$ 上的最小值为________.

解 因为 $y'=x^{2x}(2\ln x+2)$，令 $y'=0$，得驻点为 $x=\dfrac{1}{\mathrm{e}}$.

又 $y''=x^{2x}(2\ln x+2)^2+x^{2x}\cdot\dfrac{2}{x}$，得 $y''\left(\dfrac{1}{\mathrm{e}}\right)=2\mathrm{e}^{-\frac{2}{\mathrm{e}}+1}>0$，故 $x=\dfrac{1}{\mathrm{e}}$ 为 $y=x^{2x}$ 的极小值点，此时 $y=\mathrm{e}^{-\frac{2}{\mathrm{e}}}$.

又当$x\in\left(0,\frac{1}{\mathrm{e}}\right)$时，$y'(x)<0$，$x\in\left(\frac{1}{\mathrm{e}},1\right]$时，$y'(x)>0$，故$y$在$\left(0,\frac{1}{\mathrm{e}}\right)$上递减，在$\left(\frac{1}{\mathrm{e}},1\right]$上递增.

而$y(1)=1$，$y_+(0)=\lim\limits_{x\to0^+}x^{2x}=\lim\limits_{x\to0^+}\mathrm{e}^{2x\ln x}=\mathrm{e}^{\lim\limits_{x\to0^+}\frac{2\ln x}{\frac{1}{x}}}=\mathrm{e}^{\lim\limits_{x\to0^+}\frac{\frac{2}{x}}{-\frac{1}{x^2}}}=\mathrm{e}^{\lim\limits_{x\to0^+}(-2x)}=1$，所以$y=x^{2x}$在区间$(0,1]$上的最小值为$y\left(\frac{1}{\mathrm{e}}\right)=\mathrm{e}^{-\frac{2}{\mathrm{e}}}$.

题型 2：利用函数最值的定义证明不等式

【重点提示】寻找不等式条件与结论之间的衔接点，构造辅助函数，再通过求辅助函数的最值，证得不等式.

例 证明$\frac{1}{2^{p-1}}\leqslant x^p+(1-x)^p\leqslant1(0\leqslant x\leqslant1,p>1)$.

证明　设$f(x)=x^p+(1-x)^p$，有$f'(x)=px^{p-1}-p(1-x)^{p-1}$.

令$f'(x)=px^{p-1}-p(1-x)^{p-1}=0$，得驻点$x=\frac{1}{2}$.

因为$f\left(\frac{1}{2}\right)=\frac{1}{2^{p-1}}$，$f(0)=f(1)=1$，所以函数$f(x)$在闭区间$[0,1]$上的最小值为$f\left(\frac{1}{2}\right)=\frac{1}{2^{p-1}}$，最大值为$f(0)=f(1)=1$，即$\frac{1}{2^{p-1}}\leqslant x^p+(1-x)^p\leqslant1$.

题型 3：与最值有关的应用题

例 用一块半径为r的圆形铁皮，剪去一圆心角为α的扇形，把余下部分围成一个圆锥，问α为何值时，圆锥的容积最大(图 4-1).

解　该问题的目标是容积V最大，由于圆锥的斜高就是圆形铁皮的半径r，它是定值，因此，V只依赖于底面半径x，由x便可确定α.

设圆锥底面半径为x，容积为V.

因圆锥的高为$\sqrt{r^2-x^2}$，则目标函数

$$V=\frac{1}{3}\pi x^2\sqrt{r^2-x^2},\ x\in(0,r)$$

为使计算简便，设

$$f(x)=(x^2\sqrt{r^2-x^2})^2=r^2x^4-x^6$$

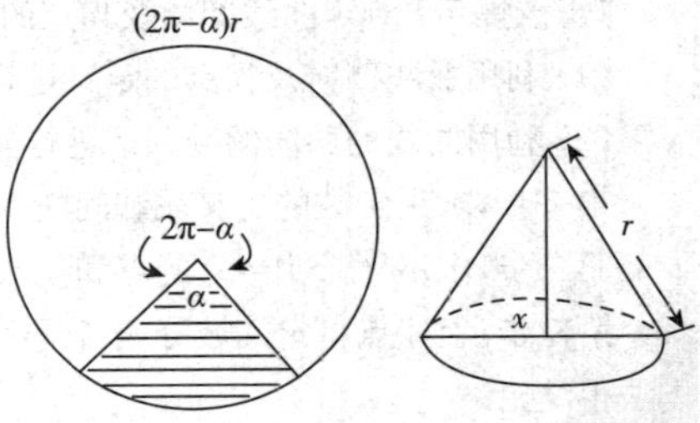

图 4-1

则
$$f'(x)=4r^2x^3-6x^5=-6x^3\left(x-\sqrt{\frac{2}{3}}r\right)\left(x+\sqrt{\frac{2}{3}}r\right)\begin{cases}>0, & 0<x<\sqrt{\frac{2}{3}}r\\=0, & x=\sqrt{\frac{2}{3}}r\\<0, & \sqrt{\frac{2}{3}}r<x<r\end{cases}.$$

所以,当 $x=\sqrt{\frac{2}{3}}r$ 时 $f(x)$ 极大,也是最大,于是 V 取最大值.因圆锥底面圆的周长等于去掉 α 所对的扇形弧长后所剩余的弧长,即 $2\pi x=(2\pi-\alpha)r$.

所以,当 $x=\sqrt{\frac{2}{3}}r$ 时 $\alpha=\frac{2\pi(r-x)}{r}=2\pi\left(1-\frac{\sqrt{6}}{3}\right)$(弧度),

当剪去的圆心角 $\alpha=2\pi\left(1-\frac{\sqrt{6}}{3}\right)$ 时,圆锥的容积最大.

第六节 曲线的凹向与拐点

知识点归纳

1. 曲线凹向与拐点的概念

(1) 在区间 I 内,若曲线弧位于其上任意一点的切线的上方,则称曲线在 I 上是上凹的;若曲线弧位于其上任意一点的切线的下方,则称曲线在 I 上是下凹的.

(2) 曲线上凹与下凹的分界点称为曲线的拐点.

2. 曲线的凹向的判别法

设函数 $y=f(x)$ 在 $[a,b]$ 上连续,在 (a,b) 内具有二阶导数:

(1) 若 $x\in(a,b)$ 时,$f''(x)>0$,则曲线 $y=f(x)$ 在 (a,b) 内上凹.

(2) 若 $x\in(a,b)$ 时,$f''(x)<0$,则曲线 $y=f(x)$ 在 (a,b) 内下凹.

3. 拐点的判别法

若函数 $f(x)$ 在点 x_0 的两侧 $f''(x)$ 异号,则 $(x_0,f(x_0))$ 是曲线 $y=f(x)$ 的拐点.

【重点提示】判定曲线凹向及拐点的方法:

(1) 利用曲线凹向及拐点的定义进行判定.

(2) 利用曲线的凹向的判别法进行判定,其步骤如下:

第一步,求出函数的定义域和间断点;

第二步,求出 $f''(x)=0$ 的点和 $f''(x)$ 不存在的点(如果有的话);

第三步:上述点将定义域分成若干区间,列表指出各区间 $f''(x)$ 的正负号,根据曲线的凹向的判别法得结论.

题型1:求曲线拐点与凹向区间

例 曲线 $y=e^{-x^2}$ 的下凹区间是________.

【重点提示】若函数 $f(x)$ 在定义域内连续,则曲线 $y=f(x)$ 的拐点只可能在 $f''(x)=0$ 和 $f''(x)$ 不存在的点处出现,所以只要检查这些点两侧的 $f''(x)$ 的符号是否相反即可.

解 令 $y''=2(2x^2-1)e^{-x^2}=0$,得 $2x^2-1=0$,即 $x_1=\sqrt{2}/2$,$x_2=-\sqrt{2}/2$.代入 y 中分别得到 $y_1=y_2=e^{-1/2}$,其凹向列表如下:

x	$(-\infty,-\sqrt{2}/2)$	$-\sqrt{2}/2$	$(-\sqrt{2}/2,\sqrt{2}/2)$	$\sqrt{2}/2$	$(\sqrt{2}/2,+\infty)$
y''	$+$	0	$-$	0	$+$
y	$\smile$		$\frown$		$\smile$

则其下凹区间为$(-\sqrt{2}/2,\sqrt{2}/2)$.

题型 2:与函数凹凸有关的不等式证明

例 证明:$0<x<\pi$ 时,$\sin\frac{x}{2}>\frac{x}{\pi}$.

特别提醒　本题可利用凹函数性质证明,也可用单调性证明.

证法一　设 $f(x)=\sin\frac{x}{2}-\frac{x}{\pi}$,有 $f'(x)=\frac{1}{2}\cos\frac{x}{2}-\frac{1}{\pi}$,$f''(x)=-\frac{1}{4}\sin\frac{x}{2}<0(0<x<\pi)$,则函数 $f(x)$ 对应的曲线在$(0,\pi)$内是下凹的,由于 $f(0)=f(\pi)=0$,可见当 $0<x<\pi$ 时,$f(x)>0$,即 $\sin\frac{x}{2}>\frac{x}{\pi}$.

证法二　只要证明$\frac{\sin\frac{x}{2}}{x}>\frac{1}{\pi}(0<x<\pi)$即可.

令 $f(x)=\frac{\sin\frac{x}{2}}{x}-\frac{1}{\pi}(0<x<\pi)$,则

$$f'(x)=\frac{\frac{x}{2}\cdot\cos\frac{x}{2}-\sin\frac{x}{2}}{x^2}=\frac{\cos\frac{x}{2}\cdot\left(\frac{x}{2}-\tan\frac{x}{2}\right)}{x^2},$$

因为当 $0<x<\pi$ 时,有 $\cos\frac{x}{2}>0$,

$\tan\frac{x}{2}>\frac{x}{2}$,所以 $f'(x)<0$,从而 $f(x)$ 在$(0,\pi)$内为单调减函数,因此 $f(x)>f(\pi)=0\ (0<x<\pi)$,

即 $f(x)=\frac{\sin\frac{x}{2}}{x}-\frac{1}{\pi}>0$,于是不等式得证.

【重点提示】利用导数的性质证明不等式的常用方法有:

(1) 利用微分中值定理.

(2) 利用函数的单调性.

(3) 利用最大最小值.

(4) 利用函数的凹凸性.

解题的关键是根据要证的结论作适当的辅助函数,把不等式的证明转化为利用导数来研究的函数的特征,因此用导数证明不等式的重点是构造辅助函数.

题型 3:与方程的根有关的问题

例　如果当 $x>0$ 时,方程 $ax+\frac{1}{x^2}=1$ 有且仅有一个解,求 a 的取值范围.

解 设 $f(x)=ax+\frac{1}{x^2}-1$,则

$f'(x)=a-\frac{2}{x^3}, f''(x)=\frac{6}{x^4}>0.$

(1) 当 $a\leqslant 0$ 时,$f'(x)<0$,$f(x)$ 为严格单调减函数,且 $\lim\limits_{x\to 0^+}f(x)=+\infty$.

当 $a<0$ 时,$\lim\limits_{x\to+\infty}f(x)=-\infty$;当 $a=0$ 时,$\lim\limits_{x\to+\infty}f(x)=-1$.

因此,当 $a\leqslant 0$ 时,原方程在 $(0,+\infty)$ 内有且仅有一个解.

(2) 当 $a>0$ 时,令 $f'(x)=0$,得唯一驻点 $x=\sqrt[3]{\frac{2}{a}}$,显然 $f''\left(\sqrt[3]{\frac{2}{a}}\right)>0$,即唯一驻点是极小值点,由于 $f''(x)>0$,故 $f(x)$ 在 $(0,+\infty)$ 内是上凹的,要使方程有且仅有一个解,只需函数的极小值为零,即 $f\left(\sqrt[3]{\frac{2}{a}}\right)=a\sqrt[3]{\frac{2}{a}}+\frac{1}{\sqrt[3]{\left(\frac{a}{2}\right)^2}}-1=0$,

解得 $a=\frac{2}{9}\sqrt{3}$,此时原方程有且仅有一个解.

当 $a\neq\frac{2}{9}\sqrt{3}$ 时,原方程无解或有两个解.

综上所述,当 $a=\frac{2}{9}\sqrt{3}$ 及 $a\leqslant 0$ 时,方程有且仅有一个解.

【重点提示】 利用导数来讨论方程的根或函数的零点是常考题目、常见用连续函数的介值定理、零点存在定理或罗尔中值定理来证明根的存在性,再用函数的单调性、极值、最值及凹凸性来证明方程根的个数.

第七节 函数图形的作法

知识点归纳

1. 曲线的渐近线的求法

(1) 水平渐近线:若 $\lim\limits_{x\to-\infty}f(x)=A$ 或 $\lim\limits_{x\to+\infty}f(x)=A$,则 $y=A$ 是曲线 $y=f(x)$ 的水平渐近线.

(2) 铅垂渐近线:若 $\lim\limits_{x\to x_0^-}f(x)=\infty$ 或 $\lim\limits_{x\to x_0^+}f(x)=\infty$,则 $x=x_0$ 是曲线 $y=f(x)$ 的铅垂渐近线.

特别提醒 点 $x=x_0$ 是函数 $y=(x)$ 的无穷间断点.

(3) 斜渐近线:若 $\lim\limits_{x\to\pm\infty}\frac{f(x)}{x}=k$,且 $k\neq 0$,$\lim\limits_{x\to\pm\infty}[f(x)-kx]=b$,则 $y=kx+b$ 是曲线 $y=f(x)$ 的斜渐近线.

2. 函数作图的步骤

第一步,求出函数的定义域和间断点;

第二步,考察函数的奇偶性和周期性;

第三步,求出 $f'(x)=0$ 和 $f'(x)$ 不存在的点,以及 $f''(x)=0$ 和 $f''(x)$ 不存在的点;

第四步，上述点将$(-\infty,+\infty)$分成若干区间，列表指出各区间$f'(x)$，$f''(x)$的正负号，标明各区间上函数的单调性和曲线的凹向，并指出极值和拐点；

第五步，求曲线的水平渐近线、铅垂渐近线和斜渐近线；

第六步，补充几个关键点的坐标，画出图形.

典型例题解析

题型 1:曲线渐近线的讨论

例 曲线 $y=e^{\frac{1}{x^2}}\arctan\dfrac{x^2+x-1}{(x+1)(x-2)}$ 的渐近线有(　　).

(A)1 条　　(B)2 条　　(C)3 条　　(D)4 条

解　应选(B).

$\because \lim\limits_{x\to\infty}y=\lim\limits_{x\to\infty}e^{\frac{1}{x^2}}\arctan\dfrac{x^2+x-1}{(x+1)(x-2)}=\arctan 1=\dfrac{\pi}{4}$,

$\therefore y=\dfrac{\pi}{4}$ 为水平渐近线.

$\lim\limits_{x\to0}y=\lim\limits_{x\to0}e^{\frac{1}{x^2}}\arctan\dfrac{x^2+x-1}{(x+1)(x-2)}=\infty$,

故 $x=0$ 为铅直渐近线. 又因为

$\lim\limits_{x\to-1^-}y=\lim\limits_{x\to-1^-}e^{\frac{1}{x^2}}\arctan\dfrac{x^2+x-1}{(x+1)(x-2)}=e\cdot\left(-\dfrac{\pi}{2}\right)\neq\infty$,

$\lim\limits_{x\to-1^+}y=\lim\limits_{x\to-1^+}e^{\frac{1}{x^2}}\arctan\dfrac{x^2+x-1}{(x+1)(x-2)}=e\cdot\dfrac{\pi}{2}\neq\infty$.

同理 $\lim\limits_{x\to2^-}=e\cdot\left(-\dfrac{\pi}{2}\right)\neq\infty$, $\lim\limits_{x\to2^+}=e\cdot\dfrac{\pi}{2}\neq\infty$.

【重点提示】渐近线有三种类型：铅直渐近线、水平渐近线和斜渐近线. 一般在函数不存在的点处取得铅直渐近线，当$x\to\infty$，$f(x)$趋于定值时取得水平渐近线，当$x\to\infty$，$\dfrac{f(x)}{x}$趋近于确定的非零常数时取得斜渐近线.

题型 2:函数的作图

例 试描绘下列函数的图形.

(1)$y=\dfrac{x}{1+x^2}$.　　(2)$y=\left(\dfrac{1+x}{1-x}\right)^4$.

解　(1) 函数 $y=\dfrac{x}{1+x^2}$ 的定义域为$(-\infty,+\infty)$,

由于 $y=\dfrac{x}{1+x^2}$ 为奇函数，所以只需研究其在$[0,+\infty)$上的形状，$(-\infty,0]$部分只需关于原点对称过去，即得 $y'=\dfrac{1+x^2-x\cdot 2x}{(1+x^2)^2}=\dfrac{1-x^2}{(1+x^2)^2}$.

令 $y'=0$ 得驻点 $x=1$,(在$[0,+\infty)$内)

$$y''=\frac{-2x(1+x^2)^2-(1-x^2)2(1+x^2)\cdot 2x}{(1+x^2)^4}=\frac{2x(x^2-3)}{(1+x^2)^3}$$

在$[0,+\infty)$解方程 $y''=0$ 得 $x=0,x=\sqrt{3}$.

列表分析:

x	$(0,1)$	1	$(1,\sqrt{3})$	$\sqrt{3}$	$(\sqrt{3},+\infty)$
y'	$+$	0	$-$		$-$
y''	$-$	$-$	$-$	0	$+$
$y=f(x)$	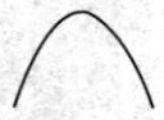	极大值 $\frac{1}{2}$	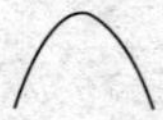	拐点 $(\sqrt{3},\frac{\sqrt{3}}{4})$	

又由于$\lim\limits_{x\to\infty}y(x)=\lim\limits_{x\to\infty}\frac{x}{1+x^2}=0$,所以 $y=0$ 为$y=\frac{x}{1+x^2}$ 的水平渐近线.

描绘图形如图 4-2 所示.

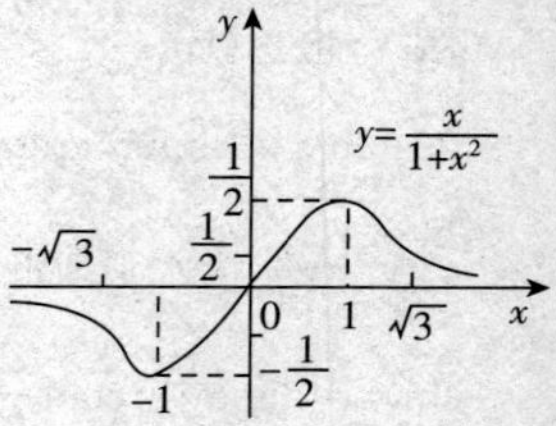

图 4-2

(2)$y=\left(\frac{1+x}{1-x}\right)^4$ 的定义域为$(-\infty,1)\cup(1,+\infty)$,无奇偶性,无周期性.

$y'=\frac{8(1+x)^3}{(1-x)^5},x\neq 1,y''=\frac{16(x+1)^2(x+4)}{(1-x)^6},x\neq 1$

令 $y'=0$ 得驻点 $x=-1$,令 $y''=0$ 得 $x=-1,x=-4$.

列表分析:

x	$(-\infty,-4)$	-4	$(-4,-1)$	-1	$(-1,1)$	1	$(1,+\infty)$
y'	$-$	$-$	$-$	0	$+$	不存在	$-$
y''	$-$	0	$+$	0	$+$	不存在	$+$
$y=f(x)$		拐点 $(-4,\frac{81}{625})$		0 极小值		不连续点	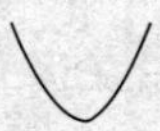

又$\lim\limits_{x\to\infty}y(x)=\lim\limits_{x\to\infty}\left(\frac{1+x}{1-x}\right)^4=\lim\limits_{x\to\infty}\left[\frac{1+\frac{1}{x}}{\frac{1}{x}-1}\right]^4=1.$

故 $y=1$ 为 $y=\left(\frac{1+x}{1-x}\right)^4$ 的水平渐近线.

$$\lim_{x\to 1}y(x)=\lim_{x\to 1}\left(\frac{1+x}{1-x}\right)^4=\infty$$

故 $x=1$ 为 $y=\left(\frac{1+x}{1-x}\right)^4$ 的垂直渐近线.

描绘图形如图 4-3 所示.

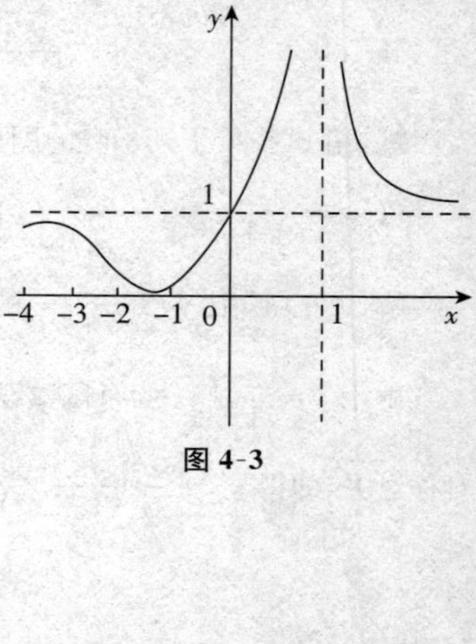

图 4-3

第八节　变化率及相对变化率在经济中的应用

——边际分析与弹性分析介绍

知识点归纳

1. 函数变化率——边际函数

名称	定义	含义
平均变化率	$\frac{\Delta y}{\Delta x}=\frac{f(x_0+\Delta x)-f(x_0)}{\Delta x}$	$f(x)$ 在 $(x_0,x_0+\Delta x)$ 内的平均变化速度
边际函数	导函数 $f'(x)$	$f'(x_0)$ 表示 $f(x)$ 在点 $x=x_0$ 处的变化速度，即 $f(x)$ 在 $x=x_0$ 处，当 x 产生一个单位的改变时，y(近似) 改变 $f'(x_0)$ 个单位

2. 函数的相对变化率——函数的弹性

名称	定义	含义
相对变化率	函数的相对改变量$\frac{\Delta y}{y_0}$ 与自变量的相对改变量$\frac{\Delta x}{x_0}$ 之比 $\frac{\Delta y/y_0}{\Delta x/x_0}$，称为 $f(x)$ 从 x_0 到 $x_0+\Delta x$ 两点间的相对变化率	"相对性"是对初始值相对而言的
弹性 (相对导数)	$\left.\frac{Ey}{Ex}\right\|_{x=x_0}=\lim\limits_{\Delta x\to 0}\frac{\Delta y/y_0}{\Delta x/x_0}=f'(x_0)\frac{x_0}{f(x_0)}$(或$\frac{E}{Ex}f(x_0)$)	表示在点 $x=x_0$ 处，当 x 产生 1% 的改变时，$f(x)$ 近似地改变$\frac{E}{Ex}f(x_0)$%
弹性函数	$\frac{Ey}{Ex}=\lim\limits_{\Delta x\to 0}\frac{\Delta y/y}{\Delta x/x}=y'\frac{x}{y}$	函数在点 x 的弹性反映了 $f(x)$ 对 x 变化反应的强烈程度或灵敏度

3. 经济学中常见的几个函数

名称	表达式	说明
总成本函数	$C=C(q)=C_1+C_2(q)$	C 为总体成本，C_1 为固定成本，C_2 为可变成本，$\overline{C}$ 为平均成本，C' 为边际成本，q 为产量
平均成本函数	$\overline{C}=\overline{C}(q)=\frac{C(q)}{q}$	
边际成本函数	$C'=C'(q)$	
总收益函数	$R=R(q)$	P 为商品价格，q 为商品量，R 为总收益，$\overline{R}$ 为平均收益，R' 为边际收益
平均收益函数	$\overline{R}=\overline{R}(q)=\frac{R(q)}{q}$	
边际收益函数	$R'=R'(q)$	
利润函数	$L=L(q)=R(q)-C(q)$	L 为总利润，L' 为边际利润，$R(q)$ 为总收益，$C(q)$ 为总成本
边际利润	$L'=L'(q)=R'(q)-C'(q)$	

特别提醒 ① 两点间的弹性是有方向性的. ② 一般需求函数 $Q=f(P)$ 是单调减少函数，其反函数 $P=f^{-1}Q$(Q 为自变量，P 为因变量) 亦称为需求函数. ③ 一般供给函数 $Q=\varphi(P)$ 是单调增加函数，其反函数 $P=\varphi^{-1}(Q)$(Q 为自变量，P 为因变量) 亦称为供给函数.

典型例题解析

题型 1:有关边际函数与弹性的计算

例 设总成本 C 关于产量 x 的函数为 $C(x)=400+3x+\frac{1}{2}x^2$，需求量 x 关于价格 P 的函数为 $P=\frac{100}{\sqrt{x}}$，求：(1) 边际成本；(2) 边际收益；(3) 边际利润；(4) 利润对价格的弹性.

解 (1)$C'(x)=3+x$

(2)$R(x)=xP=100\sqrt{x}$，$R'(x)=\frac{50}{\sqrt{x}}$

(3)$L(x)=R(x)-C(x)=100\sqrt{x}-400-3x-\frac{1}{2}x^2$，$L'(x)=\frac{50}{\sqrt{x}}-3-x$

(4)$\because R(P)=xP=\frac{10000}{P}$

$\therefore \frac{ER}{EP}=R'\frac{P}{R}=-\frac{10000}{P^2}\frac{P^2}{10000}=-1$

题型 2:经济应用问题

例 设某厂生产 x 件产品的成本为 $C=25000+200x+\frac{1}{40}x^2$(元)，问，(1) 生产多少件产品，可使平均成本最小?(2) 若每件产品以 500 元售出，则生产多少件产品可获利最大?

解 (1) 设平均成本为 y，则 $y=\frac{25000}{x}+200+\frac{x}{40}$，

令 $y'=-\frac{25000}{x^2}+\frac{1}{40}=0$ 得 $x_1=1000$，$x_2=-1000$(舍去)，

$\because y''|_{x=1000}=5\times10^{-5}>0$，

$\therefore$ 当 $x=1000$ 时，y 取极小值，即最小值.

因此，要使平均成本最小，应生产 1000 件产品.

(2) 利润函数为

$L=500x-(25000+200x+\frac{x^2}{40})=300x-25000-\frac{x^2}{40}$

令 $L'=300-\frac{x}{20}=0$ 得 $x=6000$，

$\because L''(6000)=-\frac{1}{20}<0$，

$\therefore$ 当 $x=6000$ 时，L 取极大值，即最大值.

因此，要使利润最大，应生产 6000 件产品.

考研真题精解

1. 设函数 $y=f(x)$ 由方程 $y^3+xy^2+x^2y+6=0$ 确定，求 $f(x)$ 的极值.

【解答】 $3y^2y'+y^2+2xyy'+2xy+x^2y'=0$，令 $y'=0$.

则 $y^2+2xy=0$，$y(y+2x)=0$，$y=0$（舍去）或 $y=-2x$，

$y=-2x$ 时，

$y^3+xy^2+x^2y+6=0$，

$-8x^3+x\cdot(4x^2)+x^2\cdot(-2x)+6=0$，

$-8x^3+4x^3-2x^3+6=0$，

$-6x^3+6=0$，

$x^3=1\Rightarrow x=1, y=-2$，

$6(y')^2y+3y^2y''+2yy'+2y'y+x\cdot 2(y')^2+x\cdot 2yy''+2y+2xy'+2xy'+x^2y''=0$，

$12y''(1)-4y''(1)-4+y'(1)=0$，

$9y''(1)=4$，$y''(1)=\dfrac{4}{9}>0$，

所以 $y(1)=-2$ 为极小值.

2. 设函数 $f(u)$ 具有 2 阶连续导数，$z=f(e^x\cos y)$ 满足$\dfrac{\partial^2 z}{\partial x^2}+\dfrac{\partial^2 z}{\partial y^2}=4(z+e^x\cos y)e^{2x}$. 若 $f(0)=0$，$f'(0)=0$，求 $f(u)$ 的表达式.

【解答】 $\dfrac{\partial z}{\partial x}=f'(e^x\cos y)e^x\cos y$，

$\dfrac{\partial^2 z}{\partial x^2}=f''(e^x\cos y)e^{2x}\cos^2 y+f'(e^x\cos y)e^x\cos y$，

$\dfrac{\partial z}{\partial y}=f'(e^x\cos y)e^x(-\sin y)$，

$\dfrac{\partial^2 z}{\partial y^2}=f''(e^x\cos y)e^{2x}\sin^2 y+f'(e^x\cos y)e^x(-\cos y)$，

$\dfrac{\partial^2 z}{\partial x^2}+\dfrac{\partial^2 z}{\partial y^2}=f''(e^x\cos y)e^{2x}=(4z+e^x\cos y)e^{2x}$，

$f''(e^x\cos y)=4f(e^x\cos y)+e^x\cos y$，

令 $e^x\cos y=u$，

则 $f''(u)=4f(u)+u$，

故 $f(u)=C_1e^{2x}+C_2e^{-2x}-\dfrac{u}{4}$，（$C_1$，$C_2$ 为任意常数）

由 $f(0)=0$. $f'(0)=0$ 得

$f(u)=\dfrac{e^{2x}}{16}-\dfrac{e^{-2x}}{16}-\dfrac{u}{4}$.

3. 设某产品的需求函数为 $Q=Q(p)$，其对价格 p 的弹性 $\varepsilon_p=0.2$，则当需求量为 10000 件时，价格增加 1 元会使产品收益增加______元.

【解答】 由于需求函数 $Q=Q(p)$ 是减函数，因而需求价格弹性 $\dfrac{p}{Q}\dfrac{dQ}{dp}$ 为负值. 由题设 $\varepsilon_p=-\dfrac{p}{Q}\dfrac{dQ}{dp}$. 收益函数为 $R=pQ$，它对 p 求导数可得

$$\frac{dR}{dp}=Q+p\frac{dQ}{dp}=Q\left(1+\frac{p}{Q}\frac{dQ}{dp}\right)=Q(1-\varepsilon_p)$$

即 $\Delta R=Q(1-\varepsilon_p)\Delta p$. 代入 $\Delta p=1$(元/件),$Q=10000$(件),$\varepsilon_p=0.2$,即得当需求量为10000件时,价格增加1元会使产品收益增加 $\Delta R=10000\times(1-0.2)\times 1=8000$(元).

4. 证明方程 $4\arctan x-x+\frac{4\pi}{3}-\sqrt{3}=0$ 恰有两个实根.

【解答】 令 $f(x)=4\arctan x-x+\frac{4\pi}{3}-\sqrt{3}$,求导得

$$f'(x)=\left(\frac{4}{1+x^2}-1\right)\begin{cases}>0, & |x|<\sqrt{3}\\ =0, & |x|=\sqrt{3}\\ <0, & |x|>\sqrt{3}\end{cases}$$

列出 $f(x)$ 在其定义域 $(-\infty,+\infty)$ 上的增减情况表:

x	$(-\infty,-\sqrt{3})$	$-\sqrt{3}$	$(-\sqrt{3},\sqrt{3})$	$\sqrt{3}$	$(\sqrt{3},+\infty)$
$f'(x)$	$-$	0	$+$	0	$-$
$f(x)$	$+\infty\searrow$	0	$\nearrow$	$2\left(\frac{4\pi}{3}-\sqrt{3}\right)$	$\searrow-\infty$

根据上表画出 $f(x)$ 的基本图形如图4-4所示,则易见除去 $x=-\sqrt{3}$ 这个零点外,在区间 $(\sqrt{3},+\infty)$ 中必有另一零点.

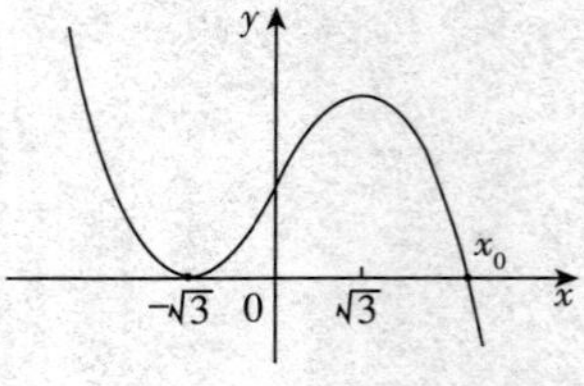

图4-4

5.(Ⅰ)证明拉格朗日中值定理:若函数 $f(x)$ 在 $[a,b]$ 上连续,在 (a,b) 内可导,则存在 $\xi\in(a,b)$,使得 $f(b)-f(a)=f'(\xi)(b-a)$.

(Ⅱ)证明:若函数 $f(x)$ 在 $x=0$ 处连续,在 $(0,\delta)(\delta>0)$ 内可导,且 $\lim\limits_{x\to 0^+}f'(x)=A$,则 $f'_+(0)$ 存在,且 $f'_+(0)=A$.

【解答】(Ⅰ)作辅助函数

$$\varphi(x)=f(x)-f(a)-\frac{f(b)-f(a)}{b-a}(x-a)$$

由定理假设易知 $\varphi(x)$ 满足条件:① 在闭区间 $[a,b]$ 上连续;② 在开区间 (a,b) 内可导;③ $\varphi(a)=\varphi(b)=0$. 因此,由罗尔中值定理可知,至少存在一点 $\xi\in(a,b)$,使得

$$\varphi'(\xi)=f'(\xi)-\frac{f(b)-f(a)}{b-a}=0$$

即 $$f'(\xi)=\frac{f(b)-f(a)}{b-a}\Rightarrow f(b)-f(a)=f'(\xi)(b-a).$$

(Ⅱ)由题给条件可知 $f(x)$ 在 $[0,\delta]$ 内连续,在 $(0,\delta)$ 内可导,则当 $x\in(0,\delta)$ 时,由拉格朗日中值定理可知,至少存在一点 $\xi\in(0,x)$,使 $f(x)-f(0)=f'(\xi)(x-0)$,而

$$f'_+(0)=\lim_{x\to 0^+}\frac{f(x)-f(0)}{x-0}=\lim_{x\to 0^+}\frac{f'(\xi)x}{x}=\lim_{x\to 0^+}f'(\xi)\quad (0<\xi<x)$$

$$\lim_{\xi\to 0^+}f'(\xi)=A$$

因此 $f'_+(0)$ 存在，且 $f'_+(0)=A$.

课后习题全解

(A)

1. **分析**　对比罗尔定理的三个条件逐个验证.

解　(1) 显然 $f(x)$ 在 $[-1,1.5]$ 上连续，在 $(-1,1.5)$ 内可导，且 $f(-1)=0$，$f(1.5)=0$，故 $f(x)$ 在 $[-1,1.5]$ 上满足罗尔定理的所有条件.

令 $f'(x)=4x-1=0$，得 $x=\dfrac{1}{4}\in(-1,1.5)$，即存在 $\xi=\dfrac{1}{4}\in(-1,1.5)$ 使 $f'(\xi)=0$ 成立，$\xi=\dfrac{1}{4}$ 即为所求的数值.

(2) 显然 $f(x)$ 在 $[-2,2]$ 上连续，在 $(-2,2)$ 内可导，且 $f(-2)=f(2)=\dfrac{1}{5}$，故 $f(x)$ 在 $[-2,2]$ 上满足罗尔定理的所有条件.

令 $f'(x)=-\dfrac{2x}{(1+x^2)^2}=0$，得 $x=0\in(-2,2)$，即存在 $\xi=0\in(-2,2)$，使 $f'(\xi)=0$ 成立，$\xi=0$ 即为所求的数值.

(3) 显然 $f(x)$ 在 $[0,3]$ 上连续，在 $(0,3)$ 内可导，且 $f(0)=f(3)=0$，故 $f(x)$ 在 $[0,3]$ 上满足罗尔定理的所有条件.

令 $f'(x)=\sqrt{3-x}-x\cdot\dfrac{1}{2\sqrt{3-x}}=0$，得 $x=2\in(0,3)$，即存在 $\xi=2\in(0,3)$，使 $f'(\xi)=0$，$\xi=2$ 即为所求的数值.

(4) 显然 $f(x)$ 在 $[-1,1]$ 上连续，在 $(-1,1)$ 内可导，且 $f(-1)=f(1)=\mathrm{e}-1$，故 $f(x)$ 在 $[-1,1]$ 上满足罗尔定理的所有条件.

令 $f'(x)=2x\mathrm{e}^{x^2}=0$，得 $x=0$，即存在 $\xi=0\in(-1,1)$，使 $f'(\xi)=0$ 成立，$\xi=0$ 即为所求的数值.

2. **分析**　对比拉格朗日定理的两个条件逐个验证.

解　(1) 显然 $f(x)$ 在 $[0,a]$ 上连续，在 $(0,a)$ 内可导，即 $f(x)$ 在 $[0,a]$ 上满足拉格朗日中值定理的条件. 令

$$f'(x)=\frac{f(a)-f(0)}{a-0}=a^2$$

即 $3x^2=a^2$，得 $x=\pm\dfrac{a}{\sqrt{3}}$，即存在 $\xi=\dfrac{a}{\sqrt{3}}\in(0,a)$，使 $f'(\xi)=\dfrac{f(a)-f(0)}{a-0}$ 成立，$\xi=\dfrac{a}{\sqrt{3}}$ 即为所求的数值.

(2) 显然 $f(x)=\ln x$ 在 $[1,2]$ 上连续，在 $(1,2)$ 内可导，满足拉格朗日中值定理的条件. 令

$$f'(x)=\frac{f(2)-f(1)}{2-1}=\ln 2$$

即 $\dfrac{1}{x}=\ln 2$，得 $x=\dfrac{1}{\ln 2}\in(1,2)$，即存在 $\xi=\dfrac{1}{\ln 2}\in(1,2)$，使 $f'(\xi)=\dfrac{f(2)-f(1)}{2-1}$ 成立，$\xi=\dfrac{1}{\ln 2}$

即为所求的数值.

(3) 显然 $f(x)$ 在$[-1,0]$上连续,在$(-1,0)$内可导,满足拉格朗日中值定理的条件.令

$$f'(x)=\frac{f(0)-f(-1)}{0-(-1)}=-2-(-9)=7$$

即 $3x^2-10x+1=7$,得 $x=\frac{5\pm\sqrt{43}}{3}$,即存在 $\xi=\frac{5-\sqrt{43}}{3}\in(-1,0)$,

使 $f'(\xi)=\frac{f(0)-f(-1)}{0-(-1)}$ 成立,$\xi=\frac{5-\sqrt{43}}{3}$ 即为所求数值.

3. **分析** 对比柯西定理的两个条件逐个验证.

解 显然 $f(x)$ 与 $g(x)$ 在$[1,2]$上连续,在$(1,2)$内可导,$g'(x)=2x\neq0$,满足柯西定理的条件.令

$$\frac{f'(x)}{g'(x)}=\frac{f(2)-f(1)}{g(2)-g(1)}=\frac{7}{3}$$

即$\frac{3x^2}{2x}=\frac{7}{3}$,得 $x=\frac{14}{9}\in(1,2)$,即存在 $\xi=\frac{14}{9}\in(1,2)$ 使

$$\frac{f'(\xi)}{g'(\xi)}=\frac{f(2)-f(1)}{g(2)-g(1)}$$

成立,$\xi=\frac{14}{9}$ 即为所求数值.

小结 习题1～3分别涉及验证罗尔定理、拉格朗日定理和柯西定理,只需牢记各定理使用的条件,依次验证即可.

4. **分析** 构造适当的辅助函数,对辅助函数用罗尔定理.

证 设 $f(x)=a_0x^4+a_1x^3+a_2x^2+a_3x+a_4$,方程 $f(x)=0$ 的4个不同的实根依次为 x_1,x_2,x_3,x_4,且 $x_1<x_2<x_3<x_4$,显然 $f(x)$ 在$[x_i,x_{i+1}]$上连续,在(x_i,x_{i+1})内可导,且 $f(x_i)=f(x_{i+1})=0,i=1,2,3$,这说明 $f(x)$ 在$[x_i,x_{i+1}]$$(i=1,2,3)$上满足罗尔定理的条件,从而在区间$(x_i,x_{i+1})$内至少存在一点 ξ_i,使得 $f'(\xi_i)=0$ 成立,这里 $i=1,2,3$.这说明方程 $f'(x)=4a_0x^3+3a_1x^2+2a_2x+a_3=0$ 至少有3个实根,而一个三次方程最多有三个实根,故方程 $4a_0x^3+3a_1x^2+2a_2x+a_3=0$ 的所有根皆为实根.

5. **证** 任取 $x_0\in(0,+\infty)$,由已知条件知,$f(x)$ 在$[0,x_0]$上连续,在$(0,x_0)$内可导,由拉格朗日定理有

$$f(x_0)-f(0)=f'(\xi)x_0,\xi\in(0,x_0)\text{(注意}\xi\text{的位置)}$$

由 $x>0$ 时,$f'(x)>0$,知 $f'(\xi)>0$,又 $x_0>0$ 得

$$f(x_0)>f(0)=0,\text{即 }f(x_0)>0\text{(应用}\xi\text{的位置性质)}$$

又由 x_0 的任意性知当 $x>0$ 时,$f(x)>0$.(拉格朗日中值定理的 ε 满足严格不等式 $a<\varepsilon<b$)

6. **分析** 由结证不等式分析出辅助函数的表达式,再对辅助函数应用拉格朗日中值定理.

证 设 $f(x)=\sin x$,不妨设 $x_2>x_1$,显然 $f(x)$ 在区间$[x_1,x_2]$上连续,在区间(x_1,x_2)内可导,则应用拉格朗日中值定理有

$$f(x_2)-f(x_1)=f'(\xi)(x_2-x_1),\xi\in(x_1,x_2)$$

则
$$\sin x_2-\sin x_1=\cos\xi(x_2-x_1)$$

即 $|\sin x_2-\sin x_1|=|\cos\xi||x_2-x_1|\leqslant|x_2-x_1|$,(通过三角函数的性质将中值定理中 ξ 去掉)

当 $x_2 < x_1$，同理可证. 当 $x_2 = x_1$ 时，上不等式显然成立.

7. **证**　设 $f(x) = x^n (n > 1)$，因 $f(x)$ 在 $[b,a]$ 上连续，在 (b,a) 内可导，由拉格朗日中值定理有

$$a^n - b^n = f'(\xi)(a-b)(b<\xi<a)$$

即 $a^n - b^n = n\xi^{n-1}(a-b)(b<\xi<a)$，(注意 ξ 的位置)

因为 $n>1, 0<b<\xi<a$，所以 $b^{n-1} < \xi^{n-1} < a^{n-1}$，(应用 ξ 的位置性质)

从而有 $nb^{n-1}(a-b) < n\xi^{n-1}(a-b) < na^{n-1}(a-b)$，

于是有 $nb^{n-1}(a-b) < a^n - b^n < na^{n-1}(a-b)$.

8. **分析**　构造辅助函数 $f(x)$，再通过 $f'(x)$ 求 $f(x)$ 在适当区间的单调性，最后证得结论.

证：设 $y = 2\sqrt{x} - 3 + \dfrac{1}{x}$，$y\Big|_{x=1} = 0$，$y' = \dfrac{1}{\sqrt{x}} - \dfrac{1}{x^2} = \dfrac{x\sqrt{x}-1}{x^2}$，

当 $x>1$ 时，$y'>0$，y 单调增加，所以 $y > y\Big|_{x=1} = 0$，

当 $0<x<1$ 时，$y'<0$，y 单调减小，所以 $y > y\Big|_{x=1} = 0$，

因此对一切 $x>0$，都有 $y>0$，即 $2\sqrt{x} > 3 - \dfrac{1}{x}(x>0)$.

9. **解**　(1) 原式 $= \lim\limits_{x\to 0} \dfrac{e^x + e^{-x}}{1} = e^0 + e^0 = 2$

(2) 原式 $= \lim\limits_{x\to 1} \dfrac{1/x}{1} = 1$

(3) 原式 $= \lim\limits_{x\to 1} \dfrac{3x^2 - 6x}{3x^2 - 2x - 1} = \infty$(应用无穷小与无穷大的关系)

(4) 原式 $= \lim\limits_{x\to \frac{\pi}{2}^+} \dfrac{\cos^2 x}{x - \dfrac{\pi}{2}} = \lim\limits_{x\to \frac{\pi}{2}^+} (-\sin 2x) = 0$(连续使用洛必达法则)

(5) 原式 $= \lim\limits_{x\to a} \dfrac{3ax^2 - 4x^3}{-2a^3 + 6ax^2 - 4x^3} = \infty$(无穷小与无穷大的关系)

(6) 使用 n 次洛必达法则，故原式 $= \lim\limits_{x\to+\infty} \dfrac{nx^{n-1}}{ae^{ax}} = \lim\limits_{x\to+\infty} \dfrac{n(n-1)x^{n-2}}{a^2 e^{ax}} = \cdots$

$$= \lim_{x\to+\infty} \frac{n!}{a^n e^{ax}} = 0.$$

(7) 原式 $= \lim\limits_{x\to+\infty} \dfrac{-\dfrac{1}{x^2}}{1+\dfrac{1}{x}} \cdot (-1-x^2) = \lim\limits_{x\to+\infty} \dfrac{1}{1+\dfrac{1}{x}} \lim\limits_{x\to+\infty} \dfrac{1+x^2}{x^2} = 1$

(应用有理函数求极限的方法)

(8) 令 $t = \dfrac{1}{x}$，则 $x\to 0^+$ 时 $t\to+\infty$，故原式 $= \lim\limits_{t\to+\infty} \dfrac{-\ln t}{t^m} = \lim\limits_{t\to+\infty} \dfrac{-1}{mt^m} = 0$.

($0\cdot\infty$ 转化为 $\dfrac{\infty}{\infty}$ 再用洛必达法则)

(9) 原式 $= \lim\limits_{x\to 0} \dfrac{e^x - 1 - x}{x(e^x - 1)} = \lim\limits_{x\to 0} \dfrac{e^x - 1}{e^x - 1 + xe^x} = \lim\limits_{x\to 0} \dfrac{e^x}{e^x(x+2)} = \dfrac{1}{2}$($\infty - \infty$ 里须恒等变换)

(10) 注意到 $(1+\sin x)^{\frac{1}{x}} = e^{\ln(1+\sin x)\frac{1}{x}} = e^{\frac{\ln(1+\sin x)}{x}}$，

设 $A=\lim\limits_{x\to 0}\dfrac{\ln(1+\sin x)}{x}=\lim\limits_{x\to 0}\dfrac{\cos x}{1+\sin x}=1$,故原式 $=e^A=e$.($0\cdot\infty$ 型转化为 $\dfrac{0}{0}$ 型再应用洛必达法则)

(11) 因为 $\left(\ln\dfrac{1}{x}\right)^x=e^{\ln\left(\ln\frac{1}{x}\right)^x}=e^{x\ln\ln\frac{1}{x}}$,(通过取对数将 ∞^0 型转化为 $0\cdot\infty$ 型未定式)

而 $\lim\limits_{x\to 0^+}x\ln\ln\dfrac{1}{x}=\lim\limits_{x\to 0^+}\dfrac{\ln\ln\frac{1}{x}}{\frac{1}{x}}\xlongequal{令 t=\frac{1}{x}}\lim\limits_{t\to+\infty}\dfrac{\ln\ln t}{t}=\lim\limits_{t\to+\infty}\dfrac{1}{t\ln t}=0$,

故原式 $=e^0=1$.

(12) 因为 $x^{\sin x}=e^{\ln x^{\sin x}}=e^{\sin x\cdot\ln x}$,

而 $\lim\limits_{x\to 0}\sin x\cdot\ln x=\lim\limits_{x\to 0}\dfrac{\ln x}{1/\sin x}=\lim\limits_{x\to 0}\dfrac{-\sin^2 x}{x\cos x}$

$=\lim\limits_{x\to 0}\dfrac{\sin x}{x}\lim\limits_{x\to 0}\dfrac{-\sin x}{\cos x}=1\times 0=0$,(应用 $\lim\limits_{x\to\infty}\dfrac{\sin x}{x}=1$).

故原式 $=e^0=1$.

(13) $\lim\limits_{x\to 0}\left(\dfrac{a^x+b^x}{2}\right)^{\frac{3}{x}}\xlongequal{1^\infty}\lim\limits_{x\to 0}e^{\frac{3}{x}\ln\frac{a^x+b^x}{2}}=e^{\lim\limits_{x\to 0}\frac{3}{x}[\ln(a^x+b^x)-\ln 2]}$.(用对数恒等式 $y=e^{\ln y}$ 和复合函数极限定理将 1^∞ 转化为 $0\cdot\infty$ 型未定式)

其中 $\lim\limits_{x\to 0}\dfrac{3}{x}[\ln(a^x+b^x)-\ln 2]\xlongequal{\infty\cdot 0}3\lim\limits_{x\to 0}\dfrac{\ln(a^x+b^x)-\ln 2}{x}\xlongequal{\frac{0}{0}}$

$3\lim\limits_{x\to 0}\dfrac{a^x\ln a+b^x\ln b}{a^x+b^x}=\dfrac{3}{2}\ln ab$,

所以 $\lim\limits_{x\to 0}\left(\dfrac{a^x+b^x}{2}\right)^{\frac{3}{x}}=e^{\frac{3}{2}\ln ab}=(ab)^{\frac{3}{2}}$.(应用洛必达法则前应先判断类型,只对未定式 $\dfrac{0}{0}$ 型、$\dfrac{\infty}{\infty}$ 型有洛必达法则)

10. **解** (1) 这是一个“$\dfrac{0}{0}$”型未定式的极限,用等价无穷小量代表,再使用洛必达法则.

因 $\sqrt[n]{1+x}-1\sim\dfrac{x}{n}(x\to 0)$,故有 $\sqrt{1+x^3}-1\sim\dfrac{x^3}{2}(x\to 0)$,

因 $1-\cos x\sim\dfrac{1}{2}x^2(x\to 0)$,故有

$$1-\cos\sqrt{x-\sin x}\sim\frac{1}{2}(\sqrt{x-\sin x})^2\quad(x\to 0)$$

$$\lim_{x\to 0}\frac{\sqrt{1+x^3}-1}{1-\cos\sqrt{x-\sin x}}=\lim_{x\to 0}\frac{\frac{1}{2}x^3}{\frac{1}{2}(x-\sin x)}\xlongequal{\frac{0}{0}}\lim_{x\to 0}\frac{3x^2}{1-\cos x}\xlongequal{\frac{0}{0}}\lim_{x\to 0}\frac{6x}{\sin x}=6$$

(2) 这是一个“$\dfrac{0}{0}$”型未定式的极限,先将分子有理化,再把能用其他方法求出极限的部分以实值代入,然后使用洛必达法则.

$\lim\limits_{x\to 0}\dfrac{\sqrt{1+\tan x}-\sqrt{1+\sin x}}{x\ln(1+x)-x^2}$(分子有理化)

$$=\lim_{x\to 0}\frac{\tan x-\sin x}{[\ln(1+x)-x]x}\cdot\frac{1}{\sqrt{1+\tan x}+\sqrt{1+\sin x}}$$

$$=\lim_{x\to 0}\frac{1}{\sqrt{1+\tan x}+\sqrt{1+\sin x}}\cdot\lim_{x\to 0}\left(\frac{\sin x}{x}\cdot\frac{1}{\cos x}\right)\cdot\lim_{x\to 0}\frac{1-\cos x}{\ln(1+x)-x}$$

$$=\frac{1}{2}\lim_{x\to 0}\frac{1-\cos x}{\ln(1+x)-x}\overset{\frac{0}{0}}{=\!=}\frac{1}{2}\lim_{x\to 0}\frac{\sin x}{\frac{1}{1+x}-1}=\frac{1}{2}\lim_{x\to 0}\frac{\sin x}{\frac{-x}{1+x}}\text{(极限的四则运算法则)}$$

$$=-\frac{1}{2}\lim_{x\to 0}(1+x)\cdot\lim_{x\to 0}\frac{\sin x}{x}=-\frac{1}{2}$$

(应用洛必达法则应注意与求极限的其他方法结合使用简化运算)

11. **解**　$f(x)$ 在点 $x=0$ 处可导，则必连续，故有

$$\lim_{x\to 0}f(x)=\lim_{x\to 0}\frac{\ln(1+kx)}{x}\overset{\frac{0}{0}}{=\!=}\lim_{x\to 0}\frac{k}{1+kx}=k=f(0)=-1$$

所以可得 $k=-1$.

$$f'(0)=\lim_{x\to 0}\frac{f(x)-f(0)}{x}=\lim_{x\to 0}\frac{\frac{\ln(1-x)}{x}+1}{x}$$

$$=\lim_{x\to 0}\frac{\ln(1-x)+x}{x^2}\overset{\frac{0}{0}}{=\!=}\lim_{x\to 0}\frac{-\frac{1}{1-x}+1}{2x}\text{(利用洛必达法则)}$$

$$=\lim_{x\to 0}\frac{-x}{2x(1-x)}=\lim_{x\to 0}\frac{-1}{2(1-x)}=-\frac{1}{2}\text{(利用函数连续性)}$$

所以 $f'(0)=-\frac{1}{2}$.

12. **分析**　利用单侧极限 $f(x_0+0)=f(x_0-0)=f(x_0)$ 确定参数 k.

解　$\lim_{x\to 0^+}f(x)=\lim_{x\to 0^+}\frac{1-\cos x}{x^2}\overset{\frac{0}{0}}{=\!=}\lim_{x\to 0^+}\frac{\sin x}{2x}=\frac{1}{2}$（洛必达法则与$\lim_{x\to 0}\frac{\sin x}{x}=1$）

$\lim_{x\to 0^-}f(x)=\lim_{x\to 0^-}\left(\frac{1}{x}-\frac{1}{e^x-1}\right)\overset{\infty-\infty}{=\!=\!=}\lim_{x\to 0^-}\frac{e^x-1-x}{x(e^x-1)}$（$\infty-\infty$ 型须恒等变形）

$$\overset{\frac{0}{0}}{=\!=}\lim_{x\to 0}\frac{e^x-1}{e^x-1+xe^x}\overset{\frac{0}{0}}{=\!=}\lim_{x\to 0^-}\frac{e^x}{e^x+e^x+xe^x}=\frac{1}{2}$$

若 $f(x)$ 在点 $x=0$ 处连续，则有 $\lim_{x\to 0^-}f(x)=\lim_{x\to 0^+}f(x)=f(0)$，即 $k=\frac{1}{2}$.

于是可得，当 $k=\frac{1}{2}$ 时，$f(x)$ 在点 $x=0$ 处连续.

13. **解**　$f'(0)=\lim_{x\to 0}\frac{f(x)-f(0)}{x}=\lim_{x\to 0}\frac{e^{-\frac{1}{x^2}}-0}{x}=\lim_{x\to 0}\frac{\frac{1}{x}}{e^{\frac{1}{x^2}}}\overset{\frac{\infty}{\infty}}{=\!=}\lim_{x\to 0}\frac{-\frac{1}{x^2}}{-\frac{2}{x^3}e^{\frac{1}{x^2}}}=\lim_{x\to 0}\frac{x}{2e^{\frac{1}{x^2}}}=0$

所以 $f'(x)=\begin{cases}\frac{2}{x^3}e^{-\frac{1}{x^2}}, & x\neq 0\\ 0, & x=0\end{cases}$.

$$\lim_{x\to0}f'(x)=\lim_{x\to0}\left(\frac{2}{x^3}e^{-\frac{1}{x^2}}\right)\xlongequal{0\cdot\infty}\lim_{x\to0}\frac{\frac{2}{x^3}}{e^{\frac{1}{x^2}}}\xlongequal{\frac{\infty}{\infty}}$$（$0\cdot\infty$ 型转化为 $\frac{\infty}{\infty}$ 型再应用洛必达法则）

$$\lim_{x\to0}\frac{\frac{-6}{x^4}}{-\frac{2}{x^3}e^{\frac{1}{x^2}}}=\lim_{x\to0}\frac{\frac{3}{x}}{e^{\frac{1}{x^2}}}\xlongequal{\frac{\infty}{\infty}}\lim_{x\to0}\frac{\frac{-3}{x^2}}{-\frac{2}{x^3}e^{\frac{1}{x^2}}}=\lim_{x\to0}\frac{3x}{2e^{\frac{1}{x^2}}}=0$$（连续使用洛必达法则）

则$\lim\limits_{x\to0}f'(x)=0=f'(0)$，所以 $f'(x)$ 在点 $x=0$ 处连续.

（分段函数在其分界点处的连续性、可导性，应用定义进行讨论.）

14. **分析**　本题归结于判断导数的符号，导数 y' 取正、取负的区间分别是函数 y 的增区间、减区间.

解　(1)$y'=6x+6$，令 $y'>0\Leftrightarrow x>-1$

可知，函数 y 在$(-\infty,-1)$ 上单调减少，在$(-1,-\infty)$ 上单调增加.

(2)$y'=3x^2+1$，$y'>0\Leftrightarrow x\in(-\infty,+\infty)$

可知，函数 y 在$(-\infty,+\infty)$ 上单调增加.

(3)$y'=4x^3-4x=4x(x^2-1)$，令 $y'>0\Leftrightarrow x\in(-1,0)\cup(1,+\infty)$，

可知，函数 y 在$(-\infty,-1)$ 及$(0,1)$ 上为单调减少，在$(-1,0)$ 及$(1,+\infty)$ 上为单调增加.

(4)$y'=1-e^x$，令 $y'>0\Leftrightarrow x<0$

可知，函数 y 在$(-\infty,0)$ 上单调增加，在$(0,+\infty)$ 上单调减少.

(5)$y'=\dfrac{1}{(1+x)^2}[(1+x)\cdot2x-x^2]=\dfrac{x(2+x)}{(1+x)^2}$

令 $y'<0\Leftrightarrow-2<x<0,x\neq-1$，

故函数 y 在$(-2,-1)$ 及$(-1,0)$ 上单调减少，在$(-\infty,-2)$ 及$(0,+\infty)$ 上单调增加.

(6)$y'=4x-\dfrac{1}{x}=\dfrac{(2x-1)(2x+1)}{x},x>0$

令 $y'<0\Leftrightarrow0<x<\dfrac{1}{2}$. 函数 y 在其定义域$(0,+\infty)$ 中的区间$\left(0,\dfrac{1}{2}\right)$ 上单调减少，在$\left(\dfrac{1}{2},+\infty\right)$ 上单调增加.

15. **解**　设 $f(x)=\dfrac{e^x}{x^2}$，则 $f'(x)=\dfrac{x^2e-2xe^x}{x^4}=\dfrac{xe^x(x-2)}{x^4}$，考虑到 $x<2$，$f'(x)<0$，

所以 $f(x)$ 单调减少. 根据题设 $0<x_1<x_2$，所以有 $f(x_1)>f(x_2)$，即$\dfrac{e^{x_1}}{x_1^2}>\dfrac{e^{x_2}}{x_2^2}$.

16. **解**　由 $y'=1-\dfrac{2x}{1+x^2}=\dfrac{(1-x)^2}{1+x^2}\geqslant0$，当且仅当 $x=1$ 时，$y'=0$，知 $y=x-\ln(1+x^2)$ 在$(-\infty,+\infty)$ 上单调增加.

17. **解**　由 $y'=\cos x-1\leqslant0$，当且仅当 $x=2k\pi$，$k=0,\pm1,\pm2,\cdots$ 时，$y'=0$，知 $y=\sin x-x$ 在$(-\infty,+\infty)$ 上单调减少.

小结　习题14～17涉及函数的单调区间与单调性判断问题，一般由 $f'(x)$ 的符号就可判断函数的单调性. $f'(x)>0$，函数在相应区间上单调递增；$f'(x)<0$，函数在相应区间上单调递减.

18. **分析**　求函数极值，必须确定极值点，注意考查定义域内使 $f'(x)=0$ 的点(即驻点)和不可

导点.若 $f'(x_0)$ 在点 x_0 两侧改变符号,即左正右负时 $f(x_0)$ 为极大值,左负右正时 $f(x_0)$ 为极小值.若 $f''(x_0)>0$ 时,$f(x_0)$ 为极小值.$f''(x_0)<0$ 时,$f(x_0)$ 为极大值.

解 (1)$y'=3x^2-6x=3x(x-2)$

令 $y'=0$,得 $x_1=0$,$x_2=2$.$y''=6x-6$,$y''(0)=-6<0$,$y''(2)=6>0$.所以当$x=0$时,取得极大值 $y(0)=7$,当 $x=2$ 时,取得极小值 $y(2)=3$.

(2)$y'=\dfrac{2(1+x)(1-x)}{(1+x^2)^2}$

令 $y'=0$,得 $x_1=-1$,$x_2=1$.

当 $x<-1$ 时,$y'<0$;当 $-1<x<1$ 时,$y'>0$;当 $x>1$ 时,$y'<0$.所以当 $x=-1$ 时,函数取得极小值 $y(-1)=-1$;当 $x=1$ 时,函数取得极大值 $y(1)=1$.

(3)$y'=\dfrac{1-2x}{2\sqrt{2+x-x^2}}$,令 $y'=0$,得 $x=\dfrac{1}{2}$.

当 $-1<x<\dfrac{1}{2}$ 时,$y'>0$,当$\dfrac{1}{2}<x<2$时,$y'<0$,所以当 $x=\dfrac{1}{2}$ 时取得极大值 $y\left(\dfrac{1}{2}\right)=\dfrac{3}{2}$.

(4)$y'=2x\mathrm{e}^{-x}-x^2\mathrm{e}^{-x}=x\mathrm{e}^{-x}(2-x)$

令 $y'=0$,得 $x_1=0$,$x_2=2$.

当 $-\infty<x<0$ 时,$y'<0$,当 $0<x<2$ 时,$y'>0$,当 $x>2$ 时,$y'<0$.所以当 $x=0$ 时,函数取得极小值 $y(0)=0$,当 $x=2$ 时,函数取得极大值 $y(2)=4\mathrm{e}^{-2}$.

(5)$y'=\dfrac{2}{3}(x+1)^{-\frac{1}{3}}(x-5)^2+2(x+1)^{\frac{2}{3}}(x-5)=\dfrac{4(2x-1)(x-5)}{3\sqrt[3]{x+1}}$

令 $y'=0$,得驻点 $x_1=\dfrac{1}{2}$,$x_2=5$,$x=-1$ 是导数不存在的点.当 $x<-1$ 时,$y'<0$;$-1<x<\dfrac{1}{2}$ 时,$y'>0$;当$\dfrac{1}{2}<x<5$ 时,$y'<0$;当 $x>5$ 时,$y'>0$.

所以$x=-1$ 是函数的极小值点,$y(-1)=0$;

$x=\dfrac{1}{2}$ 是函数的极大值点,$y\left(\dfrac{1}{2}\right)=\dfrac{81}{8}\sqrt[3]{18}$;

$x=5$ 是函数的极小值点,$y(5)=0$.

(6)$y'=-\dfrac{2}{3}\times\dfrac{1}{\sqrt[3]{x-2}}$,$x=2$ 时,y' 不存在.且当 $x<2$ 时,$y'>0$,当 $x>2$ 时,$y'<0$,所以函数在 $x=2$ 处取得极大值 $y(2)=3$.

(7)$y'=\sqrt[3]{x^2}+(x-1)\times\dfrac{2}{3}\times\dfrac{1}{\sqrt[3]{x}}=\dfrac{5x-2}{3\sqrt[3]{x}}$

令 $y'=0$,得 $x=\dfrac{2}{5}$,且 $x=0$ 时 y' 不存在.

当 $-\infty<x<0$ 时,$y'>0$;当 $0<x<\dfrac{2}{5}$ 时,$y'<0$ 时,当 $x>\dfrac{2}{5}$ 时,$y'>0$.所以当 $x=0$ 时,函数取得极大值 $y(0)=0$,当 $x=\dfrac{2}{5}$ 时,函数取得极小值$y\left(\dfrac{2}{5}\right)=-\dfrac{3}{5}\sqrt[3]{\dfrac{4}{25}}$.

(8)$y'=\dfrac{3x^2(x-1)^2-2x^3(x-1)}{(x-1)^4}=\dfrac{x^2(x-3)}{(x-1)^3}$

令 $y'=0$,解得驻点 $x=0,3$.当 $x=1$ 时,函数 y 导数不存在.且当$x\in(-\infty,0)$ 时,$y'>0$;当

$x \in (0,1)$ 时，$y' > 0$；当 $x \in (1,3)$ 时，$y' < 0$；当 $x \in (3,+\infty)$ 时，$y' > 0$.

所以 $x = 0$ 不是极值点；当 $x = 3$ 时函数取得极小值 $y(3) = \frac{27}{4}$.

19. **解** (1) $y' = 3x^2 - 6x - 9 = 3(x+1)(x-3)$

令 $y' = 0$，得驻点 $x_1 = -1, x_2 = 3$. $y'' = 6x - 6$.

由 $y''(-1) = -12 < 0$ 知，函数 y 在 $x = -1$ 处取得极大值 $y(-1) = 0$，

由 $y''(3) = 12 > 0$ 知，函数 y 在 $x = 3$ 处取得极小值 $y(3) = -32$.

(2) $y' = 2(x-3)(x-2) + (x-3)^2 = (3x-7)(x-3)$

令 $y' = 0$，得驻点 $x_1 = \frac{7}{3}, x_2 = 3$. $y'' = 6x - 16$.

由 $y''\left(\frac{7}{3}\right) = -2 < 0$ 知，函数 y 在 $x = \frac{7}{3}$ 处取得极大值 $y\left(\frac{7}{3}\right) = \frac{4}{27}$.

由 $y''(3) = 2 > 0$ 知，函数 y 在 $x = 3$ 处取得极小值 $y(3) = 0$.

(3) $y' = 2 - \frac{2 \cdot 4x \cdot 4}{(4x)^2} = 2 - \frac{2}{x}$，令 $y' = 0$ 得 $x = 1$，$y'' = \frac{2}{x^2}$，$y''(1) = 2 > 0$，

所以函数 $y = 2x - \ln(4x)^2$ 在 $x = 1$ 处取得极小值 $y(1) = 2 - 4\ln 2$.

(4) $y' = 2e^x - e^{-x}$，$y'' = 2e^x + e^{-x}$

令 $y' = 0$，得 $x = -\frac{1}{2}\ln 2$，$y''\left(-\frac{1}{2}\ln 2\right) = 2\sqrt{2} > 0$，函数在 $x = -\frac{1}{2}\ln 2$ 处取得极小值，且极小值 $y\left(-\frac{1}{2}\ln 2\right) = 2\sqrt{2}$.

20. **分析** 求函数在给定区间上的最值必须确定最值点，最值点只能是区间端点、驻点和不可导点，然后比较这些点处函数值，求得最大值与最小值.

解 (1) $y' = 4x^3 - 4x = 4x(x+1)(x-1)$

令 $y' = 0$，得驻点 $x_1 = 0, x_2 = -1, x_3 = 1$，

又 $y(0) = 5, y(\pm 1) = 4, y(\pm 2) = 13$，

所以最小值为 $y(\pm 1) = 4$，最大值为 $y(\pm 2) = 13$.

(2) $y' = \frac{2x}{1+x^2}$，令 $y' = 0$，得 $x = 0$，

又 $y(0) = 0, y(-1) = \ln 2, y(2) = \ln 5$，

所以函数的最小值为 $y(0) = 0$，最大值为 $y(2) = \ln 5$.

(3) $y' = \frac{2x(1+x) - x^2}{(1+x)^2} = \frac{x(x+2)}{(1+x)^2}$，$x \in \left[-\frac{1}{2}, 1\right]$

令 $y' = 0$，得 $x = 0$. 又 $y(0) = 0, y\left(-\frac{1}{2}\right) = \frac{1}{2}, y(1) = \frac{1}{2}$，

所以最小值为 $y(0) = 0$，最大值为 $y\left(-\frac{1}{2}\right) = y(1) = \frac{1}{2}$.

(4) $y' = 1 + \frac{1}{2\sqrt{x}} > 0$，$x \in [0,4]$ 所以最小值为 $y(0) = 0$，最大值为 $y(4) = 6$.

21. **解** $f'(x) = 3ax^2 - 12ax$

令 $f'(x) = 0$，得驻点 $x = 0, x = 4$（在给定区间之外，舍去）.

$f(-1) = -7a + b, f(0) = b, f(2) = -16a + b$，

因题设 $a>0$,那么有 $f(0)>f(-1)>f(2)$,
所以 $b=3,-16a+b=-29$.
解得 $a=2,b=3$.

22. **解**　设容器的底边长为 xm,则高为$\frac{108}{x^2}$m,容器的表面积为

$$S=x^2+4x\frac{108}{x^2}=x^2+\frac{432}{x},x>0$$

$$S'=2x-\frac{432}{x^2},S''=2+\frac{864}{x^3}$$

令 $S'=0$,得 $x=6,S''(6)=6>0$,

所以当底边 $x=6$ (m),高$\frac{108}{x^2}=\frac{108}{6^2}=3$ (m) 时,所用材料最省.

23. **解**　如图 4-5 所示,设这块土地的长为 x,宽为 $y=\frac{216}{x}$,则所需围墙的长度为

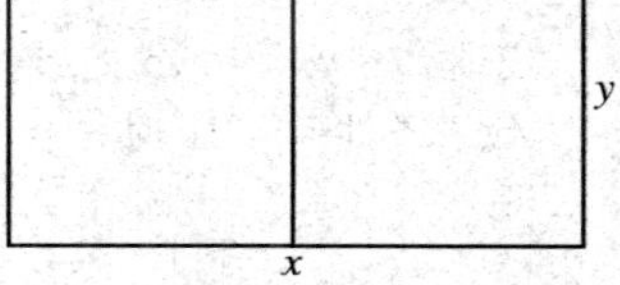

图 4-5

$$l=2x+3y=2x+\frac{648}{x},x>0$$

$$l'=2-\frac{648}{x^2},l''=\frac{1\,296}{x^3}$$

令 $l'=0$,得 $x=18$,而 $l''(18)>0$.

所以当这块土地的长 $x=18$ (m),宽 $y=\frac{216}{18}=12$ (m) 时,所用建筑材料最省.

24. **解**　如图 4-6 所示,设圆柱体半径为 r,高为 h,于是有 $\pi r^2h=300$,若周围部分单位造价为 a,则总造价为

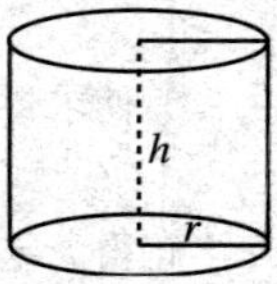

图 4-6

$$y=2\pi rah+2\pi r^2a=2\pi a\left(\frac{300}{\pi r}+r^2\right)$$

令
$$y'=2\pi a\left(\frac{-300}{\pi r^2}+2r\right)=0$$

解得
$$r=\sqrt[3]{\frac{150}{\pi}},h=2r=2\sqrt[3]{\frac{150}{\pi}}$$

因此当底半径 $r=\sqrt[3]{\frac{150}{\pi}}$ m,且圆柱体的直径与高相等时,造价最低.

25. **解**　如图4-7所示,建立数轴. B点在原点,M点处坐标为x,记运费为 y,则依条件有

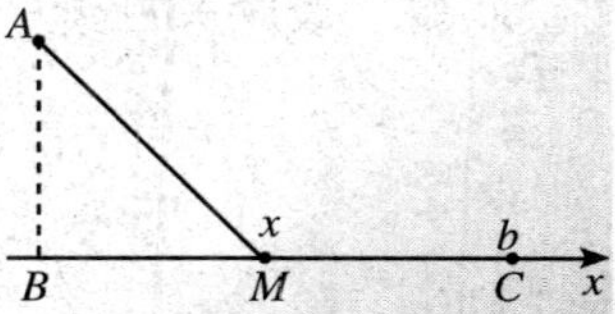

图 4-7

$$y=m\sqrt{a^2+x^2}+n(b-x),x\in[0,b]$$

令 $y'=\frac{mx}{\sqrt{a^2+x^2}}-n=0$,

得驻点 $x=\frac{na}{\sqrt{m^2-n^2}}$,其中 $m>n,0\leqslant x\leqslant b$ 舍负根,

因此,应当将转运站修在距 B 为$\frac{na}{\sqrt{m^2-n^2}}$km,或者等价地,距 C 为$b-\frac{na}{\sqrt{m^2-n^2}}$km 处.

26. **解** 如图 4-8 所示,设 M 距 C 为 $x$km,则大道总长为

$$y=\sqrt{1+x^2}+\sqrt{1.5^2+(3-x)^2},x\in[0,3]$$

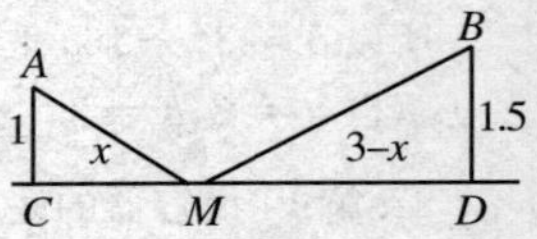

图 4-8

令 $y'=\frac{x}{\sqrt{1+x^2}}+\frac{x-3}{\sqrt{1.5^2+(3-x)^2}}=0$,

得 $\frac{x}{\sqrt{1+x^2}}=\frac{3-x}{\sqrt{1.5^2+(3-x)^2}}$,

解得驻点 $x=1.2$,比较函数 y 在驻点和定义区间的端点的函数值:

$$y(0)=4.354,y(1.2)=3.905,y(3)=4.662$$

可知,将堆货场放在 C、D 之间距 C 为 1.2km 处可使大道总长最短.

27. **解** 设每天来回 n 次,每次拖小船 x 只,记运货总量为 y,则有 $y=nx$. 用微分表示增量. 则从条件知

$$dx=-kdn\ (k>0)\ 或\ d(x+kn)=0$$

于是 $x+kn=c$ 或 $x=-kn+c$(c 为常数),

代入条件 $n=16$ 时 $x=4$ 及 $n=10$ 时 $x=7$ 得

$$4+16k=c\ 及\ 7+10k=c$$

解出 $k=\frac{1}{2}$,$c=12$. 故 $x=-\frac{1}{2}n+12$,$y=-\frac{1}{2}n^2+12n$,

令 $y'=-n+12=0$,得 $n=12$ 从而 $x=6$,

故每日来回 12 次,每次拖 6 只小船可使运货总量最大.

28. **解** 如图 4-9 所示,依题意,在经过时间 t 时,两船相距为

$$d=\sqrt{(82-16t)^2+(20t)^2}$$

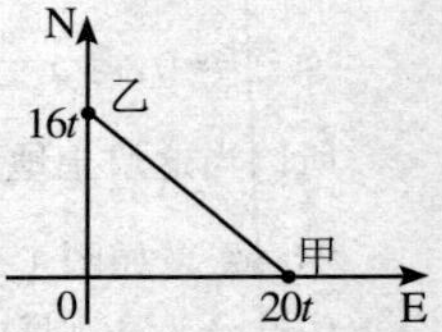

图 4-9

为使求导简单,以 $y=d^2$ 作为目标函数,则从

$$y'=-32(82-16t)+800t=0$$

解得 $t=2$,故在经过 2h 时,两船相距最短.

29. **解** 设 $y=(x-x_1)^2+(x-x_2)^2+\cdots+(x-x_n)^2$

$$y'=2(x-x_1)+2(x-x_2)+\cdots+2(x-x_n)$$

令 $y'=0$,得 $x=\frac{1}{n}(x_1+x_2+\cdots+x_n)$,而 $y''=2n>0$,所以当 $x=\frac{1}{n}(x_1+x_2+\cdots+x_n)$ 时,y 取得最小值.

30. **解** 设应分 n 批生产,则每批生产 $\frac{1000000}{n}$ 件,于是生产准备费和库存费之和为

$$P=1000n+\frac{1}{2}\frac{1000000}{n}\times0.05=1000n+\frac{25000}{n}$$

$$P'=1000-\frac{25000}{n^2},P''=\frac{50000}{n^3}$$

令 $P'=0$,得 $n=5$,而 $P''>0$,所以当 $n=5$ 时,P 取得极小值,即应分 5 批生产,能使总费用最小.

31. **解** 设应分 n 批生产,则每批生产 $\frac{a}{n}$ 件,于是手续费和库存费之和为

$$P=bn+\frac{1}{2}\cdot\frac{a}{n}c=bn+\frac{ac}{2n},P'=b-\frac{ac}{2n^2},P''=\frac{ac}{n^3}$$

令 $P' = 0$，得 $n = \sqrt{\frac{ac}{2b}}$，而 $P'' > 0$，所以当 $n = \sqrt{\frac{ac}{2b}}$ 时，P 取得极小值，即应分 $\sqrt{\frac{ac}{2b}}$ 批生产，能使总费用最小.

32. **分析**　确定函数的凹向及拐点，首先计算二阶导数，曲线上 $y'' > 0$ 对应的弧度是上凹，$y'' < 0$ 对应的弧度是下凹，连续曲线上凹和下凹的分界点称为拐点，拐点出现在 $y'' = 0$ 的点或 y'' 不存在的点.

解　(1) $y' = 2x - 3x^2$，$y'' = 2 - 6x$，

令 $y'' = 0$，得 $x = \frac{1}{3}$.

当 $x < \frac{1}{3}$ 时，$y'' > 0$；　当 $x > \frac{1}{3}$，$y'' < 0$.

所以曲线的上凹区间为 $\left(-\infty, \frac{1}{3}\right)$，下凹区间为 $\left(\frac{1}{3}, +\infty\right)$，拐点为 $\left(\frac{1}{3}, \frac{2}{27}\right)$.

(2) $y' = 15x^4 - 15x^2$，$y'' = 60x^3 - 30x = 30x(\sqrt{2}x + 1)(\sqrt{2}x - 1)$，

令 $y'' = 0$，得 $x_1 = 0$，$x_2 = -\frac{\sqrt{2}}{2}$，$x_3 = \frac{\sqrt{2}}{2}$，

当 $x < -\frac{\sqrt{2}}{2}$ 时，$y'' < 0$；当 $-\frac{\sqrt{2}}{2} < x < 0$ 时，$y'' > 0$；

当 $0 < x < \frac{\sqrt{2}}{2}$，$y'' < 0$；当 $x > \frac{\sqrt{2}}{2}$ 时，$y'' > 0$.

所以曲线的上凹区间为 $\left(-\frac{\sqrt{2}}{2}, 0\right) \cup \left(\frac{\sqrt{2}}{2}, +\infty\right)$，下凹区间为 $\left(-\infty, -\frac{\sqrt{2}}{2}\right) \cup \left(0, \frac{\sqrt{2}}{2}\right)$，拐点为 $(0,0)$，$\left(-\frac{\sqrt{2}}{2}, \frac{7}{8}\sqrt{2}\right)$，$\left(\frac{\sqrt{2}}{2}, -\frac{7}{8}\sqrt{2}\right)$.

(3) $y' = \frac{2x}{1+x^2}$，$y'' = \frac{2(1+x^2) - 4x^2}{(1+x^2)^2} = -\frac{2(x+1)(x-1)}{(1+x^2)^2}$，

令 $y'' = 0$，得 $x_1 = -1$，$x_2 = 1$.

当 $x < -1$ 时，$y'' < 0$；当 $-1 < x < 1$ 时，$y'' > 0$，当 $x > 1$ 时，$y'' < 0$，所以曲线的上凹区间为 $(-1,1)$，下凹区间为 $(-\infty, -1) \cup (1, +\infty)$，拐点为 $(1, \ln 2)$ 和 $(-1, \ln 2)$.

(4) $y' = \frac{2(1-x^2)}{(1+x^2)^2}$，$y'' = \frac{4x(x^2-3)}{(1+x^2)^3}$.

令 $y'' = 0$，得 $x_1 = 0$，$x_2 = -\sqrt{3}$，$x_3 = \sqrt{3}$.

当 $x < -\sqrt{3}$ 时，$y'' < 0$；当 $-\sqrt{3} < x < 0$ 时，$y'' > 0$；

当 $0 < x < \sqrt{3}$ 时，$y'' < 0$；当 $x > \sqrt{3}$ 时，$y'' > 0$.

所以曲线的上凹区间为 $(-\sqrt{3}, 0) \cup (\sqrt{3}, +\infty)$，下凹区间为 $(-\infty, -\sqrt{3}) \cup (0, \sqrt{3})$，拐点为 $(0,0)$，$\left(-\sqrt{3}, -\frac{\sqrt{3}}{2}\right)$，$\left(\sqrt{3}, \frac{\sqrt{3}}{2}\right)$.

(5) $y' = (x+1)e^x$，$y'' = (x+2)e^x$，

令 $y'' = 0$，得 $x = -2$.

当 $x < -2$ 时，$y'' < 0$；当 $x > -2$ 时，$y'' > 0$.

所以曲线的上凹区间为 $(-2, +\infty)$，下凹区间为 $(-\infty, -2)$，拐点为 $(-2, -2e^{-2})$，

(6) $y' = -e^{-x}$，$y'' = e^{-x} > 0$，曲线在 $(-\infty, +\infty)$ 为上凹的，无拐点.

(7)$y'=\frac{1}{3}x^{-\frac{2}{3}}$,$y''=-\frac{2}{9}x^{-\frac{5}{3}}=-\frac{2}{9\sqrt[3]{x^5}}$,

$y''\neq 0$;令$\frac{1}{y''}=0$,得$x=0$,当$x<0$时,$y''>0$;$x>0$时$y''<0$,所以曲线的上凹区间为$(-\infty,0)$,下凹区间为$(0,+\infty)$,拐点为$(0,0)$.

33. **解** $y'=3ax^2+2bx+c$,$y''=6ax+2b$,

由题设,点$x=0$处有极值$y=0$,即当$x=0$时,$y=0$,可得$d=0$.

由$x=0$处有极值,可知$y'\Big|_{x=0}=0$,可得$c=0$.(可导函数的极值点一定是驻点)

由题设,点$(1,1)$是拐点,则$y''\Big|_{x=1}=0$,可得$3a+b=0$.

由$x=1$时,$y=1$,有$a+b=1$.(曲线拐点一定在此曲线上)

解方程组$\begin{cases}3a+b=0\\a+b=1\end{cases}$,可得$a=-\frac{1}{2}$,$b=\frac{3}{2}$.

于是得出$a=-\frac{1}{2}$,$b=\frac{3}{2}$,$c=0$,$d=0$.

34. **解** $y'=\frac{1-x}{e^x}$,$y''=\frac{x-2}{e^x}$,

令$y''=0$,得$x=2$.当$x=2$时,$y=\frac{2}{e^2}$.

当$x<2$时,$y''<0$,当$x>2$时,$y''>0$,所以$\left(2,\frac{2}{e^2}\right)$是曲线的拐点.

点$\left(2,\frac{2}{e^2}\right)$处的切线斜率为$y'\Big|_{x=2}=-\frac{1}{e^2}$,

于是,切线方程为$y-\frac{2}{e^2}=-\frac{1}{e^2}(x-2)$,即$y=\frac{1}{e^2}(4-x)$.

35. **分析** 曲线的渐近线分为三类:

① 若$\lim\limits_{x\to\pm\infty}y=y_0$,水平渐近线$y=y_0$.

② 若$\lim\limits_{x\to\pm x_0}y=\infty$,铅垂渐近线$x=x_0$.

③ 若$a=\lim\limits_{x\to\pm\infty}\frac{y}{x}$,$b=\lim\limits_{x\to\pm\infty}(y-ax)$,斜渐近线$y=ax+b$.

上述极限只要有一个单侧极限成立即可.

解 (1) 因为$\lim\limits_{x\to-\infty}e^x=0$,所以$y=0$是$y=e^x$的水平渐近线.

(2) 因为$\lim\limits_{x\to\infty}e^{-x^2}=0$,所以$y=0$是曲线$y=e^{-x^2}$的水平渐近线.

(3) 因为$\lim\limits_{x\to 0^+}\ln x=-\infty$,所以$x=0$是曲线$y=\ln x$的铅垂渐近线.

(4) 因为$\lim\limits_{x\to\infty}e^{-\frac{1}{x}}=1$,$\lim\limits_{x\to 0^-}e^{-\frac{1}{x}}=+\infty$,所以$y=1$是曲线$y=e^{-\frac{1}{x}}$的水平渐近线,$x=0$是曲线$y=e^{-\frac{1}{x}}$的铅垂渐近线.

(5) 因为$\lim\limits_{x\to-\infty}\frac{e^x}{1+x}=0$及$\lim\limits_{x\to-1}\frac{e^x}{1+x}=\infty$,所以$y=0$是曲线$y=\frac{e^x}{1+x}$的水平渐近线;$x=-1$为曲线$y=\frac{e^x}{1+x}$的铅垂渐近线.

(6) 因为 $\lim\limits_{x\to+\infty}\dfrac{x+e^{-x}}{x}=1=a$，$\lim\limits_{x\to+\infty}[x+e^{-x}-x]=0=b$，所以曲线 $y=x+e^{-x}$ 的斜渐近线 $y=x$.

(7) 因为 $\lim\limits_{x\to0}xe^{\frac{1}{x^2}}=\lim\limits_{x\to0}\dfrac{e^{\frac{1}{x^2}}}{\frac{1}{x}}=\lim\limits_{x\to0}\dfrac{e^{\frac{1}{x^2}}\left(-\frac{2}{x^3}\right)}{-\frac{1}{x^2}}=\lim\limits_{x\to0}\dfrac{2}{x}e^{\frac{1}{x^2}}=\infty$，所以 $x=0$ 是曲线 $y=xe^{\frac{1}{x^2}}$ 的铅垂渐近线. 又 $\lim\limits_{x\to\infty}\dfrac{xe^{\frac{1}{x^2}}}{x}=\lim\limits_{x\to\infty}e^{\frac{1}{x^2}}=1=a$，

$$\lim_{x\to\infty}(xe^{\frac{1}{x^2}}-x)=\lim_{x\to\infty}\frac{e^{\frac{1}{x^2}}-1}{\frac{1}{x}}\xlongequal{\frac{\infty}{\infty}}\lim_{x\to\infty}e^{\frac{1}{x^2}}\cdot\frac{\left(-\frac{2}{x^3}\right)}{-\frac{1}{x^2}}=\lim_{x\to\infty}\frac{2}{x}e^{\frac{1}{x^2}}=0=b.$$

所以 $y=x$ 是曲线 $y=xe^{\frac{1}{x^2}}$ 的斜渐近线.

(8) 因为 $\lim\limits_{x\to1}\dfrac{x^3}{(x-1)^2}=\infty$，所以 $x=1$ 是曲线 $y=\dfrac{x^3}{(x-1)^2}$ 的铅垂渐近线.

又 $\lim\limits_{x\to\infty}\dfrac{x^3}{x(x-1)^2}=1=a$，$\lim\limits_{x\to\infty}\left(\dfrac{x^3}{(x-1)^2}-x\right)=2=b$，

所以 $y=x+2$ 是曲线 $y=\dfrac{x^3}{(x-1)^2}$ 的斜渐近线.

36. **解**　(1) $y'=3-3x^2=3(1-x)(1+x)$，$y''=-6x$，

如图 4-10 所示，函数 y 是奇函数，无渐近线，极值点在 $x=\pm1$ 处，拐点为 $(0,0)$.

(2) $y'=\dfrac{-2x}{(1+x^2)^2}$，$y''=-\dfrac{2(1-3x^2)}{(1+x^2)^3}$，

如图 4-11 所示，函数 y 是偶函数，渐近线是 $y=0$，极值点在 $x=0$ 处，拐点为 $\left(-\dfrac{\sqrt{3}}{3},\dfrac{3}{4}\right)$ 及 $\left(\dfrac{\sqrt{3}}{3},\dfrac{3}{4}\right)$.

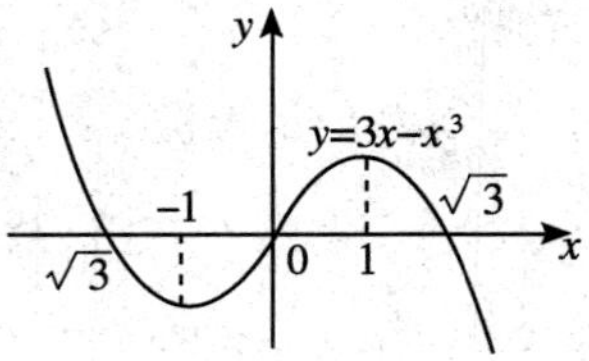

图 4-10

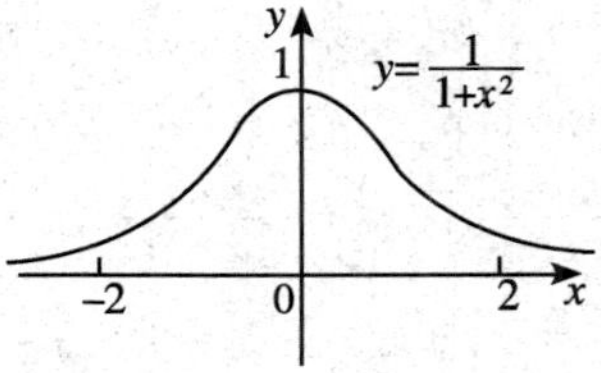

图 4-11

(3) $y'=\dfrac{2x}{1+x^2}$，$y''=\dfrac{2(1-x^2)}{(1+x^2)^2}$

如图 4-12 所示，函数 y 是偶函数，无渐近线，拐点为 $(-1,\ln2)$ 及 $(1,\ln2)$.

(4) $y'=\dfrac{2(1-x^2)}{(1+x^2)^2}$，$y''=\dfrac{4x(x^2-3)}{(1+x^2)^3}$，

如图 4-13 所示，函数 y 是奇函数，渐近线为 $y=0$，拐点为 $(0,0)$，$\left(-\sqrt{3},-\dfrac{\sqrt{3}}{2}\right)$ 及 $\left(\sqrt{3},\dfrac{\sqrt{3}}{2}\right)$. 极值点在 $x=\pm1$ 处.

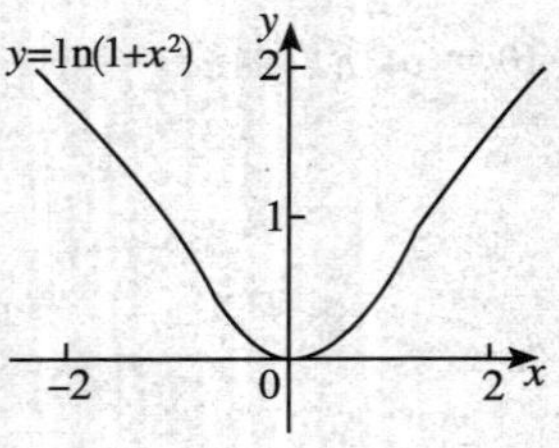

图 4 - 12

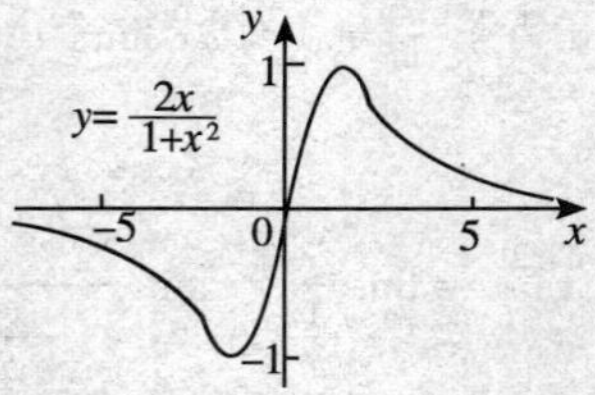

图 4 - 13

(5)$y' = e^{-x}(1-x)$,$y'' = e^{-x}(x-2)$,

如图 4 - 14 所示,渐近线为 $y=0$,拐点为$\left(2,\dfrac{2}{e^2}\right)$. 最大值点在 $x=1$ 处.

(6)$y' = \dfrac{3}{2}\cdot\dfrac{2-x}{\sqrt{3-x}}$,$y'' = \dfrac{3}{4}\cdot\dfrac{x-4}{(3-x)^{\frac{3}{2}}}$,

如图 4 - 15 所示,定义域是$(-\infty,3)$,最大值点在 $x=2$ 处,函数 y 在$(-\infty,3)$ 上下凹,过原点.

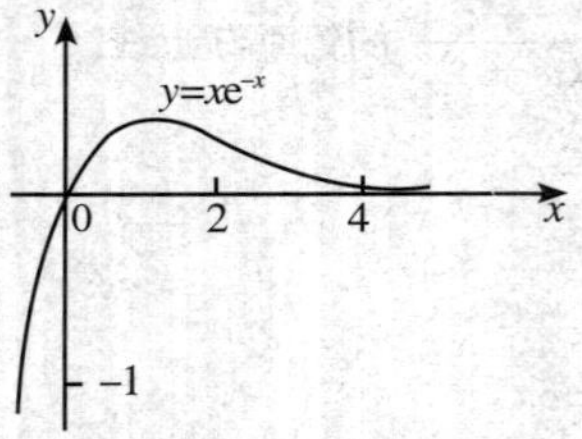

图 4 - 14

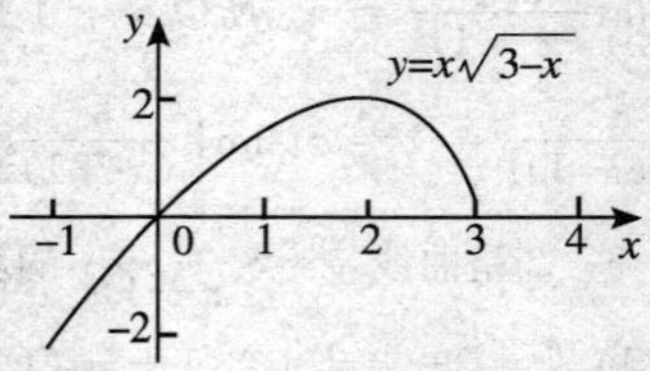

图 4 - 15

(7)$y' = \dfrac{16x}{(x^2-4)^2}$,$y'' = \dfrac{-16(3x^2+4)}{(x^2-4)^3}$,

如图 4 - 16 所示,定义域是$(-\infty,-2)\cup(-2,2)\cup(2,+\infty)$,$y$ 在区间$(-2,2)$ 为上凹,在区间$(-\infty,-2)$ 以及$(2,+\infty)$ 上为下凹,无拐点. 渐近线为$x=-2$ 及 $x=2$ 和 $y=0$.

(8)$y' = \dfrac{(x-3)(x+1)}{4(x-1)^2}$,$y'' = \dfrac{2}{(x-1)^3}$,

如图 4 - 17 所示,定义域是$(-\infty,1)\cup(1,+\infty)$,渐近线为 $x=1$ 和 $y=\dfrac{1}{4}x-\dfrac{5}{4}$,极大值点在 $x=-1$ 处,极小值点在 $x=3$,在$(-\infty,1)$ 内下凹,在$(1,+\infty)$ 内上凹,无拐点.

(9)$y' = \dfrac{(x-3)x^2}{(x-1)^3}$,$y'' = \dfrac{6x}{(x-1)^4}$,

如图 4 - 18 所示,渐近线为 $x=1$ 及 $y=x+2$,极小值点是$\left(3,\dfrac{27}{4}\right)$,在区间$(-\infty,0)$ 内下凹,在区间$(0,1)$ 及区间$(1,+\infty)$ 内上凹,拐点为$(0,0)$.

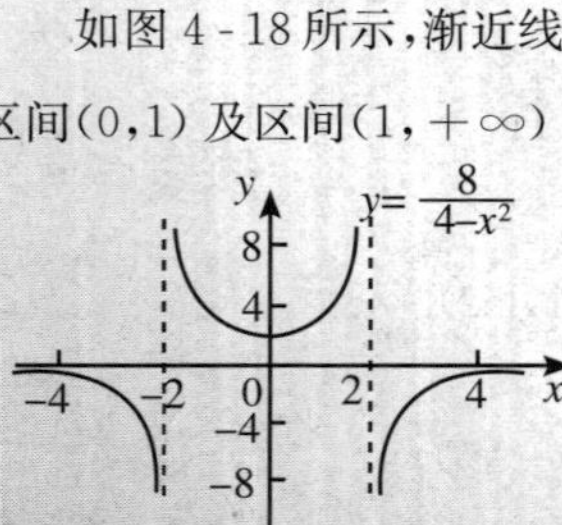

图 4 - 16

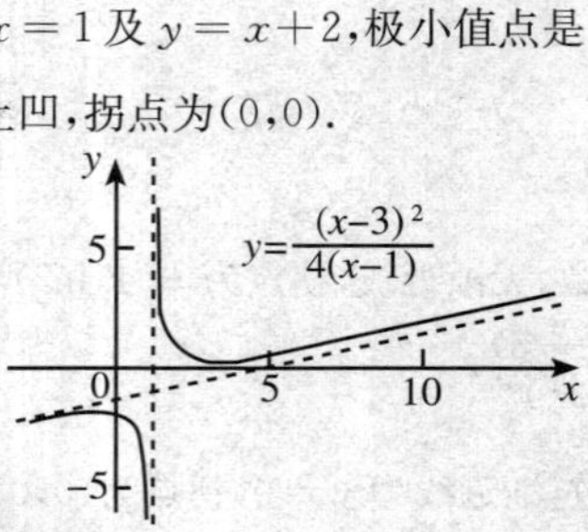

图 4 - 17

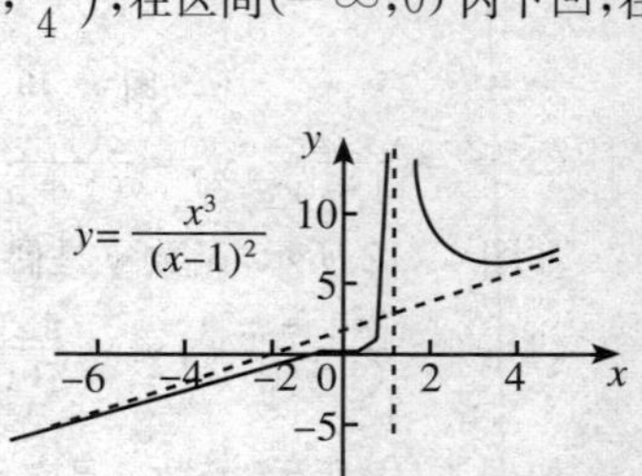

图 4 - 18

(10) $y=\frac{3}{5}x^{\frac{5}{3}}-\frac{3}{2}x^{\frac{2}{3}}$ 定义域为$(-\infty,+\infty)$，$y'=x^{\frac{2}{3}}-x^{-\frac{1}{3}}=\frac{x-1}{\sqrt[3]{x}}$，

$y''=\frac{2}{3}x^{-\frac{1}{3}}+\frac{1}{3}x^{-\frac{4}{3}}=\frac{2x+1}{3\sqrt[3]{x^4}}$，令 $y'=0$，得 $x=1$；令$\frac{1}{y'}=0$，得 $x=0$；令 $y''=0$，得 $x=-\frac{1}{2}$，当 $x<-\frac{1}{2}$ 时，$y'>0$，$y''<0$，所以 y 递增且下凹.

当$-\frac{1}{2}<x<0$ 时，$y'>0$，$y''>0$，y 上凹递增.

当 $0<x<1$ 时，$y'<0$，$y''>0$，y 上凹递减.

当 $x>1$ 时，$y'>0$，$y''>0$，y 上凹递增.

极大值点在 $x=0$ 处；极小值点在 $x=1$ 处.

函数图像如图 4 - 19 所示.

(11) $y'=-2e^{-\frac{x}{2}}$，$y''=e^{-\frac{x}{2}}$，

如图 4 - 20 所示，渐近线为 $y=0$，在定义域$(-\infty,+\infty)$内单调减，上凹.

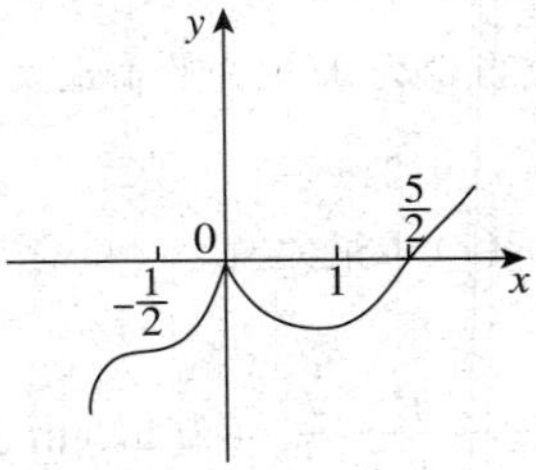

图 4 - 19

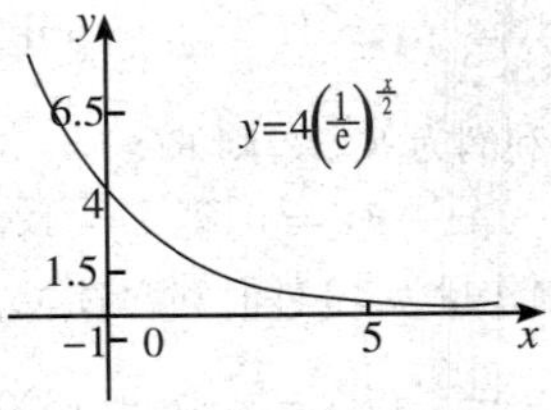

图 4 - 20

37. **解**　$C'(x)=7+\frac{25}{\sqrt{x}}$，$\overline{C}=\frac{1000}{x}+7+\frac{50}{\sqrt{x}}$，

(1) $C'(100)=7+2.5=9.5$(元 /t)(边际成本定义)

(2) $\overline{C}=10+7+5=22$(元 /t)(由平均单位成本定义)

故当日产量为 100t 时的边际成本为 9.5 元 /t，平均单位成本为 22 元 /t.

38. **解**　(1) $C(900)=1100+\frac{1}{1200}\times 900^2=1775$(元)，

$\overline{C}(900)=\frac{C(900)}{900}=\frac{1775}{900}\approx 1.972$(元)，(由平均单位成本定义)

即生产 900 单位时的总成本为 1775 元，平均单位成本约为 1.972 元.

(2) $\frac{C(1000)-C(900)}{1000-900}=\frac{1100+\frac{10000}{12}-1775}{100}\approx 1.583$，

即生产 900 到 1000 单位时总成本的平均变化率为 1.583.

(3) $C'(x)=\frac{x}{600}$，$C'(900)=\frac{900}{600}=1.5$(元)，$C'(1000)=\frac{1000}{600}\approx 1.667$(元)，

即生产 900 单位时的边际成本为 1.5 元，生产 1000 单位时的边际成本约为1.667 元.

39. **解** $R(50)=200\times 50-0.01\times 50^2=9975$(元),$\overline{R}(50)=\dfrac{R(50)}{50}=\dfrac{9975}{50}=199.5$(元)

$R'(x)=200-0.02x, R'(50)=200-0.02\times 50=199$(元)(由定义知)

40. **解** $L'(x)=1-0.00002x$,令 $L'(x)=0$ 得 $x=5000$,

$L''(x)=-0.00002<0$,所以生产 50000 单位时,获得的利润最大.

41. **解** $L(x)=R(x)-C(x)=5x-0.01x^2-200$(元)

由 $L'(x)=5-0.02x=0$ 得驻点 $x=250$. 故每批生产 250 单位可以使利润最大.

42. **解** (1)$R(Q)=PQ=\left(10-\dfrac{Q}{5}\right)Q, R'(Q)=10-\dfrac{2}{5}Q$,故 $Q=20$ 时

$$R(20)=120, \overline{R}(20)=R(20)/20=6$$

$$R'(20)=10-\frac{2}{5}\times 20=2$$

当 $Q=30$ 时,同样求出 $R(30)=120, \overline{R}(30)=120/30=4$,

$$R'(30)=10-\frac{2}{5}\times 30=-2$$

(2) 令 $R'(Q)=10-\dfrac{2Q}{5}=0$,得出驻点为 $Q=25$,故当 Q 为 25 时总收益最大.

43. **解** 设利润为 $R(x)$,则 $R(x)=30x-C(x)=-x^2+24x+10$.

令 $R'(x)=-2x+24=0$,得 $x=12$,故 $x=12$ 时,$R(x)$ 取最大值.

所以,当周制作量为 12 件时利润最大.

*44. **解** $\eta=-f'(P)\dfrac{P}{f(P)}=-1600\left(\dfrac{1}{4}\right)^P\ln\dfrac{1}{4}\cdot\dfrac{P}{1600\left(\dfrac{1}{4}\right)^P}=2P\ln 2$(由定义知)

*45. **解** $\eta=-Q'\dfrac{P}{Q}=\dfrac{1}{4}e^{-\frac{P}{4}}\dfrac{P}{e^{-\frac{P}{4}}}=\dfrac{1}{4}P$(由定义知),于是 $\eta(3)=\dfrac{3}{4}, \eta(4)=1, \eta(5)=\dfrac{5}{4}$.

*46. **解** (由定义知)$\varepsilon=Q'\dfrac{P}{Q}=\dfrac{3P}{2+3P}\Big|_{P=3}=\dfrac{9}{2+9}=\dfrac{9}{11}$

*47. **解** (1)$Q'=-2P, Q'(4)=-8$.

经济意义:当价格 $P=4$ 时,若价格上涨(或下跌)一个单位,即价格为 $P=5$(或 $P=3$)时,需求量 Q 将减少(或增加)8 个单位.

(2)$\eta=-Q'\dfrac{P}{Q}=2P\dfrac{P}{75-P^2}=\dfrac{2P^2}{75-P^2}, \eta(4)=\dfrac{2\times 16}{75-16}=\dfrac{32}{59}\approx 0.542$

经济意义:当价格在 $P=4$ 时,若价格上涨(或下跌)1%,需求则减少(或增加)约 0.542%.

(3) 收益函数 $P=PQ=75P-P^3$,

收益弹性

$$\frac{ER}{EP}=R'\frac{P}{R}=(75-3P^2)\frac{P}{75P-P^3}=\frac{75-3P^2}{75-P^2}$$

$$\frac{ER}{EP}\Big|_{P=4}=\frac{75-3\times 16}{75-16}=\frac{27}{59}\approx 0.458$$

即 $P=4$ 时,由 $\eta(4)\approx 0.542>1$ 知,若价格 P 上涨 1%,总收益增加,增加约0.458%.

(4)
$$\eta(6)=\frac{2\times 36}{75-36}=\frac{72}{39}\approx 1.846$$
$$\left.\frac{ER}{EP}\right|_{P=6}=\frac{75-3\times 36}{75-36}=-\frac{33}{39}\approx -0.846$$

当 $P=6$ 时，由 $\eta(6)\approx 1.846>1$ 知，若价格 P 上涨 1%，总收益减少，减少约0.846%.

(5)$P'=75-3P^2$，令 $R'=0$ 得 $P=5$
$$R''=-6P, R''(5)<0$$

故当 $P=5$ 时，总收益最大.

或由 $\eta=\frac{2P^2}{75-P^2}$，令 $\eta=1$，即$\frac{2P^2}{75-P^2}=1$ 得 $P=5$.

(B)

1. **解** (A) 中 $y=x^2-5x+6$ 显然在$[2,3]$上连续，在$(2,3)$内可导，且 $f(2)=f(3)=0$，满足罗尔定理的条件.

(B) 中给定函数在点 $x=1$ 处不连续.

(C) 中给定函数 $f(0)\neq f(1)$.

(D) 中给定函数在点 $x=5$ 处没有左连续.

故答案选(A).

2. **解** (A) 中$\lim\limits_{x\to 0}f(x)=\lim\limits_{x\to 0}\sin\frac{1}{x}$ 不存在，因此 $f(x)$ 在$[-1,1]$上点 $x=0$ 处不连续，不满足条件.

(B) 中$\lim\limits_{x\to 0}\varphi(x)=\lim\limits_{x\to 0}x\sin\frac{1}{x}=0=\varphi(0)$，

$\lim\limits_{x\to 0}\frac{\varphi(x)-\varphi(0)}{x}=\lim\limits_{x\to 0}\frac{x\sin\frac{1}{x}}{x}=\lim\limits_{x\to 0}\sin\frac{1}{x}$ 不存在，即 $f'(0)$ 不存在，不满足条件.

(C) 中$\lim\limits_{x\to 0}g(x)=\lim\limits_{x\to 0}x^2\sin\frac{1}{x}=0=g(0)$，

$\lim\limits_{x\to 0}\frac{g(x)-g(0)}{x}=\lim\limits_{x\to 0}\frac{x^2\sin\frac{1}{x}}{x}=\lim\limits_{x\to 0}x\sin\frac{1}{x}=0=g'(0)$，

$g(-1)=-\sin 1, g(1)=\sin 1, g(-1)\neq g(1)$，

因而 $g(x)$ 在$[-1,1]$上连续，在$(-1,1)$内可导，但 $g(-1)\neq g(1)$，不满足条件.

(D) 中$\lim\limits_{x\to 0}h(x)=\lim\limits_{x\to 0}x^2\sin\frac{1}{x^2}=0=h(0)$，

$\lim\limits_{x\to 0}\frac{h(x)-h(0)}{x}=\lim\limits_{x\to 0}\frac{x^2\sin\frac{1}{x^2}}{x}=\lim\limits_{x\to 0}x\sin\frac{1}{x^2}=0=h'(0)$，

$h(-1)=\sin 1, h(1)=\sin 1, h(-1)=h(1)$，

因而，$h(x)$ 在$[-1,1]$上连续，在$(-1,1)$内可导，且 $h(-1)=h(1)$，所以 $h(x)$ 在$[-1,1]$上满足罗尔定理的条件.

故答案选(D).

3. **解** $f'(x)=1-\frac{1}{2}x^{-\frac{2}{3}}$,其定义域为 $x\neq 0$.

(A) 中 $f(x)$ 显然在[0,1]上连续,在(0,1)内可导,所以 $f(x)$ 在[0,1]上满足拉格朗日定理的条件.

(B) 中 $f(x)$ 在点 $x=0$ 处不可导,所以 $f(x)$ 在[−1,1]上不满足拉格朗日定理的条件. 显然 $f(x)$ 在(C)(D)中给定的闭区间上连续,在相应的开区间内可导,故均满足拉格朗日定理的条件.

故答案选(B).

4. **解** (A) 中极限不是“$\frac{0}{0}$”型或“$\frac{\infty}{\infty}$”型未定式.(无穷小乘有界函数仍为无穷小)

(B) 中$\lim\limits_{x\to 0}\frac{\sin x}{x}$是“$\frac{0}{0}$”型未定式,满足洛必达法则的条件,可以使用洛必达法则.

(C) 中极限为$\frac{\infty}{1}$,不满足洛必达法则的条件.

(D) 中$\lim\limits_{x\to 0}\frac{x^2\sin\frac{1}{x}}{\sin x}$虽然是“$\frac{0}{0}$”型未定式,但其分子、分母的导数比的极限为$\lim\limits_{x\to 0}\frac{2x\sin\frac{1}{x}-\cos\frac{1}{x}}{\cos x}$.

此极限不等于常数或 ∞,不符合洛必达法则的第三个条件,因此不能使用洛必达法则.

故答案选(B).

5. **解** $\lim\limits_{x\to 0}\frac{2^x+3^x-2}{x}\overset{\frac{0}{0}}{=\!=}\lim\limits_{x\to 0}\frac{2^x\ln 2+3^x\ln 3}{1}=\ln 2+\ln 3=\ln 6\neq 1$(利用洛必达法则)

所以当 $x\to 0$ 时,$2x+3x-2$ 与 x 是同阶但非等价无穷小量.

故答案选(B).

6. **解** $f'(x)=\mathrm{e}^x-\mathrm{e}^{-x}=\frac{\mathrm{e}^{2x}-1}{\mathrm{e}^x}$,

即当 $x<0$ 时,$f'(x)<0$,

当 $x>0$ 时,$f'(x)>0$.

可见 $f(x)$ 在(−1,1)内有增有减. 故答案选(D).

7. **解** $f'(x)=2ax$,由于 $f(x)$ 在区间$(0,+\infty)$为单增,则有 $f'(x)>0$. 从而 $a>0$,b 可为任意实数. 故答案选(B).

8. **解** $y'=\frac{1+x^2}{(1-x^2)^2}$,显然 $x\neq 1$ 时,$y'>0$,所以 $y=\frac{x}{1-x^2}$ 在(−1,1)内单调增加,无极值. 故答案选(A).

9. **解** 根据取极值的必要条件. 故答案选(D).

10. **解** 根据取极值的条件,故答案选(B).

11. **解** 函数定义域为$(-\infty,+\infty)$.

$y'=3x^2+12>0$,图形单调增加.

$y''=6x$,$x\in(-\infty,0)$ 时,$y''<0$,图形下凹;$x\in(0,+\infty)$ 时,$y''>0$,图形上凹.

故答案选(A).

12. **解** 由于 $f'(x)<0$,故图形单调减少. 由于 $f''(x)<0$,故图形下凹. 故答案选(D).

13. **解**　答案选(D).

14. **解**　$y' = 5x^4 + 3x^2, y'' = 20x^3 + 6x = 2x(10x^2 + 3)$,
可见 $y' \geqslant 0$,所以函数单调增加. 令 $y'' = 0$,得 $x = 0$,$(0,0)$ 为拐点. 故答案选(D).

15. **解**　$f(x) = \begin{cases} -x^{\frac{1}{3}}, & x < 0 \\ x^{\frac{1}{3}}, & x \geqslant 0 \end{cases}$,

$\lim\limits_{x \to 0^-} f(x) = \lim\limits_{x \to 0^-} (-x^{\frac{1}{3}}) = 0, \lim\limits_{x \to 0^+} f(x) = \lim\limits_{x \to 0^+} x^{\frac{1}{3}} = 0$,

$\lim\limits_{x \to 0} f(x) = \lim\limits_{x \to 0^-} f(x) = \lim\limits_{x \to 0^+} f(x) = 0 = f(0)$,所以 $f(x)$ 在点 $x = 0$ 处连续.

$f'(0) = \lim\limits_{x \to 0^-} \dfrac{-x^{\frac{1}{3}} - 0}{x} = \lim\limits_{x \to 0^-} -x^{-\frac{2}{3}}$,(极限不存在)

所以 $f(x)$ 在点 $x = 0$ 处不可导.

$f'(x) \begin{cases} -\dfrac{1}{3}x^{-\frac{2}{3}}, x < 0 \\ \dfrac{1}{3}x^{-\frac{2}{3}}, x > 0 \end{cases}$,

当 $x < 0$ 时,$f'(x) < 0$;当 $x > 0$ 时,$f'(x) > 0$,
所以 $f(x)$ 在点 $x = 0$ 处有极小值.

$f''(x) = \begin{cases} \dfrac{2}{9}x^{-\frac{5}{3}}, & x < 0 \\ -\dfrac{2}{9}x^{-\frac{5}{3}}, & x > 0 \end{cases}$,

显然 $f''(x) < 0$,所以 $f(x)$ 无拐点.
故答案选(B).

16. **解**　(A) $y = x^2, y' = 2x, y'' = 2$. 曲线上凹,点$(0,0)$ 为极小点,非拐点.
(B) $y = x^3, y' = 3x^2, y'' = 6x$. 令 $y'' = 0$,得 $x = 0$. 当 $x < 0$ 时,$y'' < 0$;
当 $x > 0$ 时,$y'' > 0$,故$(0,0)$ 为曲线拐点.
(C) $y' = 4x^3, y'' = 12x^2 \geqslant 0$,所以 $y = x^4$ 无拐点.
(D) $y' = \dfrac{2}{3}x^{-\frac{1}{3}}, y'' = -\dfrac{2}{9}x^{-\frac{4}{3}} \leqslant 0$,所以也无拐点.
故答案选(B).

17. **解**　$f(x) = x^3 + ax^2 + bx + c, f'(x) = 3x^2 + 2ax + b, f''(x) = 6x + 2a$.
由 $f(0) = 0$,可得 $c = 0$;由 $f'(0) = 0$,可得 $b = 0$. 故(A) 正确.
当 $a > 0$ 时,$f''(0) > 0$,所以 $f(0)$ 为极小值;当 $a < 0$ 时,$f''(0) < 0$,所以 $f(0)$ 为极大值. 故(B),(C) 正确.
当 $a \neq 0$ 时,$f''(0) = 2a \neq 0$,因 $f(x)$ 为多项式函数,拐点必在 $f''(x) = 0$ 处取得,所以点$(0, f(0))$ 非拐点.
故答案选(D).

18. **解**　令 $f(x) = \dfrac{x}{1 - x^2}, \lim\limits_{x \to \infty} f(x) = 0$,所以 $y = 0$ 为一条水平渐近线. $\lim\limits_{x \to \pm 1} f(x) = \infty$,所以

$x=\pm 1$ 为两条铅垂渐近线. $y=\dfrac{x}{1-x^2}$ 无斜渐近线. 故答案选(C).

19. **解** 由题 $\lim\limits_{x\to\infty}\dfrac{1}{f(x)}=0$,所以 $\lim\limits_{x\to\infty}f(x)=\infty$,故答案选(B).

20. **解** 若 $\lim\limits_{x\to 0}f(x)=0$,则有 $\lim\limits_{x\to 0}\dfrac{1}{f(x)}=\infty$,于是 $x=0$ 是 $y=\dfrac{1}{f(x)}$ 的铅垂渐近线. (A),(B),(D) 中的条件下,$y=\dfrac{1}{f(x)}$ 无铅垂渐近线. 故答案选(C).

21. **解** 设 $y=f(x)=\dfrac{2x}{1+x^2}$.

(A) 中 $f(-x)=\dfrac{-2x}{1+x^2}=-f(x)$,所以函数是奇函数,且因为 $\left|\dfrac{2x}{1+x^2}\right|\leqslant\left|\dfrac{1+x^2}{1+x^2}\right|\leqslant 1$,所以函数有界.

(B) 中 $y'=\dfrac{2(1-x^2)}{(1+x^2)^2}$.

令 $y'=0$,得 $x=\pm 1$. 当 $x<-1$ 时,$y'<0$;当 $-1<x<1$ 时,$y'>0$;当 $x>1$ 时,$y'<0$. 所以 $f(x)$ 有两个极值点,点 $x=-1$ 处有极小值,点 $x=1$ 处有极大值.

(C) 中 $y''=\dfrac{-4x(1+x^2)^2-2(1+x^2)4x(1-x^2)}{(1+x^2)^4}=\dfrac{4x(x^2-3)}{(1+x^2)^3}$,

令 $y''=0$,得 $x=0$,$x=\pm\sqrt{3}$. 当 $x<-\sqrt{3}$ 时,$y''<0$;当 $-\sqrt{3}<x<0$ 时,$y''>0$;当 $0<x<\sqrt{3}$,$y''<0$;当 $x>\sqrt{3}$ 时,$y''>0$. 所以 $f(x)$ 有三个拐点 $\left(-\sqrt{3},-\dfrac{\sqrt{3}}{2}\right)$,$(0,0)$,$\left(\sqrt{3},\dfrac{\sqrt{3}}{2}\right)$.

(D) 中 $\lim\limits_{x\to\pm\infty}\dfrac{2x}{1+x^2}=0$,所以 $y=0$ 为水平渐近线,无铅垂渐近线及斜渐近线. 故答案选(C).

22. **解** (B) 中 $y'=\dfrac{3x^2(1-x^2)+2x^4}{(1-x^2)^2}=\dfrac{3x^2-x^4}{(1-x^2)^2}=\dfrac{x^2(3-x^2)}{(1-x^2)^2}$,

令 $y'=0$,得 $x=0$,$x=\pm\sqrt{3}$. 当 $x<-\sqrt{3}$ 时,$y'<0$;当 $-\sqrt{3}<x<\sqrt{3}$ 且 $x\neq\pm 1$ 时,$y'>0$;当 $x>\sqrt{3}$ 时,$y'<0$. 所以 $f(x)$ 有两个极值点,点 $x=-\sqrt{3}$ 处有极小值,点 $x=\sqrt{3}$ 处有极大值.

(C) 中 $y''=\dfrac{2x(3+x^2)}{(1-x^2)^3}$,

令 $y''=0$,得 $x=0$. 令 $\dfrac{1}{y''}=0$,得 $x=\pm 1$ 为间断点,函数不连续.

当 $-1<x<0$ 时,$y''<0$;当 $0<x<1$ 时,$y''>0$,所以 $f(x)$ 有一个拐点 $(0,0)$.

(D) 中 $\lim\limits_{x\to\pm\infty}\dfrac{x^3}{1-x^2}=\infty$,所以 $x=\pm 1$ 是两条铅垂渐近线.

$\lim\limits_{x\to\infty}\dfrac{f(x)}{x}=\lim\limits_{x\to\infty}\dfrac{x^2}{1-x^2}=-1$,$\lim\limits_{x\to\infty}\left[\dfrac{x^3}{1-x^2}-(-x)\right]=\lim\limits_{x\to\infty}\dfrac{x}{1-x^2}=0$,

所以 $y=-x$ 为斜渐近线. 因此,该函数共有三条渐近线.

故答案选(D).

第五章　不定积分

知识结构

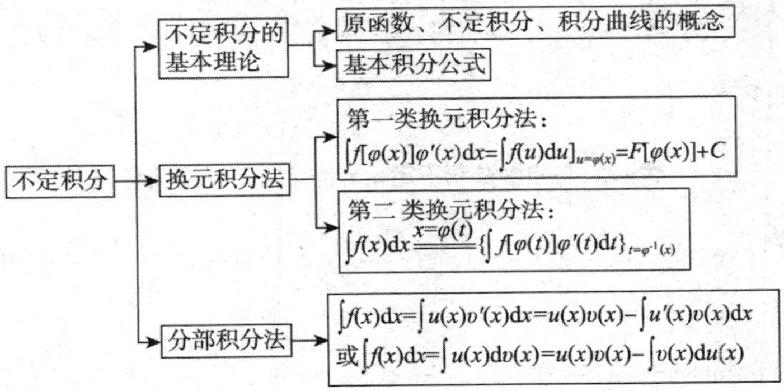

学习指南

1. 理解原函数与不定积分的概念，了解积分曲线的特性，会确定满足初始条件的原函数.
2. 掌握不定积分的性质，熟悉不定积分的基本性质.
3. 熟练掌握不定积分法和分部积分法.
4. 会计算简单的有理函数的不定积分 .

第一节　不定积分的概念

知识点归纳

1. 原函数

如果 $F'(x)=f(x), x\in I$，则称 $F(x)$ 是 $f(x)$ 在区间 I 上的原函数.

2. 不定积分

函数 $f(x)$ 的所有原函数，称为 $f(x)$ 的不定积分，记为$\int f(x)\mathrm{d}x$，称 $f(x)$ 为被积函数，$f(x)\mathrm{d}x$ 为被积表达式，x 为积分变量.

如果 $F(x)$ 是 $f(x)$ 的一个原函数，则有$\int f(x)\mathrm{d}x=F(x)+C$.

3. 不定积分的几何意义

几何上，原函数的曲线就是被积函数的积分曲线，积分曲线上对应的点 x 处的切线斜率就是被积函数值 $f(x)$.

特别提醒 (1) 若 $f(x)$ 在区间 I 上有一个原函数 $F(x)$,则 $f(x)$ 就有无限多个原函数,且任意两个原函数之间仅相差一个常数. 而且 $f(x)$ 的全体原函数所组成的集合为 $\{F(x)+C \mid -\infty < C < +\infty\}$.

(2) 若 $f(x)$ 在区间 I 上连续,则 $f(x)$ 在 I 上存在原函数.

(3) 设 $F(x)$,$G(x)$ 是 $f(x)$ 在区间 I 的原函数,虽有 $\int f(x)\mathrm{d}x = F(x)+C$ 和 $\int f(x)\mathrm{d}x = G(x)+C$,$F(x)+C = G(x)+C$,但 $F(x)=G(x)$ 不一定成立,因为常数 C 一般是不相同的.

(4) 不定积分和原函数在概念上的差异为:前者是个无限集,后者是前者中的一个元素.

典型例题解析

题型 1:与原函数和不定积分的定义有关的问题

例 证明:三个函数 $\arcsin(2x-1)$,$\arccos(1-2x)$,$2\arctan\sqrt{\left(\frac{x}{1-x}\right)}$ 都是 $\frac{1}{\sqrt{x-x^2}}$ 的原函数.

证明 $\frac{\mathrm{d}}{\mathrm{d}x}[\arcsin(2x-1)] = 2\times\frac{1}{\sqrt{1-(2x-1)^2}} = \frac{1}{\sqrt{x-x^2}}$

$\frac{\mathrm{d}}{\mathrm{d}x}[\arccos(1-2x)] = (-2)\times\left(-\frac{1}{\sqrt{1-(2x-1)^2}}\right) = \frac{1}{\sqrt{x-x^2}}$

$\frac{\mathrm{d}}{\mathrm{d}x}\left[2\arctan\sqrt{\frac{x}{1-x}}\right] = 2\times\frac{1}{1+\left(\sqrt{\frac{x}{1-x}}\right)^2}\times\frac{1}{2}\sqrt{\frac{1-x}{x}}\cdot\frac{1}{(1-x)^2} = \frac{1}{\sqrt{x-x^2}}$

可见 $\arcsin(2x-1)$,$\arccos(1-2x)$,$2\arctan\left(\sqrt{\frac{x}{1-x}}\right)$ 都是 $\frac{1}{\sqrt{x-x^2}}$ 的原函数.

特别提醒 根据原函数的定义,就是求导数进行分析证明.

题型 2:求积分曲线及质点的方程

例 若 $F'(x) = \frac{1}{\sqrt{1-x^2}}$,$F(1) = \frac{3}{2}\pi$,则 $F(x)$ 为(　　).

(A) $\arcsin x$　　(B) $\arcsin x + C$　　(C) $\arccos x + \pi$　　(D) $\arcsin x + \pi$

【重点提示】 由 $F'(x) = \frac{1}{\sqrt{1-x^2}}$,对其求不定积分可求得带常数 C 的 $F(x)$,又知 $F(1) = \frac{3}{2}\pi$,由此条件,常数 C 便可确定下来.

解 由题意,$F(x) = \int\frac{\mathrm{d}x}{\sqrt{1-x^2}} = \arcsin x + C$,又 $F(1) = \frac{3}{2}\pi$,

则 $\arcsin 1 + C = \frac{3}{2}\pi$,即 $C=\pi$,从而 $F(x) = \arcsin x + \pi$,故应选(D).

> **特别提醒**　已知函数的导数求函数，用不定积分的方法，若再已知函数过某点，则其中的 C 可确定下来.

第二节　不定积分的性质

知识点归纳

不定积分的性质

<table>
<tr><th colspan="2">名称</th><th>定义</th><th>说明</th></tr>
<tr><td rowspan="2">线性性质</td><td>可加性</td><td>设函数 $f(x)$ 及 $g(x)$ 的原函数存在，则 $\int[f(x)\pm g(x)]\mathrm{d}x=\int f(x)\mathrm{d}x\pm\int g(x)\mathrm{d}x$</td><td rowspan="2">线性性质可合并为 $\int[Af(x)\pm Bg(x)]\mathrm{d}x=A\int f(x)\mathrm{d}x\pm B\int g(x)\mathrm{d}x$，其中 A,B 为不同时为零的常数</td></tr>
<tr><td>数乘性</td><td>设函数 $f(x)$ 的原函数存在，则 $\int kf(x)\mathrm{d}x=k\int f(x)\mathrm{d}x$，其中 k 为非零点常数</td></tr>
<tr><td colspan="2">可微性</td><td>$\frac{\mathrm{d}}{\mathrm{d}x}[\int f(x)\mathrm{d}x]=f(x)$</td><td>因为 $F(x)$ 是 $F'(x)$ 的原函数，所以 $\int F'(x)\mathrm{d}x=F(x)+C$ 或 $\int \mathrm{d}F(x)=F(x)+C$</td></tr>
<tr><td colspan="2">原函数存在定理</td><td colspan="2">若 $f(x)$ 在区间 I 上连续，则在此区间 I 上存在可导函数 $F(x)$ 使对任一 $x\in I$，有 $F'(x)=f(x)$</td></tr>
</table>

> **特别提醒**　① 一定要将 $\int f(x)\mathrm{d}x$ 作为函数来进行计算和分析. ② 这些性质看起来简单，实际上作用很大. 尤其是可加性经常会用到，它实际上是先将一个复杂函数分解成若干个简单函数求积分再相加.

典型例题解析

题型 1：利用不定积分的性质求积分

例　求下列不定积分：

(1) $\int\frac{x^2+1}{\sqrt{x\sqrt{x}}}\mathrm{d}x$　　(2) $\int(x-1)^2\mathrm{d}x$　　(3) $\int\frac{x^5-1}{x}\mathrm{d}x$

解　(1) $\int\frac{x^2+1}{\sqrt{x\sqrt{x}}}\mathrm{d}x=\int\frac{x^2+1}{x^{\frac{3}{4}}}\mathrm{d}x=\int(x^{\frac{5}{4}}+x^{-\frac{3}{4}})\mathrm{d}x=\frac{4}{9}x^{\frac{9}{4}}+4x^{\frac{1}{4}}+C$

(2) $\int(x-1)^2\mathrm{d}x=\int(x^2-2x+1)\mathrm{d}x=\int x^2\mathrm{d}x-2\int x\mathrm{d}x+\int\mathrm{d}x=\frac{1}{3}x^3-x^2+x+C$

(3) $\int \frac{x^5-1}{x}dx=\int\left(x^4-\frac{1}{x}\right)dx=\int x^4dx-\int\frac{1}{x}dx=\frac{1}{5}x^5-\ln|x|+C$

特别提醒 将被积函数先化简或变形,化为熟悉的基本积分形式,再分别求出积分,这是积分常用的方法之一.

第三节 基本积分公式

知识点归纳

基本积分公式

(1) $\int k dx=kx+C$(k是常数)

(2) $\int x^\mu dx=\frac{x^{\mu+1}}{\mu+1}+C(\mu\neq 1)$

(3) $\int \frac{dx}{x}=\ln|x|+C$

(4) $\int \frac{dx}{1+x^2}=\arctan x+C$

(5) $\int \frac{dx}{\sqrt{1-x^2}}=\arcsin x+C$

(6) $\int \cos x dx=\sin x+C$

(7) $\int \sin x dx=-\cos x+C$

(8) $\int \frac{dx}{\cos^2 x}=\int \sec^2 x dx=\tan x+C$

(9) $\int \frac{dx}{\sin^2 x}=\int \csc^2 x dx=-\cot x+C$

(10) $\int \sec x\tan x dx=\sec x+C$

(11) $\int \csc x\cot x dx=-\csc x+C$

(12) $\int e^x dx=e^x+C$

(13) $\int a^x dx=\frac{a^x}{\ln a}+C$

典型例题解析

题型1:利用不定积分的性质和积分表直接求积分

例 求下列不定积分:

(1) $\int 3^x e^x dx$

(2) $\int \cot^2 x dx$

(3) $\int \frac{2\cdot 3^x-5\cdot 2^x}{3^x}dx$

(4) $\int \frac{dx}{1+\cos 2x}$

(5) $\int \frac{\cos 2x}{\cos^2 x\sin^2 x}dx$

(6) $\int \frac{\sqrt{1-x^2}-4-4x^2}{(1+x^2)\sqrt{1-x^2}}dx$

(7) $\int\left(\sqrt{\frac{1-x}{1+x}}+\sqrt{\frac{1+x}{1-x}}\right)dx$

(8) $\int \frac{1}{x^4+x^6}dx$

解 (1) $\int 3^x e^x dx=\int (3e)^x dx=\frac{1}{\ln(3e)}(3e)^x+C$(把$3e$看作$a$,由$\int a^x dx=\frac{a^x}{\ln a}+C$得)

(2) $\int \cot^2 x dx=\int(\csc^2 x-1)dx=-\cot x-x+C$

(3) $\int \frac{2 \cdot 3^x - 5 \cdot 2^x}{3^x} dx = \int \left[2 - 5\left(\frac{2}{3}\right)^x\right] dx = 2x - 5\left(\frac{2}{3}\right)^x / \ln\left(\frac{2}{3}\right) + C$

(4) $\int \frac{dx}{1+\cos 2x} = \int \frac{dx}{2\cos^2 x} = \frac{1}{2}\int \sec^2 x dx = \frac{1}{2}\tan x + C$

(5) $\int \frac{\cos 2x}{\cos^2 x \sin^2 x} dx = \int \frac{\cos^2 x - \sin^2 x}{\cos^2 x \sin^2 x} dx = \int (\csc^2 x - \sec^2 x) dx = -\cot x - \tan x + C$

(6) $\int \frac{\sqrt{1-x^2} - 4 - 4x^2}{(1+x^2)\sqrt{1-x^2}} dx = \int \left(\frac{1}{1+x^2} - \frac{4}{\sqrt{1-x^2}}\right) dx = \arctan x - 4\arcsin x + C$

(7) $\int \left(\sqrt{\frac{1-x}{1+x}} + \sqrt{\frac{1+x}{1-x}}\right) dx = \int \left(\frac{\sqrt{1-x^2}}{1+x} + \frac{\sqrt{1-x^2}}{1-x}\right) dx = 2\int \frac{1}{\sqrt{1-x^2}} dx = 2\arcsin x + C$

(8) $\int \frac{1}{x^4+x^6} dx = \int \frac{1+x^2-(x^2+x^4)+x^4}{x^4+x^6} dx = \int \left(\frac{1}{x^4} - \frac{1}{x^2} + \frac{1}{1+x^2}\right) dx$

$= -\frac{1}{3x^3} + \frac{1}{x} + \arctan x + C$

特别提醒　直接积分法要求熟练掌握基本积分表，并且注意将被积函数进行适当的变形，使之变为积分表中已有的积分形式后，再分别求解积分.

题型 2：被积函数恒等变形结合积分线性运算公式

【重点提示】一般先利用三角函数变形，有理函数的分解对被积函数进行分解，再利用基本积分公式计算.

例　求不定积分$\int \frac{(1-x)^2}{\sqrt{x}} dx$.

解　$\int \frac{(1-x)^2}{\sqrt{x}} dx = \int x^{\frac{3}{2}} dx - 2\int x^{\frac{1}{2}} dx + \int x^{-\frac{1}{2}} dx = \frac{2}{5}x^{\frac{5}{2}} - \frac{4}{3}x^{\frac{3}{2}} + 2x^{\frac{1}{2}} + C$

题型 3：关于不定积分与导数或微分互为逆运算的问题

例　设函数 $f(x)$ 的原函数为 $\sin x$，则下面选项中是 $f(x)$ 的导数的是(　　).

(A) $-\cos x$　　(B) $\sin x dx$　　(C) $-\sin x$　　(D) $\int f(x) dx$

解　本题应选(C).

根据题目条件可知 $f(x) = (\sin x)' = \cos x$，则有 $[f(x)]' = -\sin x$.

题型 4：由边际函数求最优总函数

例　设生产某产品的固定成本为 10，而产量为 x 时的边际成本函数为 $C'(x) = 40 - 20x + 3x^2$，边际 收入函数为 $R'(x) = 32 - 10x$，试求：

(1) 总利润函数；(2) 使总利润最大时的产量.

解　(1) $\because C(x) = \int (40 - 20x + 3x^2) dx = 40x - 10x^2 + x^3 + C_1$；

由 $C(0)=10$,代入上式得 $C_1=10$.

于是 $C(x)=10+40x-10x^2+x^3$,

又 $R(x)=\int(32-10x)\mathrm{d}x=32x-5x^2+C_2$,

由 $R(0)=0$,代入上式得 $C_2=0$.

故 $R(x)=32x-5x^2$.

$\therefore$ 总利润函数 $L(x)=R(x)-C(x)=-10-8x+5x^2-x^3$.

(2) 令 $L'(x)=-8+10x-3x^2=0$ 得驻点 $x_1=\frac{4}{3}$,$x_2=2$. 又 $L''(x)=10-6x$,

$L''\left(\frac{4}{3}\right)=2>0$,$L''(2)=-2<0$,

故 $L\left(\frac{4}{3}\right)$ 为 $L(x)$ 的极小值(舍去),$L(2)$ 为 $L(x)$ 的极大值,即最大值,故当产量为 2 时,总利润最大.

第四节 换元积分法

知识点归纳

1. 第一类换元法

设 $f(u)$ 具有原函数 $F(u)$,$u=\varphi(x)$ 可导,则有换元公式

$$\int f[\varphi(x)]\varphi'(x)\mathrm{d}x=\left[\int f(u)\mathrm{d}u\right]_{u=\varphi(x)}=F[\varphi(x)]+C$$

特别提醒 第一类换元积分法使用的关键在于对被积函数进行乘积分解,对其中的一个因子进行复合分析,写成 $f[\varphi(x)]$ 的形式,以及找到另一个因子的原函数 $\varphi(x)$,即得到 $\varphi'(x)$ 的形式,从而将积分写成 $\int f[\varphi(x)]\varphi'(x)\mathrm{d}x$ 的形式.

2. 第二类换元法

设 $x=\varphi(t)$ 是单调、可导的函数,并且 $\varphi'(t)\neq 0$. 又设 $f[\varphi(t)]\varphi'(t)$ 具有原函数,则有换元积分公式

$$\int f(x)\mathrm{d}x=\left[\int f[\varphi(t)]\varphi'(t)\mathrm{d}t\right]_{t=\varphi^{-1}(x)}$$

其中 $\varphi^{-1}(x)$ 是 $x=\varphi(t)$ 的反函数.

温馨提示 第二类换元积分法的关键在于换元函数 $\varphi(t)$ 的选择,这要依赖被积函数的形式. 常用的变量代换有:三角代换 $x=a\sin t$,$x=a\tan t$,$x=a\sec t$;倒代换 $x=\frac{1}{t}$;负代换 $x=-t$;万能代换 $t=\tan\frac{x}{2}$;对数代换 $x=\ln t$;指数代换 $x=\mathrm{e}^t$ 等. 主要目的是通过变量代换将被积函数化成易于积分的形式.

特别提醒 ① 设 $f(x)$ 具有原函数，$u=\varphi(x)$ 可导，则有换元公式 $\int[\varphi(x)]\varphi'(x)\mathrm{d}x=[\int f(u)\mathrm{d}u]_{u=\varphi(x)}$. ② 设 $x=\varphi(t)$ 是单调的、可导的函数，并且 $\varphi'(t)\neq 0$，又 $f[\varphi(t)]\varphi'(t)$ 具有原函数，则有换元公式 $\int f(x)\mathrm{d}x=\int f[\varphi(t)]\varphi'(t)\mathrm{d}t$，其中 $t=\varphi^{-1}(x)$ 是 $x=\varphi(t)$ 的反函数.

3. 常用的凑微分形式

(1) $\int f(ax+b)\mathrm{d}x=\frac{1}{a}\int f(ax+b)\mathrm{d}(ax+b)\,(a\neq 0)$

(2) $\int f(ax^n+b)x^{n-1}\mathrm{d}x=\frac{1}{na}\int f(ax^n+b)\mathrm{d}(ax^n+b)\,(a\neq 0,n\geqslant 1)$

(3) $\int f(\sqrt{x})\frac{1}{\sqrt{x}}\mathrm{d}x=2\int f(\sqrt{x})\mathrm{d}\sqrt{x}$

(4) $\int f\left(\frac{1}{x}\right)\frac{1}{x^2}\mathrm{d}x=-\int f\left(\frac{1}{x}\right)\mathrm{d}\frac{1}{x}$

(5) $\int f(\ln x)\frac{1}{x}\mathrm{d}x=\int f(\ln x)\mathrm{d}\ln x$

(6) $\int f(\sin x)\cos x\mathrm{d}x=\int f(\sin x)\mathrm{d}\sin x$

(7) $\int f(\cos x)\sin x\mathrm{d}x=-\int f(\cos x)\mathrm{d}\cos x$

(8) $\int f(\tan x)\sec^2 x\mathrm{d}x=\int f(\tan x)\mathrm{d}\tan x$

(9) $\int f(\cot x)\csc^2 x\mathrm{d}x=-\int f(\cot x)\mathrm{d}\cot x$

(10) $\int f(\sec x)\tan x\sec x\mathrm{d}x=\int f(\sec x)\mathrm{d}\sec x$

(11) $\int f(\arcsin x)\frac{1}{\sqrt{1-x^2}}\mathrm{d}x=\int f(\arcsin x)\mathrm{d}\arcsin x$

(12) $\int f(\arctan x)\frac{1}{1+x^2}\mathrm{d}x=\int f(\arctan x)\mathrm{d}\arctan x$

(13) $\int f(\mathrm{e}^x)\mathrm{e}^x\mathrm{d}x=\int f(\mathrm{e}^x)\mathrm{d}\mathrm{e}^x$

4. 常用的几种变量代换

三角代换	(1) 被积函数含有根式 $\sqrt{a^2-x^2}$，令 $x=a\sin t$ 或 $x=a\cos t$ (2) 被积函数含有根式 $\sqrt{x^2+a^2}$，令 $x=a\tan t$ (3) 被积函数含有根式 $\sqrt{x^2-a^2}$，令 $x=\pm a\sec t$，$\left(0<t<\frac{\pi}{2}\right)$
倒代换	$x=\frac{1}{t}$
根式代换	被积函数中含有 $\sqrt[n]{ax+b}$，令 $\sqrt[n]{ax+b}=t$

典型例题解析

题型1:第一类换元法求积分

例 求(1)$\int \frac{x+5}{x^2-6x+13}dx$;(2)$\int \frac{x}{x^4+2x^2+5}dx$;(3)$\int \frac{x^3}{\sqrt{1+x^2}}dx$.

【重点提示】被积函数是关于x的一次因式与二次因式函数的乘积(或商)形式,因此可先凑分母的微分,再把剩余部分的分母配方.

解 (1)$\int \frac{x+5}{x^2-6x+13}dx = \frac{1}{2}\int \frac{d(x^2-6x+13)}{x^2-6x+13}+\int \frac{8}{x^2-6x+13}dx$

$= \frac{1}{2}\ln(x^2-6x+13)+4\int \frac{1}{1+\left(\frac{x-3}{2}\right)^2}d\left(\frac{x-3}{2}\right)=\frac{1}{2}\ln(x^2-6x+13)+4\arctan\frac{x-3}{2}+C$

(2)$\int \frac{x}{x^4+2x^2+5}dx=\frac{1}{2}\int \frac{d(x^2+1)}{(x^2+1)^2+4}=\frac{1}{4}\arctan\frac{x^2+1}{2}+C$

(3)$\int \frac{x^3}{\sqrt{1+x^2}}dx=\frac{1}{2}\int \frac{x^2}{\sqrt{1+x^2}}d(1+x^2)=\frac{1}{2}\int \frac{x^2+1-1}{\sqrt{1+x^2}}d(1+x^2)$

$=\frac{1}{2}\int\left(\sqrt{1+x^2}-\frac{1}{\sqrt{1+x^2}}\right)d(1+x^2)=\frac{1}{3}(1+x^2)^{\frac{3}{2}}-(1+x^2)^{\frac{1}{2}}+C$

特别提醒 凑微分方法灵活多变,先变形再凑微分也是常见方法.(3)也可以用第二类换元法来解决.

令$x=\tan t\left(-\frac{\pi}{2}<t<\frac{\pi}{2}\right)$,则

$\int \frac{x^3}{\sqrt{1+x^2}}dx=\int \tan^3 t\cdot \sec t dt=\int \tan^2 t d(\sec t)=\int(\sec^2 t-1)d(\sec t)=\frac{1}{3}\sec^3 t-\sec t+C.$

将t回代即可,但此法较麻烦.

题型2:利用第二类换元法求积分(将含有无理式的被积函数化为有理函数的积分)

【重点提示】一般情况下,对于$\sqrt{1+x^2}$,常用代换形式为$x=\tan t$,本题采用的是直接将无理式$\sqrt{1+x^2}$有理化的方法,显得较为简单,这也说明灵活选择变量代换的形式是非常重要的.

例 求积分$\int \frac{2-\sin x}{2+\cos x}dx$.

解 令$\tan\frac{x}{2}=t$,即$x=2\arctan t$.(这个代换常用于将三角函数化为多项式商的形式,即有理函数的形式,也称之为万能代换)

则$\int \frac{2-\sin x}{2+\cos x}dx=2\int \frac{1}{2+\cos x}dx+\int \frac{d(2+\cos x)}{2+\cos x}$

$=2\int \frac{\frac{2}{1+t^2}}{2+\frac{1-t^2}{1+t^2}}dt+\ln|2+\cos x|=2\int \frac{2dt}{3+t^2}+\ln|2+\cos x|=\frac{4}{\sqrt{3}}\arctan\frac{t}{\sqrt{3}}+\ln|2+\cos x|+C$

$$= \frac{4}{\sqrt{3}} \arctan \frac{1}{\sqrt{3}} (\tan \frac{x}{2}) + \ln | 2 + \cos x | + C$$

题型 3:利用三角形函数进行变量换元法

【重点提示】第二类变量代换求不定积分是非常重要的一般方法,当被积函数无法凑成特殊形式进行第一类变量代换的时候,可以考虑通过引入适当的变量代换将被积表达式进行变形,化成容易积分的形式.

例 求不定积分 $\int \frac{x^2 \mathrm{d}x}{\sqrt{a^2 - x^2}}$.

解　令 $x = a\sin t$,如图 5-1 所示,构造直角三角形,一个角为 t,一个直角边为 x,斜边为 a,使得 $\sin t = \frac{x}{a}$,

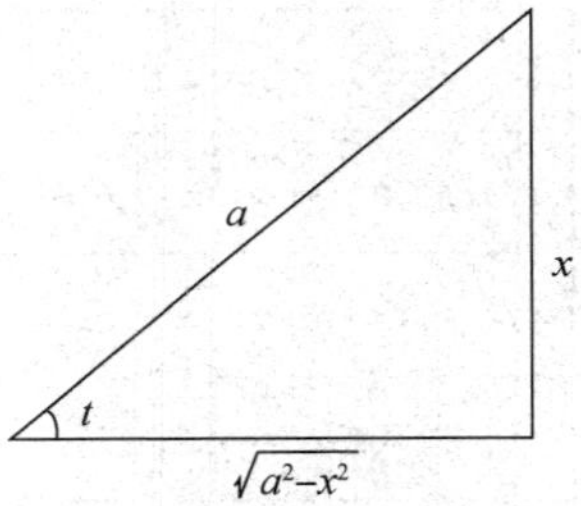

图 5-1

则此时有 $\cos t = \frac{\sqrt{a^2 - x^2}}{a}$.

则有 $\int \frac{x^2 \mathrm{d}x}{\sqrt{a^2 - x^2}}$(对于形式 $\sqrt{a^2 - x^2}$,常用 $x = a\sin t$ 进行变量代换) $= \int \frac{a^2 \sin^2 t}{a \cos t} a \cos t \mathrm{d}t$

$$= a^2 \int \frac{1 - \cos 2t}{2} \mathrm{d}t = \frac{a^2}{2} t - \frac{a^2}{4} \int \cos 2t \mathrm{d}(2t)$$

$$= \frac{a^2}{2} t - \frac{a^2}{4} \sin 2t + C = \frac{a^2}{2} t - \frac{a^2}{2} \sin t \cos t + C.$$

根据图 5－1,有 $\int \frac{x^2 \mathrm{d}x}{\sqrt{a^2 - x^2}} = \frac{a^2}{2} \left(\arcsin \frac{x}{a} - \frac{x}{a^2} \sqrt{a^2 - x^2} \right) + C.$

第五节　分部积分法

知识点归纳

1. 分部积分法

若函数 $u(x)$ 与 $v(x)$ 在区间 I 上有连续导数,则有分部积分公式

$$\int uv' \mathrm{d}x = uv - \int u'v \mathrm{d}x, x \in I \text{ 或} \int u\mathrm{d}v = uv - \int v\mathrm{d}u, x \in I$$

特别提醒　分部积分注意事项:①v 要容易求得;②$\int v\mathrm{d}u$ 要比 $\int u\mathrm{d}v$ 容易求出.

2. 分部积分法使用

求积分 $\int f(x)\mathrm{d}x$ 时,将被积函数分解成两个函数的乘积,其中一个要找到其原函数 $v(x)$,写成 $v'(x)$ 的形式,另一项为 $u(x)$,使得 $f(x) = u(x)v'(x)$,并且使得转换后的积分 $\int u'v\mathrm{d}x$ 容易计算.

分部积分法要和换元积分法等其他方法结合使用.

3. 几种常见的分部积分类型

积分类型	$u(x)$、$dv(x)$ 的选择
(1)$\int P_n(x)e^{kx}dx$	$u(x)=P_n(x), dv(x)=e^{kx}dx$
(2)$\int P_n(x)\sin(ax+b)dx$	$u(x)=P_n(x), dv(x)=\sin(ax+b)dx$
(3)$\int P_n(x)\cos(ax+b)dx$	$u(x)=P_n(x), dv(x)=\cos(ax+b)dx$
(4)$\int P_n(x)\ln x dx$	$u(x)=\ln x, dv(x)=P_n(x)dx$
(5)$\int P_n(x)\arcsin(ax+b)dx$	$u(x)=\arcsin(ax+b), dv(x)=P_n(x)dx$
(6)$\int P_n(x)\arccos(ax+b)dx$	$u(x)=\arccos(ax+b), dv(x)=P_n(x)dx$
(7)$\int P_n(x)\arctan(ax+b)dx$	$u(x)=\arctan(ax+b), dv(x)=P_n(x)dx$
(8)$\int e^{kx}\sin(ax+b)dx$	$u(x), dv(x)$ 的选择随意
(9)$\int e^{kx}\cos(ax+b)dx$	$u(x), dv(x)$ 的选择随意

典型例题解析

题型 1:$\int x^n e^{ax}dx$ 型积分

例 求不定积分$\int \frac{x^2}{e^{2x}}dx$.

【重点提示】因为$\int \frac{x^2}{e^{2x}}dx=\int x^2e^{-2x}dx$,这是分部积分法的典型类型之一.被积函数为幂函数与指数函数的乘积,一般在使用分部积分法时将幂函数看作 u,指数函数看作 v'.

解 $\int \frac{x^2}{e^{2x}}dx=-\frac{1}{2}\int x^2 de^{-2x}=-\frac{1}{2}[x^2e^{-2x}-2\int xe^{-2x}dx]$

$=-\frac{1}{2}[x^2e^{-2x}+\int xde^{-2x}]=-\frac{1}{2}[x^2e^{-2x}+xe^{-2x}-\int e^{-2x}dx]$

$=-\frac{1}{2}[x^2e^{-2x}+xe^{-2x}+\frac{1}{2}e^{-2x}]+C$

特别提醒 令 $u(x)=x^u, v'(x)=e^{ax}$(或 $dv=e^{ax}dx$),则 $v(x)=\frac{1}{a}e^{ax}$.

题型 2:$\int x^n\sin ax dx$ 或$\int x^n\cos ax dx$ 型

例 求不定积分:

(1)$\int (x^2-1)\sin 2x dx$　　(2)$\int x\cos^2 x dx$

【重点提示】对被积函数为幂函数与三角函数的乘积形式，一般可取幂函数部分为函数 $u(x)$，另一部分为 $v'(x)$，有时要先对三角函数进行恒等变形处理，再利用分部积分法计算.

解 (1) $\int(x^2-1)\sin 2x\mathrm{d}x=\int x^2\sin 2x\mathrm{d}x-\int\sin 2x\mathrm{d}x=-\frac{1}{2}\int x^2\mathrm{d}(\cos 2x)+\frac{1}{2}\cos 2x$

$=-\frac{1}{2}\left(x^2\cos 2x-\int 2x\cos 2x\mathrm{d}x\right)+\frac{1}{2}\cos 2x=-\frac{1}{2}x^2\cos 2x+\frac{1}{2}\int x\mathrm{d}(\sin 2x)+\frac{1}{2}\cos 2x$

$=-\frac{1}{2}x^2\cos 2x+\frac{1}{2}\left(x\sin 2x-\int\sin 2x\mathrm{d}x\right)+\frac{1}{2}\cos 2x$

$=-\frac{1}{2}x^2\cos 2x+\frac{1}{2}x\sin 2x+\frac{1}{4}\cos 2x+\frac{1}{2}\cos 2x+C$

$=-\frac{1}{2}\left(x^2-\frac{3}{2}\right)\cos 2x+\frac{x}{2}\sin 2x+C$

(2) $\int x\cos^2 x\mathrm{d}x\xlongequal{\text{变形}}\int x\cdot\frac{1+\cos 2x}{2}\mathrm{d}x=\frac{1}{2}\left[\int x\mathrm{d}x+\int x\cos 2x\mathrm{d}x\right]=\frac{1}{2}\left[\int x\mathrm{d}x+\frac{1}{2}\int x\mathrm{d}\sin 2x\right]$

$=\frac{1}{2}\left[\frac{x^2}{2}+\frac{1}{2}\left(x\sin 2x-\int\sin 2x\mathrm{d}x\right)\right]=\frac{x^2}{4}+\frac{1}{4}x\sin 2x+\frac{1}{8}\cos 2x+C$

特别提醒　令 $u(x)=x^n$，$v'(x)=\sin ax$ 或 $v'(x)=\cos ax$，则 $v(x)=-\frac{1}{a}\cos ax$ 或 $v(x)=\frac{1}{a}\sin ax$.

题型3：$\int x^n\ln^m x\mathrm{d}x$ 型

例 求下列不定积分：

(1) $\int\frac{\ln x-1}{x^2}\mathrm{d}x$　　　(2) $\int\ln(\sqrt{1+x}-\sqrt{1-x})\mathrm{d}x$

解 (1) $\int\frac{\ln x-1}{x^2}\mathrm{d}x=\int\frac{\ln x}{x^2}\mathrm{d}x-\int\frac{1}{x^2}\mathrm{d}x=\int\ln x\mathrm{d}\left(-\frac{1}{x}\right)-\int\frac{1}{x^2}\mathrm{d}x$

$=-\frac{1}{x}\ln x+\int\frac{1}{x^2}\mathrm{d}x-\int\frac{1}{x^2}\mathrm{d}x=-\frac{1}{x}\ln x+C$

(2) $\int\ln(\sqrt{1+x}-\sqrt{1-x})\mathrm{d}x$

$=x\ln(\sqrt{1+x}-\sqrt{1-x})-\int\frac{x}{\sqrt{1+x}-\sqrt{1-x}}\left(\frac{1}{2\sqrt{1+x}}+\frac{1}{2\sqrt{1-x}}\right)\mathrm{d}x$

$=x\ln(\sqrt{1+x}-\sqrt{1-x})-\frac{1}{2}\int\frac{1+\sqrt{1-x^2}}{\sqrt{1-x^2}}\mathrm{d}x$

$=x\ln(\sqrt{1+x}-\sqrt{1-x})-\frac{1}{2}(\arcsin x+x)+C$

特别提醒　令 $u=\ln^m x$，$v'=x^n$.

题型 4: $\int x^n \arcsin x \mathrm{d}x, \int x^n \arccos x \mathrm{d}x, \int x^n \arctan x \mathrm{d}x, \int x^n \operatorname{arccot} x \mathrm{d}x$ 型

【重点提示】 被积函数为幂函数与反三角函数的乘积.一般可采用分部积分法,且令反三角函数为 u,而幂函数为 v'.另外,这类题目还可尝试先换元再用分部积分法求解.

例 求不定积分$\int x^2 \arctan x \mathrm{d}x$.

解 $\int x^2 \arctan x \mathrm{d}x = \frac{1}{3}\int \arctan x \mathrm{d}x^3 = \frac{1}{3}\left(x^3 \arctan x - \int x^3 \frac{1}{1+x^2}\mathrm{d}x\right)$

(这里在分子上加减项,再进行函数分解的处理方法非常有用)

$= \frac{1}{3}x^3 \arctan x - \frac{1}{3}\int \frac{x^3+x-x}{1+x^2}\mathrm{d}x = \frac{1}{3}x^3 \arctan x - \frac{1}{3}\int x\mathrm{d}x + \frac{1}{3}\int \frac{x\mathrm{d}x}{1+x^2}$

$= \frac{1}{3}x^3 \arctan x - \frac{1}{6}x^2 + \frac{1}{6}\ln(1+x^2) + C$

特别提醒 对被积函数为幂函数与反三角函数乘积形式,一般可取幂函数部分为函数 $v'(x)$,反三角函数部分为 $u(x)$.

题型 5: $\int \mathrm{e}^{ax} \sin bx \mathrm{d}x, \int \mathrm{e}^{ax} \cos bx \mathrm{d}x$ 型

【重点提示】 被积函数为指数函数与正弦函数或余弦函数的乘积形式,选 $u = \mathrm{e}^{ax}$ 或 $u = \sin bx$,$u = \cos bx$ 都可.但需注意此种类型一般是经过多次分部积分后重复出现原积分形式再移项解得,为避免出现错误,一般是在第一步分部积分时选定哪类函数(幂函数或正(余)弦函数)为 $u(x)$,在下一步的分部中仍选此类函数为 $u(x)$.

例 (1)$\int \mathrm{e}^{-2x}\cos 3x \mathrm{d}x$ (2)$\int \frac{\sin^2 x}{\mathrm{e}^x}\mathrm{d}x$

解 (1)$I = \int \mathrm{e}^{-2x}\cos 3x \mathrm{d}x = -\frac{1}{2}\int \cos 3x \mathrm{d}\mathrm{e}^{-2x} = -\frac{1}{2}(\mathrm{e}^{-2x}\cos 3x + 3\int \mathrm{e}^{-2x}\sin 3x \mathrm{d}x)$

$= -\frac{1}{2}\mathrm{e}^{-2x}\cos 3x + \frac{3}{4}\int \sin 3x \mathrm{d}\mathrm{e}^{-2x}$

$= -\frac{1}{2}\mathrm{e}^{-2x}\cos 3x + \frac{3}{4}\sin 3x \cdot \mathrm{e}^{-2x} - \frac{3}{4}\cdot 3\int \cos 3x \cdot \mathrm{e}^{-2x}\mathrm{d}x = -\frac{1}{2}\mathrm{e}^{-2x}\cos 3x + \frac{3}{4}\mathrm{e}^{-2x}\sin 3x - \frac{9}{4}I$

移项解得 $I = -\frac{2}{13}\mathrm{e}^{-2x}\cos 3x + \frac{3}{13}\mathrm{e}^{-2x}\sin 3x + C$.

(2)$\int \frac{\sin^2 x}{\mathrm{e}^x}\mathrm{d}x = \frac{1}{2}\int (1-\cos 2x)\mathrm{e}^{-x}\mathrm{d}x = \frac{1}{2}\int \mathrm{e}^{-x}\mathrm{d}x - \frac{1}{2}\int \mathrm{e}^{-x}\cos 2x \mathrm{d}x = -\frac{1}{2}\mathrm{e}^{-x} - \frac{1}{2}\int \mathrm{e}^{-x}\cos 2x \mathrm{d}x$

令 $I = \int \mathrm{e}^{-x}\cos 2x \mathrm{d}x = \frac{1}{2}\int \mathrm{e}^{-x}\mathrm{d}\sin 2x = \frac{1}{2}\mathrm{e}^{-x}\sin 2x + \frac{1}{2}\int \mathrm{e}^{-x}\sin 2x \mathrm{d}x$

$= \frac{1}{2}\mathrm{e}^{-x}\sin 2x - \frac{1}{4}\int \mathrm{e}^{-x}\mathrm{d}\cos 2x = \frac{1}{2}\mathrm{e}^{-x}\sin 2x - \frac{1}{4}\mathrm{e}^{-x}\cos 2x - \frac{1}{4}\int \mathrm{e}^{-x}\cos 2x \mathrm{d}x$

$= \frac{1}{2}\mathrm{e}^{-x}\sin 2x - \frac{1}{4}\mathrm{e}^{-x}\cos 2x - \frac{1}{4}I$,

移项得 $I=\frac{2}{5}e^{-x}\sin 2x-\frac{1}{5}e^{-x}\cos 2x+C$.

故原式 $=-\frac{1}{2}e^{-x}-\frac{1}{5}e^{-x}\sin 2x+\frac{1}{10}e^{-x}\cos 2x+C$.

特别提醒　这类题目实际上就是通过分部积分建立关于所求积分的方程.类似地可推得如下结果：

$$\int e^{ax}\cos bx\,dx=\frac{e^{ax}}{a^2+b^2}(a\cos bx+b\sin bx)+C$$

$$\int e^{ax}\sin bx\,dx=\frac{e^{ax}}{a^2+b^2}(a\sin bx-b\cos bx)+C$$

题型6:与积分有关的综合应用

有些积分题目不是单一使用某种积分法就可解决的,而是需要几种方法的综合,其中也包括分部积分法.

例 $\int\max\{1,|x|\}dx$.

解　设 $f(x)=\max\{1,|x|\}$,

则 $f(x)=\begin{cases}-x, & x<-1\\ 1, & -1\leqslant x\leqslant 1,\\ x, & x>1\end{cases}$

由于 $f(x)$ 在 $(-\infty,+\infty)$ 上连续,则必存在原函数 $F(x)$

$$F(x)=\begin{cases}-\frac{x^2}{2}+C_1, & x<-1\\ x+C_2, & -1\leqslant x\leqslant 1,\\ \frac{x^2}{2}+C_3, & x>1\end{cases}$$

又 $F(x)$ 须处处连续,知 $\lim\limits_{x\to-1^-}\left(-\frac{x^2}{2}+C_1\right)=\lim\limits_{x\to-1^+}(x+C_2)$, $\lim\limits_{x\to1^-}(x+C_2)=\lim\limits_{x\to1^+}\left(\frac{x^2}{2}+C_3\right)$,故可取 $C_1=C$, $C_2=\frac{1}{2}+C$, $C_3=1+C$,即

$$\int\max\{1,|x|\}dx=\begin{cases}-\frac{x^2}{2}+C, & x<-1\\ x+\frac{1}{2}+C, & -1\leqslant x\leqslant 1.\\ \frac{x^2}{2}+1+C, & x>1\end{cases}$$

特别提醒　在求分段函数的原函数时,应先分别求函数的各分段在相应区间内的原函数,然后考查分段函数在分界点处的连续性.若连续,那么在包含分界点的区间内有原函数存在,从而可根据原函数的连续性,定出积分常数.如果分界点是函数的第一类间断点,那么在包含该点的区间内不存在原函数.

第六节 综合杂例

知识点归纳

有理真分式函数的积分

化有理真分式为部分分式积分	给定真分式$\frac{P(x)}{Q(x)}$,其中 $Q(x)$ 是一个 n 次多项式,且 $Q(x)$ 总可分解为:$Q(x)=b_0(x-a)^{\alpha}\cdots(x-b)^{\beta}$ $(x^2+px+q)^{\lambda}$、$(x^2+rx+s)^{\mu}$(其中 $p^2-4q<0,\cdots,r^2-4s<0$),那么真分式$\frac{P(x)}{Q(x)}$可以分解成如下部分分式之和: $\frac{P(x)}{Q(x)}=\frac{A_1}{(x-a)^{\alpha}}+\frac{A_2}{(x-a)^{\alpha-1}}+\cdots+\frac{A_{\alpha}}{x-a}\cdots+\frac{B_1}{(x-b)^{\beta}}+\frac{B_2}{(x-b)^{\beta-1}}+\cdots+\frac{B_{\beta}}{x-b}+\frac{M_1x+N_1}{(x^2+px+q)^{\lambda}}$ $+\cdots+\frac{M_{\lambda}x+N_{\lambda}}{x^2+px+q}+\frac{R_1x+S_1}{(x^2+rx+s)^{\mu}}+\frac{R_2x+S_2}{(x^2+rx+s)^{\mu-1}}+\cdots+\frac{R_{\mu}x+S_{\mu}}{x^2+rx+s}$ 其中 $A_i,\cdots,B_i,M_i,N_i,\cdots,R_i$ 及 S_i 等都是常数. 可见有理函数的积分可化为如下四种类型的积分 $\int\frac{A}{x-a}\mathrm{d}x,\int\frac{A}{(x-a)^n}\mathrm{d}x,\int\frac{\mathrm{d}x}{(x^2+px+q)^n},\int\frac{x+a}{(x^2+px+q)^n}\mathrm{d}x$

典型例题解析

题型 1:有理分式函数的积分

例 1 求下列不定积分:

(1)$\int\frac{1}{(x+1)^2(x^2+1)}\mathrm{d}x$　　　(2)$\int\frac{x^3}{(x^2+1)^2}\mathrm{d}x$

解 (1) 设$\frac{1}{(x+1)^2(x^2+1)}=\frac{A}{(x+1)}+\frac{B}{(x+1)^2}+\frac{Cx+D}{x^2+1}$,

将等式右端通分并比较系数得

$$\begin{cases}A+C=0\\A+B+2C+D=0\\A+C+2D=0\\A+B+D=1\end{cases}\text{解得}\begin{cases}A=\frac{1}{2}\\B=\frac{1}{2}\\C=-\frac{1}{2}\\D=0\end{cases}$$

$$\therefore \text{原式}=\frac{1}{2}\int\frac{1}{x+1}\mathrm{d}x+\frac{1}{2}\int\frac{1}{(x-1)^2}\mathrm{d}x-\frac{1}{2}\int\frac{x}{x^2+1}\mathrm{d}x$$

$$=\frac{1}{2}\ln|x+1|-\frac{1}{2(x+1)}-\frac{1}{4}\ln(x^2+1)+C$$

(2) 解法一(部分分式法):设$\frac{x^3}{(x^2+1)^2}=\frac{Ax+B}{x^2+1}+\frac{Cx+D}{(x^2+1)^2}$,则

$(Ax+B)(x^2+1)+Cx+D=x^3$,

采用比较系数法,求得 $A=1,B=0,C=-1,D=0$. 于是

$$I=\int\left(\frac{x}{x^2+1}-\frac{x}{(x^2+1)^2}\right)\mathrm{d}x=\frac{1}{2}\int\left[\frac{1}{x^2+1}-\frac{1}{(x^2+1)^2}\right]\mathrm{d}(x^2+1)$$

$$=\frac{1}{2}\ln(x^2+1)+\frac{1}{2(x^2+1)}+C$$

解法二(凑微分法):

$$I=\frac{1}{2}\int\frac{x^2+1-1}{(x^2+1)^2}\mathrm{d}(x^2+1)=\frac{1}{2}\ln(x^2+1)+\frac{1}{2(x^2+1)}+C$$

解法三(分项积分法):

$$I=\int\frac{x^3+x-x}{(x^2+1)^2}\mathrm{d}x=\int\frac{x}{x^2+1}\mathrm{d}x-\int\frac{x}{(x^2+1)^2}\mathrm{d}x=\frac{1}{2}\ln(x^2+1)+\frac{1}{2(x^2+1)}+C$$

特别提醒 有理式积分时尽管有相对固定的方法,但分解为部分分式再积分不一定是最好的方法.

题型 2:求分段函数的不定积分

【重点提示】对于分段函数的不定积分,首先在定义域的开区间上分别求出不定积分,再确定在分段点处原函数的值,使得其在分段点处的导数等于被积函数的值.

例 设 $f(x)=\begin{cases}x\ln(1+x^2)-3, x\geqslant 0\\(x^2+2x-3)\mathrm{e}^{-x}, x<0\end{cases}$,求 $\int f(x)\mathrm{d}x$.

解 当 $x>0$ 时,

$$\int f(x)\mathrm{d}x=\int[x\ln(1+x^2)-3]\mathrm{d}x=\int x\ln(1+x^2)\mathrm{d}x-3x=\int\ln(1+x^2)\mathrm{d}\left(\frac{x^2}{2}\right)-3x$$

$$=\frac{1}{2}x^2\ln(1+x^2)-\frac{1}{2}[x^2-\ln(1+x^2)]-3x+C$$

当 $x<0$ 时,

$$\int f(x)\mathrm{d}x=\int[(x^2+2x-3)\mathrm{e}^{-x}]\mathrm{d}x=\int(x^2+2x-3)\mathrm{d}(-\mathrm{e}^{-x})$$

$$=(-\mathrm{e}^{-x})(x^2+2x-3)-\int(-\mathrm{e}^{-x})(2x+2)\mathrm{d}x=(-\mathrm{e}^{-x})(x^2+2x-3)-\int(2x+2)\mathrm{d}(\mathrm{e}^{-x})$$

$$=(-\mathrm{e}^{-x})(x^2+2x-3)-(2x+2)\mathrm{e}^{-x}-2\mathrm{e}^{-x}+C_1$$

$$=-(x^2+4x+1)\mathrm{e}^{-x}+C_1$$

为了使得上面所求函数在 $x=0$ 连续,需满足

$\lim\limits_{x\to 0^+}\left\{\frac{1}{2}x^2\ln(1+x^2)-\frac{1}{2}[x^2-\ln(1+x^2)]-3x+C\right\}=\lim\limits_{x\to 0^-}[-(x^2+4x+1)\mathrm{e}^{-x}+C_1]$,则有 $C=-1+C_1$,从而

$$\int f(x)\mathrm{d}x=\begin{cases}\frac{1}{2}x^2\ln(1+x^2)-\frac{1}{2}[x^2-\ln(1+x^2)]-3x+C, & x\geqslant 0\\-(x^2+4x+1)\mathrm{e}^{-x}+C_1, & x<0\end{cases}$$

$$=\begin{cases}\frac{1}{2}x^2\ln(1+x^2)-\frac{1}{2}[x^2-\ln(1+x^2)]-3x+C, & x\geqslant 0\\-(x^2+4x+1)\mathrm{e}^{-x}+1+C, & x<0\end{cases}$$

考研真题精解

1. 曲线 $y=(x-1)(x-2)^2(x-3)^3(x-4)^4$ 的拐点是(　　).

(A)(1,0)　　(B)(2,0)　　(C)(3,0)　　(D)(4,0)

【答案】 (C)

【解答】 若令 $h(x)=(x-1)(x-2)^2(x-4)^4$,则 $y=(x-3)^3h(x)$

$y'=3(x-3)^2h(x)+(x-3)^3h'(x)$

$y''=6(x-3)h(x)+6(x-3)^2h'(x)+(x-3)^3h''(x)$

$y'''=6h(x)+18(x-3)h'(x)+9(x-3)^2h''(x)+(x-3)^3h'''(x)$

由此可见,当 $x=3$ 时,$y''=y'=0,y'''\neq 0$,

因为(3,0)是曲线 y 的拐点.

而当 $x=1,2,4$ 时,用同样的方法可以证明,这些点不是拐点.

故选(C).

2. 设函数 $f(x)$ 具有二阶连续导数,且 $f(x)>0,f'(0)=0$,则函数 $z=f(x)\ln f(y)$ 在点(0,0)处取得极小值的一个充分条件是(　　).

(A) $f(0)>1,f''(0)>0$　　(B) $f(0)>2,f''(0)<0$

(C) $f(0)<1,f''(0)>0$　　(D) $f(0)<1,f''(0)<0$

【答案】 (A)

【解答】 由 $z=f(x)\ln f(y)$

得 $\frac{\partial z}{\partial x}=f'(x)\ln f(y),\frac{\partial z}{\partial y}=f'(y)\frac{f(x)}{f(y)}$

$\frac{\partial^2 z}{\partial x\partial y}=f'(y)\frac{f'(x)}{f(y)},\frac{\partial^2 z}{\partial x^2}=f''(x)\ln f(y)$

$\frac{\partial^2 z}{\partial y^2}=f(x)\frac{f''(y)f(y)-[f'(y)]^2}{f^2(y)}$

$\therefore z''_{xy}=\frac{f'(0)}{f(0)}f'(0)=0,z''_{xx}=f''(0)\ln f(0)$

$z''_{yy}=f(0)=\frac{f''(0)f(0)-[f'(0)]^2}{f^2(0)}=f''(0)$

令 $f''(0)\ln f(0)>0,f''(0)>0$

解得 $f(0)>1,f''(0)>0$,故选(A).

课后习题全解

(A)

1.解　设曲线方程为 $y=f(x)$,由 $y'=k$,得 $y=\int k\mathrm{d}x=kx+C$

即曲线方程为 $y=kx+C$.

2.解　由 $y'=x+2$,得 $y=\int(x+2)\mathrm{d}x=\frac{1}{2}x^2+2x+C$,

又 $y(2)=5$,有 $5=\frac{1}{2}\times 2^2+2\times 2+C$,则 $C=-1$,

故曲线方程为 $y=\frac{1}{2}x^2+2x-1$.

3. **解**　由 $y'=2x$ 得 $y=x^2+C$，

又 $y(1)=-2$ 即 $-2=1^2+C$ 得 $C=-3$，故曲线方程为 $y=x^2-3$.

4. **解**　由 $\frac{\mathrm{d}s}{\mathrm{d}t}=v=3t-2$，可得 $s=\int(3t-2)\mathrm{d}t=\frac{3}{2}t^2-2t+C$，

由 $s(0)=5$，可得 $C=5$，所以动点的运动方程为 $s=\frac{3}{2}t^2-2t+5$.

5. **解**　设加速度为 a，则由 $a=\frac{\mathrm{d}v}{\mathrm{d}t}=t^2+1$，可得

$$v=\int(t^2+1)\mathrm{d}t=\frac{1}{3}t^3+t+C$$

又 $v(0)=1$，得 $C=1$，$v=\frac{1}{3}t^3+t+1$ 又由 $\frac{\mathrm{d}s}{\mathrm{d}t}=v=\frac{1}{3}t^3+t+1$，得

$$s=\int\left(\frac{1}{3}t^3+t+1\right)\mathrm{d}t=\frac{1}{12}t^4+\frac{1}{2}t^2+t+C_1$$

由 $s(0)=0$，得 $C_1=0$，

故 $s=\frac{1}{12}t^4+\frac{1}{2}t^2+t$ 为所求质点的运动方程.

6. **解**　由 $P'(t)=f(t)=at+b$，可得 $P(t)=\int f(t)\mathrm{d}t=\int(at+b)\mathrm{d}t=\frac{a}{2}t^2+bt+C$，又 $P(0)=0$，得 $C=0$，

故 $P(t)=\frac{a}{2}t^2+bt$ 即为所求函数.

小结　习题 1 ～ 6 皆为实际应用问题，实质就是求不定积分，再根据给定的初值条件，求出具体的原函数.

7. **分析**　对被积函数作适当变形，再依据分项积分法和基本积分式计算.

解　(1) 原式 $=\int 1\mathrm{d}x-3\int x^2\mathrm{d}x=x-x^3+C$

(2) 原式 $=\int 2^x\mathrm{d}x+\int x^2\mathrm{d}x=\frac{2^x}{\ln 2}+\frac{1}{3}x^3+C$

(3) 原式 $=\int x^{\frac{1}{3}}\mathrm{d}x-\int x^{-\frac{1}{2}}\mathrm{d}x=\frac{3}{4}x^{\frac{4}{3}}-2x^{\frac{1}{2}}+C$

(4) 原式 $=\frac{1}{2}\int x\mathrm{d}x-\int\frac{1}{x}\mathrm{d}x+3\int\frac{1}{x^3}\mathrm{d}x-4\int\frac{1}{x^4}\mathrm{d}x=\frac{1}{4}x^2-\ln|x|-\frac{3}{2x^2}+\frac{4}{3x^3}+C$

(5) 原式 $=\int x^{\frac{3}{2}}\mathrm{d}x-3\int x^{\frac{1}{2}}\mathrm{d}x=\frac{2}{5}x^{\frac{5}{2}}-2x^{\frac{3}{2}}+C$

(6) 原式 $=\int\frac{t^3+3t^2+3t+1}{t^2}\mathrm{d}t=\int t\mathrm{d}t+3\int\mathrm{d}t+3\int\frac{1}{t}\mathrm{d}t+\int t^{-2}\mathrm{d}t$

$=\frac{1}{2}t^2+3t+3\ln|t|-\frac{1}{t}+C$

(7) 原式 $=\int(x^{\frac{3}{2}}+x+3x^{-\frac{1}{2}})\mathrm{d}x=\int x^{\frac{3}{2}}\mathrm{d}x+\int x\mathrm{d}x+3\int x^{-\frac{1}{2}}\mathrm{d}x=\frac{2}{5}x^{\frac{5}{2}}+\frac{1}{2}x^2+6x^{\frac{1}{2}}+C$

(8) 原式 $=\int\frac{x^2+1-1}{x^2+1}\mathrm{d}x=\int\left(1-\frac{1}{x^2+1}\right)\mathrm{d}x$

$=\int dx-\int\frac{1}{x^2+1}dx=x-\arctan x+C$(对有理式$\frac{x^2}{x^2+1}$进行分解再积分)

(9) 原式$=\int\frac{1-\cos u}{2}du=\int\frac{1}{2}du-\frac{1}{2}\int\cos u du$

$=\frac{1}{2}u-\frac{1}{2}\sin u+C$(对 $\sin^2\frac{u}{2}$ 降幂,化为$\frac{1-\cos u}{2}$再积分)

(10) 原式$=\int(\csc^2 x-1)dx$($\cot^2 x=\csc^2 x-1$ 为常用等式)

$=\int\csc^2 x dx-\int dx=-\cot x-x+C.$

(11) 原式$=\int\frac{\cos 2x\cdot(\cos x-\sin x)}{(\cos x+\sin x)(\cos x-\sin x)}dx$

$=\int(\cos x-\sin x)dx=\sin x+\cos x+C$

(用二倍角公式 $\cos 2x=\cos^2 x-\sin^2 x$ 进行变形处理)

(12) 原式$=\int x^{\frac{1}{2}}\cdot x^{\frac{1}{4}}\cdot x^{\frac{1}{8}}dx=\int x^{\frac{1}{2}+\frac{1}{4}+\frac{1}{8}}dx=\int x^{\frac{7}{8}}dx=\frac{8}{15}x^{\frac{15}{8}}+C$

(13) 原式$=\int\frac{(e^t-1)(e^t+1)}{e^t-1}dt=\int(e^t+1)dt=\int e^t dt+\int dt=e^t+t+C$

(14) 原式$=\int\frac{1+x^2-x^2}{x^2(1+x^2)}dx=\int\left(\frac{1}{x^2}-\frac{1}{1+x^2}\right)dx$

$=\int\frac{1}{x^2}dx-\int\frac{1}{1+x^2}dx=-\frac{1}{x}-\arctan x+C$

(将$\frac{1}{x^2(1+x^2)}$分解为$\frac{1}{x^2}-\frac{1}{1+x^2}$)

小结 本题涉及幂函数、指数函数、三角函数不定积分的求解,只需将被积函数恰当整理变形,化成上述三种类型的函数求不定积分即可.

8. **分析** 运用分项积分法和第一类换元积分法求解,注意牢记常用基本积分公式.

解 (1) 原式$=\int(1-3x)^{\frac{5}{2}}\cdot(-\frac{1}{3})\cdot(-3)dx=-\frac{1}{3}\int(1-3x)^{\frac{5}{2}}d(1-3x)$

$=-\frac{2}{21}(1-3x)^{\frac{7}{2}}+C$

(2) 原式$=\int(2x+3)^{-2}\cdot\frac{1}{2}\cdot 2dx=\frac{1}{2}\int(2x+3)^{-2}d(2x+3)$

$=\frac{-1}{2}(2x+3)^{-1}+C=\frac{-1}{2(2x+3)}+C$

(3) 原式$=\frac{1}{2}\int\frac{2xdx}{1+x^2}=\frac{1}{2}\int\frac{d(1+x^2)}{1+x^2}=\frac{\ln(1+x^2)}{2}+C$(也可将$\frac{x}{1+x^2}dx$写为$\frac{1}{2}\frac{d(1+x^2)}{1+x^2}$)

(4) 原式$=\frac{1}{3}\int a^{3x}d(3x)=\frac{a^{3x}}{3\ln a}+C$

(5) 原式$=\int(\ln x)^2 d(\ln x)=\frac{1}{3}(\ln x)^3+C$($\frac{1}{x}dx=d(\ln x)$ 是一个常见的微分形式)

(6) 原式$=-\int e^{-x}d(-x)=-e^{-x}+C$

(7) 原式 $=-\int e^{\frac{1}{x}} d\frac{1}{x} =-e^{\frac{1}{x}}+C$($\frac{1}{x^2}dx=-d\left(\frac{1}{x}\right)$是一个常见变化形式)

(8) 原式 $=\frac{1}{2}\int(u^2-5)^{\frac{1}{2}}d(u^2-5)=\frac{1}{3}(u^2-5)^{\frac{3}{2}}+C$

(9) 原式 $=-\frac{1}{2}\int(1-2v)^{-\frac{1}{2}}d(1-2v)=-\sqrt{1-2v}+C$

(10) 原式 $=\frac{1}{3}\int(x^3-5)^{-\frac{2}{3}}d(x^3-5)=(x^3-5)^{\frac{1}{3}}+C(x^2dx=\frac{1}{3}d(x^3-5))$.

(11) 原式 $=\int\frac{d(x^2-x+3)}{x^2-x+3}=\ln|x^2-x+3|+C$(注意$(2x-1)dx=d(x^2-x+3)$)

(12) 原式 $=\int\frac{d(\ln t)}{\ln t}=\ln|\ln t|+C$

(13) 原式 $=\int\frac{d(e^x+1)}{e^x+1}=\ln(e^x+1)+C$

(14) 原式 $=\int\frac{x}{x^2+1}dx-\int\frac{1}{x^2+1}dx=\frac{1}{2}\int\frac{d(x^2+1)}{x^2+1}-\int\frac{dx}{x^2+1}$

$=\frac{1}{2}\ln(x^2+1)-\arctan x+C$(将$\frac{x-1}{x^2+1}$分解为$\frac{x}{x^2+1}-\frac{1}{x^2+1}$再分别求不定积分)

(15) 原式 $=\int\frac{\frac{2}{3}d\left(\frac{3}{2}x\right)}{4\left[1+\left(\frac{3}{2}x\right)^2\right]}=\frac{1}{6}\arctan\left(\frac{3}{2}x\right)+C$

(16) 原式 $=\int\frac{dx}{(2x+1)^2+4}=\int\frac{d\left(\frac{2x+1}{2}\right)}{4\left[\left(\frac{2x+1}{2}\right)^2+1\right]}=\frac{1}{4}\arctan\frac{2x+1}{2}+C$

(17) 原式 $=\int\frac{\frac{2}{3}d\left(\frac{3}{2}x\right)}{\sqrt{4\left[1-\left(\frac{3}{2}x\right)^2\right]}}=\frac{1}{3}\int\frac{d\left(\frac{3}{2}x\right)}{\sqrt{1-\left(\frac{3}{2}x\right)^2}}=\frac{1}{3}\arcsin\frac{3}{2}x+C$

(18) 原式 $=\int\frac{dx}{\sqrt{6-(x+1)^2}}=\int\frac{dx}{\sqrt{6}\cdot\sqrt{1-\left(\frac{x+1}{\sqrt{6}}\right)^2}}$

$=\int\frac{d\left(\frac{x+1}{\sqrt{6}}\right)}{\sqrt{1-\left(\frac{x+1}{\sqrt{6}}\right)^2}}=\arcsin\frac{x+1}{\sqrt{6}}+C$(对$(5-2x-x^2)$配方变形得$6-(x+1)^2$)

(19) 原式 $=\int\frac{dx}{(2+x)(2-x)}=\frac{1}{4}\int\left(\frac{1}{2+x}+\frac{1}{2-x}\right)dx$

$=\frac{1}{4}\int\frac{d(2+x)}{2+x}-\frac{1}{4}\int\frac{d(2-x)}{2-x}=\frac{1}{4}\ln\left|\frac{2+x}{2-x}\right|+C$

(20) 原式 $=\int\frac{\frac{1}{3}d(3)x}{2^2-(3x)^2}=\frac{1}{3}\cdot\frac{1}{4}\ln\left|\frac{2+3x}{2-3x}\right|+C=\frac{1}{12}\ln\left|\frac{2+3x}{2-3x}\right|+C$

(21) 原式$=\int\frac{1}{(x+2)(x-3)}dx=\frac{1}{5}\int\left(\frac{1}{x-3}-\frac{1}{x+2}\right)dx$

$=\frac{1}{5}(\ln|x-3|-\ln|x+2|)+C=\frac{1}{5}\ln\left|\frac{x-3}{x+2}\right|+C$

(22) 原式 $=\frac{1}{3}\int\sin3x\,d3x=-\frac{1}{3}\cos3x+C$

(23) 原式 $=\frac{3}{2}\int\cos\frac{2}{3}x\,d\frac{2}{3}x=\frac{3}{2}\sin\frac{2}{3}x+C$

(24) 原式$=\int\frac{1-\cos6x}{2}dx=\int\frac{1}{2}dx-\int\frac{1}{2}\cos6x\,dx$(将 $\sin^2 3x$ 降为$\frac{1}{2}(1-\cos6x)$ 是常用方法)

$=\int\frac{1}{2}dx-\frac{1}{2}\cdot\frac{1}{6}\int\cos6x\,d6x=\frac{x}{2}-\frac{1}{12}\sin6x+C$

(25) 原式 $=\int e^{\sin x}d\sin x=e^{\sin x}+C$

(26) 原式 $=\int\cos e^x\,de^x=\sin e^x+C$

(27) 原式$=\int\sin^2x\cdot\sin x\,dx=-\int(1-\cos^2x)d\cos x$

$=-(\cos x-\frac{1}{3}\cos^3x)+C=\frac{1}{3}\cos^3x-\cos x+C$

(28) 原式$=\int(\cos^2x)^2\cos x\,dx=\int(1-\sin^2x)^2d\sin x$

($\cos^5x$ 可分解为 $\cos^4x\cdot\cos x$,其中 $\cos^4x$ 为偶次幂易降幂,$\cos x$ 恰为$(\sin x)'$)

$=\int(1-2\sin^2x+\sin^4x)d\sin x=\sin x-\frac{2}{3}\sin^3x+\frac{1}{5}\sin^5x+C$

(29) 原式$=\int\sin^2x(1-\sin^2x)^2d\sin x=\int\sin^2x(1-2\sin^2x+\sin^4x)d\sin x$

$=\int(\sin^2x-2\sin^4x+\sin^6x)d\sin x=\frac{1}{3}\sin^3x-\frac{2}{5}\sin^5x+\frac{1}{7}\sin^7x+C$

(30) 原式$=\int\tan^2x(\sec^2x-1)dx=\int\tan^2x\sec^2x\,dx-\int\tan^2x\,dx$

(熟练使用 $\tan^2x=\sec^2x-1$ 及 $\sec^2x\,dx=d(\tan x)$)

$=\int\tan^2x\,d\tan x-\int(\sec^2x-1)dx=\frac{1}{3}\tan^3x-\tan x+x+C$

(31) 原式$=\int\csc^4x\,dx=\int\csc^2x\cdot\csc^2x\,dx$(利用 $\csc^2x=1+\cot^2x$)

$=-\int(\cot^2x+1)d\cot x=-\frac{1}{3}\cot^3x-\cot x+C$

(32) 原式 $=\int\tan^2x\cdot\tan x\,dx=\int(\sec^2x-1)\tan x\,dx$(利用 $\sec^2x\,dx=d(\tan x)$)

$=\int\sec^2\cdot\tan x\,dx-\int\tan x\,dx=\int\tan x\,d\tan x-\int\frac{\sin x}{\cos x}dx=\frac{1}{2}\tan^2x+\ln|\cos x|+C$

(33) 原式$=\int\frac{e^t}{(e^t)^2+1}dt=\int\frac{de^t}{1+(e^t)^2}=\arctan e^t+C$

(34) 原式 $=\int\frac{e^x-(e^x-1)}{e^x-1}dx=\int\frac{e^x dx}{e^x-1}-\int dx=\ln|e^x-1|-x+C$

(35) 原式 $=\int\frac{dx}{e^x\sqrt{1-e^{-2x}}}=-\int\frac{de^{-x}}{1-(e^{-x})^2}=\operatorname{arccos}e^{-x}+C$

(36) 原式 $=\int\frac{(1+\ln x)-1}{x\sqrt{1+\ln x}}dx=\int\left(\sqrt{1+\ln x}-\frac{1}{\sqrt{1+\ln x}}\right)d(1+\ln x)$

$=\frac{2}{3}(1+\ln x)^{\frac{3}{2}}-2(1+\ln x)^{\frac{1}{2}}+C=\frac{2}{3}\sqrt{(1+\ln x)^3}-2\sqrt{1+\ln x}+C$

(37) 原式 $=\int\left(1+\frac{2\ln x}{x}\right)dx=\int dx+2\int\ln x d\ln x$（凑微分 $\frac{1}{x}dx=d(\ln x)$ 是一种重要形式）

$=x+\ln^2x+C$

(38) 原式 $=\int\frac{x^5}{x^6(1+x^6)}dx=\frac{1}{6}\int\left(\frac{1}{x^6}-\frac{1}{x^6+1}\right)dx^6$

$=\frac{1}{6}\ln|x^6|-\frac{1}{6}\ln|x^6+1|+C$

$=\ln|x|-\frac{1}{6}\ln(1+x^6)+C$（将分母和分子同乘 x^5）

(39) 原式 $=\int(\arctan x)^2 d\arctan x=\frac{1}{3}(\arctan x)^3+C$

(40) 原式 $=\int\frac{d(\arcsin e^x)}{\arcsin e^x}=\ln|\arcsin e^x|+C$

9. **分析**　运用第二类换元积分法，引入适当的代换来消去根号，求解不定积分.

解　(1) 令 $t=\sqrt{x+1}$，

原式 $=\int(t^2-1)2t^2dt=2\int(t^4-t^2)dt=2\times\frac{1}{5}t^5-\frac{2}{3}t^3+C$

$=\frac{2}{5}(x+1)^{\frac{5}{2}}-\frac{2}{3}(x+1)^{\frac{3}{2}}+C$

(2) 令 $t=\sqrt{2x-3}$，

原式 $=\int\frac{tdt}{t+1}=\int\left(1-\frac{1}{1+t}\right)dt=t-\ln|1+t|+C$

$=\sqrt{2x-3}-\ln|\sqrt{2x-3}+1|+C$

(3) $\int\frac{x}{\sqrt[4]{3x+1}}dx\overset{\sqrt[4]{3x+1}=t}{=\!=\!=}\int\frac{\frac{1}{3}(t^4-1)\cdot\frac{4}{3}t^3dt}{t}$

$=\frac{4}{9}\int(t^6-t^2)dt=\frac{4}{9}\times\frac{1}{7}t^7-\frac{4}{9}\times\frac{1}{3}t^3+C$

$=\frac{4}{63}(3x+1)^{\frac{7}{4}}-\frac{4}{27}(3x+1)^{\frac{3}{4}}+C$

（采用适当的变量代换将无理函数转化为有理函数，再利用有理函数积分法求积分）

(4) $\int\frac{dx}{\sqrt{x}+\sqrt[3]{x}}\overset{\sqrt[6]{x}=t}{=\!=\!=}\int\frac{6t^5dt}{t^3+t^2}=6\int\frac{t^3}{t+1}dt$

$=6\int\frac{t^3+1-1}{t+1}dt=6\int\left(t^2-t+1-\frac{1}{t+1}\right)dt$（用 $x=t^6$ 对 $\sqrt{x}$ 与 $\sqrt[3]{x}$ 同时有理化）

$=6\left(\frac{t^3}{3}-\frac{t^2}{2}+t-\ln|t+1|\right)+C=2\sqrt{x}-3\sqrt[3]{x}+6\sqrt[6]{x}-6\ln(\sqrt[6]{x}+1)+C$

(5) $\int \frac{e^{2x}}{\sqrt[4]{1+e^x}}dx \xlongequal{\sqrt[4]{1+e^x}=t} \int \frac{(t^4-1)^2 4t^3 dt}{t(t^4-1)}$

$= \int 4t^2(t^4-1)dt = \int (4t^6-4t^2)dt = \frac{4}{7}t^7 - \frac{4}{3}t^3 + C = \frac{4}{7}\sqrt[4]{(1+e^x)^7} - \frac{4}{3}\sqrt[4]{(1+e^x)^3} + C$

$= \frac{4}{7}(1+e^x)\sqrt[4]{(1+e^x)^3} - \frac{4}{3}\sqrt[4]{(1+e^x)^3} + C$

(6) 令 $t = \sqrt[4]{2x+3}$,

原式 $= \int \frac{t^4-3}{2} \times 2t^4 dt = \int (t^8 - 3t^4)dt = \frac{1}{9}t^9 - \frac{3}{5}t^5 + C = \frac{1}{9}(2x+3)^{\frac{9}{4}} - \frac{3}{5}(2x+3)^{\frac{5}{4}} + C$

(7) $\int \frac{1}{1+\sqrt{x}}dx \xlongequal{\sqrt{x}=t} \frac{1}{1+t}2tdt = 2\int \frac{t+1-1}{1+t}dt = 2\int\left(1-\frac{1}{1+t}\right)dt$

$= 2(t - \ln|1+t|) + C = 2(\sqrt{x} - \ln|1+\sqrt{x}|) + C$

(8) $\int \sqrt{\frac{x}{1-x\sqrt{x}}}dx \xlongequal{\sqrt{x}=t} \int \sqrt{\frac{t^2}{1-t^3}}2tdt$($t^2dt$ 凑为 $\frac{1}{3}dt^3$)

$= 2\int \frac{t^2 dt}{\sqrt{1-t^3}} = \frac{2}{-3}\int \frac{d(1-t^3)}{\sqrt{1-t^3}} = -\frac{4}{3}(1-t^3)^{\frac{1}{2}} + C = -\frac{4}{3}\sqrt{1-x\sqrt{x}} + C$

(9) $\int \frac{dx}{\sqrt[3]{x+1}+1} \xlongequal{\sqrt[3]{x+1}=t} \int \frac{3t^2 dt}{t+1} = 3\int \frac{t^2-1+1}{t+1}dt$

$= 3\int (t-1)dt + 3\int \frac{dt}{t+1} = \frac{3}{2}t^2 - 3t + 3\ln|t+1| + C$

$= \frac{3}{2}\sqrt[3]{(x+1)^2} - 3\sqrt[3]{x+1} + 3\ln|\sqrt[3]{x+1}+1| + C$

(10) $\int \frac{1+\sqrt[3]{1+x}}{\sqrt{1+x}}dx \xlongequal{\sqrt[6]{1+x}=t} \int \frac{1+t^2}{t^3}6t^5 dt$

$= 6\int (1+t^2)t^2 dt = 6\left(\int t^2 dt + \int t^4 dt\right) = 6\left(\frac{t^3}{3} + \frac{t^5}{5}\right) + C$

$= 6\left(\frac{1}{3}\sqrt{1+x} + \frac{1}{5}\sqrt[6]{(1+x)^5}\right) + C$

$= 2\sqrt{1+x} + \frac{6}{5}\sqrt[6]{(1+x)^5} + C$(令 $1+x=t^6$ 将 $\sqrt{1+x}$ 与 $\sqrt[3]{1+x}$ 同时有理化)

(11) 如图 5-2 所示.

$\int (1-x^2)^{-\frac{3}{2}}dx \xlongequal{x=\sin t} \int (1-\sin^2 t)^{-\frac{3}{2}}\cos t dt$

$= \int \cos^{-3}t \cdot \cos t dt = \int \frac{1}{\cos^2 t}dt = \tan t + C = \frac{x}{\sqrt{1-x^2}} + C$

(对 $a^2 - x^2$,常用 $x = a\sin t$ 变形)

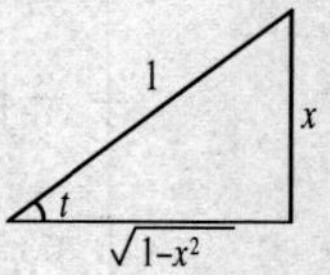

图 5-2

(12) 令 $x = \tan t$,

原式 $= \int \frac{\sec^2 t dt}{(1+\tan^2 t)^2} = \int \frac{\sec^2 t dt}{\sec^4 t}dt = \int \cos^2 t dt = \frac{1}{2}\int (1+\cos 2t)dt$

$= \frac{1}{2}t + \frac{1}{4}\sin 2t + C = \frac{1}{2}t + \frac{1}{2}\sin t\cos t + C = \frac{1}{2}\left(\arctan x + \frac{x}{1+x^2}\right) + C$

(13) 令 $x = a\tan t$,

原式$=\int\frac{a\sec^2 t\mathrm{d}t}{[a^2(1+\tan^2 t)]^{\frac{3}{2}}}=\int\frac{a\sec^2 t\mathrm{d}t}{a^3\sec^3 t}=\frac{1}{a^2}\int\cos t\mathrm{d}t=\frac{1}{a^2}\sin t+C=\frac{x}{a^2\sqrt{a^2+x^2}}+C$

(14) 令 $x=\sec t$，

原式$=\int\frac{\sec t\tan t\mathrm{d}t}{\sec t\sqrt{\sec^2 t-1}}=\int\mathrm{d}t=t+C=\arccos\frac{1}{x}+C$(对 $\sqrt{x^2-a^2}$，常用 $x=a\sec t$ 变形)

(15) 令 $x=\sin t$，

原式$=\int\frac{\sin^2 t}{\sqrt{1-\sin^2 t}}\cos t\mathrm{d}t=\int\sin^2 t\mathrm{d}t=\frac{1}{2}\int(1-\cos 2t)\mathrm{d}t$

$=\frac{1}{2}\left(t-\frac{1}{2}\sin 2t\right)+C=\frac{1}{2}(t-\sin t\cos t)+C=\frac{1}{2}(\arcsin x-x\sqrt{1-x^2})+C$

(16) 令 $x=\frac{2}{3}\sec t$，

原式$=\int\frac{\mathrm{d}x}{2\sqrt{\left(\frac{3}{2}x\right)^2-1}}=\frac{1}{2}\int\frac{\frac{2}{3}\sec t\tan t\mathrm{d}t}{\sqrt{\sec^2 t-1}}=\frac{1}{3}\int\sec t\mathrm{d}t$

$=\frac{1}{3}\ln|\sec t+\tan t|+C_1=\frac{1}{3}\ln\left|\frac{3}{2}x+\frac{\sqrt{9x^2-4}}{2}\right|+C_1$

(17) 原式$=\frac{1}{3}\int\frac{\mathrm{d}(3x-1)}{\sqrt{(3x-1)^2+6}}=\frac{1}{3}\ln|\sqrt{9x^2-6x+7}+3x-1|+C$

(18)$\int\frac{\mathrm{d}x}{\mathrm{e}^x-1}\xlongequal{\mathrm{e}^x-1=t}\int\frac{1}{t}\cdot\frac{\mathrm{d}t}{1+t}=\int\left(\frac{1}{t}-\frac{1}{1+t}\right)\mathrm{d}t$

$=\ln\left|\frac{t}{t+1}\right|=\ln|\mathrm{e}^x-1|-x+C$

(19)$\int\frac{1-\ln x}{(x-\ln x)^2}\mathrm{d}x\xlongequal{x=\frac{1}{t}}\int\frac{1+\ln t}{\left(\frac{1}{t}+\ln t\right)^2}\left(-\frac{1}{t^2}\right)\mathrm{d}t$

$=-\int\frac{1+\ln t}{(1+t\ln t)^2}\mathrm{d}t=-\int\frac{\mathrm{d}(1+t\ln t)}{(1+t\ln t)^2}$(凑微分$(1+\ln t)\mathrm{d}t=\mathrm{d}(1+t\ln t)$)

$=\frac{1}{1+t\ln t}+C\xlongequal{t=\frac{1}{x}}\frac{1}{1-\frac{1}{x}\ln x}+C=\frac{x}{x-\ln x}+C$

10. **分析**　依据分部积分法选择适当的因式作 $u(x)$，然后直接用公式计算. 注意将对数函数、反三角函数、幂函数等选作 $u(x)$.

解　(1) 取 $u=x$，则 $\mathrm{e}^x\mathrm{d}x=\mathrm{d}(\mathrm{e}^x)$，$v=\mathrm{e}^x$，原式 $=x\mathrm{e}^x-\int\mathrm{e}^x\mathrm{d}x=x\mathrm{e}^x-\mathrm{e}^x+C$

(2) 取 $u=x$，则 $\sin x\mathrm{d}x=\mathrm{d}(-\cos x)$，则 $v=-\cos x$，

原式 $=-x\cos x+\int\cos x\mathrm{d}x=-x\cos x+\sin x+C$

(3) 取 $u=\arctan x$，则 $v=x$，

原式$=x\arctan x-\int x\mathrm{d}\arctan x=x\arctan x-\int\frac{x}{1+x^2}\mathrm{d}x$

$= x\arctan x - \frac{1}{2}\ln(1+x^2) + C$

(幂函数与反三角函数乘积的积分可用分部积分法，此时把幂函数与 dx 乘积设为 dv)

(4) 取 $u=\ln(x^2+1)$，则 $v=x$，

原式 $= x\ln(x^2+1) - \int x\mathrm{d}\ln(x^2+1) = x\ln(x^2+1) - \int x\cdot\frac{2x}{x^2+1}\mathrm{d}x$

$= x\ln(x^2+1) - 2\int\frac{x^2+1-1}{x^2+1}\mathrm{d}x = x\ln(x^2+1) - 2x + 2\arctan x + C$

(5) 取 $u=\ln x$，则 $\frac{1}{x^2}\mathrm{d}x = \mathrm{d}\left(\frac{-1}{x}\right)$，$v=-\frac{1}{x}$，

原式 $= -\frac{1}{x}\ln x + \int\frac{1}{x}\mathrm{d}\ln x = -\frac{1}{x}\ln x + \int\frac{1}{x^2}\mathrm{d}x = -\frac{1}{x}\ln x - \frac{1}{x} + C$

(6) 取 $u=\ln x$，则 $x^n\mathrm{d}x = \mathrm{d}\left(\frac{x^{n+1}}{n+1}\right)$，$v=\frac{x^{n+1}}{n+1}$，

原式 $= \frac{\ln x}{n+1}x^{n+1} - \int\frac{x^{n+1}}{n+1}\mathrm{d}\ln x = \frac{\ln x}{n+1}x^{n+1} - \frac{1}{n+1}\int x^n\mathrm{d}x = \frac{\ln x}{n+1}x^{n+1} - \frac{1}{(n+1)^2}x^{n+1} + C$

(7) 取 $u=x^2$，则 $\mathrm{e}^{-x}\mathrm{d}x = \mathrm{d}(-\mathrm{e}^{-x})$，$v=-\mathrm{e}^{-x}$，

原式 $= -x^2\mathrm{e}^{-x} + \int\mathrm{e}^{-x}\mathrm{d}x^2 = -x^2\mathrm{e}^{-x} + 2\int x\mathrm{e}^{-x}\mathrm{d}x$(将 $\mathrm{e}^{-x}\mathrm{d}x$ 凑成 $\mathrm{e}^{-x}\mathrm{d}x = -\mathrm{d}\mathrm{e}^{-x}$)

$= -x^2\mathrm{e}^{-x} + 2\int x\mathrm{d}(-\mathrm{e}^{-x}) = -x^2\mathrm{e}^{-x} + 2(-x\mathrm{e}^{-x} - \mathrm{e}^{-x}) + C = \mathrm{e}^{-x}(-x^2-2x-2) + C$

(8) 取 $u=(\ln x)^2$，则 $x^3\mathrm{d}x = \mathrm{d}\left(\frac{1}{4}x^4\right)$，$v=\frac{1}{4}x^4$.

原式 $= \frac{x^4}{4}(\ln x)^2 - \int\frac{x^4}{4}\mathrm{d}(\ln x)^2 = \frac{x^4}{4}(\ln x)^2 - \frac{1}{2}\int x^3\ln x\mathrm{d}x = \frac{x^4}{4}(\ln x)^2 - \frac{1}{2}\int\ln x\mathrm{d}\left(\frac{1}{4}x^4\right)$

$= \frac{x^4}{4}(\ln x)^2 - \frac{1}{2}\left(\frac{x^4}{4}\ln x - \int\frac{1}{4}x^3\mathrm{d}x\right) = \frac{x^4}{4}(\ln x)^2 - \frac{x^4}{8}\ln x + \frac{1}{32}x^4 + C$

(9) 注意到 $\mathrm{d}\tan x = \sec^2 x\mathrm{d}x$，

原式 $= \int\sec x\mathrm{d}\tan x = \sec x\cdot\tan x - \int\tan x\mathrm{d}\sec x = \sec x\cdot\tan x - \int\tan^2 x\cdot\sec x\mathrm{d}x$

$= \sec x\cdot\tan x - \int(\sec^2 x - 1)\sec x\mathrm{d}x = \sec x\cdot\tan x - \int\sec^3 x\mathrm{d}x + \int\sec x\mathrm{d}x$

即 $\int\sec^3 x\mathrm{d}x = \frac{1}{2}(\sec x\cdot\tan x + \int\sec x\mathrm{d}x)$

(分部积分处理出现了所求积分 $\int\sec^3 x\mathrm{d}x$ 的循环，可用移项方法求出积分)

$= \frac{1}{2}(\sec x\cdot\tan x + \ln|\sec x + \tan x|) + C.$

(10) 先消去根号，令 $t=\sqrt{x}$，则有 $x=t^2$，$\mathrm{d}x = 2t\mathrm{d}t$，

原式 $= \int\mathrm{e}^t\cdot 2t\mathrm{d}t = 2\int t\mathrm{d}\mathrm{e}^t = 2t\mathrm{e}^t - \int 2\mathrm{e}^t\mathrm{d}t = 2t\mathrm{e}^t - 2\mathrm{e}^t + C = 2\mathrm{e}^{\sqrt{x}}(\sqrt{x}-1) + C$

(11) 令 $u=\ln\ln x$，则 $\frac{1}{x}\mathrm{d}x = \mathrm{d}\ln x$，$v=\ln x$，

原式 $= \ln x\cdot\ln\ln x - \int\ln x\mathrm{d}\ln\ln x = \ln x\cdot\ln\ln x - \int\frac{1}{x}\mathrm{d}x = \ln x\cdot\ln\ln x - \ln x + C$

11. **解** (1)$\int f'(ax+b)\mathrm{d}x \xlongequal{ax+b=t} \int f'(t)\frac{1}{a}\mathrm{d}t$

$=\frac{1}{a}f(t)+C \xlongequal{t=ax+b} \frac{1}{a}f(ax+b)+C$

(2)$\int xf''(x)\mathrm{d}x=\int x\mathrm{d}f'(x) \xlongequal{\text{分部}} xf'(x)-\int f'(x)\mathrm{d}x$

(设 $f''(x)\mathrm{d}x=\mathrm{d}v$,则 $v=f'(x)$,从而 $xf''(x)\mathrm{d}x=x\mathrm{d}f'(x)=u\mathrm{d}v$)

$=xf'(x)-\int \mathrm{d}f(x)=xf'(x)-f(x)+C$

12. **解** (1)$\int\frac{\mathrm{d}x}{1+\sin x}=\int\frac{1-\sin x}{(1+\sin x)(1-\sin x)}\mathrm{d}x$

$=\int\frac{1-\sin x}{\cos^2 x}\mathrm{d}x=\int\sec^2 x\mathrm{d}x-\int\tan x\sec x\mathrm{d}x=\tan x-\sec x+C$

(2)$\int\frac{x\mathrm{e}^x}{\sqrt{\mathrm{e}^x-1}}\mathrm{d}x \xlongequal{\sqrt{\mathrm{e}^x-1}=t} \int\frac{(1+t^2)\ln(1+t^2)}{t}\cdot\frac{2t}{1+t^2}\mathrm{d}t$

$=2\int\ln(1+t^2)\mathrm{d} \xlongequal{\text{分部}} 2\left(t\ln(1+t^2)-\int\frac{2t^2}{1+t^2}\mathrm{d}t\right)$

$=2t\ln(1+t^2)-4\int\left(1-\frac{1}{1+t^2}\right)\mathrm{d}t=2t\ln(1+t^2)-4t+4\arctan t+C$

$=2x\sqrt{\mathrm{e}^x-1}-4\sqrt{\mathrm{e}^x-1}+4\arctan\sqrt{\mathrm{e}^x-1}+C$(有理化与分部积分综合应用)

(3)$\int\frac{\mathrm{d}x}{1+\tan x} \xlongequal{\tan x=t} \int\frac{\mathrm{d}t}{(1+t)(1+t^2)}=\frac{1}{2}\int\left(\frac{1}{1+t}+\frac{1-t}{1+t^2}\right)\mathrm{d}t$

$=\frac{1}{2}\int\frac{\mathrm{d}t}{1+t}+\frac{1}{2}\int\frac{\mathrm{d}t}{1+t^2}-\frac{1}{4}\int\frac{\mathrm{d}(1+t^2)}{1+t^2}=\frac{1}{2}\ln|1+t|+\frac{1}{2}\arctan t-\frac{1}{4}\ln(1+t^2)+C$

$=\frac{1}{2}\ln|1+\tan x|+\frac{1}{2}-\frac{1}{4}\ln(1+\tan^2 x)+C=\frac{1}{2}\left(\ln\left|\frac{1+\tan x}{\sec x}\right|+x\right)+C$

$=\frac{1}{2}(\ln|\sin x+\cos x|+x)+C$

(4)$\frac{1}{x^3+1}=\frac{1}{(x+1)(x^2-x+1)}$

设$\frac{1}{x^3+1}=\frac{A}{x+1}+\frac{Bx+C}{x^2-x+1}$,$A$、$B$、$C$ 为待定系数,去分母,两边同乘以$(x+1)(x^2-x+1)$,

得 $1=A(x^2-x+1)+(Bx+C)(x+1)$

即 $1=(A+B)x^2+(B+C-A)x+A+C$,

比较两端同次方项的系数,得

$$\begin{cases}A+B=0\\B+C-A=0\\A+C=1\end{cases}$$

解之得 $A=\frac{1}{3}$,$B=-\frac{1}{3}$,$C=\frac{2}{3}$,

因此有$\frac{1}{x^3+1}=\frac{1}{3(x+1)}-\frac{x-2}{3(x^2-x+1)}$,

于是$\int\frac{dx}{x^3+1}=\frac{1}{3}\int\frac{1}{x+1}dx-\frac{1}{3}\int\frac{x-2}{x^2-x+1}dx=\frac{1}{3}\ln|x+1|-\frac{1}{3}\int\frac{x-\frac{1}{2}-\frac{3}{2}}{x^2-x+1}dx$

$=\frac{1}{3}\ln|x+1|-\frac{1}{6}\int\frac{d(x^2-x+1)}{x^2-x+1}+\frac{1}{2}\int\frac{1}{\left(x-\frac{1}{2}\right)^2+\left(\frac{\sqrt{3}}{2}\right)^2}dx$

$=\frac{1}{3}\ln|x+1|-\frac{1}{6}\ln|x^2-x+1|+\frac{1}{\sqrt{3}}\arctan\frac{2x-1}{\sqrt{3}}+C_1$

$=\frac{1}{6}\ln\frac{(x+1)^2}{|x^2-x+1|}+\frac{\sqrt{3}}{3}\arctan\frac{2x-1}{\sqrt{3}}+C_1$

(5) 设$\frac{x}{(x^2+1)(x^2+4)}=\frac{Ax+B}{x^2+1}+\frac{Cx+D}{x^2+4}$,$A$、$B$、$C$、$D$为待定系数,去分母,两边同乘以$(x^2+1)(x^2+4)$,得

$x=(Ax+B)(x^2+4)(Cx+D)(x^2+4)=(A+C)x^3+(B+D)x^2+(4A+C)x+4B+D$

比较两端同次方项的系数,有

$$\begin{cases}A+C=0\\B+D=0\\4A+C=1\\4B+D=0\end{cases}$$

解之得$A=\frac{1}{3}$,$B=0$,$C=-\frac{1}{3}$,$D=0$,

因此有$\frac{x}{(x^2+1)(x^2+4)}=\frac{x}{3(x^2+1)}-\frac{x}{3(x^2+4)}$,

于是有$\int\frac{x}{(x^2+1)(x^2+4)}dx=\frac{1}{3}\int\frac{x}{x^2+1}dx-\frac{1}{3}\int\frac{x}{x^2+4}dx$

$=\frac{1}{6}\int\frac{d(x^2+1)}{x^2+1}-\frac{1}{6}\int\frac{d(x^2+4)}{x^2+4}$(凑微分$xdx=\frac{1}{2}d(x^2+1)$或$xdx=\frac{1}{2}d(x^2+4)$)

$=\frac{1}{6}\ln(x^2+1)-\frac{1}{6}\ln(x^2+4)+C_1=\frac{1}{6}\ln\frac{x^2+1}{x^2+4}+C_1$

(6)$\int\frac{dx}{\sqrt{x-x^2}}=\int\frac{dx}{\sqrt{\frac{1}{4}-\left(x-\frac{1}{2}\right)^2}}$(对$x-x^2$进行配方处理)

$=\int\frac{dx}{\frac{1}{2}\sqrt{1-4\left(x-\frac{1}{2}\right)^2}}=\int\frac{2dx}{\sqrt{1-(2x-1)^2}}=\int\frac{d(2x-1)}{\sqrt{1-(2x-1)^2}}=\arcsin(2x-1)+C$

(7)$\int\sqrt{\frac{a+x}{a-x}}dx=\int\sqrt{\frac{(a+x)^2}{a^2-x^2}}dx=\int\frac{a+x}{\sqrt{a^2-x^2}}dx=a\int\frac{1}{\sqrt{a^2-x^2}}dx+\int\frac{x}{\sqrt{a^2-x^2}}dx$

$=a\int\frac{d\left(\frac{x}{a}\right)}{\sqrt{1-\left(\frac{x}{a}\right)^2}}-\frac{1}{2}\int\frac{d(a^2-x^2)}{\sqrt{a^2-x^2}}$

$=a\arcsin\frac{x}{a}-\sqrt{a^2-x^2}+C$

（可看作是对$\dfrac{\sqrt{a+x}}{\sqrt{a-x}}=\dfrac{\sqrt{a+x}}{\sqrt{a-x}}$进行分子有理化，然后分解为两个形式简单积分）

(8)$\displaystyle\int\frac{dx}{x^4-1}=\int\frac{dx}{(x^2+1)(x^2-1)}=\frac{1}{2}\int\left(\frac{1}{x^2-1}-\frac{1}{x^2+1}\right)dx$（有理分式分解结果）

$\displaystyle=\frac{1}{2}\int\frac{1}{x^2-1}dx-\frac{1}{2}\int\frac{1}{x^2+1}dx=\frac{1}{4}\int\left(\frac{1}{x-1}-\frac{1}{x+1}\right)dx-\frac{1}{2}\int\frac{1}{x^2+1}dx$

$\displaystyle=\frac{1}{4}(\ln|x-1|-\ln|x+1|)-\frac{1}{2}\arctan x+C=\frac{1}{4}\ln\left|\frac{x-1}{x+1}\right|-\frac{1}{2}\arctan x+C$

(9)$\displaystyle\int\frac{x^2e^x}{(2+x)^2}dx=\int x^2e^x d\left(-\frac{1}{2+x}\right)$

（凑微分$\displaystyle\frac{1}{(2+x)^2}dx=d\left(-\frac{1}{2+x}\right)$，使$\displaystyle\frac{x^2e^x}{(2+x)^2}dx=x^2e^x d\left(-\frac{1}{2+x}\right)=u dv$再分部积分）

$\displaystyle\overset{分部}{=\!=}-\frac{x^2e^x}{2+x}+\int\frac{e(2x+x^2)}{2+x}dx=-\frac{x^2e^x}{2+x}+\int xe^x dx$

$\displaystyle\overset{分部}{=\!=}-\frac{x^2e^x}{2+x}+xe^x-\int e^x dx=-\frac{x^2e^x}{2+x}+xe^x-e^x+C$

(10)$\displaystyle\int\frac{\sqrt{x(x+1)}}{\sqrt{x}+\sqrt{x+1}}dx=\int\frac{\sqrt{x(x+1)}(\sqrt{x}-\sqrt{x+1})}{(\sqrt{x})^2-(\sqrt{x+1})^2}$

$\displaystyle=\int(-x)\sqrt{x+1}dx+\int(x+1)\sqrt{x}dx=-\int(x+1-1)\sqrt{x+1}dx+\int x\sqrt{x}dx+\int\sqrt{x}dx$

$\displaystyle=-\int(x+1)^{\frac{3}{2}}dx+\int(x+1)^{\frac{1}{2}}dx+\int x^{\frac{3}{2}}dx+\int x^{\frac{1}{2}}dx$

$\displaystyle=-\frac{2}{5}(x+1)^{\frac{5}{2}}+\frac{3}{2}(x+1)^{\frac{3}{2}}+\frac{2}{5}x^{\frac{5}{2}}+\frac{2}{3}x^{\frac{3}{2}}+C$

$\displaystyle=-\frac{2}{5}(x+1)^2\sqrt{x+1}+\frac{2}{3}(x+1)\sqrt{x+1}+\frac{2}{5}x^2\sqrt{x}+\frac{2}{3}x\sqrt{x}+C$

13. **解**　$\displaystyle I_n=-\int\sin^{n-1}x d\cos x$

（在$\displaystyle\int\sin^n x dx$中设$\sin x dx=dv$，则$v=-\cos x$，从而$\displaystyle\int\sin^n x dx=-\int\sin^{n-1}x\cdot d(\cos x)$再分部积分）

$\displaystyle\overset{分部}{=\!=}-\sin^{n-1}x\cos x+(n-1)\int\sin^{n-2}x\cos^2 x dx=-\sin^{n-1}x\cos x+(n-1)\int\sin^{n-2}x(1-\sin^2 x)dx$

$\displaystyle=-\sin^{n-1}x\cos x+(n-1)\int\sin^{n-2}x dx-(n-1)\int\sin^n x dx=-\sin^{n-1}x\cos x+(n-1)I_{n-2}-(n-1)I_n$

移项有$nI_n=-\sin^{n-1}x\cos x+(n-1)I_{n-2}$，

因此$\displaystyle I_n=-\frac{1}{n}\sin^{n-1}x\cos x+\frac{n-1}{n}I_{n-2}$.

（本题被积函数含n，通过分部积分建立I_n递推关系，由此可逐步求出I_n）

14. **解**　设$\displaystyle F(x)=\int f(x)dx$，则

当$x<1$时，$\displaystyle F(x)=\int(x+1)dx=\frac{x^2}{2}+x+C_1$，

当$x>1$时，$\displaystyle F(x)=\int 2x dx=x^2+C_2$，

根据原函数定义,$F(x)$ 在点 $x=1$ 处连续,要使 $F(x)$ 在点 $x=1$ 处连续,则须有 $\lim\limits_{x\to1^-}F(x)=\lim\limits_{x\to1^+}F(x)$,即$\frac{1}{2}+1+C_1=1+C_2$.即$\frac{1}{2}+C_1=C_2$,令 $C_1=C$,则 $C_2=\frac{1}{2}+C_1$.

所以 $F(x)=\int f(x)\mathrm{d}x=\begin{cases}\frac{1}{2}x^2+x+C & x\leqslant 1\\ x^2+\frac{1}{2}+C & x>1\end{cases}$.

(分段函数求原函数:先在每段开区间求不定积分,再根据原函数在分段点处连续,得到任意常数关系,并验证分段点处导数等于被积函数在这点的值)

15. **解** 由题设,$\frac{\sin x}{x}$ 是 $f(x)$ 的一个原函数,所以有$\int f(x)\mathrm{d}x=\frac{\sin x}{x}+C_1$,

两边对 x 求导得 $f(x)=\frac{x\cos x-\sin x}{x^2}$,

$$\int xf'(x)\mathrm{d}x=\int x\mathrm{d}f(x)\xlongequal{\text{分部}}xf(x)-\int f(x)\mathrm{d}x=x\cdot\frac{x\cos x+\sin x}{x^2}-\frac{\sin x}{x}-C_1$$

$$=\cos x-\frac{\sin x}{x}-\frac{\sin x}{x}+C\quad(\text{其中 }C=-C_1)=\cos x-\frac{2\sin x}{x}+C$$

16. **解** 设 $t=\mathrm{e}^x$,则 $f'(t)=1+t^2$,

因此 $f(t)=\int f'(t)\mathrm{d}t=\int(1+t^2)\mathrm{d}t=t+\frac{t^3}{3}+C$,

由 $f(0)=1$,得 $C=1$.

于是可得当 $f(0)=1$,$f(x)=x+\frac{x^3}{3}+1$.

17. **解** 由 $Q'(P)=-1000\ln3\cdot\left(\frac{1}{3}\right)^P$ 积分得

$$Q(P)=-1000\ln3\int\left(\frac{1}{3}\right)^P\mathrm{d}P=1000\left(\frac{1}{3}\right)^P+C$$

因 $P=0$ 时,$Q=1000$,解得 $C=0$,

从而 $Q(P)=1000\cdot\left(\frac{1}{3}\right)^P$.

18. **解** 由 $C'(x)=2x+10$ 积分得 $C(x)=\int(2x+10)\mathrm{d}x=x^2+10x+C$,

由 $C(0)=20$,得 $C=20$,$C(x)=x^2+10x+20$.

(B)

1. **解** $f(x)=(x^2\mathrm{e}^{2x}+C)'=2x\mathrm{e}^{2x}+2x^2\mathrm{e}^{2x}=2x\mathrm{e}^{2x}(1+x)$.
故答案选(D).

2. **解** $y=\int 2x\mathrm{d}x=x^2+C$,

将 $x=1$,$y=2$ 代入上式,得 $C=1$,即 $y=x^2+1$.故答案选(C).

3. **解** 根据不定积分的性质,本题应选(B).

4. **解** $f(x)=\left(\frac{2}{3}\ln\cos2x\right)'=\frac{2}{3}\cdot\frac{-\sin2x}{\cos2x}\cdot2=-\frac{4}{3}\tan2x=k\tan2x$,

所以 $k=-\frac{4}{3}$,故答案选(D).

5. **解** 根据题意,所要选的函数的导数等于 $f'(x)$,而 $f'(x)$ 的导数等于 $\sin x$,那么所要选的函数的二阶导数是 $\sin x$.

(A) 中 $(1+\sin x)'=\cos x,(\cos x)'=-\sin x$,

(B) 中 $(1-\sin x)'=-\cos x,(-\cos x)'=\sin x$,

(C) 中 $(1+\cos x)'=-\sin x,(-\sin x)'=-\cos x$,

(D) 中 $(1-\cos x)'=\sin x,(\sin x)'=\cos x$,

故答案选(B).

6. **解** (A) 中 $F(x)=\begin{cases}\ln(-x), & x<0\\ \ln x, & x>0\end{cases}$,

因为 $F'(x)=\dfrac{1}{x}$,所以 $F(x)$ 是 $f(x)$ 的原函数.

(B) 中 $F(x)=\ln|C|+\ln|x|$,

因为 $F'(x)=\dfrac{1}{x}$,所以 $F(x)$ 是 $f(x)$ 的原函数.

(C) 中 $F(x)=C\ln|x|$,

因为 $F'(x)=\dfrac{C}{x}\neq\dfrac{1}{x}$,所以 $F(x)$ 不是 $f(x)$ 的原函数.

(D) 中因为 $F'(x)=\dfrac{1}{x}$,$F(x)$ 是 $f(x)$ 的原函数.

故答案选(C).

7. **解** $\left[\int \mathrm{d}f(x)\right]'=[f(x)+C]'=f'(x)$,故答案选(B).

8. **解** (A)$[F(ax+b)+C]'=af(ax+b)\neq f(ax+b)$,

(B)$[F(x^n)+C]'=nx^{n-1}f(x^n)\neq x^{n-1}f(x^n)$,

(C)$[F(\ln ax)+C]'=\dfrac{a}{ax}f(\ln ax)=\dfrac{1}{x}f(\ln ax)$,

(D)$[F(\mathrm{e}^{-x})+C]'=-\mathrm{e}^{-x}f(\mathrm{e}^{-x})\neq \mathrm{e}^{-x}f(\mathrm{e}^{-x})$,

故答案选(C).

9. **解** 令 $\ln x=t$,则 $x=\mathrm{e}^t$. 从而有 $f'(t)=1+\mathrm{e}^t$,

$f(t)=\int f'(t)\mathrm{d}t=\int(1+\mathrm{e}^t)\mathrm{d}t=t+\mathrm{e}^t+C$,

即 $f(x)=x+\mathrm{e}^x+C$,故答案选(A).

10. **解** 由$\int f(x)\mathrm{d}x=x^2+C$ 可得 $f(x)=(x^2+C)'=2x$,

从而$\int(1-x^2)\mathrm{d}x=2(1-x^2)$,

于是$\int xf(1-x^2)\mathrm{d}x=\int 2x(1-x^2)\mathrm{d}x=-\int(1-x^2)\mathrm{d}(1-x^2)=-\dfrac{1}{2}(1-x^2)^2+C$,

故答案选(D).

11. **解** $\int\dfrac{f'(\ln x)}{x}\mathrm{d}x=\int f'(\ln x)\mathrm{d}\ln x=f(\ln x)+C=\mathrm{e}^{-\ln x}+C=\mathrm{e}^{\ln\frac{1}{x}}+C=\dfrac{1}{x}+C$

故答案选(C).

12. **解** $\int \frac{f(\arcsin x)}{\sqrt{1-x^2}}dx = \int f(\arcsin x)d\arcsin x = \sin(\arcsin x)+C = x+C$

故答案选(D).

13. **解** $\int x(x+1)^{10}dx = \int (x+1-1)(x+1)^{10}dx = \int (x+1)^{11}d(x+1) - \int (x+1)^{10}d(x+1)$

$= \frac{1}{12}(x+1)^{12} - \frac{1}{11}(x+1)^{11}+C$

故答案选(C).

14. **解** $f(\cos x) = \int f'(\cos x)d\cos x = \int \sin x d\cos x = -\int \sin^2 x dx$

$$= -\int \frac{1-\cos 2x}{2}dx = -\frac{1}{2}x + \frac{1}{4}\sin 2x + C = \frac{1}{2}(\sin x\cos x - x)+C$$

故答案选(D).

15. **解** $\int xf(x^2)f'(x^2)dx = \frac{1}{2}\int f(x^2)f'(x^2)dx^2 = \frac{1}{2}\int f(x^2)df(x^2) = \frac{1}{4}[f(x^2)]^2+C$

故答案选(C).(抽象函数积分仍利用凑微分法通过变量代换逐步求出积分)

16. **解** 由$\int xf(x)dx = \arcsin x + C$可得$xf(x) = (\arcsin x+C)' = \frac{1}{\sqrt{1-x^2}}$,

从而有 $f(x) = \frac{1}{x\sqrt{1-x^2}}$,

所以$\int \frac{1}{f(x)}dx = \int x\sqrt{1-x^2}dx = -\frac{1}{2}\int \sqrt{1-x^2}d(1-x^2) = -\frac{1}{3}\sqrt{(1-x^2)^3}+C.$

故答案选(B).(所给条件可看作是关于 $f(x)$ 的积分方程,用等式两边求导方法求出未知函数 $f(x)$,再求$\int \frac{1}{f(x)}dx$)

17. **解** 因为 $\sin x$ 是 $f(x)$ 的一个原函数,所以 $f(x) = (\sin x)' = \cos x$.

于是

$$\int xf'(x)dx = \int xdf(x) \xlongequal{\text{分部}} xf(x) - \int f(x)dx = x\cos x - \sin x + C$$

故答案选(A).(首先根据原函数的意义,得出导数计算结果,即$(\sin x)' = f(x)$,对于$\int xf'(x)dx$的形式,设 $dv = f'(x)dx$,则取 $v = f(x)$,使得$\int xf'(x)dx = \int xd(x)$,再用分部积分计算.)

18. **解** 令 $e^x = t$,则 $x = \ln t$. 从而 $f'(t) = 1+\ln t$.

因此 $f(t) = \int f'(t)dt = \int (1+\ln t)dt$

$= \int dt + \int \ln t dt = t + t\ln t - t + C = t\ln t + C$,

即 $f(x) = x\ln x + C$,

故答案选(B).(对 $f'[\varphi(x)] = g(x)$,可作 $t = \varphi(x)$ 即 $x = \varphi^{-1}(t)$,则有 $f'(t) = g[\varphi^{-1}(t)]$,从而 $f(t) = \int g[\varphi^{-1}(t)]dt$,即 $f(x) = \int g[\varphi^{-1}(x)]dx$)

第六章　定积分

知识结构

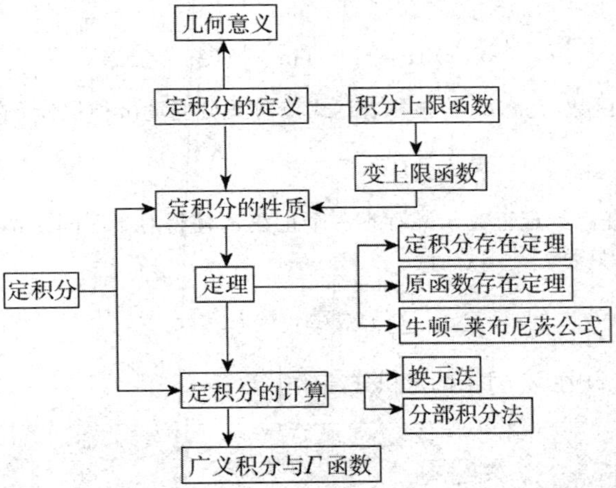

学习指南

1. 理解定积分的概念,掌握定积分的性质与基本积分公式.
2. 熟练掌握求变上限定积分的导数.
3. 了解积分中值定理,熟练掌握牛顿－莱布尼茨公式.
4. 熟练掌握定积分的换元积分法与分部积分法.
5. 掌握定积分求平面图形的面积和旋转体体积,会利用定积分求解简单经济问题.
6. 了解广义积分的收敛与发散,掌握广义积分基本计算方法,了解Γ函数的概念及性质.

第一节　定积分的定义

知识点归纳

1. 基本定义

设函数$f(x)$在$[a,b]$上有界,在$[a,b]$中任意插入若干个分点$a=x_0<x_1<x_2<\cdots<x_{n-1}<x_n=b$,把区间$[a,b]$分为$n$个小区间

$$[x_0,x_1],[x_1,x_2],\cdots,[x_{n-1},x_n]$$

各小区间长度依次为 $\Delta x_1 = x_1 - x_0, \Delta x_2 = x_2 - x_1, \cdots, \Delta x_n = x_n - x_{n-1}$ 在每个小区间 $[x_{i-1}, x_i]$ 上任取一点 $\xi_i(x_{i-1} \leqslant \xi_i \leqslant x_i)$，作函数值 $f(\xi_i)$ 与小区间长度 Δx_i 的乘积 $f(\xi_i)\Delta x_i(i = 1,2,\cdots,n)$，并作和

$$S = \sum_{i=1}^{n} f(\xi_i)\Delta x_i$$

记 $\lambda = \max\{\Delta x_1, \Delta x_2, \cdots, \Delta x_n\}$，若不记对 $[a,b]$ 如何划分，也不论 ξ_i 怎么选取，只要当 $\lambda \to 0$，S 总趋于确定的极限 I，则称 I 为 $f(x)$ 在 $[a,b]$ 上的定积分(简称积分)，记作 $\int_a^b f(x)\mathrm{d}x$，即

$$\int_a^b f(x)\mathrm{d}x = I = \lim_{x\to 0}\sum_{i=1}^{n} f(\xi_i) = \Delta x_i$$

其中 $f(x)$ 称被积函数，$f(x)\mathrm{d}x$ 称被积表达式，x 称积分变量，a 称积分下限，b 称积分上限，$[a,b]$ 称积分区间.

2. "ε-δ" 定义

设常数 I，若对于任意给定正数 ε，总存在一个正数 δ，使得对于区间 $[a,b]$ 任意分法，不论 ξ_i 在 $[x_{i-1}, x_i]$ 中怎样选取，只要 $\lambda < \delta$，总有

$$\left| \sum_{i=1}^{n} f(\xi_i)\Delta x_i - I \right| < \varepsilon$$

成立，则称 I 是 $f(x)$ 在 $[a,b]$ 上的定积分，记作 $\int_a^b f(x)\mathrm{d}x$.

特别提醒

(1) 定积分是一个具体的数值，与上、下限有关，不定积分是原函数的全体.

(2) 定积分与变量采用的字母无关，即 $\int_a^b f(x)\mathrm{d}x = \int_a^b f(t)\mathrm{d}t$.

(3) 定积分是一个特殊形式的极限.

(4) 定积分的值取决于函数与所在区间，与区间的分法及每一区间内点的取值无关.

(5) 有限区间上的连续函数必可积，可有限个间断点的有界函数也可积.

3. 定积分的几何意义

定积分在几何上表示各个曲边梯形面积的代数和.

特别提醒

(1) 若 $f(x) \geqslant 0$，则 $\int_a^b f(x)\mathrm{d}x$ 几何上表示对应的曲边梯形的面积且值为正.

(2) 若 $f(x) \leqslant 0$，则 $\int_a^b f(x)\mathrm{d}x$ 几何上表示曲边梯形面积值的相反数，即为负.

(3) 若 $f(x)$ 有正有负，则 $\int_a^b f(x)\mathrm{d}x$ 几何上表示曲线 $y = f(x)$ 在 x 轴上方与下方对应面积之差，即各部分面积代数和，其中 x 轴上方面积值为正，下方为负.

4. 函数可积的充要条件

(1) 充分条件.

1) $f(x)$ 在区间 $[a,b]$ 上连续，则 $f(x)$ 在 $[a,b]$ 上可积(连续即可积).

2) $f(x)$ 在区间 $[a,b]$ 上有界且有有限个间断点，则 $f(x)$ 在 $[a,b]$ 上可积.

3) $f(x)$ 在区间$[a,b]$上单调有界，则 $f(x)$ 在$[a,b]$上可积(单调有界即可积).

(2) 必要条件.

$f(x)$ 在区间$[a,b]$上可积，则 $f(x)$ 一定是区间$[a,b]$上的有界函数.(可积即有界)

特别提醒

(1) 闭区间上有界函数不一定可积，如狄利布雷函数：

$$f(x)=\begin{cases}1, & x\text{为有理数}\\ 0, & x\text{为无理数}\end{cases}\text{在}[0,1]\text{上不可积.}$$

(2) $f(x)$ 在$[a,b]$，$[a,b)$，$(a,b]$，(a,b)上的定积分同时存在且相等.

典型例题解析

题型 1:考查对定积分定义的理解

例 $\dfrac{\mathrm{d}}{\mathrm{d}x}[\int_a^b f(x)\mathrm{d}x]=$ ________.

解 0.

思路点拨 定积分 $\int_a^b f(x)\mathrm{d}x$ 是一个特殊形式的极限，当 $f(x)$ 与积分区间确定以后，定积分就是一个数值，对其求导结果为 0.

题型 2:利用定积分定义进行计算

例 利用定积分定义计算 $\int_0^2 (x+1)\mathrm{d}x$.

解 函数 $y=x+1$ 在$[0,2]$上连续，故在$[0,2]$上可积(连续即可积)，将$[0,2]$平均分为 n 等份，取 $\xi_i(i=1,2,\cdots,n)$ 为每个小区间的右端点，即 $\xi_i=\dfrac{2i}{n}$，则

$$\int_0^2 (x+1)\mathrm{d}x=\lim_{\Delta x\to 0}\sum_{i=1}^n f(\xi_i)\Delta x_i=\lim_{n\to\infty}\sum_{i=1}^n\left(\frac{2i}{n}+1\right)\frac{2}{n}=\lim_{n\to\infty}\left(\sum_{i=1}^n\frac{4i}{n^2}+\sum_{i=1}^n\frac{2}{n}\right)$$

$$=\lim_{n\to\infty}\left(\frac{4}{n^2}\sum_{i=1}^n i+\frac{2}{n}\cdot n\right)=\lim_{n\to\infty}\frac{4}{n^2}\cdot\frac{(n+1)}{2}+2=4$$

思路点拨 因为被积函数可积，所以积分值与区间$[0,2]$的分法及介点 ξ_i 的选取方法无关，对积分区间 n 等分及介点 $\xi_i=\dfrac{1}{n}$ 的特殊选取，使计算 $\int_0^2 (x^2+1)\mathrm{d}x$ 的问题转化为求数列和的极限问题.

题型 3:利用定积分计算极限

例 求极限 $\lim\limits_{n\to\infty}\left(\dfrac{1}{\sqrt{n^2+1}}+\dfrac{1}{\sqrt{n^2+2^2}}+\cdots+\dfrac{1}{\sqrt{n^2+n^2}}\right)$.

解 原式 $=\lim\limits_{n\to\infty}\left(\dfrac{1}{\sqrt{1+\frac{1}{n^2}}}+\dfrac{1}{\sqrt{1+\frac{2^2}{n^2}}}+\cdots+\dfrac{1}{\sqrt{1+\frac{n^2}{n^2}}}\right)\dfrac{1}{n}=\lim\limits_{n\to\infty}\sum\limits_{i=1}^{n}\dfrac{1}{\sqrt{1+\frac{i^2}{n^2}}}\cdot\dfrac{1}{n}$

$=\int_0^1\dfrac{1}{\sqrt{1+x^2}}\mathrm{d}x=\ln|x+\sqrt{1+x^2}|\Big|_0^1=\ln(1+\sqrt{2})$

思路点拨 这是一个求和式极限的问题。若用定积分定义求，可先将和式极限化为 $\sum\limits_{n=1}^{\infty}\dfrac{1}{\sqrt{1+\left(\frac{i}{n}\right)^2}}\cdot\dfrac{1}{n}$，易看出 $\dfrac{1}{n}$ 可当作$[0,1]$区间 n 等分后小区间长度 Δx_i；将 $\dfrac{1}{\sqrt{1+\left(\frac{i}{n}\right)^2}}$ 当作函数 $\dfrac{1}{\sqrt{1+x^2}}$ 在点 $\xi_i=\dfrac{i}{n}$ 的值，由此原极限可化为一个很易求得的定积分 $\int_0^1\dfrac{1}{\sqrt{1+x^2}}\mathrm{d}x$.

题型 4:利用几何意义求定积分

例 $\int_0^1\sqrt{1-x^2}\,\mathrm{d}x=$ ________；$\int_{-\pi}^{\pi}\sin x\mathrm{d}x=$ ________.

解 $\dfrac{\pi}{4}$；0.

思路点拨 由几何意义知，$\int_0^1\sqrt{1-x^2}\,\mathrm{d}x$ 表示曲线 $y=\sqrt{1-x^2}$，由 $x=0,y=0$ 围成的图形在第一象限的面积 S，为四分之一圆，其面积为 $\dfrac{\pi}{4}$，因此 $\int_0^1\sqrt{1-x^2}\,\mathrm{d}x=\dfrac{\pi}{4}$；$\int_{-\pi}^{\pi}\sin x\mathrm{d}x$ 表示由 $y=\sin x(x\in[-\pi,\pi])$ 与 $y=0$ 所围成的各部分面积的代数和，由对称性知上下两部分面积相等，上方为正下方为负，因而 $\int_{-\pi}^{\pi}\sin x\mathrm{d}x=0$.

题型 5:定积分的值与积分变量符号无关的问题

例 设 $f(x)$ 为连续函数，则下列命题中错误的是(　　).

(A) 质点作直线运动，其速率为 $v=t^2+3$，则在 $t=0$ 到 $t=4$ 时间内，该质点所走的路程必等于 $\int_0^4(u^2+3)\mathrm{d}u$.

(B) 由 $y=x^2+1,x=-1,x=3$ 及 x 轴围成的曲边梯形面积值必等于 $\int_{-1}^{3}(t^2+1)\mathrm{d}t$.

(C) $\dfrac{\mathrm{d}}{\mathrm{d}x}\left[\int_a^b f(x)\mathrm{d}x\right]=f(x)$　(a,b 为常数)

(D) $\dfrac{\mathrm{d}}{\mathrm{d}x}\left[\int_a^b f(x)\mathrm{d}x\right]=\dfrac{\mathrm{d}}{\mathrm{d}x}\left[\lim\limits_{x\to\infty}\left(\dfrac{x-1}{x+1}\right)^x\right]$

解 (C)

思路点拨　由定积分物理意义知，质点所走路程为$\int_0^4 v\mathrm{d}t=\int_0^4(t^2+3)\mathrm{d}t=\int_0^4(u^2+3)\mathrm{d}u$，因此(A)正确；由定积分几何意义知，(B)中所围曲边梯形面积为$\int_{-1}^3(x^2+1)\mathrm{d}x$，由定积分的值与积分变量符号无关知$\int_{-1}^3(x^2+1)\mathrm{d}x=\int_{-1}^3(t^2+1)\mathrm{d}t$，因此(B)正确；$\frac{\mathrm{d}}{\mathrm{d}x}[\int_a^b f(x)\mathrm{d}x]=0=\frac{\mathrm{d}}{\mathrm{d}x}\left[\lim\limits_{x\to\infty}\left(\frac{x-1}{x+1}\right)^x\right]$，因此(D)正确，(C)错误.

第二节　定积分的基本性质

知识点归纳

1. 基本性质

(1) 基本规定：①$\int_a^b f(x)\mathrm{d}x=0$；②$\int_a^b f(x)\mathrm{d}x=-\int_b^a f(x)\mathrm{d}x$.

(2) 性质：

①$\int_a^b kf(x)\mathrm{d}x=k\int_a^b f(x)\mathrm{d}x$.

②$\int_a^b[f(x)\pm g(x)]\mathrm{d}x=\int_a^b f(x)\mathrm{d}x\pm\int_a^b g(x)\mathrm{d}x$.

③ 可加性：$\int_a^b f(x)\mathrm{d}x=\int_a^c f(x)\mathrm{d}x+\int_c^b f(x)\mathrm{d}x$.

④$\int_b^a f(x)\mathrm{d}x=-\int_b^a f(x)\mathrm{d}x$.

⑤ 若函数 $f(x)$ 与 $g(x)$ 在$[a,b]$上总有 $f(x)\leqslant g(x)$，则

$$\int_a^b f(x)\mathrm{d}x\leqslant\int_a^b g(x)\mathrm{d}x$$

⑥$\int_a^b \mathrm{d}x=b-a$.

⑦ 若函数 $f(x)$ 在$[a,b]$上最大值为 M，最小值为 m，则

$$m(b-a)\leqslant\int_a^b f(x)\mathrm{d}x\leqslant M(b-a)$$

⑧ 积分中值定理：若 $f(x)$ 在$[a,b]$上连续，则$[a,b]$内至少存在一点 ξ，使：

$$\int_a^b f(x)\mathrm{d}x=f(\xi)(b-a),\xi\in[a,b]\text{成立.}$$

⑨ 若在区间$[a,b]$上 $f(x)\geqslant 0$，则$\int_a^b f(x)\mathrm{d}x\geqslant 0$.

⑩ $\left|\int_a^b f(x)\mathrm{d}x\right|\leqslant\int_a^b|f(x)|\mathrm{d}x,(a<b)$.

⑪ 奇偶函数的积分性质：

若 $f(x)$ 为奇函数,则 $\int_{-a}^{a} f(x)\mathrm{d}x = 0$;

若 $f(x)$ 为偶函数,则 $\int_{-a}^{a} f(x)\mathrm{d}x = 2\int_{0}^{a} f(x)\mathrm{d}x$.

⑫ 周期函数的积分性质:

设 $f(x)$ 周期为 T,a 为常数,则 $\int_{a}^{a+T} f(x)\mathrm{d}x = \int_{0}^{T} f(x)\mathrm{d}x$.

特别提醒 (1) 可加性 $\int_{a}^{b} f(x)\mathrm{d}x = \int_{a}^{c} f(x)\mathrm{d}x + \int_{c}^{b} f(x)\mathrm{d}x$ 对任意三个常数 a,b,c 均成立.

(2) 利用 $m(b-a) \leqslant \int_{a}^{b} f(x)\mathrm{d}x \leqslant M(b-a)$ 可估算积分大致范围.

(3) 积分中值定理 $\int_{a}^{b} f(x)\mathrm{d}x = f(\xi)(b-a)(a<b)$ 中,将 $\frac{1}{b-a}\int_{a}^{b} f(x)\mathrm{d}x$ 称为 $f(x)$ 在区间 $[a,b]$ 上的平均值.

典型例题解析

题型 1:积分值的估算

例 对 $\int_{2}^{0} \mathrm{e}^{x^2-x}\mathrm{d}x$ 的值进行估算.

解 令 $f(x) = \mathrm{e}^{x^2-x}$,则 $f(x)$ 在 $[0,2]$ 上可导,且 $f'(x) = \mathrm{e}^{x^2-x}(2x-1)$,可知 $f(x)$ 唯一驻点为 $x = \frac{1}{2}$,因此 $f(x)$ 在 $[0,2]$ 上最大值 M 与最小值 m 分别为:

$M = \max\{f(0), f(\frac{1}{2}), f(2)\} = \mathrm{e}^2$,

$m = \min\{f(0), f(\frac{1}{2}), f(2)\} = \mathrm{e}^{-\frac{1}{4}}$,

由 $m(b-a) \leqslant \int_{a}^{b} f(x)\mathrm{d}x \leqslant M(b-a)$ 得 $2\mathrm{e}^{-\frac{1}{4}} \leqslant \int_{0}^{2} \mathrm{e}^{x^2-x}\mathrm{d}x \leqslant 2\mathrm{e}^2$,

两端同乘 -1 得 $-2\mathrm{e}^2 \leqslant \int_{2}^{0} \mathrm{e}^{x^2-x}\mathrm{d}x \leqslant -2\mathrm{e}^{-\frac{1}{4}}$.

思路点拨 先利用函数求极值,得到最大值与最小值后再利用 $m(b-a) \leqslant \int_{a}^{b} f(x)\mathrm{d}x \leqslant M(b-a)$ 得到积分范围.

题型 2:积分值的大小比较

例 比较积分 $\int_{0}^{1} \mathrm{e}^x\mathrm{d}x$ 与 $\int_{0}^{1} (x+1)\mathrm{d}x$ 的大小 $(x>0)$.

解 当 $x>0$ 时,易证 $\mathrm{e}^x \leqslant x+1$ 成立,因此 $\int_{0}^{1} \mathrm{e}^x\mathrm{d}x \geqslant \int_{0}^{1} (x+1)\mathrm{d}x$,又因为 e^x 不恒等于 $x+1$(当且仅当 $x=0$ 时,$\mathrm{e}^x = x+1$ 成立),因此 $\int_{0}^{1} \mathrm{e}^x\mathrm{d}x > \int_{0}^{1} (x+1)\mathrm{d}x$.

思路点拨　在比较积分值大小时，经常利用以下结论：若$[a,b]$上连续函数$f(x)$，$g(x)$满足$f(x)\leqslant g(x)$且$f(x)$不恒等于$g(x)$，则$\int_a^b f(x)\mathrm{d}x<\int_a^b g(x)\mathrm{d}x$. 其中，证明$f(x)\leqslant g(x)$时需要利用函数的单调性、中值定理、泰勒公式；要证明$f(x)$不恒等于$g(x)$，只需验证区间内某x_0上$f(x_0)\neq g(x_0)$即可.

题型3：运用定积分基本性质求解

例　若$f(x)$与$g(x)$在$(-\infty,+\infty)$上处处可导，且$f(x)<g(x)$，则必有(　　).

(A) $f(-x)>g(-x)$　　(B) $f'(x)<g'(x)$

(C) $\int_0^x f(t)\mathrm{d}t<\int_0^x g(t)\mathrm{d}t$　　(D) $\lim\limits_{x\to x_0}f(x)<\lim\limits_{x\to x_0}g(x)$

解　(D)

思路点拨　对$\forall x$恒有$f(x)<g(x)$，因此$f(-x)<g(-x)$，(A)错误；举反例$f(x)=5$，$g(x)=10$，$f(x)<g(x)$恒成立，$f'(x)=g'(x)=0$，故(B)错误. 虽然$f(t)<g(t)$，但$\int_0^x f(t)\mathrm{d}t<\int_0^x g(t)\mathrm{d}t$当且仅当$x>0$时成立，当$x\leqslant 0$时，$\int_0^x f(t)\mathrm{d}t\geqslant\int_0^x g(t)\mathrm{d}t$，故(C)错误. 由$f(x)$，$g(x)$连续性知$\lim\limits_{x\to x_0}f(x)=f(x_0)$，$\lim\limits_{x\to x_0}g(x)=g(x_0)$，又因为$f(x_0)<g(x_0)$，因此$\lim\limits_{x\to x_0}f(x)<\lim\limits_{x\to x_0}g(x)$.

特别提醒　必须注意D的正确性不能利用极限的保号性判断. 极限的保号性指出：

若$f(x)>0$且$\lim\limits_{x\to x_0}f(x)=A$，则$A\geqslant 0$即$\lim\limits_{x\to x_0}f(x)\geqslant 0$.

因此当$g(x)-f(x)>0$时，有$\lim\limits_{x\to x_0}[g(x)-f(x)]\geqslant 0$，即

$$\lim_{x\to x_0}g(x)\geqslant\lim_{x\to x_0}f(x)$$

题型4：利用定积分的性质证明不等式

例　设$f(x)$在$[0,1]$上连续，求证$\int_0^1 f^2(x)\mathrm{d}x\geqslant[\int_0^1 f(x)\mathrm{d}x]^2$

解　令$a=\int_0^1 f(x)\mathrm{d}x$，有$\int_0^1[f(x)-a]^2\mathrm{d}x\geqslant 0$，因此

$$\begin{aligned}\int_0^1[f(x)-a]^2\mathrm{d}x&=\int_0^1 f^2(x)\mathrm{d}x-2a\int_0^1 f(x)\mathrm{d}x+a^2=\int_0^1 f^2(x)\mathrm{d}x-2a\cdot a+a^2\\&=\int_0^1 f^2(x)\mathrm{d}x-[\int_0^1 f(x)\mathrm{d}x]^2\geqslant 0\end{aligned}$$

即$\int_0^1 f^2(x)\mathrm{d}x\geqslant[\int_0^1 f(x)\mathrm{d}x]^2$.

思路点拨　构造一个新函数对其进行积分，再利用积分的性质求解是证明不等式中常用的方法，将$f(x)$与$f^2(x)$的积分联系起来时，要注意到$\int_a^b f(x)\mathrm{d}x$是一个常数.

第三节 微积分基本定理

知识点归纳

1. 定理 1

若函数 $f(x)$ 在 $[a,b]$ 上连续,则函数

$$F(x)=\int_a^x f(t)\mathrm{d}t$$

对积分上限 x 的导数等于被积函数在 x 上的值即 $F'(x)=[\int_a^x f(t)\mathrm{d}t]'=f(x)$

2. 定理 2(原函数存在定理)

若函数 $f(x)$ 在 $[a,b]$ 上连续,则函数 $F(x)=\int_a^x f(t)\mathrm{d}t$ 是 $f(x)$ 在 $[a,b]$ 上的一个原函数.

3. 定理 3(牛顿 - 莱布尼茨公式)

若函数 $f(x)$ 在 $[a,b]$ 上连续,且 $F(x)$ 为 $f(x)$ 的一个原函数,则 $\int_a^b f(x)\mathrm{d}x=F(b)-F(a)$.

特别提醒

(1) 对定理 1 有:① 若上限为 x 的函数,则按复合求导法则求导.

② 若下限为 x 的函数,则交换上下限(积分变号后)化为变上限再求导.

③ 若上下限均为 x 的函数,则将其分为两个积分求导,即

$$\int_{n(x)}^{m(x)} f(t)\mathrm{d}t=f[m(x)]m'(x)-f[n(x)]n'(x)$$

(2) 对定理 3 有:① 该公式把定积分的计算转化为求原函数的问题,通过求不定积分来实现.

② 揭示了定积分与不定积分的关系,也称微积分基本公式.

典型例题解析

题型 1:对积分上 / 下限函数求导

例 设 $f(x)=\int_x^{x^2}\sin t^2\mathrm{d}t$,求 $f'(x)$.

解 $f(x)=\int_x^{x^2}\sin t^2\mathrm{d}t=\int_x^0\sin^2 t\mathrm{d}t+\int_0^{x^2}\sin^2 t\mathrm{d}t=-\int_0^x\sin t^2\mathrm{d}t+\int_0^{x^2}\sin t^2\mathrm{d}t$

$\therefore f'(x)=-\sin x^2+\sin(x^2)^2\cdot(x^2)'=2x\sin x^4-\sin x^2$

思路点拨 该积分上下限均含变量 x,可将其拆分为两个各只含一个变量 x 的积分,利用 $[\int_{n(x)}^{m(x)} f(t)\mathrm{d}t]'=f[m(x)]m'(x)-f[n(x)]n'(x)$ 得其导数.

题型 2:求含变上限积分的函数或极限

例 求$\lim\limits_{x\to a}\dfrac{x}{x-a}\int_a^x f(t)\mathrm{d}t$,$f(x)$为连续函数.

解 原式 $=\lim\limits_{x\to a}\dfrac{[x\cdot\int_a^x f(t)\mathrm{d}t]'}{(x-a)'}=\lim\limits_{x\to a}\{\int_a^x f(t)\mathrm{d}t+x[\int_a^x f(t)\mathrm{d}t]'\}$

$=\lim\limits_{x\to a}[\int_a^x f(t)\mathrm{d}t+xf(x)]=af(a)$

思路点拨 该极限为"$\dfrac{0}{0}$"型不定式,直接利用洛必达法则计算.

题型 3:计算含绝对值或分段函数的积分

例 $f(x)=\begin{cases}\dfrac{1}{1+\mathrm{e}^x},x<0\\ \dfrac{1}{1+x},x\geqslant 0\end{cases}$,求$\int_0^2 f(x-1)\mathrm{d}x$.

解 设$t=x-1$,则$x=0$时,$t=-1$,$x=2$时,$t=1$,有

$$\int_0^2 f(x-1)\mathrm{d}x=\int_{-1}^1 f(t)\mathrm{d}t=\int_{-1}^0 f(t)\mathrm{d}t+\int_0^1 f(t)\mathrm{d}t=\int_{-1}^0\frac{1}{1+\mathrm{e}^x}\mathrm{d}x+\int_0^1\frac{1}{1+x}\mathrm{d}x$$

$$=\int_{-1}^0\frac{1+\mathrm{e}^x-\mathrm{e}^x}{1+\mathrm{e}^x}\mathrm{d}x+\ln(1+x)\Big|_0^1=[x-\ln(1+\mathrm{e}^x)]\Big|_{-1}^0+\ln 2=\ln(1+\mathrm{e})$$

思路点拨 计算被积函数为分段函数的积分,应先把被积函数根据函数定义分段,写出各段表达式再积分.

题型 4:综合应用题

例 $f(x)=\dfrac{1}{1+x^2}+\sqrt{1-x^2}\int_0^1 f(x)\mathrm{d}x$,则$\int_0^1 f(x)\mathrm{d}x=$ ________.

解 等式两边在 0 到 1 上对 x 进行积分,得

$$\int_0^1 f(x)\mathrm{d}x=\int_0^1\frac{1}{1+x^2}\mathrm{d}x+(\int_0^1 f(x)\mathrm{d}x)(\int_0^1\sqrt{1-x^2}\,\mathrm{d}x)$$

$\because\int_0^1\sqrt{1-x^2}\,\mathrm{d}x=\dfrac{\pi}{4}$

$\therefore$ 原式 $=\arctan x\Big|_0^1+\dfrac{\pi}{4}\int_0^1 f(x)\mathrm{d}x$

$\therefore\int_0^1 f(x)\mathrm{d}x=\dfrac{\frac{\pi}{4}}{1-\frac{\pi}{4}}=\dfrac{\pi}{4-\pi}$

思路点拨 切记$\int_0^1 f(x)\mathrm{d}x$为一个常数，欲求此常数值，需知道被积函数$f(x)$的表达式，于是将已知等式中未知的$f(x)$化为$\int_0^1 f(x)\mathrm{d}x$，再将$\int_0^1 f(x)\mathrm{d}x$看作一个未知量.

第四节 定积分的换元积分法和分部积分法

知识点归纳

一、换元积分法

1. 换元公式

若$f(x)$在$[a,b]$上连续，$x=\varphi(t)$满足：

(1)$\varphi(\alpha)=a,\varphi(\beta)=b$.

(2)$\varphi(t)$在$[\alpha,\beta]$上具有连续导数且其值域$R_\varphi\in[a,b]$，

则有$\int_a^b f(x)\mathrm{d}x=\int_\alpha^\beta f[\varphi(t)]\varphi'(t)\mathrm{d}t$.

特别提醒

(1) 若$x=\varphi(t)$在$[\alpha,\beta]$上单调且有连续导数$\varphi'(t)$，$\varphi(\alpha)=a,\varphi(\beta)=b$，实际解题中都采用这种单调代换，此时积分限易确定.

(2) 从左到右使用换元公式，相当于不定积分第二类换元法；从右到左使用相当于不定积分第一类换元法，在变量替换时一定要记住更换积分上下限.

2. 换元法的两类用法

(1)$\int_a^b f(x)\mathrm{d}x=\int_a^b g[\varphi(x)]\mathrm{d}\varphi(x)\xlongequal[\varphi(a)=\alpha,\varphi(b)=\beta]{u=\varphi(x)}\int_\alpha^\beta g(u)\mathrm{d}u$.

(2)$\int_a^b f(x)\mathrm{d}x\xlongequal[\varphi(\alpha)=a,\varphi(\beta)=b]{x=\varphi(t)}\int_\alpha^\beta f[\varphi(t)]\varphi'(t)\mathrm{d}t$.

3. 对称区间上的积分

如果函数$f(x)$在$[-a,a]$上连续，则

(1)$\int_{-a}^a f(x)\mathrm{d}x=\int_0^a[f(x)+f(-x)]\mathrm{d}x$.

(2)$\int_{-a}^a f(x)\mathrm{d}x=\begin{cases}0, & f(x)\text{ 为奇函数}\\ 2\int_0^a f(x)\mathrm{d}x, & f(x)\text{ 为偶函数}\end{cases}$.

4. 周期函数的积分

若$f(x)$为以T为周期的函数，$\int_0^{a+nT} f(x)\mathrm{d}x=n\int_0^T f(x)\mathrm{d}x$.

二、分部积分法

定义

设$u(x),v(x)$在$[a,b]$上连续可导，则$\int_a^b u(x)v'(x)\mathrm{d}x,=u(x)v(x)\Big|_a^b-\int_a^b v(x)u'(x)\mathrm{d}x$，

即$\int_a^b v\mathrm{d}u=uv\Big|_a^b-\int_a^b v\mathrm{d}u$.

特别提醒　$u(x)$，$v(x)$ 选取方法与不定积分的分部积分类似，遵循两个原则：(1)$\mathrm{d}v(x)$ 中易求出 $v(x)$；(2)$v(x)u'(x)$ 比 $u(x)v'(x)$ 原函数或定积分更易求.

典型例题解析

题型 1：利用换元法或分部积分法计算定积分

例 设 $f(x)$ 连续，且 $\int_0^x tf(x-t)\mathrm{d}t = 1-\cos x$，求 $\int_0^{\frac{\pi}{2}} f(x)\mathrm{d}x$.

解　令 $u = x-t$，则 $\mathrm{d}t = -\mathrm{d}u$，$\int_0^x tf(x-t)\mathrm{d}t = \int_x^0 (x-u)f(u)(-\mathrm{d}u) = \int_0^x (x-u)f(u)\mathrm{d}u$，

即 $x\int_0^x f(u)\mathrm{d}u - \int_0^x uf(u)\mathrm{d}u = 1-\cos x$，

两端对 x 求导得 $f(x)$ 的一个原函数为 $\int_0^x f(u)\mathrm{d}u = \sin x$，

将 $x = \frac{\pi}{2}$ 代入上式，得 $\int_0^{\frac{\pi}{2}} f(x)\mathrm{d}x = \int_0^{\frac{\pi}{2}} f(u)\mathrm{d}u = \sin\frac{\pi}{2} = 1$.

思路点拨　由于 $f(x)$ 未知，所以直接计算 $\int_0^2 f(x)\mathrm{d}x$ 是很困难的，将等式左端作变量替换后求导，即能解决问题.

题型 2：证明定积分的性质或等式

例 设 $f(x) \in C(-\infty,+\infty)$，且 $F(x) = \int_0^x (2t-x)f(t)\mathrm{d}t$，

求证：(1) 若 $f(x)$ 为偶函数，则 $F(x)$ 也是偶函数.

(2) 若 $f(x)$ 单调递减，则 $F(x)$ 也单调递减.

解　(1)$F(-x) = \int_0^{-x}(2t+x)f(t)\mathrm{d}t$，

令 $t = -u$，得：

$= \int_0^x(-2u+x)f(-u)\mathrm{d}(-u) = \int_0^x(2u-x)f(-u)\mathrm{d}u = \int_0^x(2u-x)f(u)\mathrm{d}u$

$= \int_0^x(2t-x)f(t)\mathrm{d}t = F(x)$

$\therefore F(x)$ 为偶函数.

(2)$\because F'(x) = \frac{\mathrm{d}}{\mathrm{d}x}\int_0^x(2t-x)f(t)\mathrm{d}t = \frac{\mathrm{d}}{\mathrm{d}x}\int_0^x 2+f(t)\mathrm{d}t - \frac{\mathrm{d}}{\mathrm{d}x}(x\int_0^x f(t)\mathrm{d}t)$

$= 2xf(x) - \int_0^x f(t)\mathrm{d}t - xf(x) = xf(x) - \int_0^x f(t)\mathrm{d}t$

由积分中值定理得

原式 $= xf(x) - xf(\xi) = x[f(x)-f(\xi)]$

$\because f(x)$ 递减，$\therefore$ 有

$x > 0$ 时，$\xi \in (0,x)$，$f(x)-f(\xi) < 0$，此时 $F'(x) < 0$，

$x<0$ 时,$\xi\in(x,0)$,$f(x)-f(\xi)>0$,此时 $F'(x)<0$,

$\therefore F(x)$ 恒为单调递减.

思路点拨 欲证 $F(x)$ 为偶函数,只需证 $F(-x)=F(x)$,作代换将 $-x$ 换为 x 即可;$F(x)$ 的单调性可用导数来判断,因为 $F(x)$ 为变上限积分,且被积函数中有 x,因此应先将其拆分为两项,将 x 提到积分外再求导.

题型 3:换元法与分部积分法综合运用

例 计算 $I=\int_0^{\frac{\pi}{4}}\ln(1+\tan x)\mathrm{d}x$.

解 令 $x=\frac{\pi}{4}-t$,$\mathrm{d}x=-\mathrm{d}t$,则 $I=\int_{\frac{\pi}{4}}^{0}\ln\left[1+\frac{1-\tan t}{1+\tan t}\right]\mathrm{d}(-t)=\int_0^{\frac{\pi}{4}}\ln\frac{2}{1+\tan t}\mathrm{d}t=\frac{\pi}{4}\ln2-1$,

移项得 $2I=\frac{\pi}{4}\ln2$,所以 $I=\frac{\pi}{8}\ln2$.

思路点拨 本题用分部积分后,出现了原来同样的积分,通过解方程移项得积分值,这也是积分计算常用方法.

第五节 定积分的应用

知识点归纳

1. 定积分的应用

(1) 平面图形的面积.

基本的平面图形有两种:

1) 由曲线 $y=f(x)$,$y=g(x)$ 和直线 $x=a$,$x=b$ 所围成的图形. 如果 $a<b$ 且在$[a,b]$上总有 $g(x)\leqslant f(x)$,如图 6-1 所示,则该平面图形的面积公式为

$$S=\int_a^b[f(x)-g(x)]\mathrm{d}x$$

2) 由曲线 $x=\varphi(y)$,$x=\psi(y)$ 和直线 $y=c$,$y=d$ 所围成的图形. 如果 $c<d$,且在$[c,d]$上总有 $\psi(y)\leqslant\varphi(y)$,如图 6-2 所示,则该平面图形的面积公式为

$$S=\int_c^d[\varphi(y)-\psi(y)]\mathrm{d}y$$

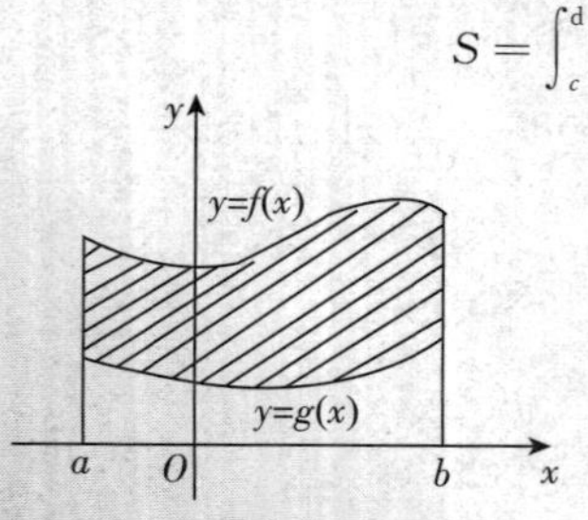

图 6-1

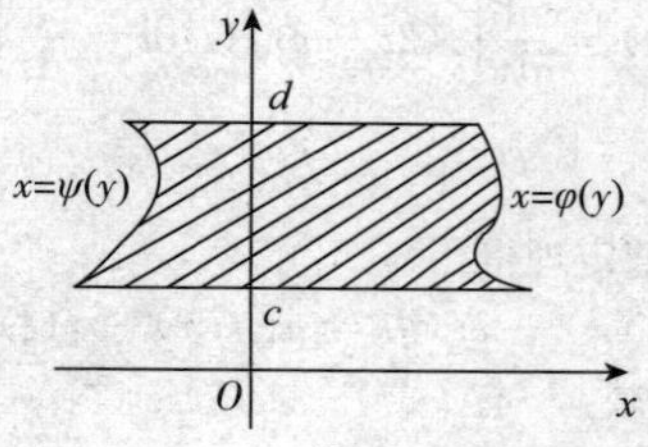

图 6-2

特别提醒 (1) 若图形具有对称性,应尽可能地利用其对称性,以使表达式相对简单.
(2) 对于复杂曲线围成的图形,需要分块讨论.

(2) 旋转体和已知平行截面面积的立体的体积.

1) 若 $y=f(x)$ 是区间$[a,b]$上的连续函数,则由曲线 $y=f(x)$,直线 $x=a,x=b$ 与 x 轴所围平面图形绕 x 轴旋转一周所得旋转体的体积计算公式为

$$V_x=\pi\int_a^b f^2(x)\mathrm{d}x$$

2) 若 $x=\varphi(y)$ 是区间$[c,d]$上的连续函数,则由曲线 $x=\varphi(y)$,直线 $y=c,y=d$ 与 y 轴所围平面图形绕 y 轴旋转一周所得旋转体的体积计算公式为

$$V_y=\pi\int_c^d \varphi^2(y)\mathrm{d}y$$

3) 设某物体被垂直于某直线(设为 x 轴)的截面所截的面积 $S(x)$ 是 x 的连续函数,且该物体的位置在 $x=a$ 与 $x=b(a<b)$ 之间,则该物体的体积为

$$V=\int_a^b S(x)\mathrm{d}x.$$

特别提醒 由 $0\leqslant y\leqslant f(x),0\leqslant a\leqslant x\leqslant b$ 所围曲边梯形绕 y 轴旋转所形成的旋转体的体积,除了可以对 y 积分外,也可以对 x 积分,此时有公式

$$V_y=2\pi\int_a^b x\cdot f(x)\mathrm{d}x$$

2. 定积分在经济中的应用

(1) 已知边际成本求总成本:$C(x)=\int_0^x C'(t)\mathrm{d}t$.

(2) 已知边际收益求总收益:$R(x)=\int_0^x R'(t)\mathrm{d}t$.

(3) 已知边际利润求总利润:$L(x)=\int_0^x L'(t)\mathrm{d}t$.

(4) 三者之间的关系:$L(x)=R(x)-C(x)$.

典型例题解析

题型 1:面积的计算

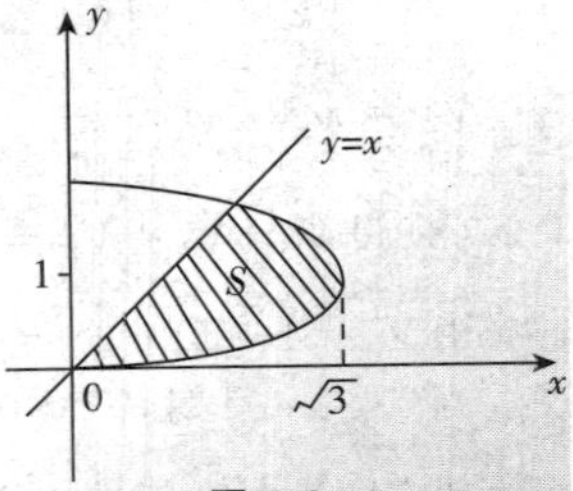

图 6-3

例 直线 $y=x$ 将椭圆 $x^2+3y^2=6y$ 分为两块,设小块面积为 S,求 S.

解 椭圆方程化为标准形为$(\frac{x}{\sqrt{3}})^2+(\frac{y-1}{1})^2=1$.

所求面积的图形如图 6-3 所示.

可以看出,选择 y 为积分变量,图形不用分块,由

$$\begin{cases}y=x\\x^2+3y^2=6y\end{cases}$$

可解得交点 P 的坐标为$(\frac{3}{2},\frac{3}{2})$.

所求面积 $S=\int_0^{\frac{3}{2}}(\sqrt{6y-3y^2}-y)\mathrm{d}y=\int_0^{\frac{3}{2}}\sqrt{3}\sqrt{1-(y-1)^2}\mathrm{d}y-\frac{9}{8}$

而$\sqrt{3}\int_0^{\sqrt{\frac{3}{2}}}\sqrt{1-(y-1)^2}\mathrm{d}y\xlongequal{y-1=\sin t}\sqrt{3}\int_{-\frac{\pi}{2}}^{\frac{\pi}{6}}|\cos t|\cos t\mathrm{d}t=\sqrt{3}\int_{-\frac{\pi}{2}}^{\frac{\pi}{6}}\frac{1+\cos 2t}{2}\mathrm{d}t=\frac{\sqrt{3}}{3}\pi+\frac{3}{8}$,

所以 $S=\frac{\sqrt{3}}{3}\pi-\frac{3}{4}$.

思路点拨 计算面积时可选择 x 或 y 作为积分变量,要考虑选择其中易于计算的作为变量进行积分.

题型 2:旋转体体积的计算

例 求平面图形 $0\leqslant y\leqslant \sin x,0\leqslant x\leqslant \pi$ 绕 x 轴及 y 轴所成旋转体体积.

解 绕 x 轴的旋转体体积为 $v_x=n\int_0^{\pi}y^2\mathrm{d}x=\pi\int_0^{\pi}\sin^2 x\mathrm{d}x=\frac{n^2}{2}$,绕 y 轴的旋转体体积为 $v_y=2\pi\int_0^{\pi}xy\mathrm{d}y=2\pi\int_0^{\pi}x\sin x\mathrm{d}x=2\pi$.

思路点拨 求旋转体的体积,需要明确原平面图形的边界曲线,据此求得各交点,根据所给旋转轴写出相应的体积公式.

题型 3:综合运用题

例 设 D_1 是由抛物线 $y=2x^2$ 和直线 $x=a,x=2$ 及 $y=0$ 所围成的平面区域;D_2 是由抛物线 $y=2x^2$ 和直线 $y=0,x=a$ 所围成的平面区域,其中 $0<a<2$(图 6-4).

(1) 试求 D_1 绕 x 轴旋转而成的旋转体体积 V_1;D_2 绕 y 轴旋转而成的旋转体体积 V_2.

(2) 问当 a 为何值时,V_1+V_2 取得最大值?试求此最大值.

解 (1)$V_1=\pi\int_a^2(2x^2)^2\mathrm{d}x=\frac{4\pi}{5}(32-a^5)$,

$V_2=\pi a^2\cdot 2a^2-\pi\int_0^{2a^2}\frac{y}{2}\mathrm{d}y=2\pi a^4-\pi a^4=\pi a^4$.

(2) 设 $V=V_1+V_2=\frac{4\pi}{5}(32-a^5)+\pi a^4$,

由 $V'=4\pi a^3(1-a)=0$ 得区间$(0,2)$内的唯一驻点 $a=1$.

当$0<a<1$时,$V'>0$;当$a>1$时,$V'<0$,因此 $a=1$ 是极大值点即最大值点,此时 V_1+V_2 取得最大值且等于$\frac{129}{5}\pi$.

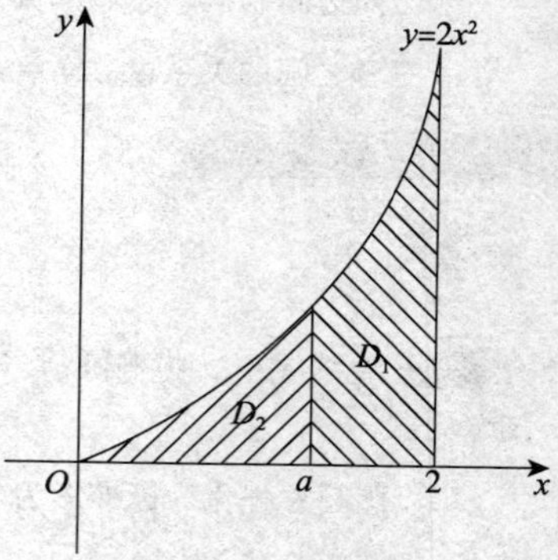

图 6-4

思路点拨 首先作出大致图形从而确定 D_1 和 D_2,然后利用定积分求旋转体体积公式求出 V_1 和 V_2,其中注意谁是旋转轴,最后通过求导数求最大值.

题型 4:经济问题

例 若生产某种产品的固定成本为 30 万元,边际成本与边际收益分别为

$$C'(Q)=Q^2-16Q+50(\text{万元}/\text{单位产品})$$

$$R'(Q)=90-4Q(\text{万元}/\text{单位产品})$$

则将产量定为多少个单位时,才能获得最大利润?并求最大利润.

解 由已知固定成本 $C(0)=30$(万元),故总成本

$$C(Q)=\int_0^Q C'(x)\mathrm{d}x+C(0)=\int_0^Q(x^2-16x+50)\mathrm{d}x+30$$

$$=\frac{Q^3}{3}-8Q^2+50Q+30$$

总收益

$$R(Q)=\int_0^Q R'(x)\mathrm{d}x=\int_0^Q(90-4Q)\mathrm{d}x=90Q-2Q^2$$

所以利润函数

$$L(Q)=R(Q)-C(Q)=-\frac{Q^3}{3}+6Q^2+40Q-30$$

求导数得 $L'(Q)=-Q^2+12Q+40$,

因此可得 $L(Q)$ 的两个驻点 $Q_1=-2.72, Q_2=14.72$,

又 $L'(Q_2)<0$,故 $Q=Q_2$ 时利润函数 $L(Q)$ 取极大值,根据实际问题,计算 $L(14)=271.3$,$L(15)=235$,则利润函数 $L(Q)$ 在 $Q=14$ 时取最大值且 $L(14)=271.3$(万元).

第六节　广义积分与 Γ 函数

知识点归纳

一、广义积分

1. 无限区间上的广义积分(反常积分)

(1)$[a,+\infty)$ 上的广义积分.

$$\int_a^{+\infty}f(x)\mathrm{d}x=\lim_{b\to+\infty}\int_a^b f(x)\mathrm{d}x$$

若此极限存在,则称广义积分$\int_a^{+\infty}f(x)\mathrm{d}x$ 收敛,积分值就是极限值;若极限不存在,则称广义积分$\int_a^{+\infty}f(x)\mathrm{d}x$ 发散.

(2)$(-\infty,b]$ 上的广义积分.

$$\int_{-\infty}^b f(x)\mathrm{d}x=\lim_{a\to-\infty}\int_a^b f(x)\mathrm{d}x$$

若此极限存在,则称广义积分$\int_{-\infty}^b f(x)\mathrm{d}x$ 收敛,积分值就是极限值;若极限不存在,则称广义积

分$\int_{-\infty}^{b} f(x)\mathrm{d}x$发散.

(3)$(-\infty,+\infty)$上的广义积分.

$$\int_{-\infty}^{+\infty} f(x)\mathrm{d}x=\int_{-\infty}^{c} f(x)\mathrm{d}x+\int_{c}^{+\infty} f(x)\mathrm{d}x=\lim_{a\to-\infty}\int_{a}^{c} f(x)\mathrm{d}x+\lim_{b\to+\infty}\int_{c}^{b} f(x)\mathrm{d}x$$

注意:若这两个积分都收敛,则称广义积分$\int_{-\infty}^{+\infty} f(x)\mathrm{d}x$收敛;否则称广义积分$\int_{-\infty}^{+\infty} f(x)\mathrm{d}x$发散.

特别提醒 (1)$\int_{0}^{+\infty} f(x)\mathrm{d}x$的几何意义:它表示由曲线$y=f(x)$与直线$x=a,y=0$所围成向$x$轴正方向无限伸展图形面积的代数和.

(2)广义积分收敛时,具有常义积分的那些性质与积分计算方法.

(3)在用广义的牛顿-莱布尼茨公式时,在无穷远点或无界点处原函数应求极限.

(4)$(-\infty,+\infty)$不一定是对称区间.

(5)广义积分$\int_{-\infty}^{+\infty} f(x)\mathrm{d}x$收敛的充要条件是$\int_{+\infty}^{c} f(x)\mathrm{d}x$与$\int_{c}^{+\infty} f(x)\mathrm{d}x$同时收敛.

2. 无界函数的广义积分

(1)设$f(x)$在$(a,b]$内连续,且$\lim\limits_{x\to a^+} f(x)=\infty$,则称$a$为$f(x)$的瑕点,定义广义积分

$$\int_{a}^{b} f(x)\mathrm{d}x=\lim_{\varepsilon\to0^+}\int_{a+\varepsilon}^{b} f(x)\mathrm{d}x(\varepsilon>0)$$

若此极限存在,则称广义积分$\int_{a}^{b} f(x)\mathrm{d}x$收敛,且它的值就是极限值;若极限不存在,则称广义积分$\int_{a}^{b} f(x)\mathrm{d}x$发散.

(2)设$f(x)$在$[a,b)$内连续,且$\lim\limits_{x\to b^-} f(x)=\infty$,则称$b$为$f(x)$的瑕点,定义广义积分

$$\int_{a}^{b} f(x)\mathrm{d}x=\lim_{\varepsilon\to0^+}\int_{a}^{b-\varepsilon} f(x)\mathrm{d}x(\varepsilon>0).$$

若此极限存在,则称广义积分$\int_{a}^{b} f(x)\mathrm{d}x$收敛,且它的值就是极限值;若极限不存在,则称广义积分$\int_{a}^{b} f(x)\mathrm{d}x$发散.

(3)设$f(x)$在$[a,c)$和$(c,b]$上皆连续,且$\lim\limits_{x\to c} f(x)=\infty$,则称$c$为$f(x)$的瑕点,定义$\int_{a}^{b} f(x)\mathrm{d}x=\int_{a}^{c} f(x)\mathrm{d}x+\int_{c}^{b} f(x)\mathrm{d}x=\lim\limits_{\varepsilon_1\to0^+}\int_{a}^{c-\varepsilon_1} f(x)\mathrm{d}x+\lim\limits_{\varepsilon_2\to0^+}\int_{c+\varepsilon_2}^{b} f(x)\mathrm{d}x(\varepsilon>0)$.

特别提醒 若这两个积分都收敛,则称广义积分$\int_{a}^{b} f(x)\mathrm{d}x$收敛,否则称广义积分$\int_{a}^{b} f(x)\mathrm{d}x$发散.

特别提醒 (1)$f(x)$在点a或点c无界,此时称无界的点为瑕点.

(2)分清是无界函数广义积分还是常义积分再计算.

特别提醒　(3) $\int_a^b f(x)\mathrm{d}x$（b 是瑕点）的几何意义：它表示由曲线 $y=f(x)$，直线 $x=a$，$x=b$ 及 x 轴围成的向上（或向下）无穷伸展平面图形的面积的代数和．

(4) 对于 $x\to c$ 时，$f(x)\to\infty$ 的广义积分 $\int_a^b f(x)\mathrm{d}x$ 存在的充要条件是 $\int_a^c f(x)\mathrm{d}x$ 与 $\int_c^b f(x)\mathrm{d}x$ 同时存在．

3. 常用的两个结论

(1) 无限区间上的广义积分 $\int_a^{\infty}\frac{\mathrm{d}x}{x^p}(a>0)$，当 $p>1$ 时，收敛；$p\leqslant 1$ 时，发散．

(2) 无界函数的广义积分 $\int_a^b\frac{\mathrm{d}x}{(x-a)^p}$ 或 $\int_a^b\frac{\mathrm{d}x}{(b-x)^p}$，当 $p<1$ 时，收敛，当 $p\geqslant 1$ 时发散．

4. Γ 函数

(1) Γ 函数的定义：

$\Gamma(r)=\int_0^{+\infty}x^{r-1}\mathrm{e}^{-x}\mathrm{d}x(r>0)$．

(2) Γ 函数的性质：

1) $\Gamma(r+1)=r\Gamma(r)$．

2) $\Gamma(n+1)=n!$（n 为正整数）．

3) $\Gamma\left(\frac{1}{2}\right)=\sqrt{\pi}$．

(3) Γ 函数的应用：

1) $\int_0^{+\infty}u^t\mathrm{e}^{-u^2}\mathrm{d}u=\frac{1}{2}\Gamma\left(\frac{1+t}{2}\right)$，$t>-1$ 左端积分可直接由 Γ 函数计算出来．

2) 概率论中常用积分 $\int_0^{+\infty}\mathrm{e}^{-x^2}\mathrm{d}x=\frac{1}{2}\Gamma\left(\frac{1}{2}\right)=\frac{\sqrt{\pi}}{2}$．

3) $\Gamma\left(\frac{1}{2}\right)=\sqrt{\pi}$．

典型例题解析

题型 1：无穷限上的广义积分

例　已知 $\int_0^{+\infty}\mathrm{e}^{-x^2}\mathrm{d}x=\frac{\sqrt{\pi}}{2}$，则 $\int_0^{+\infty}\frac{\mathrm{e}^{-x}-\mathrm{e}^{\sqrt{x}}}{\sqrt{x}}\mathrm{d}x=$ ________．

解　$\int_0^{+\infty}\frac{\mathrm{e}^{-x}-\mathrm{e}^{\sqrt{x}}}{\sqrt{x}}\mathrm{d}x=\int_0^{+\infty}\frac{\mathrm{e}^{-x}}{\sqrt{x}}\mathrm{d}x-\int_0^{+\infty}\frac{\mathrm{e}^{\sqrt{x}}}{\sqrt{x}}\mathrm{d}x$，

由于 $\int_0^{+\infty}\frac{\mathrm{e}^{-x}}{\sqrt{x}}\mathrm{d}x=\int_0^{+\infty}\frac{\mathrm{e}^{-\sqrt{x}^2}}{\sqrt{x}}\mathrm{d}x\xlongequal{\sqrt{x}=t}2\int_0^{+\infty}\mathrm{e}^{-t^2}\mathrm{d}t=\sqrt{\pi}$，

而 $\int_0^{+\infty}\frac{\mathrm{e}^{\sqrt{x}}}{\sqrt{x}}\mathrm{d}x=\lim\limits_{b\to+\infty}\int_0^b\frac{\mathrm{e}^{-\sqrt{x}}}{\sqrt{x}}\mathrm{d}x=\lim\limits_{b\to+\infty}2\int_0^b\mathrm{e}^{-\sqrt{x}}\mathrm{d}\sqrt{x}=\lim\limits_{b\to-\infty}\left(-2\mathrm{e}^{-\sqrt{x}}\Big|_0^b\right)=2$．

故原式 $=\sqrt{\pi}-2$．

题型 2:无界函数的广义积分

例 $\int_0^1 \frac{x\mathrm{d}x}{(2-x^2)\sqrt{1-x^2}} =$ ______.

解 $\int_0^1 \frac{x\mathrm{d}x}{(2-x^2)\sqrt{1-x^2}} = \lim\limits_{\varepsilon\to 0^+}\int_0^{1-\varepsilon} \frac{x\mathrm{d}x}{(2-x^2)\sqrt{1-x^2}}$,令 $x=\sin t, \mathrm{d}x=\cos t\mathrm{d}t$,

$$\lim_{\varepsilon_1\to 0^+}\int_0^{\frac{\pi}{2}-\varepsilon_1} \frac{\sin t\cos t}{(2-\sin t)\cos t}\mathrm{d}t = \int_0^{\frac{\pi}{2}} \frac{\sin t}{1+\cos^2 t}\mathrm{d}t = -\int_0^{\frac{\pi}{2}} \frac{\mathrm{d}\cos t}{1+\cos^2 t} = -\arctan(\cos t)\Big|_0^{\frac{\pi}{2}} = \frac{\pi}{4}$$

题型 3:利用 Γ 函数计算广义积分

例 计算下列积分.

(1)$\int_0^{+\infty} x^5 \mathrm{e}^{-x}\mathrm{d}x$　　(2)$\int_0^{+\infty} x^{\frac{3}{2}} \mathrm{e}^{-4x}\mathrm{d}x$

解 (1)$\int_0^{+\infty} x^5 \mathrm{e}^{-x}\mathrm{d}x = \int_0^{+\infty} x^{6-1} \mathrm{e}^{-x}\mathrm{d}x = \Gamma(6) = 6! = 720$

(2)$\int_0^{+\infty} x^{\frac{3}{2}} \mathrm{e}^{-4x}\mathrm{d}x \xlongequal{令 4x=t} \int_0^{+\infty} \left(\frac{t}{4}\right)^{\frac{3}{2}} \mathrm{e}^{-t}\mathrm{d}\left(\frac{t}{4}\right) = \left(\frac{1}{4}\right)^{\frac{5}{2}}\int_0^{+\infty} t^{\frac{5}{2}-1}\mathrm{e}^{-t}\mathrm{d}t$

$= \frac{1}{32}\Gamma\left(\frac{5}{2}\right) = \frac{1}{32}\cdot\frac{5}{2}\Gamma\left(\frac{3}{2}\right) = \frac{1}{32}\cdot\frac{5}{2}\cdot\frac{3}{2}\Gamma\left(\frac{1}{2}\right) = \frac{15}{128}\sqrt{\pi}$

思路点拨 将要求的广义积分经过变形或变量替换化为 Γ 函数的形式,再利用 Γ 函数的推理性质 $\Gamma(s+1)=s\Gamma(s)$,可将 Γ 函数的任意一个常数值转化为求 Γ 函数在 $[0,1]$ 上的函数值.

题型 4:非封闭图形面积的计算

定积分可以表示平面图形的面积,某些平面图形尽管没有封闭,其面积也能够用广义积分表示出.

例 求由曲线 $y=\frac{1}{\sqrt{x}}$,直线 $x=0, x=1$ 与 x 轴所围成的"开口曲边梯形"的面积 A,如图 6-5 阴影部分所示.

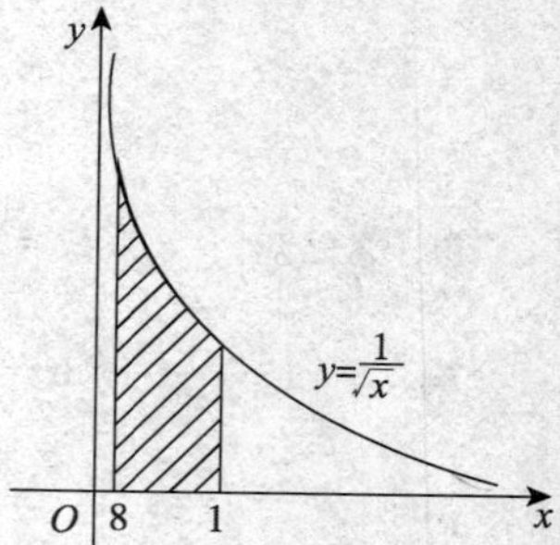

图 6-5

解 设 $0<\varepsilon<1$,则由 $y=\frac{1}{\sqrt{x}}, x=\varepsilon, x=1$ 与 x 轴所围成的曲边梯形的面积为

$$\int_\varepsilon^1 \frac{1}{\sqrt{x}}\mathrm{d}x = 2\sqrt{x}\Big|_\varepsilon^1 = 2-2\sqrt{\varepsilon}$$

于是,所求"开口曲边梯形"的面积即为如下的广义积分

$$A=\int_0^1 \frac{1}{\sqrt{x}}\mathrm{d}x = \lim_{\varepsilon\to 0^+}\int_\varepsilon^1 \frac{1}{\sqrt{x}}\mathrm{d}x = \lim_{\varepsilon\to 0^+}(2-2\sqrt{\varepsilon}) = 2$$

考研真题精解

1. $\lim\limits_{n\to\infty}\int_0^1 e^{-x}\sin nx\,dx=$ ________.

解　0.

令 $In=\int e^{-x}\sin x\,dx=-e^{-x}\sin nx+n\int e^{-x}\cos nx\,dx=-e^{-x}\sin nx-ne^{-x}\cos nx-n^2 In$,

移项得 $In=-\dfrac{n\cos nx+\sin nx}{n^2+1}e^{-x}+C$

$\therefore \lim\limits_{n\to\infty}\int_0^1 e^{-x}\sin nx\,dx=\lim\limits_{n\to\infty}\left[-\dfrac{n\cos nx+\sin nx}{n^2+1}e^{-x}\right]_0^1=\lim\limits_{n\to\infty}\left(-\dfrac{n\cos n+\sin n}{n^2+1}e^{-1}+\dfrac{n}{n^2+1}\right)=0$

与不定积分类似,当被积函数是指数或三角函数乘积时,一般会利用分部积分法构成循环,再通过解方程得出所求积分.

2. 设 $I=\int_0^{\frac{\pi}{4}}\ln\sin x\,dx, J=\int_0^{\frac{\pi}{4}}\ln\cot x\,dx, K=\int_0^{\frac{\pi}{4}}\ln\cos x\,dx$,则 I,J,K 大小关系为(　　).

(A) $I<J<K$　　(B) $I<K<J$　　(C) $J<I<K$　　(D) $K<J<I$

解　(B).

$x\in\left(0,\dfrac{\pi}{4}\right)$ 时, $\sin x<\cos x<\dfrac{\cos x}{\sin x}=\cot x$,从而由定积分的性质有 $I<K<J$,此题为基础题型,考查定积分的性质(比较定理).类似,应用比较定理可对定积分进行估值计算,也可用于证明不等式.

3. $\int_0^2 x\sqrt{2x-x^2}\,dx=$ ________.

解　$\dfrac{\pi}{2}$.

$I=\int_0^x x\sqrt{2x-x^2}\,dx$,令 $x=1+\sin\theta$.

$\therefore I=\int_{-\frac{\pi}{2}}^{\frac{\pi}{2}}(1+\sin\theta)\cos\theta\,d(1+\sin\theta)=\int_{-\frac{\pi}{2}}^{\frac{\pi}{2}}(1+\sin\theta)\cos^2\theta\,d\theta=\int_{-\frac{\pi}{2}}^{\frac{\pi}{2}}\cos^2\theta\,d\theta$

$=2\int_0^{\frac{\pi}{2}}\cos^2\theta\,d\theta=2\cdot\dfrac{1}{2}\cdot\dfrac{\pi}{2}=\dfrac{\pi}{2}$

此题考查换元积分法,当出现 x^2 与 1 时,应多考虑用三角函数进行换元.

4. 已知曲线 $L=\begin{cases}x=f(t)\\ y=\cos t\end{cases}\left(0\leqslant t\leqslant\dfrac{\pi}{2}\right)$,其中函数 $f(x)$ 具有连续导数,且 $f(0)=0$, $f(t)>0\left(0<t<\dfrac{\pi}{2}\right)$,若曲线 L 的切线与 x 轴的交点到切点距离恒为 1,求函数 $f(x)$ 表达式,并求此曲线 L 与 x 轴与 y 轴无边界的区域的面积.

解　设切点坐标为 $(f(t),\cos t)$,则切线方程为 $y-\cos t=\dfrac{-\sin t}{f'(t)}(x-f(t))$.

令 $y=0$ 得 $x=f(t)+\dfrac{f'(t)\cos t}{\sin t}$,则 $\sqrt{\left(\dfrac{f'(t)\cos t}{\sin t}\right)^2-\cos^2 t}=1$,则 $f'(t)=\dfrac{\sin^2 t}{\cos t}$, $0\leqslant t<\dfrac{\pi}{2}$,

从而 $f(t)=\int\dfrac{\sin^2 t}{\cos t}dt=\int\left(\dfrac{1}{\cos t}-\cos t\right)dt=\ln(\sec t-\tan t)-\sin t-c$,

又 $\because f(0)=0$，$\therefore c=0$，因此 $f(t)=\ln(\sec t-\tan t)-\sin t$，

由面积计算公式可得 $S=\int_0^{\frac{\pi}{2}} y(t)\mathrm{d}x(t)=\int_0^{\frac{\pi}{2}}\cos t\cdot f'(t)\mathrm{d}t=\int_0^{\frac{\pi}{2}}\cos t\,\frac{\sin^2 t}{\cos t}\mathrm{d}t=\frac{1}{2}\cdot\frac{\pi}{2}=\frac{\pi}{4}$，

此题考查了函数的求导、不定积分的计算与定积分的应用，在积分时应注意被积变量与积分限的对应关系.

5. 计算 $\int_0^1\frac{f(x)}{\sqrt{x}}\mathrm{d}x$，其中 $f(x)=\int_0^x\frac{\ln(t+1)}{t}\mathrm{d}t$.

解 $\int_0^1\frac{f(x)}{\sqrt{x}}\mathrm{d}x=2\int_0^1 f(x)\mathrm{d}\sqrt{x}=2\sqrt{x}f(x)\Big|_0^1-2\int_0^1\sqrt{x}\,\frac{\ln(1+x)}{x}\mathrm{d}x=-4\int_0^1\ln(1+x)\mathrm{d}\sqrt{x}$

$$=-4\sqrt{x}\ln(1+x)\Big|_0^1-4\int_0^1\frac{\sqrt{x}}{1+x}\mathrm{d}x=-4\ln 2+8-2\pi$$

被积函数中含有上限积分时，应用分部积分法.

6. 求极限 $\lim\limits_{x\to+\infty}\frac{\int_1^x\left(t^2\left(\mathrm{e}^{\frac{1}{t}}-1\right)-t\right)\mathrm{d}t}{x^2\ln\left(1+\frac{1}{x}\right)}$.

解 原式 $=\lim\limits_{x\to+\infty}\frac{\int_1^x\left(t^2\left(\mathrm{e}^{\frac{1}{t}}-1\right)-t\right)\mathrm{d}t}{x}=\lim\limits_{x\to\infty}\left(x^2\left(\mathrm{e}^{\frac{1}{x}}-1\right)-x\right)$

$=\lim\limits_{t\to0^+}\left[\frac{1}{t^2}(\mathrm{e}^t-1)-\frac{1}{t}\right]=\lim\limits_{t\to0^+}\left[\frac{(\mathrm{e}^t-1)-t}{t^2}\right]$

先用等价无穷小化简分母，然后用洛必达法则求未定型极限.

课后习题全解

(A)

1. **分析** 注意被积函数在积分区间上连续，这两个定积分存在，因而可以用任何一种区间分割法及 ξ_i 的取法来求其值. 现对积分区间 n 等分，并将点 ξ_i 选做区间 $[x_{i-1},x_i]$ 的端点，从而使定积分计算转化为数列极限的计算.

解 (1) 对积分区间 $[0,4]$ n 等分，得到 n 个小区间

$$[x_{i-1},x_i]=\left[\frac{4(i-1)}{n},\frac{4i}{n}\right],(i=1,2,\cdots,n)$$

其长度为 $\Delta x_i=\frac{4}{n}$，取 $\xi_i=\frac{4i}{n}$，则有

$$\int_0^4(2x+3)\mathrm{d}x=\lim_{n\to\infty}\sum_{i=1}^n\left(2\cdot\frac{4i}{n}+3\right)\cdot\frac{4}{n}=\lim_{n\to\infty}\left[\frac{32}{n^2}\cdot\frac{n(n+1)}{2}+\frac{4}{n}\cdot3n\right]=16+12=28$$

(2) 对积分区间 $[0,1]$ n 等分，得到 n 个小区间

$$[x_{i-1},x_i]=\left[\frac{i-1}{n},\frac{i}{n}\right],(i=1,2,\cdots,n)$$

其长度为 $\Delta x_i=\frac{1}{n}$，取 $\xi_i=\frac{i-1}{n}$，则有

$$\int_0^1\mathrm{e}^x\mathrm{d}x=\lim_{n\to\infty}\sum_{i=1}^n\mathrm{e}^{\frac{i-1}{n}}\cdot\frac{1}{n}=\lim_{n\to\infty}\frac{1}{n}\sum_{i=1}^n\left(\mathrm{e}^{\frac{1}{n}}\right)^{i-1}=\lim_{n\to\infty}\frac{1}{n}\cdot\frac{1-\mathrm{e}^{\frac{n+1}{n}}}{1-\mathrm{e}^{\frac{1}{n}}}\left(1-\mathrm{e}^{\frac{1}{n}}\sim-\frac{1}{n}\right)$$

$$= \lim_{n\to\infty}\frac{1}{n}\cdot\frac{1-e^{\frac{n+1}{n}}}{-\frac{1}{n}} = \lim_{n\to\infty}(e^{\frac{n+1}{n}}-1) = e-1$$

2. **分析**　当积分区间相同时，直接比较被积函数的大小. 注意当函数比较式中等号仅在有限个点(如端点)成立时，积分比较式中的不等号可写为严格不等号.

解　(1)$0\leqslant x\leqslant 1$ 时，有 $x\geqslant x^2$，故$\int_0^1 x\mathrm{d}x > \int_0^1 x^2\mathrm{d}x$.

(2) 当 $1\leqslant x\leqslant 2$ 时，有 $x\leqslant x^2$，故$\int_1^2 x\mathrm{d}x < \int_1^2 x^2\mathrm{d}x$.

(3) 当 $0\leqslant x\leqslant \frac{\pi}{2}$ 时，有 $\sin x\leqslant x$ 故$\int_0^{\frac{\pi}{2}}\sin x\mathrm{d}x < \int_0^{\frac{\pi}{2}} x\mathrm{d}x$.

(4) 当 $0\leqslant x\leqslant 1$ 时，有 $x\geqslant x^2$，从而 $e^x\geqslant e^{x^2}$，故$\int_0^1 e^x\mathrm{d}x > \int_0^1 e^{x^2}\mathrm{d}x$.

(5) 当$-\frac{\pi}{2}\leqslant x\leqslant 0$ 时，有 $\sin x\leqslant 0$，故$\int_{-\frac{\pi}{2}}^0\sin x\mathrm{d}x < 0$.

而当 $0\leqslant x\leqslant\frac{\pi}{2}$ 时，有 $\sin x\geqslant 0$，故$\int_0^{\frac{\pi}{2}}\sin x\mathrm{d}x > 0$.

从而　$\int_{-\frac{\pi}{2}}^0\sin x\mathrm{d}x < \int_0^{\frac{\pi}{2}}\sin x\mathrm{d}x$.

3. **分析**　若能估计出被积函数在积分区间上的取值范围 $m\leqslant f(x)\leqslant M, x\in[a,b]$，则可得出积分值估计或 $m(b-a)\leqslant\int_a^b f(x)\mathrm{d}x\leqslant M(b-a)$.

解　(1)e^x 在$[0,1]$上单调增加，故 $1\leqslant e^x\leqslant e(0\leqslant x\leqslant 1)$ 于是 $1\leqslant\int_0^1 e^x\mathrm{d}x\leqslant e$.

(2) 设 $f(x)=2x^3-x^4$，则 $f'(x)=6x^2-4x^3=2x^2(3-2x)$. 驻点为 $x=0$ 及 $x=\frac{3}{2}$，比较 $f(x)$ 在驻点 $x=\frac{3}{2}$ 及驻点 $x=\frac{3}{2}$ 及端点 $x=1, x=2$ 的函数值　$f(1)=1, f\left(\frac{3}{2}\right)=\frac{27}{16}, f(2)=0$.

得知，在区间$[1,2]$上，$f(x)$ 的最小值是 0，最大值是$\frac{27}{16}$，故

$$0\leqslant\int_1^2(2x^3-x^4)\mathrm{d}x\leqslant\frac{27}{16}$$

4. **分析**　直接运用变上限积分求导公式$[\int_a^x f(t)\mathrm{d}t]'=f(x)$ 和推广公式$[\int_{a(x)}^{b(x)} f(t)\mathrm{d}t]'=f[b(x)]b'(x)-f[a(x)]a'(x)$ 求解.

解　(1)$F'(x)=\sqrt{1+x}$

(2)$F'(x)=-xe^{-x}$

(3)$F'(x)=\frac{1}{\sqrt{1+(x^2)^4}}(x^2)'=\frac{2x}{\sqrt{1+x^8}}$

(4)$F'(x)=\int_{x^3}^0 e^t\mathrm{d}t+\int_0^{x^2}e^t\mathrm{d}t=-\int_0^{x^3}e^t\mathrm{d}t+\int_0^{x^2}e^t\mathrm{d}t$

故 $F'(x)=-e^{x^3}(x^3)'+e^{x^2}(x^2)'=2xe^{x^2}-3x^2e^{x^3}$.

(5)$F'(x)=2x^2(x^2)'-2\sin x(\sin x)'=4x^3-2\sin x\cos x=4x^3-\sin 2x$

5. **分析** 先求出原函数,然后应用牛顿－莱布尼茨公式计算.

解 (1) 原式 $=\left(\frac{1}{3}x^3-x\right)\Big|_2^6=\frac{1}{3}\cdot 6^3-6-\frac{1}{3}\cdot 2^3+2=\frac{196}{3}$

(2) 原式 $=\left(\frac{x^4}{4}-x^3\right)\Big|_{-1}^1=-\frac{3}{4}-\frac{4}{5}=-2$

(3) 原式 $=\int_1^{27}x^{-\frac{1}{3}}\mathrm{d}x=\frac{3}{2}x^{\frac{2}{3}}\Big|_1^{27}=\frac{3}{2}\cdot(9-1)=12$

(4) 原式 $=\frac{1}{4}(x-1)^4\Big|_{-2}^3=\frac{1}{4}(2^4-3^4)=-\frac{65}{4}$

(5) 原式 $=\int_0^a(a+x-2\sqrt{a}\sqrt{x})\mathrm{d}x=\left(ax+\frac{1}{2}x^2-\frac{4}{3}\sqrt{a}x^{\frac{3}{2}}\right)\Big|_0^a=\frac{1}{6}a^2$

(6) 原式 $=\frac{1}{2}\int_0^5\frac{x^2+1-1}{x^2+1}\mathrm{d}x^2=\frac{1}{2}\int_0^5\left(1-\frac{1}{x^2+1}\right)\mathrm{d}x^2$

$=\frac{1}{2}\left(x^2\Big|_0^5-\ln(x^2+1)\Big|_0^5\right)=\frac{1}{2}(25-\ln 26)$

(7) 原式 $=\int_0^5\frac{2x^2+6x-3(x+3)+4}{x+3}\mathrm{d}x=\int_0^5\left(2x-3+\frac{4}{x+3}\right)\mathrm{d}x$

$=[x^2-3x+4\ln(x+3)]\big|_0^5=25-15+4\ln 8-4\ln 3=10+4\ln\frac{8}{3}$

(8) 原式 $=3\int_0^3\mathrm{e}^{\frac{x}{3}}\mathrm{d}\frac{x}{3}=3\mathrm{e}^{\frac{x}{3}}\Big|_0^3=3(\mathrm{e}-1)$

(9) 原式 $=\frac{1}{2}\int_0^1\frac{1}{x^2+1}\mathrm{d}(x^2+1)=\frac{1}{2}\ln(x^2+1)\Big|_0^1=\frac{1}{2}\ln 2$

(10) 原式 $=0$,因为被积函数是对称区间上的奇函数,其对称区间上积分为零.

(11) 原式 $=-\int_1^2\mathrm{e}^{\frac{1}{x}}\mathrm{d}\frac{1}{x}=-\mathrm{e}^{\frac{1}{x}}\Big|_1^2=-(\mathrm{e}^{\frac{1}{2}}-\mathrm{e})=\mathrm{e}-\sqrt{\mathrm{e}}$

(12) 原式 $=\int_0^\pi\left(\frac{1}{2}+\frac{1}{2}\cos x\right)\mathrm{d}x=\left(\frac{1}{2}x+\frac{1}{2}\sin x\right)\Big|_0^\pi=\frac{\pi}{2}$

(13) 原式 $=\int_{-1}^0|2x|\mathrm{d}x+\int_0^2|2x|\mathrm{d}x=\int_{-1}^0-2x\mathrm{d}x+\int_0^2 2x\mathrm{d}x$

$=-x^2\Big|_{-1}^0+x^2\Big|_0^2=1+4=5$

(14) 原式 $=\int_0^\pi\sin x\mathrm{d}x-\int_\pi^{2\pi}\sin x\mathrm{d}x=-\cos x\Big|_0^\pi+\cos x\Big|_\pi^{2\pi}=2+2=4$

(15) $|x^2-x|=\begin{cases}x^2-x, & -1\leqslant x\leqslant 0\\ x-x^2, & 0<x<1\\ x^2-x, & 1\leqslant x\leqslant 2\end{cases}$

$\int_{-1}^2|x^2-x|\mathrm{d}x=\int_{-1}^0(x^2-x)\mathrm{d}x+\int_0^1(x-x^2)\mathrm{d}x+\int_1^2(x^2-x)\mathrm{d}x$

$=\left(\frac{x^3}{3}-\frac{x^2}{2}\right)\Big|_{-1}^0+\left(\frac{x^2}{2}-\frac{x^3}{3}\right)\Big|_0^1+\left(\frac{x^3}{3}-\frac{x^2}{2}\right)\Big|_1^2=\frac{11}{6}$

(16) $f(x)=\begin{cases}2^x, & -1\leqslant x<0\\ \sqrt{1-x}, & 0\leqslant x\leqslant 1\end{cases}$

$$\int_{-1}^{0} 2^x \mathrm{d}x + \int_0^1 \sqrt{1-x}\,\mathrm{d}x = \int_{-1}^{0} 2^x \mathrm{d}x + \int_0^1 (1-x)^{\frac{1}{2}} \mathrm{d}(1-x)$$

$$= \frac{2^x}{\ln 2}\Big|_{-1}^{0} - \frac{2}{3}(1-x)^{\frac{3}{2}}\Big|_0^1 = \frac{1}{\ln 2} - \frac{1}{2\ln 2} + \frac{2}{3} = \frac{1}{2\ln 2} + \frac{2}{3}$$

6.**分析** 进行适当的代换以化简根式，求出原函数后运用牛顿－莱布尼茨公式计算.

解 (1) 令 $x=\sqrt{t}$，则当 $0\leqslant t\leqslant 4$ 时，$0\leqslant x\leqslant 2$，故有

原式$=\int_0^2 \frac{2x}{1+x}\mathrm{d}x = 2\int_0^2 \frac{1+x-1}{1+x}\mathrm{d}x = 2[x-\ln(1+x)]\Big|_0^2 = 2(2-\ln 3)$

(2) $\int_0^{\ln 2} \mathrm{e}^x(1+\mathrm{e}^x)^2 \mathrm{d}x = \int_0^{\ln 2}(1+\mathrm{e}^x)^2 \mathrm{d}(1+\mathrm{e}^x) = \frac{1}{3}(1+\mathrm{e}^x)^3\Big|_0^{\ln 2} = \frac{19}{3}$

(3) 令 $x=\sqrt{u-1}$，则当 $1\leqslant u\leqslant 5$ 时，有 $0\leqslant x\leqslant 2$，故有

原式$=\int_0^2 \frac{x}{x^2+1}\cdot 2x\mathrm{d}x = 2\int_0^2 \frac{x^2+1-1}{x^2+1}\mathrm{d}x = 2(x-\arctan x)\Big|_0^2 = 2(2-\arctan 2)$

(4) 令 $t=\sqrt{x+1}$，则有 $\mathrm{d}x = 2t\mathrm{d}t$，且当 $0\leqslant x\leqslant 2$ 时，有 $1\leqslant t\leqslant\sqrt{3}$，于是

原式$=\int_1^{\sqrt{3}} \frac{2t}{t+t^3}\mathrm{d}t = 2\int_1^{\sqrt{3}} \frac{1}{1+t^2}\mathrm{d}t = 2\arctan t\Big|_1^{\sqrt{3}} = \frac{2\pi}{3} - \frac{\pi}{2} = \frac{\pi}{6}$

(5) 令 $t=\sqrt{\mathrm{e}^x-1}$，则有 $x=\ln(t^2+1)$，且当 $0\leqslant x\leqslant \ln 2$ 时，有 $0\leqslant t\leqslant 1$，于是

原式$=\int_0^1 t\cdot\frac{2t}{t^2+1}\mathrm{d}t = 2\int_0^1 \frac{t^2+1-1}{t^2+1}\mathrm{d}t = 2(t-\arctan t)\Big|_0^1 = 2\left(1-\frac{\pi}{4}\right) = 2-\frac{\pi}{2}$

(6) 令 $x=2\sin t$，则 $0\leqslant x\leqslant 1$ 时有 $0\leqslant t\leqslant\frac{\pi}{6}$，故

原式$=\int_0^{\frac{\pi}{6}} \sqrt{4-4\sin^2 t}\,\mathrm{d}(2\sin t) = 4\int_0^{\frac{\pi}{6}} \cos^2 t\mathrm{d}t = 2\int_0^{\frac{\pi}{6}}(1+\cos 2t)\mathrm{d}t = 2\left(t+\frac{1}{2}\sin 2t\right)\Big|_0^{\frac{\pi}{6}} = \frac{\pi}{3}+\frac{\sqrt{3}}{2}$

(7) 令 $x=a\sin t$，则 $0\leqslant x\leqslant a$ 时有 $0\leqslant t\leqslant\frac{\pi}{2}$，故

原式$=\int_0^{\frac{\pi}{2}} a^2\sin^2 t\sqrt{a^2\cos^2 x}\,\mathrm{d}a\sin t = a^4\int_0^{\frac{\pi}{2}} \sin^2 t\cdot\cos^2 t\mathrm{d}t = \frac{a^4}{4}\int_0^{\frac{\pi}{2}} \sin^2(2t)\mathrm{d}t$

$$= \frac{a^4}{4}\int_0^{\frac{\pi}{2}} \frac{1-\cos 4t}{2}\mathrm{d}t = \frac{a^4}{8}\int_0^{\frac{\pi}{2}}(1-\cos 4t)\mathrm{d}t = \frac{a^4}{8}(t-\frac{1}{4}\sin 4t)\Big|_0^{\frac{\pi}{2}}$$

$$= \frac{a^4}{8}\left(\frac{\pi}{2}-\frac{1}{4}\sin 2\pi\right) = \frac{a^4}{16}\pi$$

(8) 令 $x=\tan t$，则有 $1+x^2=\sec^2 t$，$\mathrm{d}x=\sec^2 t\mathrm{d}t$，当 $0\leqslant x\leqslant 1$ 时，有 $0\leqslant t\leqslant\frac{\pi}{4}$，于是

原式$=\int_0^{\frac{\pi}{4}} \frac{\tan^2 t}{\sec^4 t}\sec^2 t\mathrm{d}t = \int_0^{\frac{\pi}{4}} \sin^2 t\mathrm{d}t = \frac{1}{2}\int_0^{\frac{\pi}{4}}(1-\cos 2t)\mathrm{d}t$

$$= \frac{1}{2}(t-\frac{1}{2}\sin 2t)\Big|_0^{\frac{\pi}{4}} = \frac{1}{2}(\frac{\pi}{4}-\frac{1}{2})$$

(9) 令 $x=\tan t$，则有 $1+x^2=\sec^2 t$，$\mathrm{d}x=\sec^2 t\mathrm{d}t$，当 $0\leqslant x\leqslant 1$ 时，有 $0\leqslant t\leqslant\frac{\pi}{4}$，于是原式 $=$

$\int_0^{\frac{\pi}{4}} \sec^{-3} t\cdot\sec^2 t\mathrm{d}t = \int_0^{\frac{\pi}{4}} \cos t\mathrm{d}t = \frac{\sqrt{2}}{2}$

(10) 令 $x=\sec t$，则有 $x^2-1=\sec^2 t-1=\tan^2 t$，$\mathrm{d}x=\sec t\cdot\tan t\mathrm{d}t$，当 $1\leqslant x\leqslant 2$ 时，有 $0\leqslant t\leqslant\frac{\pi}{3}$，于是

$$\text{原式}=\int_0^{\frac{\pi}{3}}\frac{\tan t}{\sec t}\cdot\sec t\cdot\tan t\mathrm{d}t=\int_0^{\frac{\pi}{3}}\tan^2 t\mathrm{d}t=\int_0^{\frac{\pi}{3}}(\sec^2 t-1)\mathrm{d}t=(\tan t-t)\Big|_0^{\frac{\pi}{3}}=\sqrt{3}-\frac{\pi}{3}$$

7. **分析** 先求出定积分 $\int_{-1}^{1}\sqrt{1-x^2}\mathrm{d}x$ 的值，再将所求积分用变量代换法化成 $\int_{-1}^{1}\sqrt{1-x^2}\mathrm{d}x$ 的形式，用已求公式求解.

解 由定积分的几何意义可知，曲线 $y=\sqrt{a^2-x^2}\,(a>0)$ 在 $[-a,a]$ 上的定积分等于原点为圆心，a 为半径的上半圆盘的面积(图 6 - 6)：

$$\int_{-a}^{a}\sqrt{a^2-x^2}\mathrm{d}x=\frac{\pi}{2}a^2$$

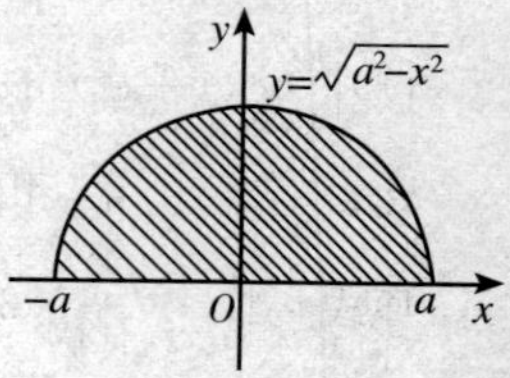

图 6 - 6

特别地有 $\int_{-1}^{1}\sqrt{1-x^2}\mathrm{d}x=\frac{\pi}{2}$

由对称性知 $\int_0^1\sqrt{1-x^2}\mathrm{d}x=\frac{\pi}{4}$

(1) 令 $t=\frac{x}{3}$，原式 $=3\int_{-3}^{3}\sqrt{1-(\frac{x}{3})^2}\mathrm{d}x=9\int_{-1}^{1}\sqrt{1-t^2}\mathrm{d}t=\frac{9\pi}{2}$

(2) 令 $t=\frac{x}{2}$，原式 $=2\int_0^1\sqrt{1-t^2}\mathrm{d}t=\frac{\pi}{2}$

(3) 原式 $=\int_{-2}^{2}x\sqrt{4-x^2}\mathrm{d}x-3\int_{-2}^{2}\sqrt{4-x^2}\mathrm{d}x=-3\int_{-2}^{2}\sqrt{4-x^2}\mathrm{d}x=-6\pi$

故所求定积分为 -6π.

8. **证** 令 $t=-x$，由 $-a\leqslant x\leqslant 0$ 得 $0\leqslant t\leqslant a$. 从而

$$\int_{-a}^{0}f(x)\mathrm{d}x=\int_0^a f(-t)\mathrm{d}t$$

$$\begin{aligned}\text{故左边}&=\int_{-a}^{0}f(x)\mathrm{d}x+\int_0^a f(x)\mathrm{d}x=\int_0^a f(-t)\mathrm{d}t+\int_0^a f(x)\mathrm{d}x=\int_0^a f(-x)\mathrm{d}x+\int_0^a f(x)\mathrm{d}x\\&=\int_0^a[f(-x)+f(x)]\mathrm{d}x=\text{右边}\end{aligned}$$

9. **证**
$$\int_0^{\frac{\pi}{2}}\sin^m x\mathrm{d}x\xlongequal[\substack{\text{当}x=0\text{时}t=\frac{\pi}{2}\\ \text{当}x=\frac{\pi}{2}\text{时}t=0}]{x=\frac{\pi}{2}-t}-\int_{\frac{\pi}{2}}^{0}\sin^m\left(\frac{\pi}{2}-t\right)\mathrm{d}t=\int_0^{\frac{\pi}{2}}\cos^m t\mathrm{d}t$$

10. **解**
$$\int_0^2 x^2 f(x^3)\mathrm{d}x=\frac{1}{3}\int_0^2 f(x^3)\mathrm{d}x^3\xlongequal[\substack{\text{当}x=0\text{时}t=0\\ \text{当}x=2\text{时}t=8}]{x^3=t}\frac{1}{3}\int_0^8 f(t)\mathrm{d}t=k\int_a^b f(t)\mathrm{d}t$$

所以当 $a=0,b=8,k=\frac{1}{3}$ 时，有 $\int_0^2 x^2 f(x^3)\mathrm{d}x=k\int_a^b f(t)\mathrm{d}t$

11. **解**
$$\int_0^2 f(x-1)\mathrm{d}x\xlongequal[\substack{x=0\text{时}t=-1\\ x=2\text{时}t=1}]{x-1=t}\int_{-1}^{1}f(t)\mathrm{d}t=\int_{-1}^{0}f(t)\mathrm{d}t+\int_0^1 f(t)\mathrm{d}t$$

$$=\int_{-1}^{0}\frac{1}{1+e^x}dx+\int_0^1\frac{1}{2+x}dx=\int_{-1}^{0}\left(1-\frac{e^x}{1+e^x}\right)dx+\ln(2+x)\Big|_0^1$$

$$=x\Big|_{-1}^{0}-\ln(1+e^x)\Big|_{-1}^{0}+\ln3-\ln2=1-\ln2+\ln\frac{e+1}{e}+\ln3-\ln2$$

$$=1+\ln(e+1)-\ln e+\ln3-2\ln2=\ln(e+1)+\ln\frac{3}{4}$$

12. **解** (1) 原式 $=x\ln x\Big|_1^e-\int_1^e x\frac{1}{x}dx=e-x\Big|_1^e=1.$

(2) 原式 $=x\arccos x\Big|_0^{\frac{\sqrt3}{2}}+\int_0^{\frac{\sqrt3}{2}}x\frac{1}{\sqrt{1-x^2}}dx=\frac{\sqrt3}{2}\cdot\frac{\pi}{6}-\frac{1}{2}\int_0^{\frac{\sqrt3}{2}}\frac{d(1-x^2)}{\sqrt{1-x^2}}$

$$=\frac{\sqrt3}{12}\pi-\sqrt{1-x^2}\Big|_0^{\frac{\sqrt3}{2}}=\frac{\sqrt3}{12}\pi+\frac{1}{2}$$

(3) 原式 $=-\int_0^1 x\,de^{-x}=-xe^{-x}\Big|_0^1+\int_0^1 e^{-x}dx=-e^{-1}-e^{-x}\Big|_0^1=1-2e^{-1}$

(4) 原式 $=x(\ln x)^3\Big|_1^e-\int_1^e 3x(\ln x)^2\frac{1}{x}dx=e-3x(\ln x)^2\Big|_1^e+3\int_1^e 2x\ln x\frac{1}{x}dx$

$$=e-3e+6x\ln x\Big|_1^e-6\int_1^e x\frac{1}{x}dx=e-3e+6e-6(e-1)=6-2e$$

(5) 原式 $=\int_0^{\frac{\pi}{2}}x\,d(-\cos x)=-x\cos x\Big|_0^{\frac{\pi}{2}}+\int_0^{\frac{\pi}{2}}\cos x\,dx=\sin\Big|_0^{\frac{\pi}{2}}=1$

(6) 原式 $=\frac{1}{2}\int_0^{\pi}x^2 d\sin2x=\frac{1}{2}x^2\sin2x\Big|_0^{\pi}-\frac{1}{2}\int_0^{\pi}(\sin2x)2x\,dx=\frac{1}{2}\int_0^{\pi}x\,d\cos2x$

$$=\frac{1}{2}x\cos2x\Big|_0^{\pi}-\frac{1}{2}\int_0^{\pi}\cos2x\,dx=\frac{\pi}{2}-\frac{1}{4}\sin2x\Big|_0^{\pi}=\frac{\pi}{2}$$

(7) 原式 $=\frac{1}{2}\int_0^{\sqrt{\ln2}}x^2e^{x^2}d(x^2)=\frac{1}{2}\int_0^{\sqrt{\ln2}}x^2de^{x^2}=\frac{1}{2}x^2e^{x^2}\Big|_0^{\sqrt{\ln2}}-\frac{1}{2}\int_0^{\sqrt{\ln2}}e^{x^2}d(x^2)$

$$=\ln2-\frac{1}{2}e^{x^2}\Big|_0^{\sqrt{\ln2}}=\ln2-\frac{1}{2}$$

(8) 原式 $=\int_0^{\frac{\pi}{2}}\sin x\,de^x=e^x\sin x\Big|_0^{\frac{\pi}{2}}-\int_0^{\frac{\pi}{2}}e^x\cos x\,dx=e^{\frac{\pi}{2}}-e^x\cos x\Big|_0^{\frac{\pi}{2}}-\int_0^{\frac{\pi}{2}}e^x\sin x\,dx$

故 $\int_0^{\frac{\pi}{2}}e^x\sin x\,dx=\frac{1}{2}(e^{\frac{\pi}{2}}+1).$

(9) 原式 $=\int_0^{2\pi}\frac{x}{2}dx+\int_0^{2\pi}\frac{x\cos2x}{2}dx=\frac{x^2}{4}\Big|_0^{2\pi}+\int_0^{2\pi}x\cdot d\frac{\sin2x}{4}$

$$=\pi^2+\frac{x\sin2x}{4}\Big|_0^{2\pi}-\int_0^{2\pi}\frac{\sin2x}{4}dx=\pi^2+\frac{1}{8}\cos2x\Big|_0^{2\pi}=\pi^2$$

(10) 原式 $=\int_{\frac{1}{e}}^{e}(-\ln x)dx+\int_{\frac{1}{e}}^{e}\ln x\,dx=-x\ln x\Big|_{\frac{1}{e}}^{1}+\int_{\frac{1}{e}}^{e}x\cdot\frac{1}{x}dx+x\ln x\Big|_1^e-\int_1^e x\cdot\frac{1}{x}dx$

$$=2-\frac{2}{e}$$

13. **解** (1) $0\leqslant a<b$

$$I=\int_a^b x\mathrm{e}^{-|x|}\mathrm{d}x=\int_a^b x\mathrm{e}^{-x}\mathrm{d}x=-\int_a^b x\mathrm{d}\mathrm{e}^{-x}\xlongequal{\text{分部}}(-x\mathrm{e}^{-x}-\mathrm{e}^{-x})\Big|_a^b=-b\mathrm{e}^{-b}-\mathrm{e}^{-b}+a\mathrm{e}^{-a}+\mathrm{e}^{-a}$$

$$=(a+1)\mathrm{e}^{-a}-(b+1)\mathrm{e}^{-b}$$

(2) $a<b\leqslant 0$

$$I=\int_a^b x\mathrm{e}^{-|x|}\mathrm{d}x=\int_a^b x\mathrm{e}^{x}\mathrm{d}x=\int_a^b x\mathrm{d}\mathrm{e}^{x}\xlongequal{\text{分部}}(x\mathrm{e}^{x}-\mathrm{e}^{x})\Big|_a^b=b\mathrm{e}^{b}-\mathrm{e}^{b}-a\mathrm{e}^{a}+\mathrm{e}^{a}$$

$$=(b-1)\mathrm{e}^{b}-(a-1)\mathrm{e}^{a}$$

(3) $a<0,b>0$

$$I=\int_a^b x\mathrm{e}^{-|x|}\mathrm{d}x=\int_a^0 x\mathrm{e}^{x}\mathrm{d}x+\int_0^b x\mathrm{e}^{-x}\mathrm{d}x=\int_a^0 x\mathrm{d}\mathrm{e}^{x}-\int_0^b x\mathrm{d}\mathrm{e}^{-x}$$

$$\xlongequal{\text{分部}}(x\mathrm{e}^{x}-\mathrm{e}^{x})\Big|_a^0-(x\mathrm{e}^{-x}+\mathrm{e}^{-x})\Big|_0^b=-1-a\mathrm{e}^{a}+\mathrm{e}^{a}-b\mathrm{e}^{-b}-\mathrm{e}^{-b}+1$$

$$=(1-a)\mathrm{e}^{a}-(1+b)\mathrm{e}^{-b}$$

14. **分析** 使用洛必达法则与变上限求导法则求解.

解 (1) 原式 $=\lim\limits_{x\to 0}\dfrac{\cos^2 x}{1}=1$

(2) 原式 $=\lim\limits_{x\to 0}\dfrac{\arctan x}{2x}=\lim\limits_{x\to 0}\dfrac{\frac{1}{1+x^2}}{2}=\dfrac{1}{2}$

15. **解** $\lim\limits_{h\to 0^+}\dfrac{1}{h}\int_{x-h}^{x+h}\cos t^2\mathrm{d}t=\lim\limits_{h\to 0^+}\dfrac{\int_{x-h}^{x+h}\cos t^2\mathrm{d}t}{h}$

$$\xlongequal{\frac{0}{0}}\lim_{h\to 0^+}\frac{\cos(x+h)^2(x+h)'-\cos(x-h)^2(x-h)'}{h'}=\lim_{h\to 0^+}\frac{\cos(x+h)^2+\cos(x-h)^2}{1}=2\cos x^2$$

16. **解** $\lim\limits_{x\to 0}\dfrac{1}{x}\int_0^x(1+t^2)\mathrm{e}^{t^2-x^2}\mathrm{d}t=\lim\limits_{x\to 0}\dfrac{1}{x}\int_0^x(1+t^2)\cdot\dfrac{\mathrm{e}^{t^2}}{\mathrm{e}^{x^2}}\mathrm{d}t=\lim\limits_{x\to 0}\dfrac{1}{x\mathrm{e}^{x^2}}\int_0^x(1+t^2)\mathrm{e}^{t^2}\mathrm{d}t$

$$=\lim_{x\to 0}\frac{\int_0^x(1+t^2)\mathrm{e}^{t^2}\mathrm{d}t}{x\mathrm{e}^{x^2}}\xlongequal{\frac{0}{0}}\lim_{x\to 0}\frac{(1+x^2)\mathrm{e}^{x^2}}{(1+2x^2)\mathrm{e}^{x^2}}=\lim_{x\to 0}\frac{1+x^2}{1+2x^2}=1$$

17. **解** $\int_0^1 f(x)\mathrm{d}x\xlongequal{\text{分部}}xf(x)\Big|_0^1-\int_0^1 xf'(x)\mathrm{d}x=f(1)-\int_0^1 x\mathrm{e}^{-x^2}\mathrm{d}x=0+\dfrac{1}{2}\int_0^1\mathrm{e}^{-x^2}\mathrm{d}(-x^2)$

$$=\frac{1}{2}\mathrm{e}^{-x^2}\Big|_0^1=\frac{1}{2}\mathrm{e}^{-1}-\frac{1}{2}=\frac{1}{2}\left(\frac{1}{\mathrm{e}}-1\right)$$

18. **解** $F'(x)\left[\int_0^x t(t-4)\mathrm{d}t\right]'=x(x-4),F''(x)=2x-4$

令 $F'(x)=0$,得 $x=0,x=4$

令 $F''(x)=0$,得 $x=2$

求出 $F(x)=\int_0^x t(t-4)\mathrm{d}t=\int_0^x(t^2-4t)\mathrm{d}t$

$$=\left(\frac{t^3}{3}-2t^2\right)\Big|_0^x=\frac{x^3}{3}-2x^2$$

列表如下：

x	$[-1,0)$	0	$(0,2)$	2	$(2,4)$	4	$(4,5]$
$F'(x)$	+	0	−		−	0	+
$F''(x)$	−	−4	−	0	+	4	+
$F(x)$	$\nearrow$ $\cap$	极大值 0	$\searrow$ $\cap$	拐点 $-\frac{16}{3}$	$\searrow$ $\cup$	极小值 $-\frac{32}{3}$	$\nearrow$ $\cup$

所以函数 $F(x)=$ 在点 $x=0$ 处取得极大值，在点 $x=4$ 处取得极小值，点$(2,-\frac{16}{3})$为拐点；在$[-1,0)$内单增，下凹；在$(0,2)$内单减，下凹；在$(2,4)$内单减，上凹，在$(4,5]$内单增，上凹.

19. **解**　求导得 $F'(x)=x(x-4)$，积分得 $F(x)=\frac{1}{3}x^3-2x^2$，比较 $F(x)$ 在$[-1,5]$中驻点 $x=0,x=4$，端点 $x=-1,x=5$ 的函数值：

$$F(-1)=-\frac{1}{3}-2=-\frac{7}{3},F(0)=0$$

$$F(4)=\frac{1}{3}\cdot 4^3-32=-\frac{32}{3},F(5)=-\frac{25}{3}$$

可见，最大值为 $F(0)=0$，最小值为 $F(4)=-\frac{32}{3}$.

20. **分析**　先求出定积分的值，再讨论以 c 为未知数的函数的最值情况.

解　记 $I(c)=\int_0^1(x^2+cx+c)^2\mathrm{d}x$，则有

$$I(c)=\int_0^1[x^4+c^2(x+1)^2+2cx^2(x+1)]\mathrm{d}x=\left(\frac{1}{5}x^5+\frac{1}{3}c^2x^3+c^2x+\frac{1}{2}cx^4+c^2x^2+\frac{2}{3}cx^3\right)\Big|_0^1$$

$$=\frac{1}{5}+\frac{8}{3}c^2+\frac{14}{12}c-\frac{1}{3}c^2=\frac{1}{5}+\frac{7}{6}c+\frac{7}{3}c^2$$

令 $I'(c)=\frac{7}{6}+\frac{14}{3}c=0$，得 $c=-\frac{1}{4}$.

易见 $I(c)$ 是以 c 为自变量的开口向上的抛物线，故最小值在顶点 $c=-\frac{1}{4}$ 取得.

21. **分析**　用定积分计算平面图形面积 S.

$$S=\int_b^a[f(x)-g(x)]\mathrm{d}x$$

其中 $y=f(x)$ 是上边界，$y=g(x)$ 是下边界(图 6-7).

解　(1) 如图 6-8 所示. 由对称性，所求面积

$$S=2\int_0^{\sqrt{a}}(a-x^2)\mathrm{d}x=2(ax-\frac{1}{3}x^3)\Big|_0^{\sqrt{a}}=\frac{4}{3}a^{\frac{3}{2}}.$$

(2) 如图 6-9 所示，所求面积

$$S=\int_0^1(x^2+3)\mathrm{d}x=(\frac{1}{3}x^3+3x)\Big|_0^1=\frac{10}{3}$$

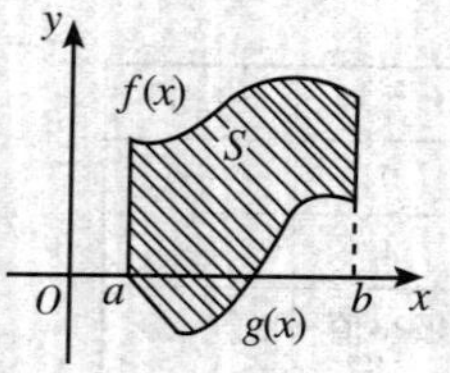

图 6 - 7

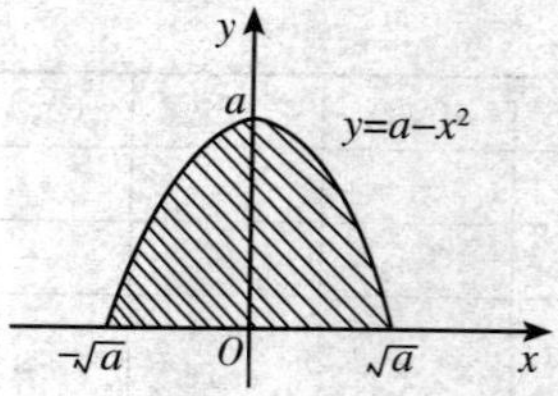

图 6 - 8

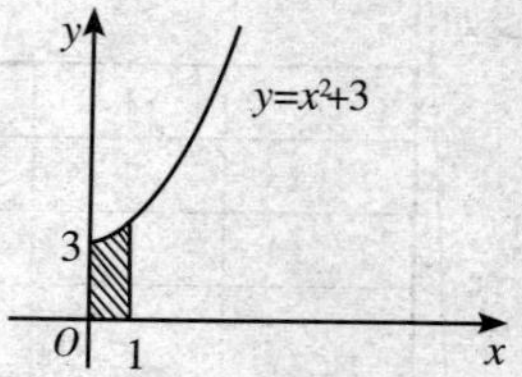

图 6 - 9

(3) 由$\begin{cases} y = x^2 \\ y = 2 - x^2 \end{cases}$,得$\begin{cases} x_1 = -1 \\ y_1 = 1 \end{cases}$,$\begin{cases} x_2 = 1 \\ y_2 = 1 \end{cases}$.

由对称性(图 6-10),知

$$S = \int_0^1 (2 - x^2 - x^2)\mathrm{d}x = 2\left(2x - \frac{2}{3}x^3\right)\Big|_0^1 = \frac{8}{3}$$

(4) 由$\begin{cases} y = x^3 \\ y = 1 \end{cases}$,得$\begin{cases} x = 1 \\ y = 1 \end{cases}$,由图 6-11 知

$$S = \int_0^1 (1 - x^3)\mathrm{d}x = \left(x - \frac{x^4}{4}\right)\Big|_0^1 = \frac{3}{4}$$

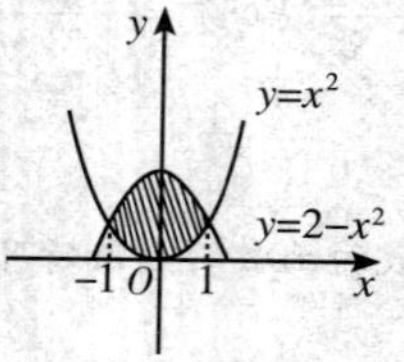

图 6 - 10

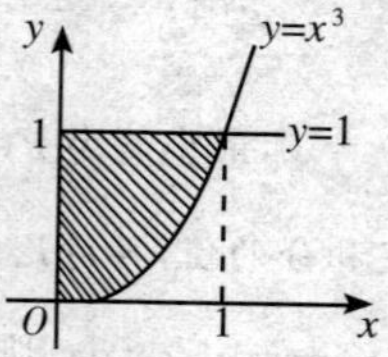

图 6 - 11

(5) 由$\begin{cases} y = \sin x \\ y = 1 \end{cases}$,得$\begin{cases} x = \dfrac{\pi}{2} \\ y = 1 \end{cases}$,由图 6 - 12 得

$$S = \int_0^{\frac{\pi}{2}} (1 - \sin x)\mathrm{d}x = (x + \cos x)\Big|_0^{\frac{\pi}{2}} = \frac{\pi}{2} - 1$$

(6) 如图 6 - 13 所示,交点为 $A(1,1)$,$B\left(2, \frac{1}{2}\right)$,$C(2,2)$,可知

$$S = \int_0^1 x\mathrm{d}x + \int_1^2 \frac{1}{x}\mathrm{d}x = \frac{x^2}{2}\Big|_0^1 + \ln x\Big|_1^2 = \frac{1}{2} + \ln 2$$

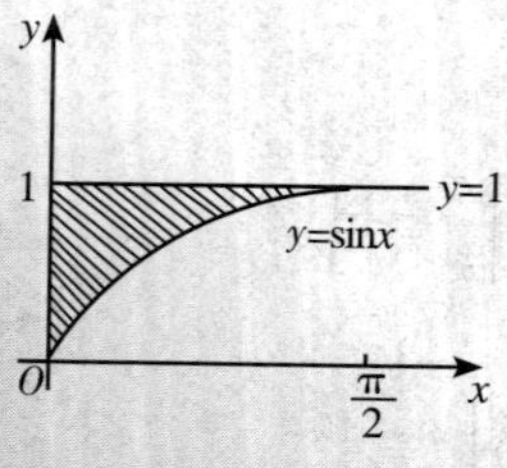

图 6 - 12

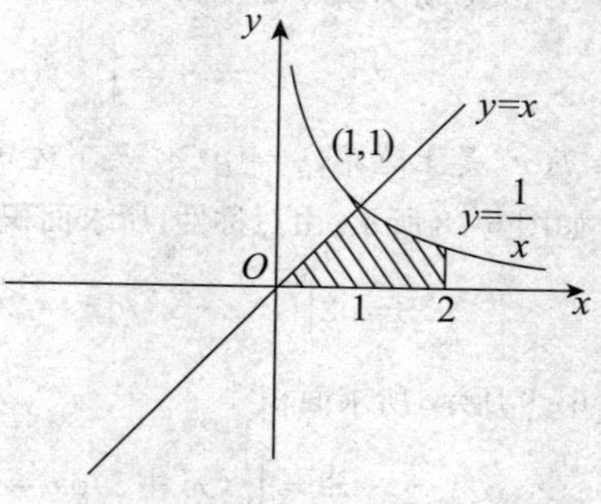

图 6 - 13

(7) 如图 6 - 14 所示.

由$\begin{cases} y = x^2 - 8 \\ 2x + y + 8 = 0 \end{cases}$,得$\begin{cases} x_1 = -2 \\ y_1 = -4 \end{cases}$,$\begin{cases} x_2 = 0 \\ y_2 = -8 \end{cases}$

$$S = \int_{-8}^{-4} (\sqrt{y+8} + \frac{y}{2} + 4)\mathrm{d}y = \left[\frac{2}{3}(y+8)^{\frac{3}{2}} + \frac{y^2}{4} + 4y\right]\Big|_{-8}^{-4} = \frac{28}{3}$$

(8) 令 $y' = 3x^2 - 3 = 0$,得 $x = \pm 1$,又 $y'' = 6x$

所以极大值为 $y(-1) = 4$,极小值为 $y(1) = 0$.

因此,$x \in [-1,1]$ 时,有 $x^3 - 3x + 2 \geqslant 0$,即

$$S = \int_{-1}^{1} (x^3 - 3x + 2)\mathrm{d}x = \left(\frac{x^4}{4} - \frac{3}{2}x^2 + 2x\right)\Big|_{-1}^{1} = 4.$$

(9) 如图 6 - 15 所示. 由$\begin{cases} y^2 = 2x \\ y^2 = 4x - x^2 \end{cases}$,解得$\begin{cases} x_1 = 0, \\ y_1 = 0 \end{cases}$,$\begin{cases} x_2 = 2 \\ y_2 = 2 \end{cases}$,$\begin{cases} x_3 = 2 \\ y_3 = -2 \end{cases}$

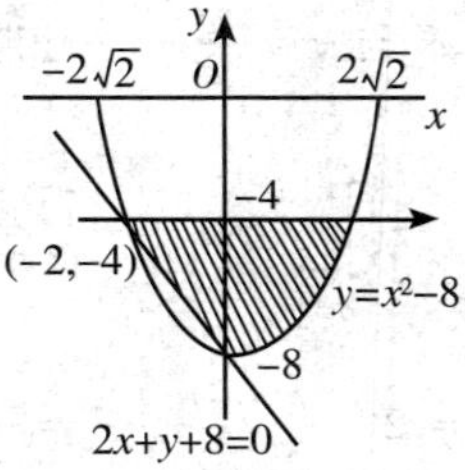

图 6 - 14

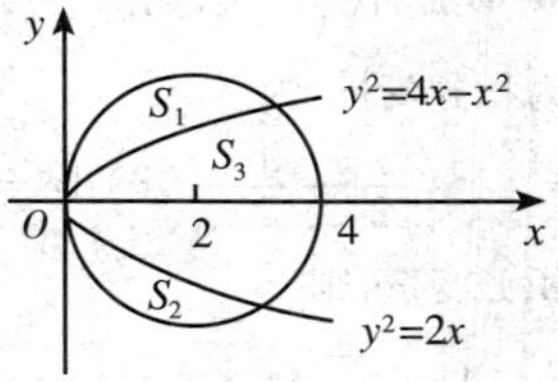

图 6 - 15

由对称性可知 $S_1 = S_2$,则

$$S_1 = \int_0^2 (\sqrt{4x - x^2} - \sqrt{2x})\mathrm{d}x = \int_0^2 \sqrt{4 - (2-x)^2}\,\mathrm{d}x - \int_0^2 \sqrt{2x}\,\mathrm{d}x$$

$$\xlongequal{t = 2 - x} \int_0^2 \sqrt{4 - t^2}\,\mathrm{d}t - \int_0^2 \sqrt{2x}\,\mathrm{d}x = \left(\frac{t}{2}\sqrt{4 - x^2} + 2\arcsin\frac{t}{2}\right)\Big|_0^2 - \sqrt{2} \times \frac{2}{3}x^{\frac{3}{2}}\Big|_0^2$$

$$= \pi - \frac{8}{3}$$

$$S_2 = \pi - \frac{8}{3}$$

$$S_3 = \pi \cdot 2^2 - 2S_1 = 2\pi + \frac{16}{3}$$

(10) 如图 6 - 16 所示,所求面积

$$S = 2\left[\int_0^1 (x^2 - \frac{x^2}{4})\mathrm{d}x - \int_1^2 (1 - \frac{x^2}{4})\mathrm{d}x\right] = 2\left[\frac{1}{4}x^3\Big|_0^1 + (x - \frac{1}{12}x^3)\Big|_1^2\right] = \frac{4}{3}.$$

(11) 如图 6 - 17 所示,由

$\begin{cases} y = x^3 \\ y = \sqrt[3]{x} \end{cases}$,解得$\begin{cases} x_1 = 0 \\ y_1 = 0 \end{cases}$,$\begin{cases} x^2 = -1 \\ y_2 = -1 \end{cases}$,$\begin{cases} x_3 = 1 \\ y_3 = 1 \end{cases}$

故所求面积

$$S = 2\int_0^1 (\sqrt[3]{x} - x^3)\mathrm{d}x = 2(\frac{3}{4}x^{\frac{4}{3}} - \frac{1}{4})x^4\Big|_0^1 = 1$$

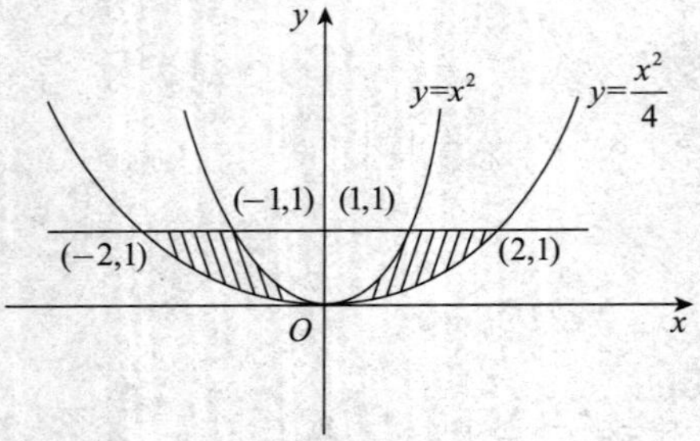

图 6-16

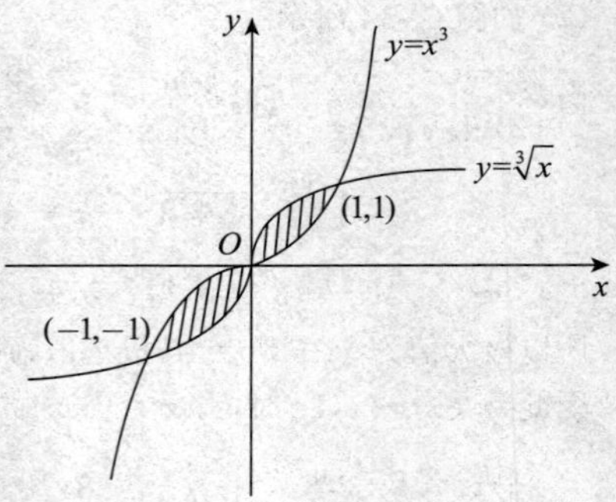

图 6-17

(12) 设抛物线 $y=x^2$ 与直线 $y=\frac{x}{2}+\frac{1}{2}$ 所围成的图形的面积为 S_1，由 $y=x^2$，$y=\frac{x}{2}+\frac{1}{2}$ 与 $y=2$ 所围成的图形的面积为 S_2，如图 6-18 所示. $y=x^2$ 与 $y=\frac{x}{2}+\frac{1}{2}$ 相交于 $\left(-\frac{1}{2},\frac{1}{4}\right)$ 与 $(1,1)$，求 S_1，选 x 为积分变量，则

$$S_1=\int_{-\frac{1}{2}}^{1}\left(\frac{x}{2}+\frac{1}{2}-x^2\right)\mathrm{d}x=\left[\frac{x^2}{4}+\frac{x}{2}-\frac{x^3}{3}\right]_{-\frac{1}{2}}^{1}=\frac{5}{12}+\frac{7}{48}=\frac{27}{48}$$

求 S_2，选 y 为积分变量，则

$$S_2=\int_1^2(2y-1-\sqrt{y})\mathrm{d}y=\left(y^2-y-\frac{2}{3}y^{\frac{3}{2}}\right)\Big|_1^2=2-\frac{4}{3}\sqrt{2}+\frac{2}{3}=\frac{4}{3}(2-\sqrt{2})$$

22. **解** $y=-x^3+x^2+2x=-x(x+1)(x-2)$ 与 x 轴相交于 $(-1,0)$，$(0,0)$ 与 $(2,0)$ 点. 当 $-1<x<0$ 时，$y<0$，曲线在 x 轴下方；当 $0<x<2$，$y>0$，曲线在 x 轴上方，所以所求面积(图 6-19) 为

$$S=\int_{-1}^{0}(-y)\mathrm{d}x+\int_0^2 y\mathrm{d}x=\int_{-1}^{0}-(-x^3+x^2+2x)\mathrm{d}x+\int_0^2(-x^3+x^2+2x)\mathrm{d}x$$

$$=\left(\frac{x^4}{4}-\frac{x^3}{3}-x^2\right)\Big|_{-1}^{0}+\left(-\frac{x^4}{4}+\frac{x^3}{3}+x^2\right)\Big|_0^2=\frac{5}{12}+\frac{8}{3}=\frac{37}{12}$$

23. **解** 如图 6-20 所示. 由

$$\begin{cases}y=x^2\\ y=cx^3\end{cases}，解得\begin{cases}x_1=0\\ y_1=0\end{cases}，\begin{cases}x_2=\frac{1}{c}\\ y_2=\frac{1}{c^2}\end{cases}$$

故 $S=\int_0^{\frac{1}{c}}(x^2-cx^3)\mathrm{d}x=\left(\frac{1}{3}x^3-\frac{c}{4}x^4\right)\Big|_0^{\frac{1}{c}}=\frac{1}{12c^3}=\frac{2}{3}$.

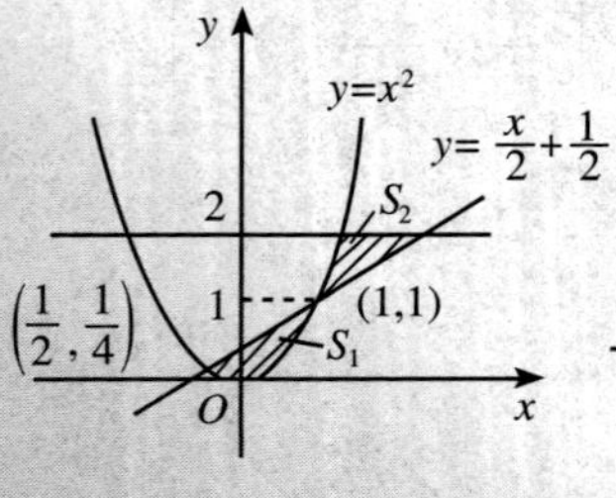

图 6-18

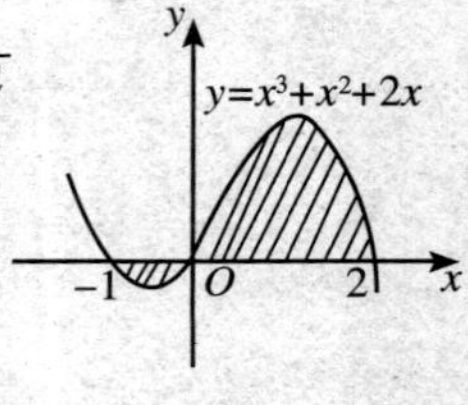

图 6-19

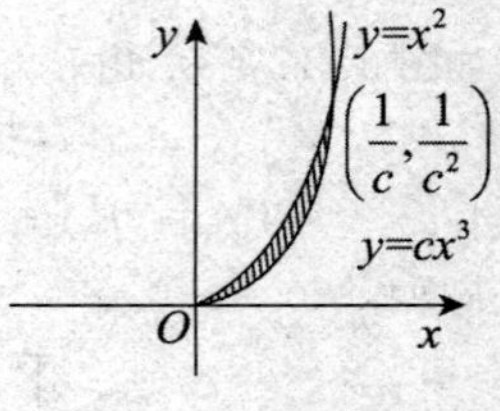

图 6-20

解得 $c=\dfrac{1}{2}$.

24. **解**　曲线 $y=1-x^2$ 与 $y=ax^2$ 相交于点 $\left(\dfrac{1}{\sqrt{1+a}},\dfrac{a}{1+a}\right)$.

设所分的两部分的面积分别用 S_1 和 S_1 表示,如图 6-21 所示.

那么 $S_1+S_2=2S_1=\int_0^1(1-x^2)\mathrm{d}x=\left(x-\dfrac{1}{3}x^3\right)\Big|_0^1=\dfrac{2}{3}$,可得 $S_1=\dfrac{1}{3}$.

而 $S_1=\int_0^{\frac{1}{\sqrt{1+a}}}(1-x^2-ax^2)\mathrm{d}x=\left(x-\dfrac{1}{3}x^3-\dfrac{1}{3}ax^3\right)\Big|_0^{\frac{1}{\sqrt{1+a}}}$

$$=\frac{2}{3+\sqrt{1+a}}=\frac{1}{3}$$

于是得出 $a=3$.

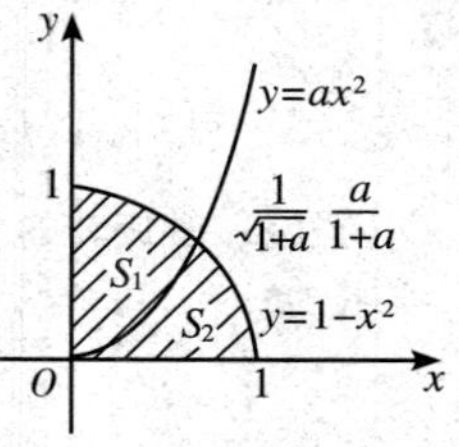

图 6-21

25. **分析**　分别用 V_x、V_y 记平面图形绕 x 轴及 y 轴旋转所得体积.

解　(1) 设绕 x 轴旋转的立体体积为 V_x(图 6-22),则

$$V_x=\pi\int_1^4(\sqrt{x})^2\mathrm{d}x=\frac{15}{2}\pi$$

设绕 y 轴旋转的立体体积 V_y(图 6-23),则

$$V_y=\pi\int_0^1(4^2-1^2)\mathrm{d}y+\pi\int_1^2(4^2-y^4)\mathrm{d}y=\frac{124}{5}\pi$$

(2) 设绕 x 轴旋转的立体体积为 V_x(图 6-24),则

$$V_x=\pi\int_0^{\frac{\pi}{2}}\sin^2x\mathrm{d}x=\pi\int_0^{\frac{\pi}{2}}\frac{1-\cos2x}{2}\mathrm{d}x=\frac{\pi^2}{4}$$

设绕 y 轴旋转的立体体积为 V_y(图 6-25),则

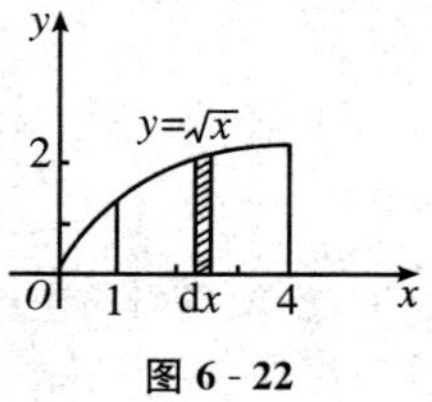

图 6-22

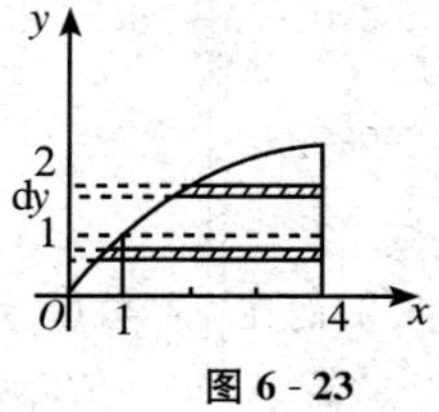

图 6-23

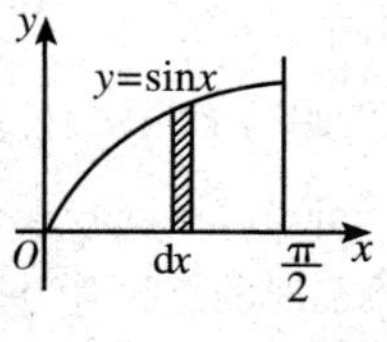

图 6-24

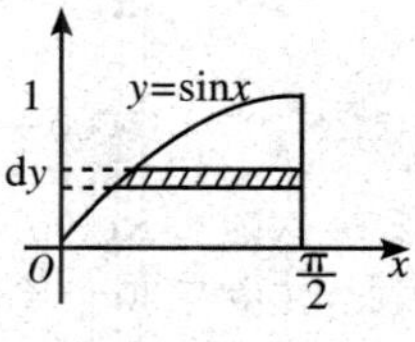

图 6-25

$$V_y=\pi\int_0^1(\frac{\pi}{2})^2\mathrm{d}y-\pi\int_0^1\arcsin^2y\mathrm{d}y=\frac{\pi^3}{4}-\pi y\arcsin^2y\Big|_0^1+\pi\int_0^1\frac{2y\arcsin y}{\sqrt{1-y^2}}\mathrm{d}y$$

$$=\pi\int_0^1\frac{\arcsin y}{\sqrt{1-y^2}}\mathrm{d}(y^2)=-2\pi\int_0^1\arcsin y\mathrm{d}\sqrt{1-y^2}$$

$$=-2\pi\sqrt{1-y^2}\arcsin y\Big|_0^1+\pi\int_0^1 2\sqrt{1-y^2}\cdot\frac{1}{\sqrt{1-y^2}}\mathrm{d}y=2\pi$$

(3) 设绕 x 轴旋转的立体体积为 V_x(图 6-26),则

$$V_x=\pi\int_0^2(x^3)^2\mathrm{d}x=\pi\frac{x_7}{7}\Big|_0^2=\frac{128}{7}\pi$$

设绕 y 轴旋转的立体体积为 V_y(图 6-27),则

$$V_y=\pi\int_0^8[2^2-(\sqrt[3]{y})^2]\mathrm{d}y=4\pi y\Big|_0^8-\pi\frac{3}{5}y^{\frac{5}{3}}\Big|_0^8=\frac{64}{5}\pi$$

(4) 设绕 x 轴旋转的立体体积为 V_x(图 6-28),则

由 $\begin{cases} y^2=\dfrac{3}{2}x \\ x^2+y^2=1 \end{cases}$,得 $\begin{cases} x_1=\dfrac{1}{2} \\ y_1=\dfrac{\sqrt{3}}{2} \end{cases}$,$\begin{cases} x_2=\dfrac{1}{2} \\ y_2=-\dfrac{\sqrt{3}}{2} \end{cases}$

$$V_x=\pi\int_0^{\frac{1}{2}}\left(\sqrt{\frac{3}{2}x}\right)^2\mathrm{d}x+\pi\int_{\frac{1}{2}}^1(\sqrt{1-x^2})^2\mathrm{d}x=\pi\frac{3}{4}x^2\Big|_0^{\frac{1}{2}}+\pi\left(x-\frac{x^3}{3}\right)\Big|_{\frac{1}{2}}^1=\frac{19}{48}\pi.$$

设绕 y 轴旋转的立体体积为 V_y(图 6-29),则

$$V_y=2\pi\int_0^{\frac{\sqrt{3}}{2}}\left[(\sqrt{1-y^2})^2-\left(\frac{2}{3}y^2\right)^2\right]\mathrm{d}y=2\pi\int_0^{\frac{\sqrt{3}}{2}}\left(1-y^2-\frac{4}{9}y^4\right)\mathrm{d}y$$

$$=2\pi\left(y-\frac{y^3}{3}-\frac{4}{45}y^5\right)\Big|_0^{\frac{\sqrt{3}}{2}}=\frac{7\sqrt{3}}{10}\pi$$

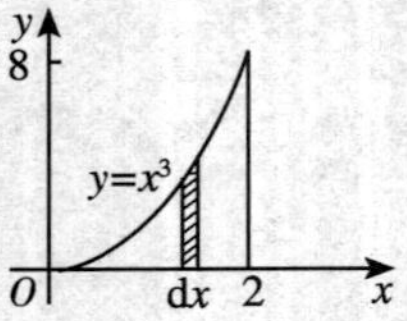

图 6-26

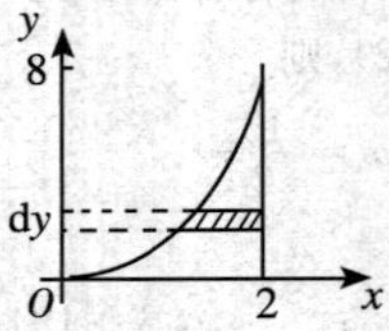

图 6-27

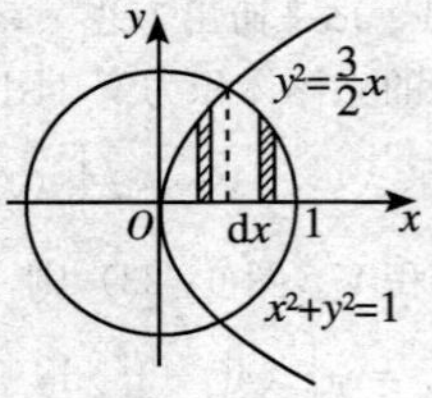

图 6-28

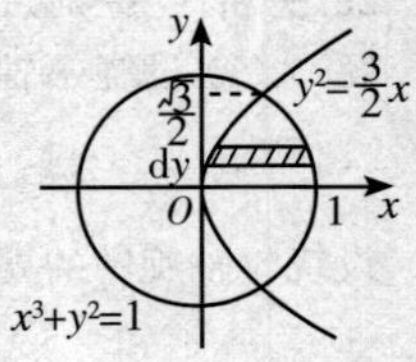

图 6-29

26. 解 总产量 $P(t)$ 是 $f(t)$ 的原函数,因为 $f(t)=2t+5$,故 $P(t)=t^2+5t+c$. 于是第一个五年总产量为 $P(t)+P(0)=25+25=50$,第二个五年总产量为 $P(10)-P(5)=150-50=100$.

27. **解** 由经济意义,$R(0)=0$.

$$R(X)=\int_0^x R'(t)\mathrm{d}t+R(0)=\int_0^x\left(200-\frac{t}{100}\right)\mathrm{d}t=200x-\frac{x^2}{200}$$

(1)$R(50)=10000-\dfrac{2500}{200}=10000-12.5=9987.5$

(2)$R(200)-R(100)=39800-19950=19850$

因此,在生产 50 个单位产品时的总收益为 9987.5,而在生产数量达到 100 个单位时,再生产 100 个单位产品时的总收益为 19850,还不及只生产 100 个单位产品时的总收益 19850.

28. **解** (1) 由于 $L(x)=R(x)-C(x)$

$$L'(x)=R'(x)+C'(x)=5-x-1=4-x$$

令 $L'(x)=0$,得 $x=4$. 因 $L''(x)=-1<0$,

所以当 $x=4$ 时,$L(x)$ 有极大值,即为最大值. 即当生产量为 400 台时,总利润最大.

(2)$L(x)=\displaystyle\int_0^x L'(x)\mathrm{d}x=\int_0^x(4-x)\mathrm{d}x=4x-\frac{x^2}{2}$

即 $L(5)-L(4)=7.5-8=-0.5$(万元)

因此从利润最大的生产量又生产了 100 台,总利润减少了 0.5 万元.

29. **解** (1) 原式 $=\lim\limits_{b\to+\infty}\int_0^b \mathrm{e}^{-x}\mathrm{d}x=\lim\limits_{b\to+\infty}\left(-\mathrm{e}^{-x}\Big|_0^b\right)=\lim\limits_{b\to+\infty}(-\mathrm{e}^{-b}+1)=1$

(2) 原式 $=\lim\limits_{b\to+\infty}\int_1^b\dfrac{\mathrm{d}x}{\sqrt{x}}=\lim\limits_{b\to+\infty}2\sqrt{x}\Big|_1^b=+\infty$

(3) 原式 $=\lim\limits_{b\to+\infty}\int_0^b x\mathrm{e}^{-x}\mathrm{d}x=\lim\limits_{b\to+\infty}(-b\mathrm{e}^{-b}-\mathrm{e}^{-b}+1)=1$

(4) $\int_{-\infty}^{+\infty}\dfrac{x}{\sqrt{1+x^2}}\mathrm{d}x=\int_{-\infty}^{0}\dfrac{x}{\sqrt{1+x^2}}\mathrm{d}x+\int_0^{+\infty}\dfrac{x}{\sqrt{1+x^2}}\mathrm{d}x$，其中

$\int_0^{+\infty}\dfrac{x}{\sqrt{1+x^2}}\mathrm{d}x=\sqrt{1+x^2}\Big|_0^{+\infty}=+\infty$，即 $\int_0^{+\infty}\dfrac{x}{\sqrt{1+x^2}}\mathrm{d}x$ 发散，所以 $\int_{-\infty}^{+\infty}\dfrac{x}{\sqrt{1+x^2}}\mathrm{d}x$ 发散.

(5) 原式 $=\lim\limits_{\varepsilon\to0^+}\int_0^{1-\varepsilon}\dfrac{\mathrm{d}x}{\sqrt{1-x}}=\lim\limits_{\varepsilon\to0^+}[-2\sqrt{1-x}]\Big|_0^{1-\varepsilon}=2$

(6) 原式 $=\lim\limits_{\varepsilon_1\to0^+}\int_{-1+\varepsilon_1}^{0}\dfrac{\mathrm{d}x}{\sqrt{1-x^2}}+\lim\limits_{\varepsilon_2\to0^+}\int_0^{1-\varepsilon_2}\dfrac{\mathrm{d}x}{\sqrt{1-x^2}}$

$$=\lim_{\varepsilon_1\to0^+}\arcsin(1-\varepsilon_1)-\lim_{\varepsilon_2\to0^+}\arcsin(-1+\varepsilon_2)=\frac{\pi}{2}+\frac{\pi}{2}=\pi$$

(7) $x=1$ 是瑕点.

$$\int_0^2\frac{\mathrm{d}x}{(x-1)^2}=\int_0^1\frac{\mathrm{d}x}{(x-1)^2}+\int_1^2\frac{\mathrm{d}x}{(x-1)^2}$$

其中 $\int_0^1\dfrac{\mathrm{d}x}{(x-1)^2}=\lim\limits_{\varepsilon\to0^+}\int_0^{1-\varepsilon}\dfrac{\mathrm{d}x}{(x-1)^2}=\lim\limits_{\varepsilon\to0^+}\dfrac{-1}{x-1}\Big|_0^{1-\varepsilon}=\lim\limits_{\varepsilon\to0^+}\dfrac{1}{\varepsilon}-1=+\infty$.

30. **解** $\dfrac{1}{x^2+4x+3}=\dfrac{1}{(x-1)(x-3)}$，所以在区间 $[0,2]$ 内 $x=1$ 为瑕点.

于是 $\int_0^2\dfrac{\mathrm{d}x}{x^2-4x+3}=\int_0^1\dfrac{\mathrm{d}x}{x^2-4x+3}+\int_1^2\dfrac{\mathrm{d}x}{x^2-4x+3}$，

其中 $\int_0^1\dfrac{\mathrm{d}x}{x^2-4x+3}=\lim\limits_{\varepsilon\to0^+}\int_0^{1-\varepsilon}\dfrac{\mathrm{d}x}{x^2-4x+3}=\lim\limits_{\varepsilon\to0^+}\int_0^{1-\varepsilon}\dfrac{1}{2}\left(\dfrac{1}{x-3}-\dfrac{1}{x-1}\right)\mathrm{d}x$

$$=\frac{1}{2}\lim_{\varepsilon\to0^+}[\ln|x-3|-\ln|x-1|]\Big|_0^{1-\varepsilon}$$

$$=\frac{1}{2}\lim_{\varepsilon\to0^+}\ln\left|\frac{x-3}{x-1}\right|\Big|_0^{1-\varepsilon}=\frac{1}{2}\left(\lim_{\varepsilon\to0^+}\left|\frac{1-\varepsilon-3}{1-\varepsilon-1}\right|-\ln3\right)$$

$$=\frac{1}{2}\lim_{\varepsilon\to0^+}\frac{2+\varepsilon}{\varepsilon}-\frac{1}{2}\ln3=+\infty$$

所以 $\int_0^2\dfrac{\mathrm{d}x}{x^2-4x+3}$ 发散.

31. **解** 当 $k\neq1$ 时，$\int_2^{+\infty}\dfrac{\mathrm{d}x}{x(\ln x)^k}=\int_2^{+\infty}(\ln x)^{-k}\mathrm{d}\ln x=\dfrac{1}{1-k}(\ln x)^{1-k}\Big|_2^{+\infty}=\begin{cases}\dfrac{1}{k-1}(\ln2)^{1-k}, & k>1\\ +\infty, & k<1\end{cases}$

当 $k=1$ 时，$\int_2^{+\infty}\dfrac{\mathrm{d}x}{x\ln x}=[\ln|\ln x|]\Big|_2^{+\infty}\ +\infty$

所以广义积分 $\int_2^{+\infty}\dfrac{\mathrm{d}x}{x(\ln x)^k}$，当 $k>1$ 时收敛，当 $k\leqslant1$ 时发散.

32. **分析** 由平面图形绕 x 轴旋转所得立体体积公式可求解.

解 如图 6-30 所示，则

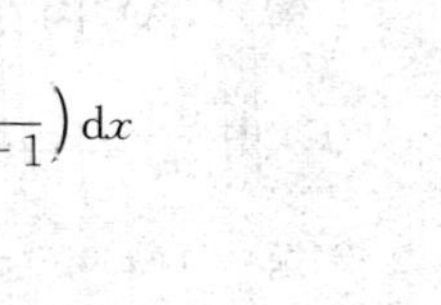

图 6-30

$$V_x=\pi\int_0^{+\infty}(\mathrm{e}^{-x})^2\mathrm{d}x=\pi\int_0^{+\infty}\mathrm{e}^{-2x}\mathrm{d}x=\lim_{b\to+\infty}\pi\left(-\frac{1}{2}\mathrm{e}^{-2x}\right)\Big|_0^b$$

$$=-\lim_{b\to+\infty}\left[\frac{\pi}{2}(e^{-2b}-1)\right]=\frac{\pi}{2}$$

33. **解** (1)$\Gamma(7)=6!,\Gamma(4)=3!,\Gamma(3)=2!$原式 $=\dfrac{6!}{2\cdot 3!\cdot 2!}=30.$

(2)$\Gamma(\frac{3}{2})=\Gamma(\frac{1}{2}+1)=\frac{1}{2}\Gamma(\frac{1}{2})=\frac{\sqrt{\pi}}{2}$

$\Gamma(\frac{9}{2})=\Gamma(\frac{7}{2}+1)=\frac{7}{2}\Gamma(\frac{7}{2})=\cdots=\frac{7}{2}\cdot\frac{5}{2}\cdot\frac{3}{2}\Gamma(\frac{3}{2})=\frac{105}{16}\sqrt{\pi}$

原式 $=\dfrac{2\times\frac{\sqrt{\pi}}{2}}{\frac{105}{16}\sqrt{\pi}}=\dfrac{16}{105}$

(3)$\int_0^{\infty}x^4e^{-x}dx=\Gamma(5)=4!=24$

(4) 令 $2x^2=t$,则 $x=\sqrt{t/2}$,$dx=\dfrac{1}{2\sqrt{2t}}dt$,

原式$=\int_0^{+\infty}\frac{t}{2}e^{-t}\cdot\frac{1}{2\sqrt{2t}}dt=\frac{1}{4\sqrt{2}}\int_0^{+\infty}t^{\frac{1}{2}}e^{-t}dt=\frac{1}{4\sqrt{2}}\Gamma(\frac{3}{2})=\frac{1}{4\sqrt{2}}\cdot\frac{\sqrt{\pi}}{2}=\frac{\sqrt{\pi}}{8\sqrt{2}}$

(B)

1. **解** (A) 中$\int f'(x)dx=f(x)+C$,(B) 中$\frac{d}{dx}\int f(x)dx=f(x)$,

(C) 中$\frac{d}{dx}\int_a^b f(x)dx=0$ 故答案选(D).

2. **解** $f(x)$ 在$[-1,1]$上的平均值为$\frac{1}{1-(-1)}\int_{-1}^1 f(x)dx=\frac{1}{2}\int_{-1}^1 f(x)dx$

根据题设$\frac{1}{2}\int_{-1}^1 f(x)dx=2$ 那么$\int_1^{-1}f(x)dx=-\int_{-1}^1 f(x)dx=-4$

故答案选(C).

3. **解** (A) 被积函数$\frac{x^3}{x^2+1}$在$[0,5]$上连续,可直接使用牛顿 - 莱布尼茨公式.

(B) 被积函数$\frac{1}{\sqrt{1-x^2}}$在积分区间$[-1,1]$上点 $x=-1$ 及 $x=1$ 处无定义.

(C) 被积函数$\frac{x}{\sqrt{(x^{\frac{3}{2}}-5)^2}}$在积分区间$[0,4]$内点 $x=\sqrt[3]{25}$ 处无定义($\sqrt[3]{25}\in[0,4]$).

(D) 中被积函数$\frac{1}{x\ln x}$在积分区间$[\frac{1}{e},1]$上点$x=1$处无定义.

故(B)(C)(D) 均不能直接使用牛顿 - 莱布尼茨公式.

故答案选(A).

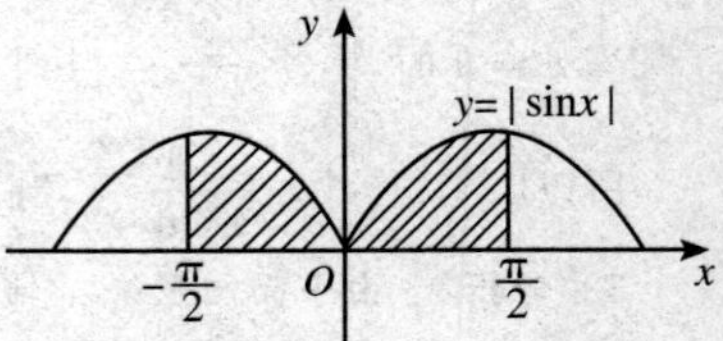

图 6 - 31

4. **解** 从定积分的几何意义(图 6 - 31),可以看出图形只在 x 轴的上方,从而面积恒不为 0. 故答案选(A).

5. **解** 如图 6 - 32 所示.

(A) 中$\int_{-\frac{\pi}{2}}^{0}\cos x\mathrm{d}x=\int_{0}^{\frac{\pi}{2}}\cos x\mathrm{d}x$，(B) 中$\int_{-\frac{\pi}{2}}^{\frac{\pi}{2}}\cos x\mathrm{d}x=-\int_{\frac{\pi}{2}}^{\frac{3}{2}\pi}\cos x\mathrm{d}x$，(C) 中$\int_{0}^{\pi}\sin x\mathrm{d}x>0$，(D) 中$\int_{0}^{2\pi}\sin x\mathrm{d}x=0$，故答案选(D).

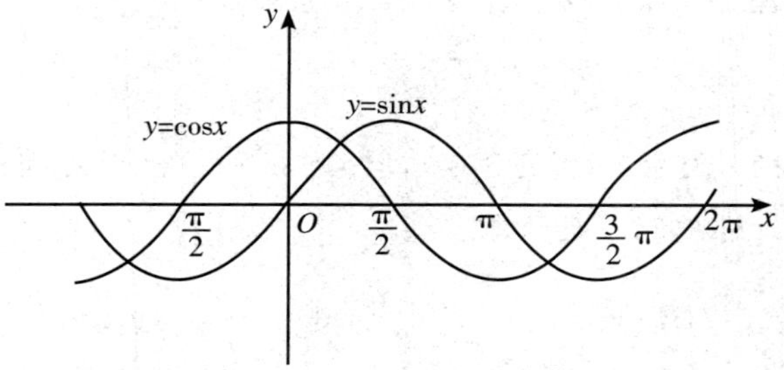

图 6 - 32

6. **解**　$\int_{0}^{2}kx(1+x^{2})^{-2}\mathrm{d}x=\frac{k}{2}\int_{0}^{2}(1+x^{2})^{-2}\mathrm{d}(1+x^{2})$

$$=\frac{k}{2}\left(\frac{-1}{1+x^{2}}\right)\Bigg|_{0}^{2}=\frac{k}{2}\left(-\frac{1}{5}+1\right)=\frac{2}{5}k$$

根据题设$\frac{2}{5}k=32$，所以$k=80$. 故答案选(C).

7. **解**　$\int_{-1}^{1}f(x)\mathrm{d}x=\int_{-1}^{0}(2^{x}+1)\mathrm{d}x+\int_{0}^{1}\sqrt{1-x}\mathrm{d}x=\left(\frac{2^{x}}{\ln 2}+x\right)\Bigg|_{-1}^{0}-\frac{2}{3}(1-x)^{\frac{3}{2}}\Bigg|_{0}^{1}$

$$=\frac{1}{\ln 2}-\frac{1}{2\ln 2}+1+\frac{2}{3}=\frac{1}{2\ln 2}+\frac{5}{3}$$

故答案选(B).

8. **解**　$\int_{0}^{\frac{\pi}{2}}\left|\frac{1}{2}-\sin x\right|\mathrm{d}x=\int_{0}^{\frac{\pi}{6}}(\frac{1}{2}-\sin x)\mathrm{d}x+\int_{\frac{\pi}{6}}^{\frac{\pi}{2}}(\sin x-\frac{1}{2})\mathrm{d}x$

$$=\left(\frac{x}{2}+\cos x\right)\Bigg|_{0}^{\frac{\pi}{6}}-\left(\cos x+\frac{x}{2}\right)\Bigg|_{\frac{\pi}{6}}^{\frac{\pi}{2}}=\frac{\pi}{12}+\frac{\sqrt{3}}{2}-1-\frac{\pi}{4}+\frac{\sqrt{3}}{2}+\frac{\pi}{12}$$

$$=\sqrt{3}-\frac{\pi}{12}-1$$

故答案选(C).

9. **解**　$\int_{a}^{b}\varphi'(x)\varphi''(x)\mathrm{d}x=\int_{a}^{b}\varphi'(x)\mathrm{d}\varphi'(x)=\frac{1}{2}[\varphi'(x)]^{2}\Bigg|_{a}^{b}$

$=\frac{1}{2}\{[\varphi'(b)]^{2}-[\varphi'(a)]^{2}\}=\frac{1}{2}(a^{2}-b^{2})$

故答案选(D).

10. **解**　题中未给出$f(x)$的奇偶性，若$f(x)$为奇函数，(A) 成立，若$f(x)$为偶函数，(B) 成立，但对一般函数来说，(A)(B) 的结论不一定正确.

$\int_{-a}^{a}f(x)\mathrm{d}x=\int_{-a}^{0}f(x)+\int_{0}^{a}f(x)\mathrm{d}x$

其中$\int_{-a}^{0}f(x)\mathrm{d}x\xlongequal{x=-t}\int_{a}^{0}-f(-t)\mathrm{d}t=\int_{0}^{a}f(-t)\mathrm{d}t=\int_{0}^{a}f(-x)\mathrm{d}x$

于是有$\int_{-a}^{a}f(x)\mathrm{d}x=\int_{0}^{a}f(x)\mathrm{d}x+\int_{0}^{a}f(-x)\mathrm{d}x=\int_{0}^{a}[f(x)+f(-x)]\mathrm{d}x$

所以(C) 正确,从而(D) 不正确.

11. **解** $\int_{a}^{b}f'(2x)\mathrm{d}x=\frac{1}{2}\int_{a}^{b}f'(2x)\mathrm{d}(2x)=\frac{1}{2}f(2x)\Big|_{a}^{b}=\frac{1}{2}[f(2b)-f(2a)]$

故答案选(C).

12. **解** (A)(C) 显然不正确.

(B) 中被积函数除含积分变量 t 外还含有 x,但 x 与积分变量 t 无关,可以提到积分号外面,即 $\int_{a}^{b}xf(t)\mathrm{d}t=x\int_{a}^{b}f(t)\mathrm{d}t$,其结果是 x 的函数.

(D)$\int_{a}^{\frac{b}{x}}xf(tx)\mathrm{d}t=\int_{a}^{\frac{b}{x}}f(tx)\mathrm{d}(xt)\xlongequal{tx=u}\int_{ax}^{b}f(u)\mathrm{d}u=-\int_{b}^{ax}f(u)\mathrm{d}u$

这个变下限积分,观察知它是 x 的函数.

故答案选(D).

13. **解** $\frac{\mathrm{d}y}{\mathrm{d}x}=\frac{\mathrm{d}}{\mathrm{d}x}\int_{0}^{x}(t-1)^2(t+2)\mathrm{d}t=(x-1)^2(x+2),\frac{\mathrm{d}y}{\mathrm{d}x}\Big|_{x=0}=2$

故答案选(B).

14. **解** $\int_{a}^{x}f(t+a)\mathrm{d}t=\int_{2a}^{x+a}f(t+a)\mathrm{d}(t+a)=F(t+a)\Big|_{2a}^{x+a}=F(x+a)-F(2a)$

故答案选(D).

15. **解** $f'(x)=\frac{2}{3}x^{-\frac{1}{3}},f''(x)=-\frac{2}{9}x^{-\frac{4}{3}}$

显然 $f'(x)=0,f''(x)=0$ 无解,从而(A) 和(D) 不正确.

易求得 $f(x)=x^{\frac{2}{3}}$,而 $\in[-1,1]$,显然 $f(x)$ 有极小值 $f(0)=0$.

故答案选(C).

16. **解** $y'=\left[\int_{0}^{x}(t-1)\mathrm{d}t\right]'=x-1$,令 $y'=0$,得 $x=1,y''=1>0$.

当 $x=1$ 时,$y=\int_{0}^{1}(x-1)\mathrm{d}x=\left(\frac{x^2}{2}-x\right)\Big|_{0}^{1}=\frac{1}{2}-1=-\frac{1}{2}$

所以函数 y 在点 $x=1$ 处有极小值 $-\frac{1}{2}$.

故答案选(B).

17. **解** $f(x)=\int_{a}^{x}12t^2\mathrm{d}t=4t^3\Big|_{a}^{x}=4(x^3-a^3)$

$\int_{0}^{1}f(x)\mathrm{d}x=\int_{0}^{1}4(x^3-a^3)\mathrm{d}x=(x^4-4a^3x)\Big|_{0}^{1}=1-4a^3$

根据题设 $1-4a^3=1$,所以 $a=0$. 故答案选(A).

18. **解** $\frac{\mathrm{d}}{\mathrm{d}x}\int_{0}^{\mathrm{e}^{-x}}f(t)\mathrm{d}t=f(\mathrm{e}^{-x})(\mathrm{e}^{-x})'=-f(\mathrm{e}^{-x})\mathrm{e}^{-x}=\mathrm{e}^{x}$ 从而有 $f(\mathrm{e}^{-x})=-\mathrm{e}^{2x}$,

令 $\mathrm{e}^{-x}=t$,则有 $f(t)=-t^{-2}$,所以有 $f(x)=-x^{-2}$,故答案选(B).

19. **解** 由公式$\frac{\mathrm{d}}{\mathrm{d}x}\int_{a(x)}^{b(x)}f(t)\mathrm{d}t=f(b(x))b'(x)-f(a(x))a'(x)$

有$\dfrac{\mathrm{d}}{\mathrm{d}x}F(x)=\dfrac{1}{h}[f(x+h)-f(x-h)]$. 故答案选(C).

20. **解**　$\lim\limits_{x\to 0}\dfrac{f(x)}{g(x)}=\lim\limits_{x\to 0}\dfrac{\int_0^{\sin x}\sin t^2\,\mathrm{d}t}{x^3+x^4}\overset{\frac{0}{0}}{=\!=}\lim\limits_{x\to 0}\dfrac{\sin(\sin x)^2\cos x}{3x^2+4x^3}$

$=\lim\limits_{x\to 0}\dfrac{(\sin x)^2\cos x}{x^2(3+4x)}$(其中 $\sin(\sin x)^2\sim(\sin x)^2,(x\to 0)$)

$=\lim\limits_{x\to 0}\left(\dfrac{\sin x}{x}\right)^2\cdot\lim\limits_{x\to 0}\dfrac{\cos x}{3+4x}=\dfrac{1}{3}$

所以当 $x\to 0$ 时 $f(x)$ 与 $g(x)$ 是同阶非等价无穷小量. 故答案选(B).

21. **解**　$\dfrac{\mathrm{d}}{\mathrm{d}x}\int_a^x g(x)f(t)\mathrm{d}t=\left[g(x)\int_a^x f(t)\mathrm{d}t\right]'=g'(x)\int_a^x f(x)\mathrm{d}t+g(x)\left[\int_a^x f(x)\mathrm{d}t\right]'$

$=g'(x)\int_a^x f(t)\mathrm{d}t+g(x)f(x)$

故答案选(D).

22. **解**　$\int_a^b f(x)\mathrm{d}x$ 的几何意义表示介于 x 轴,曲线 $y=f(x)$,$x=a$,$x=b$ 之间各部分面积的代数和,在本题中,$f(x)$ 的正负性不确定,由此排除(A)(B),对于(D),这是一个取代数和的绝对值,显然与我们要求图形的面积不一致. 故答案选(C).

23. **解**　由 22 题的分析,再由 $\cos x$ 的函数性质,从图中显然可以看出(A)(B)(D) 的面积相等且都为$\int_0^{\frac{\pi}{2}}\cos x\mathrm{d}x$,对于(C),它的结果为$\int_{\frac{\pi}{2}}^{\pi}\cos x\mathrm{d}x<0$. 故答案选(A).

24. **解**　(A) 中 $x=1$ 为瑕点,(B) 中被积函数$\dfrac{1}{x}$ 在$[-2,-1]$上连续,故$\int_{-2}^{-1}\dfrac{\mathrm{d}x}{x}$ 为常义积分,其他均为无界函数的积分. (C) 中 $x=0$ 为瑕点,(D) 中 $x=\dfrac{\pi}{2}$ 为瑕点. 故答案选(B).

25. **解**　根据公式$\int_1^{+\infty}\dfrac{\mathrm{d}x}{x^p}=\begin{cases}\text{收敛},p>1\\ \text{发散},p\leqslant 1\end{cases}$,

(A) $p=1$　　(B) $p=\dfrac{3}{2}>1$　　(C) $p=2>1$　　(D) $p=\dfrac{5}{2}>1$

所以(A) 中广义的积分发散. 故答案选(A).

26. **解**　根据公式$\int_0^1\dfrac{\mathrm{d}x}{x^p}=\begin{cases}\text{收敛},p<1\\ \text{发散},p\geqslant 1\end{cases}$,

(A) $p=1$　　(B) $p=\dfrac{1}{2}<1$　　(C) $p=\dfrac{3}{2}>1$　　(D) $p=3>1$

所以(B) 中广义积分收敛. 故答案选(B).

27. **解**　$\int_0^{+\infty}\dfrac{\mathrm{d}x}{1+kx^2}=\dfrac{1}{\sqrt{k}}\int_0^{+\infty}\dfrac{\mathrm{d}\sqrt{k}x}{1+(\sqrt{k}x)^2}=\dfrac{1}{\sqrt{k}}\arctan\sqrt{k}x\Big|_0^{+\infty}=\dfrac{1}{\sqrt{k}}\cdot\dfrac{\pi}{2}$.

根据题设$\dfrac{1}{\sqrt{k}}\cdot\dfrac{\pi}{2}=1$ 即 $k=\dfrac{\pi^2}{4}$. 故选答案(D).

28. **解**　$\int_{-\infty}^{+\infty}kf(x)\mathrm{d}x=\int_{-\infty}^{0}k\cdot 0\cdot\mathrm{d}x+\int_0^1 k\sqrt{x}\,\mathrm{d}x+\int_1^{+\infty}k\cdot 0\mathrm{d}x=\dfrac{2}{3}kx^{\frac{3}{2}}\Big|_0^1=\dfrac{2}{3}k$,根据题设$\dfrac{2}{3}k=1$,所以 $k=\dfrac{3}{2}$. 故答案选(B).

第七章 无穷级数

知识结构

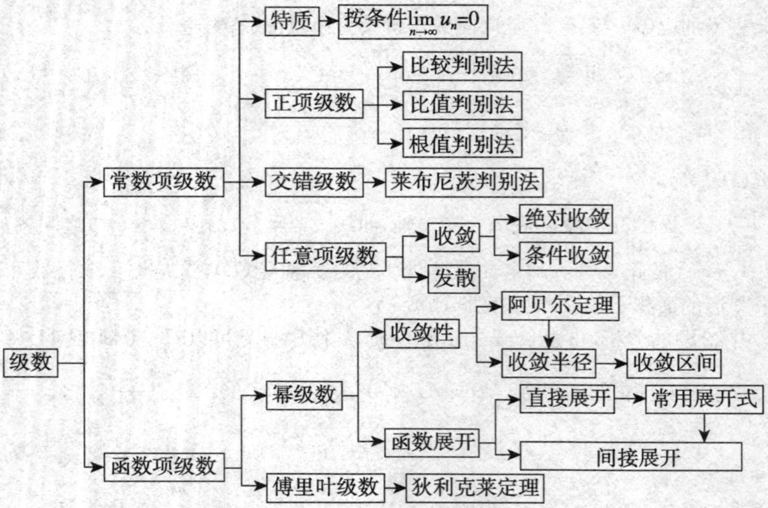

学习指南

1. 常数项级数敛散性的判别.

(1) 用定义、性质、比较法、比值法或根值法判别正项级数的收敛性.

(2) 用莱布尼茨判断交错级数的敛散性.

(3) 取绝对值判定任意项级数的绝对收敛性.

2. 幂级数的收敛半径、收敛区间的确定.

3. 函数的展开与幂级数的求和.

根据常用的展开式,通过变形、代换、逐项求导或逐项积分等方法,将函数展开为幂级数,或求一些幂级数的和函数.

第一节　无穷级数

知识点归纳

1. 无穷级数的概念

无穷级数	设已给数列 $u_1,u_2,\cdots,u_n,\cdots$，则式子 $u_1+u_2+\cdots+u_n+\cdots$ 简记为 $\sum\limits_{n=1}^{\infty}u_n$，称为无穷级数(简称级数)，其中，第 n 项 u_n 称为级数的一般项
部分和	级数前 n 项的和 $S_n=u_1+u_2+\cdots+u_n$ 称为第 n 次部分和. 部分和 $S_1,S_2,\cdots,S_n,\cdots$ 构成一个数列
级数的收敛与发散	如果当 $n\to\infty$ 时，部分和数列 S_n 的极限存在，即 $\lim\limits_{n\to\infty}S_n=S$　(S 是有限常数) 则称级数 $\sum\limits_{n=1}^{\infty}u_n$ 收敛，S 是它的和，并记为 $S=\sum\limits_{n=1}^{\infty}u_n=u_1+u_2+\cdots+u_n+\cdots$ 如果 S_n 没有极限，则称级数 $\sum\limits_{n=1}^{\infty}u_n$ 发散，它没有和

2. 几何级数

形如 $\sum\limits_{n=1}^{\infty}aq^{n-1}=a+aq+aq^2+\cdots+aq^{n-1}+\cdots$ 的级数和称为几何级数(等比级数).

当 $|q|<1$ 时，几何级数 $\sum\limits_{n=1}^{\infty}aq^{n-1}$ 收敛，其和为 $\dfrac{a}{1-q}$；当 $|q|\geqslant 1$ 时，几何级数 $\sum\limits_{n=1}^{\infty}aq^{n-1}$ 发散.

3. 级数的基本性质

线性性质	若 $\sum\limits_{n=1}^{\infty}u_n$ 与 $\sum\limits_{n=1}^{\infty}v_n$ 分别收敛于和 s 与 σ，则 $\sum\limits_{n=1}^{\infty}(ku_n+\lambda v_n)$ 也收敛，且其和为 $ks+\lambda\sigma$，其中 k,λ 为常数
有限项性	在一个级数前面加上、去掉或改变有限项，级数的敛散性不变
加括号性	如果一个级数收敛，加括号后所成的级数也收敛，且与原级数有相同的和
必要条件	若 $\sum\limits_{n=1}^{\infty}u_n$ 收敛，则 $\lim\limits_{n\to\infty}u_n=0$；若 $\lim\limits_{n\to\infty}u_n\neq 0$，则 $\sum\limits_{n=1}^{\infty}u_n$ 发散

特别提醒　级数的收敛与发散是根据级数的部分和数列是否有极限来定义的，这是判别级数收敛性的最基本的方法. 在实际应用中，需通过一定的技巧将部分和累加的结果表示出来，再考察其极限是否存在.

特别提醒 (1) 若一级数加括号后所成的级数发散,则原级数也发散,但值得注意的是,收敛级数去括号未必收敛;发散级数加括号后也未必发散.

(2) 必要条件的逆否命题是:若级数的通项不趋于零,则级数一定发散.由此可立即断定一些级数是发散的,因此通常把考察级数通项的极限作为判定其敛散性的第一步骤.

(3) 若级数的通项趋于零,不能得出级数收敛的结论,调和级数 $\sum\limits_{n=1}^{\infty}\frac{1}{n}$ 就是一个典型的例子,其通项趋于0,但它却是发散的.

典型例题解析

题型1:用定义判别级数的敛散性

【重点提示】根据级数收敛与发散的定义,级数的敛散性决定于其部分和极限的存在性.对于一些特殊的级数,可以根据级数自身的特点,将部分和表示成一个较简单的式子,通过考察其极限来确定级数收敛或发散.

例 判定下列级数的敛散性:

(1) $\frac{1}{1\times3}+\frac{1}{3\times5}+\frac{1}{5\times7}+\cdots+\frac{1}{(2n-1)(2n+1)}+\cdots$

(2) $\sum\limits_{n=1}^{\infty}\frac{1}{\sqrt{n+1}+\sqrt{n}}$

特别提醒 求部分和的极限,通常需要采取拆项、用代数或三角公式变形等技巧,将部分和表示成一个简单的表达式,再求其极限.

解 (1) 级数的部分和

$$S_n=\frac{1}{1\times3}+\frac{1}{3\times5}+\frac{1}{5\times7}+\cdots+\frac{1}{(2n-1)(2n+1)}$$

$$=\frac{1}{2}\left[\left(\frac{1}{1}-\frac{1}{3}\right)+\left(\frac{1}{3}-\frac{1}{5}\right)+\left(\frac{1}{5}-\frac{1}{7}\right)+\cdots+\left(\frac{1}{2n-1}-\frac{1}{2n+1}\right)\right]=\frac{1}{2}\left(1-\frac{1}{2n+1}\right)$$

于是 $\lim\limits_{n\to\infty}S_n=\frac{1}{2}$,所以级数收敛.

(2) $S_n=\sum\limits_{k=1}^{n}\frac{1}{\sqrt{k+1}+\sqrt{k}}=\sum\limits_{k=1}^{n}(\sqrt{k+1}-\sqrt{k})$

$$=(\sqrt{2}-\sqrt{1})+(\sqrt{3}-\sqrt{2})+(\sqrt{4}-\sqrt{3})+\cdots+(\sqrt{n+1}-\sqrt{n})=\sqrt{n+1}-\sqrt{1}$$

由此可得 $\lim\limits_{n\to\infty}S_n=\lim\limits_{n\to\infty}(\sqrt{n+1}-\sqrt{1})=+\infty$,

因此级数 $\sum\limits_{n=1}^{\infty}\frac{1}{\sqrt{n+1}+\sqrt{n}}$ 发散.

题型2:求级数的和

例 $\frac{1}{2}+\frac{1}{3}+\frac{1}{2^2}+\frac{1}{3^2}+\cdots+\frac{1}{2^n}+\frac{1}{3^n}+\cdots$

【重点提示】若按常规思路求 S_n，需要记 n 为偶数与奇数的情况，由于注意到奇数与偶数项的特点. 不妨先求出 S_{2n}，进而求出 S_{2n-1}，当且仅当 S_{2n} 与 S_{2n-1} 极限均存在且相等时，S_n 的极限才存在，级数和 S 才可求.

解　$S_{2n}=\frac{1}{2}+\frac{1}{3}+\frac{1}{2^2}+\frac{1}{3^2}+\cdots+\frac{1}{2^n}+\frac{1}{3^n}=\left(\frac{1}{2}+\frac{1}{2^2}+\cdots+\frac{1}{2^n}\right)+\left(\frac{1}{3}+\frac{1}{3^2}+\cdots+\frac{1}{3^n}\right)$

$$=\frac{\frac{1}{2}\left(1-\frac{1}{2^n}\right)}{1-\frac{1}{2}}+\frac{\frac{1}{3}\left(1-\frac{1}{3^n}\right)}{1-\frac{1}{3}}=1-\frac{1}{2^n}+\frac{1}{2}-\frac{1}{2\cdot 3^n}$$

$$S_{2n-1}+\frac{1}{3^n}=\frac{3}{2}-\frac{1}{2^n}-\frac{1}{2\cdot 3^n}$$

由于 $\lim\limits_{n\to\infty}S_{2n}=\frac{3}{2}$，$\lim\limits_{n\to\infty}S_{2n-1}=\frac{3}{2}$，故 $\lim\limits_{n\to\infty}S_n=\frac{3}{2}$，

于是 $S=\lim\limits_{n\to\infty}S_n=\frac{3}{2}$.

特别提醒　当求 S_n 有困难时，要采取灵活的策略，最终求出 S_n 的极限即可.

题型 3:几何级数的敛散性的应用

【重点提示】几何级数的敛散性完全取决于公比的绝对值. 在 $|q|<1$ 时，$\sum\limits_{n=1}^{\infty}aq^{n-1}$ 收敛，在 $|q|\geqslant 1$ 时，$\sum\limits_{n=1}^{\infty}aq^{n-1}$ 发散.

例 判别下列级数的敛散性：

(1) $\frac{8}{9}+\frac{8^2}{9^2}+\frac{8^3}{9^3}+\cdots+\frac{8^n}{9^n}+\cdots$；(2) $\sum\limits_{n=1}^{\infty}2^{2n}3^{1-n}$.

解　(1) 该几何级数的公比 $q=\frac{8}{9}$，因为 $|q|=\frac{8}{9}<1$，所以级数收敛.

(2) 该级数的通项 $u_n=2^{2n}3^{1-n}=4\cdot\left(\frac{1}{3}\right)^{n-1}$，因而级数为几何级数，其公比 $q=\frac{4}{3}$，因为 $|q|=\frac{4}{3}>1$，所以级数发散.

题型 4:由级数的性质判断级数的敛散性

【重点提示】根据一些常见级数的敛散性，结合级数的性质，可以得到更多级数的敛散性.

例 判断下列级数是否收敛，若收敛求出其和.

(1) $\sum\limits_{n=1}^{\infty}\left[\frac{1}{(2n-1)(2n+1)}+\frac{1}{2^n}\right]$

(2) $\left(1+\frac{1}{2}\right)+\left(\frac{1}{2}+\frac{1}{2^2}\right)+\left(\frac{1}{3}+\frac{1}{2^3}\right)+\cdots+\left(\frac{1}{n}+\frac{1}{2^n}\right)+\cdots$

特别提醒　两个收敛级数逐项相加(减)所得级数还是收敛的；一个收敛级数与一个发散级数相加(减)所得级数是发散的；但两个发散级数逐项相加(减)所得级数的敛散性不能确定，可能收敛，也可能发散.

解 (1) 级数$\sum\limits_{n=1}^{\infty}\frac{1}{(2n-1)(2n+1)}$收敛于$\frac{1}{2}$,而几何级数$\sum\limits_{n=1}^{\infty}\frac{1}{2^n}$收敛于1,所以所给级数收敛,且其和为$\frac{1}{2}+1=\frac{3}{2}$,即$\sum\limits_{n=1}^{\infty}\left[\frac{1}{(2n-1)(2n+1)}+\frac{1}{2^n}\right]=\sum\limits_{n=1}^{\infty}\frac{1}{(2n-1)(2n+1)}+\sum\limits_{n=1}^{\infty}\frac{1}{2^n}=\frac{1}{2}+1=\frac{3}{2}$.

(2) 该级数为$\sum\limits_{n=1}^{\infty}\left(\frac{1}{n}+\frac{1}{2^n}\right)$,因为几何级数$\sum\limits_{n=1}^{\infty}\frac{1}{2^n}$收敛,而调和级数$\sum\limits_{n=1}^{\infty}\frac{1}{n}$发散,所以原级数发散.

题型5:由收敛的必要条件判定某些级数发散

【重点提示】 收敛级数的通项必趋于0,这是级数收敛的必要条件,若不满足必要条件,级数一定发散.所以判定级数的敛散性,一般先考察通项是否趋于0.

例 判断下列各式的敛散性:

(1) $\sum\limits_{n=1}^{\infty}\frac{n^{n+\frac{1}{n}}}{\left(n+\frac{1}{n}\right)^n}$; (2) $\sum\limits_{n=1}^{\infty}\frac{1}{3n}$; (3) $\sum\limits_{n=1}^{\infty}\left(\frac{1}{3^n}-\frac{4^{n+1}}{5^n}\right)$.

解 (1) 由于$\lim\limits_{n\to\infty}\frac{n^{n+\frac{1}{n}}}{\left(n+\frac{1}{n}\right)^n}=\lim\limits_{n\to\infty}\frac{n^n\cdot\sqrt[n]{n}}{n^n\left(1+\frac{1}{n^2}\right)^n}=1\neq0$,

故原级数发散.

(2) 由于$\sum\limits_{n=1}^{\infty}\frac{1}{n}$发散$\Rightarrow\sum\limits_{n=1}^{\infty}\frac{1}{3n}=\frac{1}{3}\sum\limits_{n=1}^{\infty}\frac{1}{n}$也发散.

(3) 由于$\sum\limits_{n=1}^{\infty}\left(\frac{1}{3}\right)^n,\sum\limits_{n=1}^{\infty}\left(\frac{4}{5}\right)^n$收敛,故原级数收敛.

特别提醒 判断级数敛散性,首先判定通项$u_n\to0$.若$u_n\not\to0$,则级数发散,否则,再考虑其他办法.

第二节 正项级数

知识点归纳

1.正项级数

定义	如果级数$\sum\limits_{n=1}^{\infty}u_n=u_1+u_2+\cdots+u_n+\cdots$ 满足条件$u_n\geqslant0(n=1,2,\cdots)$,叫作正项级数
收敛准则	正项级数收敛的必要充分条件是:它的部分和数列S_n有界

续表

比较审敛法	设$\sum_{n=1}^{\infty}u_n$、$\sum_{n=1}^{\infty}v_n$为两个正项级数，且$u_n \leqslant kv_n(n > N, k > 0)$ 若$\sum_{n=1}^{\infty}v_n$收敛，则$\sum_{n=1}^{\infty}u_n$收敛；若$\sum_{n=1}^{\infty}u_n$发散，则$\sum_{n=1}^{\infty}v_n$发散
比值审敛法	设$\sum_{n=1}^{\infty}u_n$为正项级数，$\lim\limits_{n\to\infty}\frac{u_{n+1}}{u_n}=\rho$，则当$\rho < 1$时，级数收敛 当$\rho > 1$时，级数发散．当$\rho = 1$时，不能确定

2. 交错级数

定义	$u_n \geqslant 0$，$\sum_{n=1}^{\infty}(-1)^n u_n$或$\sum_{n=1}^{\infty}(-1)^{n-1}u_n$称为交错级数
莱布尼茨判别法	若交错级数满足①$u_n \geqslant u_{n+1}$，$(n > N)$ ②$\lim\limits_{n\to\infty}u_n = 0$，则交错级数收敛，其和$S \leqslant u_1$

3. 任意项级数

定义	若u_n为任意实数，则称$\sum_{n=1}^{\infty}u_n$为任意项级数
绝对收敛	若$\sum_{n=1}^{\infty}\lvert u_n \rvert$收敛，则$\sum_{n=1}^{\infty}u_n$必收敛，并称$\sum_{n=1}^{\infty}u_n$为绝对收敛
条件收敛	若$\sum_{n=1}^{\infty}\lvert u_n \rvert$发散，而$\sum_{n=1}^{\infty}u_n$收敛，则称$\sum_{n=1}^{\infty}u_n$为条件收敛
审敛法	若任意项级数$\sum_{n=1}^{\infty}u_n$满足条件$\lim\limits_{n\to\infty}\left\lvert\frac{u_{n+1}}{u_n}\right\rvert = l$ 则当$l < 1$时，级数绝对收敛；当$l > 1$时级数发散

4. 三个重要级数

调和级数	$\sum_{n=1}^{\infty}\frac{1}{n} = 1 + \frac{1}{2} + \frac{1}{3} + \cdots + \frac{1}{n} + \cdots$，该级数发散
几何级数（等比级数）	$\sum_{n=1}^{\infty}aq^{n-1} = a + aq + aq^2 + \cdots + aq^{n-1} + \cdots$ ①当$\lvert q \rvert < 1$时，级数收敛 ②当$\lvert q \rvert \geqslant 1$时，级数发散
p－级数	$\sum_{n=1}^{\infty}\frac{1}{n^p} = 1 + \frac{1}{2^p} + \frac{1}{3^p} + \cdots + \frac{1}{n^p} + \cdots$ ①当$p > 1$时，级数收敛 ②当$p \leqslant 1$时，级数发散

特别提醒　绝对收敛的级数一定收敛．不绝对收敛的级数不一定发散，可能条件收敛．

典型例题解析

题型 1:用比较判别法判定级数的敛散性

【重点提示】用比较法判别级数的敛散性,需要找到一个已知敛散性的比较级数,要判定级数收敛,需要找一个一般项比其大的收敛级数来比较;若要判定级数发散,需要找一个一般项比其小的发散级数来比较.

例 判定下列级数的敛散性:

(1) $\sum\limits_{n=1}^{\infty}\frac{4+(-1)^n}{2^n}$;(2) $\sum\limits_{n=1}^{\infty}\frac{n}{n^2-2}$.

【重点提示】先初步估计级数敛散性,再把通项适度放大或适度缩小.

解 (1) 由于$\frac{4+(-1)^n}{2^n}\leqslant\frac{5}{2^n}$,而$\sum\limits_{n=1}^{\infty}\frac{1}{2^n}$是收敛的,即$\sum\limits_{n=1}^{\infty}\frac{5}{2^n}$收敛,所以原级数收敛.

(2) 因为$\frac{n}{n^2-2}>\frac{n}{n^2}=\frac{1}{n}$,且$\sum\limits_{n=1}^{\infty}\frac{1}{n}$发散,故级数$\sum\limits_{n=1}^{\infty}\frac{n}{n^2-2}$发散.

也可根据比较法的极限形式来判别:

因为$\lim\limits_{n\to\infty}\frac{n/(n^2-2)}{1/n}=1$,而$\sum\limits_{n=1}^{\infty}\frac{1}{n}$发散,故$\sum\limits_{n=1}^{\infty}\frac{n}{n^2-2}$也发散.

特别提醒 用比较判别法的极限形式,不需要比较一般项的大小,只要求其比值的极限即可,一般说来,能够用比较判别时,取同一比较级数,用比较法的极限形式也必能判明.求极限时,常常需要转化为连续变量的极限而借助洛必达法则解决.

题型 2:用比值判别法判定级数的敛散性

【重点提示】当级数的通项含有 n 的阶乘、多项乘除和幂运算时,一般用比值法判别其敛散性.即求后项与前项比的极限,此极限小于 1 时级数收敛,大于 1 时级数发散,当极限等于 1 时,由比值法得不到任何结论,需改用比较判别法或其他方法.

例 判别下列级数的敛散性:(1) $\sum\limits_{n=1}^{\infty}\frac{n^n}{n!}$;(2) $\sum\limits_{n=1}^{\infty}n\tan\frac{\pi}{2^{n+1}}$.

【重点提示】由于比值法使用方便,故优先考虑用比值法判别.

解 (1) 因为 $u_n=\frac{n^n}{n!}$,故

$$\rho=\lim_{n\to\infty}\frac{u_{n+1}}{u_n}=\lim_{n\to\infty}\frac{(n+1)^{n+1}\cdot n!}{n^n\cdot(n+1)!}=\lim_{n\to\infty}\left(1+\frac{1}{n}\right)^n=\mathrm{e}>1.$$

由比值判别法知,级数$\sum\limits_{n=1}^{\infty}\frac{n^n}{n!}$是发散的.

(2) 因为$\lim\limits_{n\to\infty}\frac{u_{n+1}}{u_n}=\lim\limits_{n\to\infty}(n+1)\tan\frac{\pi}{2^{n+2}}/n\tan\frac{\pi}{2^{n+1}}=\lim\limits_{n\to\infty}\frac{n+1}{n}\cdot\frac{\tan\frac{\pi}{2^{n+2}}}{\tan\frac{\pi}{2^{n+1}}}=\lim\limits_{n\to\infty}\frac{n+1}{n}\cdot\frac{\frac{\pi}{2^{n+2}}}{\frac{\pi}{2^{n+1}}}=\frac{1}{2}<1$,

所以级数收敛.

特别提醒 在求极限时，运用等价无穷小代换. 有时还要转化为连续变量的极限，借助洛必达法则来计算.

题型 3：用根值判别法判定级数的敛散性

【重点提示】当级数的通项含某项的 n 次幂的形式时，一般考虑用根值法. 注意当根值的极限为 1 时，根值法失效，需改用其他方法判别.

例 判别级数 $\sum_{n=1}^{\infty}\frac{1}{[\ln(n+1)]^n}$ 的敛散性.

特别提醒 该级数的通项明显是 n 次幂的形式，故采用根值判别法.

解 因为 $\lim_{n\to\infty}\sqrt[n]{u_n}=\lim_{n\to\infty}\frac{1}{\ln(n+1)}=0<1$，所以级数收敛.

题型 4：交错级数敛散性的判别

【重点提示】交错级数的收敛性一般用莱布尼茨判别法判别. 若交错级数满足 u_n 单调减少且趋于 0，则交错级数就收敛. 但若不满足定理条件时，不能得出交错级数发散的结论.

例 判别级数 $\sum_{n=2}^{\infty}\frac{(-1)^n}{\ln n}$ 的敛散性.

【重点提示】判定为交错级数，再验证是否满足莱布尼茨判别法的条件.

解 $\sum_{n=2}^{\infty}\frac{(-1)^n}{\ln n}$ 是交错级数，$u_n=\frac{1}{\ln n}$.

因为 $\lim u_n=\lim_{n\to\infty}\frac{1}{\ln n}=0$，且 $u_n=\frac{1}{\ln n}>\frac{1}{\ln(n+1)}=u_{n+1}$，故由莱布尼茨判别法知，级数 $\sum_{n=2}^{\infty}\frac{(-1)^n}{\ln n}$ 收敛.

再考察级数的绝对收敛性. $\sum_{n=2}^{\infty}\left|\frac{(-1)^n}{\ln n}\right|=\sum_{n=2}^{\infty}\frac{1}{\ln n}$，显然 $\sum_{n=2}^{\infty}\frac{1}{\ln n}$ 是正项级数. 因为 $\frac{1}{\ln n}>\frac{1}{n}$，而级数 $\sum_{n=2}^{\infty}\frac{1}{n}$ 发散，由比较判别法知级数 $\sum_{n=2}^{\infty}\frac{1}{\ln n}$ 发散，故原级数 $\sum_{n=2}^{\infty}\frac{(-1)^n}{\ln n}$ 不是绝对收敛的.

综上两个方面知，原级数条件收敛.

题型 5：任意项级数绝对收敛性的判定

例 判定任意项级数 $\sum_{n=1}^{\infty}\frac{\sin(na)}{n^2}$ 的收敛性（$a\in(-\infty,+\infty)$）.

【重点提示】由于 a 未知，故该级数为一般任意项级数，只能先考察其绝对收敛值.

解 考察级数各项取绝对值构成的正项级数 $\sum_{n=1}^{\infty}\left|\frac{\sin(na)}{n^2}\right|$，因为 $\left|\frac{\sin(na)}{n^2}\right|\leqslant\frac{1}{n^2}$，而级数 $\sum_{n=1}^{\infty}\frac{1}{n^2}$ 收敛，故由比较判别法知 $\sum_{n=1}^{\infty}\left|\frac{\sin(na)}{n^2}\right|$ 亦收敛，因而级数 $\sum_{n=1}^{\infty}\left|\frac{\sin(na)}{n^2}\right|$ 绝对收敛，自然也是收敛的.

题型 6:参数对级数绝对收敛、条件收敛的影响

例 设 α 为实数,研究 α 的情况使级数

$$1-\frac{1}{2^\alpha}+\frac{1}{3}-\frac{1}{4^\alpha}+\frac{1}{5}-\frac{1}{6^\alpha}+\cdots+\frac{1}{2n-1}-\frac{1}{(2n)^\alpha}+\cdots \text{ 收敛.}$$

解 当 $\alpha=1$ 时,级数 $1-\frac{1}{2}+\frac{1}{3}-\frac{1}{4}+\cdots$ 为交错级数.满足莱布尼茨定理的条件,故收敛.

当 $\alpha>1$ 时,取级数的前 $2n$ 项和

$$S_{2n}=\left(1+\frac{1}{3}+\frac{1}{5}+\cdots+\frac{1}{2n-1}\right)-\frac{1}{2^\alpha}\left(1+\frac{1}{2^\alpha}+\cdots+\frac{1}{n^\alpha}\right)$$

$n\to\infty$ 时,前一部分 $\to\infty$,后一部分 $\to$ 定值($\alpha>1$),故 $\{S_{2n}\}$ 发散.

即原级数发散.

当 $\alpha<1$ 时,考查级数

$$1-\left(\frac{1}{2^\alpha}-\frac{1}{3}\right)-\left(\frac{1}{4^\alpha}-\frac{1}{5}\right)-\cdots-\left[\frac{1}{(2n)^\alpha}-\frac{1}{2n-1}\right]-\cdots \text{ 的敛散性.}$$

因为 $\lim\limits_{n\to\infty}\dfrac{\frac{1}{(2n)^\alpha}-\frac{1}{2n+1}}{\frac{1}{n^\alpha}}=\dfrac{1}{2^\alpha}$,所以级数 $\sum\limits_{n=1}^{\infty}\left[\frac{1}{(2n)^\alpha}-\frac{1}{2n-1}\right]$ 发散.

从而 $1-\left(\frac{1}{2^\alpha}-\frac{1}{3}\right)-\left(\frac{1}{4^\alpha}-\frac{1}{5}\right)-\cdots-\left[\frac{1}{(2n)^\alpha}-\frac{1}{2n-1}\right]-\cdots$ 发散

故 $1-\frac{1}{2^\alpha}+\frac{1}{3}-\frac{1}{4^\alpha}+\frac{1}{5}-\frac{1}{6^\alpha}+\cdots+\frac{1}{2n+1}-\frac{1}{(2n)^\alpha}+\cdots$ 发散.

即当 $\alpha=1$ 时,原级数收敛;$\alpha>1$ 或 $\alpha<1$ 时,原级数发散.

特别提醒 (1) 将所要讨论的级数分解成两个级数,使其中一个级数收敛,关键讨论另一级数的敛散性.

(2) 利用"加括号后发散的级数、去括号也发散"的性质.

第三节 幂级数

知识点归纳

1. 幂级数及其收敛半径

名称	定义
幂级数	形如 $\sum\limits_{n=0}^{\infty}a_n(x-x_0)^n$ 称为 $(x-x_0)$ 的幂级数.其中 $a_0,a_1,a_2\cdots a_n,\cdots$ 均是常数,称为幂级数的系数
幂级数的收敛半径	幂级数 $\sum\limits_{n=0}^{\infty}a_nx^n$ 的收敛域是一个以原点为中心从 $-R$ 到 R 的区间,叫作幂级数 $\sum\limits_{n=0}^{\infty}a_nx^n$ 的收敛区间,其中 R 叫作收敛半径

2. 收敛半径的求法

如果幂级数 $\sum_{n=0}^{\infty}a_nx^n$ 的系数满足 $\lim_{n\to\infty}\left\|\frac{a_{n+1}}{a_n}\right\|=l$ 则①当 $0<l<+\infty$ 时，$R=\frac{1}{l}$；②当 $l=0$ 时，$R=+\infty$；③当 $l=+\infty$ 时，$R=0$

3. 幂级数的性质($\sum_{n=0}^{\infty}a_nx^n$)

性质	定理
和与差的运算	若幂级数 $f(x)=\sum_{n=0}^{\infty}a_nx^n$ 和 $g(x)=\sum_{n=0}^{\infty}b_nx^n$ 的收敛半径分别为 $R_1>0$ 和 $R_2>0$，则 $$\sum_{n=0}^{\infty}a_nx^n\pm\sum_{n=0}^{\infty}b_nx^n=\sum_{n=0}^{\infty}(a_n\pm b_n)x^n=f(x)\pm g(x),$$ 且其收敛半径 $R\geqslant\min\{R_1,R_2\}$
和函数的连续性	若幂级数 $f(x)=\sum_{n=0}^{\infty}a_nx^n$ 的收敛半径 $R>0$，则在收敛区间 $(-R,R)$ 内，它的和函数 $s(x)$ 是连续函数
逐项可积	在幂级数 $f(x)=\sum_{n=0}^{\infty}a_nx^n$ 的收敛区间 $(-R,R)$ 内任意一点 x，有 $\int_0^x f(x)\mathrm{d}x=\int_0^x(\sum_{n=0}^{\infty}a_nx^n)\mathrm{d}x=\sum_{n=0}^{\infty}\int_0^x a_nx^n\mathrm{d}x=\sum_{n=0}^{\infty}\frac{a_n}{n+1}x^{n+1}(-R<x<R)$
逐项求导	在幂级数 $f(x)=\sum_{n=0}^{\infty}a_nx^n$ 的收敛区间 $(-R,R)$ 内任意一点 x，有 $f'(x)=(\sum_{n=0}^{\infty}a_nx^n)'=\sum_{n=0}^{\infty}(a_nx^n)'=\sum_{n=0}^{\infty}na_nx^{n-1}(-R<x<R)$

特别提醒　逐项求导或逐项积分后所得的幂级数收敛半径是不变的，但区间端点处的敛散性可能会发生改变，因而新级数的收敛区间与原收敛区间端点可能不同.

典型例题解析

题型1：求幂级数的收敛半径、收敛域

【重点提示】先根据公式求出收敛半径，再讨论端点处所对应的常数项级数的收敛性.

例　求幂级数 $\sum_{n=1}^{\infty}\frac{1}{n^2}x^n$ 的收敛半径与收敛域.

解　因为 $a_n=\frac{1}{n^2}$，因而 $\lim_{n\to\infty}\left|\frac{a_{n+1}}{a_n}\right|=\lim_{n\to\infty}\left(\frac{n}{n+1}\right)^2=1$，故收敛半径为 $R=1$.

当 $|x|=1$ 时，$\sum_{n=1}^{\infty}\left|\frac{1}{n^2}x^n\right|=\sum_{n=1}^{\infty}\frac{1}{n^2}$ 收敛，即 $\sum_{n=1}^{\infty}\frac{1}{n^2}x^n$ 绝对收敛，所以级数的收敛域为[−1,1].

特别提醒 求幂级数收敛域的一般步骤如下：

(1) 用比值法求函 $\rho(x)$，$\rho(x)=\lim\limits_{n\to\infty}\left|\dfrac{u_{n+1}(x)}{u_n(x)}\right|$.

(2) 解不等式 $\rho(x)<1$，得出收敛区间 (a,b).

(3) 考虑在 $x=a$ 或 $x=b$ 处级数 $\sum\limits_{n=1}^{\infty}u_n(a)$ 与 $\sum\limits_{n=1}^{\infty}u_n(b)$ 的敛散性.

(4) 写出 $\sum\limits_{n=1}^{\infty}u_n(x)$ 的收敛域.

题型 2:求幂级数的和函数

【重点提示】首先要熟悉几个常用的初等函数的幂级数展开式，其次还必须分析所给幂级数的特点，找出它与常见幂级数之间的联系，从而选定用代换法、逐项求导法或逐项积分法求所给幂级数的和函数.

例 求幂级数 $\sum\limits_{n=2}^{\infty}\dfrac{x^n}{2n(n-1)}$ 的和函数.

【重点提示】由于幂级数的系数含有幂指数的因数，所以采用“先微后积”的方法.

解 易知收敛半径为 1，收敛域为 $(-1,1)$，设 $S(x)=\sum\limits_{n=2}^{\infty}\dfrac{x^n}{n(n-1)}$，逐项求导有 $S'(x)=\sum\limits_{n=2}^{\infty}\dfrac{x^{n-1}}{n-1}$，再次求导得 $S''(x)=\sum\limits_{n=2}^{\infty}x^{n-2}=\sum\limits_{n=0}^{\infty}x^n=\dfrac{1}{1-x}$.

两边积分，得 $S'(x)=\int_0^x S''(x)\mathrm{d}x=\int_0^x\dfrac{1}{1-x}\mathrm{d}x=-\ln(1-x)$.

再积分便有 $S(x)=\int_0^x S'(x)\mathrm{d}x=\int_0^x-\ln(1-x)\mathrm{d}x=x+\ln(1-x)-x\ln(1-x)$，

于是求得级数的和 $\sum\limits_{n=2}^{\infty}\dfrac{x^n}{2n(n-1)}=\dfrac{1}{2}[x+\ln(1-x)-x\ln(1-x)]$.

题型 3:利用幂级数求数项级数的和

例 求数项级数 $\sum\limits_{n=1}^{\infty}\dfrac{1}{n(2n+1)2^n}$ 的和.

解 考虑幂级数 $\sum\limits_{n=1}^{\infty}\dfrac{x^{2n}}{n(2n+1)}$，易知此幂级数的收敛域为 $-1\leqslant x\leqslant 1$，

令 $S(x)=x\sum\limits_{n=1}^{\infty}\dfrac{x^{2n}}{n(2n+1)}=\sum\limits_{n=1}^{\infty}\dfrac{x^{2n+1}}{n(2n+1)}$，$|x|<1$.

则 $S''(x)=\sum\limits_{n=1}^{\infty}2x^{2n-1}=2x\sum\limits_{n=1}^{\infty}x^{2(n-1)}=\dfrac{2x}{1-x^2}$，

$\int_0^x S''(x)\mathrm{d}x=\int_0^x\dfrac{2x}{1-x^2}\mathrm{d}x=-\ln(1-x^2)$，

又 $S'(0)=0$，则 $S'(x)=-\ln(1-x^2)$，由 $S(0)=0$，

得 $S(x)=-\int_0^x \ln(1-x^2)\mathrm{d}x=-x\ln(1-x^2)+2x-\ln\frac{1+x}{1-x},-1<x<1.$

$\sum_{n=1}^{\infty}\frac{1}{n(2n+1)2^n}=\sqrt{2}S\left(\frac{1}{2}\right)=\sqrt{2}\left[-\frac{1}{\sqrt{2}}\ln\frac{1}{2}+\sqrt{2}-2\ln(\sqrt{2}+1)\right]$

$=2+\ln2-\sqrt{2}\ln(\sqrt{2}+1)$

特别提醒　利用幂级数求数值级数的和时，一般常将常数项级数中小于1的项换为 x，然后用幂级数求和的方法求出相应幂级数的和，最后再将 x 用具体数值代入.

第四节　泰勒公式与泰勒级数

知识点归纳

1. 泰勒中值定理与泰勒公式

如果函数 $f(x)$ 在含有 x_0 的某个开区间 (a,b) 内具有直到 $(n+1)$ 阶的导数，则对任一 $x\in(a,b)$，有泰勒公式

$$f(x)=f(x_0)+f'(x_0)(x-x_0)+\frac{f''(x_0)}{2!}(x-x_0)^2+\cdots+\frac{f^{n}(x_0)}{n!}(x-x_0)^n+R_n(x)$$

其中拉格朗日型余项 $R_n(x)=\frac{f^{(n+1)}(\xi)}{(n+1)!}(x-x_0)^{n+1}$，$\xi$ 在 x_0 与 x 之间.

在泰勒公式中，如果取 $x_0=0$，则 ξ 在 0 与 x 之间，若令 $\xi=\theta x(0<\theta<1)$，从而泰勒公式变成较简单的形式，即所谓带有拉格朗日型余项的麦克劳林公式.

$$f(x)=f(0)+f'(0)x+\frac{f''(0)}{2!}x^2+\cdots+\frac{f^{n}(0)}{n!}x^n+R_n(x),$$

其中拉格朗日型余项 $R_n(x)=\frac{f^{(n+1)}(\theta x)}{(n+1)!}x^{n+1}(0<\theta<1)$.

2. 泰勒级数

函数 $f(x)$ 在 $x=x_0$ 处的泰勒级数

$$\sum_{n=0}^{\infty}\frac{f^{(n)}(x_0)}{n!}(x-x_0)^n=f(x_0)+f'(x_0)(x-x_0)+\frac{f''(x_0)}{2!}(x-x_0)^2+\cdots+\frac{f^{(n)}(x_0)}{n!}(x-x_0)^n+\cdots$$

特别地，当 $x_0=0$ 时，即为 $f(x)$ 的麦克劳林级数

$$\sum_{n=0}^{\infty}\frac{f^{(n)}(0)}{n!}x^n=f(0)+f'(0)x+\frac{f''(0)}{2!}x^2+\cdots+\frac{f^{(n)}(0)}{n!}x^n+\cdots$$

3. 某些初等函数的幂级数展开式

(1) 展开的条件.

如果 $\lim\limits_{n\to\infty}R_n(x)=0$，则 $f(x)$ 在 $x=x_0$ 处可展开成泰勒级数. 特别地，当 $x_0=0$ 时，展开式为麦克劳林级数.

(2) 展开的方法.

1) 直接展开:先求出各阶导数,再写出泰勒级数,并求其收敛域,最后再证明拉格朗日余项趋于零.

2) 间接展开:利用已有的函数展开式,借助恒等变形、四则运算、变量代换、逐项求导或逐项积分等方法得出所求函数的展开式.

(3) 常用展开式.

$\frac{1}{1-x}=1+x+x^2+x^3+\cdots+x^n+\cdots,x\in(-1,1)$

$\frac{1}{1+x}=1-x+x^2-x^3+\cdots+(-1)^n x^n+\cdots,x\in(-1,1)$

$e^x=1+x+\frac{1}{2!}x^2+\cdots+\frac{1}{n!}x^n+\cdots,x\in(-\infty,+\infty)$

$\sin x=x-\frac{x^3}{3!}+\frac{x^5}{5!}-\cdots+(-1)^n\frac{x^{2n+1}}{(2n+1)!}+\cdots,x\in(-\infty,+\infty)$

$\cos x=1-\frac{x^2}{2!}+\frac{x^4}{4!}-\cdots+(-1)^n\frac{x^{2n}}{(2n)!}+\cdots,x\in(-\infty,+\infty)$

$\ln(1+x)=x-\frac{x^2}{2}+\frac{x^3}{3}-\frac{x^4}{4}+\cdots+(-1)^{n-1}\frac{x^n}{n}+\cdots,x\in(-1,1]$

典型例题解析

题型 1:将函数直接展开为 x 的幂函数

【重点提示】采用直接展开法将函数展开为幂级数的步骤:

(1) 计算出函数的各阶导数 $f^{(n)}(0),(n=1,2,3\cdots)$,若函数的某阶导数不存在,则不能展开.

(2) 写出对应的麦克劳林级数

$$f(0)+\frac{f'(0)}{1!}x+\frac{f''(0)}{2!}x^2+\cdots+\frac{f^{(n)}(0)}{n!}x^n+\cdots$$

并求得其收敛区间$(-R,R)$.

(3) 验证当 $x\in(-R,R)$ 时,对应函数的拉格朗日余项在 $n\to\infty$ 时是否趋向于零.若$\lim\limits_{n\to\infty}R_n(x)=0$,则对应的级数就是该函数的麦克劳林展开式;若$\lim\limits_{n\to\infty}R_n\neq 0$,则该函数无法展开成麦克劳林级数.

例 用直接展开法将函数 $f(x)=\cos x$ 展开为 x 的幂级数.

解 $f^{(n)}(x)=\cos\left(\frac{x+n\pi}{2}\right)(n=1,2,\cdots)$,因而 $f^{(n)}(0)=\cos\frac{n\pi}{2}$,故 $f(x)$ 的麦克劳林级数为

$$1-\frac{x^2}{2!}+\frac{x^4}{4!}-\cdots+(-1)^n\frac{x^{2n}}{(2n)!}+\cdots=\sum_{n=0}^{\infty}(-1)^n\frac{x^{2n}}{(2n)!}$$

其收敛半径 $R=+\infty$.

对任意的 $x\in(-\infty,+\infty)$,该幂级数的拉格朗日余项 $R_n(x)$ 满足

$$|R_n(x)|=\left|\frac{\cos\left[\theta x+\frac{(n+1)\pi}{2}\right]}{(n+1)!}\cdot x^{n+1}\right|\leqslant\frac{|x|^{n+1}}{(n+1)!}(0<\theta<1)$$

因为对任意的 $x\in(-\infty,+\infty)$,级数$\sum\limits_{n=0}^{\infty}\frac{|x|^{n+1}}{(n+1)!}$ 均收敛,由级数收敛的必要条件知

$$\lim_{n\to\infty}\frac{|x|^{n+1}}{(n+1)!}=0$$

故$\lim\limits_{n\to\infty}R_n(x)=0$. 因此上述麦克劳林级数在整个数轴上收敛于$\cos x$,故$\cos x$的幂级数展开式为

$$\cos x=1-\frac{x^2}{2!}+\frac{x^4}{4!}-\cdots+(-1)^n\frac{x^{2n}}{(2n)!}+\cdots,x\in(-\infty,+\infty)$$

题型2:将函数展开为$(x-x_0)$的幂级数(泰勒级数)

例 将函数$f(x)=\dfrac{1}{x^2+3x+2}$展开成$(x+4)$的幂级数.

【重点提示】 分式函数展开成幂级数,一般是将其分解为多个简单分式的组合,分别展开后,在其公共收敛域内合并即可.

解 $\dfrac{1}{x^2+3x+2}=\dfrac{1}{x+1}-\dfrac{1}{x+2}$,而

$$\frac{1}{x+1}=\frac{1}{-3+(x+4)}=-\frac{1}{3}\times\frac{1}{1-\frac{x+4}{3}}=-\frac{1}{3}\sum_{n=0}^{\infty}\left(\frac{x+4}{3}\right)^n\left(\left|\frac{x+4}{3}\right|<1\right)$$

$$=-\sum_{n=0}^{\infty}\frac{(x+4)^n}{3^{n+1}}(-7<x<-1)$$

$$\frac{1}{x+2}=\frac{1}{-2+(x+4)}=-\frac{1}{2}\times\frac{1}{1-\frac{x+4}{2}}=-\frac{1}{2}\sum_{n=0}^{\infty}\left(\frac{x+4}{2}\right)^n\left(\left|\frac{x+4}{2}\right|<1\right)$$

$$=-\sum_{n=0}^{\infty}\frac{(x+4)^n}{2^{n+1}}(-6<x<-2)$$

所以

$$\frac{1}{x^2+3x+2}=-\sum_{n=0}^{\infty}\frac{(x+4)^n}{3^{n+1}}+\sum_{n=0}^{\infty}\frac{(x+4)^n}{2^{n+1}}=\sum_{n=0}^{\infty}\left(\frac{1}{2^{n+1}}-\frac{1}{3^{n+1}}\right)(x+4)^n(-6<x<-2)$$

特别提醒　根据要求将所给函数分解成几个简单函数,再借助熟悉的结构展开. 借助常用公式时,常常要用到变量代换. 需注意代换后变量范围的变化. 若同时利用几个展开式,则要取其公共收敛域. 本题中$(-7,-1)\cap(-6,-2)=(-6,-2)$,因而最后的展开式在$(-6,-2)$内成立.

第五节　幂级数的应用举例

知识点归纳

1. 计算函数值的近似值

在函数的幂级数展开式中,取x为收敛域内某个值,即得所求函数值的展开式,根据精度要求,取合适的项数进行计算.

2. 计算定积分的近似值

先将被积函数展开为幂级数,再逐项积分得常数项级数,再根据精度要求,取合适的项数计算.

典型例题解析

题型 1:求函数值的近似值

【重点提示】根据所求数的特点,选取恰当函数的展开式取值计算,有时为了计算的方便,需要选取收敛较快的级数.以计算较少的项数即可达到误差的要求.为达到需要的精度,一般是将余项放大为等比级数或者交错级数,以方便进行误差估计,据此确定合适的项数进行计算.

例 利用函数的幂级数展开式求下列各数的近似值:

$\cos 2°$(误差不超过 0.0001).

【重点提示】分别利用对数函数和余弦函数的幂级数展开式,取适当的 x 值,即得所求的近似值.

解 由公式 $\cos x = 1-\frac{x^2}{2!}+\frac{x^4}{4!}-\cdots+(-1)^n\frac{x^{2n}}{(2n)!}+\cdots$ 得

$$\cos 2° = \cos\frac{\pi}{90} = 1-\frac{\left(\frac{\pi}{90}\right)^2}{2!}+\frac{\left(\frac{\pi}{90}\right)^4}{4!}-\cdots+(-1)^n\frac{\left(\frac{\pi}{90}\right)^{2n}}{(2n)!}+\cdots.$$

该级数为交错级数,因而 $|r_n|<|u_{n+1}|$.

因为 $u_2=\frac{1}{2!}\left(\frac{\pi}{90}\right)^2\approx 6\times10^{-4}$,$u_3=\frac{1}{4!}\left(\frac{\pi}{90}\right)^4\approx 6\times10^{-8}$,所以取前两项可满足误差要求,故

$$\cos 2° \approx 1-\frac{1}{2!}\left(\frac{\pi}{90}\right)^2\approx 1-0.0006\approx 0.9994.$$

> **特别提醒** 计算过程中,需多保留一位小数,最后四舍五入.

题型 2:计算定积分的近似值

【重点提示】先把被积函数展开,再逐项积分,把定积分表示为一常数项级数,按照精度要求取适当的项数来计算.误差估计一般是通过等比级数或交错级数来进行.

例 计算 $\int_0^{0.5}\frac{1}{1+x^4}\mathrm{d}x$ 的近似值(误差不超过 0.0001).

解 $\int_0^{0.5}\frac{1}{1+x^4}\mathrm{d}x=\int_0^{0.5}(1-x^4+x^8-x^{12}+\cdots)\mathrm{d}x=\left(x-\frac{1}{5}x^5+\frac{1}{9}x^9-\frac{1}{13}x^{13}+\cdots\right)\Big|_0^{0.5}$

$$=\frac{1}{2}-\frac{1}{5}\times\frac{1}{2^5}+\frac{1}{9}+\frac{1}{2^9}-\frac{1}{13}\times\frac{1}{2^{13}}+\cdots$$

该级数为交错级数,$|u_n|>|u_{n+1}|$.

因为 $\frac{1}{9}\times\frac{1}{2^9}\approx 0.00022$,$\frac{1}{13}\times\frac{1}{2^{13}}\approx 0.000\,009$,所以取前三项即满足要求,故

$$\int_0^{0.5}\frac{1}{1+x^4}\mathrm{d}x\approx\frac{1}{2}-\frac{1}{5}\times\frac{1}{2^5}+\frac{1}{9}\times\frac{1}{2^9}\approx 0.4940$$

考研真题精解

1. 若级数 $\sum\limits_{n=1}^{\infty}a_n$ 条件收敛,则 $x=\sqrt{3}$ 与 $x=3$ 依次为幂级数 $\sum\limits_{n=1}^{\infty}na_n(x-1)$ 的(　　).

(A) 收敛点,收敛点　　(B) 收敛点,发散点

(C) 发散点,收敛点　　(D) 发散点,发散点

【答案】 (B)

【解答】 因为$\sum\limits_{n=1}^{\infty}a_n$条件收敛,故$x=2$为幂级数$\sum\limits_{n=1}^{\infty}a_n(x-1)^n$的条件收敛点,进而得$\sum\limits_{n=1}^{\infty}a_n(x-1)^n$的收敛半径为1,收敛区间为(0,2);又由于幂级数逐项求导不改变的敛区间,故$\sum\limits_{n=1}^{\infty}na_n(x-1)^n$的收敛区间仍为(0,2),因而$x=\sqrt{3}$与$x=3$均为幂级数$\sum\limits_{n=1}^{\infty}na_n(x-1)^n$的收敛点、发散点.

2. 设数列$\{a_n\}$,$\{b_n\}$满足$0<a_n<\frac{\pi}{2}$,$0<b_n<\frac{\pi}{2}$,$\cos a_n-a_n=\cos b_n$,且级数$\sum\limits_{n=1}^{\infty}b_n$收敛.

(1) 证明:$\lim\limits_{n\to\infty}a_n=0$. (2) 证明:级数$\sum\limits_{n=1}^{\infty}\frac{a_n}{b_n}$收敛.

【解答】 (1) 因为$\sum\limits_{n=1}^{\infty}b_n$收敛,所以$\lim\limits_{n\to\infty}b_n=0$

而$a_n=\cos a_n-\cos b_n=-2\sin\frac{a_n+b_n}{2}\sin\frac{a_n-b_n}{2}>0$,

且$\sin\frac{a_n+b_n}{2}>0$,有$\sin\frac{a_n-b_n}{2}<0$.

又$-\frac{\pi}{4}<\frac{a_n-b_n}{2}<\frac{\pi}{4}$,故$-\frac{\pi}{4}<\frac{a_n-b_n}{2}<0$,

即$0<a_n<b_n$,由夹逼准则$\lim\limits_{n\to\infty}a_n=0$.

(2) 由$a_n=\cos a_n-\cos b_n$得

$$\frac{a_n}{b_n}=\frac{\cos a_n-\cos b_n}{b_n}=-\frac{2\sin\frac{a_n+b_n}{2}\sin\frac{a_n-b_n}{2}}{b_n}\sim\frac{b_n^2-a_n^2}{2b_n}$$

因为$0\leqslant\frac{b_n^2-a_n^2}{2b_n}\leqslant\frac{b_n}{2}$且$\sum\limits_{n=1}^{\infty}b_n$收敛,

所以$\sum\limits_{n=1}^{\infty}\frac{b_n^2-a_n^2}{2b_n}$收敛,

由比较审敛法得$\sum\limits_{n=1}^{\infty}\frac{a_n}{b_n}$收敛.

3. 求幂级数$\sum\limits_{n=0}^{\infty}\frac{4n^2+4n+3}{2n+1}x^{2n}$的收敛域及和函数.

【解答】 $R=\lim\limits_{n\to\infty}\left|\frac{a_n}{a_{n+1}}\right|=\lim\limits_{n\to\infty}\left|\frac{\frac{4n^2+4n+3}{2n+1}}{\frac{4(n+1)^2+4(n+1)+3}{2(n+1)+1}}\right|$

$=\lim\limits_{n\to\infty}\left|\frac{4n^2+4n+3}{2n+1}\cdot\frac{2(n+1)+1}{4(n+1)^2+4(n+1)+3}\right|=1$

$S(x)=\sum\limits_{n=0}^{\infty}\frac{4n^2+4n+3}{2n+1}x^{2n}(-1<x<1)$

$\int_0^x S(t)\mathrm{d}t=\sum\limits_{n=0}^{\infty}\int_0^x \frac{4n^2+4n+3}{2n+1}x^{2n}\mathrm{d}x$,

$x=1$时,$\sum\limits_{n=0}^{\infty}\frac{4n^2+4n+3}{2n+1}x^{2n}$ 发散,

因为$\lim\limits_{n\to\infty}\frac{\frac{4n^2+4n+3}{2n+1}}{\frac{1}{2n+1}}=\infty$,

当 $x=-1$ 时,$\sum\limits_{n=0}^{\infty}\frac{4n^2+4n+3}{2n+1}(-1)^{2n}$ 发散,

所以 $x\in(-1,1)$ 为函数的收敛域.

记 $S(x)=\sum\limits_{n=0}^{\infty}\frac{4n^2+4n+3}{2n+1}x^{2n}(-1<x<1)$,

则 $S(x)=\sum\limits_{n=0}^{\infty}(2n+1)x^{2n}+2\sum\limits_{n=0}^{\infty}\frac{1}{2n+1}x^{2n}$,

$$\sum_{n=0}^{\infty}(2n+1)x^{2n}=(\sum_{n=0}^{\infty}x^{2n+1})'=(\frac{x}{1-x^2})'=\frac{1+x^2}{(1-x^2)^2}(-1<x<1)$$

$$\sum_{n=0}^{\infty}\frac{x^{2n}}{2n+1}=\frac{1}{x}\sum_{n=0}^{\infty}\frac{x^{2n+1}}{2n+1}=\frac{1}{x}\int_0^x(\sum_{n=0}^{\infty}t^{2n})\mathrm{d}t$$
$$=\frac{1}{x}\int_0^x\frac{1}{1-t^2}\mathrm{d}t=\frac{1}{2x}\ln\frac{1+x}{1-x}(0<|x|<1)$$

且 $S(0)=3$

所以 $S(x)=\begin{cases}\frac{1+x^2}{(1-x^2)^2}+\frac{1}{x}\ln\frac{1+x}{1-x}, & 0<|x|<1\\ 3, & x=0\end{cases}$

4. 设银行存款的年利率为 $r=0.05$,并依年复利计算. 某基金会希望通过存款 A 万元实现第一年提取 19 万元,第二年提取 28 万元,…,第 n 年提取$(10+9n)$ 万元,并能按此规律一直提取下去,问 A 至少应为多少万元?

【解答】 设开始时刻为 $t=0$,记 $0.05=r$. 由题设知存款 A 万元应满足:

第 1 年末的存款余额大于 0:

$$A(1+r)-19>0 \iff A>\frac{19}{1+r}$$

第 2 年末的存款余额大于 0:

$$[A(1+r)-19](1+r)-28>0 \iff A>\frac{19}{1+r}+\frac{28}{(1+r)^2}$$

按此规律下去,在 n 年末的存款余额也应大于 0;

$$A(1+r)^n-19(1+r)^{n-1}-28(1+r)^{n-2}-\cdots-(10+9n)>0$$

$$\iff \quad A>\frac{19}{1+r}+\frac{28}{(1+r)^2}+\cdots+\frac{10+9n}{(1+r)^n}$$

那么,能按此规律一直提取下去的 A 应满足

$$A\geqslant\frac{19}{1+r}+\frac{28}{(1+r)^2}+\cdots+\frac{10+9n}{(1+r)^n}+\cdots$$

即
$$A \geqslant \sum_{n=1}^{\infty} \frac{10+9n}{(1+r)^n} = 10\sum_{n=1}^{\infty} \frac{1}{(1+r)^n} + 9\sum_{n=1}^{\infty} \frac{n}{(1+r)^n}$$
又知道幂级数和函数公式
$$\sum_{n=1}^{\infty} x^{n-1} = \frac{1}{1-x}(|x|<1), \sum_{n=1}^{\infty} nx^{n-1} = \frac{1}{(1-x)^2}(|x|<1)$$
那么
$$\sum_{n=1}^{\infty} \frac{1}{(1+r)^n} = \frac{\frac{1}{1+r}}{1-\frac{1}{1+r}} = \frac{1}{r}, \sum_{n=1}^{\infty} \frac{n}{(1+r)^n} = \frac{\frac{1}{1+r}}{\left(1-\frac{1}{1+r}\right)^2} = \frac{1}{r} + \frac{1}{r^2}$$
故　$A \geqslant \frac{10}{r} + 9\left(\frac{1}{r} + \frac{1}{r^2}\right) = \frac{19}{r} + \frac{9}{r^2} = 3980$，即 A 至少应为 3980 万元.

5. 将函数 $f(x) = \dfrac{1}{x^2-3x-4}$ 展开成 $x-1$ 的幂级数，并指出其收敛区间.

【解答】　由于要展开成 $x-1$ 的级数，故首先作换元 $x-1=t$ 即 $x=t+1$，得
$$f(x) = \frac{1}{x^2-3x-4} = \frac{1}{(t+1)^2-3(t+1)-4} = \frac{1}{t^2-t-6}$$
再将上式右端分解为多个有理分式的项，得
$$\frac{1}{t^2-t-6} = \frac{1}{(t-3)(t+2)} = -\frac{1}{(2+t)(3-t)} = -\frac{1}{5}\left(\frac{1}{2+t} + \frac{1}{3-t}\right)$$
再利用以下已知的幂级数展开式 $\dfrac{1}{1-x} = \sum\limits_{n=0}^{\infty} x^n(|x|<1)$ 可得
$$\frac{1}{2+t} = \frac{1}{2}\cdot\frac{1}{1+\frac{t}{2}} = \frac{1}{2}\sum_{n=0}^{\infty}\left(-\frac{t}{2}\right)^n = \sum_{n=0}^{\infty}\frac{(-1)^n}{2^{n+1}}t^n \quad (|t|<2)$$
$$\frac{1}{3-t} = \frac{1}{3}\cdot\frac{1}{1-\frac{t}{3}} = \frac{1}{3}\sum_{n=0}^{\infty}\left(\frac{t}{3}\right)^n = \sum_{n=0}^{\infty}\frac{1}{3^{n+1}}t^n \quad (|t|<3)$$
则有当 $|t|<2$ 时，即 $|x-1|<2$ 时，有
$$f(x) = -\frac{1}{5}\sum_{n=0}^{\infty}\left[\frac{(-1)^n}{2^{n+1}} + \frac{1}{3^{n+1}}\right]t^n = -\frac{1}{5}\sum_{n=0}^{\infty}\left[\frac{(-1)^n}{2^{n+1}} + \frac{1}{3^{n+1}}\right](x-1)^n$$
展开式的收敛区间是 $|x-1|<2$，即 $x\in(-1,3)$.

6. 求幂级数 $\sum\limits_{n=1}^{\infty}\dfrac{(-1)^{n-1}x^{2n+1}}{n(2n-1)}$ 的收敛域及和函数 $S(x)$.

【解答】　$x=0$ 时幂级数 $\sum\limits_{n=1}^{\infty}\dfrac{(-1)^{n-1}x^{2n+1}}{n(2n-1)}$ 显然收敛. 下面考虑当 $x\neq 0$ 时，有
$$\lim_{x\to\infty}\left|\frac{(-1)^n x^{2n+3}}{(n+1)(2n+1)}\right|\cdot\left|\frac{n(2n-1)}{(-1)^{n-1}x^{2n+1}}\right| = x^2$$
根据级数收敛定理，判断当 $x^2<1$ 即 $|x|<1$ 时幂级数收敛，当 $x^2>1$ 即 $|x|>1$ 时幂级数发散，特别当 $x=1$ 时幂级数变为收敛的交错级数 $\sum\limits_{n=1}^{\infty}\dfrac{(-1)^{n-1}}{n(2n-1)}$，当 $x=-1$ 时幂级数变为收敛的交错级数 $\sum\limits_{n=1}^{\infty}\dfrac{(-1)^n}{n(2n-1)}$. 从而得到幂级数的收敛域为 $[-1,1]$.

下面求幂级数的和函数. 令 $S(x)=\sum\limits_{n=1}^{\infty}\frac{(-1)^{n-1}x^{2n+1}}{n(2n-1)}, |x|\leqslant 1, S_1(x)=\sum\limits_{n=1}^{\infty}\frac{(-1)^{n-1}x^{2n}}{n(2n-1)}, |x|\leqslant 1,$ 则 $S(x)=xS_1(x)$. 注意到 $S_1(0)=0, S'_1(0)=0$, 且

$$S''_1(x)=2\sum_{n=1}^{\infty}(-1)^{n-1}x^{2n-2}=2\sum_{n=1}^{\infty}(-x^2)^{n-1}=\frac{2}{1+x^2}, |x|<1$$

积分得

$$S'_1(x)=S'_1(0)+\int_0^x\frac{2\mathrm{d}t}{1+t^2}=2\arctan x, |x|<1$$

再积分得

$$\begin{aligned}S_1(x)&=S_1(0)+\int_0^x\arctan t\mathrm{d}t=2\left(t\arctan t\Big|_0^x-\int_0^x\frac{t\mathrm{d}t}{1+t^2}\right)\\&=2\left[x\arctan x-\frac{1}{2}\ln(1+x^2)\right], |x|<1\end{aligned}$$

因为幂级数 $\sum\limits_{n=1}^{\infty}\frac{(-1)^{n-1}x^{2n}}{n(2n-1)}$ 在 $x=\pm 1$ 收敛, 又 $2[x\arctan x-\frac{1}{2}\ln(1+x^2)]$ 在 $x=\pm 1$ 连续, 故有和函数公式

$$S_1(x)=\sum_{n=1}^{\infty}\frac{(-1)^{n-1}x^{2n}}{n(2n-1)}=2x\arctan x-\ln(1+x^2), |x|\leqslant 1$$

即所求和函数为 $S(x)=\sum\limits_{n=1}^{\infty}\frac{(-1)^{n-1}x^{2n+1}}{n(2n-1)}=2x^2\arctan x-x\ln(1+x^2), |x|\leqslant 1$

课后习题全解

(A)

1. 解 (1) $u_n=(-1)^{n-1}\frac{1}{2^{n-1}}(n=1,2,\cdots)$

(2) $u_n=\frac{n}{n^2+1}(n=1,2,\cdots)$

(3) $u_n=\frac{x^{n-1}}{(3n-2)(3n+1)}(n=1,2,\cdots)$

(4) $u_n=\frac{(-1)^{n-1}2^n}{n!}(n=1,2,\cdots)$

2. 解 由 $S_n=u_1+u_2+\cdots+u_{n-1}+u_n$, 有 $u_n=S_n-S_{n-1}(n\geqslant 2)$, 所以

$u_n=\frac{3n}{n+1}-\frac{3(n-1)}{n}=\frac{3}{n(n+1)}$

而 $u_1=S_1=\frac{3}{1+1}=\frac{3}{1\cdot 2}$, 所以所求级数为

$$\sum_{n=1}^{\infty}u_n=\sum_{n=1}^{\infty}\frac{3}{n(n+1)}=\frac{3}{1\cdot 2}+\frac{3}{2\cdot 3}+\frac{3}{3\cdot 4}+\cdots$$

又 $S=\lim\limits_{n\to\infty}S_n=\lim\limits_{n\to\infty}\frac{3n}{n+1}=3$, 所以级数的和等于 3.

3. 分析 先看一般项是否趋于零, 不趋于零时级数发散, 否则, 再用已知级数或部分和法判定敛散性.

解 (1) 发散. 因为一般项的极限为 $\lim\limits_{n\to\infty}\sqrt[n]{0.001}=1$, 由收敛的必要条件知, 该级数发散.

(2) 收敛. 因为这是一个公比为 $q=-\frac{4}{5}$ 的几何级数，由于 $|q|<1$，故它收敛.

(3) 发散. 因为一般项的极限 $\lim\limits_{n\to\infty}\frac{2n-1}{2n}=1\neq 0$，由收敛的必要条件知，该级数发散.

(4) 发散. 因为一般项的极限 $\lim\limits_{n\to\infty}\frac{n}{n+1}=1\neq 0$，由收敛的必要条件知，该级数发散.

(5) 收敛. 因为部分和

$$S_n=\left(\frac{1}{2}+\frac{1}{3}\right)+\left(\frac{1}{4}+\frac{1}{9}\right)+\cdots+\left(\frac{1}{2^n}+\frac{1}{3^n}\right)$$

$$=\left(\frac{1}{2}+\frac{1}{4}+\cdots+\frac{1}{2^n}\right)+\left(\frac{1}{3}+\frac{1}{9}+\cdots+\frac{1}{3^n}\right)=\frac{1}{2}\cdot\frac{1-\left(\frac{1}{2}\right)^n}{1-\frac{1}{2}}+\frac{1}{3}\cdot\frac{1-\left(\frac{1}{3}\right)^n}{1-\frac{1}{3}}$$

$$=\frac{3}{2}\,(n\to\infty\text{ 时}).$$

4. **分析**　根据级数特点，将通项适当放大或缩小，与已知敛散性的级数比较，常用比较级数有几何级数，$P-$级数等，然后用比较判别法进行判定.

解　(1) 由 $\frac{1}{2n-1}>\frac{1}{2n}(n\geqslant 1)$，因 $\sum\limits_{n=1}^{\infty}\frac{1}{n}$ 发散，所以 $\sum\limits_{n=1}^{\infty}\frac{1}{2n}$ 发散，从而由正项级数的比较判别法知原级数 $\sum\limits_{n=1}^{\infty}\frac{1}{2n-1}$ 发散.

(2) 由 $\frac{1}{n^2+1}<\frac{1}{n^2}(n\geqslant 1)$，因 p 级数 $\sum\limits_{n=1}^{\infty}\frac{1}{n^2}(p=2>1)$ 收敛，由比较判别法，所以 $\sum\limits_{n=1}^{\infty}\frac{1}{n^2+1}$ 收敛.

(3) 因 $\frac{2^{n-1}}{3\cdot 5\cdot 7\cdots\cdot(2n-1)}\leqslant\left(\frac{2}{3}\right)^{n-1}(n\geqslant 1)$，几何级数 $\sum\limits_{n=1}^{\infty}\left(\frac{2}{3}\right)^{n-1}\left(q=\frac{2}{3}\right)$ 收敛，所以由比较判别法知原级数收敛.

(4) 要 $\frac{1}{\ln(n+1)}>\frac{1}{n}(n=1,2,\cdots)$，只须证 $\ln(n+1)<n$，这里 $n>0$.

令 $y=x-\ln(x+1)$，求得 $y'=1-\frac{1}{x+1}>0, x\in(0,+\infty)$.

所以 y 为单调增加函数，即当 $x>0$ 时，$y>y(0)=0$.

即 $x>\ln(x+1)$，因此，对一切自然数 n，不等式 $n>\ln(1+n)$ 亦成立. 因 $\sum\limits_{n=1}^{\infty}\frac{1}{n}$ 发散，所以由比较判别法知 $\sum\limits_{n=1}^{\infty}\frac{1}{\ln(n+1)}$ 发散.

(5) 因 $\frac{2^n}{(2n-1)\cdot 3^n}\leqslant\left(\frac{2}{3}\right)^n$，而 $\sum\limits_{n=1}^{\infty}\left(\frac{2}{3}\right)^n$，$\left(q=\frac{2}{3}\right)$ 收敛，由比较判别法，所以 $\sum\limits_{n=1}^{\infty}\frac{2^n}{(2n-1)\cdot 3^n}$ 收敛.

(6) 因 $\left(\frac{n}{2n+1}\right)^n<\left(\frac{1}{2}\right)^n$，而 $\sum\limits_{n=1}^{\infty}\left(\frac{1}{2}\right)^n\left(q=\frac{1}{2}\right)$ 收敛，由比较判别法，所以 $\sum\limits_{n=1}^{\infty}\left(\frac{n}{2n+1}\right)^n$ 收敛.

(7) 因$\frac{1}{n\sqrt{n+1}}<\frac{1}{n\sqrt{n}}=\frac{1}{n^{3/2}}$，而$\sum\limits_{n=1}^{\infty}n^{\frac{1}{3/2}}$收敛(此处$p=\frac{3}{2}>1$)，由比较判别法，所以$\sum\limits_{n=1}^{\infty}\frac{1}{n\sqrt{n+1}}$收敛.

(8) 因为级数通项$u_n=\ln(1+\frac{1}{n})\sim\frac{1}{n}(n\to\infty)$，利用比较判别法的极限形式，设$u_n=\frac{1}{n}$，因为$\lim\limits_{n\to\infty}\frac{u_n}{v_n}=\lim\limits_{n\to\infty}\frac{\ln(1+\frac{1}{n})}{\frac{1}{n}}=1$，可知$\sum\limits_{n=1}^{\infty}\ln\left(1+\frac{1}{n}\right)$与$\sum\limits_{n=1}^{\infty}\frac{1}{n}$有相同的敛散性，所以原级数发散.

(9) 级数的通项$u_n=\frac{n^{n-1}}{(n+1)^{n+1}}$，设$v_n=\frac{1}{n^2}$，因为$\lim\limits_{n\to\infty}\frac{u_n}{v_n}=\lim\limits_{n\to\infty}\frac{n^{n+1}}{(n+1)^{n+1}}=\lim\limits_{n\to\infty}\frac{1}{\left(1+\frac{1}{n}\right)^{n+1}}=\frac{1}{\mathrm{e}}$，所以原级数收敛.

5. **分析** 所给级数均为正项级数，求出$\lim\limits_{n\to\infty}\frac{u_{n+1}}{u_n}$后依比值判别法判断. 即考察极限$\lim\limits_{n\to\infty}\frac{u_{n+1}}{u_n}=1$，当$l<1$时级数收敛，$l>1$时级数发散.

解 (1) $\lim\limits_{n\to\infty}\frac{u_{n+1}}{u_n}=\lim\limits_{n\to\infty}\frac{2n+1}{2^{n+1}}\cdot\frac{2^n}{2n-1}=\frac{1}{2}<1$

原级数收敛.

(2) $\lim\limits_{n\to\infty}\frac{u_{n+1}}{u_n}=\lim\limits_{n\to\infty}\frac{1}{(n+1)!}\cdot n!=\lim\limits_{n\to\infty}\frac{1}{n+1}=0<1$

原级数收敛.

(3) $\lim\limits_{n\to\infty}\frac{u_{n+1}}{u_n}=\lim\limits_{n\to\infty}\frac{1}{(2n+3)!}\cdot(2n+1)!=\lim\limits_{n\to\infty}\frac{1}{(2n+2)(2n+3)}=0<1$

原级数收敛.

(4) $\lim\limits_{n\to\infty}\frac{u_{n+1}}{u_n}=\lim\limits_{n\to\infty}\frac{1}{2^{2n+1}(2n+1)}\cdot 2^{2n-1}(2n-1)=\lim\limits_{n\to\infty}\frac{2n-1}{4(2n+1)}=\frac{1}{4}<1$

原级数收敛.

(5) $\lim\limits_{n\to\infty}\frac{u_{n+1}}{u_n}=\lim\limits_{n\to\infty}\frac{2^{n+1}}{10^3\cdot(n+1)}\cdot\frac{10^3\cdot n}{2^n}=\lim\limits_{n\to\infty}\frac{2n}{n+1}=2>1$

原级数发散.

(6) $\lim\limits_{n\to\infty}\frac{u_{n+1}}{u_n}=\lim\limits_{n\to\infty}\frac{5^n}{(n+1)!}\cdot\frac{n!}{5^{n-1}}=\lim\limits_{n\to\infty}\frac{5}{n+1}=0<1$

原级数收敛.

(7) $\lim\limits_{n\to\infty}\frac{u_{n+1}}{u_n}=\lim\limits_{n\to\infty}\frac{[(n+1)!]^2}{[2(n+1)]!}\cdot\frac{(2n)!}{(n!)^2}=\lim\limits_{n\to\infty}\frac{(n+1)^2}{(2n+2)(2n+1)}=\frac{1}{4}<1$

原级数收敛.

(8) $\lim\limits_{n\to\infty}\frac{u_{n+1}}{u_n}=\lim\limits_{n\to\infty}\frac{2^{n+1}}{(n+1)\cdot(n+2)}\cdot\frac{n(n+1)}{2^n}=\lim\limits_{n\to\infty}\frac{2n}{n+2}=2>1$

原级数发散.

(9) 令$x=\frac{\pi}{3^n}$，

$$\lim_{n\to\infty}\frac{u_{n+1}}{u_n}=\lim_{n\to\infty}\frac{2^{n+1}\sin\frac{\pi}{3^{n+1}}}{2^n\cdot\sin\frac{\pi}{3^n}}=\lim_{n\to\infty}2\frac{\sin\frac{x}{3}}{\sin x}=\lim_{n\to\infty}2\frac{\sin\frac{x}{3}\Big/\frac{x}{3}}{3\cdot\sin x/x}=\frac{2}{3}<1$$

原级数收敛.

6. **解**　(1) 级数的通项 $u_n=\left(\frac{1}{3n+1}\right)^n>0(n=1,2,\cdots)$.

因为 $\lim_{n\to\infty}\sqrt[n]{u_n}=\lim_{n\to\infty}\frac{n}{3n+1}=\frac{1}{3}<1$,所以级数收敛.

(2) 级数的通项 $u_n=\frac{3}{2^n(\arctan n)^n}>0(n=1,2,\cdots)$.

因为 $\lim_{n\to\infty}\sqrt[n]{u_n}=\lim_{n\to\infty}\frac{\sqrt[n]{3}}{2\arctan n}=\frac{1}{2\cdot\frac{\pi}{2}}=\frac{1}{\pi}<1$,所以级数收敛.

(3) 级数的通项 $u_n=\left(\frac{3n+2}{2n+1}\right)^n>0(n=1,2,\cdots)$.

因为 $\lim_{n\to\infty}\sqrt[n]{u_n}=\lim_{n\to\infty}\left(\frac{3n+2}{2n+1}\right)=\frac{3}{2}>1$,所以级数发散.

(4) 级数的通项 $u_n=\frac{n^2}{\left(1+\frac{1}{n}\right)^{n^2}}>0(n=1,2,\cdots)$.

因为 $\lim_{n\to\infty}\sqrt[n]{u_n}=\lim_{n\to\infty}\frac{(\sqrt[n]{n})^2}{\left(1+\frac{1}{n}\right)^n}=\frac{1}{e}<1$,所以级数收敛.

7. **分析**　由莱布尼茨判别法判定,检验通项 u_n 是否单调递减趋于零.

解　(1) $u_n=\frac{1}{\sqrt{n}}$,它单调递减趋于零,由莱布尼茨判别法,故所求级数收敛.

(2) $u_n=\frac{1}{n!}$,它单调递减趋于零,由莱布尼茨判别法,故所求级数收敛.

(3) $u_n=\frac{n}{2n-1}\to\frac{1}{2}\neq(0)(n\to\infty)$,由收敛的必要条件知,所求级数发散.

8. **分析**　先判断绝对值级数 $\sum_{n=1}^{\infty}|u_n|$,若收敛,则 $\sum_{n=1}^{\infty}u_n$ 绝对收敛;若发散,则还要再分析 $\sum_{n=1}^{\infty}u_n$,当 $\sum_{n=1}^{\infty}u_n$ 收敛时其条件收敛,否则发散.

解　(1) $|u_n|=\frac{1}{(2n-1)^2}<\frac{1}{n^2}$,而 $\sum_{n=1}^{\infty}\frac{1}{n^2}$ 收敛,故 $\sum_{n=1}^{\infty}|u_n|$ 收敛,从而 $\sum_{n=1}^{\infty}u_n$ 绝对收敛.

(2) $|u_n|=\frac{1}{n\cdot 2^n}<\left(\frac{1}{2}\right)^n$,而 $\sum_{n=1}^{\infty}\left(\frac{1}{2}\right)^n$ 收敛,故 $\sum_{n=1}^{\infty}|u_n|$ 收敛,从而原级数绝对收敛.

(3) $|u_n|=\frac{1}{\ln(n+1)}>\frac{1}{n}$,而 $\sum_{n=1}^{\infty}\frac{1}{n}$ 发散,故 $\sum_{n=1}^{\infty}|u_n|$ 发散,又因 $\frac{1}{\ln(n+1)}$ 单调递减趋于零,故由莱布尼茨判别法知,$\sum_{n=1}^{\infty}u_n$ 收敛,从而原级数条件收敛.

(4) $|u_n|=\left|\frac{\sin n\alpha}{(n+1)^2}\right|\leqslant\frac{1}{(n+1)^2}$,而$\sum_{n=1}^{\infty}\frac{1}{(n+1)^2}$收敛,故$\sum_{n=1}^{\infty}|u_n|$收敛,从而原级数绝对收敛.

(5) $\sum_{n=1}^{\infty}|u_n|$的部分和是两个收敛的几何级数的部分和之和,故$\sum_{n=1}^{\infty}|u_n|$收敛,从而$\sum_{n=1}^{\infty}u_n$绝对收敛.

(6) $|u_n|=\frac{(2n+1)^2}{2^{n+1}}$,由比值判别法. 因

$$l=\lim_{n\to\infty}\frac{|u_{n+1}|}{|u_n|}=\lim_{n\to\infty}\frac{(2n+3)^2}{2^{n+2}}\cdot\frac{2^{n+1}}{(2n+1)^2}=\lim_{n\to\infty}\frac{1}{2}\left(\frac{2n+3}{2n+1}\right)^2=\frac{1}{2}<1$$

故$\sum_{n=1}^{\infty}|u_n|$收敛,从而$\sum_{n=1}^{\infty}u_n$绝对收敛.

9. **分析** 求幂级数的收敛区间,先依公式求出收敛半径,注意判断幂级数在区间端点的收敛性.

解 (1)$a_n=(-1)^{n-1}\frac{1}{n}$,故收敛半径$R=\lim_{n\to\infty}\left|\frac{a_{n+1}}{a_n}\right|=\lim_{n\to\infty}\frac{n}{n+1}=1$,

当$x=-1$时,幂级数成为$\sum_{n=1}^{\infty}\frac{-1}{n}$,为发散级数;当$x=1$时,幂级数成为$\sum_{n=1}^{\infty}\frac{(-1)^{n-1}}{n}$,为收敛级数,故收敛区间为$(-1,1]$.

(2)$a_n=\frac{1}{(2n)!}$,$R=\lim_{n\to\infty}\left|\frac{a_n}{a_{n+1}}\right|=\lim_{n\to\infty}(2n+2)(2n+1)=\infty$,故收敛区间为$(-\infty,+\infty)$.

(3)$a_n=\frac{1}{(2n-1)(2n)}$,$R=\lim_{n\to\infty}\left|\frac{a_n}{a_{n+1}}\right|\lim_{n\to\infty}\frac{(2n+1)(2n+2)}{(2n-1)(2n)}=1$,当$|x|=1$时,由于$\left|\frac{x_n}{(2n-1)(2n)}\right|=\frac{1}{(2n-1)(2n)}$,对应的级数$\sum_{n=1}^{\infty}\frac{1}{(2n-1)(2n)}$收敛,故幂级数在$x=-1,1$时都绝对收敛,从而所求收敛区间为$[-1,1]$.

(4)$a_n=\frac{1}{2^{n+1}}$,$R=\lim_{n\to\infty}\frac{2^{n+2}}{2^{n+1}}=2$;当$x=\pm2$时,幂级数的一般项$\left|\frac{x^n}{2^{n+1}}\right|=\frac{1}{2}$不趋于零,因而幂级数在区间端点发散,于是所求收敛区间为$(-2,2)$.

(5)$a_n=\frac{1}{3^n(n+1)}$,$R=\lim_{n\to\infty}\frac{3^{n+1}(n+2)}{3^n(n+1)}=3$,当$x=3$时,幂级数成为$\sum_{n=1}^{\infty}\frac{1}{n}$而发散;当$x=-3$时,幂级数成为$\sum_{n=1}^{\infty}(-1)^{n-1}\frac{1}{n}$而收敛,故所求收敛区间为$[-3,3)$.

(6)$a_n=\frac{1}{5^n\sqrt{n+1}}$,$R=\lim_{n\to\infty}\frac{5^{n+1}\sqrt{n+2}}{5^n\sqrt{n+1}}=5$,当$x=5$时,幂级数成为$\sum_{n=1}^{\infty}(-1)^n\frac{1}{\sqrt{n+1}}$而收敛;当$x=-5$时,幂级数成为$\sum_{n=1}^{\infty}\frac{1}{\sqrt{n+1}}$而发散,故所求收敛区间为$(-5,5]$.

(7)$a_n=\frac{2^n}{\sqrt{(4n+1)5^n}}$,$R=\lim_{n\to\infty}\frac{2^n}{\sqrt{(4n+1)5^n}}\cdot\frac{\sqrt{(4n+5)5^{n+1}}}{2^{n+1}}=\frac{\sqrt{5}}{2}$,

当$x=\frac{\sqrt{5}}{2}$时,幂级数成为$\sum_{n=1}^{\infty}\frac{1}{\sqrt{4n+1}}$而发散;当$x=-\frac{\sqrt{5}}{2}$时,幂级数成为$\sum_{n=1}^{\infty}(-1)^n\frac{1}{\sqrt{4n+1}}$而收敛. 故所求收敛区间为$[-\frac{\sqrt{5}}{2},\frac{\sqrt{5}}{2})$.

(8) $a_n=\frac{\ln n}{n}$（指 x^n 的系数），$R=\lim\limits_{n\to\infty}\frac{(n+1)\ln n}{n\ln(n+1)}=1$.

当 $x=1$ 时，幂级数成为正项级数 $\sum\limits_{n=1}^{\infty}\frac{\ln n}{n}$，其通项比发散级数 $\sum\limits_{n=1}^{\infty}\frac{1}{n}$ 的通项大，发散；

当 $x=-1$ 时，幂级数成为 $\sum\limits_{n=2}^{\infty}(-1)^n\frac{\ln n}{n}$，收敛.

故所求收敛区间为 $[-1,1)$.

(9) 因为 $\lim\limits_{n\to\infty}\left|\frac{a_{n+1}}{a_n}\right|=\lim\limits_{n\to\infty}\frac{5^{n+1}+(-3)^{n+1}}{n+1}\cdot\frac{n}{5^n+(-3)^n}=\lim\limits_{n\to\infty}\frac{n}{n+1}\cdot\frac{5[1+(1-\frac{3}{5})^{n+1}]}{1-\left(-\frac{3}{5}\right)^n}=5$，

所以收敛半径 $R=\frac{1}{5}$，

当 $x=-\frac{1}{5}$ 时，原级数成为 $\sum\limits_{n=1}^{\infty}\left[(-1)^n\frac{1}{n}+\frac{1}{n}\cdot\left(\frac{3}{5}\right)^n\right]$，由于 $\sum\limits_{n=1}^{\infty}(-1)^n\frac{1}{n}$ 收敛，且当 $\sum\limits_{n=1}^{\infty}\frac{1}{n}\cdot\left(\frac{3}{5}\right)^n$ 收敛（用比值判别法），故级数 $\sum\limits_{n=1}^{\infty}\left[(-1)^n\frac{1}{n}+\frac{1}{n}\left(\frac{3}{5}\right)^n\right]$ 收敛.

当 $x=\frac{1}{5}$ 时，原级数成为 $\sum\limits_{n=1}^{\infty}\left[\frac{1}{n}+\frac{1}{n}\left(-\frac{3}{5}\right)^n\right]$，因级数 $\sum\limits_{n=1}^{\infty}\frac{1}{n}$ 发散，故级数 $\sum\limits_{n=1}^{\infty}\left[\frac{1}{n}+\frac{1}{n}\cdot\left(-\frac{3}{5}\right)^n\right]$ 发散.

所以所求收敛域为 $[-\frac{1}{5},\frac{1}{5})$.

(10) 可以看做是两个幂级数 $\sum\limits_{n=1}^{\infty}\frac{(-1)^n}{2n}x^n$ 与 $\sum\limits_{n=1}^{\infty}3^nx^n$ 的和. 容易求出，第一个幂级数的收敛区间是 $(-2,2]$，第二个幂级数的收敛区间是 $(-\frac{1}{3},\frac{1}{3})$，取两个收敛区间的交集便得到所求幂级数的收敛区间 $(-\frac{1}{3},\frac{1}{3})$.

(11) 令 $t=x-2$，化作 $\sum\limits_{n=1}^{\infty}\frac{1}{n^2}t^n$，求得 $R=\lim\limits_{n\to\infty}\frac{(n+1)^2}{n^2}=1$，

易知 $t=-1,1$ 时，级数均收敛，故收敛区间为 $[-1,1]$. 代回原变量，得

$-1\leqslant t=x-2\leqslant 1$ 或 $1\leqslant x\leqslant 3$，故所求收敛区间是 $[1,3]$.

(12) 记 $t=x^2$ 化作标准的没有缺项的幂级数. 于是在以 t 为变量的级数 $\sum\limits_{n=1}^{\infty}(\sqrt{n+1}-\sqrt{n})2^nt^n$ 中，

$$a_n=(\sqrt{n+1}-\sqrt{n})2^n$$

$$R=\lim_{n\to\infty}\frac{(\sqrt{n+1}-\sqrt{n})2^n}{(\sqrt{n+2}-\sqrt{n+1})2^{n+1}}=\frac{1}{2}$$

当 $t=\frac{1}{2}$ 时，级数 $\sum\limits_{n=1}^{\infty}a_nt^n$ 成为 $\sum\limits_{n=1}^{\infty}\frac{1}{\sqrt{n+1}+\sqrt{n}}$，是发散级数，$t=-\frac{1}{2}$ 时，级数 $\sum\limits_{n=1}^{\infty}a_nt^n$ 成为 $\sum\limits_{n=1}^{\infty}(-1)^n\frac{1}{\sqrt{n+1}+\sqrt{n}}$，是收敛级数. 故 $\sum a_nt^n$ 的收敛区间是 $[-\frac{1}{2},\frac{1}{2})$. 代回原变量得 $-\frac{1}{2}\leqslant t=$

$x^2<\frac{1}{2}$ 或 $-\frac{1}{\sqrt{2}}<x<\frac{1}{\sqrt{2}}$,

故原级数的收敛区间为$(-\frac{\sqrt{2}}{2},\frac{\sqrt{2}}{2})$.

(13) 令 $t=(x+3)^2$,化作$\sum\limits_{n=1}^{\infty}2^nt^n$,可以求得其收敛区间为$(-\frac{1}{2},\frac{1}{2})$,代回原变量,得

$-\frac{1}{2}<t=(x+3)^2<\frac{1}{2}$ 或 $-3-\frac{\sqrt{2}}{2}<x<-3+\frac{\sqrt{2}}{2}$

故所求收敛区间是$(-3-\frac{\sqrt{2}}{2},-3+\frac{\sqrt{2}}{2})$.

(14) 令 $t=2x-3$,化作$\sum\limits_{n=1}^{\infty}\frac{(-1)^n}{2n-1}t^n$,可以求得其收敛区间为$(-1,1]$,代回原变量,得

$-1<t=2x-3\leqslant 1$ 或 $1<x\leqslant 2$

故原级数的收敛区间是$(1,2]$.

【方法技巧】(1) 在讨论端点处对应的常数项级数的敛散性时,用常数项级数的判别法,包括比较法、比值法、根植法或莱布尼茨判别法. 此外也常用到级数的性质,例如两收敛级数逐相加仍收敛,但收敛级数与一发散级数逐项相加后所成级数发散等.

(2) 若幂级数通项含多个部分,可分别分析各个对应级数的收敛半径,再取公共区域.

(3) 当级数只含偶次项或奇次项时,直接用比值法判别,或通过代换转化为普通幂级数.

10. **分析**　先用求收敛半径公式求幂级数的收敛区间,再用几何级数的求和公式求和函数.

解　(1) 令 $t=x^2$,将级数写做　$\sum\limits_{n=1}^{\infty}(-1)^n\frac{x^{2n+1}}{2n+1}=x\sum\limits_{n=1}^{\infty}(-1)^n\frac{x^{2n}}{2n+1}=x\sum\limits_{n=1}^{\infty}(-1)^n\frac{t^n}{2n+1}$,

对幂级数$\sum\limits_{n=1}^{\infty}(-1)^n\frac{t^n}{2n+1}$,有 $R=\lim\limits_{n\to\infty}\frac{2n+3}{2n+1}=1$,收敛区间为$(-1,1]$. 代回原变量,得出原级数的收敛区间是$[-1,1]$.

再来求和函数. 设和函数为 $S(x)$,则在收敛区间内,

$$S(x)=\sum_{n=1}^{\infty}(-1)^n\frac{x^{2n+1}}{2n+1}=\sum_{n=1}^{\infty}(-1)^n\int_0^x x^{2n}\mathrm{d}x=\int_0^x\sum_{n=1}^{\infty}(-x^2)^n\mathrm{d}x=\int_0^x\frac{1}{1+x^2}\mathrm{d}x$$
$$=\arctan x,x\in[-1,1].$$

(2) 令 $t=x^2$,将级数写做　$\sum\limits_{n=1}^{\infty}2nx^{2n-1}=x\sum\limits_{n=1}^{\infty}2nx^{2n-2}=x\sum\limits_{n=1}^{\infty}2nt^{n-1}$,

对幂级数$\sum\limits_{n=1}^{\infty}2nt^{n-1}$,有 $R=\lim\limits_{n\to\infty}\frac{2n}{2n+2}=1$,收敛区间为$(-1,1)$,

再来求和函数. 设和函数为 $S(x)$,则在收敛区间内,

$$S(x)=\sum_{n=1}^{\infty}2nx^{2n-1}=\sum_{n=1}^{\infty}(x^{2n})'=(\sum_{n=1}^{\infty}x^{2n})'=[\sum_{n=1}^{\infty}(x^2)^n-1]'$$
$$=\left(\frac{1}{1-x^2}-1\right)'=\frac{2x}{(1-x^2)^2},x\in(-1,1).$$

(3) $a_n=n(n+1)$,$R=1$,收敛区间为$(-1,1)$,设和函数为 $S(x)$,则在收敛区间内,

$$S(x)=x\sum_{n=1}^{\infty}(n+1)nx^{n-1}=x\sum_{n=1}^{\infty}(x^{n+1})''=x(\sum_{n=1}^{\infty}x^{n+1})''$$

$$=x(\sum_{n=0}^{\infty}x^n-1-x)''=x(\frac{x^2}{1-x})''=\frac{2x}{(1-x)^3},x\in(-1,1)$$

(4) 因为 $\lim\limits_{n\to\infty}\left|\frac{a_{n+1}}{a_n}\right|=\lim\limits_{n\to\infty}\left|\frac{n2^n}{(n+1)2^{n+1}}\right|=\frac{1}{2}$，

所以级数 $\sum\limits_{n=1}^{\infty}\frac{1}{n2^n}x^{n-1}$ 的收敛半径 $R=2$.

当 $x=-2$ 时，级数成为 $\sum\limits_{n=1}^{\infty}\frac{(-1)^{n-1}}{2n}$，级数收敛.

当 $x=2$ 时，级数成为 $\sum\limits_{n=1}^{\infty}\frac{1}{2n}$，级数发散.

所以级数的收敛域为 $[-2,2)$，设级数的和函数

$$S(x)=\sum_{n=1}^{\infty}\frac{x^{n-1}}{n2^n}=\frac{x}{2}+\frac{x^2}{2\cdot 2^2}+\frac{x^2}{3\cdot 2^3}+\cdots,x\in[-2,2)$$

则 $xS(x)=\sum\limits_{n=1}^{\infty}\frac{x^n}{n2^n}=\frac{1}{2}+\frac{x}{2\cdot 2^2}+\frac{x^3}{3\cdot 2^3}+\cdots$，

在上式两边对 x 求导，有

$[xS(x)]'=\frac{1}{2}+\frac{x}{2^2}+\frac{x^2}{2^3}+\cdots=\frac{1}{2}\cdot\frac{1}{1-\left(\frac{x}{2}\right)}=\frac{1}{2-x}$ 两边由 0 到 x 求积分，有

$$\int_0^x[tS(t)]'\mathrm{d}t=\int_0^x\frac{1}{2-t}\mathrm{d}t$$

得　$xS(x)=-\ln(2-x)+\ln 2,x\in[-2,2)$.

当 $x\neq 0$ 时，可得 $S(x)=-\frac{1}{x}\ln\left(1-\frac{x}{2}\right)$；当 $x=0$ 时，可由 $S(x)=\sum\limits_{n=1}^{\infty}\frac{x^{n-1}}{n2^n}$ 直接得到 $S(0)=\frac{1}{2}$.

综上所述，所求和函数

$$S(x)=\begin{cases}-\frac{1}{x}\ln\left(1-\frac{x}{2}\right), & x\neq 0\text{ 且 }x\in[-2,2)\\ \frac{1}{2}, & x=0\end{cases}$$

【方法技巧】求幂级数的和函数，主要方法有代换、逐项求导和逐项积分. 将幂级数转化为熟悉的级数来求和. 值得注意的是，在求导或积分后尽管收敛半径不变，但区间端点的敛散性可能发生变化，需特别予以讨论.

11. **分析**　首先计算展开式的系数 $a_n=\frac{f^{(n)}(0)}{n!}$，得出幂级数 $\sum\limits_{n=0}^{\infty}\frac{f^n(0)}{n!}x^n$ 的收敛区间 (a,b)，再在收敛区间上检验余项 $R_n(x)$ 是否趋于 0.

解　(1) 因 $f^{(n)}(x)=a^x(\ln a)^n,f^{(n)}(0)=(\ln a)^n$，得级数

$$\sum_{n=0}^{\infty}\frac{f^{(n)}(0)}{n!}x^n=\sum_{n=0}^{\infty}\frac{(\ln a)^n}{n!}x^n$$

又 $l=\lim\limits_{n\to\infty}\left|\frac{a_{n+1}}{a_n}\right|=\lim\limits_{n\to\infty}\left|\frac{\ln a}{n+1}\right|=0$，

所以收敛半径 $R=+\infty$；说明此级数的收敛区间为 $(-\infty,+\infty)$.

余项 $R_n(x)=\frac{f^{(n+1)}(\theta x)}{(n+1)!}x^{n+1}=\frac{a^{\theta x}(\ln a)^{n+1}}{(n+1)!}x^{n+1},\theta\in(0,1)$

$$|R_n(x)|\leqslant M\frac{(\ln a)^{n+1}}{(n+1)!}|x|^{n+1}$$

考察级数$\sum\limits_{n=0}^{\infty}\frac{(\ln a)^{n+1}}{(n+1)!}|x|^{n+1}$,因$\lim\limits_{n\to\infty}\frac{u_{n+1}}{u_n}=\lim\limits_{n\to\infty}\frac{\ln a}{n+2}|x|=0$,由比值判别法知此级数收敛,所以由级数收敛的必要条件,$\lim\limits_{n\to\infty}\frac{(\ln a)^{n+1}}{(n+1)!}|x^{n+1}|=0$,

从而$\lim\limits_{n\to\infty}R_n(x)=0$,

故 $a^x=\sum\limits_{n=0}^{\infty}\frac{(\ln a)^n}{n!}x^n,x\in(-\infty,+\infty)$.

(2) 由 $f'(x)=\frac{1}{2}\cos\frac{x}{2}=\frac{1}{2}\sin\left(\frac{\pi}{2}+\frac{x}{2}\right)$,

$f''(x)=\frac{1}{2^2}(-\sin\frac{x}{2})=\frac{1}{2^2}\sin\left(\frac{2\pi}{2}+\frac{x}{2}\right)$,

……

$f^{(n)}(x)=\frac{1}{2^n}\sin(\frac{n\pi}{2}+\frac{x}{2})$.

从而 $f^{(n)}(0)=\frac{1}{2^n}\sin\frac{n}{2}\pi=\begin{cases}0, & n=2k\\ \frac{(-1)^k}{2^n}, & n=2k+1\end{cases}$

所以$\sum\limits_{n=0}^{\infty}\frac{f^{(n)}(0)x^n}{n!}=\sum\limits_{n=0}^{\infty}(-1)^n\cdot\frac{x^{2n+1}}{2^{2n+1}\cdot(2n+1)!}$,

由$\lim\limits_{n\to\infty}\left|\frac{u_{n+1}}{u_n}\right|=\lim\limits_{n\to\infty}\frac{|x|^{2n+3}}{2^{2n+3}(2n+3)!}\cdot\frac{2^{2n+1}(2n+1)!}{|x|^{2n+1}}=0$,

所以收敛半径 $R=+\infty$,收敛区间为$(-\infty,+\infty)$.

余项 $R_n(x)=\frac{\sin\left(\frac{n+1}{2}\pi+\frac{\theta x}{2}\right)}{2^{n+1}(n+1)!}x^{n+1}$, $|R_n(x)|\leqslant\frac{|x|^{n+1}}{2^{n+1}(n+1)!}$,

考查级数$\sum\limits_{n=0}^{\infty}\frac{|x|^{n+1}}{2^{n+1}(n+1)!}$,由于$\lim\limits_{n\to\infty}\frac{|x|^{n+1}}{2^{n+1}(n+1)!}\cdot\frac{2^n\cdot n!}{|x|^n}=0$,

根据比值判别法知$\sum\limits_{n=0}^{\infty}\frac{|x|^{n+1}}{2^{n+1}(n+1)!}(|x|<\infty)$收敛,从而由级数收敛的必要条件得$\lim\limits_{n\to\infty}\frac{|x|^{n+1}}{2^{n+1}(n+1)!}=0$,故$\lim\limits_{n\to\infty}R_n(x)=0$. 于是

$$\sin\frac{x}{2}=\sum_{n=0}^{\infty}(-1)^n\frac{x^{2n+1}}{2^{2n+1}(2n+1)!},x\in(-\infty,+\infty)$$

【方法技巧】写出级数后,要证明拉格朗日余项趋于 0,一般将其绝对值作为一正项级数的通项,用正项级数判别法判定级数收敛,由收敛的必要条件即得该通项趋于 0.

12. **分析** 用间接法展开幂级数,通过求导,求积分,部分分式等将 $f(x)$ 变形为已知幂级数展开式的函数,求出展开式后再返回求 $f(x)$ 的展开式.(当函数拆为多个简单函数,再分别展开时,合并后展开式的收敛域是各个级数收敛域的公共部分.)

解 (1) 因 $e^x=\sum\limits_{n=0}^{\infty}\frac{x^n}{n!}$,故 $e^{-x^2}=\sum\limits_{n=0}^{\infty}(-1)^n\frac{x^{2n}}{n!},x\in(-\infty,+\infty)$.

(2) $\cos^2 x=\frac{1}{2}(1+\cos 2x)$，且 $\cos x=\sum\limits_{n=0}^{\infty}(-1)^n\frac{x^{2n}}{(2n)!}, x\in(-\infty,+\infty)$，

$\cos^2 x=\frac{1}{2}\left[1+\sum\limits_{n=0}^{\infty}\frac{(-1)^n}{(2n)!}(2x)^{2n}\right]=1+\sum\limits_{n=0}^{\infty}(-1)^n\frac{2^{2n-1}}{(2n)!}x^{2n}, x\in(-\infty,+\infty)$

(3) 因 $(1+x)^{\alpha}=1+\sum\limits_{n=1}^{\infty}\frac{\alpha(\alpha-1)\cdots(\alpha-n+1)}{n!}x^n(|x|<1)$，所以

$$f(x)=[1+(-x^2)]^{-\frac{1}{2}}=1+\frac{1}{2}x^2+\frac{1\cdot3}{2\cdot4}x^4+\cdots+$$

$\frac{1\cdot3\cdot5\cdot\cdots\cdot(2n-1)}{2\cdot4\cdot6\cdot\cdots\cdot2n}x^{2n}+\cdots,(|x|<1)$.

(4) $e^x=\sum\limits_{n=0}^{\infty}\frac{x^n}{n!}$，有 $e^{-x}=\sum\limits_{n=0}^{\infty}(-1)^n\frac{x^n}{n!}$，所以

$$f(x)=x^3\cdot e^{-x}=\sum_{n=0}^{\infty}(-1)^n\frac{x^{n+3}}{n!}, x\in(-\infty,+\infty)$$

(5) $f(x)=\frac{1}{3-x}=\frac{1}{3}\cdot\frac{1}{1-\frac{x}{3}}=\frac{1}{3}\sum\limits_{n=0}^{\infty}(\frac{x}{3})^n=\sum\limits_{n=0}^{\infty}\frac{x^n}{3^{n+1}}, x\in(-3,3)$

(6) $f(x)=\frac{x}{x^2-2x-3}=\frac{1}{4}(\frac{3}{x-3}+\frac{1}{x+1})=-\frac{1}{4}\cdot\frac{1}{1-\frac{x}{3}}+\frac{1}{4}\cdot\frac{1}{1-(-x)}$

$$=-\frac{1}{4}\sum_{n=0}^{\infty}\left(\frac{x}{3}\right)^n+\frac{1}{4}\sum_{n=0}^{\infty}(-x)^n=-\frac{1}{4}\sum_{n=1}^{\infty}\left[\frac{1}{3^n}+(-1)^n\right]x^n, x\in(-1,1)$$

13. **分析**　采用代换 $x-2=t$ 或 $x=2+t$ 变化函数，将问题转化为展开式 t 的幂级数的问题，熟练后可视 $x-2$ 为一个整体，而 t 不必写出.

解　(1) $f(x)=\frac{1}{4-x}=\frac{1}{2-(x-2)}=\frac{1}{2}\frac{1}{1-\frac{x-2}{2}}$

$$=\frac{1}{2}\sum_{n=0}^{\infty}\left(\frac{x-2}{2}\right)^n=\sum_{n=0}^{\infty}\frac{(x-2)^n}{2^{n+1}}, 0<x<4$$

(2) $\ln x=\ln[2+(x-2)]=\ln 2\left[1+\frac{x-2}{2}\right]$

$$=\ln 2+\ln(1+\frac{x-2}{2})=\ln 2+\sum_{n=1}^{\infty}(-1)^{n-1}\frac{\left(\frac{x-2}{2}\right)^n}{n}$$

$$=\ln 2+\sum_{n=1}^{\infty}(-1)^{n-1}\frac{1}{n\cdot2^n}(x-2)^n, 0<x\leqslant4.$$

(3) $f(x)=e^x=e^2\cdot e^{x-2}$

因为 $e^x=\sum\limits_{n=0}^{\infty}\frac{x^n}{n!}(-\infty<x<+\infty)$，

所以 $f(x)=e^2\sum\limits_{n=0}^{\infty}\frac{(x-2)^n}{n!}(-\infty<x<+\infty)$.

(4) $f(x)=\ln\frac{1}{5-4x+x^2}=-\ln[1+(x-2)^2]$，

因为 $\ln(1+x)=\sum\limits_{n=1}^{\infty}\frac{(-1)^n}{n+1}x^{n+1}(-1<x\leqslant 1)$,

所以 $f(x)=-\sum\limits_{n=0}^{\infty}\frac{(-1)^n}{n+1}(x-2)^{2n+2}=\sum\limits_{n=1}^{\infty}\frac{(-1)^n}{n}(x-2)^{2n}$,

由 $(x-2)^2\leqslant 1$,可得收敛域为[1,3].

【方法技巧】将函数展开为 $(x-x_0)$ 的幂级数,首先将函数分离出 $x-x_0$ 的形式,再用代换,由已知展开得出 $x-x_0$ 形式的展开式.收敛域的确定需根据原展开式的收敛域变换而得.

14. **分析**　套用相关的幂级数展开式便得近似算式.

解　(1) $e^x=1+x+\frac{x^2}{2!}+\cdots,x\in(-\infty,+\infty)$,知

$e^{\frac{1}{2}}=1+\frac{1}{2}+\frac{1}{2!}\cdot\left(\frac{1}{2}\right)^2+\cdots$

从而 $\sqrt{e}\approx 1+\frac{1}{2}+\frac{1}{8}=1.625$.

(2) 由 $(1+x)^m=1+mx+\frac{m(m-1)}{2!}x^2+\cdots(-1<x<1)$,

知 $\sqrt[5]{1.2}=\sqrt[5]{1+\frac{1}{5}}=1+\frac{1}{5}\cdot\frac{1}{5}+\frac{\frac{1}{5}\left(\frac{1}{5}-1\right)}{2!}\left(\frac{1}{5}\right)^2+\cdots$,

从而 $\sqrt[5]{1.2}\approx 1+\frac{1}{5}\cdot\frac{1}{5}+\frac{\frac{1}{5}\left(\frac{1}{5}-1\right)}{2!}\left(\frac{1}{5}\right)^2=1.0368$.

(3) 由 $(1+x)^m=1+mx+\frac{m(m-1)}{2!}x^2+\cdots,x\in(-1,1)$,有

$\sqrt[5]{240}=3\left(1-\frac{1}{3^4}\right)^{\frac{1}{5}}\approx 3\left[1+\frac{1}{5}\left(-\frac{1}{3^4}\right)+\frac{1}{2!}\frac{1}{5}\left(\frac{1}{5}-1\right)\left(-\frac{1}{3^4}\right)^2\right]=2.9925$

(4) 由 $\sin x=x-\frac{x^3}{3!}+\frac{x^5}{5!}-\cdots,x\in(-\infty,+\infty)$,有

$\sin 18^\circ=\sin\frac{\pi}{10}\approx\frac{\pi}{10}-\frac{1}{3!}\left(\frac{\pi}{10}\right)^3+\frac{1}{5!}\left(\frac{\pi}{10}\right)^5=0.3090$

15. **分析**　直接引用相应的幂级数展开式计算.

【方法技巧】本题也可以采用与广义积分类似的方式,先将 $\frac{\sin x}{x}$ 的展开式两边在 $[\varepsilon,1]$ 上积分 $(\varepsilon>0)$,得到 $\int_{\varepsilon}^{1}\frac{\sin x}{x}dx$ 的展开式,再取前三项,并求 $\varepsilon\to 0$ 时的极限,即得积分的近似值.

解　(1) 由 $e^x=\sum\limits_{n=0}^{\infty}\frac{x^n}{n!},x\in(-\infty,-\infty)$ 有 $e^{x^2}=\sum\limits_{n=1}^{\infty}\frac{x^{2n}}{n!}$,

则 $\int_0^{\frac{1}{2}}e^{x^2}dx=\sum\limits_{n=1}^{\infty}\int_0^{\frac{1}{2}}\frac{x^{2n}}{n!}dx=\sum\limits_{n=0}^{\infty}\left(\frac{x^{2n+1}}{n!(2n+1)}\right)\Big|_0^{\frac{1}{2}}$

$$\approx\frac{1}{2}+\frac{1}{1\times 3}\times\left(\frac{1}{2}\right)^3+\frac{1}{2\times 5}\times\left(\frac{1}{2}\right)^5=0.5448$$

(2) 由 $e^x=\sum\limits_{n=0}^{\infty}\frac{x^n}{n!},x\in(-\infty,+\infty)$ 有 $\frac{e^x}{x}=\sum\limits_{n=0}^{\infty}\frac{x^{n-1}}{n!},x\neq 0$,

则$\int_{0.1}^{1}\frac{e^x}{x}dx=\int_{0.1}^{1}\sum_{n=0}^{\infty}\frac{x^{n-1}}{n!}dx\approx\int_{0.1}^{1}\left(\frac{1}{x}+1+\frac{x}{2}\right)dx=3.4501.$

(3) 由 $\cos x=\sum_{n=0}^{\infty}(-1)^n\frac{x^{2n}}{n!}$ 有

$$\cos\sqrt{t}=1-\frac{t}{2!}+\frac{t^2}{4!}-\cdots,-\infty<x<+\infty$$

则$\int_{0}^{0.1}\cos\sqrt{t}\,dt\approx\int_{0}^{0.1}\left(1-\frac{t}{2!}+\frac{t^2}{4!}\right)dt=0.0975.$

(4) 因为$\lim\limits_{n\to0}\frac{\sin x}{x}=1$,所以可补充定义被积函数在 $x=0$ 处的值为 1,

则函数 $f(x)=\begin{cases}\frac{\sin x}{x}, & x\in(0,1]\\ 1, & x=0\end{cases}$ 在区间$[0,1]$上连续,

$$\sin x=\sum_{n=0}^{\infty}\frac{(-1)^n}{(2n+1)!}x^{2n+1}(-\infty<x<+\infty)$$

得$\frac{\sin x}{x}=1-\frac{x^2}{3!}+\frac{x^4}{5!}-\cdots+\frac{(-1)^n}{(2n+1)!}x^{2n}+\cdots,$

则$\int_{0}^{1}\frac{\sin x}{x}dx\approx\int_{0}^{1}\left(1-\frac{x^2}{3!}+\frac{x^4}{5!}\right)dx=\left[x-\frac{x^3}{3\cdot3!}+\frac{x^5}{5\cdot5!}\right]\Big|_0^1\approx0.9461.$

(B)

1.**解**　如级数$\sum_{n=1}^{\infty}u_n$ 收敛,则其部分和数列 S_n 的极限存在,可知部分和数列 S_n 有界;但部分和数列 S_n 有界,极限$\lim\limits_{n\to\infty}S_n$ 未必存在,不能判定级数$\sum_{n=1}^{\infty}u_n$ 是否收敛.

例如,级数$\sum_{n=1}^{\infty}(-1)^n$ 的部分和数列有界,但此级数发散.故答案选(A).

2.**解**　级数$\sum_{n=1}^{\infty}\frac{a}{q^n}$ 是公比为$\frac{1}{q}$ 的几何级数,所以,当$\left|\frac{1}{q}\right|<1$,即$|q|>1$时,级数收敛.故答案选(A).

3.**解**　若级数$\sum_{n=1}^{\infty}u_n$ 收敛,根据无穷级数的基本性质,$\sum_{n=1}^{\infty}100u_n$ 也收敛;在$\sum_{n=1}^{\infty}u_n$ 前加上 100 后所得级数收敛,即 $100+\sum_{n=1}^{\infty}u_n$ 收敛;将$\sum_{n=1}^{\infty}u_n$ 去掉前 100 项后所得级数$\sum_{n=1}^{\infty}u_{n+100}$ 也收敛,即(A)(B)(D) 中级数均收敛,

实际上,因为$\lim\limits_{n\to\infty}(u_n+100)=100\neq0$,可直接得到(B) 中级数发散.

故答案选(B).

4.**解**　若级数$\sum_{n=1}^{\infty}u_n$ 发散,未必得到$\lim\limits_{n\to\infty}u_n\neq0$ 和$\lim\limits_{n\to\infty}S_n=\infty$,例如,级数$\sum_{n=1}^{\infty}\frac{1}{n}$ 发散,但$\lim\limits_{n\to\infty}u_n=0$,故(A) 不正确;又如,级数$\sum_{n=1}^{\infty}(-1)^n$ 发散,但部分和数列 S_n 有界,不满足$\lim\limits_{n\to\infty}S_n=\infty$,故 (B) 错;而此级数加括号后所成级数$\sum_{n=1}^{\infty}[(-1)^{2n-1}+(-1)^{2n}]=(-1+1)+(-1+1)+\cdots$ 却收敛,故(C) 错.

故答案选(D).

5. **解** 对于(A),由于$\sum\limits_{n=1}^{\infty}(u_{2n-1}+u_{2n})=(u_1+u_2)+(u_3+u_4)+\cdots$,而$\sum\limits_{n=1}^{\infty}u_n$收敛,所以加括号后所成的级数也收敛,可知(A)正确.

对于(B),由$\sum\limits_{n=1}^{\infty}u_n$收敛可知$\sum\limits_{n=1}^{\infty}ku$收敛,故(B)正确.

(D)是级数$\sum\limits_{n=1}^{\infty}u_n$收敛的必要条件,故(D)正确.不正确的只有(C).我们知道,级数绝对收敛,则可推出级数条件收敛,反之则行不通.故答案选(C).

6. **解** 运用比较判别法的前提是(Ⅰ)和(Ⅱ)都必须是正项级数.因此排除(A)(B).

在(C)(D)中,级数$\sum\limits_{n=1}^{\infty}u_n$和$\sum\limits_{n=1}^{\infty}v_n$均为正项级数,根据比较判别法知,(C)正确,(D)不正确.

7. **解** 可以看出,本题中的级数均为正项级数.

对于(A),通项$u_n=2^n\sin\dfrac{1}{3}<\dfrac{2^n}{3^n}=\left(\dfrac{2}{3}\right)^n$,而级数$\sum\limits_{n=1}^{\infty}\left(\dfrac{2}{3}\right)^n$收敛,所以级数$\sum\limits_{n=1}^{\infty}2^n\sin\dfrac{1}{3^n}$收敛.

对于(B),由于$(1-\cos\dfrac{1}{n})\sim\dfrac{1}{2n^2}(n\to\infty)$,并且

$$\lim_{n\to\infty}\frac{1-\cos\dfrac{1}{n}}{\dfrac{1}{n^2}}=\lim_{n\to\infty}\frac{1}{2n^2}\cdot n^2=\frac{1}{2}$$

由比较判别法的极限形式知,级数$\sum\limits_{n=1}^{\infty}\left(1-\cos\dfrac{1}{n}\right)$收敛.

对于(C),通项$u_n=\dfrac{(n!)^2}{(2n)!}$,利用比值判别法,有

$$\lim_{n\to\infty}\frac{u_{n+1}}{u_n}=\lim_{n\to\infty}\frac{[(n+1)!]^2}{(2n+2)!}\cdot\frac{(2n)!}{(n!)^2}=\frac{1}{4}<1$$

所以级数$\sum\limits_{n=1}^{\infty}\dfrac{(n!)^2}{(2n)!}$收敛.事实上,利用根值判别法,有

$$\lim_{n\to\infty}\sqrt[n]{u_n}=\lim_{n\to\infty}\frac{\left(1+\dfrac{1}{n}\right)^n}{2}=\frac{\mathrm{e}}{2}>1$$

故级数发散.故答案选(D).

8. **解** 利用正项级数的根值判别法,有$\lim\limits_{n\to\infty}\sqrt[n]{u_n}=\lim\limits_{n\to\infty}\dfrac{na}{n+1}=a$,

所以,当$a>1$时,级数发散;当$a<1$时,级数收敛,即(A)(B)均不正确.

当$a=1$时,根值判别法失效.但是,由

$$\lim_{n\to\infty}u_n=\lim_{n\to\infty}\left(\frac{n}{n+1}\right)^n=\lim\frac{1}{\left(1+\dfrac{1}{n}\right)^n}=\frac{1}{\mathrm{e}}\neq 0$$

可知级数发散,故答案选(D).

9. **解** 因为$\sum\limits_{n=1}^{\infty}\left|\dfrac{(-1)^{n-1}}{n^p}\right|=\sum\limits_{n=1}^{\infty}\dfrac{1}{n^p}$为$p$-级数,所以原级数在$p>1$时绝对收敛,故选项(B)(C)均不正确.

当 $0<p\leqslant 1$ 时，$\frac{1}{n^p}>\frac{1}{n}$，由比较判别法知 $\sum\limits_{n=1}^{\infty}\frac{1}{n^p}$ 发散，而 $\sum\limits_{n=1}^{\infty}\frac{(-1)^{n-1}}{n^p}$ 是一个交错级数，有 $\lim\limits_{n\to\infty}\frac{1}{n^p}=0$，$\frac{1}{(n+1)^p}<\frac{1}{n^p}$，由莱布尼茨判别法知 $\lim\limits_{n\to\infty}\frac{(-1)^{n-1}}{n^p}$ 收敛但不绝对收敛. 故答案选(A).

10. **解**　(A) 中级数为交错级数，因为 $\lim\limits_{n\to\infty}u_n=\lim\limits_{n\to\infty}\frac{n}{2n-1}=\frac{1}{2}\neq 0$，

所以该级数发散.

对于(B)，因为 $\lim\limits_{n\to\infty}\left|\frac{u_{n+1}}{u_n}\right|=\lim\limits_{n\to\infty}\frac{(n+1)!}{3^{n+1}}\cdot\frac{3^n}{n!}=\lim\limits_{n\to\infty}\frac{n+1}{3}=+\infty>1$，

所以级数 $\sum\limits_{n=1}^{\infty}(-1)^{\frac{n(n+1)}{2}}\frac{n!}{3^n}$ 发散.

对于(C)，因为 $\lim\limits_{n\to\infty}\left|\frac{u_{n+1}}{u_n}\right|=\lim\limits_{n\to\infty}\frac{(n+1)^3}{2^{n+1}}\cdot\frac{2^n}{n^3}=\frac{1}{2}<1$，

所以级数 $\sum\limits_{n=1}^{\infty}(-1)^{n-1}\frac{n^3}{2^{n-1}}$ 绝对收敛.

(D) 中的交错级数非绝对收敛，但 $\lim\limits_{n\to\infty}u_n=\lim\limits_{n\to\infty}\frac{\sqrt{n}}{n+100}=0$，

若设 $f(x)=\frac{\sqrt{x}}{x+100}$，则 $f'(x)=\frac{100-x}{2\sqrt{x}(x+100)^2}$，所以，当 $x>100$ 时，$f'(x)<0$，$f(x)$ 为单调减函数. 特别地，当 $n>100$ 时，有 $u_n>u_{n+1}$，根据莱布尼茨判别法，级数 $\sum\limits_{n=1}^{\infty}(-1)^{n-1}\frac{\sqrt{n}}{n+100}$ 收敛，且为条件收敛.

故答案选(C).

11. **解**　(A) 错. 例如，设 $u_n=1+\frac{1}{n}(n=1,2,\cdots)$，则 $u_{n+1}=1+\frac{1}{n+1}\leqslant 1+\frac{1}{n}=u_n$，但级数 $\sum\limits_{n=1}^{\infty}(-1)^n(1+\frac{1}{n})$ 发散.

对于(B)，由 $\lim\limits_{n\to\infty}u_n=0$ 可得 $\lim\limits_{n\to\infty}(-1)^n u_n=0$，但这是级数 $\sum(-1)^n u_n$ 收敛的必要条件，而非充分条件.

$\sum\limits_{n=1}^{\infty}(-1)^n u_n(u_n>0)$ 是交错级数，根据莱布尼茨定理(教材定理 7.10)，故答案选(C) 正确.

(D) 错. 例如，设 $u_n=1>0(n=1,2,\cdots)$，则 $\sum\limits_{n=1}^{\infty}(-1)^n(u_n-u_{n+1})=-(1-1)+(1-1)-(1-1)+\cdots$ 收敛，但 $\sum\limits_{n=1}^{\infty}(-1)^n u_n=-1+1-1+\cdots$ 发散.

应注意，对于交错级数 $\sum\limits_{n=1}^{\infty}(-1)^n u_n(u_n>0)$，如果不满足莱布尼茨判别法，该数未必发散. 例如，级数 $\sum\limits_{n=2}^{\infty}\frac{(-1)^{n-1}}{\sqrt{n+(-1)^n}}$ 满足 $\lim\limits_{n\to\infty}u_n=0$，而不全满足 $u_n>u_{n+1}(n=2,3,\cdots)$. 但利用级数收敛的定义，可以证明此级数收敛.

故答案选(C).

12. **解**　(A) 中级数满足 $u_n=\frac{1}{\ln(n+1)}>\frac{1}{\ln(n+2)}=u_{n+1}$，且 $\lim\limits_{n\to\infty}u_n=0$，故级数收敛.

对于选项(B),先检验各选项中级数的通项的极限是否为 0,有

$\lim\limits_{n\to\infty}u_n=\lim\limits_{n\to\infty}\dfrac{n}{3n-1}=\dfrac{1}{3}\neq 0$,所以级数$\sum\limits_{n=1}^{\infty}\dfrac{n}{3n-1}$发散.

(C) 中,$u_n=(-1)^{n-1}\dfrac{1}{3^n}$,而$\sum\limits_{n=1}^{\infty}|u_n|=\sum\limits_{n=1}^{\infty}\dfrac{1}{3^n}$是公比为$q=\dfrac{1}{3}$的几何级数,故原级数绝对收敛.

选项(D),利用根值判别法,有$\lim\limits_{n\to\infty}\sqrt[n]{u_n}=\lim\limits_{n\to\infty}\dfrac{\sqrt[n]{n}}{3^{\frac{1}{2}}}=\dfrac{1}{\sqrt{3}}<1$,故级数收敛.

故答案选(B).

13. **解** (A) 不正确. 由$0\leqslant u_n<\dfrac{1}{n}(n=1,2,\cdots)$和夹逼原理有$\lim\limits_{n\to\infty}u_n=0$,但这仅是级数收敛的必要而非充分条件,故$\sum\limits_{n=1}^{\infty}u_n$未必收敛.

(B) 不正确. 由$0\leqslant u_n<\dfrac{1}{n}$,不一定能推出$u_n>u_{n+1}$成立,从而级数$\sum\limits_{n=1}^{\infty}(-1)^n u_n$不一定满足莱布尼茨判别法的条件,即$\sum\limits_{n=1}^{\infty}(-1)^n u_n$不一定收敛.

(C) 不正确. 例如,设$u_n=\dfrac{1}{n^2}$,则$0\leqslant u_n=\dfrac{1}{n^2}<\dfrac{1}{n}(n=2,3,\cdots)$,但级数$\sum\limits_{n=1}^{\infty}\sqrt{u_n}=\sum\limits_{n=1}^{\infty}\dfrac{1}{n}$发散.

(D) 正确. 由于$0\leqslant u_n<\dfrac{1}{n}(n=1,2,\cdots)$,可见$0\leqslant u_n^2<\dfrac{1}{n^2}$;而级数$\sum\limits_{n=1}^{\infty}\dfrac{1}{n^2}$收敛($p$-级数,$p=2>1$),利用比较判别法得知,级数$\sum\limits_{n=1}^{\infty}u_n^2$收敛,从而$\sum\limits_{n=1}^{\infty}(-1)^n u_n^2$绝对收敛,所以$\sum\limits_{n=1}^{\infty}(-1)^n u_n^2$必收敛. 故答案选(D).

14. **解** 由$\lim\limits_{n\to\infty}\left|\dfrac{a_{n+1}}{a_n}\right|=\lim\limits_{n\to\infty}\left|\dfrac{n}{n+1}\right|=1$可得,当$-1<x<1$时,级数$\sum\limits_{n=1}^{\infty}\dfrac{x^n}{n}$绝对收敛.

当$x=-1$时,原级数成为$\sum\limits_{n=1}^{\infty}\dfrac{(-1)^n}{n}$,级数收敛.

当$x=1$时,原级数成为$\sum\limits_{n=1}^{\infty}\dfrac{1}{n}$,级数发散.

由此可知,级数$\sum\limits_{n=1}^{\infty}\dfrac{x^n}{n}$的收域敛为$[-1,1)$. 故应选(B).

15. **解** 由题设条件,有$\left|\dfrac{x}{2}\right|<R$,得$|x|<2R$,即收敛半径为$2R$. 故答案选(A).

16. **解** 因为$\lim\limits_{n\to\infty}\left|\dfrac{u_{n+1}}{u_n}\right|=\lim\limits_{n\to\infty}\left|\dfrac{(x-a)^{n+1}}{n+1}\cdot\dfrac{n}{(x-a)^n}\right|=|x-a|$,

所以当$|x-a|<1$时,级数$\sum\limits_{n=1}^{\infty}(-1)^{n-1}\dfrac{(x-a)^n}{n}$收敛,由此可知此级数在区间$(a-1,a+1)$内收敛. 代入四个选项的$a$值,可知只有(B)符合条件. 故答案选(B).

第八章　多元函数

知识结构

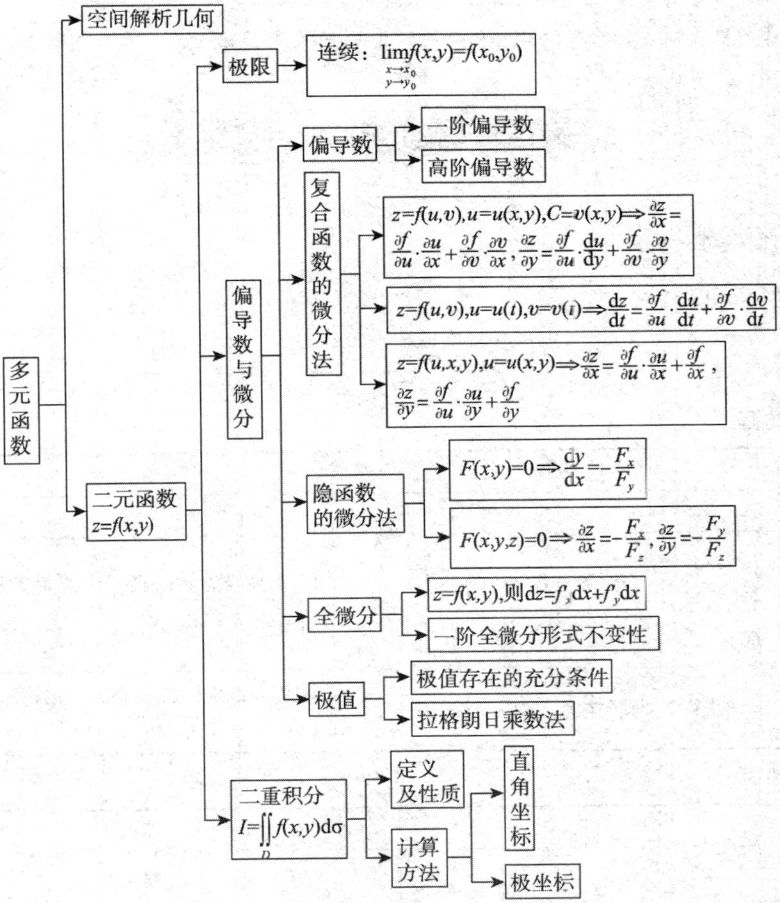

学习指南

1. 理解空间直角坐标系、空间一点与有序三个实数的一一对应关系，会求空间任意两点间的距离，知道几个常用的曲面方程：平面、球面、旋转抛物面、双曲抛物面等.

2. 理解多元函数的概念，会求二元函数的定义域及其图形，知道二元函数的几何意义.

3. 了解二元函数极限与连续性的概念.

4. 理解二元函数偏导的概念,熟练掌握二元函数一阶偏导数和二阶偏导数的计算方法.

5. 理解全微分的概念,知道多元函数可导与可微之间的关系,熟练掌握全微分的计算方法,会用全微分作近似计算.

6. 熟练掌握复合函数求导的链式法则及隐函数的求导方法.

7. 理解二元函数极值与条件极值的概念,掌握二元函数极值的求法,会用拉格朗日乘数法求条件极值,会解最大值与最小值的应用问题.

8. 理解二重积分的定义,了解二重积分的几何意义,掌握二重积分的性质.

9. 熟练掌握在直角坐标系下的二重积分的计算方法,会利用极坐标计算二重积分.

第一节 空间解析几何简介

知识点归纳

1. 两点间距离公式

点 $M_1(x_1,y_1,z_1)$ 与 $M_2(x_2,y_2,z_2)$ 之间的距离公式为

$$|M_1M_2|=\sqrt{(x_2-x_1)^2+(y_2-y_1)^2+(z_2-z_1)^2}$$

2. 曲面方程

名称	方程	说明
一般方程	$F(x,y,z)=0$	
旋转曲面	$\begin{cases}f(x,y)=0\\z=0\end{cases}$ 绕 x 轴旋转的曲面方程为 $f(x,\pm\sqrt{y^2+z^2})=0$	同理,曲线绕 y 轴旋转得旋转曲面方程为 $f(\pm\sqrt{x^2+z^2},y)=0$
柱面方程	母线平行于 z 轴的柱面方程为 $F(x,y)=0$	同理,母线平行于 x 轴或 y 轴的柱面方程分别为 $F(y,z)=0$ 或 $F(x,z)=0$

3. 二次曲面

曲面名称	方程	图例
球面	$(x-x_0)^2+(y-y_0)^2+(z-z_0)^2=R^2$ 其中,(x_0,y_0,z_0) 是球心,$R>0$ 是半径	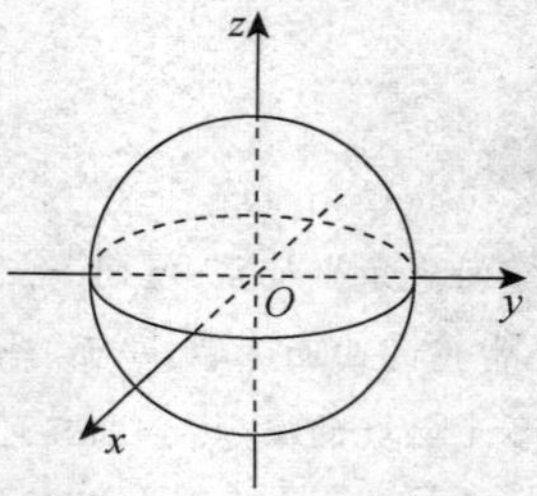

续表

曲面名称	方程	图例
椭球面	$\frac{x^2}{a^2}+\frac{y^2}{b^2}+\frac{z^2}{c^2}=1$($a,b,c$ 均为正数)	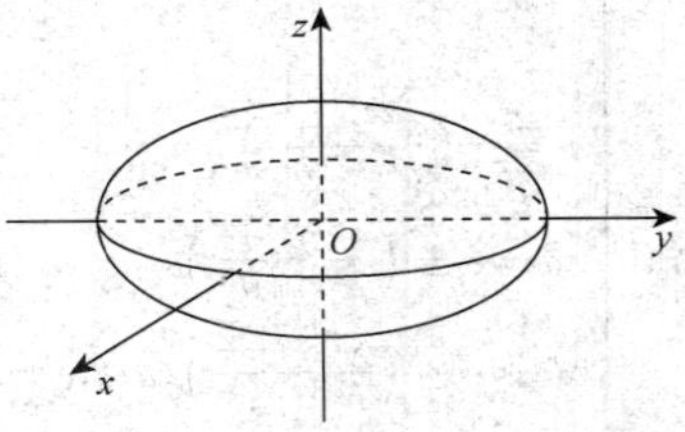
单叶双曲面	$\frac{x^2}{a^2}+\frac{y^2}{b^2}-\frac{z^2}{c^2}=1$ 或$\frac{x^2}{a^2}-\frac{y^2}{b^2}+\frac{z^2}{c^2}=1$($a,b,c$ 均为正数) 或$-\frac{x^2}{a^2}+\frac{y^2}{b^2}+\frac{z^2}{c^2}=1$	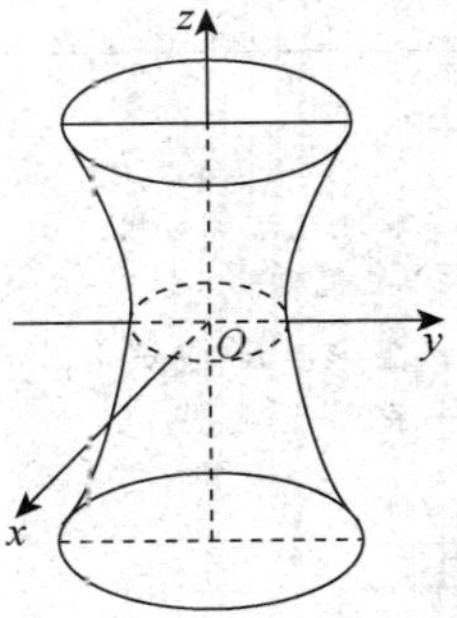
双叶双曲面	$\frac{x^2}{a^2}-\frac{y^2}{b^2}-\frac{z^2}{c^2}=1$ 或$\frac{y^2}{b^2}-\frac{x^2}{a^2}-\frac{z^2}{c^2}=1$($a,b,c$ 为正数) 或$\frac{z^2}{c^2}-\frac{x^2}{a^2}-\frac{y^2}{b^2}=1$	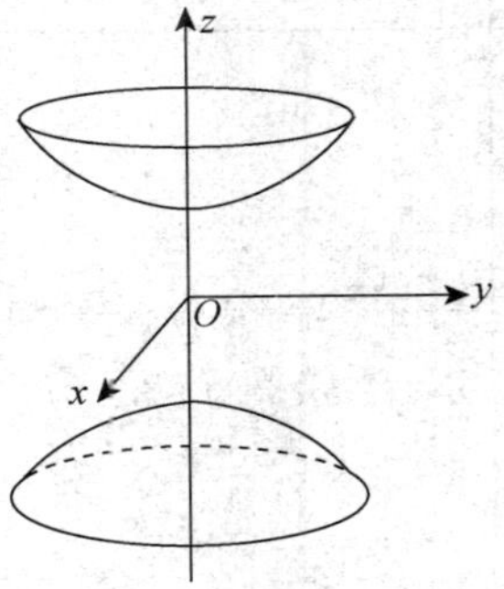
椭圆抛物面	$z=\frac{x^2}{a^2}+\frac{y^2}{b^2}$,或 $y=\frac{x^2}{a^2}+\frac{z^2}{c^2}$	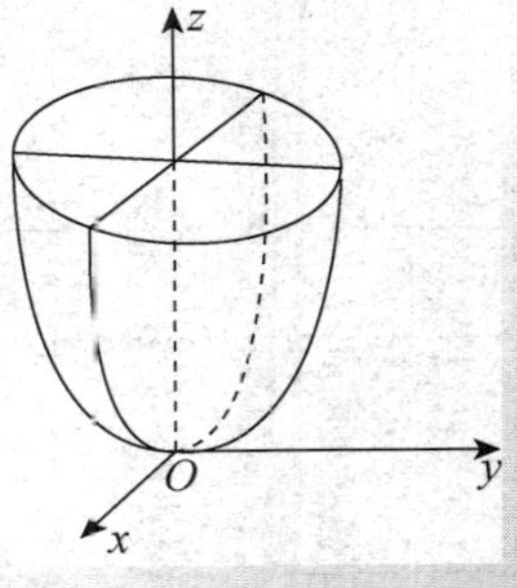

续表

曲面名称	方程	图例
双曲抛物面	$z=\pm\left(\frac{x^2}{a^2}-\frac{y^2}{b^2}\right)$, 或 $y=\pm\left(\frac{z^2}{c^2}-\frac{x^2}{a^2}\right)$ 或 $x=\pm\left(\frac{y^2}{b^2}-\frac{z^2}{c^2}\right)$($a,b,c$ 为正数)	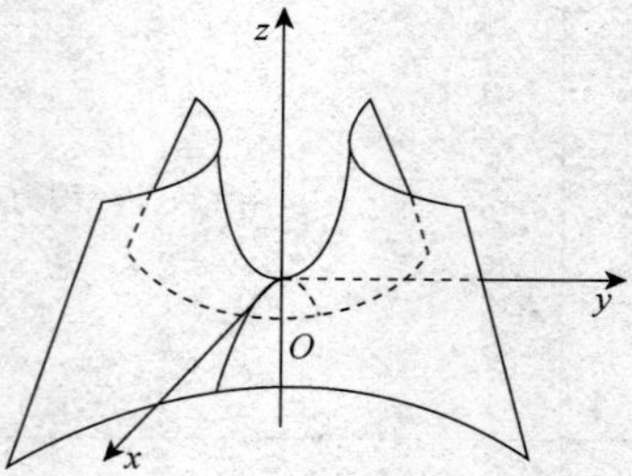
圆柱面	$x^2+y^2=R^2$ 或 $y^2+z^2=R^2$ 或 $x^2+z^2=R^2$	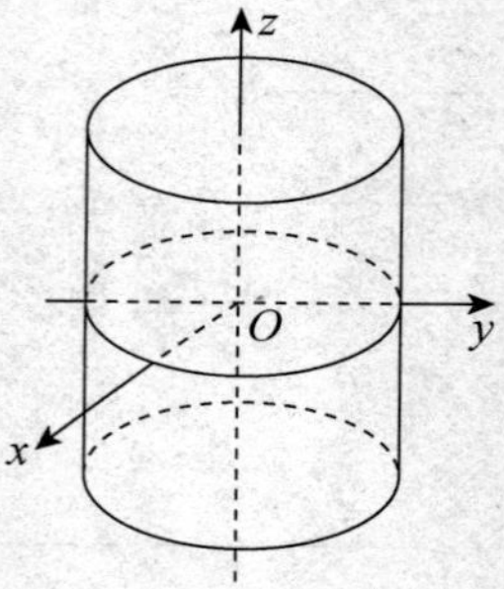
椭圆柱面	$\frac{x^2}{a^2}+\frac{y^2}{b^2}=1$ 或 $\frac{y^2}{b^2}+\frac{z^2}{c^2}=1$ 或 $\frac{x^2}{a^2}+\frac{z^2}{c^2}=1$($a,b,c$ 均为正数)	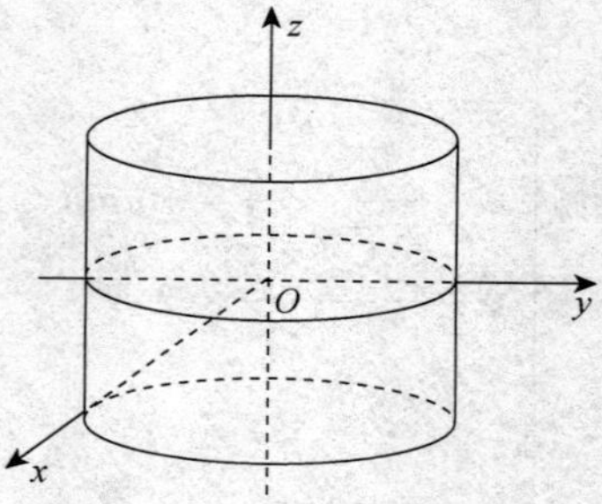
双曲柱面	$\frac{x^2}{a^2}-\frac{y^2}{b^2}=\pm 1$ 或 $\frac{y^2}{b^2}-\frac{z^2}{c^2}=\pm 1$ 或 $\frac{x^2}{a^2}-\frac{z^2}{c^2}=\pm 1$($a,b,c$ 均为正数)	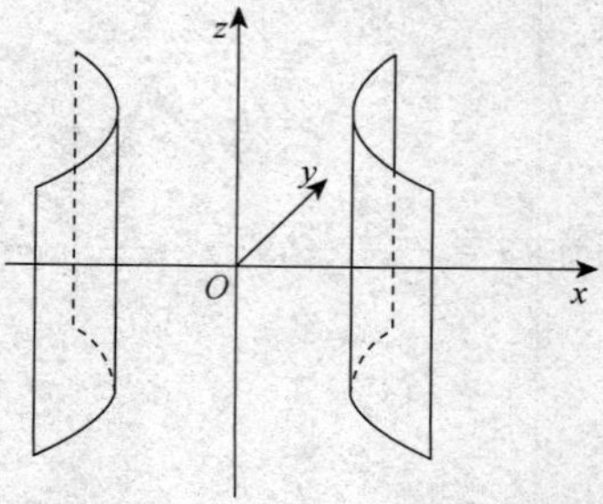

续表

曲面名称	方程	图例
抛物柱面	$x^2=2py$ 或 $y^2=2px$ $x^2=2px$ 或 $x^2=2pz$ $y^2=2pz$ 或 $z^2=2py$ p 为非零实数	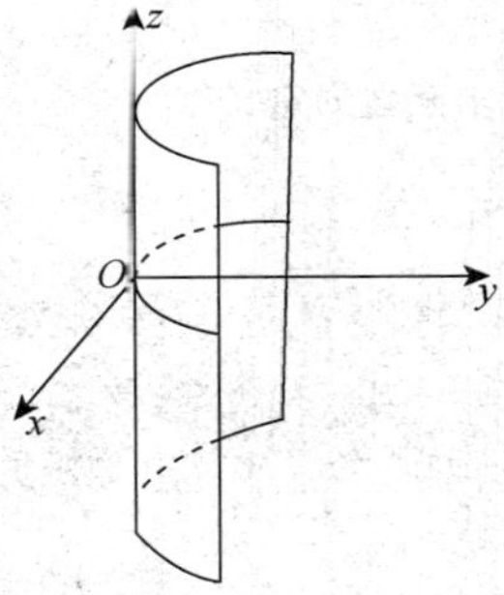

第二节　多元函数的概念

知识点归纳

多元函数

名称		定义
多元函数	变化域	变量 x、y 所能取的一切数组 (x,y) 组成平面点集，称为变量 x、y 的变化域
	二元函数	设有三个变量 x、y、z，变量 x、y 的变化域为 D，若对 D 中每一点 $P(x,y)$，依照规则 f，变量 z 都有唯一确定的值与之对应，则称 z 是 x、y 的二元函数，记作 $z=f(x,y)$，$(x,y)\in D$. z 为因变量，D 为 f 的定义域
	几何意义	在空间直角坐标系 $Oxyz$ 中，对于 D 中每一点 $P(x,y)$，依函数关系 $z=f(x,y)$，就有空间中一点 M 与之对应，M 的坐标为 $(x,y,f(x,y))$. 在空间中，点 M 的全体称为函数 $z=f(x,y)$ 的图形
	多元函数	二元及二元以上的函数统称为多元函数

典型例题解析

题型 1：求多元函数的定义域

例 求函数 $z=\arcsin(2x)+\dfrac{\sqrt{4x-y^2}}{\ln(1-x^2-y^2)}$ 的定义域.

【重点提示】首先，写出构成部分的各简单函数的定义域，再解联立不等式组，即得所求定义域.

解　$\arcsin(2x)$ 的定义域为 $|2x|\leqslant 1$，

$\sqrt{4x-y^2}$ 的定义域为 $4x-y^2\geqslant 0$，

$\dfrac{1}{\ln(1-x^2-y^2)}$ 的定义域为 $1-x^2-y^2>0$ 且 $1-x^2-y^2\neq 1$，

故得联立方程组：$\begin{cases} |2| \leqslant 1 \\ 4x - y^2 \geqslant 0 \\ 1 - x^2 - y^2 > 0 \\ 1 - x^2 - y^2 \neq 1 \end{cases}$

因此，所求函数的定义域为

$$\left\{(x,y)\,\middle|\, -\frac{1}{2} \leqslant x \leqslant \frac{1}{2}, y^2 \leqslant 4x, 0 < x^2 + y^2 < 1\right\}$$

特别提醒 求多元函数定义域时，需考虑：

① 分式的分母不能为零；② 偶次方程根号下的表达式非负；③ 对数的真数大于零；④ 反正弦、反余弦中的表达式的绝对值小于等于 1 时，再解联立不等式组，即得定义域.

题型 2：已知复合函数 $f[u,v]$，求 $f(x,y)$

例 设 $f(x-y, \ln x) = \left(1 - \frac{y}{x}\right)\frac{e^x}{e^y \ln x^x}$，求 $f(x,y)$.

【重点提示】 解决的关键是恰当引入中间变量，令 $u = x - y, v = \ln x$，原表达式再相应凑成关于 u,v 的表达式，或解出 $\begin{cases} x = x(u,v) \\ y = y(u,v) \end{cases}$ 代入表达式右边. 由于函数与所用字母无关，因此求得的 $f(u,v) = f(x,y)$.

解 令 $u = x - y, v = \ln x$，

则 $f(u,v) = \frac{x-y}{x} \cdot \frac{e^{x-y}}{x \ln x} = \frac{u}{e^v} \cdot \frac{e^u}{e^v \cdot v} = \frac{ue^u}{ve^{2v}}$，

$\therefore f(x,y) = \frac{xe^x}{ye^{2y}}$.

第三节 二元函数的极限与连续

知识点归纳

1. 领域

设 $P(x_0, y_0)$ 是平面上一点，称点集 $\{(x,y)\ \sqrt{(x-x_0)^2 + (y-y_0)^2} < \delta, \delta > 0\}$ 为点 P 的 δ 领域.

2. 二元函数的极限定义

如果任意给定的正数 ε，总存在一个正数 δ，使当 $0 < \sqrt{(x-x_0)^2 + (y-y_0)^2} < \delta$ 时，$|f(x,y) - A| < \varepsilon$ 恒成立，则称当 (x,y) 趋于 (x_0, y_0) 时，函数 $f(x,y)$ 以 A 为极限，记作 $\lim\limits_{(x,y)\to(x_0,y_0)} f(x,y) = A$.

特别提醒 (x,y) 趋于 (x_0, y_0) 时，函数 $f(x,y)$ 以 A 为极限，是指 (x,y) 以任何方式趋于 (x_0, y_0) 时，$f(x,y)$ 都趋于 A. 平面上由一点到另一点有无数条路线，故二元函数当 (x,y) 趋于 (x_0, y_0) 时，要比一元函数中 x 趋于 x_0 复杂.

3. 二元函数的连续

(1) 定义：设二元函数 $f(x,y)$ 在点 (x_0,y_0) 的某邻域内有定义，如果 $\lim\limits_{\substack{x\to x_0\\y\to y_0}} f(x,y)=f(x_0,y_0)$，则称函数 $f(x,y)$ 在点 (x_0,y_0) 处连续，否则称点 (x_0,y_0) 是函数 $f(x,y)$ 的间断点.

(2) 所有多元初等函数在其定义区域内连续.

(3) 有界闭区域上连续函数的重要性质：最大值、最小值存在性，介值定理.

4. 连续函数的性质

四则运算性质	若二元函数 $f(P)$ 与 $g(P)$ 在点 P_0 处连续，则和、差、积、商（分母不为 0）在点 P_0 处也连续
初等函数连续性	以 x,y 为自变量的二元初等函数在其定义区域内是连续的
复合函数连续性	若 $f(u,v)$ 在其定义域 E 内的点 (u_0,v_0) 处连续，函数 $u(x,y)$，$v(x,y)$ 在其公共定义域 D 内点 (x_0,y_0) 处连续，且 $u_0=u(x_0,y_0)$，$v_0=v(x_0,y_0)$，又值域 $u(D)$，$v(D)\subset E$，则复合函数 $f[u(x,y),v(x,y)]$ 在点 (x_0,y_0) 处连续

5. 闭区域上连续函数的性质

有界性	若 $f(P)$ 在有界闭区域 D 上连续，$f(P)$ 在 D 上有界，即存在正数 k，使得 $\|f(P)\|\leqslant k$，$\forall P\in D$
最大、最小值	若 $f(P)$ 在有界闭区域 D 上连续，则 $f(P)$ 在 D 上达到最大值和最小值，即存在 P_1、$P_2\in D$，使得 $f(P_1)=\max\limits_{P\in D}f(P)$，$f(P_2)=\max\limits_{P\in D}f(P)$

典型例题解析

——题型 1：证明极限成立——

例 证明 $\lim\limits_{(x,y)\to(0,0)}\dfrac{x^2y^2}{x^2+y^2}=0$.

【重点提示】若已知多元函数极限存在，要证明该极限，一般采用定义直接证明. 在证明过程中，可适当放大 $|f(x,y)-A|$，然后找到相应的 δ 或利用夹逼定理及不等式 $x^2+y^2\geqslant 2|x||y|$ 证明.

证明　方法一

$\because \left|\dfrac{x^2y^2}{x^2+y^2}\right|\leqslant|y^2|$，

故 $\forall\varepsilon>0$，$\exists\delta=\sqrt{\varepsilon}>0$，当 $|x-0|<\delta$，$|y-0|<\delta$ 且 $(x,y)\neq(0,0)$ 时，有 $\left|\dfrac{x^2y^2}{x^2+y^2}-0\right|\leqslant|y^2|<\delta^2=\varepsilon$，

由极限的定义有 $\lim\limits_{(x,y)\to(0,0)}\dfrac{x^2y^2}{x^2+y^2}=0$.

方法二

$\because x^2+y^2\geqslant 2|xy|$，

$\therefore 0\leqslant\left|\dfrac{x^2y^2}{x^2+y^2}\right|\leqslant\dfrac{|xy|}{2}$，

又 ∵ $\lim\limits_{(x,y)\to(0,0)}\dfrac{|xy|}{2}=0$,

∴ 由夹逼定理知, $\lim\limits_{(x,y)\to(0,0)}\dfrac{x^2y^2}{x^2+y^2}=0$.

特别提醒 常用的不等式有 $x^2+y^2\geqslant 2|xy|$, $|x+y|\leqslant|x|+|y|$, $|\sin\theta|\leqslant 1$, $\left|\dfrac{x^2}{x^2+y^2}\right|\leqslant 1$ 等. 证明极限存在的关键是寻找合适的 δ 或适当放缩,再利用夹逼定理来证明.

题型 2:证明极限不存在

例 证明 $\lim\limits_{(x,y)\to(0,0)}\dfrac{x^2y^2}{x^4+2y^4}$ 不存在.

【重点提示】 若要证明二重极限不存在,可选择不同的路径计算极限. 如果沿不同路径算不同的极限值,或者按照某一路径计算时极限不存在,那么就可以断定原二重极限不存在.

证明 令 $y=kx(k\neq-1)$,则

$$\lim_{\substack{x\to 0\\ y=kx}}\frac{x^2y^2}{x^4+2y^4}=\lim_{x\to 0}\frac{x^2\cdot k^2x^2}{x^4+2k^4x^4}=\frac{k^2}{1+2k^4}$$

这表示沿着不同的直线 $y=kx$,当点 $(x,y)\to(0,0)$ 时,极限值不相同,即极限值与 k 有关.

故 $\lim\limits_{(x,y)\to(0,0)}\dfrac{x^2y^2}{x^4+2y^4}$ 不存在.

特别提醒 证明 $\lim\limits_{(x,y)\to(x_0,y_0)}f(x,y)$ 不存在可用下列方法:① 沿某特殊路径极限不存在;② 沿不同路径极限不相等. 这两种方法是判定 $\lim\limits_{(x,y)\to(x_0,y_0)}f(x,y)$ 不存在的有效方法.

题型 3:与连续性有关的问题

例 讨论 $f(x,y)=\begin{cases}\dfrac{x^2\sin\dfrac{1}{x^2+y^2}+y^2}{x^2+y^2}, & (x,y)\neq(0,0)\\ 0, & (x,y)=(0,0)\end{cases}$

在 $(0,0)$ 点的连续性.

【重点提示】 先求 $(x,y)\longrightarrow(x_0,y_0)$ 时 $f(x,y)$ 的极限,若极限不存在则 $f(x,y)$ 不连续;若存在但不等于 $f(x_0,y_0)$,也不连续;若极限存在且等于 $f(x_0,y_0)$,则断定 $f(x,y)$ 在 (x_0,y_0) 处连续.

解 当 $y=0,x\to 0$ 时,即动点 $P(x,y)$ 沿 x 轴趋于 $(0,0)$ 点,

$$\lim_{\substack{y=0\\ x\to 0}}\frac{x^2\sin\dfrac{1}{x^2+y^2}+y^2}{x^2+y^2}=\lim_{x\to 0}\frac{x^2\sin\dfrac{1}{x^2}}{x^2}=\lim_{x\to 0}\sin\frac{1}{x^2}\text{ 不存在.}$$

故 $f(x,y)$ 在 $(0,0)$ 点处不连续.

题型 4:求多元函数的极限

【重点提示】 利用一元函数求极限的方法求简单的二元函数极限.

例 设 $f(x,y)=\dfrac{y}{1+xy}-\dfrac{1-y\sin\dfrac{\pi x}{y}}{\arctan x}, x>0, y>0$，求 (1) $g(x)=\lim\limits_{y\to+\infty}f(x,y)$；(2) $\lim\limits_{x\to0^+}g(x)$.

特别提醒 在求极限 $\lim\limits_{y\to+\infty}f(x,y)$ 时，将 x 当做常数看待，实际上是一元函数的求极限问题.

解 (1) $g(x)=\lim\limits_{y\to+\infty}\left(\dfrac{y}{1+xy}-\dfrac{1-y\sin\dfrac{\pi x}{y}}{\arctan x}\right)=\dfrac{1}{x}-\dfrac{1}{\arctan x}\left(1-\lim\limits_{y\to+\infty}\dfrac{\pi x\sin\dfrac{\pi x}{y}}{\dfrac{\pi x}{y}}\right)$

$=\dfrac{1}{x}-\dfrac{1-\pi x}{\arctan x}$

(2) $\lim\limits_{x\to0^+}g(x)=\lim\limits_{x\to0^+}\left(\dfrac{1}{x}-\dfrac{1-\pi x}{\arctan x}\right)=\lim\limits_{x\to0^+}\dfrac{\arctan x-(1-\pi x)x}{x\arctan x}$ (“$\infty-\infty$”型为“$\dfrac{0}{0}$”型)

$=\lim\limits_{x\to0^+}\dfrac{\arctan x-(1-\pi x)x}{x^2}=\lim\limits_{x\to0^+}\dfrac{\dfrac{1}{1+x^2}-(1-2\pi x)}{2x}$ (先用等价无穷小量代换，再用洛必达法则)

$=\lim\limits_{x\to0^+}\left[\dfrac{1}{2x(1+x^2)}-\dfrac{1}{2x}+\pi\right]=\pi$

第四节 偏导数与全微分

知识点归纳

1. 偏导数

(1) 偏导数的定义.

以二元函数 $z=f(x,y)$ 为例：

$$\left.\frac{\partial z}{\partial x}\right|_{\substack{x=x_0\\y=y_0}}=f'_x(x_0,y_0)=\lim_{\Delta x\to0}\frac{f(x_0+\Delta x,y_0)-f(x_0,y_0)}{\Delta x},$$

$$\left.\frac{\partial z}{\partial y}\right|_{\substack{x=x_0\\y=y_0}}=f'_y(x_0,y_0)=\lim_{\Delta y\to0}\frac{f(x_0,y_0+\Delta y)-f(x_0,y_0)}{\Delta y}.$$

(2) 偏导数的几何意义.

$f'_x(x_0,y_0)$ 表示曲面 $z=f(x,y)$ 与平面 $y=y_0$ 的交线在点 $P(x_0,y_0,f(x_0,y_0))$ 处切线的斜率. 类似地，$f'_y(x_0,y_0)$ 表示曲面 $z=f(x,y)$ 与平面 $x=x_0$ 的交线在点 $P(x_0,y_0,f(x_0,y_0))$ 处切线的斜率.

2. 高阶偏导数

二阶偏导数就是函数的偏导函数的偏导数，仿此可以定义更高阶的偏导数.

特别提醒 (1) 注意 $\dfrac{\partial^2 z}{\partial x\partial y}=\dfrac{\partial}{\partial y}\left(\dfrac{\partial z}{\partial x}\right)$，$\dfrac{\partial^2 z}{\partial y\partial x}=\dfrac{\partial}{\partial x}\left(\dfrac{\partial z}{\partial y}\right)$ 的计算顺序不同.

(2) 按一般偏导数的计算方法，从低阶开始，逐步得到高阶偏导数.

(3) 当二阶偏导数 $f''_{xy}(x,y)$，$f''_{yx}(x,y)$ 是 x,y 的连续函数时，必有 $f''_{xy}(x,y)=f''_{yx}(x,y)$.

3. 全微分

(1) 全微分的定义.

如果函数 $z=f(x,y)$ 的全增量 $\Delta z=f(x+\Delta x,y+\Delta y)-f(x,y)$ 可以表示为 $\Delta z=A\Delta x+B\Delta y+o(\rho)$,其中 A,B 不依赖于 $\Delta x,\Delta y$ 而仅与 x,y 有关,$\rho=\sqrt{(\Delta x)^2+(\Delta y)^2}$,则称函数 $z=f(x,y)$ 在点 (x,y) 处可微,称 $A\Delta x+B\Delta y$ 为函数 $z=f(x,y)$ 在点 (x,y) 处的全微分,记作 $\mathrm{d}z=A\Delta x+B\Delta y$.

(2) 全微分的性质.

定理 1　设函数 $z=f(x,y)$ 在点 (x,y) 处可微,则函数 $f(x,y)$ 在该点处的偏导数 $f'_x(x,y)$,$f'_y(x,y)$ 存在,且 $A=f'_x(x,y)$,$B=f'_y(x,y)$,即全微分 $\mathrm{d}z=f'_x(x,y)\mathrm{d}x+f'_y(x,y)\mathrm{d}y$.

定理 2　设函数 $z=f(x,y)$ 在点 (x,y) 的某个邻域内有连续的偏导数 $f'_x(x,y)$,$f'_y(x,y)$,则函数 $f(x,y)$ 在点 (x,y) 处可微.

特别提醒　(1) 二元函数全微分的概念可以推广到一般的 n 元函数($n\geqslant 2$).例如,三元函数 $u=f(x,y,z)$ 可微,则其全微分 $\mathrm{d}u=f'_x(x,y,z)\mathrm{d}x+f'_y(x,y,z)\mathrm{d}y+f'_z(x,y,z)\mathrm{d}z$.

(2) 充分条件提供了求 $\mathrm{d}z$ 的方法,欲求 $\mathrm{d}z$,只需先求 $\frac{\partial z}{\partial x}$、$\frac{\partial z}{\partial y}$,如果 $\frac{\partial z}{\partial x}$、$\frac{\partial z}{\partial y}$ 为连续函数,则有 $\mathrm{d}z=\frac{\partial z}{\partial x}\mathrm{d}x+\frac{\partial z}{\partial y}\mathrm{d}y$.

4. 连续、偏导数存在、全微分存在三者间的关系

设函数 $z=f(x,y)$ 在点 $P_0(x_0,y_0)$ 的某个邻域内有定义,关系图如下(逆向不成立):

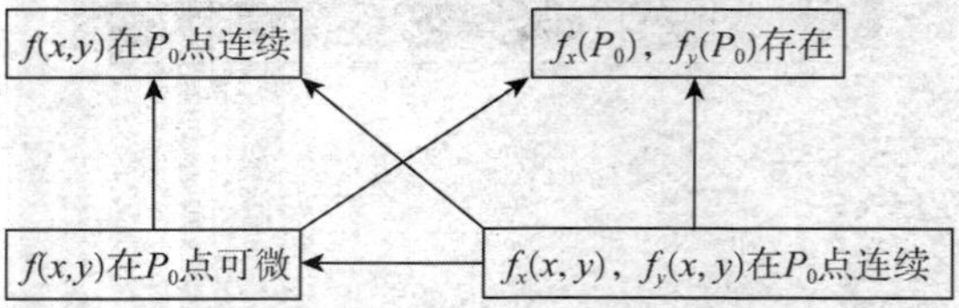

特别提醒　即使 $f_x(P_0)$,$f_y(P_0)$ 存在,也不能保证 $f(x,y)$ 在 P_0 点连续,这与一元函数在某点可导则在该点连续的结论完全不同.

典型例题解析

题型 1:利用定义求给定点处的偏导数

例　设 $f(x,y)=\sqrt[3]{x^5-y^3}$,求 $f'_x(0,0)$.

【重点提示】 由于 $f'_x(x,y)=\frac{1}{3}(x^5-y^3)^{-\frac{2}{3}}\cdot 5x^4=\frac{5x^4}{3\sqrt[3]{(x^5-y^3)^2}}$,显然上式在 $(0,0)$ 处没有意义,故应按偏导数定义去求 $f'_x(0,0)$.

解　$f'_x(0,0)=\lim\limits_{\Delta x\to 0}\frac{f(0+\Delta x,0)-f(0,0)}{\Delta x}=\lim\limits_{\Delta x\to 0}\frac{\sqrt[3]{\Delta x^5}}{\Delta x}=0.$

特别提醒　对于分段函数,在分界点处的偏导数,一定要用定义来求;同样,当用公式求出的偏导数在所给点处无意义而恰好又要求所给点处的偏导数时,也应用定义去求.

题型 2:求可导函数在定点处的一阶偏导数

【重点提示】 求可导函数 $z=f(x,y)$ 在定点 (x_0,y_0) 处的一阶偏导数的方法:

方法一:先将自变量 y(或 x)固定在 y_0(或 x_0),得函数 $z_1=f(x,y_0)$(或 $z_2=f(x_0,y)$).

然后求 $\frac{dz_1}{dx}\left(或\frac{dz_2}{dy}\right)$,最后代入 $x=x_0$(或 $y=y_0$),求得 $f'_x(x_0,y_0)$(或 $f'_y(x_0,y_0)$).

方法二:先求偏导函数 $f'_x(x,y)$,$f'_y(x,y)$,然后代入点 (x_0,y_0),求得结果.

例 设 $z=(y-1)\sqrt{1+x^2}\sin xy+x^3$,求 $z'_x(2,1)$.

解 因为 $z(x,1)=x^2$,$\frac{dz(x,1)}{dx}=3x^2$,所以 $z'_x(2,1)=\left.\frac{dz(x,1)}{dx}\right|_{x=2}=3x^2\big|_{x=2}=12$.

题型 3:求偏导数

【重点提示】 求多元函数对一个自变量的偏导数时,将其他自变量看成常数,利用一元函数的求导公式、求导法则即可求得.

例 设 $f(u)$ 具有二阶连续导数,且 $g(x,y)=f\left(\frac{y}{x}\right)+yf\left(\frac{x}{y}\right)$,求 $x^2\frac{\partial^2 g}{\partial x^2}-y^2\frac{\partial^2 g}{\partial y^2}$.

解 由已知条件可得

$$\frac{\partial g}{\partial x}=-\frac{y}{x^2}f'\left(\frac{y}{x}\right)+y\cdot\frac{1}{y}f'\left(\frac{x}{y}\right)=-\frac{y}{x^2}f'\left(\frac{y}{x}\right)+f'\left(\frac{x}{y}\right)$$

(利用一元复合函数的求导公式)

$$\frac{\partial^2 g}{\partial x^2}=-\left[-\frac{2y}{x^3}f'\left(\frac{y}{x}\right)-\frac{y}{x^2}\cdot\frac{y}{x^2}f''\left(\frac{y}{x}\right)\right]+\frac{1}{y}f''\left(\frac{x}{y}\right)=\frac{2y}{x^3}f'\left(\frac{y}{x}\right)+\frac{y^2}{x^4}f''\left(\frac{y}{x}\right)+\frac{1}{y}f''\left(\frac{x}{y}\right)$$

$$\frac{\partial g}{\partial y}=\frac{1}{x}f'\left(\frac{y}{x}\right)+f\left(\frac{x}{y}\right)+y\cdot\left(-\frac{x}{y^2}\right)f'\left(\frac{x}{y}\right)=\frac{1}{x}f'\left(\frac{y}{x}\right)+f\left(\frac{x}{y}\right)-\frac{x}{y}f'\left(\frac{x}{y}\right)$$

$$\frac{\partial^2 g}{\partial y^2}=\frac{1}{x}\cdot\frac{1}{x}f''\left(\frac{y}{x}\right)-\frac{x}{y^2}f'\left(\frac{x}{y}\right)-\left[-\frac{x}{y^2}f'\left(\frac{x}{y}\right)-\frac{x}{y}\cdot\frac{x}{y^2}f''\left(\frac{x}{y}\right)\right]$$

$$=\frac{1}{x^2}f''\left(\frac{y}{x}\right)-\frac{x}{y^2}f'\left(\frac{x}{y}\right)+\frac{x}{y^2}f'\left(\frac{x}{y}\right)+\frac{x^2}{y^3}f''\left(\frac{x}{y}\right)=\frac{1}{x^2}f''\left(\frac{y}{x}\right)+\frac{x^2}{y^3}f''\left(\frac{x}{y}\right)$$

所以 $x^2\frac{\partial^2 g}{\partial x^2}-y^2\frac{\partial^2 g}{\partial y^2}=\frac{2y}{x}f'\left(\frac{y}{x}\right)+\frac{y^2}{x^2}f''\left(\frac{y}{x}\right)+\frac{x^2}{y}f''\left(\frac{x}{y}\right)-\frac{y^2}{x^2}y''\left(\frac{y}{x}\right)-\frac{x^2}{y}f''\left(\frac{x}{y}\right)$

$$=\frac{2y}{x}f'\left(\frac{y}{x}\right)$$

题型 4:求函数的全微分

【重点提示】 求出偏导数,代入全微分公式.

例 设函数 $f(u)$ 可微,且 $f'(0)=\frac{1}{2}$,则 $z=f(4x^2-y^2)$ 在点 $(1,2)$ 处的全微分 $dz|_{(1,2)}=$ ________.

解 $\left.\frac{\partial z}{\partial x}\right|_{(1,2)}=8xf'(4x^2-y^2)\big|_{(1,2)}=8f'(0)=\frac{8}{2}=4$

$\left.\frac{\partial z}{\partial y}\right|_{(1,2)}=-2yf'(4x^2-y^2)\big|_{(1,2)}=-4f'(0)=-\frac{4}{2}=-2$

于是 $dz|_{(1,2)}=4dx-2dy$.

题型 5:偏导数存在与连续全微分的类系问题

例 证明:二元函数 $f(x,y)=\begin{cases}\dfrac{xy}{x^2+y^2}, & (x,y)\neq(0,0)\\ 0, & (x,y)=(0,0)\end{cases}$ 在点(0,0)处不连续但偏导数存在.

【重点提示】 由连续的定义去讨论 $f(x,y)$ 在(0,0)处的连续性,为此先考查 $\lim\limits_{(x,y)\to(0,0)}f(x,y)$. 由于(0,0)点为 $f(x,y)$ 的分界点,故应按偏导数定义去求 $f'_x(0,0)$ 及 $f'_y(0,0)$.

证明 令 $y=kx$,则 $\lim\limits_{\substack{x\to0\\y=kx}}\dfrac{xy}{x^2+y^2}=\lim\limits_{x\to0}\dfrac{x\cdot kx}{x^2+k^2x^2}=\dfrac{k}{1+k^2}$,

当 k 不同时,$\dfrac{k}{1+k^2}$ 便不同,

$\therefore\ \lim\limits_{(x,y)\to(0,0)}\dfrac{xy}{x^2+y^2}$ 不存在,从而 $f(x,y)$ 在(0,0)点处不连续.

由偏导数定义知,

$$f'_x(0,0)=\lim_{\Delta x\to0}\frac{f(0+\Delta x,0)-f(0,0)}{\Delta x}=\lim_{\Delta x\to0}\frac{0-0}{\Delta x}=0$$

$$f'_y(0,0)=\lim_{\Delta y\to0}\frac{f(0,0+\Delta y)-f(0,0)}{\Delta y}=\lim_{\Delta y\to0}\frac{0-0}{\Delta y}=0$$

故在点(0,0)处,$f(x,y)$ 的偏导数存在.

题型 6:全微分在近似计算中的应用

例 设有一无盖圆柱形容器,容器的壁与底的厚度均为0.1cm,内高为20cm,内半径为4cm. 求容器外壳体积的近似值.

解 圆柱体体积为 $V=\pi r^2h$,

$\Delta V\approx \mathrm{d}V=2\pi rh\Delta r+\pi r^2\Delta h$,

取 $r=4,h=20,\Delta r=0.1,\Delta h=0.1$,得

$\Delta V\approx2\pi\cdot4\cdot20\cdot0.1+\pi\cdot4^2\cdot0.1=17.6\pi\approx55.3(\text{cm}^3)$

特别提醒 利用 $\Delta z\approx \mathrm{d}z$.

第五节 复合函数的微分法与隐函数的微分法

知识点归纳

1. 多元复合函数的微分法

定理 1 如果函数 $u=\varphi(t),v=\psi(t)$ 在 t 点可导,函数 $z=f(u,v)$ 在对应点 (u,v) 处可微,则复合函数 $z=f[\varphi(t),\psi(t)]$ 在点 t 可导,且 $\dfrac{\mathrm{d}z}{\mathrm{d}t}=\dfrac{\partial z}{\partial u}\dfrac{\mathrm{d}u}{\mathrm{d}t}+\dfrac{\partial z}{\partial v}\dfrac{\mathrm{d}v}{\mathrm{d}t}$.

定理 2 如果函数 $u=\varphi(x,y),v=\psi(x,y)$ 在 (x,y) 点具有对 x,y 的偏导数,函数 $z=f(u,z)$

在对应点(u,v)处可微,则复合函数$z=f[\varphi(x,y),\psi(x,y)]$对$x,y$的偏导数存在,且

$$\frac{\partial z}{\partial x}=\frac{\partial z}{\partial u}\frac{\partial u}{\partial x}+\frac{\partial z}{\partial v}\frac{\partial v}{\partial x},\frac{\partial z}{\partial y}=\frac{\partial z}{\partial u}\frac{\partial u}{\partial y}+\frac{\partial z}{\partial v}\frac{\partial v}{\partial y}$$

定理3　如果函数$u=\varphi(x,y)$在(x,y)点具有对x,y的偏导数,函数$z=f(u,x,y)$在对应点(u,x,y)处可微,则复合函数$z=f[\varphi(x,y),x,y]$对x,y的偏导数存在,且

$$\frac{\partial z}{\partial x}=\frac{\partial f}{\partial u}\frac{\partial u}{\partial x}+\frac{\partial f}{\partial x},\frac{\partial z}{\partial y}=\frac{\partial f}{\partial u}\frac{\partial u}{\partial y}+\frac{\partial f}{\partial y}$$

2. 隐函数的微分法

定理1　如果由方程$F(x,y)=0$可确定函数$y=f(x)$,函数$F(x,y)$有连续偏导数,且$F'_y\neq 0$,则$\frac{\mathrm{d}y}{\mathrm{d}x}=-\frac{F'_x}{F'_y}$.

定理2　如果由方程$F(x,y,z)=0$可确定函数$z=f(x,y)$,函数$F(x,y,z)$有连续偏导数,且$F'_z\neq 0$,则$\frac{\partial z}{\partial x}=-\frac{F'_x}{F'_z},\frac{\partial z}{\partial y}=-\frac{F'_y}{F'_z}$.

3. 全微分形式的不变性

设函数$z=f(u,v)$可微,当u,v为自变量时,其全微分$\mathrm{d}z=\frac{\partial z}{\partial u}\mathrm{d}u+\frac{\partial z}{\partial v}\mathrm{d}v$;当$u,v$是$x,y$的函数:$u=u(x,y),v=v(x,y)$时,复合函数$z=f[u(x,y),v(x,y)]$的全微分为

$$\mathrm{d}z=\frac{\partial z}{\partial x}\mathrm{d}x+\frac{\partial z}{\partial y}\mathrm{d}y=\frac{\partial z}{\partial u}\mathrm{d}u+\frac{\partial z}{\partial v}\mathrm{d}v$$

这表明,对于函数$z=f(u,v)$,无论u,v是中间变量还是自变量,全微分形式上是一样的,这一性质称为全微分形式不变性.

典型例题解析

题型1:求全导数

例　设$z=x^2+3xy+y^2$,而$x=t^2,y=t$,求$\frac{\mathrm{d}z}{\mathrm{d}t}$、$\frac{\mathrm{d}^2z}{\mathrm{d}t^2}$.

特别提醒　z与自变量t之间有两条路径,对每条路径都用链式求导,然后将所有路径的链式求导叠加.又由于复合函数是一元函数,故为全导数.

解　$\frac{\mathrm{d}z}{\mathrm{d}t}=\frac{\partial z}{\partial x}\frac{\mathrm{d}x}{\mathrm{d}t}+\frac{\partial z}{\partial y}\frac{\mathrm{d}y}{\mathrm{d}t}=(2x+3y)2t+(3x+2y)$

$=(2t^2+3t)2t+3t^2+2t=4t^3+9t^2+2t$

$\frac{\mathrm{d}^2z}{\mathrm{d}t^2}=12t^2+18t+2$

题型2:引入中间变量求导

例　设$z=f(x+y,x-y,xy)$,其中f具有二阶连续偏导数,求$\mathrm{d}z$与$\frac{\partial^2 z}{\partial x\partial y}$.

【重点提示】引入中间变量,用复合函数求导法则进行计算.

解　设$u=x+y,v=x-y,w=xy$,则$z=f(u,v,w)$.

$$\frac{\partial z}{\partial x}=\frac{\partial z}{\partial u}\frac{\partial u}{\partial x}+\frac{\partial z}{\partial v}\frac{\partial v}{\partial x}+\frac{\partial z}{\partial w}\frac{\partial w}{\partial x}=f'_u+f'_v+f'_w$$

$$\frac{\partial z}{\partial y}=\frac{\partial z}{\partial u}\frac{\partial u}{\partial y}+\frac{\partial z}{\partial v}\frac{\partial v}{\partial y}+\frac{\partial z}{\partial w}\frac{\partial w}{\partial y}=f'_u-f'_v+xf'_w$$

所以 $\mathrm{d}z=\frac{\partial z}{\partial x}\mathrm{d}x+\frac{\partial z}{\partial y}\mathrm{d}y=(f'_u+f'_v+yf'_w)\mathrm{d}x+(f'_u+f'_v+xf'_w)\mathrm{d}y$,

$$\frac{\partial^2 z}{\partial x\partial y}=\frac{\partial}{\partial y}(f'_u+f'_v+yf'_w)=\frac{\partial f'_u}{\partial y}+\frac{\partial f'_v}{\partial y}+f'_w+y\frac{\partial f'_w}{\partial y}$$

$$=\left(\frac{\partial f'_u}{\partial u}\frac{\partial u}{\partial y}+\frac{\partial f'_u}{\partial v}\frac{\partial v}{\partial y}+\frac{\partial f'_u}{\partial w}\frac{\partial w}{\partial y}\right)+\left(\frac{\partial f'_v}{\partial u}\frac{\partial u}{\partial y}+\frac{\partial f'_v}{\partial v}\frac{\partial v}{\partial y}+\frac{\partial f'_v}{\partial w}\frac{\partial w}{\partial y}\right)+f'_w+$$

$$y\left(\frac{\partial f'_w}{\partial u}\frac{\partial u}{\partial y}+\frac{\partial f'_w}{\partial v}\frac{\partial v}{\partial y}+\frac{\partial f'_w}{\partial w}\frac{\partial w}{\partial y}\right)$$

$$=[f''_{uu}\cdot 1+f''_{uv}\cdot(-1)+f''_{uw}\cdot x]+[f''_{vu}\cdot 1+f''_{vv}\cdot(-1)+f''_{vw}\cdot x]+f'_w+y[f''_{wu}\cdot 1+f''_{wv}\cdot(-1)+f''_{ww}\cdot x]$$

(利用混合偏导数相等合并同类项)

$$=f'_w+f''_{uu}-f''_{vv}+xyf''_{ww}+(x+y)f''_{uw}+(x-y)f''_{vw}$$

特别提醒 对 $\frac{\partial f'_u}{\partial y}$,$f'_u$ 仍为 x,y 的函数,其复合形式为 $f'_u(x+y,x-y,xy)$,在计算 $\frac{\partial}{\partial y}(yf'_w)$ 时,要利用乘法求导公式,注意别漏项.

题型 3:中间变量有多元函数的求导

例 设 $u=f(x,xy,xyz)$,$f(x,y,z)$ 有连续偏导数,求 $\frac{\partial u}{\partial x},\frac{\partial u}{\partial y},\frac{\partial u}{\partial z}$.

【重点提示】 令 $v=xy,w=xyz$,则 $u=f(x,v,w)$,

分析复合路径 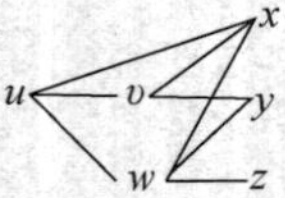

这里 x 既是自变量,又是中间变量. u 与 x 之间有三条路径,u 与 y 之间有两条路径,u 与 z 之间只有一条路径.

解 令 $v=xy,w=xyz$,则 $u=f(x,v,w)$,

$$\frac{\partial u}{\partial x}=\frac{\partial f}{\partial x}\frac{\mathrm{d}x}{\mathrm{d}x}+\frac{\partial f}{\partial u}\frac{\partial v}{\partial x}+\frac{\partial f}{\partial w}\frac{\partial w}{\partial x}\text{(注意区别}\frac{\partial v}{\partial x}\text{与}\frac{\partial f}{\partial x}\text{)}$$

$$=f'_x+f'_v\cdot y+f'_w\cdot yz=f'_1+f'_2y+f'_3yz$$

[记 $f'_1=f'_x(x,v,w),f'_2=f'_v(x,v,w),f'_3=f'_w(x,v,w)$]

$$\frac{\partial u}{\partial y}=\frac{\partial f}{\partial v}\frac{\partial v}{\partial y}+\frac{\partial f}{\partial w}\frac{\partial w}{\partial y}=f'_2x+f'_3xz$$

$$\frac{\partial u}{\partial z}=\frac{\partial f}{\partial w}\frac{\partial w}{\partial z}=xyf'_3$$

题型 4:隐函数求导

例 设 $z=x+y\mathrm{e}^z$,求 $\frac{\partial z}{\partial x}$、$\frac{\partial z}{\partial y}$ 及 $\frac{\partial^2 z}{\partial x\partial y}$.

解　令 $F=z-x-ye^z$，则 $F'_x=-1, F'_y=-e^z, F'_z=1-ye^z$，

$$\frac{\partial z}{\partial x}=-\frac{F'_x}{F'_z}=\frac{1}{1-ye^z}=\frac{1}{1+x-z}$$

$$\frac{\partial z}{\partial y}=-\frac{F'_y}{F'_z}=\frac{e^z}{1+x-z}$$

$$\frac{\partial^2 z}{\partial x\partial y}=-\frac{-\frac{\partial z}{\partial y}}{(1+x-z)^2}=\frac{e^z}{(1+x-z)^3}$$

特别提醒　隐函数求偏导有三种方法：公式法、直接法和全微分法. 全微分法则是将 $z=x+ye^z$ 两边微分得 $dz=dx+e^z dy+ye^z dz, dz=\frac{1}{1-ye^z}dx+\frac{e^z}{1-ye^z}dy$，从而 $\frac{\partial z}{\partial x}=\frac{1}{1-ye^z}=\frac{1}{1+x-z}, \frac{\partial z}{\partial y}=\frac{e^z}{1-ye^z}=\frac{e^z}{1+x-z}$，再求 $\frac{\partial^2 z}{\partial x\partial y}$. 将 $\frac{\partial z}{\partial x}=\frac{1}{1+x-z}$ 对 y 求偏导时要注意到 z 是 x，y 的函数.

直接法就是将 $z=x+ye^z$ 两边直接对 x 或 y 求偏导：$\frac{\partial z}{\partial x}=1-ye^z\frac{\partial z}{\partial x}, \frac{\partial z}{\partial x}=\frac{1}{1-ye^z}$；$\frac{\partial z}{\partial y}=e^z+ye^z\frac{\partial z}{\partial y}, \frac{\partial z}{\partial y}=\frac{e^z}{1-ye^z}$，再将 $\frac{\partial z}{\partial x}=1+ye^z\frac{\partial z}{\partial x}$ 两边对 y 求偏导，$\frac{\partial^2 z}{\partial x\partial y}=e^z\frac{\partial z}{\partial x}+ye^z\frac{\partial z}{\partial y}\frac{\partial z}{\partial x}+ye^z\frac{\partial^2 z}{\partial x\partial y}$，解得 $\frac{\partial^2 z}{\partial x\partial y}$，结果是一致的.

题型 5：高阶偏导的求解

例　设 $z=\frac{1}{x}f(xy)+y\varphi(x+y)$，其中 f、φ 具有二阶连续导数，求 $\frac{\partial^2 z}{\partial x\partial y}$.

【重点提示】 本题是复合函数求导问题. f、φ 皆为一元函数，而中间变量都是 x，y 的二元函数.

解　$\frac{\partial z}{\partial x}=-\frac{1}{x^2}f(xy)+\frac{1}{x}f'(xy)\cdot y+y\varphi'(x+y)\cdot 1$

$[\frac{\partial f(xy)}{\partial x}=f'(xy)\cdot y]=-\frac{1}{x^2}f(xy)+\frac{y}{x}f'(xy)+y\varphi'(x+y)$

$$\frac{\partial^2 z}{\partial x\partial y}=\frac{\partial}{\partial y}\left(\frac{\partial z}{\partial x}\right)=-\frac{1}{x^2}f'(xy)\cdot x+\frac{1}{x}f'(xy)+\frac{y}{x}f''(xy)\cdot x+\varphi'(x+y)+y\varphi''(x+y)\cdot 1$$
$$=yf''(xy)+y\varphi''(x+y)+\varphi'(x+y)$$

题型 6：与偏导数有关的等式证明

例　设 $z=xy+xF(u)$，则 $u=\frac{y}{x}$，$F(u)$ 为可导函数，证明：$x\frac{\partial z}{\partial x}+y\frac{\partial z}{\partial y}=z+xy$.

证明　$\frac{\partial z}{\partial x}=y+F(u)+xF'(u)\left(-\frac{y}{x^2}\right)=y+F(u)-\frac{y}{x}F'(u)$

$\frac{\partial z}{\partial y}=x+xF'(u)\frac{1}{x}=x+F'(u)$

所以 $x\frac{\partial z}{\partial x}+y\frac{\partial z}{\partial y}=x\left[x+F(u)-\frac{y}{x}F'(u)\right]+y[x+F'(u)]=2xy+xF(u)=z+xy$

题型 7:求函数的全微分

【重点提示】求全微分方法:① 求出因变量对自变量的偏导数,代入全微分公式;② 利用一阶全微分形式不变性及微分公式求全微分.

例 设 $z=z(x,y)$ 是由方程 $x^2+y^2-z=\varphi(x+y+z)$ 所确定的函数,其中 φ 具有二阶导数,且 $\varphi'\neq-1$,(1) 求 dz.(2) 记 $u(x,y)=\dfrac{1}{x-y}\left(\dfrac{\partial z}{\partial x}-\dfrac{\partial z}{\partial y}\right)$,求$\dfrac{\partial u}{\partial x}$.

(1) **解法一** 利用隐函数求导公式.

令 $F(x,y,z)=x^2+y^2-z-\varphi(x+y+z)$,

有 $F'_x=2x-\varphi'$,$F'_y=2y-\varphi'$,$F'_z=-1-\varphi'$,(将其他变量看作常数)

则$\dfrac{\partial z}{\partial x}=-\dfrac{F'_x}{F'_z}=\dfrac{2x-\varphi'}{1+\varphi'}$,$\dfrac{\partial z}{\partial y}=-\dfrac{F'_y}{F'_z}=\dfrac{2y-\varphi'}{1+\varphi'}$,

故 $\mathrm{d}z=\dfrac{\partial z}{\partial x}\mathrm{d}x+\dfrac{\partial z}{\partial y}\mathrm{d}y=\dfrac{2x-\varphi'}{1+\varphi'}\mathrm{d}x+\dfrac{2y-\varphi'}{1+\varphi'}\mathrm{d}y$.

解法二 利用一阶全微分形式不变性.

对方程 $x^2+y^2-z=\varphi(x+y+z)$ 两边求微分,得

$2x\mathrm{d}x+2y\mathrm{d}y-\mathrm{d}z=\varphi'(x+y+z)\cdot(\mathrm{d}x+\mathrm{d}y+\mathrm{d}z)$

$(\varphi'+1)\mathrm{d}z=(2x-\varphi')\mathrm{d}x+(2y-\varphi')\mathrm{d}y$

故 $\mathrm{d}z=\dfrac{2x-\varphi'}{1+\varphi'}\mathrm{d}x+\dfrac{2y-\varphi'}{1+\varphi'}\mathrm{d}y$(因为 $\varphi'\neq-1$).

(2) **解** 因 $u(x,y)=\dfrac{1}{x-y}\left(\dfrac{\partial z}{\partial x}-\dfrac{\partial z}{\partial y}\right)$

$=\dfrac{1}{x-y}\left(\dfrac{2x-\varphi'}{\varphi'+1}-\dfrac{2y-\varphi'}{\varphi'+1}\right)=\dfrac{1}{x-y}\cdot\dfrac{2x-2y}{\varphi'+1}=\dfrac{2}{\varphi'+1}$,

故$\dfrac{\partial u}{\partial x}=\dfrac{-2\varphi''\left(1+\dfrac{\partial z}{\partial x}\right)}{(\varphi'+1)^2}=-\dfrac{2\varphi''\left(1+\dfrac{2x-\varphi'}{1+\varphi'}\right)}{(\varphi'+1)^2}=-\dfrac{2\varphi''(1+\varphi'+2x-\varphi')}{(\varphi'+1)^3}=-\dfrac{2\varphi''(1+2x)}{(\varphi'+1)^3}$.

第六节 二元函数的极值

知识点归纳

1. 二元函数的极值

定义	设函数 $f(x,y)$ 在点 $P_0(x_0,y_0)$ 的某邻域内有定义,若在此邻域内的任何点 (x,y) 都有 $f(x,y)<f(x_0,y_0)$(或 $f(x,y)>f(x_0,y_0)$),则称 $f(x_0,y_0)$ 为函数 $f(x,y)$ 的一个极大(小)值,(x_0,y_0) 称为 $f(x,y)$ 的极大(小)值点
极值的必要条件	若函数 $f(x,y)$ 在点 $P_0(x_0,y_0)$ 处达到极值,且 $f'_x(x_0,y_0)$ 和 $f'_y(x_0,y_0)$ 都存在,则 $f'_x(x_0,y_0)=0$,$f'_y(x_0,y_0)=0$

续表

极值的充分条件	若函数 $f(x,y)$ 在点 $P_0(x_0,y_0)$ 的某邻域内有连续的二阶偏导数,且 $f'_x(x_0,y_0)=0, f'_y(x_0,y_0)=0$,记 $f''_{xx}(x_0,y_0)=A, f''_{xy}(x_0,y_0)=B, f''_{yy}(x_0,y_0)=C$,则 (1) 当 $B^2-AC<0$ 且 $A>0$(或 $C>0$) 时,$f(x_0,y_0)$ 为极小值 (2) 当 $B^2-AC<0$ 且 $A<0$(或 $C<0$) 时,$f(x_0,y_0)$ 为极大值 (3) 当 $B^2-AC>0$ 时,$f(x_0,y_0)$ 非极值 (4) 当 $B^2-AC=0$ 时,$f(x_0,y_0)$ 可能是极值,也可能非极值

2. 条件极值与拉格朗日乘数法

(1) 求函数 $z=f(x,y)$ 在约束条件 $g(x,y)=0$ 下的极值的步骤:

第一步,构造拉格朗日函数 $F(x,y)=f(x,y)+\lambda g(x,y)$;

第二步,解方程组 $\begin{cases} F'_x=f'_x(x,y)+\lambda g'_x(x,y)=0 \\ F'_y=f'_y(x,y)+\lambda g'_y(x,y)=0, \\ g(x,y)=0 \end{cases}$

解出 x,y,得点 (x_0,y_0) 就是函数 $f(x,y)$ 在条件 $g(x,y)=0$ 下的可能的极值点;

第三步,根据一元函数极值存在的第一、第二充分条件,由具体问题的性质判别 (x_0,y_0) 是否是极值点.

(2) 求函数 $u=f(x,y,z)$ 在约束条件 $g(x,y,z)=0, h(x,y,z)=0$ 下的极值的步骤:

第一步,构造拉格朗日函数 $F(x,y,z)=f(x,y,z)+\lambda g(x,y,z)+\mu h(x,y,z)$;

第二步,解方程组 $\begin{cases} F'_x=f'_x(x,y,z)+\lambda g'_x(x,y,z)+\mu h'_x(x,y,z)=0 \\ F'_y=f'_y(x,y,z)+\lambda g'_y(x,y,z)+\mu h'_y(x,y,z)=0 \\ F'_z=f'_z(x,y,z)+\lambda g'_z(x,y,z)+\mu h'_z(x,y,z)=0 \\ g(x,y,z)=0 \\ h(x,y,z)=0 \end{cases}$,解出 x、y、z,得点 (x_0,y_0,z_0) 就是函数 $f(x,y,z)$ 在条件 $g(x,y,z)=0, h(x,y,z)=0$ 下的可能的极值点;

第三步,根据二元函数极值存在的充分条件,判别 (x_0,y_0,z_0) 是否是极值点.

典型例题解析

题型 1:基本概念及与定理有关的问题

例 设函数 $z=f(x,y)$ 的全微分为 $dz=xdx+ydy$,则点 $(0,0)$(　　).

(A) 不是 $f(x,y)$ 的连续点　　(B) 不是 $f(x,y)$ 的极值点

(C) 是 $f(x,y)$ 的极大值点　　(D) 是 $f(x,y)$ 的极小值点

解　本题应选(D).

因 $dz=xdx+ydy$,故 $f'_x(x,y)=x, f'_y(x,y)=y$,又在 $(0,0)$ 处,$f'_x(0,0)=0, f'_y(0,0)=0$ 知,点 $(0,0)$ 是驻点.

$f''_{xx}(x,y)=1, f''_{xy}(x,y)=0, f''_{yy}(x,y)=1$,有 $f''_{xx}\cdot f''_{yy}-(f''_{xy})^2>0$,故 $(0,0)$ 为函数 $z=f(x,y)$ 的一个极小值点.

特别提醒　本题考查全微分定义形式 $dz=z'_x dx+z'_y dy$,由此知函数的一阶偏导数,进而可求二阶偏导数;还考查极值存在的充分条件.

题型 2:无条件极值问题

例 求由方程 $x^2+y^2+z^2-2x+2y-4z-10=0$ 确定的函数 $z=f(x,y)$ 的极值.

【重点提示】 利用隐函数求导方法求得一、二阶偏导数,再利用无条件极值必要条件求驻点,充分条件判定极值.

解法一:将方程的两边分别对 x、y 求偏导,得

$$\begin{cases}2x+2zz'_x-2-4z'_x=0\\2y+2zz'_y+2-4z'_y=0\end{cases} \qquad ①$$

由极值的必要条件 $\begin{cases}z'_x=0\\z'_y=0\end{cases}$ ②

将式 ② 代入式 ① 得 $x=1$,$y=-1$,$p(1,-1)$ 为驻点.

将式 ① 的两个方程分别对 x、y 求偏导,得

$$A=z''_{xx}\Big|_p=\frac{(z-2)^2+(1-x)^2}{(2-z)^3}\Big|_p=\frac{1}{2-z} \qquad ③$$

$$B=z''_{xy}\Big|_p=0$$

$$C=z''_{yy}\Big|_p=\frac{(2-z)^2+(1+y)^2}{(2-z)^3}\Big|_p=\frac{1}{2-z}$$

因为 $B^2-AC=\dfrac{1}{(2-z)^2}<0(z\neq 2)$,

所以 $z=f(x,y)\mid_p$ 取极值.

将 $x=1$,$y=-1$ 代入原方程得 $z_1=-2$,$z_2=6$,

将 $z_1=-2$ 代入式 ③ 得,$A=\dfrac{1}{2-z}\Big|_{z=-2}=\dfrac{1}{4}>0$,

故 $z=f(1,-1)=-2$ 为极小值.

将 $z_2=6$ 代入(3) 得,$A=-\dfrac{1}{4}<0$,

故 $z=f(1,-1)=6$ 为极大值.

解法二:配方法.

原方程可变形为 $(x-1)^2+(y+1)^2+(z-2)^2=16$,

于是 $z=2\pm\sqrt{16-(x-1)^2-(y+1)^2}$(将隐函数转化成显函数),

显然,当 $x=1$,$y=-1$ 时,根号中的极大值为 4,由此可知 $z=2\pm 4$ 为极值,$z=6$ 为极大值,$z=-2$ 为极小值.

题型 3:最值问题

例 求二元函数 $z=f(x,y)=x^2y(4-x-y)$ 在直线 $x+y=6$、x 轴和 y 轴所围成的区域 D 的最大值和最小值.

【重点提示】 求解闭区域上的最值,须先找齐驻点和偏导数不存在的点,并求出它们的函数值,再与边界上的最值进行比较,最后得出闭区域上的最值.

解　(1) 先求函数在 D 内的驻点.

$$\begin{cases} f'_x(x,y)=2xy(4-x-y)-x^2y=0 \\ f'_y(x,y)=x^2(4-x-y)-x^2y=0 \end{cases}$$

得 $x=0,0\leqslant y\leqslant 6$，及点 $(4,0)(2,1)$，

在 D 内只有唯一驻点 $(2,1)$，在该点 $f(2,1)=4$.

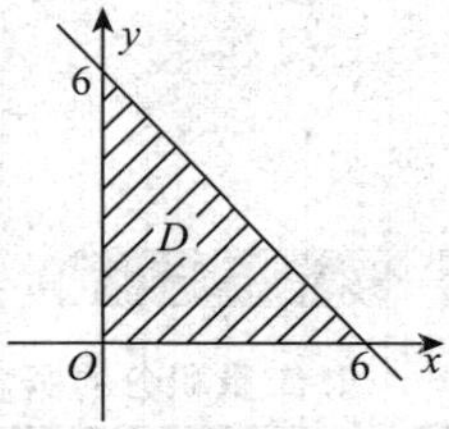

图 8-1

(2) 再求 $f(x,y)$ 在 D 的边界上的最值.

在边界 $x=0(0\leqslant y\leqslant 6)$ 和 $y=0(0\leqslant x\leqslant 6)$ 上，如图 8-1 所示，$f(x,y)=0$.

在边界 $x+y=6$ 上，$y=6-x$，代入 $f(x,y)$ 中，得

$f(x,y)=x^2(6-x)(-2)=2x^2(x-6)$，

令 $f'_x(x,y)=6x^2-24x=0$，得 $x_1=0,x_2=4$，

当 $x=0$ 时，$y=6,f(0,6)=0$；当 $x=4$ 时，$y=2,f(4,2)=-64$.

(3) 比较大小.

经过比较，得 $f(2,1)=4$ 为最大值，$f(4,2)=-64$ 为最小值.

题型 4:条件极值问题

例　求过点 $\left(2,1,\frac{1}{3}\right)$ 的平面，使它与三个坐标面在第一象限内所围成的立体体积最小.

【重点提示】 条件极值的关键在于找到目标函数及条件限制，然后应用拉格朗日乘数法求解. 如果条件限制方程可化为显函数，则代入目标函数可化为无条件极值求解.

解　设所求平面 $\frac{x}{a}+\frac{y}{b}+\frac{z}{c}=1(a>0,b>0,c>0)$，

则它与坐标面在第一象限内所围成的立体体积为 $v=\frac{1}{6}abc$. 故问题转化为目标函数 abc 在条件 $\frac{2}{a}+\frac{1}{b}+\frac{1}{3c}=1$ 下的条件极值问题.

令 $F(a,b,c,\lambda)=abc+\lambda\left(\frac{2}{a}+\frac{1}{b}+\frac{1}{3c}-1\right)$，则

$$\begin{cases} F'_a=bc-\dfrac{2\lambda}{a^2}=0 \\ F'_b=ac-\dfrac{\lambda}{b^2}=0 \\ F'_c=ab-\dfrac{\lambda}{3c^2}=0 \\ F'_\lambda=\dfrac{2}{a}+\dfrac{1}{b}+\dfrac{1}{3c}-1=0 \end{cases}$$

解得唯一驻点，$a=6,b=3,c=1$

由问题本身可知，最小体积必定存在. 故 $\frac{x}{6}+\frac{y}{3}+\frac{z}{1}=1$ 即为所求平面.

第七节 二重积分

知识点归纳

1. 二重积分的概念

二重积分的定义	设二元函数 $f(x,y)$ 定义在有界闭区域 D 上. 将区域 D 任意分成 n 个小区域 $\Delta\sigma_1,\Delta\sigma_2,\cdots,\Delta\sigma_n$,其中 $\Delta\sigma_i$ 表示第 i 个小区域,也表示它的面积. 在每个 $\Delta\sigma_i$ 上任取一点 (ξ_i,η_i),作乘积 $f(\xi_i,\eta_i)\Delta\sigma_i(i=1,2,\cdots,n)$,并作和 $\sum\limits_{i=1}^{n}f(\xi_i,\eta_i)\Delta\sigma_i$. 如果当各小区域的直径中的最大值 λ 趋于零时,和的极限存在,则称此极限为函数 $f(x,y)$ 在区域 D 上的二重积分,即 $\iint\limits_D f(x,y)\mathrm{d}\sigma=\lim\limits_{\lambda\to 0}\sum\limits_{i=1}^{n}f(\xi_i,\eta_i)\Delta\sigma_i$
二重积分的几何意义	当 $f(x,y)\geqslant 0$ 时,$\iint\limits_D f(x,y)\mathrm{d}\sigma$ 是以区域 D 为底,以曲面 $y=f(x,y)$ 为顶的曲顶柱体的体积 当 $f(x,y)\leqslant 0$ 时,$\iint\limits_D f(x,y)\mathrm{d}\sigma$ 是以区域 D 为底,以曲面 $y=f(x,y)$ 为顶的曲顶柱体的体积的相反数 当 $f(x,y)=1$ 时,$\iint\limits_D 1\cdot\mathrm{d}\sigma=A$—— 区域 D 的面积
存在性	若 $f(x,y)$ 在区域 D 内分片连续,则 $\iint\limits_D f(x,y)\mathrm{d}\sigma$ 存在

2. 二重积分的性质

线性	若 $f(x,y),g(x,y)$ 在 D 上可积,对任意常数 k_1,k_2, $\iint\limits_D (k_1f(x,y)+k_2g(x,y))\mathrm{d}\sigma=k_1\iint\limits_D f(x,y)\mathrm{d}\sigma+k_2\iint\limits_D g(x,y)\mathrm{d}\sigma$
可知性	若 $D=D_1\cup D_2$,且 D_1 的每一个内点都不在 D_2 中,则 $\iint\limits_D f(x,y)\mathrm{d}\sigma=\iint\limits_{D_1}f(x,y)\mathrm{d}\sigma+\iint\limits_{D_2}f(x,y)\mathrm{d}\sigma$ 设 $f(x,y),g(x,y)$ 在 D 上可积 (Ⅰ)若 $f(x,y)\leqslant g(x,y)$,则 $\iint\limits_D f(x,y)\mathrm{d}\sigma\leqslant\iint\limits_D g(x,y)\mathrm{d}\sigma$ 特别有 $\left\|\iint\limits_D f(x.y)\mathrm{d}\sigma\right\|\leqslant\iint\limits_D \|f(x,y)\|\mathrm{d}\sigma$ (Ⅱ)若 $m\leqslant f(x,y)\leqslant M$,$\sigma$ 是 D 的面积,则有 $m\sigma\leqslant\iint\limits_D f(x,y)\mathrm{d}\sigma\leqslant M\sigma$
中值定理	设 $f(x,y)$ 为有界闭区域 D 上的连续函数,则存在 $(\xi,\eta)\in D$,使得 $\iint\limits_D f(x,y)\mathrm{d}\sigma=f(\xi,\eta)\sigma$ 其中 σ 为 D 的面积

3. 二重积分一般的计算方法

<table>
<tr>
<td rowspan="2">直角坐标系</td>
<td>先对 y 积分再对 x 积分</td>
<td>若 D 由 $x=a, x=b, y=y_1(x), y=y_2(x)$ 所围成(见右图),即
$D:\begin{cases}a\leqslant x\leqslant b\\ y_1(x)\leqslant y\leqslant y_2(x)\end{cases}$
则 $\iint\limits_D f(x,y)\mathrm{d}x\mathrm{d}y=\int_a^b\mathrm{d}x\int_{y_1(x)}^{y_2(x)}f(x,y)\mathrm{d}y$</td>
<td>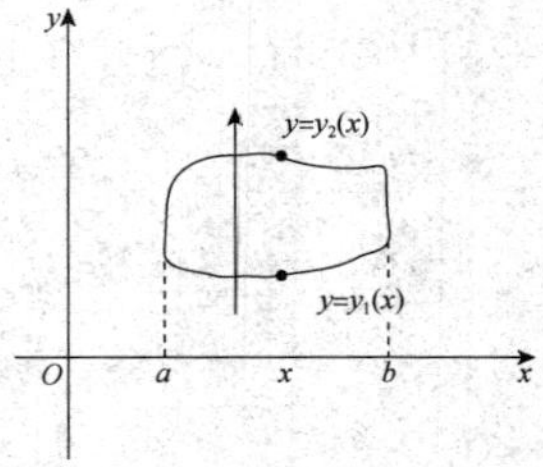</td>
</tr>
<tr>
<td>先对 x 积分再对 y 积分</td>
<td>若 D 由 $y=c, y=b, x=x_1(y), x=x_2(y)$ 所围成(见右图),即
$D:\begin{cases}c\leqslant y\leqslant \mathrm{d}\\ x_1(y)\leqslant x\leqslant x_2(y)\end{cases}$
则 $\iint\limits_D f(x,y)\mathrm{d}x\mathrm{d}y=\int_c^d\mathrm{d}y\int_{x_1(y)}^{x_2(y)}f(x,y)\mathrm{d}x$</td>
<td>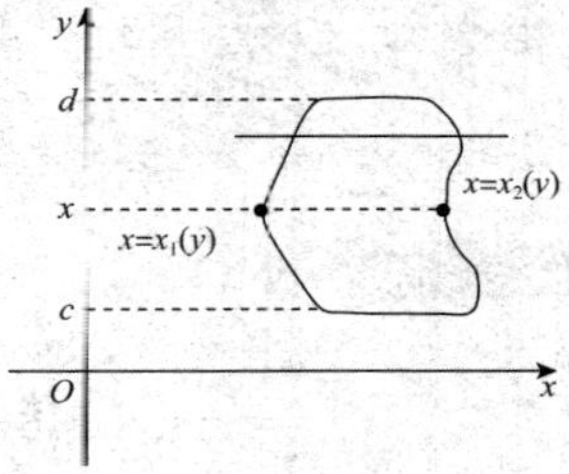</td>
</tr>
<tr>
<td rowspan="3">极坐标系</td>
<td>极点在 D 外</td>
<td>$D:\begin{cases}\alpha\leqslant\theta\leqslant\beta\\ r_1(\theta)\leqslant r\leqslant r_2(\theta)\end{cases}$
则 $\iint\limits_D f(x,y)\mathrm{d}\sigma=\int_\alpha^\beta\mathrm{d}\theta\int_{r_1(\theta)}^{r_2(\theta)}f(r\cos\theta,r\sin\theta)r\mathrm{d}r$</td>
<td>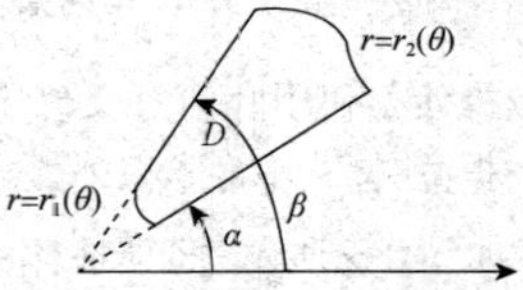</td>
</tr>
<tr>
<td>极点在 D 的边界上</td>
<td>$D:\begin{cases}\alpha\leqslant\theta\leqslant\beta\\ 0\leqslant r\leqslant r(\theta)\end{cases}$
则 $\iint\limits_D f(x,y)\mathrm{d}\sigma=\int_\alpha^\beta\mathrm{d}\theta\int_0^{r(\theta)}f(r\cos\theta,r\sin\theta)r\mathrm{d}r$</td>
<td>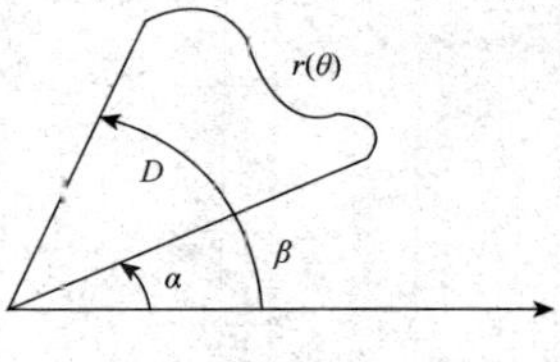</td>
</tr>
<tr>
<td>极点在 D 内</td>
<td>$D:\begin{cases}0\leqslant\theta\leqslant 2\pi\\ 0\leqslant r\leqslant r(\theta)\end{cases}$
则 $\iint\limits_D f(x,y)\mathrm{d}\sigma=\int_0^{2\pi}\mathrm{d}\theta\int_0^{r(\theta)}f(r\cos\theta,r\sin\theta)r\mathrm{d}r$</td>
<td>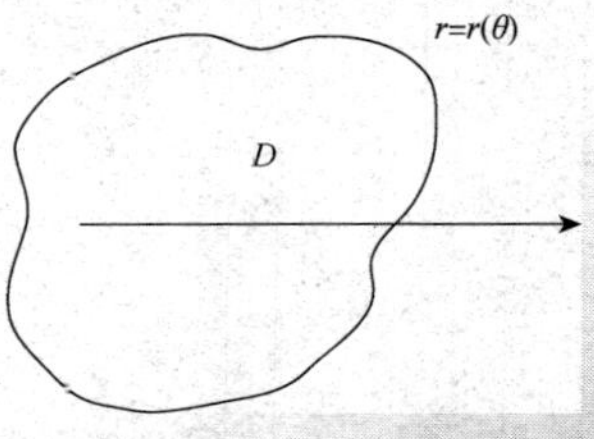</td>
</tr>
</table>

特别提醒 (1) 若 $D=\{(x,y)\mid a\leqslant x\leqslant b,c\leqslant y\leqslant d\}$,则

$$\iint_D f(x,y)\mathrm{d}x\mathrm{d}y=\int_c^d\mathrm{d}y\int_a^b f(x,y)\mathrm{d}x=\int_a^b\mathrm{d}x\int_c^d f(x,y)\mathrm{d}y$$

(2) 如果 $f(x,y)=f_1(x)\cdot f_2(y)$ 可积,且区域 $D=\{(x,y)\mid a\leqslant x\leqslant b,c\leqslant y\leqslant d\}$,则

$$\iint_D f(x,y)\mathrm{d}x\mathrm{d}y=\int_a^b f_1(x)\mathrm{d}x\cdot\int_c^d f_2(y)\mathrm{d}y$$

(3) 如果平行于坐标轴的直线与区域 D 的边界线交点多于两个,则要将 D 分成几个小区域,使每个小区域的边界与平行于坐标轴的直线的交点不多于两点,然后再根据积分对区域的可加性进行计算.

(4) 在计算二重积分 $\iint_D f(x,y)\mathrm{d}\sigma$ 时,画出积分区域 D 的图形,有助于准确确定累次积分的上下限,究竟是先对 x 积分还是先对 y 积分,这要视哪种顺序能简化运算来决定.

典型例题解析

题型 1:利用二重积分的几何意义求解

例 根据二重积分的几何意义确定二重积分 $\iint_D(a-\sqrt{x^2+y^2})\mathrm{d}\sigma$ 的值,其中 $D:x^2+y^2\leqslant a^2$.

【重点提示】 利用几何意义确定二重积分的值,关键要确定由 $f(x,y)$ 和 D 所组成的曲面柱体的形状,再根据立体图形的体积公式求得二重积的确定值.

解 如图 8-2 所示,曲顶柱体的底部为圆盘 $x^2+y^2\leqslant a^2$,其顶是下半圆锥面 $Z=a-\sqrt{x^2+y^2}$,故曲顶柱体为一圆锥体,它的底面半径及高均为 a,所以

$$\iint_D(a-\sqrt{x^2+y^2})\mathrm{d}\sigma=\frac{1}{3}\pi a^3$$

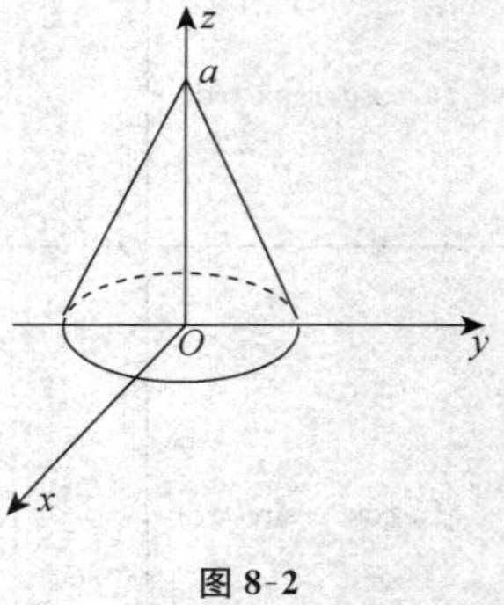

图 8-2

特别提醒 直接用几何意义确定二重积分的值,则所求柱体必须是我们所熟悉的,是可以利用基本公式求体积的.

题型2:直角坐标系下的二重积分的计算

【重点提示】在直角坐标系下,将二重积分化为先对x后对y或先对y后对x的累次积分来计算.运用这种方法解题应该注意选择使计算简化的积分次序.

例 计算二重积分$\iint\limits_D \sqrt{y^2-xy}\,\mathrm{d}x\mathrm{d}y$,其中$D$是由直线$y=x$、$y=1$、$x=0$所围成的平面区域.

解　画出积分区域D(图8-3),D可以表示成

$D=\{(x,y)\mid 0\leqslant x\leqslant y,0\leqslant y\leqslant 1\}$,也可以表示成$D=\{(x,y)\mid x\leqslant y\leqslant 1,0\leqslant x\leqslant 1\}$.

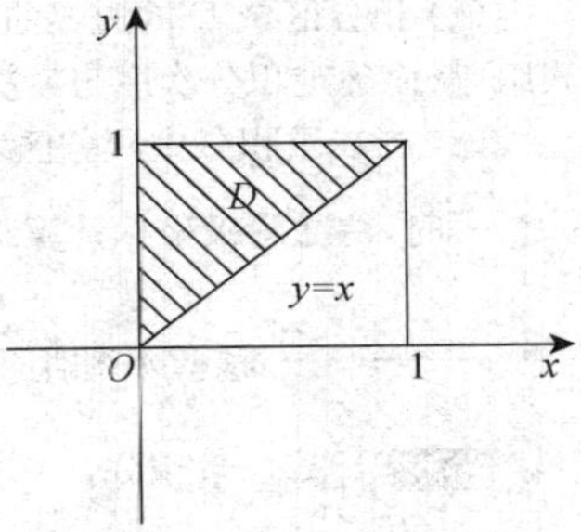

图8-3

(1) 先对y后对x积分,则

$$\iint\limits_D \sqrt{y^2-xy}\,\mathrm{d}x\mathrm{d}y=\int_0^1\mathrm{d}x\int_x^1\sqrt{y^2-xy}\,\mathrm{d}y$$

因为$\int_x^1\sqrt{y^2-xy}\,\mathrm{d}y$计算很难,故不能按此顺序计算.

(2) 先对x后对y积分,则

$$\iint\limits_D \sqrt{y^2-xy}\,\mathrm{d}x\mathrm{d}y=\int_0^1\mathrm{d}y\int_0^y\sqrt{y^2-xy}\,\mathrm{d}x=\int_0^1\mathrm{d}y\int_0^y\left(-\frac{1}{y}\right)\cdot(y^2-xy)^{\frac{1}{2}}\mathrm{d}(y^2-xy)$$

$$=-\int_0^1\frac{2}{3y}(y^2-xy)^{\frac{3}{2}}\Big|_0^y\mathrm{d}y=\frac{2}{3}\int_0^1 y^2\mathrm{d}y=\frac{2}{9}$$

特别提醒　在计算二重积分时,除了要注意D的特点,还要注意被积函数的特点,灵活选择积分顺序很重要.

题型3:极坐标系下的二重积分的计算

例 利用极坐标计算下列二重积分:

$\iint\limits_D\frac{x+y}{x^2+y^2}\mathrm{d}\sigma$,其中$D$:$x^2+y^2\leqslant 1,x+y\geqslant 1$.

解　积分区域D如图8-4所示.

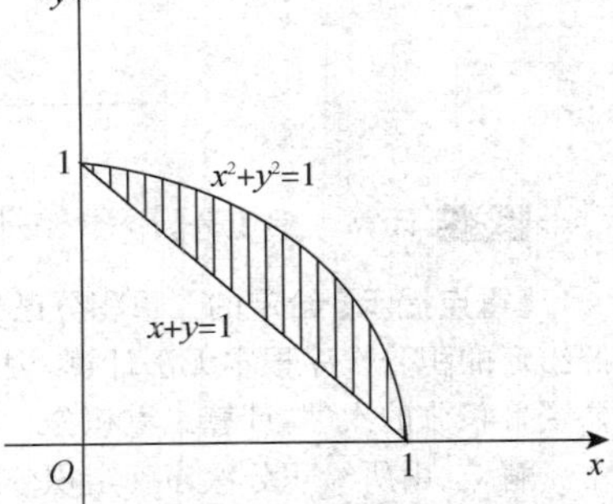

图8-4

采用极坐标,区域D变化为$0\leqslant\theta\leqslant\frac{\pi}{2}$,$\frac{1}{\sin\theta+\cos\theta}\leqslant r\leqslant 1$.

故$\iint\limits_D\frac{x+y}{x^2+y^2}\mathrm{d}\sigma$

$$=\iint\limits_D\frac{r\cos\theta+r\sin\theta}{r^2}r\mathrm{d}r\mathrm{d}\theta$$

$$=\int_0^{\frac{\pi}{2}}\mathrm{d}\theta\int_{\frac{1}{\sin\theta+\cos\theta}}^1(\sin\theta+\cos\theta)\mathrm{d}r$$

$$=\int_0^{\frac{\pi}{2}}(\sin\theta+\cos\theta)\left(1-\frac{1}{\sin\theta+\cos\theta}\right)\mathrm{d}\theta$$

$$=\int_0^{\frac{\pi}{2}}(\sin\theta+\cos\theta-1)\mathrm{d}\theta=[-\cos\theta+\sin\theta-\theta]\Big|_0^{\frac{\pi}{2}}$$

$=2-\frac{\pi}{2}$

【重点提示】(1) 利用极坐标系计算二重积分首先要利用直角坐标与极坐标的转换公式 $\begin{cases}x=r\cos\theta\\y=r\sin\theta\end{cases}$,即 $\iint\limits_D f(x,y)\mathrm{d}\sigma=\iint\limits_D f(r\cos\theta,r\sin\theta)r\mathrm{d}r\mathrm{d}\theta$.

(2) 积分区域 D 的边界曲线也要转化为极坐标下的方程,然后将区域 D 表示为极坐标下的不等式组,从而确定积分次序与累次积分的上下限,这也是极坐标系下计算二重积分的.

(3) 当二重积分中积分区域 D 为圆域、环域、环扇形区域或者被积函数 $f(x,y)$ 中含有 x^2+y^2、$\frac{x}{y}$、$\frac{y}{x}$ 时,往往用极坐标计算二重积分.

题型 4:利用积分区域 D 及被积函数 $f(x,y)$ 的特点计算二重积分

例 计算二重积分:

$I=\iint\limits_D y(1+x\mathrm{e}^{\frac{x^2+y^2}{2}})\mathrm{d}x\mathrm{d}y$,其中 D 由直线 $y=x,y=-1$,$x=1$ 围成.

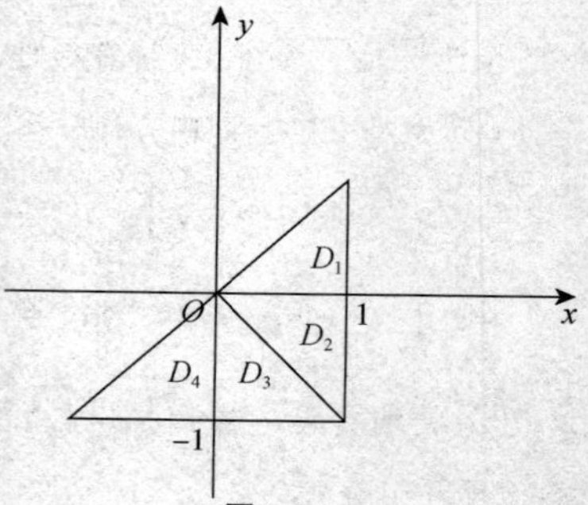

图 8-5

【重点提示】被积函数是关于 x 或 y 的奇或偶函数时,还要看积分区域(或适当分割)是否关于 y 轴或 x 轴对称,利用对称性化简运算.

解 积分区域 D 如图 8-5 所示.

$D=D_1+D_2+D_3+D_4$,其中 D_1 与 D_2 关于 x 轴对称,D_3 与 D_4 关于 y 轴对称,而 $xy\mathrm{e}^{\frac{x^2+y^2}{2}}$ 关于 x 是奇函数,关于 y 也是奇函数,所以可得(奇偶函数在对称区域上的性质)$\iint\limits_{D_1+D_2}xy\mathrm{e}^{\frac{x^2+y^2}{2}}\mathrm{d}x\mathrm{d}y=0$,$\iint\limits_{D_3+D_4}xy\mathrm{e}^{\frac{x^2+y^2}{2}}\mathrm{d}x\mathrm{d}y=0$,

故 $I=\iint\limits_{D_1+D_2+D_3+D_4}y(1+x\mathrm{e}^{\frac{x^2+y^2}{2}})\mathrm{d}x\mathrm{d}y=\iint\limits_D y\mathrm{d}x\mathrm{d}y+0=\int_{-1}^1\mathrm{d}x\int_{-1}^x y\mathrm{d}y=\int_{-1}^1\left(\frac{x^2}{2}-\frac{1}{2}\right)\mathrm{d}x$ $=-\frac{2}{3}$.

题型 5:交换积分次序

例 计算二重积分:$I=\int_0^1\mathrm{d}x\int_x^{\sqrt{x}}\frac{\sin y}{y}\mathrm{d}y$.

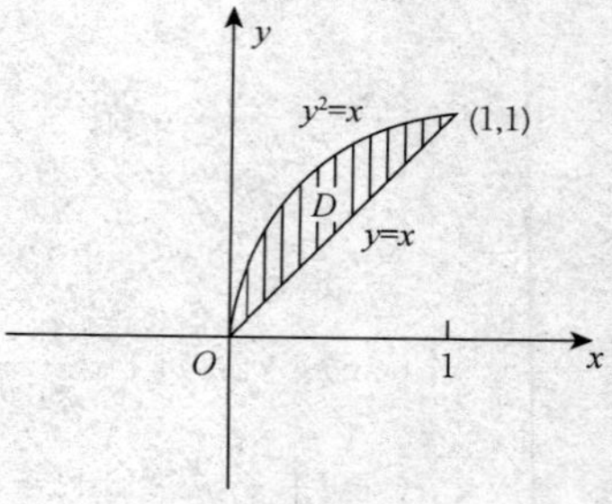

图 8-6

【重点提示】给定的二重积分已经是累次积分的形式了,但按照给定的积分次序根本无法计算,因此解决此类的问题的关键是要变换积分的次序,计算二重积分.

解 由所给积分次序确定积分区域 D 如图 8-6 所示,即

$D:\begin{cases}0\leqslant x\leqslant 1\\x\leqslant y\leqslant\sqrt{x}\end{cases}$,把 D 表示成 Y 型区域为

$D:\begin{cases}0\leqslant y\leqslant 1\\ y^2\leqslant x\leqslant y\end{cases}$

$$I=\int_0^1 dy\int_y^{y^2}\frac{\sin y}{y}dx=\int_0^1\frac{\sin y}{y}(y^2-y)dy$$

$$=\int_0^1 y\sin y dy-\int_0^1\sin y dy=\sin 1-1$$

题型 6:利用二重积分性质进行估值

例 利用估值不等式估计下列积分值的范围:

$\iint\limits_D(x+y+10)d\sigma$,其中 $D:(x-2)^2+(y-1)^2\leqslant 2$.

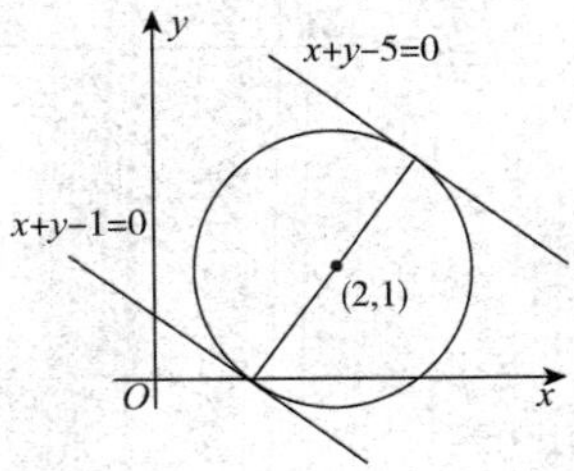

图 8-7

【重点提示】可用观察分析法或用条件极值法求最大值与最小值.

解 由图 8-7 示可知在积分区域 D 上有 $1\leqslant x+y\leqslant 5$,

从而 $11\leqslant x+y+10\leqslant 15$,

又因 D 的面积为 2π,故

$$22\pi\leqslant\iint\limits_D(x+y+10)d\sigma\leqslant 30\pi.$$

题型 7:与二重积分有关的证明题及应用题

例 证明$\int_a^b dx\int_a^x f(y)dy=\int_a^b f(x)(b-x)dx$,其中 $f(x)$ 为连续函数.

【重点提示】等式左边是一个累次积分,可视作是一个二重积分化成的累次积分,而等式的右端是一个定积分.对于二重积分来说,若能够化为累次积分并积出一次便可化为定积分.因此,证明上式的关键在于将左边的累次积分交换次序.

证明 $\int_a^b dx\int_a^x f(y)dy=\iint\limits_D f(y)dxdy$

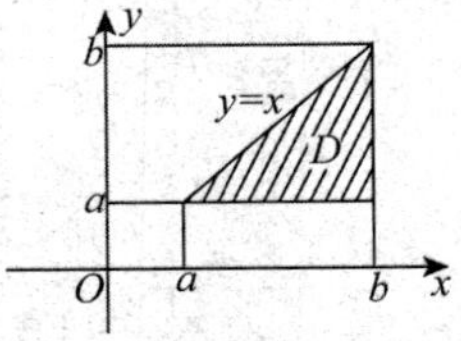

图 8-8

其中 $D:\begin{cases}a\leqslant x\leqslant b\\ a\leqslant y\leqslant x\end{cases}$如图 8-8 所示

把 D 表示成 Y 型区域为:$D:\begin{cases}a\leqslant y\leqslant b\\ y\leqslant x\leqslant b\end{cases}$,则

$$\int_a^b dx\int_a^x f(x)dy=\int_a^b dy\int_y^b f(y)dx\text{(交换积分次序)}$$

$$=\int_a^b f(y)(b-y)dy\text{(积分与积分变量的记号无关)}$$

$$=\int_a^b f(x)(b-x)dx$$

考研真题精解

1. 设函数 $f(u,v)$ 满足 $f\left(x+y,\frac{y}{x}\right)=x^2-y^2$,则$\left.\frac{\partial f}{\partial u}\right|_{\substack{u=1\\v=2}}$ 与$\left.\frac{\partial f}{\partial v}\right|_{\substack{u=1\\v=1}}$ 依次是(　　).

(A) $\frac{1}{2},0$ (B)$0,\frac{1}{2}$ (C) $-\frac{1}{2},0$ (D)$0,-\frac{1}{2}$

【答案】 (D)

【解答】 方法一：$u=x+y,v=\frac{y}{x}$,

所以 $x=\frac{u}{v+1},y=\frac{uv}{v+1}$,

所以 $f(u,v)=\frac{u^2}{(v+1)^2}-\frac{u^2v^2}{(v+1)^2}=\frac{u^2(1-v)}{v+1}$,

$\frac{\partial f}{\partial u}=\frac{2u(1-v)}{v+1},\frac{\partial f}{\partial v}=u^2-\frac{2}{(v+1)^2}$,

$\left.\frac{\partial f}{\partial u}\right|_{\substack{u=1\\v=1}}=0,\left.\frac{\partial f}{\partial v}\right|_{\substack{u=1\\v=1}}=-\frac{1}{2}$.

方法二：

$f\left(x+y,\frac{y}{x}\right)=x^2-y^2$ ①

① 式对 z 求导得 $\frac{\partial f}{\partial u}-\frac{y}{x^2}\frac{\partial f}{\partial v}=2x$ ②

① 式对 y 求导得 $\frac{\partial f}{\partial u}+\frac{1}{x}\frac{\partial f}{\partial v}=-2y$ ③

由 $u=1,v=1$,得 $z=y=1/2$,代入 ②③

解得 $\left.\frac{\partial f}{\partial u}\right|_{\substack{u=1\\v=1}}=0,\left.\frac{\partial f}{\partial v}\right|_{\substack{u=1\\v=1}}=-\frac{1}{2}$.

2. 设 $\sum$ 为曲面 $z=x^2+y^2(z\leqslant 1)$ 的上侧，计算曲面积分

$I=\iint\limits_{\Sigma}(x-1)^3\mathrm{d}y\mathrm{d}z+(y-1)^3\mathrm{d}z\mathrm{d}x+(z-1)\mathrm{d}x\mathrm{d}y$.

【解答】 $\sum_0: z=1(x^2+y^2\leqslant 1)$，取下侧，其中 $\sum$ 与 $\sum_0$ 围成的几何体为 Ω，由高斯公式有

$$\oiint\limits_{\Sigma+\Sigma_0}(x-1)^3\mathrm{d}y\mathrm{d}z+(y-1)^3\mathrm{d}z\mathrm{d}x+(z-1)\mathrm{d}x\mathrm{d}y$$

$$=-\iiint\limits_{\Omega}[3(x-1)^2+3(y-1)^2+1]\mathrm{d}v=-\iiint\limits_{\Omega}[3(x^2+y^2)-6x-6y+7J]\mathrm{d}v$$

$$=-\iiint\limits_{\Omega}[3(x^2+y^2)+7]\mathrm{d}v=-\int_0^1\mathrm{d}z\iint\limits_{x^2+y^2\leqslant z}[3(x^2+y^2)+7]\mathrm{d}v$$

$$=-\int_0^1\mathrm{d}z\int_0^{2\pi}\mathrm{d}\theta\int_0^{\sqrt{z}}(3r^3+7r)\mathrm{d}r=-2\pi\int_0^1(\frac{3}{4}z^2+\frac{7}{2}z)\mathrm{d}z$$

$$=-2\pi(\frac{1}{4}+\frac{7}{4})=-4\pi$$

而 $\iint\limits_{\Sigma_0}(x-1)^3\mathrm{d}y\mathrm{d}z+(y-1)^3\mathrm{d}z\mathrm{d}x+(z-1)\mathrm{d}x\mathrm{d}y=\iint\limits_{\Sigma_0}(z-1)\mathrm{d}x\mathrm{d}y=0$

所以 $I=\iint\limits_{\Sigma}(x-1)^3\mathrm{d}y\mathrm{d}z+(y-1)^3\mathrm{d}z\mathrm{d}x+(z-1)\mathrm{d}x\mathrm{d}y=-4\pi$.

3. 曲面 $x^2+\cos(xy)+yz+x=0$ 在点 $(0,1,-1)$ 处的切平面方程为(　　).

(A) $x-y+z=-2$　　(B) $x+y+z=2$

(C) $x-2y+z=3$　　(D) $x-y-z=0$

【解答】 本题考查切平面方程的求法,设

$F(x,y,z)=x^2+\cos(xy)+yz+x$,

$F_x(x,y,z)=2x-y\sin(xy)+1\Rightarrow F_x(0,1,-1)=1$,

$F_y(x,y,z)=-x\sin(xy)+z\Rightarrow F_y(0,1,-1)=-1$,

$F_z(x,y,z)=y\Rightarrow F_z(0,1,-1)=1$,

所以该曲面在点 $(0,1,-1)$ 处的切平面方程为 $x-(y-1)+(z+1)=0$,即 $x-y+z=-2$.

选(A)

4. 求函数 $u=xy+2yz$ 在约束条件 $x^2+y^2+z^2=10$ 下的最大值和最小值.

【解答】 本题是条件极值问题,可用拉格朗日乘数法求解. 则拉格朗日函数为

$$F(x,y,z,\lambda)=xy+2yz+\lambda(x^2+y^2+z^2-10)$$

令

$$\begin{cases}\dfrac{\partial F}{\partial x}=y+2\lambda x=0\\ \dfrac{\partial F}{\partial y}=x+2z+\lambda y=0\\ \dfrac{\partial F}{\partial z}=2y+2\lambda z=0\\ \dfrac{\partial F}{\partial \lambda}=x^2+y^2+z^2-10=0\end{cases}$$

解得四个驻点 $P_1=(1,-\sqrt{5},2)$, $P_2(1,\sqrt{5},2)$, $P_3=(-1,-\sqrt{5},-2)$, $P_4(-1,\sqrt{5},-2)$. 代入函数 u 计算有

$$u(P_1)=-5\sqrt{5},u(P_2)=5\sqrt{5},u(P_3)=5\sqrt{5},u(P_4)=-5\sqrt{5}$$

又当 $\lambda=0$ 时,得两个最值点为 $P_5(2\sqrt{2},0,-\sqrt{2})$ 与 $P_6(-2\sqrt{2},0,\sqrt{2})$,代入函数 u 计算有

$$u(P_5)=u(P_6)=0$$

则在 P_1 与 P_4 两点处 u 取得最小值 $-5\sqrt{5}$,在 P_2 与 P_3 两点处 u 取得最大值 $5\sqrt{5}$. 即函数 $u=xy+2yz$ 在约束条件 $x^2+y^2+z^2=10$ 下的最大值是 $5\sqrt{5}$,最小值是 $-5\sqrt{5}$.

5. 求二元函数 $f(x,y)=x^2(2+y^2)+y\ln y$ 的极值.

【解答】 令函数一阶偏导为 0,即 $\begin{cases}f'_x=2x(2+y^2)=0\\ f'_y=2x^2y+\ln y+1=0\end{cases}$.

解得 $x=0,y=\dfrac{1}{e}$. 则函数 $f(x,y)$ 有唯一驻点 $\left(0,\dfrac{1}{e}\right)$. 然后判定 $\left(0,\dfrac{1}{e}\right)$ 是否是极值点,再计算函数的二阶偏导

$$A=f''_{xx}\left(0,\frac{1}{e}\right)=2(2+y^2)\Big|_{y=\frac{1}{e}}=2\left(2+\frac{1}{e^2}\right)>0$$

$$B=f''_{xy}\left(0,\frac{1}{e}\right)=4xy\Big|_{\left(0,\frac{1}{e}\right)}=0$$

$$C=f''_{yy}\left(0,\frac{1}{e}\right)=\left(2x^2+\frac{1}{y}\right)\Big|_{\left(0,\frac{1}{e}\right)}=e>0$$

得到在驻点 $\left(0,\frac{1}{\mathrm{e}}\right)$ 处 $AC-B^2>0$ 且 $A,C>0$，故 $f(x,y)$ 在 $\left(0,\frac{1}{\mathrm{e}}\right)$ 处取得极小值 $f\left(0,\frac{1}{\mathrm{e}}\right)=-\frac{1}{\mathrm{e}}$.

课后习题全解

(A)

1. 分析 按照基本初等函数的定义域要求得到关于自变量的不等式，然后求解.

解 (1)$D(f)=\{(x,y)\mid x\geqslant 0,-\infty<y<+\infty\}$

(2)$D(f)=\{(x,y)\mid |x|\leqslant 1,|y|\geqslant 1\}$

(3)$D(f)=\left\{(x,y)\,\middle|\,\frac{x^2}{a^2}+\frac{y^2}{b^2}\leqslant 1\right\}$

(4)$D(f)=\{(x,y)\mid x+y<0\}$

(5)$D(f)=\{(x,y)\mid x^2+y^2\neq 0\}$

(6) 由 $R^2-x^2-y^2-z^2\geqslant 0$ 及 $x^2+y^2+z^2-r^2\geqslant 0$,

故 $D(f)=\{(x,y,z)\}\mid r^2\leqslant x^2+y^2+z^2\leqslant R^2\}(R>r)$.

2. 解 设 $u=x+y,v=x-y$，则 $x=\frac{u+v}{2},y=\frac{u-v}{2}$,

所以 $x^2+y^2=\frac{u^2+v^2}{2},x^2-y^2=uv$,

故 $f(u,v)=\mathrm{e}^{\frac{u^2+v^2}{2}}\cdot uv$，即 $f(x,y)=\mathrm{e}^{\frac{x^2+y^2}{2}}\cdot xy$，且 $f(\sqrt{2},\sqrt{2})=2\mathrm{e}^2$.

3. 解 函数 $z=\ln(x^2-y^2)$ 的定义域 $D_1=\{(x,y),x^2-y^2>0\}$.

函数 $z=\ln(x+y)+\ln(x-y)$ 的定义域 $D_2=\{(x,y),\mid x+y>0,x-y>0\}$,

因为 D_1 中不含有满足 $x+y>0$ 且 $x-y>0$ 的点，而且还包含满足 $x+y<0$ 且 $x-y<0$ 的点，所以两个函数的定义域不同，故两个函数不同.

4. 分析 将函数看作某一个自变量的函数，视其他变量为常量，依据一元函数的求导公式和求导规则计算偏导数.

解 (1) $z'_x=2xy^2$

$z'_y=2yx^2$

(2) $z'_x=-\frac{1}{x}$

$z'_y=\frac{1}{y}$

(3)$z'_x=y\mathrm{e}^{xy}+2xy,z'y=x\mathrm{e}^{xy}+x^2$

(4) $z'_x=y\sqrt{R^2-x^2-y^2}-xy\frac{x}{\sqrt{R^2-x^2-y^2}}=\frac{y(R^2-2x^2-y^2)}{\sqrt{R^2-x^2-y^2}}$

$z'_y=x\sqrt{R^2-x^2-y^2}-xy\frac{y}{\sqrt{R^2-x^2-y^2}}=\frac{x(R^2-x^2-2y^2)}{\sqrt{R^2-x^2-y^2}}$

(5) $z'_x=1/\sqrt{x^2+y^2}-x^2/(x^2+y^2)^{3/2}=y^2/(x^2+y^2)^{3/2}$

$z'_y=-xy/(x^2+y^2)^{3/2}$

(6) $z'_x=\mathrm{e}^{\sin x}\cos y\cos x$

$z'_y = -e^{\sin x}\sin y$

(7) $u'_x = x/\sqrt{x^2+y^2+z^2}$, $u'_y = y/\sqrt{x^2+y^2+z^2}$ $u'_z = z/\sqrt{x^2+y^2+z^2}$

(8) $u'_x = 2xy^3z^5u = 2xy^3z^5e^{x^2y^3z^5}$ $u'_y = 3x^2y^2z^5u = 3x^2y^2z^5e^{x^2y^3z^5}$

$u'_z = 5x^2y^3z^4u = 5x^2y^3z^4e^{x^2y^3z^5}$

(9) $\frac{\partial z}{\partial x} = (e^{xy\ln x})'_x = e^{xy\ln x}(xy\ln x)'_x = x^{xy}(y\ln x + xy\cdot\frac{1}{x}) = yx^{xy}(\ln x+1)$

$\frac{\partial z}{\partial y} = (x^{xy})'_y = x^{xy}\cdot\ln x\cdot(xy)'_y = x^{xy+1}\ln x$

（幂函数转化为复合函数，利用复合函数求导法则）

(10) $\frac{\partial z}{\partial x} = \frac{1}{1+\left(\frac{x+y}{x-y}\right)^2}\left(\frac{x+y}{x-y}\right)'_x = \frac{(x-y)^2}{2(x^2+y^2)}\cdot\frac{(x-y)-(x+y)}{(x-y)^2}$

$= \frac{-y}{x^2+y^2}$

$\frac{\partial z}{\partial y} = \frac{1}{1+\left(\frac{x+y}{x-y}\right)^2}\cdot\left(\frac{x+y}{x-y}\right)'_y = \frac{(x-y)^2}{2(x^2+y^2)}\cdot\frac{(x-y)+(x+y)}{(x-y)^2}$

$= \frac{x}{x^2+y^2}$

5. 解　(1) $z'_x = e^{x^2+y^2}\cdot(x^2+y^2)'_x = 2xe^{x^2+y^2}$，所以 $z'_x\Big|_{\substack{x=1\\y=0}} = 2e$，

类似地，$z'_y = 2ye^{x^2+y^2}$，所以 $z'_y\Big|_{\substack{x=1\\y=0}} = 2e.$

(2) $z'_x = \frac{1}{\sqrt{x}+\sqrt{y}}\cdot\frac{1}{2\cdot\sqrt{x}}$，$z'_x\Big|_{\substack{x=1\\y=1}} = \frac{1}{4}$

$z'_y = \frac{1}{\sqrt{x}+\sqrt{y}}\cdot\frac{1}{2\sqrt{y}}$，$z'_y = \Big|_{\substack{x=1\\y=1}} = \frac{1}{4}$

(3) $z'_x = y(1+xy)^{y-1}\cdot(1+xy)'_x = y^2(1+xy)^{y-1}$，所以 $z'_x\Big|_{\substack{x=1\\y=1}} = 1$，

$z'_y = [e^{y\ln(1+xy)}]'_y = e^{y\ln(1+xy)}\cdot[y\ln(1+xy)]'_y$

$= (1+xy)^y\left[\ln(1+xy)+\frac{xy}{1+xy}\right]$

所以 $z'_y\Big|_{\substack{x=1\\y=1}} = 2\left(\ln 2+\frac{1}{2}\right) = 1+2\ln 2.$

(4) $u'_x = \frac{y}{xy+z}$，所以 $u'_x\Big|_{\substack{x=2\\y=1\\z=0}} = \frac{1}{2}$，$u'_y = \frac{x}{xy+z}$，所以 $u'_y\Big|_{\substack{x=2\\y=1\\z=0}} = 1$，

$u'_z = \frac{1}{xy+z}$，所以 $u'_z\Big|_{\substack{x=2\\y=1\\z=0}} = \frac{1}{2}.$

6. 解　(1) $\frac{\partial z}{\partial x} = \ln(x+y)+\frac{x}{x+y}$，$\frac{\partial z}{\partial y} = \frac{x}{x+y}$

所以 $\frac{\partial^2 z}{\partial x^2} = \frac{1}{x+y}+\frac{x+y-x}{(x+y)^2} = \frac{x+2y}{(x+y)^2}$，$\frac{\partial^2 z}{\partial y^2} = -\frac{x}{(x+y)^2}$，

$$\frac{\partial^2 z}{\partial x\partial y}=\frac{1}{x+y}+\frac{-x}{(x+y)^2}=\frac{y}{(x+y)^2}.$$

(2) $\frac{\partial z}{\partial x}=-\frac{2x\sin x^2}{y},\frac{\partial z}{\partial y}=-\frac{\cos x^2}{y^2}.$

所以$\frac{\partial^2 z}{\partial x^2}=-\frac{2\sin x^2+4x^2\cos x^2}{y},\frac{\partial^2 z}{\partial y^2}=\frac{2\cos x^2}{y^3},\frac{\partial^2 z}{\partial x\partial y}=\frac{2x\sin x^2}{y^2}.$

(3) $\frac{\partial z}{\partial x}=\frac{1}{1+\left(\frac{y}{x}\right)^2}\cdot\left(-\frac{y}{x^2}\right)=-\frac{y}{x^2+y^2}$

$$\frac{\partial z}{\partial y}=\frac{1}{1+\left(\frac{y}{x}\right)^2}\cdot\frac{1}{x}=\frac{x}{x^2+y^2}$$

所以$\frac{\partial^2 z}{\partial x^2}=\frac{2xy}{(x^2+y^2)^2},\frac{\partial^2 z}{\partial y^2}=\frac{-2xy}{(x^2+y^2)^2},\frac{\partial^2 z}{\partial x\partial y}=-\frac{(x^2+y^2)-y\cdot 2y}{(x^2+y^2)^2}=\frac{y^2-x^2}{(x^2+y^2)^2}.$

(4) $\frac{\partial u}{\partial x}=yz\mathrm{e}^{xyz}$

$$\frac{\partial^2 u}{\partial x\partial y}=z\mathrm{e}^{xyz}+yz\mathrm{e}^{xyz}\cdot xz=z\mathrm{e}^{xyz}+xyz^2\mathrm{e}^{xyz}$$

所以$\frac{\partial^3 u}{\partial x\partial y\partial z}=\mathrm{e}^{xyz}+xyz\mathrm{e}^{xyz}+2xyz\mathrm{e}^{xyz}+x^2y^2z^2\mathrm{e}^{xyz}$

$$=(1+3xyz+x^2y^2z^2)\mathrm{e}^{xyz}.$$

7. 解 (1) $\frac{\partial z}{\partial x}=\frac{1}{\sqrt[n]{x}+\sqrt[n]{y}}(\sqrt[n]{x}+\sqrt[n]{y})'_x=\frac{x^{\frac{1-n}{n}}}{n(\sqrt[n]{x}+\sqrt[n]{y})}$

$$\frac{\partial z}{\partial y}=\frac{1}{\sqrt[n]{x}+\sqrt[n]{y}}(\sqrt[n]{x}+\sqrt[n]{y})'_y=\frac{y^{\frac{1-n}{n}}}{n(\sqrt[n]{x}+\sqrt[n]{y})}$$

所以 $x\frac{\partial z}{\partial x}+y\frac{\partial z}{\partial y}=\frac{x\cdot x^{\frac{1-n}{n}}}{n(\sqrt[n]{x}+\sqrt[n]{y})}+\frac{y\cdot y^{\frac{1-n}{n}}}{n(\sqrt[n]{x}+\sqrt[n]{y})}=\frac{1}{n}.$

(2) $\frac{\partial z}{\partial x}=\frac{\mathrm{e}^x}{\mathrm{e}^x+\mathrm{e}^y},\frac{\partial z}{\partial y}=\frac{\mathrm{e}^y}{\mathrm{e}^x+\mathrm{e}^y}$

所以$\frac{\partial^2 z}{\partial x^2}=\frac{\mathrm{e}^x(\mathrm{e}^x+\mathrm{e}^y)-\mathrm{e}^x(\mathrm{e}^x+\mathrm{e}^y)'_x}{(\mathrm{e}^x+\mathrm{e}^y)^2}=\frac{\mathrm{e}^{x+y}}{(\mathrm{e}^x+\mathrm{e}^y)^2},$

$$\frac{\partial^2 z}{\partial y^2}=\frac{\mathrm{e}^y(\mathrm{e}^x+\mathrm{e}^y)-\mathrm{e}^y(\mathrm{e}^x+\mathrm{e}^y)'_y}{(\mathrm{e}^x+\mathrm{e}^y)^2}=\frac{\mathrm{e}^{x+y}}{(\mathrm{e}^x+\mathrm{e}^y)^2}$$

$$\frac{\partial^2 z}{\partial x\partial y}=\frac{-\mathrm{e}^x(\mathrm{e}^x+\mathrm{e}^y)'_y}{(\mathrm{e}^x+\mathrm{e}y)^2}=-\frac{\mathrm{e}^{x+y}}{(\mathrm{e}^x+\mathrm{e}^y)^2}$$

由上述结果,直接可得

$$\frac{\partial^2 z}{\partial x^2}\cdot\frac{\partial^2 z}{\partial y^2}-\left(\frac{\partial^2 z}{\partial x\partial y}\right)^2=0$$

8. 解 (1) $\frac{\partial z}{\partial x}=\frac{1}{2\sqrt{\frac{x}{y}}}\cdot\frac{1}{y}=\frac{\sqrt{xy}}{2xy},\frac{\partial z}{\partial y}=\frac{1}{2\sqrt{\frac{x}{y}}}\cdot\left(-\frac{x}{y^2}\right)=-\frac{\sqrt{xy}}{2y^2}$

从而 $\mathrm{d}z=\frac{\sqrt{xy}}{2xy}\mathrm{d}x-\frac{\sqrt{xy}}{2y^2}\mathrm{d}y.$

(2) $\frac{\partial z}{\partial x}=\frac{1}{2}\frac{1}{\sqrt{\frac{ax+by}{ax-by}}}\cdot\frac{a(ax-by)-(ax+by)\cdot a}{(ax-by)^2}=\frac{-aby}{\sqrt{(ax+by)(ax-by)^3}}$

$\frac{\partial z}{\partial y}=\frac{1}{2}\frac{1}{\sqrt{\frac{ax+by}{ax-by}}}\cdot\frac{b(ax-by)-(ax+by)(-b)}{(ax-by)^2}=\frac{abx}{\sqrt{(ax+by)(ax-by)^3}}$

从而 $\mathrm{d}z=\frac{abx\mathrm{d}y-aby\mathrm{d}x}{\sqrt{(ax+by)(ax-by)^3}}$.

(3) $\frac{\partial z}{\partial x}=2xe^{x^2+y^2},\frac{\partial z}{\partial y}=2ye^{x^2+y^2}$,从而 $\mathrm{d}z=2e^{x^2+y^2}(x\mathrm{d}x+y\mathrm{d}y)$.

(4) $\frac{\partial z}{\partial x}=\frac{y}{1+(xy)^2},\frac{\partial z}{\partial y}=\frac{x}{1+(xy^2)}$,从而 $\mathrm{d}z=\frac{y\mathrm{d}x+x\mathrm{d}y}{1+(xy)^2}$.

(5) $\frac{\partial u}{\partial x}=\frac{2x}{x^2+y^2+z^2},\frac{\partial u}{\partial y}=\frac{2y}{x^2+y^2+z^2},\frac{\partial u}{\partial z}=\frac{2z}{x^2+y+z^2}$

从而 $\mathrm{d}u=\frac{2}{x^2+y^2+z^2}(x\mathrm{d}x+y\mathrm{d}y+z\mathrm{d}z)$.

(隐函数求全微分解法 Ⅰ 利用一阶全微分形式不变性. 解法 Ⅱ 套用微分基本计算公式. 由此题看出解法 Ⅰ 较解法 Ⅱ 步骤简略.)

9. **解**　(1) $\frac{\partial z}{\partial x}=2xy^3,\frac{\partial z}{\partial y}=3x^2y^2$,

从而 $\mathrm{d}z=2xy^3\Delta x+3x^2y^2\Delta y$,

将 $x=2,y=-1,\Delta x=0.02,\Delta y=-0.01$ 代入上式,得 $\mathrm{d}z=-0.2$.

(2) $\frac{\partial z}{\partial x}=ye^{xy},\frac{\partial z}{\partial y}=xe^{xy}$,从而 $\mathrm{d}z=e^{xy}(y\Delta x+x\Delta y)$,

将 $x=1,y=1,\Delta x=0.15,\Delta y=0.1$ 代入上式,得 $\mathrm{d}z=0.25e$.

10. **解**　(1) 设 $f(x,y)=\sqrt{x^3+y^3}$,则

$f'_x(x,y)=\frac{3x^2}{2\sqrt{x^3+y^3}},f'_y(x,y)=\frac{3y^2}{2\sqrt{x^3+y^3}}$

取 $x=1,y=2,\Delta x=0.02,\Delta y=-0.03$,

则 $f'_x(1,2)=\frac{1}{2},f'_y(1,2)=2$.

从而 $\sqrt{(1.02)^3+(1.97)^3}=f(1.02,1.97)$,

$\approx f(1,2)+f'_x(1,2)\Delta x+f'_x(1,2)\Delta y$

$=2.95$.

(2) 设 $f(x,y)=x^y$,则 $f'_x(x,y)=yx^{y-1},y'_y(x,y)=x^y\ln x$,

取 $x=10,y=2,\Delta x=0.1,\Delta y=0.03$.

得 $f(10,2)=100,f'_x(10,2)=20,f'_y(10,2)=100\ln 10$,

从而 $(10.1)^{2.03}=f(10.1,2.03)$

$\approx f(10,2)+f'_x(10,2)\Delta x+f'_x(10,2)\Delta y$

$=102+3\ln 10\approx 108.9$.

11. **解**　设矩形对角线 $z=\sqrt{x^2+y^2}$,则

$$\frac{\partial z}{\partial x}=\frac{x}{\sqrt{x^2+y^2}},\frac{\partial z}{\partial y}=\frac{y}{x^2+y^2}$$

因 $\Delta z\approx\frac{\partial z}{\partial x}\Delta x+\frac{\partial z}{\partial y}\Delta y=\frac{x}{\sqrt{x^2+y^2}}\Delta x+\frac{y}{\sqrt{x^2+y^2}}\Delta y$(用全微分近似全增量)，

把 $x=6,y=8,\Delta x=0.05,\Delta y=-0.1$ 代入上式得 $\Delta z\approx-0.05$，

即矩形的对角线变化的近似值为减少 5cm.

12. **解** 设所需材料的近似值与精确值分别为 $\widetilde{T}$ 和 T,则

$$T=5\times4\times3-4.6\times3.6\times2.8=13.632(\mathrm{m}^3)$$

$$\widetilde{T}=\mathrm{d}u=\mathrm{d}(xyz)=yz\Delta x+xz\Delta y+xy\Delta z$$

把 $x=5,y=4,z=3,\Delta x=\Delta y=0.4,\Delta z=0.2$ 代入得 $\widetilde{T}\approx14.8(\mathrm{m}^3)$.

13. **分析** 使用链式法则或代入法求导.

解 (1) 方法一 $u'_x=\frac{1}{y},v'_x=3$,故

$$z'_x=2uu'_x\ln v+\frac{u^2}{v}v'_x=\frac{2}{y}u\ln v+\frac{3}{v}u^2=\frac{2x}{y^2}\ln(3x-2y)+\frac{3x^2}{y^2(3x-2y)},$$

同理 $z'_y=2uu'_y\ln v+\frac{u^2}{v}v'_y=\frac{-2x}{y^2}u\ln v-\frac{2u^2}{v}=-\frac{2x^2}{y^3}\ln(3x-2y)-\frac{2x^2}{y^2(3x-2y)}$.

方法二 (代入法) $z=\left(\frac{x}{y}\right)^2\ln(3x-2y)$

再求偏导 $z'_x=\frac{2x}{y^2}\ln(3x-2y)+\frac{3}{3x-2y}\cdot\left(\frac{x}{y}\right)^2$,

$z'_y=-\frac{2x^2}{y^3}\ln(3x-2y)-\frac{2}{3x-2y}\cdot\left(\frac{x}{y}\right)^2$.

(2)$z=(1-\mathrm{e}^{2t})/\mathrm{e}^t=\mathrm{e}^{-t}-\mathrm{e}^t,z'=-(\mathrm{e}^{-t}+\mathrm{e}^t)$

(3)$z_x+z_{y'}y'=\frac{1}{3(x-1)^2}[(x-1)(2x-2)-x^2+2x-3]=\frac{x^2-2x-1}{3(x-1)^2}$

(4) $$\frac{\partial z}{\partial x}=\frac{\partial z}{\partial u}\cdot\frac{\partial u}{\partial x}+\frac{\partial z}{\partial v}\cdot\frac{\partial v}{\partial x}=vu^{v-1}\cdot(x+2y)'_x+u^v\cdot\ln u\cdot(x-y)'_x$$
$$=(x-y)\cdot(x+2y)^{x-y-1}+(x+2y)^{x-y}\ln(x+2y)$$
$$=(x+2y)^{x-y}\left[\frac{x-y}{x+2y}+\ln(x+2y)\right]$$

$$\frac{\partial z}{\partial y}=\frac{\partial z}{\partial u}\cdot\frac{\partial u}{\partial y}+\frac{\partial z}{\partial v}\cdot\frac{\partial v}{\partial y}=v\cdot u^{v-1}(x+2y)'_y+u^v\ln u\cdot(x-y)'_y$$
$$=2(x-y)\cdot(x+2y)^{x-y-1}-(x+2y)^{x-y}\ln(x+2y)$$
$$=(x+2y)^{x-y}\left[\frac{2(x-y)}{x+2y}-\ln(x+2y)\right]$$

14. **解** (1) 变量间的关系如图 8-9 所示,所以

$$\frac{\partial z}{\partial x}=\frac{\partial f}{\partial u}\cdot\frac{\partial u}{\partial x}+\frac{\partial f}{\partial x}=f'_u\cdot\mathrm{e}^y+f'_x$$

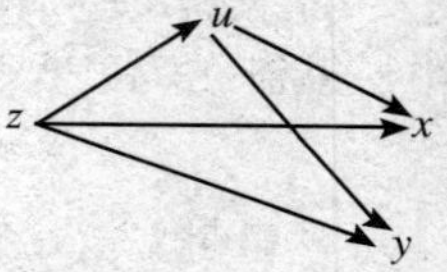

图 8-9

注意到 f'_u 和 f'_x 仍通过中间变量 u 成为 x,y 的函数,所以

$(f'_u=f_u(u,x,y)|_{u=xe^y}\quad f'_x=f_x(u,x,y)|_{u=xe^y})$

$$\frac{\partial^2 z}{\partial x^2}=(f''_{uu}\cdot\frac{\partial u}{\partial x}+f''_{ux})e^y+(f''_{xu}\cdot\frac{\partial u}{\partial x}+f''_{xx})\text{(利用复合函数求导)}$$
$$=(f''_{uu}e^y+f''_{ux})e^y+f''_{xu}e^y+f''_{xx}$$
$$=e^{2y}f''_{uu}+2e^y f''_{ux}+f''_{xx}$$
$$\frac{\partial^2 z}{\partial x\partial y}=(f''_{uu}\cdot\frac{\partial u}{\partial y}+f''_{uy})e^y+f'_u e^y+f''_{ux}\cdot\frac{\partial u}{\partial y}+f''_{xy}$$
$$=(f''_{uu}xe^y+f''_{uy})e^y+f'_u e^y+f''_{xu}xe^y+f''_{xy}$$
$$=xe^y(f''_{uu}e^y+f''_{xu})+e^y(f''_{uy}+f'_u)+f''_{xy}$$

(2) 变量间接关系如图 8-10 所示，其中 $u=xy,v=x^2+y^2$.

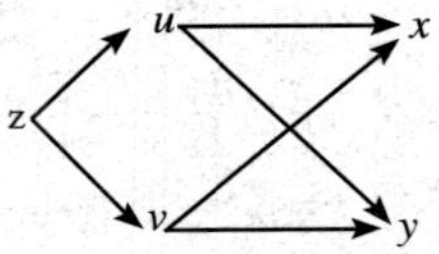
图 8-10

$$\frac{\partial z}{\partial x}=\frac{\partial z}{\partial u}\cdot\frac{\partial u}{\partial x}+\frac{\partial z}{\partial v}\cdot\frac{\partial v}{\partial x}$$
$$=yf'_u+2xf'_v.\ \left(\begin{aligned}f'_u&=f_u(u,v)\,\Big|_{\substack{u=xy\\ v=x^2y^2}}\\ f'_v&=f_v(u,v)\,\Big|_{\substack{u=xy\\ v=x^2y^2}}\end{aligned}\right)$$

注意到 f'_u 和 f'_v 仍通过中间变量 u,v 或为 x,y 的函数(如图)，于是

$$\frac{\partial^2 z}{\partial x^2}=y\left(f''_{uu}\cdot\frac{\partial u}{\partial x}+f''_{uv}\cdot\frac{\partial v}{\partial x}\right)+2f'_v+2x\left(f''_{uv}\cdot\frac{\partial u}{\partial x}+f''_{vv}\cdot\frac{\partial v}{\partial x}\right)$$
$$=y(f''_{uu}\cdot y+f''_{uv}\cdot 2x)+2f'_v+2x(f''_{uv}\cdot y+f''_{vv}\cdot 2x)$$

(利用复合函数求导法则)

$$=y^2f''_{uu}+4xyf''_{uv}+4x^2f''_{vv}+2f'_v.$$
$$\frac{\partial^2 z}{\partial x\partial y}=f'_u+y\left(f''_{uu}\cdot\frac{\partial u}{\partial y}+f''_{uv}\cdot\frac{\partial v}{\partial y}\right)+2x\left(f''_{vu}\cdot\frac{\partial u}{\partial y}+f''_{vv}\cdot\frac{\partial v}{\partial y}\right)$$
$$=f'_u+y(xf''_{uu}+2yf''_{uv})+2x(f''_{vu}+2yf''_{vv})$$
$$=f'_u+xy(f''_{uu}+4f''_{vv})+2(x^2+y^2)f''_{uv}$$

15. **分析**　计算出相应的偏导数，代入所证等式验证即可.

解　(1) 记 $u=x^2+y^2$，则 $z'_x=f'(u)\cdot 2x, z'_y=f'(u)\cdot 2y$，

于是 $yz'_x-xz'_y=2xyf'(u)-2xyf'(u)=0$.

(2) 设 $u=e^{xy}, v=\cos(xy)$，则 $z=f(u,v)$，

即 $\frac{\partial z}{\partial x}=\frac{\partial f}{\partial u}\cdot\frac{\partial u}{\partial x}+\frac{\partial f}{\partial v}\cdot\frac{\partial v}{\partial x}=f'_u e^{xy}\cdot y-y\sin(xy)\cdot f'_v=y[e^{xy}f'_u-\sin(xy)f'_v]$

$$\frac{\partial z}{\partial y}=\frac{\partial f}{\partial u}\cdot\frac{\partial u}{\partial y}+\frac{\partial f}{\partial v}\cdot\frac{\partial v}{\partial y}=x[e^{xy}f'_u-\sin(xy)f'_v]$$

于是 $x\frac{\partial z}{\partial x}-y\frac{\partial z}{\partial y}=0$.

(3) 记 $u=x+g(y)$，则

$$F'_x=f'(u),F'_y=f'(u)g'(y)$$
$$F''_{xy}=f''(u)g'(y),F''_{xx}=f''(u)$$

于是 $F'_xF''_{xy}=f'(u)g'(y)f''(u)=F'_yF''_{xx}$.

(4) $f'_x=g'(r)\cdot r'_x=g'(r)\frac{x}{\sqrt{x^2+y^2}}$，

$$f''_{xx}=g''(r)\frac{x^2}{x^2+y^2}+g'(r)\frac{\sqrt{x^2+y^2}-x^2/\sqrt{x^2+y^2}}{x^2+y^2}$$

同理 $f''_{yy}=g''(r)\dfrac{y^2}{x^2+y^2}+g'(r)\dfrac{\sqrt{x^2+y^2}-y^2/\sqrt{x^2+y^2}}{x^2+y^2}$,

相加并化简 $f''_{xx}+f''_{yy}=g''(r)+g'(r)\dfrac{2r-r^2/r}{r^2}=g''(r)+g'(r)/r$.

16. **分析** 用公式法或直接求导法计算.

解 (1) 记 $F(x,y)=xy+x+y-1$,则 $F'_x=y+1,F'_y=x+1$,(构造用于求导公式的函数)

解得 $\dfrac{dy}{dx}=-\dfrac{F'_x}{F'_y}=-\dfrac{y+1}{x+1}$.

(2) **方法一** 记 $F(x,y)=xy+\ln y-\ln x$,则 $F'_x=y-\dfrac{1}{x},F'_y=x+\dfrac{1}{y}$,

于是 $\dfrac{dy}{dx}=-\dfrac{F'_x}{F'_y}=\dfrac{y-xy^2}{x+yx^2}$.

方法二 视 y 为 x 的一元函数,在给定方程两边同时对 x 求导,得

$$xy'+y+\frac{1}{y}y'-\frac{1}{x}=0$$

解得 $y'=(y-xy^2)/(x+yx^2)$.

(3) 用直接求导法,视 y 为 x 的一元函数,在给定方程两边同时对 x 求导,得

$$y'\cos y+e^x-y^2-2xyy'=0$$

解得 $y'=(y^2-e^x)/(\cos y-2xy)$.

(4) 用公式法,记 $F(x,y,z)=e^z-xyz$,则

$$F'_x=-yz,F'_y=-xz,F'_z=e^z-xy$$

解得 $\dfrac{\partial z}{\partial x}=-\dfrac{F'_x}{F'_z}=\dfrac{yz}{e^z-xy},\dfrac{\partial z}{\partial y}=-\dfrac{F'_y}{F'_z}=\dfrac{xz}{e^z-xy}$.

(5) 设 $F(x,y,z)=x+y-z-xe^{z-y-x}$

则 $$\frac{\partial F}{\partial x}=1-e^{z-y-x}+xe^{z-y-x}=1-(1-x)e^{z-y-x}$$

$$\frac{\partial F}{\partial y}=1+xe^{z-y-x},\frac{\partial F}{\partial z}=-1-xe^{z-y-x}$$

所以 $\dfrac{\partial z}{\partial x}=-\dfrac{\partial F}{\partial x}\Big/\dfrac{\partial F}{\partial z}=\dfrac{1-(1-x)e^{z-y-x}}{1+xe^{z-y-x}},\dfrac{\partial F}{\partial y}=-\dfrac{\partial F}{\partial y}\Big/\dfrac{\partial F}{\partial z}=1$.

(6) 设 $F(x,y,z)=\dfrac{x}{z}-\ln\dfrac{z}{y}$,则

$$\frac{\partial F}{\partial x}=\frac{1}{z},\frac{\partial F}{\partial y}=-\frac{y}{z}\cdot\left(-\frac{z}{y^2}\right)=\frac{1}{y}$$

$$\frac{\partial F}{\partial z}=-\frac{x}{z^2}-\frac{y}{z}\cdot\frac{1}{y}=-\frac{-x-z}{z^2}=-\frac{x+z}{z^2}$$

所以 $\dfrac{\partial z}{\partial x}=-\dfrac{\partial F}{\partial x}\Big/\dfrac{\partial F}{\partial z}=\dfrac{z}{x+z},\dfrac{\partial z}{\partial y}=-\dfrac{\partial F}{\partial y}\Big/\dfrac{\partial F}{\partial z}=\dfrac{z^2}{y(x+z)}$,

并且 $\dfrac{\partial^2 z}{\partial x\partial y}=\left(\dfrac{z}{x+z}\right)'_y=\dfrac{\dfrac{\partial z}{\partial y}\cdot(x+z)-z\cdot\dfrac{\partial z}{\partial y}}{(x+z)^2}=\dfrac{x\cdot\dfrac{\partial z}{\partial y}}{(x+z)^2}=\dfrac{x\cdot\dfrac{z^2}{y(x+z)}}{(x+z)^2}=\dfrac{xz^2}{y(x+z)^3}$.

(隐函数求高阶偏导数可直接利用一阶偏导函数求高阶偏导数,也可采用对方程两边求了一次导数后,再求导数的求导法)

17. **分析**　依隐函数的求偏导公式求解.

解　(1)$u=x+y+z, v=x^2+y^2+z^2$，方程两边对 x 求偏导，得

$$F'_u u'_x+F'_v v'_x=0$$

即$(1+z'_x)F'_u+(2x+2zz'_x)F'_v=0$，

解出 $z'_x=-\dfrac{F'_u+2xF'_v}{F'_u+2zF'_v}$，

同理 $z'_y=-\dfrac{F'_u+2yF'_v}{F'_u+2zF'_v}$.（直接套用隐函数求导公式）

(2) 利用全导数公式及隐函数求导方法由导数公式，有

$$\frac{\mathrm{d}u}{\mathrm{d}x}=\frac{\partial f}{\partial x}+\frac{\partial f}{\partial y}\cdot\frac{\mathrm{d}y}{\mathrm{d}x}+\frac{\partial f}{\partial z}\cdot\frac{\mathrm{d}z}{\mathrm{d}x} \qquad ①$$

在方程 $\mathrm{e}^{xy}-y=0$ 的两边关于 x 求导数，有

$$\mathrm{e}^{xy}\left(y+x\frac{\mathrm{d}y}{\mathrm{d}x}\right)-\frac{\mathrm{d}y}{\mathrm{d}x}=0,\text{得}\frac{\mathrm{d}y}{\mathrm{d}x}=\frac{\mathrm{e}^{xy}y}{1-\mathrm{e}^{xy}x}=\frac{y^2}{1-xy} \qquad ②$$

在方程 $\mathrm{e}^z-xz=0$ 的两边关于 x 求导数，有

$$\mathrm{e}^z\frac{\mathrm{d}z}{\mathrm{d}x}-\left(z+x\frac{\mathrm{d}z}{\mathrm{d}x}\right)=0,\text{得}\frac{\mathrm{d}z}{\mathrm{d}x}=\frac{z}{\mathrm{e}^z-x}=\frac{z}{xz-x} \qquad ③$$

将 ②、③ 代入 ① 得

$$\frac{\mathrm{d}u}{\mathrm{d}x}=\frac{\partial f}{\partial x}+\frac{y^2}{1-xy}\cdot\frac{\partial f}{\partial y}+\frac{z}{xz-x}\cdot\frac{\partial f}{\partial z}$$

18. **分析**　设 $u=\dfrac{y}{z}, v=\dfrac{z}{x}$，用复合函数求导法计算$\dfrac{\partial z}{\partial x}\dfrac{\partial z}{\partial y}$.

解　(1) 设 $u=cx-az, v=cy-bz$，则

$$\frac{\partial F}{\partial x}=\frac{\partial F}{\partial u}\cdot\frac{\partial u}{\partial x}=cF'_u,\frac{\partial F}{\partial y}=\frac{\partial F}{\partial v}\cdot\frac{\partial v}{\partial y}=cF'_v$$

$$\frac{\partial F}{\partial z}=\frac{\partial F}{\partial u}\cdot\frac{\partial u}{\partial z}+\frac{\partial F}{\partial v}\cdot\frac{\partial v}{\partial z}=-aF'_u-bF'_v\text{（复合函数的微分法）}$$

所以$\dfrac{\partial z}{\partial x}=-\dfrac{\frac{\partial F}{\partial x}}{\frac{\partial F}{\partial z}}=\dfrac{cF'_u}{aF'_u+bF'_v},\dfrac{\partial z}{\partial y}=-\dfrac{\frac{\partial F}{\partial y}}{\frac{\partial F}{\partial z}}=\dfrac{cF'_v}{aF'_u+bF'_v}$，

于是 $a\dfrac{\partial z}{\partial x}+b\dfrac{\partial z}{\partial y}=\dfrac{c(aF'_u+bF'_v)}{aF'_u+bF'_v}=c$.

(2) 设 $u=\dfrac{y}{z}, v=\dfrac{z}{x}$，则

$$\frac{\partial f}{\partial x}=f'_v\cdot\frac{\partial v}{\partial x},\frac{\partial f}{\partial y}=f'_u\cdot\frac{\partial u}{\partial y}$$

$$\frac{\partial f}{\partial z}=f'_u\cdot\frac{\partial u}{\partial z}+f'_v\cdot\frac{\partial u}{\partial z}$$

而$\dfrac{\partial u}{\partial y}=\dfrac{1}{z},\dfrac{\partial u}{\partial z}=-\dfrac{y}{z^2},\dfrac{\partial v}{\partial x}=-\dfrac{z}{x^2},\dfrac{\partial u}{\partial z}=\dfrac{1}{x}$. 代入上述各式得

$\dfrac{\partial f}{\partial x}=-\dfrac{z}{x^2}f'_v,\dfrac{\partial f}{\partial y}=\dfrac{1}{z}f'_u,\dfrac{\partial f}{\partial z}=-\dfrac{y}{z^2}f'_u+\dfrac{1}{x}f'_v$，

由隐函数微分公式

$$\frac{\partial z}{\partial x}=-\frac{\frac{\partial f}{\partial x}}{\frac{\partial f}{\partial z}}=\frac{z^3f'_v}{x(-xyf'_u+z^2f'_v)},\frac{\partial z}{\partial y}=-\frac{\frac{\partial f}{\partial y}}{\frac{\partial f}{\partial z}}=\frac{-zxf'_u}{-xyf'_u+z^2f'_v}$$

所以 $x\frac{\partial z}{\partial x}+y\frac{\partial z}{\partial y}=\frac{z^3f'_u-zxyf'_u}{-xyf'_u+z^2f'_v}=z.$

【注】本题在求$\frac{\partial z}{\partial x}$、$\frac{\partial z}{\partial y}$时,也可以利用“直接法”或“微分法”.

19.**分析** 先求驻点(即偏导都为零的点),然后依充分条件判定.

解 (1)$z'_x=2x-y+9,z'_y=2y-x-6$,

由$\begin{cases}z'_x=0\\z'_y=0\end{cases}$得$\begin{cases}x=-4\\y=1\end{cases}$,即有驻点$A(-4,1)$;在驻点$A$,函数$z$的二阶偏导数为

$$z''_{xx}=2,z''_{xy}=-1,z''_{yy}=2$$

判别式$P(-4,1)=(-1)^2-2\times2=-3<0$(极值存在的充分条件),而$z''_{xx}>0$,故$z(-4,1)=-1$是函数的一个极小值.

(2)$z'_x=4-2x,z'_y=-4-2y$,

由$\begin{cases}z'_x=0\\z'_y=0\end{cases}$得$\begin{cases}x=2\\y=-2\end{cases}$,求得驻点$A(2,-2)$(得到所有可能的驻点);在该点的二阶偏导数为

$$z''_{xx}=-2,z''_{xy}=0,z''_{yy}=-2$$

判别式$P(2,-2)=-4<0$,而$z''_{xx}<0$,故$z(2,-2)=8$是函数的一个极大值.

(3) 令 $z'_x=3x^2-3y=0,z'_y=3y^2-3x=0$,

解得$\begin{cases}x=0\\y=0\end{cases},\begin{cases}x=1\\y=1\end{cases}$.即驻点为(0,0)和(1,1).

又$z''_{xx}=6x,z''_{xy}=-3,z''_{yy}=6y$(极值存在的充分条件),

对于点(0,0),$P(0,0)=(-3)^2-0=9>0$,故(0,0)不是极值点.

对于点(1,1),$P(1,1)=(-3)^2-6\times6=-27<0$,且$z''\Big|_{\substack{x=1\\y=1}}=6>0$,

故(1,1)为极小值点,极小值$z\Big|_{\substack{x=1\\y=1}}=-1$.

(4) 令$\begin{cases}z'_x=y(a-x-y)+xy\cdot(-1)=y(a-2x-y)=0\\z'_y=x(a-x-y)+xy\cdot(-1)=x(a-x-2y)=0\end{cases}$,

解得驻点为(0,0),$(a,0)$,$(0,a)$和$\left(\frac{a}{3},\frac{a}{3}\right)$,又

$$z''_{xx}=-2y,z''_{xy}=a-2x-2y,z''_{yy}=-2x$$

对于驻点(0,0),$P(0,0)=a^2>0$,可见(0,0)不是极值点.

类似可判断在点$(a,0)$,$(0,a)$处无极值.

对于驻点$\left(\frac{a}{3},\frac{a}{3}\right)$,$P\left(\frac{a}{3},\frac{a}{3}\right)=\left(-\frac{a}{3}\right)-\left(-\frac{2}{3}a\right)\cdot\left(-\frac{2}{3}a\right)=-\frac{a^2}{3}<0$,

当$a>0$时,$z''_{xx}\Big|_{\substack{x=\frac{a}{3}\\y=\frac{a}{3}}}=-\frac{2}{3}a<0$,故此时函数有极大值$z\Big|_{\substack{x=\frac{a}{3}\\y=\frac{a}{3}}}=\frac{a^3}{27}$;

当 $a<0$ 时，$z''_{xx}\Big|_{\substack{x=\frac{a}{3}\\ y=\frac{a}{3}}}=-\dfrac{2}{3}a>0$，故此时函数有极小值 $z\Big|_{\substack{x=\frac{a}{3}\\ y=\frac{a}{3}}}=\dfrac{a^3}{27}$.

20.**解**　方法一：由已知条件，厂家的总收益为

$$R=P_1Q_1+P_2Q_2=24P_1-0.2P_1^2+10P_2-0.05P_2^2$$

总利润函数

$$L=R-C=32P_1-0.2P_1^2+12P_2-0.05P_2^2-1395$$

$$\frac{\partial L}{\partial P_1}=32-0.4P_1,\frac{\partial L}{\partial P_2}=12-0.1P_2$$

令 $\dfrac{\partial L}{\partial P_1}=0,\dfrac{\partial L}{\partial P_2}=0$，可得驻点 $P_1=80,P_2=120$，又

$$\frac{\partial^2 L}{\partial P_1^2}=-0.4<0,\frac{\partial^2 L}{\partial P_1\partial P_2}=0,\frac{\partial^2 L}{\partial P_2^2}=-0.1$$

$P(80,120)=B^2-AC=0-(-0.4)(-0.1)=-0.04<0$

所以，在 $P_1=80,P_2=120$ 时，可获极大值，也是最大值，故最大利润

$$L\Big|_{\substack{P1=80\\ P1=120}}=605\text{(最大值在区间内部取到，此时最大值即极大值)}$$

方法二：在两个市场上，需求函数为 $P_1=120-5Q_1,P_2=200-20Q_2$，

总收益函数为 $R=P_1Q_1+P_2Q_2=(120-5Q_1)Q_1+(200-20Q_2)Q_2$，

总利润函数 $L=R-C=80Q_1-5Q_1^2+160Q_2-20Q_2^2-35$，

$$\frac{\partial L}{\partial Q_1}=80-10Q_1,\frac{\partial L}{\partial Q_2}=160-40Q_2$$

令 $\dfrac{\partial L}{\partial Q_1}=0,\dfrac{\partial L}{\partial Q_2}=0$，得驻点 $Q_1=8,Q_2=4$，又

$$\frac{\partial^2 L}{\partial Q_1^2}=-10<0,\frac{\partial^2 L}{\partial Q_1\partial Q_2}=0,\frac{\partial^2 L}{\partial Q_2^2}=-40$$

$P(8,4)=B^2-AC=0-(-10)\cdot(-40)=-400<0$（极值存在的充分条件）

所以在 $Q_1=8,Q_2=4$ 时，L 可获极大值，也是最大值，故最大利润

$$L\Big|_{\substack{Q1=8\\ Q2=4}}=605$$

当 $Q_1=8$ 时，售价 $P_1=80$；当 $Q_2=4$ 时，售价 $P_2=120$.

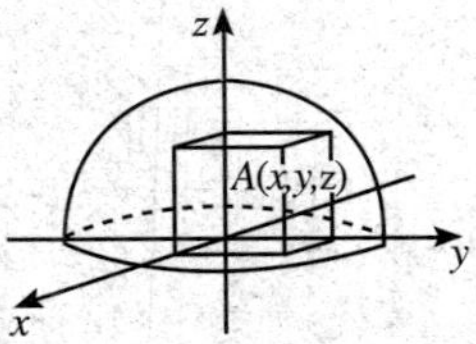

图 8-11

21.**解**　如图 8-11 所示，建立直角坐标系，设内接长方体的各面与坐标平面平行，在第一象限中与球面交点为 $A(x,y,z)$，则其体积 V 满足

$$V=4xyz,x^2+y^2+z^2=a^2\text{(构建目标函数)}$$

定义拉格朗日函数

$$L=4xyz+\lambda(x^2+y^2+z^2-a^2)\text{(构造拉格朗日函数)}$$

L 的驻点满足方程组

$$\begin{cases}L'_x=4yz+2\lambda x=0\\ L'_y=4xz+2\lambda y=0\\ L'_z=4xy+2\lambda z=0\\ L'_\lambda=x^2+y^2+z^2-a^2=0\end{cases}$$

（利用拉格朗日乘数法，求可能的极值点）

解得 $x=y=z=\dfrac{a}{\sqrt{3}}$,

因此,内接长方体的长、宽、高分别为$\dfrac{2a}{\sqrt{3}}$、$\dfrac{2a}{\sqrt{3}}$、$\dfrac{a}{\sqrt{3}}$时,其体积为最大.

22. **解** 如图 8-12 所示,建立坐标系,设内接长方体的各面与坐标面平行,在第一象限内与锥面的交点为 $B(x,y,z)$,则其体积为

$$V=4xyz$$

由$(h-z):h=\sqrt{x^2+y^2}:r$,

即 $x^2+y^2-(r/h)^2(h-z)^2=0$,

建立拉格朗日函数

$$L=4xyz+\lambda[x^2+y^2-(r/h)^2(h-z)^2]$$

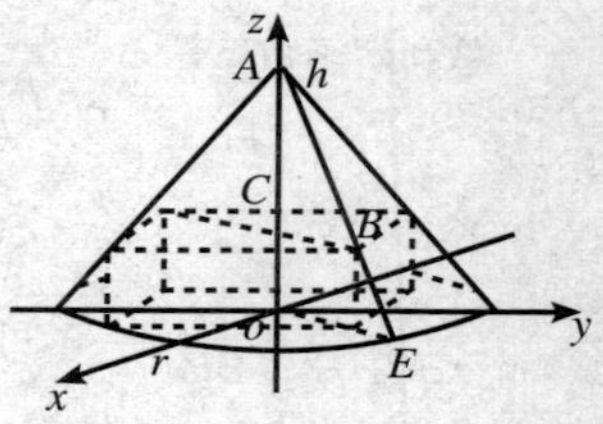

图 8-12

L 的驻点满足方程组

$$\begin{cases}L'_x=4yz+2\lambda x=0\\ L'_y=4xz+2\lambda y=0\\ L'_z=4xy+2\lambda(r/h)^2(h-z)=0\\ L'_\lambda=x^2+y^2-(r/h)^2(h-z)^2=0\end{cases}$$

解得 $z=h/3$,$x=y=\sqrt{2}r/3$.

因此,当长方体的长、宽、高分别为$\dfrac{2\sqrt{2}r}{3}$、$\dfrac{2\sqrt{2}r}{3}$、$\dfrac{h}{3}$时,体积最大.

23. **分析** 由题设条件建立目标函数,然后用拉格朗日乘数法求极值.

解 (1) 如图 8-13 所示,设矩形的两条边分别是 x,y,材料费为 u. 由题知

$$u=5(2x+y)+10y,xy=60$$

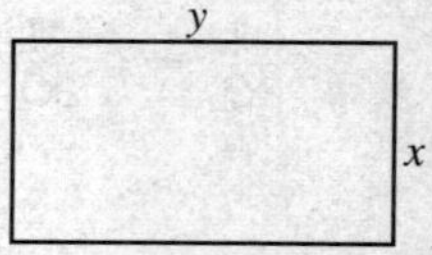

图 8-13

记 $L=5(2x+y)+10y+\lambda(xy-60)$,

L 的驻点满足方程组

$$\begin{cases}L'_x=10+\lambda y=0\\ L'_y=15+\lambda x=0\\ L'_\lambda=xy-60=0\end{cases}$$

解得 $x=3\sqrt{10}$,$y=2\sqrt{10}$. 因此,场地长为 $3\sqrt{10}$ m,宽为 $2\sqrt{10}$ m时,所用材料费最少.

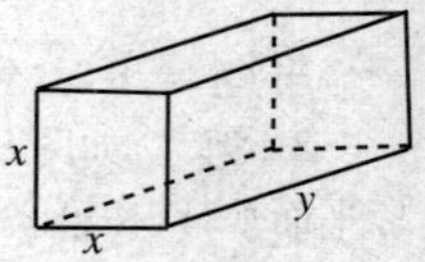

图 8-14

(2) 如图 8-14 所示,设水池的宽与深为 xm,长为 ym,容积记为 vm³. 于是 $v=x^2y$,设底面单位面积材料费为 m,依题意有

$$mxy+1.2m(2x^2+2xy)=a$$

记 $L=x^2y+\lambda\left[xy+1.2(2x^2+2xy)-\dfrac{a}{m}\right]$,

L 的驻点满足方程组

$$\begin{cases}L'_x=2xy+\lambda(y+4.8x+2.4y)=0\\ L'_y=x^2+\lambda(x+2.4x)=0\\ L'_\lambda=xy+2.4x^2+2.4xy-\dfrac{a}{m}=0\end{cases}$$

解得 $x=\frac{1}{6}\sqrt{\frac{5a}{m}}$，$y=\frac{4}{17}\sqrt{\frac{5a}{m}}$，

故 $x=\frac{1}{6}\sqrt{\frac{5a}{m}}$，$y=\frac{4}{17}\sqrt{\frac{5a}{m}}$，水池容积最大.

(3) 设目标函数是 $P(x,y)$，方程为 $x+2y=150$，记 $L=0.005x^2y+\lambda(x+2y-150)$，$L$ 的驻点满足方程组

$$\begin{cases}L'_x=0.01xy+\lambda=0\\L'_y=0.005x^2+2\lambda=0\\L'_\lambda=x+2y-150=0\end{cases}$$

得 $y=25$，$x=100$. 因此，购进原料 A 100 个单位，原料 B 25 个单位，可使生产的数量最多.

24. **分析**　如图 8-15 所示，记 $f(x,y)$ 为抛物线 $y^2=4x$ 上的点 $P(x,y)$ 到已知直线的距离，则依点到直线的距离公式得出 $f(x,y)=\frac{|x-y+4|}{\sqrt{2}}$，为使形式简单，改变 $(x-y+4)^2$ 为目标函数来建立拉格朗日函数.

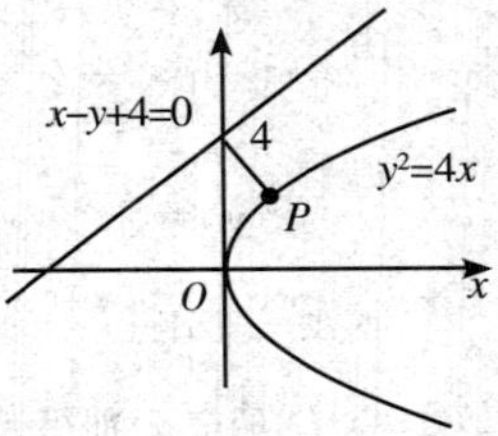

图 8-15

解　记 $L=(x-y+4)^2+\lambda(4x-y^2)$，

L 的驻点满足方程组

$$\begin{cases}L'_x=2(x-y+4)+4\lambda=0\\L'_y=-2(x-y+4)-2\lambda y=0\\L'_\lambda=4x-y^2=0\end{cases}$$

得 $x=1$，$y=2$，故所求点为 $P(1,2)$.

25. **解**　由最小二乘法，设 $S=\sum_{i=1}^{6}(ax_i+b-y_i)^2$，

令 $\begin{cases}\frac{\partial S}{\partial a}=2\sum_{i=1}^{6}x_i(ax_i+b-y_i)=0\\\frac{\partial S}{\partial b}=2\sum_{i=1}^{6}(ax_i+b-y_i)=0\end{cases}$ 得 $\begin{cases}\sum_{i=1}^{6}ax_i^2+\sum_{i=1}^{6}bx_i-\sum_{i=1}^{6}x_iy_i=0\\\sum_{i=1}^{6}ax_i+\sum_{i=1}^{6}b-\sum_{i=1}^{6}y_i=0\end{cases}$

代入表中数据得

$$\begin{cases}9100a+210b+4300=0\\210a+6b-130=0\end{cases}\text{解得}\begin{cases}a=-\frac{177}{35}\\b=\frac{596}{3}\end{cases}$$

故所求函数为 $y=-\frac{177}{35}x+\frac{596}{3}$.

26. **解**　(1) $D=\{(x,y)\mid |x|\leqslant 1,|y|\leqslant 1\}$，

原式 $=\int_{-1}^{1}dx\int_{-1}^{1}f(x,y)dy=\int_{-1}^{1}dy\int_{-1}^{1}f(x,y)dx$

(2) D 是由 y 轴，$y=1$ 及 $y=x$ 围成的区域(图 8-16).

原式 $=\int_{0}^{1}dx\int_{x}^{1}f(x,y)dy=\int_{0}^{1}dy\int_{0}^{y}f(x,y)dx$

(3) D 是由 x 轴，$y=\ln x$ 及 $x=\mathrm{e}$ 围成的区域(图 8-17).

原式 $=\int_1^{e}dx\int_0^{\ln x}f(x,y)dy=\int_0^1 dy\int_{e^y}^{e}f(x,y)dx$

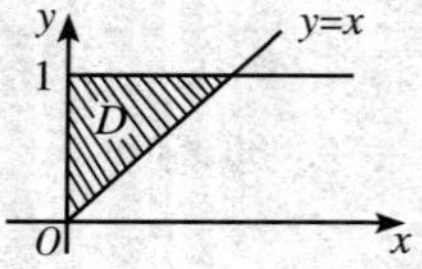

图 8 - 16

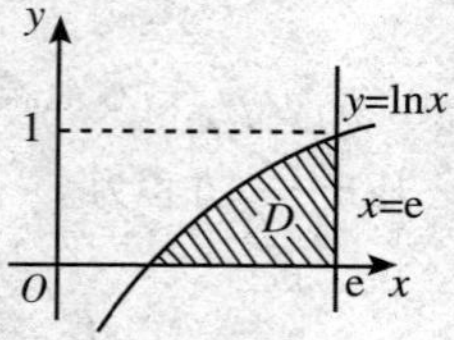

图 8 - 17

(4) D 是由 x 轴,圆 $x^2+y^2-2x=0$ 在第一象限的部分及直线 $x+y=2$ 围成的区域(图 8 - 18).

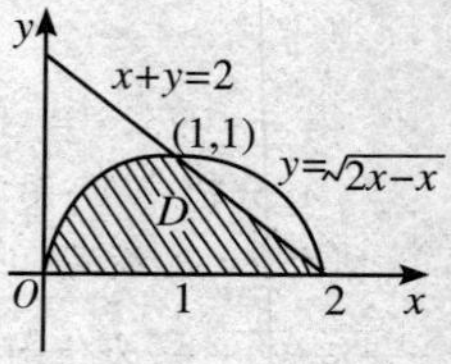

图 8 - 18

由 $\begin{cases}x^2+y^2-2x=0\\x+y=2\end{cases}$

得 $\begin{cases}x_1=1\\y_1=1\end{cases}$ $\begin{cases}x_2=2\\y_2=0\end{cases}$

原式 $=\int_0^1 dx\int_0^{\sqrt{2x-x^2}}f(x,y)dy+\int_1^2 dx\int_0^{2-x}f(x,y)dy=\int_0^1 dy\int_{1-\sqrt{1-y^2}}^{2-y}f(x,y)dx$

(5) D 是由 x 轴与抛物线 $y=4-x^2$ 在第二象限的部分及圆 $x^2+y^2-4y=0$ 在第一象限部分围成的区域(图 8 - 19).

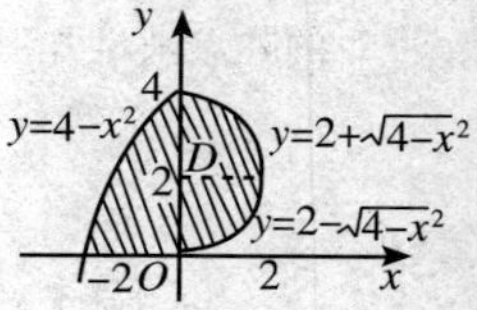

图 8 - 19

原式 $=\int_{-2}^0 dx\int_0^{4-x^2}f(x,y)dy+\int_0^2 dx\int_{2-\sqrt{4-x^2}}^{2+\sqrt{4-x^2}}f(x,y)dy$

$=\int_0^4 dy\int_{-\sqrt{4-y}}^{\sqrt{4y-y^2}}f(x,y)dx$

(画出积分区域 D 的图形,将它看作 X 一型或 Y 一型区域,把二重积分化为二次积分)

27. **分析** 将所给二次积分还原成二重积分 $\iint\limits_D f(x,y)dxdy$,积分区域 D 原来是 X 一型的化作 Y 一型,原来是 Y 一型的,化作 X 一型,再将二重积分化为二次积分.

解 (1) 如图 8 - 20a 所示,分为两块区域:

原式 $=\int_1^4 dy\int_{\sqrt{y}}^{y}f(x,y)dx+\int_4^8 dy\int_2^{y}f(x,y)dx$.

(2) 如图 8 - 20b 所示.

原式 $=\int_0^1 dx\int_x^{2-x}f(x,y)dy$.

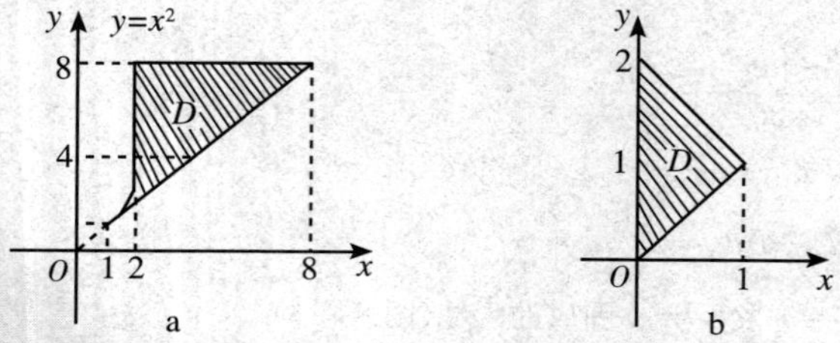

图 8 - 20

28. **解**　作积分区域，如图 8 - 21 所示，变换积分次序得：

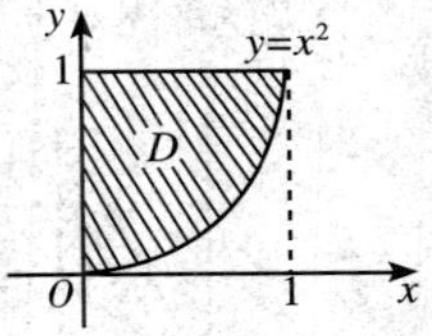

图 8 - 21

$$左边=\int_0^1 dy\int_0^{\sqrt{y}} e^y f(x)dx=\int_0^1 dx\int_{x^2}^1 e^y f(x)dy=\int_0^1 f(x)(e-e^{x^2})dx$$
$$=右边$$

29. **分析**　作出积分区域的图形，然后化作定积分计算.

解　(1) 积分区域如图 8 - 22 所示.

$$原式=\int_0^1 dx\int_0^1 xe^{xy}dy=\int_0^1\left[e^{xy}\Big|_0^1\right]dx=\int_0^1(e^x-1)dx=e-2$$

(从以上可以看出，按不同的顺序将二重积分化成累次积分加以计算，其难易程度不一样，因此在计算二重积分时，选择适当的积分顺序是很重要的)

(2) 积分区域如图 8 - 22 所示.

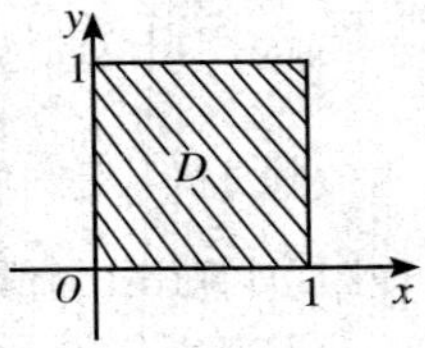

图 8 - 22

$$原式=\int_0^1 dx\int_0^1\frac{y}{(1+x^2+y^2)^{3/2}}dy=\int_0^1\left[\frac{-1}{\sqrt{1+x^2+y^2}}\Big|_0^1\right]dx$$
$$=\int_0^1\left(\frac{1}{\sqrt{1+x^2}}-\frac{1}{\sqrt{2+x^2}}\right)dx$$
$$=\ln(x+\sqrt{1+x^2})\Big|_0^1-\ln(x+\sqrt{2+x^2})\Big|_0^1$$
$$=\ln[(2+\sqrt{2})/(1+\sqrt{3})]$$

(如果计算时先对 x 积分，后对 y 积分，则 $\iint\limits_D\frac{y}{(1+x^2+y^2)^{3/2}}d\sigma=\int_0^1 ydy\int_0^1\frac{dx}{(1+x^2+y^2)^{3/2}}$ 计算很麻烦，甚至难以求出结果)

(3) 积分区域如图 8 - 23 所示，由于积分区域上下对称，有

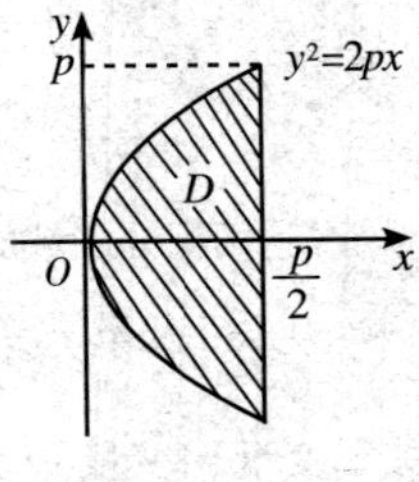

图 8 - 23

$$原式=2\iint\limits_{D_上} xy^2 d\sigma=2\int_0^{p/2}dx\int_0^{\sqrt{2px}}xy^2dy$$
$$=2\int_0^{p/2}\left[x\cdot\frac{1}{3}y^3\Big|_0^{\sqrt{2px}}\right]dx$$
$$=\frac{2}{3}\int_0^{p/2}x(2px)^{3/2}dx=\frac{4p\sqrt{2p}}{3}\int_0^{p/2}x^{5/2}dx$$
$$=\frac{2}{7}\cdot\frac{4p\sqrt{2p}}{3}\cdot\left(\frac{p}{2}\right)^{7/2}=\frac{1}{21}p^5$$

(4) 积分区域如图 8 - 24 所示.

$$原式=\int_0^1 dx\int_x^{5x}(x+6y)dy=\int_0^1[x(5x-x)+3(25x^2-x^2)]dx=\int_0^1(4x^2+72x^2)dx=\frac{76}{3}.$$

(5) 积分区域如图 8 - 25 所示.

$$原式=\int_a^{3a}dy\int_{y-a}^{y}(x^2+y^2)dx=\int_a^{3a}\left\{\frac{1}{3}[y^3-(y-a)^3]+ay^2\right\}dy$$
$$=\frac{1}{3}\cdot\frac{1}{4}(81a^4-a^4)-\frac{1}{3}\cdot\frac{1}{4}(16a^4-0)+\frac{1}{3}(27a^4-a^4)$$
$$=\frac{16}{3}a^4+\frac{26}{3}a^4=14a^4$$

(若选取先对 y 后对 x 积分的积分次序，则 D 可分为三部分，需要计算三个二重积分，较烦琐.)

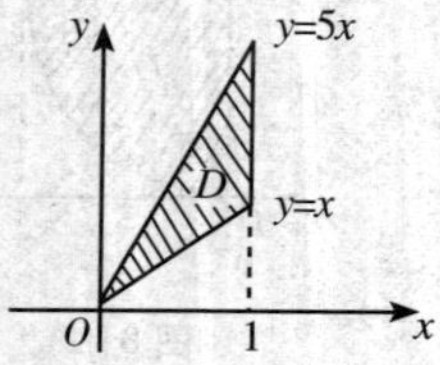

图 8-24

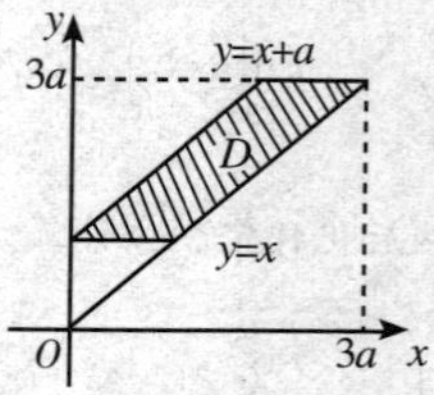

图 8-25

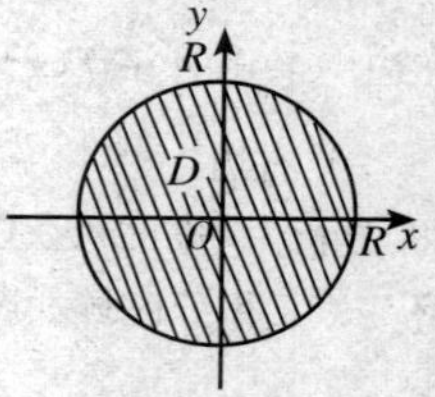

图 8-26

(6) 根据积分区域 D 的形状及被积函数的特点选极坐标为宜.

如图 8-26 所示，使用极坐标定限.

原式 $=\int_0^{2\pi}\mathrm{d}\theta\int_0^R r\mathrm{e}^{-r^2}\,\mathrm{d}r=-\pi\int_0^R \mathrm{e}^{-r^2}\,\mathrm{d}(-r^2)=\pi(1-\mathrm{e}^{-R^2})$

(积分区域是圆域，或圆域的一部分，或被积函数的形式为 $f(x^2+y^2)$，$f\left(\dfrac{y}{x}\right)$，$f\left(\dfrac{x}{y}\right)$时，采用极坐标计算往往简便得多)

(7) 如图 8-27 所示，由于在左右对称区域上关于 x 的奇函数的积分为零，故 $\iint\limits_D x\,\mathrm{d}\sigma=0$，于是

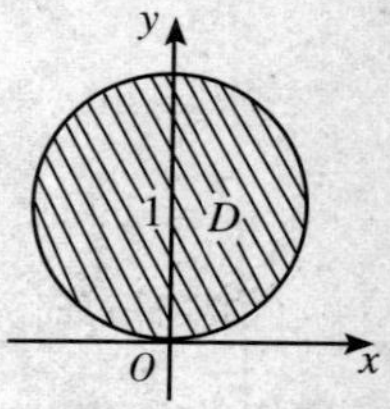

图 8-27

原式 $=\iint\limits_D(4-y)\mathrm{d}\sigma=4\iint\limits_D\mathrm{d}\sigma-\iint\limits_D y\,\mathrm{d}\sigma=4\cdot S_D-\int_0^{\pi}\mathrm{d}\theta\int_r^{2\sin\theta}r^2\cdot\sin\theta\mathrm{d}r$

(其中 S_D 是 D 的面积，边界圆的方程可写为 $r=2\sin\theta$)

$=4\pi-\int_0^{\pi}\dfrac{8}{3}\sin^4\theta\mathrm{d}\theta=4\pi-\dfrac{16}{3}\int_0^{\pi/2}\sin^4\theta\mathrm{d}\theta$ (偶函数，对称区间)

$=4\pi-\dfrac{16}{3}\cdot\dfrac{3\cdot1}{4\cdot2}\cdot\dfrac{\pi}{2}=3\pi$

(利用积分区域的对称性、被积函数的奇偶性和重(定)积分的几何意义简化二重积分的计算. 如果 $f(x,y)$ 关于变量 x(变量 y) 为奇函数，积分区域 D 关于 y 轴(x 轴) 对称，则$\iint\limits_D f(x,y)\mathrm{d}\sigma=0$；如果 $f(x,y)$ 关于变量 x(变量 y) 为偶函数，积分区域 D 关于 y 轴(x 轴) 对称，则$\iint\limits_D f(x,y)\mathrm{d}x\mathrm{d}y=2\iint\limits_{D_1} f(x,y)\mathrm{d}x\mathrm{d}y$，其中 D_1 为 D 的一半.)

(8) 如图 8-28 所示，采用适当的积分次序，使得对 y 的积分先计算.

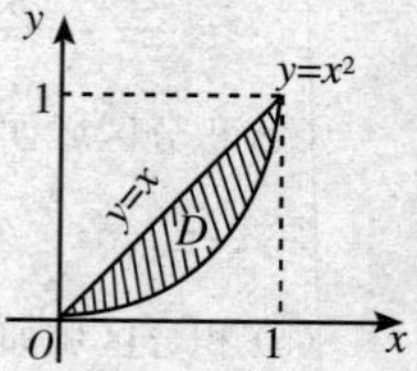

图 8-28

原式 $=\int_0^1\mathrm{d}x\int_{x^2}^{x}\dfrac{\sin x}{x}\mathrm{d}y=\int_0^1\dfrac{\sin x}{x}(x-x^2)\mathrm{d}x$

$=\int_0^1(1-x)\sin x\mathrm{d}x=\int_0^1(x-1)\mathrm{d}\cos x$

$=(x-1)\cos\Big|_0^1-\int_0^1\cos x\mathrm{d}(x-1)$

$=1-\int_0^1\cos x\mathrm{d}x=1-\sin 1$

（如果计算时，先对 x 积分，后对 y 积分，则$\iint\limits_D \frac{\sin x}{x}d\sigma=\int_0^1 dy\int_y^{\sqrt{y}}\frac{\sin x}{x}dx$，但是，被积函数$\frac{\sin x}{x}$的原函数不能用解析表达式表出，这种计算次序将难以求得结果.）

30. **解**　(1) 利用重积分性质计算$\iint\limits_D d\sigma=D$ 的面积.

如图 8 - 29 所示，面积

$$S=\iint\limits_D d\sigma=\int_{-1}^2 dx\int_{x^2}^{x+2}dy=\int_{-1}^2(x+2-x^2)dx=\frac{9}{2}$$

(2) 如图 8 - 30 所示，面积

$$S=\iint\limits_D d\sigma=\int_0^{\frac{\pi}{4}}dx\int_{\sin x}^{\cos x}dy=\int_0^{\frac{\pi}{4}}(\cos x-\sin x)dx=\sqrt{2}-1$$

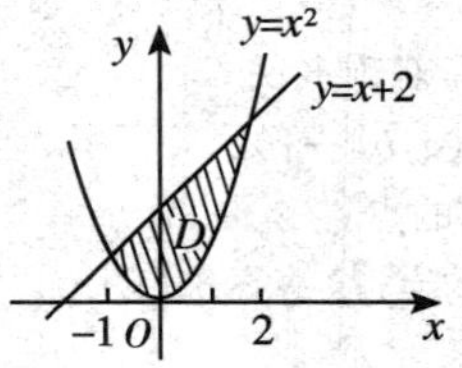

图 8 - 29

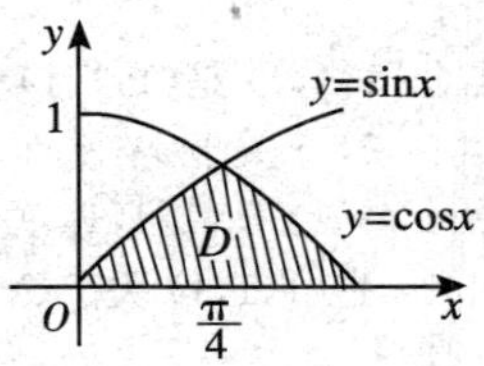

图 8 - 30

(3) 曲线 $y=x^2$ 及直线 $y=x, y=2x$ 所围成的区域如图 8 - 31 所示.

解方程组

$$\begin{cases}y=x\\y=x^2\end{cases}\text{和}\begin{cases}y=2x\\y=x^2\end{cases}$$

可得各曲线的交点坐标为(0,0)(1,1)(2,4).

于是所求区域 D 的面积

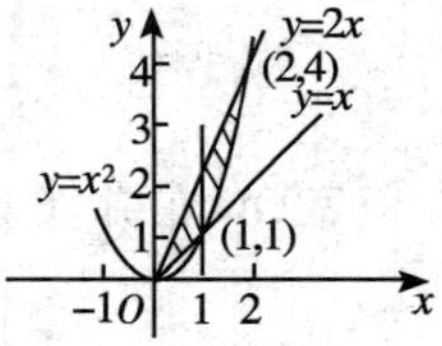

图 8 - 31

$$S=\iint\limits_D dxdy=\int_0^1 dx\int_x^{2x}dy+\int_1^2 dx\int_{x^2}^{2x}dy\text{(积分区域的可加性)}$$

$$=\int_0^1(2x-x)dx+\int_1^2(2x-x^2)dx=\frac{1}{2}x^2\Big|_0^1+\left(x^2-\frac{1}{3}x^3\right)\Big|_1^2=\frac{7}{6}$$

31. **解**　(1) 利用重积分的几何意义，如图 8 - 32 所示.

$$V=\iint\limits_D(1+x+y)d\sigma=\int_0^1 dx\int_0^{1-x}(1+x+y)dy=\int_0^1\left(\frac{3}{2}-x-\frac{x^2}{2}\right)dx=\frac{5}{6}$$

(2) 如图 8 - 33 所示.

$$V=\iint\limits_D(x^2+y^2)d\sigma=\int_{-1}^1 dx\int_{x^2}^1(x^2+y^2)dy=\int_{-1}^1\left(x^2+\frac{1}{3}-x^4-\frac{x^6}{3}\right)dx=\frac{88}{105}$$

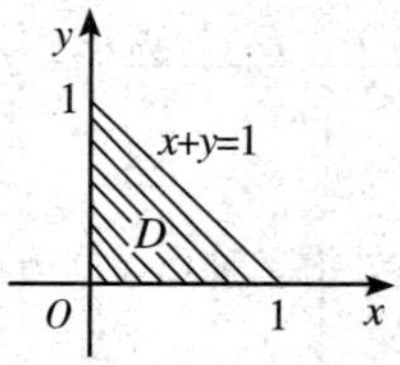

图 8 - 32

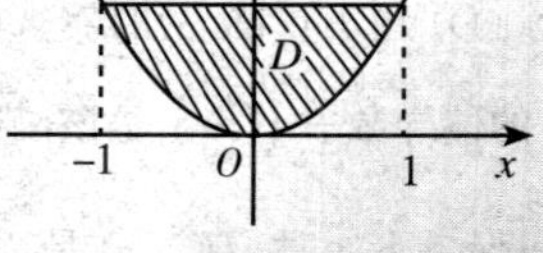

图 8 - 33

【方法技巧】利用二重积分的几何意义求立体体积时，要会求出立体在坐标面上的投影区域以及立体的底面和顶面的函数表达式，即确定积分区域和被积函数，这需要空间解析几何的有关知识.

(B)

1.**解** 原方程可化为 $x^2+y^2+(z-1)^2=1$. 这是以点 $(0,0,1)$ 为球心，以 1 为半径的球面.

(A) $(0,0,2)$ 与球心 $(0,0,1)$ 的距离为 1，故 $(0,0,2)$ 在球面上.

(B) $(0,0,-2)$ 与球心 $(0,0,1)$ 的距离为 $3>1$，故 $(0,0,-2)$ 在球外.

(C) $\left(\frac{1}{2},\frac{1}{2},\frac{1}{2}\right)$ 与球心 $(0,0,1)$ 的距离 $\frac{\sqrt{3}}{2}<1$，故 $\left(\frac{1}{2},\frac{1}{2},\frac{1}{2}\right)$ 在球内部.

故答案选(C).

2.**解** (A) 将 $x=1,y=-1,z=1$ 代入方程左端，有 $1^2+(-1)^2-2\times1=0$，则点在该曲面上，故答案选(A).

3.**解** (A) 中，点 $(-1,1,1)$ 是 $(1,1,1)$ 关于 yz 平面对称点；

(B) 中，一般地，点 (a,b,c) 关于 xy 平面对称的点是 $(a,b,-c)$；

(C) 中，点 $(-1,-1,-1)$ 是 $(1,1,1)$ 关于原点对称的点；

(D) 中，点 $(1,-1,1)$ 是 $(1,1,1)$ 关于 xz 平面对称的点. 故答案选(B).

4.**解** 对于(A) 有

$$f\left(1,\frac{y}{x}\right)=\frac{1\times\frac{y}{x}}{1^2+\left(\frac{y}{x}\right)^2}=\frac{xy}{x^2+y^2}$$

故(A) 正确. 类似可验证(B)(C) 均正确. 事实上，对于(D) 有

$$f(x+y,x-y)=\frac{(x+y)(x-y)}{(x+y)^2+(x-y^2)}=\frac{x^2-y^2}{2(x^2+y^2)}$$

故答案选(D).

5.**解** 由已知函数可知，自变量 x,y 应满足

$$\begin{cases}y-x>0\\x\geqslant0\\2-x^2-y^2>0\end{cases}\quad \text{即}\begin{cases}y>x\\x\geqslant0\\x^2+y^2<2\end{cases}$$

由此可知，只有(A) 的图形正确. 故答案选(A).

6.**解** 对于选项(A)，有

$$\lim_{\Delta x\to0}\frac{f(x_0-2\Delta x,y_0)-f(x_0,y_0)}{\Delta x}=-2\lim_{\Delta x\to0}\frac{f(x_0-2\Delta x,y_0)-f(x_0,y_0)}{-2\Delta x}=2f'_x(x_0,y_0),$$

故(A) 不正确.

对于选项(B)，有

$$\lim_{\Delta x\to0}\frac{f(x_0,y_0)-f(x_0-\Delta x,y_0)}{\Delta x}=\lim_{\Delta x\to0}\frac{f(x_0-\Delta x,y_0)-f(x_0,y_0)}{-\Delta x}=f'_x(x_0,y_0),$$

类似可以验证(C)、(D) 均不正确. 故答案选(B).

7.**解** $z=f(x)$ 的偏导数 $\frac{\partial z}{\partial x}\left(\frac{\partial z}{\partial y}\right)$ 是该函数在点 (x,y) 处沿 x 轴(y 轴) 方向的变化率，所以由 $\frac{\partial z}{\partial x}>0,\frac{\partial z}{\partial y}<0$ 可得：y 保持不变时，$f(x,y)$ 是 x 的单调增函数；x 保持不变时，$f(x,y)$ 是 y 的单调减

函数.故本题应选(D).

8.**解**　函数 $f(x,y)$ 在点 (x_0,y_0) 处连续或存在偏导数都不能推出 $f(x,y)$ 在 (x_0,y_0) 处可微,故(A),(B)均不正确.

根据全微分定义,当 $f'_x(x_0,y_0)$,$f'_y(x_0,y_0)$ 都存在时,$f(x,y)$ 在点 (x_0,y_0) 可微的充分必要条件是 $\Delta z-[A\Delta x+B\Delta y]=o(\rho)$,

所以,由 $\Delta z-[f'_x(x_0,y_0)\Delta x+f'_y(x_0,y_0)\Delta y]=o(\rho)$,

可知,当(D)成立时,$f(x,y)$ 在点 (x_0,y_0) 处可微,故应选(D).

9.**解**　先求函数 $f(x,y)$ 的表达式,设 $u=x+y,v=x-y$,则 $f(u,v)=uv$,所以 $f(x,y)=xy$.于是

$$\frac{\partial f(x,y)}{\partial x}+\frac{\partial f(x,y)}{\partial y}=y+x$$

故答案选(B).

10.**解**　设 $u=xy,v=x+y$,则 $f(u,v)=(x+y)^2-xy=v^2-u$,

所以 $f(x,y)=y^2-x$.于是 $\frac{\partial f(x,y)}{\partial x}=-1,\frac{\partial f(x,y)}{\partial y}=2y$,

故答案选(A).

11.**解**　$\frac{\partial z}{\partial x}=f'(ax+by)\cdot(ax+by)'_x=af'(ax+by)$(复合函数求导公式)

$\frac{\partial z}{\partial y}=f'(ax+by)\cdot(ax+by)'_y=bf'(ax+by)$

由此可得 $b\frac{\partial z}{\partial x}=a\frac{\partial z}{\partial y}$,故答案选(C).

12.**解**　在方程 $xyz+\sqrt{x^2+y^2+z^2}=\sqrt{2}$ 两边对 x 求偏导数,有

$$yz+xyz'_x+\frac{x+zz'_x}{\sqrt{x^2+y^2+z^2}}=0$$

将 $x=1,y=0,z=-1$ 代入上式得 $z'_x\Big|_{\substack{x=1\\y=0\\z=-1}}=1$,

由 $\mathrm{d}z=z'_x\mathrm{d}x+z'_y\mathrm{d}y$ 可得,在点 $(1,0,-1)$ 处,$\mathrm{d}z=\mathrm{d}x-\sqrt{2}\mathrm{d}y$.

故答案选(D).

13.**解**　利用隐函数求导公式求 $\frac{\partial z}{\partial x},\frac{\partial z}{\partial y}$,

设 $u=x-z,v=y-z$,则由复合函数微分法,有

$$F'_x=F'_u\cdot u'_x=F'_u,F'_y=F'_v\cdot u'_y=F'_v$$
$$F'_z=F'_u\cdot u'_z+F'_v\cdot v'_z=-(F'_u+F'_v)$$

于是

$$\frac{\partial z}{\partial x}=-\frac{F'_x}{F'_z}=\frac{F'_u}{F'_u+F'_v},\frac{\partial z}{\partial y}=-\frac{F'_y}{F'_z}=\frac{F'_v}{F'_u+F'_v}$$

所以,$\frac{\partial z}{\partial x}+\frac{\partial z}{\partial y}=1$.故答案选(B).

14.**解**　令 $z'_x=3x^2+6x-9=0,z'_y=-3y^2+6y=0$,

可得驻点 $(1,0),(1,2),(-3,0),(-3,2)$.

又 $z''_{xx}=6x+6,z''_{xy}=0,z''_{yy}=-6y+6$,

对于点$(1,0)$，$z''_{xx}\Big|_{\substack{x=1\\y=0}}=12>0$，$z''_{xy}=0$，$z''_{yy}\Big|_{\substack{x=1\\y=0}}=6$.（极值存在的充分条件）

所以 $P(1,0)=0-12\times 6=-72<0$. 可知$(1,0)$为极小值点.

故答案选(A).

15. **解** 令 $f'_x(x,y)=y-\dfrac{a^3}{x^2}=0$，$f'_y(x,y)=x-\dfrac{b^3}{y^2}=0$，解得 $x=\dfrac{a^2}{b}$，$y=\dfrac{b^2}{a}$，可知$\left(\dfrac{a^2}{b},\dfrac{b^2}{a}\right)$为 $f(x,y)$ 的驻点.

又 $f''_{xx}(x,y)=\dfrac{2a^3}{x^3}$，$f''_{xy}(x,y)=1$，$f''_{xy}(x,y)=1$，$f''_{yy}(x,y)=\dfrac{2b^3}{y^3}$. 在点$\left(\dfrac{a^2}{b},\dfrac{b^2}{a}\right)$处，有 $f''_{xx}\left(\dfrac{a^2}{b},\dfrac{b^2}{a}\right)=\dfrac{2b^3}{a^3}>0$，$f''_{xy}\left(\dfrac{a^2}{b},\dfrac{b^2}{a}\right)=1$，$f''_{yy}\left(\dfrac{a^2}{b},\dfrac{b^2}{a}\right)=\dfrac{2a^3}{b^3}$（极值存在的充分条件），所以

$$P\left(\frac{a^2}{b},\frac{b^2}{a}\right)=1-\frac{2b^3}{a^3}\cdot\frac{2a^3}{b^3}=-3<0$$

故 $f(x,y)$ 在该点处有极小值. 故答案选(C).

16. **解** $f'_x(x_0,y_0)=0$，且 $f'_y(x_0,y_0)=0$ 是 $f(x,y)$ 在点(x_0,y_0)处有极值的必要条件，而非充分条件. 故由此条件只能说(x_0,y_0)可能是 $f(x,y)$ 的极值点.

故答案选(D).

17. **解** 把二重积分化为累次积分，关键是在一定的坐标系下确定积分次序和积分的上下限. 为此，先画出区域 D 的图形(图 8 - 34).

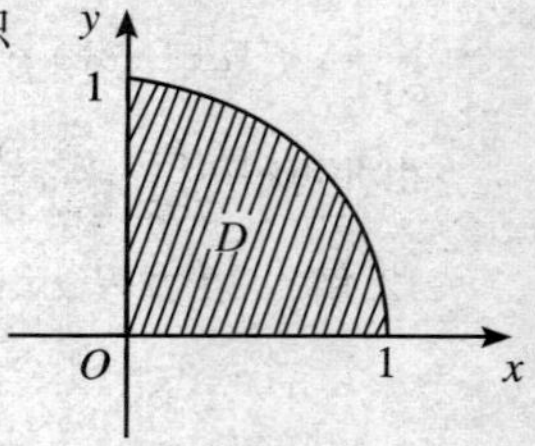

图 8 - 34

在直角坐标系下，如果先对 y 积分，后对 x 积分，积分区域 D 可写为

$D=\{(x,y)\mid 0\leqslant x\leqslant 1,0\leqslant y\leqslant\sqrt{1-x^2}\}$

则二重积分$\iint\limits_D xy\,\mathrm{d}\sigma=\int_0^1\mathrm{d}x\int_0^{\sqrt{1-x^2}}xy\,\mathrm{d}y$，

由此可看出(A)(B) 都是错误的.

如果先对 x 积分，后对 y 积分，则积分区域 D 可写为

$$D=\{(x,y)\mid 0\leqslant y\leqslant 1,0\leqslant x\leqslant\sqrt{1-y^2}\}$$

于是二重积分，

$$\iint\limits_D xy\,\mathrm{d}\sigma=\int_0^1\mathrm{d}y\int_0^{\sqrt{1-y^2}}xy\,\mathrm{d}x$$

因此(C) 是正确的.

在极坐标系下，区域 D 可表示为 $D=\{(r,\theta)\mid 0\leqslant\theta\leqslant\dfrac{\pi}{2},0\leqslant r\leqslant 1\}$，

因此，二重积分

$$\iint\limits_D xy\,\mathrm{d}\sigma=\int_0^{\frac{\pi}{2}}\mathrm{d}\theta\int_0^1 r\cos\theta\cdot r\sin\theta\cdot r\,\mathrm{d}r=\frac{1}{2}\int_0^{\frac{\pi}{2}}\mathrm{d}\theta\int_0^1 r^3\sin 2\theta\,\mathrm{d}r$$

可以看出，(D) 中的被积表达式是错误的.

故答案选(C).

18. **解** （变换积分次序）由已知的累次积分可得积分区域

$$D=\{(x,y)\mid 0\leqslant x\leqslant 1,0\leqslant y\leqslant 1-x\}$$

交换积分次序后，对 y 的积分上限应为常数，不可能是 $1-x$，故(A) 错.

在(B) 中，先对 x 积分时，积分上限不应是 x 的表达式，故(B) 错.

而(C) 中，积分区域为矩形，显然与 D 不同，故(C) 错.

事实上，改变积分次序，积分区域可记为 $D=\{(x,y)0\leqslant y\leqslant 1,0\leqslant x\leqslant 1-y\}$，故答案选(D).

19. **解**　由区域 D 和被积函数的特点，在极坐标系下计算此二重积分，有

$\iint\limits_D \sqrt{a^2-x^2-y^2}\,\mathrm{d}x\mathrm{d}y=\int_0^{2\pi}\mathrm{d}\theta\int_0^a\sqrt{a^2-r^2}\,r\mathrm{d}r$（转化为极坐标下的二重积分）

$$=2\pi\cdot\left(-\frac{1}{2}\right)\int_0^a\sqrt{a^2-r^2}\,\mathrm{d}(a^2-r^2)$$

$$=-\pi\cdot\frac{2}{3}(a^2-r^2)^{\frac{3}{2}}\Big|_0^a=\frac{2}{3}a^3\pi$$

由 $\frac{2}{3}a^3\pi=\pi$，可得 $a=\sqrt[3]{\frac{3}{2}}$，故答案选(B).

20. **解**　二重积分 $\iint\limits_D\mathrm{d}x\mathrm{d}y$ 表示区域 D 的面积，所以只需画出区域 D 的草图，直接计算该图形面积即可. 经计算，只有(C) 的区域面积为 1. 故答案选(C).

21. **【解题提示】** 要求 $f(x,y)$，只要求出 $\iint\limits_D f(u,v)\mathrm{d}u\mathrm{d}v$ 为一常数，故对所给的等式两边同时在 D 上求二重积分即可.

解　二重积分 $\iint\limits_D f(u,v)\mathrm{d}u\mathrm{d}v$ 是一个数，记此数为 I，则 $f(x,y)=xy+I$. 在等式两边求 D 上的二重积分，得

$\iint\limits_D f(x,y)\mathrm{d}x\mathrm{d}y=I=\iint\limits_D xy\mathrm{d}x\mathrm{d}y+I\iint\limits_D\mathrm{d}x\mathrm{d}y$（二重积分的性质），所以

$$I=\int_0^1\mathrm{d}x\int_0^{x^2}xy\mathrm{d}y+I\int_0^1\mathrm{d}x\int_0^{x^2}\mathrm{d}y=\int_0^1\left[\left(\frac{1}{2}y^2\right)\Big|_0^{x^2}\right]\mathrm{d}x+I\int_0^1\left(y\Big|_0^{x^2}\right)\mathrm{d}x$$

$$=\int_0^1\frac{1}{2}x^5\mathrm{d}x+I\int_0^1x^2\mathrm{d}x$$

得 $I=\frac{1}{12}+\frac{1}{3}I$，

解得 $I=\frac{1}{8}$. 于是 $f(x,y)=xy+\frac{1}{8}$. 故答案选(C).

第九章　微分方程与差分方程简介

知识结构

- 微分方程与差分方程
  - 微分方程：定义、通解、特解；差分方程：阶、通解、特解
  - 一阶微分方程
    - 可分离变量方程 $g(y)\mathrm{d}y=f(x)\mathrm{d}x$，两边积分得通解
    - 齐次微分方程 $\dfrac{\mathrm{d}y}{\mathrm{d}x}=f(\dfrac{y}{x})$（$u=\dfrac{y}{x}$化为可分离变量型）
    - 一阶线性微分方程 $\dfrac{\mathrm{d}y}{\mathrm{d}x}+p(x)y=q(x)$（用参数变易法或直接用公式求出通解）
  - 二阶可降阶微分方程
    - 可降阶简单二次微分方程 $y''=f(x)$（方程两边相继积分两次得通解）
    - $y''=f(x,y')$型方程（作代换 $y'=p$，方程化为 $\dfrac{\mathrm{d}p}{\mathrm{d}y}=f(x,p)$）
    - $y''=f(y,y')$型方程（作代换 $y'=p$，方程化为 $p\dfrac{\mathrm{d}p}{\mathrm{d}y}=f(y,p)$）
  - 二阶常系数线性微分方程
    - 二阶常系数线性齐次微分方程 $y''+py'+qy=0$（用其特征方程的特征根构造通解）
    - 二阶常系数线性非齐次微分方程 $y''+py'+qy=f(x)$（用其对应齐次方程的通解和特解之和构造通解）
  - 差分方程
    - 一阶常系数线性差分方程 $y_{x+1}-ay_x=f(x)$ 通解形式 $y_x=Aa^x+\tilde{y}_x$，$\tilde{y}_x$ 为方程的任一个特解，A 为任意常数
    - 二阶常系数线性差分方程 $y_{x+2}+ay_{x+1}+by_x=0$ 的通解形式 $y_x=y_x^*+\tilde{y}_x$，y_x^* 是齐次方程 $y_{x+2}+ay_{x+1}+by_x=0$ 的通解，$\tilde{y}_x$ 为非齐次方程任一个特解

学习指南

1. 准确理解微分方程、微分方程的阶、微分方程的解、通解、特解、初始条件、初始问题等基本概念.

2. 掌握可分离变量方程、齐次方程的求解方法.

3. 掌握一阶线性齐次、非齐次方程的解法.

4. 掌握可降阶的二阶微分方程的解法.

5. 掌握二阶常系数线性微分方程的解法.

6. 了解差分方程，差分方程的阶、解、通解、特解等概念.

7. 会求简单的一阶和二阶常系数线性差分方程的通解和特解.

第一节　微分方程的一般概念

知识点归纳

微分方程基本概念

名称	内容
微分方程	(1) 含有自变量、未知函数及未知函数的导数的方程称为微分方程 (2) 未知函数为一元函数的方程称为常微分方程
方程的阶	方程中未知函数的导数的最高阶数称为方程的阶
方程特解	若函数 $y=\varphi(x)$ 满足方程，即将 $\varphi(x)$ 代入方程能使方程成为恒等式，则函数 $y=\varphi(x)$ 称为方程的一个特解
方程通解	若方程的解中含有独立的任意常数，且任意常数的个数与方程的阶数相同，则这样的解称为方程的通解
初始条件	确定通解中的任意常数的条件：$y\big|_{x=x_0}=y_0, y'\big|_{x=x_0}=y'_0$ 称为初始条件

典型例题解析

题型 1：求微分方程

例 求以 $y=C_1\mathrm{e}^x+C_2\mathrm{e}^{-x}-x$ 为通解的微分方程（C_1、C_2 为任意常数）.

【重点提示】 包含 n 个独立的任意常数的原始式，可产生不含任意常数的 n 阶微分方程. 这个 n 阶方程式可以从 $n+1$ 个方程中消去 n 个常数得到，而此 $n+1$ 个方程是由原始式与将原始式对自变量微分 n 次所得到的 n 个方程所组成.

解　由 $y=C_1\mathrm{e}^x+C_2\mathrm{e}^{-x}-x$　①

对 x 求导得 $y'=C_1\mathrm{e}^x-C_2\mathrm{e}^{-x}-1$　②

对式 ② 再对 x 求导得 $y''=C_1\mathrm{e}^x+C_2\mathrm{e}^{-x}$　③

由式 ① 与式 ③ 得 $y=y''-x$，

即所求微分方程为 $y''-y-x=0$.

题型 2：验证所给函数是方程的解

【重点提示】 根据所给函数的形式，求出其相应的各阶导数，将其代入方程中，验证导式是否成立. 还要根据解中相互独立常数的个数与方程阶数对比来判断是否为通解.

例 判断 $y=C_1\mathrm{e}^{\lambda_1 x}+C_2\mathrm{e}^{\lambda_2 x}(\lambda_1\neq\lambda_2)$ 是否为方程 $y''-(\lambda_1+\lambda_2)y'+\lambda_1\lambda_2 y=0$ 的通解.

解　由于 $y'=C_1\lambda_1\mathrm{e}^{\lambda_1 x}+C_2\lambda_2\mathrm{e}^{\lambda_2 x}$，$y''=C_1\lambda_1^2\mathrm{e}^{\lambda_1 x}+C_2\lambda_2^2\mathrm{e}^{\lambda_2 x}$，则有

$y''-(\lambda_1+\lambda_2)y'+\lambda_1\lambda_2 y=(C_1\lambda_1^2\mathrm{e}^{\lambda_1 x}+C_2\lambda_2^2\mathrm{e}^{\lambda_2 x})-(\lambda_1+\lambda_2)(C_1\lambda_1\mathrm{e}^{\lambda_1 x}+C_2\lambda_2\mathrm{e}^{\lambda_2 x})+\lambda_1\lambda_2(C_1\mathrm{e}^{\lambda_1 x}$

$+C_2e^{\lambda_2 x})=0$.

可见函数 $y=C_1e^{\lambda_1 x}+C_2e^{\lambda_2 x}$ 是所给方程的解,又由 $\lambda_1\neq\lambda_2$,可知该解中含有两个相互独立的任意常数 C_1,C_2,任意常数的个数与方程的阶数相等,即知 $y=C_1e^{\lambda_1 x}+C_2e^{\lambda_2 x}$ 是所给方程的通解.

第二节 一阶微分方程

知识点归纳

基本内容

基本类型	形式	解法
可分离变量方程	$f(x)\mathrm{d}x=g(y)\mathrm{d}y$	分离变量两边积分 $\int f(x)\mathrm{d}x=\int g(x)\mathrm{d}y$
齐次方程	$\frac{\mathrm{d}y}{\mathrm{d}x}=f\left(\frac{y}{x}\right)$	作变量代换 $u=\frac{y}{x}$ 化成可分离变量方程 $x\frac{\mathrm{d}u}{\mathrm{d}x}+u=f(u)$
一阶线性方程	$y'+P(x)y=Q(x)$	通解为 $y=e^{-\int P(x)\mathrm{d}x}\left[\int Q(x)e^{\int P(x)\mathrm{d}x}\mathrm{d}x+C\right]$
伯努利方程	$y'+P(x)y=Q(x)y^k(k\neq 0.1)$.	变量代换 $z=y^{1-k}$ 化成一阶线性方程 $\frac{\mathrm{d}z}{\mathrm{d}x}+(1-k)P(x)z=(1-k)Q(x)$

特别提醒 (1) 如果齐次方程化为 $\frac{\mathrm{d}x}{\mathrm{d}y}=f\left(\frac{x}{y}\right)$,类似可做变换 $v=\frac{x}{y}$,这里视 y 为自变量,同样可以求出原方程的解.

(2) 一阶线性方程求解中的“不定积分”都不用带任意常数,实际上它们仅表示相应被积函数的一个原函数.

(3) 对一阶线性微分方程,方程 $\frac{\mathrm{d}y}{\mathrm{d}x}+p(x)y=q(x)$ 中变量 x 或 y 可以换成其他任意形式的变量,同样可以写出方程的解来,$\frac{\mathrm{d}x}{\mathrm{d}y}+p(x)x=q(y)$ 的通解为

$$x=e^{-\int p(y)\mathrm{d}y}\left(\int q(y)e^{\int p(y)\mathrm{d}y}\mathrm{d}y-C\right)$$

典型例题解析

题型1:分离变量求微分方程的通解和特解

【重点提示】 将方程进行变量分离,对方程两边分别求不定积分求得方程的通解,再根据初始条

件求出方程的解.

例 求微分方程 $y'=\dfrac{y(1-x)}{x}$ 的通解.

解　将方程分离变量,得$\dfrac{\mathrm{d}y}{y}=\dfrac{(1-x)}{x}\mathrm{d}x$,方程两边分别积分得 $\ln|y|=\ln|x|-x+C_1$,即 $|y|=e^{C_1}|x|e^{-x}$,进一步写成 $y=Cxe^{-x}$.

特别提醒　实际上,对$\dfrac{\mathrm{d}y}{y}=\dfrac{(1-x)}{x}\mathrm{d}x$两边积分可以直接写成 $\ln y=\ln x-x+\ln C$,得到方程的通解为 $y=Cxe^{-x}$. 实际上这里是先求出了在 $x>0,y>0,C>0$ 时的通解形式,再将这种形式进行一般化,就得到一般情况下的通解.

题型 2:可分离变量的微分方程

例 已知函数 $y=y(x)$ 在任意点 x 处的增量$\Delta y=\dfrac{y\Delta x}{1+x^2}+\alpha$,且当 $\Delta x\to 0$ 时,α 是Δx 的高阶无穷小,$y(0)=\pi$,则 $y(1)$ 等于(　　).

(A)2π　　(B)π　　(C)$e^{\frac{\pi}{4}}$　　(D)$\pi e^{\frac{\pi}{4}}$

【重点提示】 如果知道 $y(x)$ 的表达式,则可得 $y(1)$ 的值. 由于 $\Delta y=\dfrac{y\Delta x}{1+x^2}+\alpha$,而 $\alpha=o(\Delta x)$,这说明函数 y 在 x 处可微,且 $\mathrm{d}y=\dfrac{y}{1+x^2}\mathrm{d}x$,这是可分离变量的微分方程,于是本问题变为求微分方程 $\mathrm{d}y=\dfrac{y}{1+x^2}\mathrm{d}x$ 满足初始条件 $y(0)=\pi$ 的特解的问题.

解　由于 $\Delta y=\dfrac{y\Delta x}{1+x^2}+\alpha$.

又当 $\Delta x\to 0$ 时,α 是 Δx 的高阶无穷小,故由微分的定义知 $\mathrm{d}y=\dfrac{y}{1+x^2}\mathrm{d}x$,

分离变量:$\dfrac{\mathrm{d}y}{y}=\dfrac{\mathrm{d}x}{1+x^2}$,积分:$\ln|y|=\arctan x+C$.

即 $y=Ce^{\arctan x}$,由 $y(0)=\pi$ 知 $C=\pi$,

故 $y(x)=\pi e^{\arctan x}$,于是 $y(1)=\pi e^{\arctan 1}=\pi e^{\frac{\pi}{4}}$,选(D).

题型 3:齐次微分方程求解

【重点提示】 对齐次微分方程,由于其特殊形式$\dfrac{\mathrm{d}y}{\mathrm{d}x}=f\left(\dfrac{y}{x}\right)$,可通过适当的变量代换 $v=\dfrac{y}{x}$ 化为可分离变量的形式求解.

例 求初值问题$\begin{cases}(y+\sqrt{x^2+y^2})\mathrm{d}x-x\mathrm{d}y=0,x>0\\ y|_{x=1}=0\end{cases}$的解.

特别提醒　本题是求特解问题,先要求出方程的通解,再利用初值条件求特解. 为了判断出所给方程的类型,将方程变形再判断,并进一步利用相应的方法求得.

解 将$(y+\sqrt{x^2+y^2})\mathrm{d}x-x\mathrm{d}y=0$写成

$$\frac{\mathrm{d}y}{\mathrm{d}x}=\frac{y+\sqrt{x^2+y^2}}{x}=\frac{y}{x}+\sqrt{1+\left(\frac{y}{x}\right)^2}$$

(将方程改写成$\frac{\mathrm{d}y}{\mathrm{d}x}=f(x,y)$的形式,便于判断方程的类型)

可见该方程是齐次微分方程.

令$v=\frac{y}{x}$,即$y=xv$,则有$\frac{\mathrm{d}y}{\mathrm{d}x}=v+x\frac{\mathrm{d}v}{\mathrm{d}x}$,代入方程得$v+x\frac{\mathrm{d}v}{\mathrm{d}x}=v+\sqrt{1+v^2}$,

再进行分离变量得$\frac{\mathrm{d}v}{\sqrt{1+v^2}}=\frac{\mathrm{d}x}{x}$.

等式两边分别积分得$\ln(v+\sqrt{1+v^2})=\ln x+\ln C$.

将$v=\frac{y}{x}$代入上式中,即得通解为$y+\sqrt{x^2+y^2}=Cx^2$.

将初始条件$y|_{x=1}=0$代入通解中,得到$C=1$,所求特解为$y=\frac{1}{2}(x^2-1)$.

题型4:一阶线性微分方程求解

【重点提示】对一阶线性微分方程$\frac{\mathrm{d}y}{\mathrm{d}x}+p(x)y=q(x)$,先考虑特殊情形,即齐次方程$\frac{\mathrm{d}y}{\mathrm{d}x}+p(x)y=0$,求出其通解为$y=Ce^{-\int p(x)\mathrm{d}x}$.

考虑到一般情况$q(x)\neq 0$时,估计方程解的形式为$y=u(x)e^{-\int p(x)\mathrm{d}x}$,将此形式的函数代入原方程中求出未知函数$u(x)$,进而求得原方程的通解.这里实际上相当于作了变量代换,令$u(x)=ye^{\int p(x)\mathrm{d}x}$,求出$u(x)$,即可求得方程的解.

例 求下列方程的通解:$(x^2-1)\mathrm{d}y+(2xy-\cos x)\mathrm{d}x=0$

解 将方程标准化:$\frac{\mathrm{d}y}{\mathrm{d}x}+\frac{2x}{x^2-1}y=\frac{\cos x}{x^2-1}$,

利用常数变易法:

先求解一阶线性齐次方程$\frac{\mathrm{d}y}{\mathrm{d}x}+\frac{2x}{x^2-1}y=0$的解.

分离变量为$\frac{\mathrm{d}y}{y}=-\frac{2x}{x^2-1}\mathrm{d}x$,积分得$\ln y=-\ln(x^2-1)+\ln C$,

即$y(x^2-1)=C$.

再将常数C变易成$C(x)$,将$y(x^2-1)=C(x)$求导,得

$$y'(x)=-\frac{2xy}{x^2-1}+\frac{C'(x)}{x^2-1}$$

将y和$y'(x)$代入$\frac{\mathrm{d}y}{\mathrm{d}x}+\frac{2xy}{x^2-1}=\frac{\cos x}{x^2-1}$中,得$C'(x)=\cos x$,

从而$C(x)=\sin x+C$,故原方程通解为$y=\frac{\sin x+C}{x^2-1}$.

题型 5：方程求解

例 求下列微分方程的通解：$y^3\mathrm{d}x+2(x^2-xy^2)\mathrm{d}y=0$.

解　方程化为$\dfrac{\mathrm{d}x}{\mathrm{d}y}-\dfrac{2}{y}x=-\dfrac{2}{y^3}x^2$，

两边乘 x^{-2} 得 $x^{-2}\dfrac{\mathrm{d}x}{\mathrm{d}y}-\dfrac{2}{y}x^{-1}=-\dfrac{2}{y^3}$，

令 $x^{-1}=u$，则 $-x^{-2}\dfrac{\mathrm{d}x}{\mathrm{d}y}=\dfrac{\mathrm{d}u}{\mathrm{d}y}$，

得线性方程$\dfrac{\mathrm{d}u}{\mathrm{d}y}+\dfrac{2}{y}u=\dfrac{2}{y^3}$，

由公式解得 $u=\mathrm{e}^{-\int\frac{2}{y}\mathrm{d}y}\left[\int\dfrac{2}{y^3}\mathrm{e}^{\int\frac{2}{y}\mathrm{d}y}\mathrm{d}y+C\right]=\dfrac{1}{y^2}\left[\int\dfrac{2}{y}\mathrm{d}y+C\right]=\dfrac{\ln y^2+C}{y^2}$，

故原方程通解为 $x^{-1}=\dfrac{\ln y^2+C}{y^2}$，

即 $y^2=x(\ln y^2+C)$.

特别提醒　此方程也可以通过变量代换直接化成齐次方程求解.

题型 6：其他微分方程求解

例 求方程 $x\dfrac{\mathrm{d}y}{\mathrm{d}x}+x+\sin(x+y)=0$ 的通解.

解　本题需通过适当变量代换.

令 $u=x+y$，则$\dfrac{\mathrm{d}u}{\mathrm{d}x}=1+\dfrac{\mathrm{d}y}{\mathrm{d}x}$，从而原方程化为 $x\dfrac{\mathrm{d}u}{\mathrm{d}x}+\sin u=0$，

分离变量 $-\dfrac{\mathrm{d}u}{\sin u}=\dfrac{\mathrm{d}x}{x}$，积分得 $\ln\left|\cot\dfrac{u}{2}\right|=\ln|x|+C_1$，

即 $\cot\dfrac{u}{2}=Cx(C=\mathrm{e}^{C_1})$，

代入 $u=x+y$ 得原方程通解为 $\cot\dfrac{x+y}{2}=Cx$.

特别提醒　利用变量替换可以将方程化简成我们熟知类型的方程.

题型 7：应用题

例 一曲线通过点(2,3)，它在两坐标轴间的任意切线线段均被切点所平分，求这曲线方程.

解　设曲线方程为 $y=y(x)$，曲线上点(x,y) 的切线方程为$\dfrac{Y-y}{Z-x}=y'$，

由假设，当 $Y=0$ 时，$Z=2x$，代入上式，

得曲线所满足的微分方程的初值问题：$\begin{cases}\dfrac{\mathrm{d}y}{\mathrm{d}x}=\dfrac{-y}{x}\\ y(2)=3\end{cases}$.

分离变量后积分得 $xy=C$，由 $y(2)=3$ 知 $C=6$，故所求曲线方程为 $xy=6$.

第三节 几种二阶微分方程

知识点归纳

方程类型	解法
$y^{(n)}=f(x)$ 型	$y^{(n-1)}=\int f(x)\mathrm{d}x+C_1$ $y^{(n-2)}=\int\left[\int f(x)\mathrm{d}x+C_1\right]\mathrm{d}x+C_2$ … 共 n 次积分,即可得通解
不显含 y $y''=f(x,y')$ 型	令 $y'=p$,则 $y''=\frac{\mathrm{d}p}{\mathrm{d}x}=p'$ 化为一阶微分方程:$p'=f(x,p)$
不显含 x $y''=f(y,y')$ 型	令 $y'=p$,则 $y''=\frac{\mathrm{d}p}{\mathrm{d}y}\cdot\frac{\mathrm{d}y}{\mathrm{d}x}=p\frac{\mathrm{d}p}{\mathrm{d}y}$ 化为一阶微分方程:$p\frac{\mathrm{d}p}{\mathrm{d}y}=f(y,p)$

特别提醒 要注意不同形式的二阶微分方程经过降阶以后的形式的区别:一个是化成了 $\frac{\mathrm{d}p}{\mathrm{d}x}=f(x,p)$,另一个化成了 $p\frac{\mathrm{d}p}{\mathrm{d}y}=f(y,p)$ 的形式,前者以 x 为自变量,后者以 y 为自变量.

典型例题解析

题型 1:形如 $y^{(n)}=f(x)$ 的方程

例 (1) 求微分方程 $y'''-x-\mathrm{e}^x=0$ 满足 $y(0)=1,y'(0)=1,y''(0)=2$ 的解;(2) 求微分方程 $\mathrm{e}^{2x}\cdot y'''=1$ 的通解.

解 (1) 将方程改写成为 $y'''=x+\mathrm{e}^x$,积分得

$$y''=\int_0^x(x+\mathrm{e}^x)\mathrm{d}x+y''(0)=\left(\frac{1}{2}x^2+\mathrm{e}^x\right)\Big|_0^x+2=\frac{1}{2}x^2+\mathrm{e}^x+1$$

$$y'=\int_0^x\left(\frac{1}{2}x^2+\mathrm{e}^x+1\right)\mathrm{d}x+y'(0)=\frac{1}{6}x^3+\mathrm{e}^x+x$$

故所求的解为 $y=\int_0^x\left(\frac{1}{6}x^3+\mathrm{e}^x+x\right)\mathrm{d}x+y(0)=\frac{1}{24}x^4+\mathrm{e}^x+\frac{1}{2}x^2$.

【重点提示】一般求方程满足初始条件的特解时,要先求出通解,再将初始条件代入得到常数 C.而这里采用将不定积分写成变上限的定积分做法,则简便很多.

(2) $\frac{\mathrm{d}^3y}{\mathrm{d}x^3}=\mathrm{e}^{-2x}$,则 $y''=\int\mathrm{e}^{-2x}\mathrm{d}x=-\frac{1}{2}\mathrm{e}^{-2x}+C_1$

$$y'=\int y''\mathrm{d}x=\int\left(-\frac{1}{2}\mathrm{e}^{-2x}+C_1\right)\mathrm{d}x=\frac{1}{4}\mathrm{e}^{-2x}+C_1x+C_2$$

$y=\int y'\mathrm{d}x=-\frac{1}{8}\mathrm{e}^{-2x}+\frac{1}{2}C_1x^2+C_2x+C_3$

题型 2:形如 $y''=f(x,y')$ 的方程

例 设对任意 $x>0$,曲线 $y=f(x)$ 上的$(x,f(x))$处的切线在 y 轴上的截距等于$\frac{1}{x}\int_0^x f(t)\mathrm{d}t$,求 $f(x)$ 的一般表达式.

解　$y=f(x)$ 在点$(x,f(x))$处的切线方程为 $Y-f(x)=f'(x)(X-x)$

令 $x=0$,可得该直线在 Y 轴上的截距为 $Y=f(x)-xf'(x)$.

依题意 $f(x)-xf'(x)=\frac{1}{x}\int_0^x f(t)\mathrm{d}t$,

即 $xf(x)-x^2f'(x)=\int_0^x f(t)\mathrm{d}t$,

两边对 x 求导,并整理得 $xf''(x)+f'(x)=0$,

令 $f'(x)=p$,则 $f''(x)=p'$,代入上述方程,可得 $xp'+p=0$,即$\frac{\mathrm{d}p}{p}=-\frac{\mathrm{d}x}{x}$,

积分得 $px=C_1$,即 $p=f'(x)=\frac{C_1}{x}$,

于是 $f(x)=C_1\ln x+C_2$.

题型 3:形如 $y''=f(y,y')$ 的方程

【重点提示】对原方程作降阶代换化为 $p\frac{\mathrm{d}p}{\mathrm{d}x}=f(x,p)$,得到其通解 $p=\frac{\mathrm{d}y}{\mathrm{d}x}=\varphi(y,C_1)$,将此方程分离变量并积分得到原方程的通解$\int\frac{\mathrm{d}y}{\varphi(y,C_1)}=x+C_2$,再利用初始条件求出通解中的两个常数,即可得到满足要求的特解.

例 求微分方程 $yy''+(y')^2=0$ 满足初始条件 $y|_{x=0}=1,y'|_{x=0}=\frac{1}{2}$ 的特解.

解　本题属于不显含自变量 x 的二阶可降阶微分方程.

令 $y'=p$,则 $y''=p\frac{\mathrm{d}p}{\mathrm{d}y}$,原方程化为 $yp\frac{\mathrm{d}p}{\mathrm{d}y}+p^2=0$.

根据初始条件 $y'|_{x=0}=\frac{1}{2}$ 知,$p=y'=0$ 不是所求解,故有$\frac{1}{p}\mathrm{d}p=-\frac{1}{y}\mathrm{d}y$. 两边积分,得 $yp=C_1$.

由 $y|_{x=0}=1,y'|_{x=0}=p|_{x=0}=\frac{1}{2}$,得 $C_1=\frac{1}{2}$.

则有 $y\frac{\mathrm{d}y}{\mathrm{d}x}=\frac{1}{2}$,分离变量,得 $y\mathrm{d}y=\frac{1}{2}\mathrm{d}x$. 两边积分,得 $y^2=x+C_2$. 由 $y|_{x=0}=1$,得 $C_2=1$,故所求特解为 $y^2=x+1$.

题型 4:形如 $y'=f(x,y)$ 且不含 y 的方程

【重点提示】将原方程降阶化为$\frac{\mathrm{d}p}{\mathrm{d}x}=f(x,p)$,求得其通解 $p=\frac{\mathrm{d}y}{\mathrm{d}x}=\varphi(x,C_1)$,再积分即得通解:

$y=\int\varphi(x,C_1)\mathrm{d}x+C_2$,由初值条件可求出导数得到特解.

例 求微分方程满足初始条件的特解

$$\begin{cases}y''-a(y')^2=0\\ y|_{x=0}=0,y'|_{x=0}=-1\end{cases}$$

解 令 $p=y'$,则 $y''=\frac{\mathrm{d}p}{\mathrm{d}x}$,原方程为$\frac{\mathrm{d}p}{\mathrm{d}x}-ap^2=0$,分离变量得$\frac{\mathrm{d}p}{p^2}=a\mathrm{d}x$,

积分得$-\frac{1}{p}=ax+C_1$.

因为 $p|_{x=0}=y'|_{x=0}=-1$,所以 $C_1=1$,

(利用初始条件先确定一个常数的取值,使得下一步的求解更方便)

从而$-\frac{1}{y'}=ax+1$,即 $\mathrm{d}y=-\frac{\mathrm{d}x}{ax+1}$.

两边积分得 $y=-\frac{1}{a}\ln(ax+1)+C_2$.

又将条件 $y|_{x=0}=0$ 代入上式中,得 $C_2=0$,因此所求特解为

$$y=-\frac{1}{a}\ln(ax+1)(a\neq 0)$$

特别提醒 本题属于基本题型,由于方程中含有未知函数的一阶和二阶导数,故可以看成是不显含未知函数 y 或者是不显含自变量 x 的形式,本题采用的是视方程为不显含未知函数的形式.

另外,从本题的计算过程可以看到,为了确定通解中的两个任意常数,在解题过程中首先通过导数的初始条件求出常数 C_1,代入方程中再进一步求解,由于已经确定了常数的具体取值,这使得方程变得更易求解.

*第四节 二阶常系数线性微分方程

知识点归纳

1. 二阶常系数线性齐次方程

定义	方程 $y''+py'+qy=0$,其中 p,q 为常数 ① 称为二阶常系数线性齐次方程 对应的代数方程 $r^2+pr+q=0$ ② 称为方程 ① 的特征方程
解的结构	(1) 若 $y_1(x),y_2(x)$ 是方程 ① 的两个解,则 $y=C_1y_1(x)+C_2y_2(x)$ 也是 ① 的解,其中 C_1,C_2 为任意常数
	(2) 若 $y_1(x),y_2(x)$ 是方程 ① 的两个线性无关的解,则 $y=C_1y_1(x)+C_2y_2(x)$,(C_1,C_2 为任意常数) 是方程 ① 的通解

续表

解法	(1) 当②有两个不相等的实根 r_1, r_2 时，①的通解为 $y = C_1 e^{r_1 x} + C_2 e^{r_2 x}$
	(2) 当②有两个相等的实根 $r_1 = r_2 = r$ 时，①的通解为 $y = (C_1 + C_2 x) e^{rx}$
	(3) 当②有一对其轭复根 $\alpha \pm i\beta$ 时，①的通解为 $y = e^{\alpha x}(C_1 \cos\beta x + C_2 \sin\beta x)$

2. 二阶常系数线性非齐次方程的解法

定义	方程 $y'' + py' + qy = f(x)$　　③ 称为二阶常系数线性非齐次方程，其中 p、q 为常数. $f(x) \neq 0$
解的结构	(1) 若 $y^*(x)$ 是③的特解，$\overline{Y}(x)$ 是①的通解，则 $y = \overline{Y}(x) + y^*(x)$ 是方程③的通解
	(2) 若 $y_1^*(x)$ 是方程 $y'' + P(x)y' + Q(x)y = f_1(x)$ 的特解， $y_2^*(x)$ 是方程 $y'' + P(x)y' + Q(x)y = f_2(x)$ 的特解， 则 $y_1^*(x) + y_2^*(x)$ 是方程 $y'' + P(x)y' + Q(x)y = f_1(x) + f_2(x)$ 的特解
特解形式	(1) $f(x) = e^{\lambda x} P_m(x)$ 型 则可用待定系数法构造特解为　$y^* = x^k Q_m(x) e^{\lambda x}$ 其中 $k = \begin{cases} 0, \lambda \text{ 不是特征根} \\ 1, \lambda \text{ 是一重特征根} \\ 2, \lambda \text{ 是二重特征根} \end{cases}$ $Q_m(x)$ 是与 $P_m(x)$ 同次的多项式
	(2) $f(x) = e^{\lambda x}[P_l(x)\cos wx + P_n(x)\sin wr]$ 型 则构造特解为 $y^* = x^k e^{\lambda x}[R_m^{(1)}(x)\cos wx + R_m^{(2)}(x)\sin wx]$ 其中 $k = \begin{cases} 0, \lambda + iw \text{ 不是特征根} \\ 1, \lambda + iw \text{ 是特征根} \end{cases}$ $R_m^{(1)}(x), R_m^{(2)}(x)$ 是 m 次多项式，$m = \max(l, n)$
	(3) 当 $f(x)$ 为其他情形可用常数变易法求解 若 $\overline{Y}(x) = C_1 y_1(x) + C_2 y_2(x)$ 为 $y'' + py' + qy = 0$ 的通解，则令③的解为 $y = v_1 y_1(x) + v_2 y_2(x)$，其中 v_1, v_2 为待定函数，满足： $\begin{cases} y_1 v'_1 + y_2 v'_2 = 0 \\ y'_1 v'_1 + y'_2 v'_2 = f(x) \end{cases}$

特别提醒　二阶常系数线性微分方程的求解方法属于构造性方法. 将微分方程问题转化为其特征方程根的计算问题，根据特征根的不同情况构造不同形式的通解，以及根据方程中自由项函数的特定形式构造带有待定常数的特解，采用待定系数的方法求出特解，进而得到非齐次方程的通解.

典型例题解析

题型1:二阶常系数齐次线性方程的求解

例 设 $f(x)$ 具有二阶连续导数,并满足方程 $f(x)=\int_0^x f(1-t)\mathrm{d}t+1$,求 $f(x)$.

解 方程两边对 x 求导,得 $f'(x)=f(1-x)$, ①

再次求导,得 $f''(x)=-f'(1-x)$, ②

由 ① 得 $f'(1-x)=f[1-(1-x)]=f(x)$,

代入 ②,得 $f''(x)=-f(x)$,由题设,$f(0)=1,f'(0)=f(1)$,

即求 $f''(x)+f(x)=0$ 在初始条件 $f(0)=1,f'(0)=f(1)$ 下的特解,

特征方程:$r^2+1=0$,特征根:$r_{1,2}=\pm i$,

即通解为 $f(x)=C_1\cos x+C_2\sin x$,有 $f'(x)=-C_1\sin x+C_2\cos x$,

由 $f(0)=1,f'(0)=f(1)$,解出 $C_1=1,C_2=\dfrac{\cos 1}{1-\sin 1}$,

于是 $f(x)=\cos x+\dfrac{\cos 1}{1-\sin 1}\sin x$.

题型2:与解的结构有关的问题

例 已知二阶线性非齐次方程 $y''+P(x)y'+Q(x)y=f(x)$ 的三个特解为 $y_1=x,y_2=\mathrm{e}^x$,$y_3=\mathrm{e}^{2x}$,试求方程满足初始条件 $y(0)=1,y'(0)=3$ 的特解.

【重点提示】要求满足条件的特解,就需要求出非齐次方程的通解,而解的结构理论,首先要求出对应齐次方程的通解.

解 由线性微分方程解的理论,非齐次微分方程

$y''+P(x)y'+Q(x)y=f(x)$ 的任意两解之差是对应齐次方程

$y''+P(x)y'+Q(x)y=0$ 的解,

得齐次方程的两个解:$\mathrm{e}^x-x,\mathrm{e}^{2x}-x$,

且 $\dfrac{\mathrm{e}^x-x}{\mathrm{e}^{2x}-x}\neq$ 常数,即线性无关.

于是齐次方程的通解为 $Y=C_1(\mathrm{e}^x-x)+C_2(\mathrm{e}^{2x}-x)$,

非齐次方程的通解为 $y=x+C_1(\mathrm{e}^x-x)+C_2(\mathrm{e}^{2x}-x)$,

由初始条件 $y(0)=1,y'(0)=3$,解出 $C_1=-1,C_2=2$,

于是所求特解为 $y_0=2\mathrm{e}^{2x}-\mathrm{e}^x$.

题型3:二阶常系数线性非齐次方程

【重点提示】根据解的构造原理,只需要求出对应特征方程的特征根,并根据自由项的函数形

式，用待定系数的方法求出一个特解，就可得到方程的通解.

例 求方程 $y''+y=e^x+\cos x$ 的通解.

特别提醒 方程属于二阶常系数线性非齐次方程，其自由项由指数函数和三角函数相加构成. 显然，如果 $y=\tilde{y}_1$ 是 $y''+y'=e^x$ 的解，$y=\tilde{y}_2$ 是 $y''+y'=\cos x$ 的解，则 $\tilde{y}=\tilde{y}_1+\tilde{y}_2$，使得 $\tilde{y}'=\tilde{y}'_1+\tilde{y}'_2$，$\tilde{y}''=\tilde{y}''_1+\tilde{y}''_2$，从而有

$$\tilde{y}''+\tilde{y}'=\tilde{y}''_1+\tilde{y}'_1+\tilde{y}''_2+\tilde{y}'_2=e^x+\cos x.$$

这表明 $\tilde{y}=\tilde{y}_1+\tilde{y}_2$ 是 $y''+y=e^x+\cos x$ 的特解，故只需求出齐次方程 $y''+y=0$ 的通解，以及 $y''+y=e^x$ 和 $y''+y=\cos x$ 各自的特解，即可求出原方程的通解.

解 特征方程为 $r^2+1=0$，解得特征根 $r_{1,2}=\pm i$.

于是得对应的齐次方程的通解 $y^*=C_1\cos x+C_2\sin x$.

设 $\tilde{y}_1=Ae^x$ 是方程 $y''+y=e^x$ 的解，代入方程求得 $A=\dfrac{1}{2}$，即知 $\tilde{y}_1=\dfrac{1}{2}e^x$ 为方程 $y''+y=e^x$ 的解.

对方程 $y''+y=\cos x$，可设特解为

$\tilde{y}_2=x(a\cos x+b\sin x)$，

$\tilde{y}'_2=[x(a\cos x+b\sin x)]'=(a+bx)\cos x+(b-ax)\sin x$，

$\tilde{y}''_2=[(a+bx)\cos x+(b-ax)\sin x]'=(2b-ax)\cos x+(-2a-bx)\sin x$.

代入 $y''+y=\cos x$，有 $2b\cos x-2a\sin x=\cos x$.

比较等式两边同类项系数得 $\begin{cases}a=0,\\ b=\dfrac{1}{2},\end{cases}$ 故 $\tilde{y}_2=\dfrac{1}{2}x\sin x$.

从而可得方程的一个特解为 $\tilde{y}=\tilde{y}_1+\tilde{y}_2=\dfrac{1}{2}x\sin x+\dfrac{1}{2}e^x$.

故原方程的通解为 $y=C_1\cos x+C_2\sin x+\dfrac{1}{2}e^x+\dfrac{1}{2}x\sin x$.

特别提醒 利用线性方程特解的叠加原理，可求解自由项形式较复杂情形的非齐次线性微分方程.

题型 4：由已知解确定二阶常系数线性方程

【重点提示】 二阶常系数齐次方程的通解是由特征方程的特征根直接构成的，而特征方程是由方程中未知函数以及其导数的系数形成的，因此，如果知道了通解，就相当于知道了特征方程的根，也就知道了特征方程，从而也就知道了方程中各项的系数.

例 设以下式子分别是某些二阶常系数线性微分方程的通解，求各自对应的方程：

(1) $y=(C_1+C_2x)e^{2x}$.

(2) $y=e^x(C_1\cos\sqrt{2}x+C_2\sin\sqrt{2}x)$.

解 利用通解表达式可知

(1) 特征根为 $\lambda_{1,2}=2$(二重根),特征方程为 $\lambda^2-4\lambda+4=0$,故所求方程为 $y''-4y'+4y=0$.

(2) 特征根为 $\lambda_{1,2}=1\pm i\sqrt{2}$,特征方程为 $\lambda^2-2\lambda+3=0$,故所求方程为 $y''-2y'+3y=0$.

特别提醒 已知常系数齐次线性方程来求其通解与已知通解来确定其方程恰好是一个相反的过程,都是借助于特征方程与特征根完成的.

题型5:综合应用题

例 验证函数 $y(x)=1+\frac{x^3}{3!}+\frac{x^6}{6!}+\cdots+\frac{x^{3n}}{(3n)!}+\cdots(-\infty<x<+\infty)$ 满足微分方程 $y''+y'+y=e^x$,利用上面结果求幂级数 $\sum\limits_{n=0}^{\infty}\frac{x^{3n}}{(3n)!}$ 的和函数.

解 由幂级数的逐项求导性质知

$$y'(x)=\frac{x^2}{2!}+\frac{x^5}{5!}+\cdots+\frac{x^{3n-1}}{(3n-1)!}+\cdots$$

$$y''(x)=x+\frac{x^4}{4!}+\cdots+\frac{x^{3n-2}}{(3n-2)!}+\cdots$$

从而 $y''+y'+y=\sum\limits_{n=0}^{\infty}\frac{x^n}{n!}=e^x$ ①

又方程①的相应齐次方程 $y''+y'+y=0$ ②

特征方程 $r^2+r+1=0$,即 $r=-\frac{1}{2}\pm\frac{\sqrt{3}}{2}i$

故②的通解为 $Y=e^{-\frac{1}{2}x}\left(C_1\cos\frac{\sqrt{3}}{2}x+C_2\sin\frac{\sqrt{3}}{2}x\right)$,

①有特解 $y^*=\frac{1}{3}e^x$,

故①的通解为 $y=Y+y^*=e^{-\frac{1}{2}x}\left(C_1\cos\frac{\sqrt{3}}{2}x+C_2\sin\frac{\sqrt{3}}{2}x\right)+\frac{1}{3}e^x$,

由 $y(0)=1,y'(0)=0$ 知 $\begin{cases}C_1+\frac{1}{3}=1\\-\frac{1}{2}C_1+\frac{\sqrt{3}}{2}C_2+\frac{1}{3}=0\end{cases}\Rightarrow\begin{cases}C_1=\frac{2}{3},\\C_2=0\end{cases}$

故幂级数的和函数为

$$\sum_{n=0}^{\infty}\frac{x^{3n}}{(3n)!}=\frac{2}{3}e^{-\frac{x}{2}}\cos\frac{\sqrt{3}}{2}x+\frac{1}{3}e^x,(-\infty<x<+\infty)$$

第五节　差分方程的一般概念

知识点归纳

概念	定义
差分	设 $y=f(t)$ 是定义在整数集 $Z=\{t\mid t=0,\pm1,\pm2,\cdots\}$ 上的函数 $\Delta y_t=f(t+1)-f(t)$ 称为 y 的一阶差分， $\Delta^2 y_t=\Delta y_{t+1}-\Delta y_t$ 为 y 的二阶差分，…… 二阶以上的差分称为高阶差分
差分方程	凡是含有变量 t 以及两个或两个以上的未知函数值的函数方程 $F(t,y_t,y_{t+1},\cdots,y_{t+n})=0$ 称为差分方程. 方程中实际出现的未知函数值的下标的最大差，称为差分方程的阶
方程的解	如果将已知函数 $y_t=\varphi(t)$ 代入差分方程，能使其对 $t=0,1,2,\cdots$ 成为恒等式，则称 $y_t=\varphi(t)$ 是该差分方程的一个解. 对于 n 阶差分方程含有 n 阶独立的任意常数 $C_1,C_2,\cdots,C_n$ 的解 $y_t=\varphi(t,C_1,C_2,\cdots,C_n)$ 称为该方程的通解，不包含任意常数的解称为特解

典型例题解析

题型 1:根据定义求函数的差分

例 求函数 $y_x=x^3+x$ 的二阶差分.

解　$\Delta y_x=y_{x+1}-y_x=(x+1)^3+(x+1)-x^3-x=3x^2+3x+2$

$\Delta^2 y_x=\Delta y_{x+1}-\Delta y_x$

$=3(x+1)^2+3(x+1)+2-[3x^2+3x+2]=6x+6$

题型 2:验证差分方程的解

【重点提示】根据差分方程的定义，将给定函数代入方程中进行验证是否成为恒等式，并结合解中独立任意常数的个数，确定是否为通解.

例 验证 $y_x=4x+A_1(-2)^x+A_2$ 为差分方程 $y_{x+2}+y_{x+1}-2y_x=12$ 的通解.

证明　$y_{x+2}+y_{x+1}-2y_x$

$=4(x+2)+A_1(-2)^{x+2}+A_2+4(x+1)+A_1(-2)^{x+1}+A_2-2[4x+A_1(-2)^x+A_2]$

$=12+4A_1(-2)^x-2A_1(-2)^x-2A_1(-2)^x=12$

可见 $y_x=4x+A_1(-2)^x+A_2$ 是所给差分方程的解.

又由于 $y_x=4x+A_1(-2)^x+A_2$ 中含有两个独立任意常数 A_1,A_2，因此，$y_x=4x+A_1(-2)^x+A_2$ 是所给差分方程的通解.

*第六节 一阶和二阶常系数线性差分方程

知识点归纳

一阶常系数线性差分方程

形式

$$y_{t+1} = ay_t = f(t), t = 0,1,2,\cdots \quad ①$$

其中 a 是不为 0 的常数,$f(t)$ 是已知函数. 当 $f(t) \neq 0$ 时,称为非齐次差分方程. 当 $f(t) \equiv 0$ 时,称为齐次差分方程,形式为

$$y_{t+1} + ay_t = 0, t = 0,1,2,\cdots \quad ②$$

解的结构

一阶常系数线性差分方程 ① 的通解有如下结构:若 y_t^* 是方程 ① 的一个特解,$\widetilde{y_t}$ 是对应齐次方程 ② 的一个不恒等于零的特解,C 是任意常数,则 $y_t = C\widetilde{y_t} + y_t^*$ 就是方程 ① 的通解

迭代法

(1) 将 ② 写成 $y_{t+1} = -ay_t, t = 0,1,2,\cdots$. 若设 $y_0 = 1$,则可依次得到 $y_1 = -a, y_2 = (-a)^2, \cdots, y_t = (-a)^t, \cdots$. 于是 $\widetilde{y_t} = (-a)^t, t = 0,1,2,\cdots$ 就是方程的一个不恒等于零的特解

(2) 把 ① 改写成 $y_{t+1} = -ay_t + f(t), t = 0,1,2,\cdots$

设 $y_0 = 0$,采用类似的迭代法可得

$y_1 = f(0), y_2 = -af(0) + f(1), \cdots, y_t = (-a)^{t-1}f(0) + (-a)^{t-2}f(1) + \cdots + f(t-1)$

于是,$\begin{cases} y_t^* = (-a)^{t-1}f(0) + (-a)^{t-2}f(1) + \cdots + f(t-1) \\ y_0^* = 0 \end{cases}$ 就是 ① 的一个特解

待定系数法

<table>
<tr><th>$f(t)$ 的形式</th><th>$f(t)$ 与方程系数 a 的关系</th><th colspan="2">特解形式</th></tr>
<tr><td rowspan="2">$P_m(t)$
($P_m(t)$ 是 m 次多项式)</td><td>$a \neq -1$</td><td>$Q_m(t)$</td><td rowspan="2">$Q_m(t)$ 是待定系数的 m 次多项式</td></tr>
<tr><td>$a = -1$</td><td>$tQ_m(t)$</td></tr>
<tr><td rowspan="2">$P_m(t)b^t$ ($b \neq 1$ 的实数,$P_m(t)$ 是 m 次多项式)</td><td>$a + b \neq 0$</td><td>$Q_m(t)b^t$</td><td rowspan="2">$Q_m(t)$ 是待定系数的 m 次多项式</td></tr>
<tr><td>$a + b = 0$</td><td>$tQ_m(t)b^t$</td></tr>
<tr><td>$M\cos wt + N\sin wt$
(M,N,w 均是实数,且 $0 < w < \pi$ 或 $\pi < w < 2\pi$)</td><td></td><td>$A\cos wt + B\sin wt$</td><td>A,B 是待定系数</td></tr>
</table>

典型例题解析

题型 1：求一阶常系数线性差分方程的通解

【重点提示】根据一阶常系数线性差分方程的通解结构和自由项的特定形式构造特解，求出方程的通解.

例 求方程 $y_{x+1}-5y_x=3^x$ 的通解.

解 与标准形式 $y_{x+1}-ay_x=cb^x$ 对比可见，本题所给方程中 $a=5,b=3,c=1$.

由于 $a\neq b$，故所求通解为 $y_x=\dfrac{c}{b-a}b^x+Aa^x=-\dfrac{1}{2}3^x+A\cdot 5^x$.

题型 2：可化为一阶常系数线性差分方程问题

【重点提示】通过对未知函数做变量代换，化成一阶常系数线性差分方程问题. 利用已有方法求出变换后的方程的解，再转化到原方程的解.

例 求方程$(a+by_x)y_{x+1}=cy_x$ 的通解，其中 a,b,c 为正常数.

解 由于 $y_{x+1}=\dfrac{cy_x}{a+by_x}$，并且 $y_0=2>0$，故由数学归纳法可知 $y_x>0$.

原方程可化为$\dfrac{a}{y_x}+b=\dfrac{c}{y_{x+1}}$，令 $z_x=\dfrac{1}{y_x}$，则有 $z_{x+1}-\dfrac{a}{c}z_x=\dfrac{b}{c}$.

根据一阶常系数线性差分方程通解公式，可得：

当$\dfrac{a}{c}=1$时，方程的通解为 $z_x=A+\dfrac{b}{c}x$，从而原方程的通解为 $y_x=\dfrac{c}{Ac+bx}$.

当$\dfrac{a}{c}\neq 1$时，方程的通解为

$$z_x=A\left(\frac{a}{c}\right)^x+\frac{\frac{b}{c}}{1-\frac{a}{c}}=A\left(\frac{a}{c}\right)^x+\frac{b}{c-a}$$

从而原方程的通解为

$$y_x=\frac{1}{A\left(\frac{a}{c}\right)^x+\frac{b}{c-a}}=\frac{c-a}{A(c-a)\left(\frac{a}{c}\right)^x+b}$$

> **特别提醒** 作变量代换 $z_x=\dfrac{1}{y_x}$，将原来的方程化成一阶常系数线性差分方程，再进行求解.

题型 3：求二阶常系数线性差分方程的通解问题

【重点提示】首先求特征根，再根据特征根的取值写出对应形式的齐次微分方程的通解，然后根据自由项的函数形式，结合方程中未知函数系数之间的关系特点，求出非齐次方程的一个特解，将齐

次方程的通解与非齐次方程的特解相加即得到原方程的通解.

例 求差分方程 $y_{x+2}+3y_{x+1}-4y_x=2x$ 的通解.

解 与标准形式 $y_{x+2}+ay_{x+1}+by_x=cx^n$ 对比可见,所给方程中 $a=3,b=-4,c=2,n=1$.

由于 $1+a+b=0,a=3\neq-2$,故可设方程有特解 $\tilde{y}_x=x(B_0+B_1x)$,将其代入方程中得到 $B_0(x+2)+B_1(x+2)^2+3B_0(x+1)+3B_1(x+1)^2-4B_0x-4B_1x^2=2x$,则有 $10B_1x+5B_0+7B_1=2x$.

比较等式两边同次项系数可得 $\begin{cases}10B_1=2,\\5B_0+7B_1=0,\end{cases}$ 解得 $B_0=-\frac{7}{25},B_1=\frac{1}{5}$,故方程有特解 $\tilde{y}_x=x\left(-\frac{7}{25}+\frac{1}{5}x\right)$.

又方程对应的齐次方程的特征方程为 $\lambda^2+3\lambda-4=0$,解得特征根为 $\lambda_1=-4,\lambda_2=1$,故齐次方程的通解为 $y_x^*=A_1(-4)^x+A_2(1)^x=A_1(-4)^x+A_2$.

则所求通解为 $y_x=y_x^*+\tilde{y}_x=A_1(-4)^x+A_2+x\left(-\frac{7}{25}+\frac{1}{5}x\right)$.

考研真题精解

1. 设函数 $y=y(x)$ 是微分方程 $y''+y'-2y=0$ 的解,且在 $x=0$ 处 $y(x)$ 取得极值3,则 $y(x)=$ ________.

【答案】 $e^{-2x}+2e^x$.

【解答】 特征方程为 $\lambda^2+\lambda-2=0$,特征值为 $\lambda_1=-2,\lambda_2=1$,

原方程的通解为 $y=C_1e^{-2x}+C_2e^x$,

由 $y(0)=3,y'(0)=0$ 得 $\begin{cases}C_1+C_2=3\\-2C_1+C_2=0\end{cases}$,

解得 $C_1=1,C_2=2$,故 $y=e^{-2x}+2e^x$.

2. 已知 $y_1=e^{2x}-xe^{2x},y_2=e^x-xe^{2x},y_3=-xe^{2x}$ 是某二阶常系数非齐次线性微分方程的3个解,该方程的通解为 $y=$ ________.

【解答】 因 $y_1=e^{2x}-xe^{2x},y_2=e^x-xe^{2x}$ 是非齐次线性微分方程的解,则

$y_1-y_2=e^{2x}-e^x$ 是它所对应的齐次线性微分方程的解,可知对应的齐次线性微分方程的通解为 $y_0=C_1e^{2x}+C_2e^x$,因此该方程的通解可写为 $y=C_1e^{2x}+C_2e^x-xe^{2x}$.

3. 若函数 $f(x)$ 满足方程 $f(x)+f'(x)-2f(x)=0$ 及 $f(x)+f(x)=2e^x$,则 $f(x)=$ ________.

【答案】 e^x.

【解答】 特征方程为 $r^2+r-2=0$,特征根为 $r_1=1,r_2=-2$,齐次微分方程 $f''(x)+f'(x)-2f(x)=0$ 的通解为 $f(x)=C_1e^x+C_2e^{-2x}$,再由 $f(x)+f(x)=2e^x$ 得 $2C_1e^x-C_2e^{-2x}=2e^x$,可得 $C_1=1,C_2=0$,故 $f(x)=e^x$.

4. 微分方程 $xy'+y=0$ 满足条件 $y(1)=1$ 的解是 $y=$ ________.

【解答】 微分方程 $xy'+y=0$ 可以化为 $(xy)'=0$,易得其通解为 $xy=C$,即 $y=\frac{C}{x}$.

代入 $x=1,y=1$,可确定常数 $C=1$. 故所求特解为 $y=\frac{1}{x}$.

5. 微分方程$\frac{dy}{dx}=\frac{y}{x}-\frac{1}{2}\left(\frac{y}{x}\right)^3$满足$y|_{x=1}=1$的特解为$y=$ ________.

【解答】 令$y=xu$，则y的全微分为$dy=xdu+udx$，代入原方程有

$x\frac{du}{dx}+u=u-\frac{1}{2}u^3$，即$\frac{2du}{u^3}+\frac{dx}{x}=0$.

两边积分得$-\frac{1}{u^2}+\ln x=C$，即$\ln x=C+\frac{x^2}{y^2}$.

代入$x=1,y=1$，得常数$C=-1$，于是所求特解为$\frac{x^2}{y^2}=1+\ln x$，即$y=\frac{x}{\sqrt{1+\ln x}}$.

课后习题全解

(A)

1. **分析** 求出$y(x)$的导数$y'(x),y''(x)$等，代入微分方程中，当等式两边相同时，即说明$y(x)$是该方程的解.

解 (1) 将$y'=C_1+2C_2x,y''=2C_2$，代入得

$$y''-\frac{2}{x}y'+\frac{2y}{x^2}=2C_2-\frac{2}{x}(C_1+2C_2x)+\frac{2}{x^2}(C_1x+C_2x^2)=0$$

所以是微分方程的解.

(2) 把$y=C_1e^{3x}+C_2e^{4x}$代入方程有

$$y''-7y'+12y=9C_1e^{3x}+16C_2e^{4x}-7(3C_1e^{3x}+4C_2e^{4x})+12(C_1e^{3x}+C_2e^{4x})=0$$

所以$y=C_1e^{3x}+C_2e^{4x}$是方程的解.

(3) 对$xy=C_1e^x+C_2e^{-x}$两边分别对x求导，有$y+xy'=C_1e^x-C_2e^{-x}$，

再将该方程两边分别对x求导，有$2y'+xy''=C_1e^x+C_2e^{-x}=xy$，

从而$xy''+2y'-xy=0$，

所以$xy=C_1e^x+C_2e^{-x}$满足方程$xy''+2y'-xy=0$，所以是方程的解.

> **特别提醒** 本题如果用显式形式$y=\frac{1}{x}(C_1e^x+C_2e^{-x})$代入验证，比用由方程决定的函数隐式求导要麻烦很多.

(4) $y'=2C_1e^{2x}-5C_2e^{-5x}-\frac{1}{5},y''=4C_1e^{2x}+25C_2e^{-5x}$

代入微分方程有

$$y''+3y'-10y=4C_1e^{2x}+25C_2e^{-5x}+6C_1e^{2x}-15C_2e^{-5x}-\frac{3}{5}-10C_1e^{2x}-10C_2e^{-5}+2x+\frac{3}{5}=2x$$

满足微分方程，所以是微分方程的解.

(5) 将$\frac{x^2}{C_1}+\frac{y^2}{C_2}=1$的两边分别对$x$求导($y$是$x$的函数)，有$\frac{2x}{C_1}+\frac{2yy'}{C_2}=0$，再将$\frac{2x}{C_1}+\frac{2yy'}{C_2}=0$的两边对$x$求导，有$\frac{2}{C_1}+\frac{2(y')^2+2yy''}{C_2}=0$，

整理得$(y')^2+yy''=-\frac{C_2}{C_1}$，

再由$\frac{2x}{C_1}+\frac{2yy'}{C_2}=0$,知$yy'=-\frac{C_2}{C_1}x$.

从而　$xyy''+x(y')^2=yy'$,即$xyy''+x(y')^2-yy'=0$

满足微分方程,所以是微分方程的解.

【方法技巧】要验证由方程决定的函数是微分方程的解时,不需要将函数显式表示,而是用方程两端关于自变量求导,并化简、整理而得最终结果.

2.**分析**　使用分离变量法求解.

解　(1) 分离变量$\frac{dx}{1-x}=\frac{dy}{1+y}(x\neq 1,y\neq -1)$,

两边积分$\int\frac{dx}{1-x}=\int\frac{dy}{1+y}$,得$-\ln|1-x|=\ln|1+y|-\ln|C|\quad(C\neq 0)$,

化简得$\ln|(1+y)(1-x)|=\ln|C|$,得通解$(1+y)(1-x)=C_1$(C_1为任意常数).

(2) 分离变量$-\frac{xdx}{\sqrt{1-x^2}}=\frac{dy}{y}(y\neq 0)$,

两边积分$\frac{1}{2}\int\frac{d(1-x^2)}{\sqrt{1-x^2}}=\int\frac{dy}{y}$,

得$\sqrt{1-x^2}=\ln|y|+\ln|C|(C\neq 0)$,

通解为$y=C_1e^{\sqrt{1-x^2}}$(C_1为任意常数).

(3) 分离变量$\frac{xdx}{1+x^2}=-\frac{dy}{1+2y}(1+2y\neq 0)$,

两边积分得$\frac{1}{2}\ln(1+x^2)=-\frac{1}{2}\ln|1+2y|+\frac{1}{2}\ln|C|(C\neq 0)$,

即$(1+x^2)|1+2y|=|C|$,

通解为$(1+x^2)(1+2y)=C_1$(C_1为任意常数).

(4) 分离变量$-\frac{xdx}{1-x^2}=\frac{ydy}{1+y^2}$,

两边积分得$\frac{1}{2}\ln|1-x^2|=\frac{1}{2}\ln(1+y^2)-\frac{1}{2}\ln|C|(C\neq 0)$,

通解为$\frac{1+y^2}{1-x^2}=C_1(C_1\neq 0)$.

(5) 分离变量$\frac{\ln x}{x}dx+\frac{\ln y}{y}dy=0$,

两边积分得$\frac{1}{2}(\ln x)^2+\frac{1}{2}(\ln y)^2=\frac{C}{2}$.

通解为$(\ln x)^2+(\ln y)^2=C_1(C>0)$.

(6) 整理得$xdx+ydy=0$,

两边积分得$x^2+y^2=C$,

代入初始条件$x=3$及$y=4$,得$3^2+4^2=C$,即$C=25$,故所求特解为$x^2+y^2=25$.

(7)$x(1+x)dx$可以看作为$y(1+y)dy$,

两边积分得　$\frac{1}{3}x^3+\frac{1}{2}x^2=\frac{1}{3}y^3+\frac{1}{2}y^2+C$,

代入初始条件 $x=0$ 及 $y=1$，得 $C=-\frac{5}{6}$，

故所求特解为 $2x^3+3x^2=2y^3+3y^2-5$.

(8) 分离变量得 $\frac{1}{y}\mathrm{d}y=\frac{\cos x}{\sin x}\mathrm{d}x$，两边积分，得 $\ln y=\ln\sin x+\ln C$. 所以方程的通解为 $y=C\sin x$（C 为任意常数），

将 $x=\frac{\pi}{2}$，$y=1$ 代入通解表达式，得 $C=1$，所以满足初始条件 $y|_{x=\frac{\pi}{2}}=1$ 的特解为 $y=\sin x$.

【方法技巧】本题(1) ~ (8) 小题都是用分离变量的方法求解. 首先将方程化为 $P(x,y)\mathrm{d}x=Q(x,y)\mathrm{d}y$ 的形式，再进一步化成 $M_1(x)M_2(y)\mathrm{d}x=N_1(x)N_2(y)\mathrm{d}y$ 的形式，则可分离变量得 $\frac{M_1(x)}{N_1(x)}\mathrm{d}x=\frac{N_2(y)}{M_2(y)}\mathrm{d}y$，两边分别积分即可得通解.

3. **分析**　化为齐次线性方程，运用变量代换 $v=\frac{y}{x}$，求解出函数 $v(x)$，再代回原变量 $y(x)$，对线性方程用通解公式求解.

解　(1) 原方程变形为 $\frac{\mathrm{d}x}{\mathrm{d}y}=\frac{y-x}{y}=-\frac{1}{y}x+1$，

即 $\frac{\mathrm{d}x}{\mathrm{d}y}+\frac{1}{y}x=1$，

从而 $x=\mathrm{e}^{-\int p(y)\mathrm{d}y}\left(\int q(y)\mathrm{e}^{\int p(y)\mathrm{d}y}\mathrm{d}y+C\right)$

（常数写成这个形式目的是使通解形式简洁）

$$=\mathrm{e}^{-\int\frac{1}{y}\mathrm{d}y}\left(\int\mathrm{e}^{\int\frac{1}{y}\mathrm{d}y}\mathrm{d}y+C\right)=\frac{1}{y}\left(\int y\mathrm{d}y+C\right)=\frac{1}{y}\left(\frac{1}{2}y^2+\frac{C}{2}\right),$$

故通解为 $2xy-y^2=C$.

(2) 原方程变形为 $\frac{\mathrm{d}y}{\mathrm{d}x}=-\frac{x+y}{x}=-\frac{1}{x}y-1$，

即 $\frac{\mathrm{d}y}{\mathrm{d}x}+\frac{1}{x}y=-1$，

从而 $y=\mathrm{e}^{-\int p(x)\mathrm{d}x}\left(\int q(x)\mathrm{e}^{\int p(x)\mathrm{d}x}\mathrm{d}x+C\right)=\mathrm{e}^{-\int\frac{1}{x}\mathrm{d}x}\left(\int(-1)\mathrm{e}^{\int\frac{1}{x}\mathrm{d}x}\mathrm{d}x+C\right)=\frac{1}{x}\left(\frac{-x^2}{2}+\frac{C}{2}\right)$.

故通解为 $2xy+x^2=C$.

(3) 原方程变形为 $\frac{\mathrm{d}y}{\mathrm{d}x}=\frac{y}{x}+\sqrt{1+\left(\frac{y}{x}\right)^2}$，

令 $u=\frac{y}{x}$，$y=xu$，$\frac{\mathrm{d}y}{\mathrm{d}x}=u+x\frac{\mathrm{d}u}{\mathrm{d}x}$，

代入，得 $x\frac{\mathrm{d}u}{\mathrm{d}x}=\sqrt{1+u^2}$，于是

$\int\frac{\mathrm{d}u}{\sqrt{1+u^2}}=\int\frac{\mathrm{d}x}{x}$，$\ln(u+\sqrt{1+u^2})=\ln x+\ln C$

将 $u=\dfrac{y}{x}$ 代入得通解 $y+\sqrt{x^2+y^2}=Cx^2$.

(4) 原方程变形为 $\dfrac{dy}{dx}=\dfrac{1}{\left(\dfrac{y}{x}\right)^2}+\dfrac{y}{x}$，令 $v=\dfrac{y}{x}$，$y=xv$ 代入后得 $x\dfrac{dv}{dx}=\dfrac{1}{v^2}$，

于是 $\int v^2 dv=\int\dfrac{dx}{x}$，即 $\dfrac{1}{3}v^3=\ln x+\dfrac{1}{3}\ln C$.

故通解为 $Cx^3=e^{v^3}=e^{\frac{y^3}{x^3}}$.

(5) 原方程变形为 $\dfrac{dy}{dx}=\dfrac{2xy}{y^2-3x^2}=\dfrac{2\left(\dfrac{y}{x}\right)}{\left(\dfrac{y}{x}\right)^2-3}$，令 $v=\dfrac{y}{x}$，代入得 $\dfrac{v^2-3}{v(5-v^2)}dv=\dfrac{dx}{x}$，

从而 $-\int\dfrac{v^2-5}{v(v^2-t)}dv+\int\dfrac{2}{v(5-v^2)}dv=\int\dfrac{dx}{x}$，

即 $-\ln v+\int\dfrac{2}{5}\left(\dfrac{1}{v}+\dfrac{v}{5-v^2}\right)dv=\ln x$，

亦即 $-\ln v+\dfrac{2}{5}\ln v-\dfrac{1}{5}\ln(5-v^2)=\dfrac{1}{5}\ln x^5-\dfrac{1}{5}\ln C$，

从而 $x^5(5-v^2)v^3=C$.

将 $v=\dfrac{y}{x}$ 代入后得 $5x^2y^3-y^5=C$，

由 $y|_{x=0}=1$，得 $C=-1$，

故特解为 $y^5-5x^2y^3=1$.

(6) 原方程变形为 $\dfrac{dy}{dx}=\dfrac{x}{y}+\dfrac{y}{x}$，

令 $v=\dfrac{y}{x}$，将 $y=xv$ 及 $\dfrac{dy}{dx}=v+x\dfrac{dv}{dx}$ 代入后得

$\int v dv=\int\dfrac{dx}{x}$，从而 $\dfrac{1}{2}v^2=\ln C+\ln x$，

即 $(Cx)^2=e^{v^2}=e^{\left(\frac{y}{x}\right)^2}$，由 $y\Big|_{x=1}=0$ 得 $C=1$，

故特解为 $x^2=e^{\left(\frac{y}{x}\right)^2}$.

(7) 设 $v=\dfrac{y}{x}$，即 $y=vx$，则 $\dfrac{dy}{dx}=x\dfrac{dv}{dx}+v$.

原方程化为 $x\dfrac{dv}{dx}+v=v+\tan v$，

化简，并分离变量，得 $\cot v dv=\dfrac{1}{x}dx$.

两边积分，得 $\ln|\sin v|=\ln|x|+\ln C$，即 $\sin v=Cx$.

将 $v=\dfrac{y}{x}$ 代入，可得原方程的通解为 $\sin\dfrac{y}{x}=Cx$（C 为任意常数），

将初始条件 $y|_{x=1}=\frac{\pi}{4}$ 代入上式,得 $C=\frac{\sqrt{2}}{2}$,所以原方程满足初始条件 $y|_{x=1}=\frac{\pi}{4}$ 的特解为 $\sin\frac{y}{x}=\frac{\sqrt{2}}{2}x$.

【方法技巧】 对一阶微分方程可化为 $\frac{\mathrm{d}y}{\mathrm{d}x}=g(x,y)$ 形式,如果 $g(x,y)$ 可化为 $f\left(\frac{y}{x}\right)$,即有 $\frac{\mathrm{d}y}{\mathrm{d}x}=f\left(\frac{y}{x}\right)$,则可做变量代换. 令 $u=\frac{y}{x}$,则 $y=xv$,将 $y'=v+x\frac{\mathrm{d}v}{\mathrm{d}x}$ 和 $y=xv$ 代入原方程中,得变量 x,v 的微分方程,求此方程的解后将 $v=\frac{y}{x}$ 代入其中,即得原方程的解. 变量代换是解微分方程的重要方法. $v=\frac{y}{x}$ 仅是一般代换 $v=h(x,y)$ 的一种形式.

4. **分析**　本题用一阶线性微分方程 $y'+p(x)y=q(x)$ 的通解公式 $y=\mathrm{e}^{-\int p(x)\mathrm{d}x}\cdot\left(\int q(x)\mathrm{e}^{\int p(x)\mathrm{d}x}\mathrm{d}x+C\right)$ 求解.

解　(1) $p(x)=1,q(x)=\mathrm{e}^{-x}$,于是通解为

$$y=\mathrm{e}^{-x}\left(\int\mathrm{e}^{-x}\cdot\mathrm{e}^{x}\mathrm{d}x+C\right)=\mathrm{e}^{-x}(x+C)$$

(2) $p(x)=-\frac{n}{x},q(x)=\mathrm{e}^{x}x^{n}$,于是通解为

$$y=\mathrm{e}^{n\ln x}\left(\int\mathrm{e}^{x}x^{n}\mathrm{e}^{-n\ln x}\mathrm{d}x+C\right)=x^{n}(\mathrm{e}^{x}+C)$$

(3) $p(x)=-\frac{2}{x+1},q=(x+1)^{3}$,于是通解为

$$y=\mathrm{e}^{2\ln(x+1)}\left[\int(x+1)^{3}\mathrm{e}^{-2\ln(x+1)}\mathrm{d}x+C\right]=(x+1)^{2}\left[\int(x+1)^{3}\cdot(x+1)^{-2}\mathrm{d}x+C\right]$$
$$=(x+1)^{2}\left[\frac{1}{2}(x+1)^{2}+C\right]$$

(4) 原方程变形得 $\frac{\mathrm{d}y}{\mathrm{d}x}+\frac{2x}{x^{2}+1}y=\frac{4x^{2}}{x^{2}+1}$,

$p(x)=\frac{2x}{1+x^{2}},q(x)=\frac{4x^{2}}{1+x^{2}}$,于是通解为

$$y=\mathrm{e}^{-\ln(1+x^{2})}\left[\int\frac{4x^{2}}{1+x^{2}}\cdot\mathrm{e}^{\ln(1+x^{2})}\mathrm{d}x+C\right]=\frac{1}{1+x^{2}}\left(\frac{4}{3}x^{3}+C\right)$$

(5) $p(x)=-2x,q(x)=x\mathrm{e}^{-x^{2}}$,于是通解为

$$y=\mathrm{e}^{x^{2}}\left(\int x\mathrm{e}^{-x^{2}}\cdot\mathrm{e}^{-x^{2}}\mathrm{d}x+C\right)=\mathrm{e}^{x^{2}}\left(-\frac{1}{4}\int\mathrm{d}\mathrm{e}^{-2x^{2}}+C\right)=\mathrm{e}^{x^{2}}\left(-\frac{1}{4}\mathrm{e}^{-2x^{2}}+C\right)$$

(6) $p(x)=-\frac{2}{x},q(x)=x^{2}\mathrm{e}^{x}$,于是通解为

$$y=\mathrm{e}^{2\ln x}\left(\int x^{2}\mathrm{e}^{x}\cdot\mathrm{e}^{-2\ln x}\mathrm{d}x+C\right)=x^{2}(\mathrm{e}^{x}+C)$$

代入初始条件 $x=1,y=0$ 得 $C=-\mathrm{e}$,故所求特解为

$$y=x^2(e^x-e)$$

(7) $p(x)=\dfrac{1}{x}$, $q(x)=\dfrac{3}{x}$，直接应用通解公式.

$$y=e^{-\ln x}\left(\int_1^x \frac{3}{t}e^{\ln t}dt+0\right)=\frac{1}{x}\int_1^x 3dt=\frac{3(x-1)}{x}$$

故所求特解为 $y=3-\dfrac{3}{x}$.

(8) 方法一：原方程可化为

$$\frac{dy}{dx}+\frac{2x}{x^2-1}y=\frac{\cos x}{x^2-1} \quad ①$$

这是一阶线性非齐次方程. 对应的线性齐次方程为

$$\frac{dy}{dx}+\frac{2x}{x^2-1}y=0$$

可求得其通解为 $y=C\cdot\dfrac{1}{x^2-1}$,

令 $y=u(x)\cdot\dfrac{1}{x^2-1}$，则$\dfrac{dy}{dx}=\dfrac{1}{x^2-1}\cdot\dfrac{du}{dx}-\dfrac{2xu}{(x^2-1)^2}$，代入方程 ①，得

$\dfrac{1}{x^2-1}\cdot\dfrac{du}{dx}-\dfrac{2xu}{(x^2-1)^2}+\dfrac{u}{x^2-1}=\dfrac{\cos x}{x^2-1}$,

即$\dfrac{du}{dx}=\cos x$. 两边积分，得 $u(x)=\sin x+C$. 所以方程的通解为

$$y=\frac{\sin x+C}{x^2-1}(C\text{为任意常数})$$

将初始条件 $y|_{x=0}=1$ 代入上式，得 $C=-1$，所以原方程满足初始条件$y|_{x=0}=1$ 的特解为$y=\dfrac{\sin x-1}{x^2-1}$.

方法二：直接应用一阶线性非齐次方程的通解公式. 先将原方程化为(1)，则

$p(x)=\dfrac{2x}{x^2-1}$, $q(x)=\dfrac{\cos x}{x^2-1}$, $\int p(x)dx=\ln(x^2-1)$(只取一个函数)

所以，原方程的通解

$$y=e^{-\int p(x)dx}\left[\int q(x)e^{\int p(x)dx}dx+C\right]=\frac{1}{x^2-1}\left[\int\frac{\cos x}{x^2-1}\cdot(x^2-1)dx+C\right]=\frac{\sin x+C}{x^2-1}$$

由初始条件 $y|_{x=0}=1$，得 $C=-1$，故原方程在初始条件 $y|_{x=0}=1$ 下的特解为 $y=\dfrac{\sin x-1}{x^2-1}$.

【方法技巧】对于一阶线性微分方程$\dfrac{dy}{dx}+p(x)y=q(x)$，可采用两种方法求出其通解. 一个方法是直接用公式 $y=e^{-\int p(x)dx}\cdot\left(\int q(x)e^{\int p(x)dx}dx+C\right)$，注意这里面的三个不定积分形式中不带任意常数，仅表示一个原函数；另一个方法是先求方程对应的齐次方程的通解，然后采用常数变易法求得原方程的通解.

5. **分析** 对本题中的几种二阶微分方程，要先明确可降阶方程的类型，使用相应的方法求解.

解 (1) 积分两次便得通解

$$y'=\frac{1}{3}x^3+C_1, y=\frac{1}{12}x^4+C_1x+C_2$$

(2) 积分两次便得通解$\frac{dy}{dx}=\int e^{2x}dx=\frac{1}{2}e^{2x}+C_1$，

从而通解为 $y=\int\left(\frac{1}{2}e^{2x}+C_1\right)dx=\frac{1}{4}e^{2x}+C_1x+C_2$.

(3) 令 $y'=p$ 则 $y''=p'$，代入方程得 $p'-p=x$，

此方程的通解为

$$p=e^{-\int -1dx}\left(\int xe^{\int -1dx}dx+C_1\right)=e^x\left(\int xe^{-x}dx+C_1\right)=e^x(-xe^{-x}-e^{-x}+C_1)$$
$$=-x-1+C_1e^x$$

从而原方程的通解为 $y=\int(-x-1+C_1e^x)dx=-\frac{x^2}{2}-x+C_1e^x+C_2$.

(4) 令 $y'=p$，则 $y''=p'$，代入方程得 $xp'+p=0$，

分离变量，并积分得$\int\frac{dp}{p}=-\int\frac{1}{x}dx+\ln C_0$，

解得 $\ln p=-\ln x+\ln C_1$，即 $p=\frac{C_1}{x}$，故通解为 $y=\int\frac{C_1}{x}dx=C_1\ln x+C_2$.

(5) 令 $y'=p(y)$，则 $y''=\frac{dp}{dx}=\frac{dp}{dy}\cdot\frac{dy}{dx}=p\cdot\frac{dp}{dy}$，

于是原方程变为 $y\cdot p\frac{dp}{dy}=p^2+p$，从而当 $p\neq 0$ 时，

方程两边积分$\int\frac{dp}{p+1}=\int\frac{dy}{y}+\ln C_1$，

进一步得 $\ln(p+1)=\ln y+\ln C_1$，

即 $p=C_1y-1$，亦即$\frac{dy}{dx}=C_1y-1$，从而由$\int\frac{dy}{C_1y-1}=\int dx+C'_2$ 得

$$\frac{1}{C_1}\ln(C_1y-1)=x+C'_2$$

则通解为 $C_1y-1=C_2e^{C_1x}\ (C_2=e^{C_1C'_2})$，

当 $p=0$ 时，即 $y'=0$ 时，$y=C$ 包含在通解 $C_1y-1=C_2e^{C_1x}$ 中.

(6) 令 $y'=p(y)$，则 $y''=p\frac{dp}{dy}$，从而原方程变为

$$p\frac{dp}{dy}=-\sqrt{1-p^2}，即\frac{-pdp}{\sqrt{1-p^2}}=dy$$

两边积分得 $\sqrt{1-p^2}=y+C_1$，从而 $p=\pm\sqrt{1-(y+C_1)^2}$，

即 $y'=\frac{dy}{dx}=\pm\sqrt{1-(y+C_1)^2}$，

于是两边积分得$\int\frac{dy}{\pm\sqrt{1-(y+C_1)^2}}=\int dx$，

故通解为 $x=\pm\arcsin(y+C_1)+C_2$.

(7) 令 $p = y''$,则原方程转化为 $p' = p$,

两边积分有$\int \frac{dp}{p} = \int dx$,得 $\ln p = x + C'$,

即 $p = e^{x+C'} = C_1 e^x$,从而有 $y'' = C_1 e^x$,$y' = C_1 e^x + C_2$,

故通解 $y = \int (C_1 e^x + C_2) dx = C_1 e^x + C_2 x + C_3$.

(8) 令 $y' = p(y)$,则 $y'' = \frac{dp}{dx} = \frac{dp}{dy} \cdot \frac{dy}{dx} = p\frac{dp}{dy}$,

从而原方程变为 $p\frac{dp}{dy} = 3\sqrt{y}$,

由 $p dp = 3\sqrt{y} dy$,两边积分得$\frac{1}{2}p^2 = 2y^{\frac{3}{2}} + C_1$,

再由 $y|_{x=0} = 1$,$y'|_{x=0} = 2$,得 $C_1 = 0$,

所以 $p^2 = 4y^{\frac{3}{2}}$,即 $y'^2 = 4y^{\frac{3}{2}}$,$y' = 2y^{\frac{3}{4}}$,

两边积分得 $2y^{\frac{1}{4}} = x + C$,又由 $y|_{x=0} = 1$,得 $C = 2$,

故特解为 $2y^{\frac{1}{4}} = x + 2$.

6. 解 设时间为 t,则题意得$\frac{dQ}{dt} = \frac{1}{30}(A - Q)$,$\frac{dQ}{dt} + \frac{1}{30}Q = \frac{1}{30}A$

$Q(t) = e^{-\int \frac{1}{30}dt}(\int \frac{1}{30}Ae^{\int \frac{1}{30}dt}dt + C) = e^{-\frac{1}{30}t}(Ae^{\frac{1}{30}t} + C) = A + Ce^{-\frac{1}{30}t}$

由初始条件 $Q(0) = 0$

得 $A + Ce^0 = 0$,$C = -A$

$Q(t) = A - Ae^{-\frac{1}{30}t}$.

7. 解 由题意得$\frac{dp}{dt} = kp$,且 $p|_{t=0} = 10$,$p|_{t=10} = 20$. 方程通解为 $p = Ce^{kt}$,根据初始条件 $p\Big|_{t=0} = 10$,得 $C = 10$,再由条件 $p\Big|_{t=0} = 20$,得 $k = \frac{\ln 2}{10}$,故有

$p = 10e^{\frac{t}{10}\ln 2} = 10 \times 2^{\frac{t}{10}}$(万 m^3).

8. 解 设物体温度为 T,空气温度为 T_0,所求函数为 $T = T(t)$.

由题知 $T' = k(T_0 - T)(k > 0)$,

这是一阶线性微分方程 $T' + kT = kT_0$,由通解公式得出

$$T = e^{kt}\left(\int kT_0 e^{kt} dt + C\right) = T_0 + Ce^{-kt}$$

由此可得,无论 $k > 0$,C 取何值,当 t 充分大时,$T(t)$ 接近于 T_0.

9. 解 需求量 Q 与价格 P 满足关系$\frac{PdQ}{QdP} = -P\ln 3$,$Q|_{P=0} = 1200$,

用分离变量法解此微分方程,得其通解 $Q = Ce^{P\ln 3} = C3^{-P}$,

由 $Q|_{P=0} = 1200$,得 $C = 1200$,

故需求量 Q 对价格 P 的函数关系为 $Q = 1200 \times 3^{-P}$.

10. 解 池塘内鱼数与放养月数应满足微分方程 $y' = ky(1000 - y)$,

且 $y|_{t=0}=100, y|_{t=3}=250$

分离变量，并积分得 $\int\frac{1}{1000}\left(\frac{1}{y}+\frac{1}{1000-y}\right)dy=\int kdt-\ln C$，

解得 $\frac{y}{1000-y}=Ce^{1000kt}$，

由 $y|_{t=0}=100, y|_{t=3}=250$，代入得 $C=\frac{1}{9}, 1000k=\frac{\ln 3}{3}$，

从而，放养 t 月后池塘内鱼数为 $y=\frac{1000\times 3^{\frac{t}{3}}}{9+3^{\frac{t}{3}}}$.

11. **分析** 求常系数齐次线性微分方程，先求特征方程的根，再代入通解求解.

解 (1) 特征方程为 $\lambda^2-4\lambda+3=0$，解得 $\lambda=1,3$，通解为 $y=C_1e^x+C_2e^{3x}$.

(2) 特征方程为 $\lambda^2-\lambda-6=0$，解得 $\lambda=-2,3$，通解为 $y=C_1e^{-2x}+C_2e^{3x}$.

(3) 特征方程为 $\lambda^2-6\lambda-9=0$，解得 $\lambda=3\pm 3\sqrt{2}$，通解为 $y=C_1e^{(3+3\sqrt{2})x}+C_2e^{(3-3\sqrt{2})x}$.

(4) 特征方程为 $\lambda^2+4=0$，解得 $\lambda=\pm 2i$，通解为 $y=C_1\cos 2x+C_2\sin 2x$.

(5) 特征方程为 $\lambda^2-5\lambda+6=0$，解得 $\lambda=2,3$，通解为 $y=C_1e^{2x}+C_2e^{3x}$.

代入 $x=0, y=\frac{1}{2}$ 得 $\frac{1}{2}=C_1+C_2$，代入 $x=0, y'=1$ 得 $1=2C_1+3C_2$，解得 $C_2=0, C_1=\frac{1}{2}$，故所求特解为 $y=\frac{1}{2}e^{2x}$.

(6) 特征方程为 $\lambda^2+\lambda-2=0$，解得 $\lambda=1,-2$，通解为 $y=C_1e^x+C_2e^{-2x}$.

代入 $x=0, y=3$，得 $3=C_1+C_2$，代入 $x=0, y'=0$ 得 $0=C_1-2C_2$，解得 $C_2=1, C_1=2$，故所求特解为 $y=2e^x+e^{-2x}$.

(7) 特征方程为 $\lambda^2-6\lambda+9=0$，解得 $\lambda=3$，通解为 $y=e^{3x}(C_1+C_2x)$.

代入 $x=0, y=0$ 得 $0=C_1$，代入 $x=0, y'=2$ 得 $3C_1+C_2=2$，所求特解为 $y=2xe^{3x}$.

(8) 特征方程为 $\lambda^2+3\lambda+2=0$，解得 $\lambda=-1,-2$，通解为 $y=C_1e^{-x}+C_2e^{-2x}$.

代入 $x=0, y=1$ 得 $1=C_1+C_2$，代入 $x=0, y'=1$ 得 $1=-C_1-2C_2$，解得 $C_2=-2, C_1=3$，故所求特解为 $y=3e^{-x}-2e^{-2x}$.

12. **分析** 常系数非齐次线性微分方程的通解为相应齐次方程通解和其特解之和. 齐次方程通解可用通解公式求，非齐次方程特解可用待定系数法求.

解 特征方程 $r^2-6r+13=0$，特征根为 $r=3\pm 2i$，从而相应齐次方程的通解为

$$y^*=e^{3x}(C_1\cos 2x+C_2\sin 2x)$$

显然 $\tilde{y}=\frac{14}{13}$ 为原方程的特解，从而原方程的通解为

$$y=e^{3x}(C_1\cos 2x+C_2\sin 2x)+\frac{14}{13}$$

【方法技巧】求二阶常系数非齐次方程通解的方法是：根据非齐次项的形式与齐次方程对应特征方程的对比，取定方程特解的形式，用待定系数法求出该特解；再用将该特解与对应的齐次方程的通解相加，即得原方程的通解.

(2) 特征方程为 $r^2-2r-3=0$，特征根为 $r_1=3, r_2=-1$，从而相应齐次方程通解为

$$y^*=C_1e^{3x}+C_2e^{-x}$$

因 $f(x)=2x+1$，所以 $\lambda=0$ 不是特征方程的根，从而可设原方程的特解为 $\tilde{y}=Ax+B$，代入原方程解得 $A=-\frac{2}{3}, B=\frac{1}{9}$，故原方程的通解为 $y=C_1e^{3x}+C_2e^{-x}-\frac{2}{3}x+\frac{1}{9}$.

(3) 特征方程 $r^2+2r-3=0$，特征根为 $r_1=1, r_2=-3$，从而相应齐次方程通解为

$$y^*=C_1e^x+C_2e^{-3x}$$

因 $f(x)=e^{2x}$，$\lambda=2$ 不是特征方程的根，故可设原方程的特解为 $\tilde{y}=Ae^{2x}$，代入原方程解得 $A=\frac{1}{5}$，所以 $\tilde{y}=\frac{1}{5}e^{2x}$，故原方程的通解为 $y=C_1e^x+C_2e^{-3x}+\frac{1}{5}e^{2x}$.

(4) 特征方程为 $r^2-r-2=0$，特征根 $r_1=2, r_2=-1$，从而相应齐次方程通解为

$$y^*=C_1e^{2x}+C_2e^{-x}$$

因为 $f(x)=e^{2x}$，$\lambda=2$ 是特征方程的单根，故可设原方程的特解为 $\tilde{y}=Axe^{2x}$，代入原方程得 $A=\frac{1}{3}$，即 $\tilde{y}=\frac{1}{3}xe^{2x}$，故原方程的通解为

$$y=C_1e^{2x}+C_2e^{-x}+\frac{1}{3}xe^{2x}$$

(5) 特征方程为 $r^2+4=0$，特征根为 $r=\pm 2i$，从而相应齐次方程的通解为

$$y^*=C_1\cos 2x+C_2\sin 2x$$

由于 $f(x)=8\sin 2x$，而 $0\pm 2i$ 是特征方程的根，故可设原方程的特解为 $\tilde{y}=x(A\cos 2x+B\sin 2x)$，代入原方程得 $A=-2, B=0$，得 $\tilde{y}=-2x\cos 2x$，故原方程的通解为 $y=(C_1-2x)\cos 2x+C_2\sin 2x$.

(6) 相应齐次方程的通解为 $y^*=C_1e^{2x}+C_2e^{-2x}$，

显然 $\tilde{y}=-1$ 为原方程的特解，

从而原方程的通解为 $y=C_1e^{2x}+C_2e^{-2x}-1$，

由 $y'|_{x=0}=0, y|_{x=0}=1$，得 $C_1=C_2=1$，

故原方程的特解为 $y=e^{-2x}+e^{2x}-1$.

(7) 相应齐次方程的通解为 $y^*=C_1\cos 2x+C_2\sin 2x$，

设原方程特解为 $\tilde{y}=v_1\cos 2x+v_2\sin 2x$，其中 $v_1=v_1(x), v_2=v_2(x)$，则

$$\begin{cases}v'_1\cos 2x+v'_2\sin 2x=0\\ -2v'_1\sin 2x+2v'_2\cos 2x=0\end{cases}, \text{得}\begin{cases}v'_1=-4x\sin 2x\\ v'_2=4x\cos 2x\end{cases}$$

积分得 $v_1=2x\cos 2x-\sin 2x, v_2=2x\sin 2x+\cos 2x$，

从而 $\tilde{y}=v_1\cos 2x+v_2\sin 2x=2x$，

故原方程通解为 $y=C_1\cos 2x+C_2\sin 2x+2x$，

由 $\tilde{y}|_{x=0}=4, y|_{x=0}=0$，得 $C_1=0, C_2=1$，

所以原方程特解为 $y=\sin 2x+2x$.

(8) 相应齐次方程的通解为 $y^*=C_1e^{2x}+C_2e^{3x}$，

设原方程的特解为 $\tilde{y}=v_1e^{2x}+v_2e^{3x}$，则

$$\begin{cases}v'_1e^{2x}+v'_2e^{3x}=0\\ 2e^{2x}v'_1+3e^{3x}v'_2=2e^x\end{cases}, \text{得}\begin{cases}v'_1=-2e^{-x}\\ v'_2=2e^{x-2}\end{cases}$$

积分得 $v_1 = 2e^{-x}, v_2 = -e^{-2x}$,

$$\tilde{y} = v_1 e^{2x} + v_2 e^{3x} = e^x$$
$$y = C_1 e^{2x} + C_2 e^{3x} + e^x$$

$\tilde{y}|_{x=0} = 1, y|_{x=0} = 1$,得 $C_1 = C_2 = 0$,

即原方程的特解为 $y = e^x$.

13. **分析**　直接根据定义 $\Delta y_x = y_{x+1} - y_x$ 来解.

解　(1)$\Delta y_x = y_{x+1} - y_x = C - C = 0$

(2)$\Delta y_x = y_{x+1} - y_x = (x+1)^2 + 2(x+1) - x^2 - 2x = 2x+3$

$\Delta^2 y_x = \Delta(\Delta y_x) = \Delta(2x+3) = [2(x+1)+3] - (2x+3) = 2$

(3)$\Delta y_x = y_{x+1} - y_x = a^{x+1} - a^x = (a-1)a^x$

$\Delta^2 y_x = \Delta(\Delta y_x) = \Delta[(a-1)a^x] = (a-1)\Delta(a^x) = (a-1)^2 a^x$

(4)$\Delta y_x = y_{x+1} - y_x = \log_a(x+1) - \log_a x = \log_a\left(1+\dfrac{1}{x}\right)$

$$\Delta^2 y_x = \Delta(\Delta yx) = \Delta\left[\log_a\left(1+\frac{1}{x}\right)\right] = \log_a\left(1+\frac{1}{x+1}\right) - \log_a\left(1+\frac{1}{x}\right)$$
$$= \log_a \frac{x(x+2)}{(x+1)^2} = \log_a\left(1-\frac{1}{(x+1)^2}\right)$$

(5)$\Delta y_x = y_{x+1} - y_x = \sin a(x+1) - \sin ax = 2\cos a\left(x+\dfrac{1}{2}\right)\sin\dfrac{a}{2}$

(6)$\Delta y_x = y_{x+1} - y_x = (x+1)^3 + 3 - x^3 - 3 = 3x^2 + 3x + 1$

$\Delta^2 y_x = \Delta(\Delta y_x) = [3(x+1)^2 + 3(x+1) + 1] - [3x^2 + 3x + 1] = 6x + 6$

$\Delta^3 y_x = \Delta(\Delta^2 y_x) = 6(x+1) + 6 - 6x - 6 = 6$

14. **证**:(1)$\Delta(u_x v_x) = u_{x+1}v_{x+1} - u_x v_x = (u_{x+1}v_{x+1} - u_{x+1}v_x) + (u_{x+1}v_x - u_x v_x)$

$$= u_{x+1}\Delta v_x + v_x \Delta u_x$$

(2) $\Delta\left(\dfrac{u_x}{v_x}\right) = \dfrac{v_x \Delta u_x - u_x \Delta v_x}{v_x v_{x+1}}$

$$\Delta\left(\frac{u_x}{v_x}\right) = \frac{u_{x+1}}{v_{x+1}} - \frac{u_x}{v_x} = \frac{u_{x+1}v_x - v_{x+1}u_x}{v_x v_{x+1}} = \frac{(u_{x+1}v_x - u_x v_x) + (u_x v_x - v_{x+1}u_x)}{v_x v_{x+1}}$$
$$= \frac{v_x \Delta u_x - u_x \Delta v_x}{v_x v_{x+1}}$$

15. **解**　(1) 比较 $x+3, x+1, x$ 知阶为 3.　(2) 比较 $x-2, x-4, x+2$ 知阶为 6.

16. **解**　将 $y_x = C_1 + C_2 2^x$ 代入方程左端,有

$y_{x+2} - 3y_{x+1} + 2y_x = C_1 + C_2 2^{x+2} - 3(C_1 + C_2 2^{x+1}) + 2(C_1 + C_2 2^x) = C_2 2^x(2^2 - 3\cdot 2 + 2) = 0$

所以 $y_x = C_1 + C_2 2^x$ 是方程的解.

将初始条件 $y_0 = 1, y_1 = 3$ 代入上式,有 $1 = C_1 + C_2, 3 = C_1 + 2C_2$,

解得 $C_1 = -1, C_2 = 2$. 所以满足所给初始条件的特解为 $y_x = -1 + 2^{x+1}$.

17. **解**　将所给函数直接代入方程得

$$W_{x+1} + aW_x = (Y_{x+1} + Z_{x+1} + U_{x+1}) + a(Y_x + Z_x + U_x)$$
$$= (Y_{X+1} + aY_x) + (Z_{x+1} + aZ_x) + (U_{x+1} + aU_x) = f_1(x) + f_2(x) + f_3(x)$$

可见该函数是所给方程的解.

18. **分析** 求差分方程的通解,需分别求出齐次方程的通解 y_x^* 及非齐次方程的特解 $\widetilde{y}_x$ 后相加即可.

解 (1) 特征方程 $\lambda-5=0$,特征根 $\lambda=5$,故 $y_x^*=A5^x$,又 $f(x)=3$,故可设 $\widetilde{y}_x=a$,代入原方程得 $a-5a=3$,解得 $a=-\frac{3}{4}$,

方程的通解为 $y_x=y_x^*+\widetilde{y}=A5^x-\frac{3}{4}$,

代入初始条件 $y_0=\frac{7}{3}$,即 $x=0$,$y=\frac{7}{3}$,得 $\frac{7}{3}=A-\frac{3}{4}$,解得 $A=\frac{37}{12}$,

因此,所求特解为 $y_x=\frac{37}{12}\cdot 5^x-\frac{3}{4}$.

(2) 特征方程 $\lambda+1=0$,$\lambda=-1$,$y_x^*=A(-1)^x$;又 $f(x)=2^x$,故可设 $\widetilde{y}_x=a2^x$,代入原方程后得 $a\cdot 2^{x+1}+a\cdot 2^x=2^x$,解得 $a=\frac{1}{3}$,

故通解为 $\widetilde{y}=A(-1)^x+\frac{1}{3}\cdot 2^x$,

代入初始条件 $y_0=2$,即 $x=0$,$y=2$,得 $2=A+\frac{1}{3}$,解得 $A=\frac{5}{3}$,

因此,所求特解为 $y_x=\frac{5}{3}\cdot(-1)^x+\frac{1}{3}\cdot 2^x$.

(3) 特征方程 $\lambda+4=0$,故 $y_x^*=A(-4)^x$;又 $f(x)=2x^2+x-1$,故可设 $\widetilde{y}=ax^2+bx+c$,代入原方程后得

$$a(x+1)^2+b(x+1)+c+4ax^2+4bx+4c=2x^2+x-1$$

比较同次项系数,解得 $a=\frac{2}{5}$,$b=\frac{1}{25}$,$c=-\frac{36}{125}$,故所求通解为

$$\widetilde{y}_x=A(-4)^x+\frac{2}{5}x^2+\frac{1}{25}x-\frac{36}{125}$$

代入条件 $y_0=1$,得 $1=A-\frac{36}{125}$,$A=\frac{161}{125}$,故所求通解为

$$y_x=\frac{161}{125}(-4)^x+\frac{2}{5}x^2+\frac{1}{25}x-\frac{36}{125}$$

(4) 特征方程 $\lambda^2+3\lambda-\frac{7}{4}=0$,$\lambda=\frac{1}{2},-\frac{7}{2}$;设 $\widetilde{y}_x=a$,代回原方程,得

$a+3a-\frac{7}{4}a=9$,解得 $a=4$,

故通解为 $\widetilde{y}_x=A_1\left(\frac{1}{2}\right)^x+A_2\left(-\frac{7}{2}\right)^x+4$,

代入条件 $y_0=6$ 得 $6=A_1+A_2+4$,

代入条件 $y_1=3$ 得 $3=\frac{1}{2}A_1-\frac{7}{2}A_2+4$,

解得 $A_1=\dfrac{3}{2},A_2=\dfrac{1}{2}$，

故所求特解为 $y_x=4+\dfrac{3}{2}\left(\dfrac{1}{2}\right)^x+\dfrac{1}{2}\left(-\dfrac{7}{2}\right)^x$.

(5) 特征方程为 $\lambda^2-4\lambda+16=0$；特征根为 $\lambda=2\pm2\sqrt{3}\mathrm{i}$，于是方程的通解为

$$\widetilde{y}_x=4^x(A_1\cos\theta x+A_2\sin\theta x)$$

其中 $r=\sqrt{2^2+(2\sqrt{3})^2}=4,\theta=\arctan\dfrac{2\sqrt{3}}{2}=\dfrac{\pi}{3}$.

故 $\widetilde{y}_x=4^x(A_1\cos\dfrac{\pi}{3}x+A_2\sin\dfrac{\pi}{3}x)$，

代入条件 $y_0=0,y_1=1$ 得 $A_1=0,1=4A_2\sin\dfrac{\pi}{3},A_2=\dfrac{1}{2\sqrt{3}}$，

所求解为 $y_x=\dfrac{1}{2\sqrt{3}}4^x\sin\dfrac{\pi}{3}x$.

(6) 特征方程 $\lambda^2-2\lambda+2=0,\lambda=1\pm\mathrm{i}$，故方程的通解为

$$\widetilde{y}_x=r^x(A_1\cos\theta x+A_2\sin\theta x)$$

其中 $r=\sqrt{2},\theta=\arctan1=\dfrac{\pi}{4}$，故 $\widetilde{y}_x=(\sqrt{2})^x(A_1\cos\dfrac{\pi}{4}x+A_2\sin\dfrac{\pi}{4}x)$，

代入初始条件，得 $2=A_1$ 及 $2=\sqrt{2}(A_1+A_2)\dfrac{\sqrt{2}}{2}$，解得 $A_2=0$，

故所求特解为 $y=(\sqrt{2})^x2\cos\dfrac{\pi}{4}x$.

19. **解**　(Ⅰ) 由 $S_t=D_t=-4P_{t-1}+5=2P_t+1$，有 $2P_t+4P_{t-1}=4$，
从而 $P_t+2P_{t-1}=2$，即变形得 $P_{t+1}+2P_t=2$.
(Ⅱ) 由 $a=-2\neq1,c=2$，知通解为
$P_t=\dfrac{c}{1-a}+A\cdot a^t=\dfrac{2}{3}+A(-2)^t$，

由 $P_0=\dfrac{2}{3}+A$，得 $A=P_0-\dfrac{2}{3}$，故特解为 $P_t=(P_0-\dfrac{2}{3})(-2)^t+\dfrac{2}{3}$.

(B)

1. **解**　因为 $f(x)=\mathrm{e}^x$，未知函数的一阶、二阶导数的系数均为常数，且次数为1，故该方程是二阶常系数微分方程，结论 ②③④ 正确，故答案选(D).

2. **解**　本题中的微分方程为二阶微分方程，故其通解中应含有两个独立的任意常数. 由此可排除选项中的(C) 和(D).

对(A) 和(B)，可直接计算验证(A) 不是方程的解，而(B) 是方程的通解. 事实上，对于(B)，

$y'=C_1(\ln x-1)+C_1=C_1\ln x,y''=\dfrac{C_1}{x}$，

所以 $x\ln x\cdot y''=C_1\ln x=y'$，即 $y=C_1x(\ln x-1)+C_2$ 是原方程的通解.
故答案选(B).

3. **解**　微分方程中出现的未知函数导数的最高阶数，称为微分方程的阶. 由此可知，

(A)(B)(D) 均为二阶微分方程,(C) 为一阶微分方程,故答案选(C).

4. **解** (A)、(B) 分别是两个函数乘积和商的求导公式,不是微分方程.

(C) 中,右端$\frac{\mathrm{d}(y+\mathrm{e}^x)}{\mathrm{d}x}=\frac{\mathrm{d}y+\mathrm{e}^x\mathrm{d}x}{\mathrm{d}x}=\frac{\mathrm{d}y}{\mathrm{d}x}+\mathrm{e}^x$,这是一个恒等式. 只有(D) 是微分方程,故答案选(D).

5. **解** 二阶微分方程的通解中应含有两个任意常数,故可排除(C)(D),只需验证(A)(B).

(A)$y'=\frac{C_2}{(C_1-C_2x)^2}$,$y''=\frac{2C_2^2}{(C_1-C_2x)^3}$

将 y',y'' 代入原方程,有

$$yy''-2(y')^2=\frac{1}{C_1-C_2x}\cdot\frac{2C_2^2}{(C_1-C_2x)^3}-2\left[\frac{C_2}{(C_1-C_2x)^2}\right]^2=0,$$

故答案选(A).

6. **解** 微分方程为二阶常系数线性微分方程. 对应齐次方程 $y''+2y'=0$ 的特征方程为 $r^2+2r=0$,得特征根 $r_1=-2$,$r_2=0$. 由于 0 是特征方程的单根,原方程中 $f(x)=5$,故应设特解 $\tilde{y}=ax$. 故答案选(C).

7. **解** (A) 由于 $-3\Delta y_x=-3(y_{x+1}-y_x)$,因此原式化为 $-3y_{x+1}+3y_x=3y_x+a^x$,即 $-3y_{x+1}=a^x$,它不是差分方程.

(B) 可改写为 $2(y_{x+1}-y_x)=y_x+x$,即 $2y_{x+1}-3y_x=x$,

这是一阶差分方程,故答案选(B)、(C)、(D) 均为恒等式,不是差分方程. 故答案选(C).

8. **解** (A) 方程中未知函数附标的最大值与最小值的差为$(x+3)-(x+1)=2$,故(A) 是二阶差分方程.

(B) 方程中所含差分的最高阶数是二阶,并且,由

$$\Delta^2y_x-\Delta y_x=(y_{x+2}-2y_{x+1}+y_x)-(y_{x+1}-y_x)=y_{x+2}-3y_{x+1}+2y_x,$$

可知(B) 为二阶差分方程.

(C) 从形式上所含差分的最高阶数是三阶. 但是,由于

$$\begin{aligned}\Delta^3y_x+y_x+3&=(y_{x+3}-3y_{x+2}+3y_{x+1}-y_x)+y_x+3\\&=y_{x+3}-3y_{x+2}+3y_{x+1}+3,\end{aligned}$$

可以看出,(C) 仍是二阶差分方程.

由上面分析,本题应选(D). 实际上,由

$$\Delta^2y_x+\Delta y_x=(y_{x+2}-2y_{x+1}+y_x)+(y_{x+1}-y_x)=y_{x+2}-y_{x+1},$$

可看出(D) 不是二阶差分方程,故答案选(D).

9. **解** 原方程可改写为 $y_{x+2}-3y_{x+1}-4y_x=0$,这是二阶常系数齐次差分方程,其通解中应含有两个任意常数,故可排除(B)、(C)、(D). 故答案选(A).

10. **解** 不难看出,(A)、(B) 均为二阶差分方程. $y_x=A2^x+8$ 仅含一个任意常数,故可排除(A)(B).

对于(C),由于 $f(x)=-8$,$a=2$,可设原方程的一个特解为 $\tilde{y}_x=k$,代入原方程,有 $k-2k=-8$,得 $k=8$,可见 $y_x=A2^x+8$ 必为(C) 的通解. 故答案选(C).